U0686700

革命文献与民国时期文献
保护计划

成 果

国家图书馆 编

民国时期
图书总目

经　济

（四）

国家图书馆出版社

财政、金融

14894

财政金融大辞典　张一凡　潘文安主编
上海：世界书局，1937.4，[1786] 页，25 开，精装
　　本书共 7 部分：题词、序文、凡例、冠字目次、辞目目录、辞典之部、附录之部。附财政法规、银行法规、财政统计、世界币制表等。
　　收藏单位：安徽馆、重庆馆、东北师大馆、广西馆、贵州馆、国家馆、湖南馆、江西馆、近代史所、辽大馆、南京馆、内蒙古馆、宁夏馆、山西馆、上海馆、首都馆、天津馆、西南大学馆、浙江馆、中科图

14895

财政金融学会讲演录　（日）堀江归一讲演
财政金融学会，[1917—1949]，1 册，22 开
　　本书收录作者论述货币、金融、银行问题的演讲稿 22 篇。
　　收藏单位：国家馆、内蒙古馆

财政、国家财政

14896

北京财政商业专门学校福建同乡录
出版者不详，1926，8 页，32 开
　　收藏单位：南京馆

14897

北京财政商业专门学校章程　北京财政商业专门学校编
北京财政商业专门学校，1927，60 页，25 开
　　本书内容包括：校史、宗旨、学则、学生生活、课程、人员一览等。

　　收藏单位：国家馆

14898

北京税务专门学校同学录　北京税务专门学校编
北京税务专门学校，1914.12，38 页，22 开
　　本书封面题名：税务学校同学录。
　　收藏单位：国家馆

14899

北平财商学院一览　北平财商学院编
北平：北平财商学院，1931，[16] 页，18 开
　　本书内容包括：学历、学制、入学规程、专修生等。
　　收藏单位：国家馆

14900

北平财政商业专科学校第二十六班毕业纪念册　北平财政商业专科学校编
[北平财政商业专科学校]，1930，52 页，16×25cm
　　本书收录教职员和毕业生通讯录。
　　收藏单位：国家馆

14901

北平财政商业专门学校章程　北平财政商业专门学校编
北平财政商业专门学校，1930，[10] 页，22 开
　　本书分章程、学历两部分。
　　收藏单位：国家馆

14902

北平税务专门学校廿周年纪念收支报告　北平税务专门学校廿周年纪念筹备委员会会计股编
北平：北平税务专门学校廿周年纪念筹备委员会会计股，1929.4，54 页，18 开
　　收藏单位：湖南馆、上海馆

14903

北平私立财政商业专门学校章程　北平私立财政商业专门学校编

北平私立财政商业专门学校，1930，[14] 页，
25 开

本书共 7 章：创办者、宗旨、编制、学科与学分、选科及选修学科、考试及成绩评定、入学规程。

收藏单位：国家馆

14904

财政干部业务学习参考资料 华北人民政府财政部编
华北人民政府财政部，1949，3 册（70+49+41 页），16 开

收藏单位：国家馆

14905

财政讲习所讲义录
北京：财政讲习所，1916—1918，12 册（1988 页），18 开

本书分上、下学期，每学期 6 册。内容包括：财政学、租税原论、国税法、会计、经济原论、商业概论、国库官厅会计、海关单票概论等。

收藏单位：安徽馆、重庆馆、广东馆、上海馆、首都馆、天津馆

14906

财政商业专科学校、才正高级商职学校年刊
财政商业专科学校 才正高级商职学校年刊委员会编
北平：财政商业专科学校、才正高级商职学校年刊委员会，1936.5，1 册，16 开，精装

本书内容包括：校景、教职员、毕业生、论著、杂文及小说等。

收藏单位：国家馆

14907

非常时财政论 尹文敬著
上海：商务印书馆，1936.3，276 页，22 开，精装
上海：商务印书馆，1936，再版，331 页，22 开，精装

本书共 10 章，内容包括：财政、非常时财政、非常财政的各种条件、各国非常费用

的清算、战费的筹集方法等。

收藏单位：安徽馆、重庆馆、东北师大馆、广东馆、广西馆、贵州馆、国家馆、河南馆、湖南馆、近代史所、辽大馆、南京馆、陕西馆、上海馆、首都馆、天津馆、西南大学馆、浙江馆

14908

非常时期之财政 唐孝刚著
上海：中华书局，1937.4，90 页，32 开（非常时期丛书）
上海：中华书局，1937，再版，90 页，32 开（非常时期丛书）

本书共 4 部分：非常时财政、非常时各国筹集战费的方法、非常时的各国财政、非常时的中国财政。

收藏单位：安徽馆、重庆馆、东北师大馆、广西馆、桂林馆、国家馆、黑龙江馆、江西馆、南京馆、陕西馆、天津馆、浙江馆、中科图

14909

非常时期之理财方策 董修甲著
出版者不详，[1936.9]，18 页，16 开

本书共 3 节：战时的理财方策、战前的理财准备、战后的财政整理。主张战时不增加捐税，实行纸币通货膨胀与发行内外公债政策，而于战后增税。

14910

战费论 （美）塞利格曼（Edwin Robert Anderson Seligman）著 吴克刚译
上海：文化生活出版社，1936.11，109 页，32 开（战时经济丛书 1）

本书共 5 章：绪论、战时支出、战时收入、战时捐税、战时公债。附各国国民收入与战费对照表、世界大战人力损失表、世界大战各国伤亡人数表等。

收藏单位：重庆馆、国家馆、湖南馆、江西馆、近代史所、南京馆、陕西馆、上海馆、浙江馆

14911

战时财政　关吉玉编著

天津精华印书局，1933.5，108 页，32 开

　　本书共 3 编：财政管理事项、财政实体事项、我国战时应采之财政政策。共 8 节，内容包括：手续应敏捷、积弊应革除、分配应平均、战时财政政策之理论、我国之特殊财政状况等。

　　收藏单位：重庆馆、国家馆、南京馆、上海馆、天津馆、浙江馆

14912

战时财政　卫挺生著

上海：世界书局，1933.9，[17]+240 页，25 开，精装

上海：世界书局，1935.4，再版，240 页，25 开，精装

　　本书共 8 章，内容包括：引论、作战经费筹措的方法、加税与募债、租税问题、公债问题、经济的统制等。

　　收藏单位：重庆馆、东北师大馆、广东馆、广西馆、贵州馆、国家馆、湖南馆、吉林馆、江西馆、南京馆、内蒙古馆、宁夏馆、上海馆、西南大学馆、浙江馆

14913

战时财政　奚伦著

出版者不详，1937.2，34 页，25 开

　　本书阐述战时财政的重要意义，预测未来战费支出，讨论战费筹集的各种方式，提出准备战时财政的建议。节录自著者在财政部中央直接税训练班上所作的演讲稿。

14914

战时财政

临时村政协助员训练委员会，1936.12 印，12 页，32 开

　　本书共 4 部分：战时财政之意义、欧战时各国财政之一瞥、负担之认识、合理的负担。

　　收藏单位：国家馆

14915

战时财政论　熊国伟著

财政部贸易委员驻宜宾外汇管理办公处，1941，油印本，72 页，16 开，环筒页装

　　本书内容包括：租税政策、公债政策、通货政策、专卖政策、其他筹措战费之方法等。

　　收藏单位：重庆馆

14916

战时财政论　尹文敬著

中央政治学校印刷所，1940.1，276 页，18 开

　　本书共 4 章：战时财政的一般理论、战费的筹集方法、中国的战时财政、敌国财政述略。论述为第一次世界大战至 1939 年。

　　收藏单位：国家馆、吉林馆、近代史所、南京馆

14917

战时财政与统制经济　高汉锹著

上海：商务印书馆，1937.10，[17]+487 页，32 开

长沙：商务印书馆，1938.5，再版，12+487 页，32 开

　　本书共 7 章：总论、战费论、战费可用之资源、筹划战费方法、纸币筹划战费政策、租税筹划战费政策、公债筹划战费政策。附统制经济、各项报告函件等。

　　收藏单位：重庆馆、东北师大馆、广东馆、广西馆、贵州馆、国家馆、黑龙江馆、近代史所、辽大馆、南京馆、宁夏馆、浙江馆、中科图

14918

战时的财政　奚伦讲

[陆军大学]，[1936]，13 页，16 开

　　本书根据世界各国在战时财政上的措施及经验，预测战争对财政的影响，估算并讨论如何筹措巨大的战费。为作者在陆军大学纪念周上所作的演讲稿。

14919

战时理财方策　董修甲著

武昌：战争丛刊社，1937.12，38 页，32 开（战争丛刊 11）

　　本书共 5 部分：引言、战时的理财方策、

战前的理财准备、战后的理财整理、结论。

收藏单位：重庆馆、国家馆、吉林馆、江西馆、南京馆、上海馆

14920

战时与战后之财政　王维骃译著

上海：世界书局，1940.3，420 页，32 开，精装

本书共 14 部分，内容包括：战时政府信用与国际信用、战时财政之调整、战时美国之中立问题、战时各国军费问题、战时各国货币与银行信用、战后各国战费之估计等。附战后银行行员保证制度之改革问题。

收藏单位：重庆馆、东北师大馆、广东馆、国家馆、湖南馆、吉大馆、南京馆、上海馆

财政理论

14921

比较财政学　（日）小林丑三郎著　宋教仁译

上海：商务印书馆，1917.2，4 版，2 册（17+830+10+615+19 页），22 开

本书共 6 编：财政学总论、国家经费论、国家收入论、国家公债论、国家财务论、财政史论。附世界各国度量衡比较表、世界各国货币价格比较表。

收藏单位：北师大馆、重庆馆、国家馆、河南馆、南京馆、首都馆

14922

比较财政学（上卷）　（日）小林丑三郎著　宋教仁译

林文昭 [发行者]，1911.10，830 页

收藏单位：近代史所

14923

比较财政制度　李超英著

重庆：商务印书馆，1943.3，228 页，25 开（大学丛书）

赣县（赣州）：商务印书馆，1943.6，228 页，25 开（大学丛书）

重庆：商务印书馆，1944.7，再版，228 页，25 开（大学丛书）

重庆：商务印书馆，1945，3 版，228 页，23 开（大学丛书）

上海：商务印书馆，1947.8，228 页，25 开（大学丛书）

上海：商务印书馆，1948.4，再版，228 页，25 开（大学丛书）

本书共 4 编：绪论、财务行政、财务立法、财务司法。

收藏单位：安徽馆、重庆馆、东北师大馆、广东馆、广西馆、贵州馆、国家馆、湖南馆、吉林馆、江西馆、辽大馆、南京馆、内蒙古馆、宁夏馆、陕西馆、上海馆、首都馆、浙江馆

14924

比较预算制度论　吴琼编

上海：商务印书馆，1911.7，204 页，22 开

本书共 3 编：预算准备上之问题、预算提出上之问题、预算议定上之问题。据《各国预算制度论》（工藤重义）编译。

收藏单位：北师大馆、国家馆、辽宁馆、首都馆、浙江馆

14925

财务行政大纲　马大英编

出版者不详，[1911—1949]，1 册，16 开

收藏单位：南京馆

14926

财务行政论　胡善恒著

上海：商务印书馆，1934.12，16+372 页，22 开，精装（大学丛书 教本）

上海：商务印书馆，1935.6，再版，16+372 页，22 开，精装（大学丛书 教本）

长沙：商务印书馆，1939，3 版，[19]+372 页，25 开（大学丛书）

上海：商务印书馆，1939，3 版，[19]+372 页，25 开（大学丛书）

本书共 5 编：绪论、预算之编成、预算之议定、财务行政、财政之监督。

收藏单位：安徽馆、重庆馆、东北师大

馆、广东馆、广西馆、贵州馆、国家馆、湖南馆、江西馆、近代史所、辽大馆、南京馆、内蒙古馆、宁夏馆、山西馆、上海馆、首都馆、天津馆、西南大学馆、浙江馆

14927

财务行政研究大纲　罗介邱讲述

安徽大学，[1911—1949]，186 页，16 开

　　收藏单位：南京馆

14928

财政　陈公契　曹希正编

江苏省区长训练所，[1911—1949]，[68] 页，22 开（江苏省区长训练所政治丛书 18）

　　本书为地方财政学讲义。共 9 讲：总论、地方财政之特质、地方经费、地方收入、地方公债、财务行政、处理财务之方法、苏省财政之现在及将来、确定区经费问题之研究。

　　收藏单位：国家馆、南京馆

14929

财政案牍提要讲义　徐绍真著

出版者不详，[1911—1949]，168 页，32 开

　　收藏单位：南京馆

14930

财政诠要　寿景伟著

上海：商务印书馆，1924.5，68 页，36 开（百科小丛书 60）

上海：商务印书馆，1926.11，再版，68 页，36 开（百科小丛书 60）

　　本书共 5 章：编辑趣旨、国家经费问题、国家收入问题、收支适合问题、财务行政问题。附中央财政研究报告书、财政学参考书一览表。

　　收藏单位：重庆馆、广西馆、国家馆、河南馆、湖南馆、江西馆、南京馆、山东馆、上海馆、首都馆、天津馆、西南大学馆、浙江馆

14931

财政统计　（日）汐见三郎著　周乐山　张汉炎译

上海：商务印书馆，1934.3，142 页，32 开（社会科学小丛书）

上海：商务印书馆，1935，再版，142 页，32 开（社会科学小丛书）

　　本书共 4 章：绪论、国内财政统计、国际财政统计、财政统计之研究方法。

　　收藏单位：重庆馆、广西馆、国家馆、河南馆、湖南馆、吉林馆、江西馆、辽大馆、南京馆、陕西馆、上海馆、浙江馆

14932

财政统计　杨寿标讲

财政部财务人员训练所，1943，38 页，32 开

　　本书共 7 部分，内容包括：统计之意义、财政统计之性质及其重要、财政统计与各种统计之关系、财政统计之范围与内容、财政统计之编制等。

　　收藏单位：重庆馆、国家馆、南京馆

14933

财政新论　滕茂椿著

出版者不详，1945.10，101 页，18 开（经济丛书）

　　本书共 5 章：财政思想史略、达尔敦（Dalton）、得马科（De Viti de Marco）、塞利格曼（Seligman）、比古（Pigou）。附我国财政著述举要。

　　收藏单位：国家馆、南京馆

14934

财政学　（德）埃厄贝格（K. Th. von Eheberg）著　傅英伟译

[南京]：中德书局，1930，[14]+234 页，23 开

　　本书共 4 编：国计及财政管理、公家支出、公家收入、公债制度。

　　收藏单位：广东馆、南京馆

14935

财政学　曹国卿著

重庆：独立出版社，1945.10，11+296 页，22 开

南京：独立出版社，1947.3，再版，10+286

页，22开

南京：独立出版社，1947.12，3版，[12]+286页，22开

　　本书为大学参考用书。共5编：绪论、公共支出论、公共收入论、公债论、财务行政论。

　　收藏单位：安徽馆、重庆馆、东北师大馆、广东馆、贵州馆、国家馆、河南馆、湖南馆、辽大馆、南京馆、内蒙古馆、上海馆、天津馆、西南大学馆、浙江馆

14936

财政学　陈公契　曹希正等编

江苏省区长训练所，[1911—1949]，68页，24开（江苏省区长训练所讲义）

　　本书论述地方财政学的特质、经费、公债、财务行政等内容。

14937

财政学　陈燮枢编述

[私立浙江法政专门学校]，[1911—1949]，388页，25开（私立浙江法政专门学校讲义）

　　本书内容包括：总论、岁出论、岁入论、公债论、预算决算及会计年度等。

　　收藏单位：浙江馆

14938

财政学　杜若兹著

杜若兹[发行者]，1948，736页，16开（大学丛书）

　　本书共6编，论述财政学的意义、特征以及国家财政收支、公债、预算、战时财政等。

　　收藏单位：广西馆、贵州馆

14939

财政学　[国立北京外国语专科学校编]

国立北京外国语专科学校，[1943]，222页，18开（国立北京外国语专科学校讲义）

　　本书共4编：岁入、岁出、公债、财务行政。附会计法、预算法、暂行决算章程等5种及参考文献目录。

　　收藏单位：国家馆

14940

财政学　何廉　李锐著

上海：国立编译馆，1935，[11]+495页，25开，精装

上海：国立编译馆，1935.4，再版，[11]+495页，22开，精装

长沙：国立编译馆，1938.7，5版，495页，22开，精装

长沙：国立编译馆，1940，7版，13+495页，23开

上海：国立编译馆，1947，9版，495页，22开

上海：国立编译馆，1947.11，10版，9+495页，25开

长沙、上海：国立编译馆，1948，11版，13+495页，23开

　　本书共5编：支出、收入、租税、公债、财务行政与立法。

　　收藏单位：安徽馆、重庆馆、东北师大馆、广东馆、贵州馆、国家馆、黑龙江馆、湖南馆、吉林馆、近代史所、辽大馆、南京馆、宁夏馆、上海馆、首都馆、天津馆、西南大学馆、浙江馆、中科图

14941

财政学　黄敦怿编

[长沙]：政法学社，1913，再版，166页，22开（政法述义9）

　　本书共两部分：绪论、本论。本论共两章：国家财政论、联合国家及地方自治团体之财政。据日本高野岩三郎所讲笔述而成。

　　收藏单位：国家馆、河南馆、湖南馆、首都馆、浙江馆

14942

财政学　黄可权编

上海：丙午社，1911.3，282页，22开（法政讲义第1集7）

上海：丙午社，1912.9，3版，282页，22开（法政讲义第1集7）

　　本书共3编：财政学总论、经费论、岁入论。据日本松崎藏之助、神户正雄所著两种财政学讲义编译。

收藏单位：国家馆、河南馆、南京馆、绍兴馆

14943

财政学 黄西翰编述

军需学校，1936.6，1册，23开，精装

本书共5编：总论、公共支出论、收入论、公债论、财务行政论。附财政学参考书目、财政收支系统法。

14944

财政学 刘子嘉著

出版者不详，[1911—1949]，石印本，240页，32开，环筒页装

本书共6编：绪论、公共经费论、公共收入、赋税论、公债、财务行政论。

收藏单位：重庆馆

14945

财政学 （日）泷本美夫讲述 孟森译述

上海：商务印书馆，1916.3，221页，22开，精装

本书共3章：支出、收入、收支之适合。据作者在东京高等商业学校的授课讲义编成。

收藏单位：重庆馆、国家馆、上海馆、首都馆、天津馆、浙江馆

14946

财政学 上海法学院编

上海法学院，[1911—1949]，162页，16开（上海法学院讲义）

上海法学院，[1911—1949]，288页，16开（上海法学院讲义）

14947

财政学 寿景伟编

上海：商务印书馆，1925.1，259页，25开

上海：商务印书馆，1926，再版，250页，25开

上海：商务印书馆，1930.12，5版，259页，32开

上海：商务印书馆，1932，国难后2版，259页，32开

上海：商务印书馆，1935，国难后5版，259页，32开

长沙：商务印书馆，1938，国难后6版，259页，32开

上海：商务印书馆，1940，国难后8版，259页，32开

本书为高级商业学校教科书。共5编：总论、经费论、收入论、公债论、财务行政论。

收藏单位：长春馆、重庆馆、东北师大馆、广东馆、广西馆、国家馆、河南馆、湖南馆、南京馆、内蒙古馆、天津馆、浙江馆

14948

财政学 舒宏编

安徽大学，[1911—1949]，106页，16开

收藏单位：南京馆

14949

财政学 谭云峰编

广州大学出版组，1947.2，2版，132页，32开

收藏单位：南京馆

14950

财政学 谭云峰著

广州：实用高级会计学校出版部，1940.10，184页，25开

本书分5编：概论、经费论、收入论、财务行政论、公债论。

收藏单位：广东馆

14951

财政学 王振伸编

梁志超[发行者]，1943.9，185页，25开（高等考试准备丛书）

梁志超[发行者]，1944.4，再版，184页，32开（高等考试准备丛书）

本书共5编：论支出、论租税收入、论非租税收入、公债、财务行政。

收藏单位：广西馆、江西馆

14952

财政学 闻亦有主编 童蒙正 李颖吾编著

重庆：正中书局，1944.9，218 页，32 开

上海：正中书局，1946，218 页，32 开

上海：正中书局，1946.7，6 版，218 页，32 开

上海：正中书局，1946.11，11 版，218 页，32 开

上海：正中书局，1947.5，17 版，218 页，32 开

　　本书共 5 章：绪论、岁出论、岁入论、公债论、财务行政论。

　　收藏单位：安徽馆、东北师大馆、广东馆、国家馆、江西馆、辽大馆、南京馆、浙江馆

14953

财政学　西康省地方行政干部训练团编

西康省地方行政干部训练团，1941，57 页，32 开

　　收藏单位：重庆馆

14954

财政学　尹文敬著

上海：商务印书馆，1935.1，2 册（22+686 页），22 开，精装（大学丛书 教本）

上海：商务印书馆，1935.2，2 册（22+686 页），25 开（大学丛书 教本）

上海：商务印书馆，1935.5，再版，2 册（22+686 页），22 开，精装（大学丛书 教本）

长沙：商务印书馆，1935.7，再版，2 册（22+686 页），25 开（大学丛书 教本）

上海：商务印书馆，1935.7，3 版，2 册（22+686 页），22 开，精装（大学丛书 教本）

长沙：商务印书馆，1940.4，5 版，2 册（22+686 页），25 开（大学丛书 教本）

上海：商务印书馆，1947，6 版，2 册（22+686 页），25 开（大学丛书 教本）

上海：商务印书馆，1947，7 版，2 册（22+686 页），25 开（大学丛书 教本）

上海：商务印书馆，1948.2，8 版，2 册（22+686 页），25 开（大学丛书 教本）

　　本书共 6 篇：概论、支出论、收入论、公债论、预决算论、战时财政论。据意大利学者尼提（Nitti），法国学者蔡司（Jeze）、亚里克司（Allix）在北平大学讲授财政学的讲义汇编而成。

　　收藏单位：安徽馆、重庆馆、广东馆、广西馆、贵州馆、国家馆、河南馆、湖南馆、吉林馆、江西馆、近代史所、辽大馆、南京馆、内蒙古馆、宁夏馆、上海馆、首都馆、西南大学馆、浙江馆、中科图

14955

财政学　游仪声　陈履塽编

浙江省警官学校，1929，94 页，22 开

浙江省警官学校，1930.6，94 页，22 开（浙江省警官学校讲义 第 1 期 41）

　　本书内容包括：绪论、经费论、收入论、收支平衡论等。

　　收藏单位：浙江馆

14956

财政学　张家让著

出版者不详，[1939—1949]，84 页，18 开

　　本书共 3 编：绪论、支出、收入。书中引用资料时间截至 1939 年。

　　收藏单位：国家馆

14957

财政学（第 2 分册 租税论）　周伯棣著

桂林：文化供应社，1944.4，375+10 页，25 开

上海：文化供应社，1948.8，新 1 版，375+10 页，25 开

　　本书分上、中、下 3 卷，每卷 1 册。本册共 19 章，内容包括：租税之意义本质及原则、租税之术语与税率、租税之组织、租税之转嫁及归宿、租税行政上之问题、所得税、过分利得税、遗产税、营业税、战士消费税、专卖等。据著者在中山大学等校的授课讲义编成。

　　收藏单位：重庆馆、东北师大馆、广东馆、贵州馆、桂林馆、国家馆、湖南馆、吉林馆、江西馆、辽大馆、南京馆、上海馆、首都馆、浙江馆

14958

财政学（京师法律学堂笔记）　[熊元楷]

[熊元襄编]

[安徽法学社]，1913.8，3 版，189 页，25 开，精装（法律丛书 22）

安徽法学社，1914.12，4 版，189 页，25 开，精装（法律丛书 22）

安徽法学社，1930，189 页，25 开（法律丛书 22）

　　本书共 4 编：总论、经费论、收入论、收支配合论。

　　收藏单位：重庆馆、国家馆、南京馆、首都馆

14959
财政学 ABC　李权时著
上海：ABC 丛书社，1928.8，124 页，32 开，精装（ABC 丛书）

上海：ABC 丛书社，1929.2，2 版，124 页，32 开（ABC 丛书）

上海：ABC 丛书社，1929.8，3 版，124 页，32 开（ABC 丛书）

上海：ABC 丛书社，1936，4 版，124 页，32 开（ABC 丛书）

上海：ABC 丛书社，1937，5 版，124 页，32 开，精装（ABC 丛书）

　　本书共 5 章：绪论、岁出论、预决算论、岁入论、公债论。

　　收藏单位：安徽馆、重庆馆、东北师大馆、广东馆、广西馆、国家馆、河南馆、黑龙江馆、湖南馆、江西馆、辽大馆、南京馆、内蒙古馆、宁夏馆、山西馆、浙江馆

14960
财政学表解　上海科学书局编
上海科学书局，1912.12，55 页，64 开
　　本书论述财政之意义、国家财政与个人经济差异等问题。
　　收藏单位：浙江馆

14961
财政学撮要　魏颂唐编
[杭州]：浙江经济学会，1928.10 重刊，14+278 页，22 开
　　本书共 5 编：总论、支出论、收入论、收支适合论、财务行政论。

　　收藏单位：广东馆、国家馆、吉林馆、南京馆、上海馆、浙江馆

14962
财政学撮要　魏颂唐编
出版者不详，1917，140 页，16 开
　　收藏单位：首都馆

14963
财政学大纲　（日）大内兵卫著　施复亮译
上海：大江书铺，1933，368 页，25 开
　　本书共 3 编：财政制度上的立宪主义、经费论、收入论（租税论）。
　　收藏单位：重庆馆、广东馆、国家馆、辽大馆、南京馆、陕西馆、浙江馆

14964
财政学大纲　梁矩章著
曲江（韶关）：中国计政书局，1942.6，130 页，32 开（平江会计丛书）
　　收藏单位：南京馆

14965
财政学大纲　梁式文著
广州大学出版组，1943.2，2 册（[14]+542 页），25 开
广州大学出版组，1946.10，再版，改订本，296 页，25 开
　　本书共 6 编：绪论、预决算论、经费论、收入概论、租税论、公债论。据著者的授课底稿编成。
　　收藏单位：重庆馆、国家馆、南京馆

14966
财政学大纲　缪锦璜编
出版者不详，[1911—1949]，油印本，65 页，16 开，环筒页装
　　本书共两篇：概论、支出论。
　　收藏单位：重庆馆

14967
财政学大纲　（美）裴伦（C. C. Plehn）著
李百强译　唐庆增校订

外文题名：Introduction to public finance

上海：世界书局，1933.8，479 页，25 开，精装

上海：世界书局，1935.1，再版，15+479 页，25 开，精装

　　本书共 4 编：岁出论、岁入论、公债论、财务行政论。附联邦对于公路的资助。

　　收藏单位：重庆馆、东北师大馆、广东馆、贵州馆、国家馆、黑龙江馆、湖南馆、吉林馆、辽大馆、南京馆、上海馆、首都馆、天津馆、浙江馆

14968

财政学大纲　（美）亚当士（H. C. Adams）著
　　刘秉麟译

外文题名：The science of finance

上海：商务印书馆，1921.2，154+69 页，22 开

上海：商务印书馆，1921.10，再版，12+154+69 页，23 开

上海：商务印书馆，1924.3，3 版，1 册，25 开

上海：商务印书馆，1925.10，4 版，[15]+154+69 页，23 开，精装

上海：商务印书馆，1927，5 版，[15]+154+69 页，25 开

上海：商务印书馆，1928.10，6 版，1 册，25 开

上海：商务印书馆，1933.12，152 页，36 开（万有文库第 1 集 210）（百科小丛书）

上海：商务印书馆，1934，36+13+263 页，25 开

上海：商务印书馆，1935.1，国难后 1 版，[53]+263 页，23 开，精装（大学丛书）

上海：商务印书馆，1935.6，国难后 2 版，13+36+263 页，22 开，精装（大学丛书 教本）

上海：商务印书馆，1937.4，3 版，263 页，22 开，精装（大学丛书 教本）

上海：商务印书馆，1946.12，再版，[53]+263 页，25 开（新中学文库）

上海：商务印书馆，1947，3 版，[53]+263 页，23 开（大学丛书）

上海：商务印书馆，1947.11，4 版，[53]+263 页，23 开（大学丛书）

上海：商务印书馆，1948.8，5 版，13+4+35+

263 页，25 开（大学丛书）

　　本书分两部：国家支出、国家收入。第 1 部共两编：国家支出之原理、预算及预算之法律；第 2 部共 3 编：直接收入、租税、公债。附中国租税史略。封面及书脊题名：亚当士财政学大纲。

　　收藏单位：安徽馆、长春馆、重庆馆、大理馆、大连馆、东北师大馆、广东馆、广西馆、贵州馆、国家馆、河南馆、黑龙江馆、湖南馆、吉林馆、江西馆、辽大馆、辽东学院馆、辽师大馆、南京馆、内蒙古馆、宁夏馆、上海馆、首都馆、天津馆、西南大学馆、浙江馆、中科图

14969

财政学概论　王延超编著

重庆：立信会计图书用品社，1943.2，271 页，32 开（立信商业丛书）

重庆：立信会计图书用品社，1944，3 版，271 页，36 开

上海：立信会计图书用品社，1946，3 版，[10]+271 页，36 开（立信商业丛书）

上海：立信会计图书用品社，1947.4，4 版，271 页，32 开（立信商业丛书）

重庆：立信会计图书用品社，1947.9，5 版，271 页，36 开，精装（立信商业丛书）

上海：立信会计图书用品社，1948.6，6 版，271 页，32 开（立信商业丛书）

上海：立信会计图书用品社，1949.2，7 版，271 页，32 开

　　本书共 5 篇：绪论、支出论、收入论、公债论、预算论。

　　收藏单位：长春馆、重庆馆、东北师大馆、广东馆、广西馆、国家馆、河南馆、湖南馆、江西馆、辽大馆、南京馆、内蒙古馆、宁夏馆、首都馆、西南大学馆、浙江馆

14970

财政学概论　张澄志编

上海：启智书局，1929.5，148 页，22 开

　　本书共 4 卷：总论、岁入论、经费论、收支适合论。

　　收藏单位：安徽馆、重庆馆、国家馆、河

南馆、南京馆、内蒙古馆、上海馆

14971
财政学概论　邹敬芳著
[上海]：会文堂新记书局，1934，158 页，
32 开（经济政治丛书 1）
　　本书共 5 章：绪论、经费论、收入论、收
支适合论、岁计论。
　　收藏单位：安徽馆、国家馆、湖南馆、南
京馆、内蒙古馆、陕西馆、浙江馆

14972
财政学概要　黄嵘芳编
出版者不详，[1911—1949]，216 页，32 开
　　收藏单位：南京馆

14973
财政学概要　刘不同著
上海：昌明书屋，1948.4，105 页，32 开
　　本书共 5 编：绪论、岁入论、岁出论、公
债论、财务行政论。各编后附研究问题。
　　收藏单位：安徽馆、长春馆、重庆馆、国
家馆

14974
财政学概要　钱香稻编
上海：三民图书公司，1948，148 页，32 开
　　本书共 5 编：总论、公共支出论、公共收
入论、公债论、财务行政论。
　　收藏单位：江西馆

14975
财政学概要　郑其培编著
上海：世界书局，1929.6，137 页，50 开（社
会经济概要丛书）
　　本书共 6 章：总说、岁出、岁入、公债、
预算和决算、中国财政之现状。
　　收藏单位：重庆馆、国家馆、河南馆、天
津馆、浙江馆

14976
财政学纲要　钱亦石编
上海：中华书局，1935.3，134 页，32 开（中

华百科丛书）
上海：中华书局，1937，再版，10+134 页，32
开（中华百科丛书）
上海：中华书局，1941.2，5 版，133 页，32 开
（中华百科丛书）
　　本书共 5 章：绪论、岁出论、岁入论、收
支适合论、财务行政论。
　　收藏单位：安徽馆、重庆馆、广西馆、国
家馆、黑龙江馆、湖南馆、辽大馆、南京馆、
内蒙古馆、宁夏馆、天津馆、西南大学馆、
浙江馆

14977
财政学纲要　奚霡赓编著
上海法学社，1928，188 页，50 开（考试丛
书 3）
　　本书为财经公务人员考试用复习大纲。
共 7 章，内容包括："收入——国家收入""收
支适合——公债""预算决算——财务行
政""中国财政的现状"等。
　　收藏单位：安徽馆、广东馆、国家馆、黑
龙江馆、湖南馆、上海馆、浙江馆

14978
财政学纲要　姚傅淦编
实用高级会计学校，1935，131 页，32 开
　　收藏单位：广东馆

14979
财政学纲要　易希亮编
上海：北新书局，1934.1，216 页，25 开
　　本书共 9 章，内容包括：总论、经费论、
收支适合论、财务行政秩序论等。附《地方
财政》目录，编制民国十九年度预算章程、
编制民国十九年度决算章程等。
　　收藏单位：国家馆、湖南馆、辽宁馆、南
京馆、天津馆、浙江馆

14980
财政学讲义　（日）高野岩三郎著　张篁溪译
出版者不详，[1911—1919]，油印本，86 页，
22 开
　　本书封面题名：财政学。

收藏单位：国家馆

14981
财政学讲义　国民革命军第十一军军农教导队编
国民革命军第十一军军农教导队，1929，60页，32开
　　收藏单位：广东馆

14982
财政学讲义大纲　陈长蘅著
南京：中央大学，[1911—1949]，86页，16开
　　收藏单位：安徽馆、南京馆

14983
财政学教程　黄西翰编
军需学校，1936，1册，18开，精装
　　本书为军需学校特别学员班教程。共5编：总论、公共支出论、公共收入论、公债论、财务行政论。附财政学参考书目、财政收支系统法、会计法。
　　收藏单位：国家馆

14984
财政学教程　卢勋编
出版者不详，[1911—1949]，532页，32开
　　收藏单位：广东馆

14985
财政学教程　杨汝梅编
军需学校，1933，293页，23开
[军需学校]，1935，1册，23开
军需学校，1937，1册，23开
　　本书共4编：总论、支出论、收入论、财务行政与会计组织。封面题名：财政学。1935年版题名：修正财政学。1937年版题名：增补财政学教程。
　　收藏单位：贵州馆、南京馆

14986
财政学名词（初审本）　国立编译馆编订
[重庆]：国立编译馆，1940，油印本，105页，27×48cm

收藏单位：国家馆

14987
财政学史　（日）阿部贤一著　邹敬芳译
上海：商务印书馆，1936.4，再版，195页，23开
　　本书共6章："近世新兴资产阶级财政思想的发生""基于个人自由主义之财政思想""社会政策的财政学理论""经济学的财政学""社会学的财政学——葛德雪的财政学说""社会主义的财政学说底发展"。
　　收藏单位：重庆馆、广东馆、贵州馆、国家馆、河南馆、黑龙江馆、湖南馆、吉林馆、辽大馆、南京馆、浙江馆、中科图

14988
财政学史　（日）阿部贤一著　邹敬芳译
上海：神州国光社，1930.7，213页，22开（社会科学名著丛刊）
　　收藏单位：安徽馆、重庆馆、东北师大馆、国家馆、江西馆、近代史所、南京馆、陕西馆、上海馆、天津馆、西南大学馆、浙江馆

14989
财政学提要　（日）小林丑三郎著　陈启修译
上海科学会编译部，1914.4，14+572页，22开，精装
　　本书共32章，内容包括：财政学之意义及其职分、财政学之发达、财政之特别原则、财政之计画、预算案、公共经费论、公共收入论、租税论、公债等。
　　收藏单位：重庆馆、广东馆、国家馆、河南馆、内蒙古馆

14990
财政学问答　陈宗劭编
上海：会文堂书局，[1914.1]，[72]页，48开，环筒页装（法政问答丛书）
上海：会文堂新记书局，1936，3版，83页，25开（法政问答丛书）
　　收藏单位：重庆馆、南京馆

14991

财政学问答　丁留余编著

上海：大东书局，1930.1，21+200 页，50 开（考试必携百科问答丛书 9）

上海：大东书局，1931.7，再版，[24]+200页，50 开（考试必携百科问答丛书 9）

本书共 4 编：绪论、财务行政、国家支出、国家收入。

收藏单位：重庆馆、广东馆、湖南馆、江西馆、南京馆、天津馆

14992

财政学问答　钱释云编

上海：三民图书公司，1936.9，4 版，1 册，32 开

收藏单位：南京馆

14993

财政学问答　上海法学编译社著

上海：会文堂新记书局，1931.3，14+84 页，25 开（法政问答丛书）

上海：会文堂新记书局，1931.5，2 版，84 页，32 开（法政问答丛书）

上海：会文堂新记书局，1937，4 版，14+83页，25 开（法政问答丛书）

本书共 4 部分：总论、收入论、支出论、收支适合论。

收藏单位：安徽馆、重庆馆、广东馆、国家馆、河南馆、湖南馆、南京馆、天津馆

14994

财政学问答　吴拯寰著

上海：三民图书公司，1931.1，36 页，32 开

上海：三民图书公司，1936.3，增订 3 版，[75]页，32 开

本书共两部分：财政学考试问答、增编财政学各论。

收藏单位：重庆馆、国家馆、河南馆、湖南馆

14995

财政学新论　（日）马场锁一著　李祚辉译

上海：太平洋书店，1928，244 页，32 开

本书共 5 编：总论、经费论、收入论、公债论、财务论。原著为著者在日本东京帝国大学等校的授课讲义，以日本财经制度为基础进行阐述，译者结合我国当时状况加以修订译述。

收藏单位：广东馆、广西馆、国家馆、河南馆、黑龙江馆、湖南馆、江西馆、南京馆、内蒙古馆、上海馆、天津馆、西南大学馆、浙江馆

14996

财政学新论　（印）薛赉时（G. F. Shirras）著　许炳汉译

外文题名：The science of public finance

上海：商务印书馆，1934，[26]+726 页，22 开，精装（大学丛书 教本）

上海：商务印书馆，1935.4，再版，2 册（24+726 页），22 开，精装（大学丛书 教本）

上海：商务印书馆，1947.6，3 版，2 册（726页），25 开（大学丛书 教本）

本书共 5 篇：概论、公共经费论、公共收入论、公债论、财务行政论。附租税之基本原则，其中有各国之财政与商业、印度政府之收入支出及其债务等表 32 种。

收藏单位：重庆馆、东北师大馆、广东馆、贵州馆、国家馆、河南馆、黑龙江馆、湖南馆、江西馆、辽大馆、南京馆、内蒙古馆、宁夏馆、上海馆、首都馆、西南大学馆、浙江馆

14997

财政学新论　张宝荣著

广州：民生出版社，1946，再版，2 册，32 开

本书共 6 编：绪论、支出论、收入论、收支适合论、财务行政论、战时财政论。

收藏单位：广东馆

14998

财政学研究　（英）披谷著　陈汉平译

外文题名：A study in public finance

上海：神州国光社，1932.6，410 页，22 开

本书共 3 编：总则、租税、公债。

收藏单位：安徽馆、重庆馆、东北师大

馆、广东馆、国家馆、河南馆、江西馆、南京馆、上海馆、天津馆、西南大学馆、浙江馆

14999
财政学要览　东方法学会编纂
上海：泰东图书局，1914.6，14+202页，50开（法政要览丛书第17编）
上海：泰东图书局，1914.7，再版，14+202页，50开（法政要览丛书第17编）
　　本书共4编：总论、公共经费论、公共收入论、岁计。内容多取材于日本小林丑三郎的《财政学提要》《比较财政学》及松崎藏之助的《最新财政学》。
　　收藏单位：国家馆、河南馆、南京馆、首都馆

15000
财政学原理　（英）达尔顿（H. Dalton）著
杜俊东译
外文题名：Principles of public finance
上海：黎明书局，1933.4，250页，22开（社会科学名著译丛）
上海：黎明书局，1935.10，再版，249页，22开（社会科学名著译丛）
　　本书共4编：绪论、公共收入论、公共经费论、公债论。
　　收藏单位：重庆馆、广东馆、贵州馆、国家馆、河南馆、湖南馆、吉林馆、江西馆、南京馆、上海馆、首都馆、天津馆、浙江馆

15001
财政学原理　李权时著
上海：商务印书馆，1931.9—1935.5，2册（612页），22开，精装（中国经济学社丛书）
上海：商务印书馆，1932.9—1935，国难后1版，2册（612页），18开，精装（中国经济学社丛书）
上海：商务印书馆，1935.12，合订版，662页，22开（中国经济学社丛书）
长沙：商务印书馆，1940，2版，修订本，2册（614页），18开（中国经济学社丛书）
　　本书分上、下两卷。上卷共3编：绪论、

岁出论（一名支出论或公共经费论）、预决算论，附中国目前之预算法；下卷共两编：岁入论、公债论。
　　收藏单位：安徽馆、重庆馆、东北师大馆、甘肃馆、广东馆、贵州馆、国家馆、河南馆、黑龙江馆、湖南馆、吉大馆、吉林馆、江西馆、南京馆、内蒙古馆、宁夏馆、上海馆

15002
财政学原论　姚庆三编
上海：大学书店，1934.2，22+442页，25开（经济丛书）
上海：大学书店，1936，再版，22+442页，25开
　　本书共6编：绪论、公共经费论、公共收入论上（收入总论）、公共收入论下（租税各论）、收支适合论、财务行政论。附各国岁出分析表、各国岁入分析表、苏俄一九三一年的国家统一预算表等。据作者在上海复旦大学及上海法学院任教时的讲义修订编成。
　　收藏单位：重庆馆、广东馆、国家馆、吉林馆、南京馆、上海馆、浙江馆

15003
财政学原论
北平：中国大学，1934，510页，16开
　　本书为中国大学财政学讲义。共16章，内容包括：概论、支出论、收入论等。
　　收藏单位：东北师大馆

15004
财政学之基础知识　萨孟武著
上海：新生命书局，1929.12，176页，32开（社会科学常识丛刊7）
上海：新生命书局，1939，176页，32开（社会科学常识丛刊7）
　　本书共5章：总论、经费论、收入论、企业家和金融家的国家、将来社会的财政。附论文4篇：《苏俄的财政方针》《新经济政策以前的财政》《新经济政策以后的财政》《苏俄的税制》。
　　收藏单位：安徽馆、重庆馆、东北师大

馆、广西馆、国家馆、河南馆、湖南馆、江西馆、南京馆、内蒙古馆、宁夏馆、陕西馆、上海馆、天津馆、西南大学馆、浙江馆、中科图

15005
财政学总论　陈启修著
外文题名：Public finance
上海：商务印书馆，1924.1，[612] 页，22 开，精装
上海：商务印书馆，1925.11，再版，[612] 页，22 开，精装
上海：商务印书馆，1927，3 版，[612] 页，22 开，精装
上海：商务印书馆，1928，4 版，[612] 页，22 开，精装
上海：商务印书馆，1931.3，5 版，[612] 页，22 开，精装
上海：商务印书馆，1933.8，国难后 1 版，[612] 页，22 开，精装
上海：商务印书馆，1934，国难后 2 版，[612] 页，22 开，精装
上海：商务印书馆，1935，国难后 3 版，[612] 页，22 开，精装
　　本书共 5 编：财务行政秩序论、公共经费论、公共收入论、收支适合论、地方财政论。附中华民国现行会计法、审计法、审计法施行规则等，并附各国国防费统计等表 10 种。原为著者在北京大学任教时的讲义。
　　收藏单位：安徽馆、长春馆、重庆馆、东北师大馆、甘肃馆、广东馆、广西馆、贵州馆、国家馆、河南馆、黑龙江馆、湖南馆、吉林馆、江西馆、近代史所、辽大馆、南京馆、内蒙古馆、山西馆、上海馆、天津馆、浙江馆、中科图

15006
财政学总论　成荣镐译述
浙江财务人员养成所，1931.6，214 页，18 开
　　本书内容包括：财政与财政学、公共经费论、公共收入论等。
　　收藏单位：浙江馆

15007
财政总论　（日）小川乡太郎著　何嵩龄译
上海：商务印书馆，1927.12，74+268+260 页，22 开，精装（经济丛书）
上海：商务印书馆，1931，再版，1 册，22 开，精装（经济丛书）
上海：商务印书馆，1932.9，国难后 1 版，1 册，22 开，精装（经济丛书）
　　本书共两编：经费论、收入论。为著者所著《财政学》的第 1 卷。
　　收藏单位：安徽馆、重庆馆、东北师大馆、广东馆、国家馆、河南馆、黑龙江馆、湖南馆、吉林馆、江西馆、南京馆、宁夏馆、上海馆、天津馆、浙江馆、中科图

15008
崔敬伯收集财政学类书　崔敬伯编
外文题名：A collection of treatises on public finance by Tsui Ching-Peh
北平：国立北平研究院经济研究会，1936.9，55 页，64 开
　　收藏单位：浙江馆

15009
地方财政　谭宪澄著
长沙：商务印书馆，1939.6，188 页，32 开
　　本书共 5 章：概论、地方经费、地方收入、地方公债、地方预决算。附地方财政主要法规。
　　收藏单位：广西馆、贵州馆、国家馆、黑龙江馆、吉林馆、江西馆、辽大馆、南京馆、浙江馆

15010
地方财政　张家骧编
中央政治学校，[1929—1946]，250 页，16 开
　　收藏单位：南京馆

15011
地方财政概论　冯肇光　潘冠英著
中国国民党广东省执行委员会党务工作人员训练所编译部，1932.2，192 页，32 开（党务工作人员训练所丛刊 11）

本书共 8 章：财政、财政学、预决算及金库制度、岁出论、岁入论、收支适合论、地方团体、地方财政之其他特质。

收藏单位：广东馆、宁夏馆

15012

地方财政论　杨叙然著

长沙：同文印刷公司，1933.10，141 页，32 开

本书共 5 章，内容包括：地方收入、地方公债、地方财务等。

15013

地方财政学　（日）小林丑三郎著　姚大中译
卢寿籛校订

上海：崇文书局，1919.9，[10]+256 页，22 开，精装

本书分上、下两卷。共 16 章，内容包括：公共团体、地方团体、地方财政、地方制度、地方财务、地方税概论、英国地方税、法国地方税、日本地方税等。

收藏单位：国家馆、首都馆

15014

地方财政学　周成编

上海：泰东图书局，[1922]，344 页，32 开（地方自治讲义 5）

上海：泰东图书局，1923.10，8 版，344 页，32 开（地方自治讲义 5）

上海：泰东图书局，1929.8，344 页，32 开

本书共 5 编：概论、地方经费论、地方收入论、地方公债论、国家公债论。附金库条例及会计法。曾被内政部编入《地方自治讲义》中，名为：地方财政学要义讲义。

收藏单位：广东馆、广西馆、国家馆、河南馆、江西馆、南京馆、上海馆、天津馆

15015

地方财政学　朱博能编著

金华：正中书局，1942.12，11+140 页，25 开（社会科学丛刊）

重庆：正中书局，1943，3 版，16+140 页，25 开（社会科学丛刊）

重庆：正中书局，1943.5，4 版，12+140 页，25 开（社会科学丛刊）

上海：正中书局，1948.3，11+140 页，25 开（社会科学丛刊）

本书共 7 篇：总论、地方支出论、地方收入论、地方税论通论、地方税论分论、地方公债论、地方预决算论。附本书重要参考书报。

收藏单位：重庆馆、东北师大馆、广东馆、广西馆、贵州馆、国家馆、湖南馆、吉林馆、江西馆、辽大馆、南京馆、宁夏馆、上海馆、西南大学馆、浙江馆

15016

地方财政学

中央政治学校，[1929—1946]，312 页，32 开

收藏单位：南京馆

15017

地方财政学（总论）　秦庆钧著

广州大学，1948.4，[10]+184 页，25 开

本书论述地方财政的概念，地方财政学的范围与研究方法，我国与英、美、苏等国的地方政府和地方财政，地方财务机构、人员、收支系统，地方财政的筹措与执行、监督与立法等问题。共两编：总论、地方财务行政。

收藏单位：广东馆、国家馆、湖南馆、南京馆

15018

地方财政学讲义　训政学院编辑

河南书局，1929.1，54 页，32 开

本书共 4 编：绪论、地方经费论、收入论、地方财务论。

收藏单位：河南馆

15019

地方财政学要义　王琴堂编

出版者不详，[1929]，68 页，25 开

本书共 3 编：总论、地方经费论、共有财产论。附地方债。

收藏单位：国家馆

15020

地方税论 朱博能著

上饶：地方行政研究所，1941.10，54 页，32 开（地方行政丛书）

　　本书共 8 章：地方税之本质、各国之地方税、营业税、他种营业税、契税、房铺税、附加税、地方杂捐。

　　收藏单位：广东馆、国家馆、湖南馆、江西馆

15021

地价税论 薛福德著　胡子霖译

外文题名：The taxation of land value

长沙：商务印书馆，1939.8，12+377 页，22 开（地政丛书）

　　本书共 10 章：地价税、澳大利亚之土地税（上、下）、德国之增价税、英国之地价税、西部坎拿大之地方税、地价税在财政上之研讨、地价税作为一种社会改革（上、下）、美国采行地价税之便利。

　　收藏单位：重庆馆、广东馆、贵州馆、国家馆、吉林馆、南京馆、中科图

15022

地价税要论 王晋伯著

重庆：文信书局，1943.11，104 页，32 开

　　本书共 9 章，内容包括：地价税之类别及其区分、地价税之特性、地价税之实质的研讨、地价税应为地方税之理由、我国施行地价税之障碍等。

　　收藏单位：重庆馆、东北师大馆、广东馆、贵州馆、国家馆、吉林馆、南京馆

15023

地税论 万国鼎编著

出版者不详，[1942]，236 页，25 开

　　本书共 8 章，内容包括：赋税概论、土地税在赋税系统及财政上之地位、土地税应遵守之原则、论地价税率等。

　　收藏单位：国家馆、南京馆

15024

都市财政论 金国珍编

外文题名：Finance of municipality

上海：商务印书馆，1929.4，226 页，22 开

上海：商务印书馆，1934，国难后 1 版，226 页，22 开

　　本书共 9 章。内容包括：都市财务行政秩序论、都市经费论、都市收入论、都市公债论、都市银行论等。

　　收藏单位：重庆馆、东北师大馆、广东馆、贵州馆、国家馆、河南馆、黑龙江馆、湖南馆、吉大馆、江西馆、南京馆、宁夏馆、上海馆、天津馆、西南大学馆、浙江馆、中科图

15025

赋税的归宿与效应 （英）薛尔弗曼（H. A. Silverman）著　蒋方正译　胡善恒校订

外文题名：Taxation: its incidence and effects

长沙：商务印书馆，1940.11，25+236 页，25 开（中央政治学校研究部丛书）

上海：商务印书馆，1948.3，再版，236 页，25 开（中央政治学校研究部丛书）

　　本书分上、下两编：赋税总论、赋税各论。共 17 章，内容包括：赋税的目的、公共支出的性质、纳税能力与国家收入、赋税的公平与经济、归宿的一般原则、赋税的一般效应、所得税的归宿等。附联合王国收支总类一览表等 12 种。

　　收藏单位：重庆馆、广东馆、贵州馆、国家馆、河南馆、吉大馆、吉林馆、辽大馆、南京馆、浙江馆、中科图

15026

赋税论 胡善恒著

上海：商务印书馆，1934.11，13+678 页，22 开（大学丛书 教本）

上海：商务印书馆，1935，再版，2 册（13+678 页），22 开（大学丛书 教本）

上海：商务印书馆，1939，4 版，2 册（[15]+678 页），25 开（大学丛书 教本）

上海：商务印书馆，1948，5 版，2 册（[15]+678 页），22 开（大学丛书）

　　本书共两章：赋税总论、赋税各论。第 1 章共 12 节，内容包括：赋税之理念、赋税名

辞之解释、赋税分类、赋税之原则、赋税之负担与转嫁等；第 2 章共 18 节，内容包括：人丁税、财产税、资本捐、地税、房屋税等。

收藏单位：安徽馆、重庆馆、东北师大馆、广东馆、广西馆、贵州馆、国家馆、黑龙江馆、湖南馆、吉林馆、江西馆、辽大馆、辽东学院馆、辽宁馆、南京馆、内蒙古馆、宁夏馆、上海馆、首都馆、天津馆、浙江馆

15027

赋税论分论讲义　许造时编

财务总署财务官吏养成所出版课，1943.9，84 页，18 开

本书论述赋税的分类及各类赋税的征收方法和税则等。

收藏单位：国家馆

15028

赋税论讲义　许造时编

财务总署财务官吏养成所出版课，1943.9，62 页，18 开

本书共 5 章，内容包括：赋税之制度、赋税之逃逸转嫁与归宿、赋税之影响等。

收藏单位：国家馆

15029

各国遗产税史要　李权时编著

上海：世界书局，1929.11，121 页，32 开（经济学丛书）

上海：世界书局，1930，121 页，32 开（经济学丛书）

本书共 9 章，内容包括：泰西上古时代的遗产税、泰西中古时代的遗产税、近世大不列颠帝国之遗产税、近世法国之遗产税、近世德国之遗产税等。

收藏单位：安徽馆、重庆馆、广东馆、广西馆、国家馆、河南馆、湖南馆、吉林馆、江西馆、南京馆、上海馆、绍兴馆、天津馆、浙江馆

15030

各国预算制度　（美）巴克（A. E. Buck）著　彭子明译

外文题名：The budget in governments of today

上海：商务印书馆，1936.7，283 页，22 开（经济丛书）

本书共 10 章：预算发达史、预算概论、行政机关在预算上的职权、立法机关在预算上的职权、预算是一个财政计划、预算的编制、预算的承认、预算的执行、预算执行后的责任、美国预算的前途。

收藏单位：安徽馆、重庆馆、东北师大馆、广东馆、国家馆、黑龙江馆、湖南馆、吉林馆、近代史所、辽大馆、辽宁馆、南京馆、内蒙古馆、上海馆、首都馆、浙江馆

15031

各国预算制度论　（日）工藤重义著　李犹龙译

上海：群益书社，1912.9，255 页，23 开，精装

本书共 3 编：预算准备上之问题、预算提出上之问题、预算定义上之问题。

收藏单位：重庆馆、国家馆、南京馆、上海馆、首都馆

15032

各国租税制度　江宣和著

出版者不详，[1911—1949]，4 册（[92] 页），16 开

本书介绍欧美各国所得税、消费税、遗产税等制度。

收藏单位：重庆馆

15033

公共收入论

出版者不详，[1911—1949]，350 页，23 开

本书共 18 章，概述公共收入的性质及分类、良好收入系统的要素、赋税术语及赋税分类、赋税原则、赋税的公平分配之研究等。附表。

收藏单位：重庆馆

15034

公债　何公敢著

上海：商务印书馆，1924.6，80 页，36 开（百

科小丛书 59）

上海：商务印书馆，1926.11，再版，80 页，36 开（百科小丛书 59）

上海：商务印书馆，1930.4，70 页，32 开（万有文库 第 1 集 1000）（百科小丛书）

上海：商务印书馆，1933.5，国难后 1 版，80 页，32 开（万有文库 第 1 集 217）（百科小丛书）

上海：商务印书馆，1935，国难后 2 版，70 页，32 开（万有文库 第 1 集 217）（百科小丛书）

本书共 9 章，内容包括：公债的意义、公债的发达、公债的利弊、公债的利用、公债的种类、公债的市价、公债的偿还等。著者原题：何崧龄。

收藏单位：安徽馆、重庆馆、大理馆、大连馆、东北师大馆、福建馆、广东馆、广西馆、贵州馆、国家馆、河南馆、黑龙江馆、湖南馆、吉大馆、吉林馆、江西馆、辽大馆、辽师大馆、柳州馆、南京馆、内蒙古馆、宁夏馆、山东馆、陕西馆、上海馆、首都馆、天津馆、西南大学馆、浙江馆

15035

公债论　胡善恒著

上海：商务印书馆，1936.8，12+406 页，22 开（大学丛书 教本）

本书共 19 章，内容包括：公债之本质、公债之形态（一、二）、国债负担之考察、国债之经济关系、公债之用途及其效用限度、战时公债用途并与他种财源之较量等。附外国国债表、近三年上海债券市况、参考书。

收藏单位：安徽馆、重庆馆、东北师大馆、广东馆、广西馆、贵州馆、国家馆、黑龙江馆、湖南馆、江西馆、辽大馆、南京馆、内蒙古馆、上海馆、首都馆、天津馆、浙江馆、中科图

15036

公债论　胡善恒编

中央政治学校，1932，210 页，16 开

收藏单位：南京馆

15037

公债论　（日）田中穗积著　陈与年译

上海：商务印书馆，1913.9，3 版，181 页，23 开

本书从政策的角度论述公债的沿革、本质、定义，公债的种类与各类公债的利弊及公债之募集、偿还等方法。附各国公债之沿革、各国公债之情况表。

收藏单位：重庆馆、广东馆、国家馆、近代史所、首都馆、浙江馆

15038

公债论表解　蒋筠编

上海科学书局，1914.9，86 页，50 开（法律政治经济学表解丛书）

本书用表解形式介绍公债之沿革、学说、定义，公债与租税的关系，公债种类及其得失等。

收藏单位：上海馆、浙江馆

15039

公债论讲义

出版者不详，[1911—1949]，58 页，32 开

本书共 9 章，内容包括：公债的意义、发达、利弊、利用、种类等。

收藏单位：重庆馆

15040

公债问答　新华信托储蓄银行服务部编

上海：新华信托储蓄银行服务部，1935.10，20 页，32 开（新华经济零谈 5）

收藏单位：上海馆

15041

公债新哲学　（美）毛尔顿（Harold Glenn Moulton）著　杨承厚译

外文题名：New philosophy of public debt

上海：商务印书馆，1947.3，76 页，32 开

本书共 6 部分：互相冲突之公债哲学、关系国家政策之严重争点、新公债哲学发展之经过、新公债哲学之评价、公债与通货膨胀、公债问题与战后计划。附《评毛尔顿氏之〈公债新哲学〉》（韩森之）。

收藏单位：安徽馆、长春馆、重庆馆、东北师大馆、国家馆、黑龙江馆、湖南馆、吉林馆、辽大馆、辽宁馆、南京馆、内蒙古馆、宁夏馆、上海馆、浙大馆

15042

关铎余声　北京税务学校编

北京：北京税务学校，1919.4，[230]页，25开

本书收录关于税务问题等的著述、报告、文艺作品等。

15043

官厅会计学　李宗弼编

出版者不详，[1911—1949]，380页，32开

收藏单位：广东馆

15044

官厅会计学大纲　（美）穆莱（Lloyd Morey）著　曾邦熙译

上海：民智书局，1933.10，244页，22开（民智商学丛书）

本书共20章，内容包括：绪论、经费、运用岁入经费、预算、预算账目、岁入、现金收入等。

收藏单位：安徽馆、重庆馆、广东馆、国家馆、河南馆、南京馆、天津馆、浙江馆

15045

国家财政概论　（日）井藤半弥著　王国栋译

北平：知行书局，1937.1，12+238页，22开

本书共12章：绪论、经费论、收入总论、租税、规费及受益者负担金、纸币之发行、官公业收入、官有财产收入、杂项收入、公债、会计事务、日本之财政统计。

收藏单位：北师大馆、国家馆、南京馆

15046

国家财政论　（日）松永义雄著

出版者不详，1929.6，144页，25开（民众政治讲座18卷）

收藏单位：江西馆

15047

国家财政学　李克岐著

天津：春秋印刷局，1920.10，672页，22开，精装

本书共5编：绪论、国家经费论、国家收入论、财务会计论、收支适合论。附中西人名对照表。

收藏单位：安徽馆、国家馆、南京馆

15048

国家经济概论　王亮澂著　沈康校订

利福活版部，1915.2，70+42+44页，22开

本书共3编：租税、银行、货币。

收藏单位：国家馆

15049

国债清理论　李渔泮著

出版者不详，[1921.3]，120页，23开

本书论述解决国家债务的几种方法，包括废除、转让、借换或偿还等。

收藏单位：安徽馆、天津馆

15050

加税问题及海关制度　国定税则委员会税款股编译

出版者不详，[1911—1949]，22页，32开

本书共两部分：加税问题、海关制度。

收藏单位：上海馆

15051

经济财政论丛　金陵大学文学院编

[成都]：金陵大学文学院政治经济系，1940.12，22页，18开（金陵大学文学院社会科学论丛3）

本书收文3篇：《印花税之沿革》（林蔚人）、《交易税在现代租税制度上之地位及特殊性》（归廷轮）、《输出信用保险论》（倪惠元）。

收藏单位：重庆馆、国家馆、南京馆

15052

决算表之编制及内容　黄组方著

重庆：立信会计图书用品社，1944.4，修订

版，11+464 页，25 开

上海：立信会计图书用品社，1946.8，8 版，修订本，11+464 页，25 开（立信会计丛书）

上海：立信会计图书用品社，1948.2，3 版，11+464 页，25 开（立信会计丛书）

本书共 15 章，内容包括：决算表之概念、决算表之例举、流动资产、长期投资、固定资产之种类及估价通则、个别固定资产之估价、无形资产及递延费用、流动负债、固定负债与或有负债等。

收藏单位：重庆馆、广东馆、国家馆、河南馆、辽大馆、南京馆

15053

决算表之编制及内容　黄组方编著

长沙：商务印书馆，1938.8，11+516 页，22 开（立信会计丛书）

长沙：商务印书馆，1938.11，再版，11+516 页，22 开（立信会计丛书）

长沙：商务印书馆，1938，3 版，11+516 页，25 开（立信会计丛书）

长沙：商务印书馆，1940，4 版，11+516 页，22 开（立信会计丛书）

长沙：商务印书馆，1941.7，5 版，11+516 页，25 开（立信会计丛书）

收藏单位：重庆馆、广东馆、广西馆、贵州馆、国家馆、辽大馆、内蒙古馆、浙江馆

15054

决算表之分析　黄组方著

重庆：立信会计图书用品社，1942，3 版，21+612 页，25 开（立信会计丛书）

重庆：立信会计图书用品社，1944.6，4 版，21+612 页，25 开（立信会计丛书）

上海：立信会计图书用品社，1946，再版，21+612 页，25 开（立信会计丛书）

上海：立信会计图书用品社，1948，3 版，21+612 页，25 开（立信会计丛书）

本书共 15 章，内容包括：决算表分析之概念、适于分析用之资产负债表（一、二）、适于分析用之损益计算书、决算表资料之征集与整理、决算表分析之方法、百分率法、比率法等。附各家所习用之比率、参考书目、

英汉译名对照表、四角号码索引。

收藏单位：重庆馆、国家馆、湖南馆、辽大馆、南京馆、内蒙古馆

15055

决算表之分析　黄组方著

长沙：商务印书馆，1940.1，21+612 页，25 开（立信会计丛书）

长沙：商务印书馆，1940.9，再版，21+612 页，25 开（立信会计丛书）

长沙：商务印书馆，1944，4 版，21+612 页，25 开（立信会计丛书）

收藏单位：广东馆、国家馆、内蒙古馆、首都馆、浙江馆

15056

决算表之分析观察法　（美）吉曼（Stephen Gilman）著　徐永祚译

上海：徐永祚会计师事务所，1930.7，[12]+276 页，25 开，精装（会计丛书 3）

本书共 16 章，内容包括：绪论、资产负债表、分析观察法概论、单一资产负债表之分析观察法、资产负债表之比率、趋势法（一、二）、标准比率、结果之报告等。

收藏单位：重庆馆、国家馆、吉林馆、南京馆、内蒙古馆、清华馆、上海馆、中科图

15057

决算表之分析及解释　（美）葛师孟（H. G. Guthmann）著　潘铦甲译

外文题名：The analysis of financial statements

上海：立信会计图书公司，1946.6，再版，347+59 页，25 开（立信会计丛书）

上海．立信会计图书公司，1948.2，3 版，347+59 页，32 开（立信会计丛书）

本书共 12 章，内容包括：决算表在近代商业管理中之重要性、资产负债表之编制、损益计算书之编制、运用资本之分析、固定资产及资本结构之分析等。附习题。据原著 1936 年修订版译出，并由译者另行搜集资料编成实例章。

收藏单位：重庆馆、国家馆、河南馆、辽大馆、南京馆、内蒙古馆、浙江馆

15058

决算表之分析及解释　（美）葛师孟（H. G. Guthmann）原著　潘铦甲译

外文题名：The analysis of financial statements

长沙：商务印书馆，1939，347+59 页，32 开（立信会计丛书）

长沙：商务印书馆，1940.7，再版，347+59页，25 开（立信会计丛书）

上海：商务印书馆，1949.3，4 版，347+59页，25 开（立信会计丛书）

　　收藏单位：贵州馆、国家馆、黑龙江馆、辽宁馆、南京馆、浙江馆

15059

决算表之分析及解释　（美）佩顿（William Andrew Paton）原著　潘序伦译

外文题名：Advanced accounting

上海：立信会计图书用品社，1949，101 页，25 开（立信会计译丛）

　　本书共 5 章：比率分析法、资金表、讨论式及图式报表、决算表资料详细分析举例、"等值货币"报表。据原著者所著 Advanced accounting 第 29—33 章译出。

　　收藏单位：重庆馆、国家馆、辽宁馆、天津馆

15060

累进课税论　（美）塞利格曼（Edwin Robert Anderson Seligman）著　岑德彰译述

外文题名：Progressive taxation

上海：商务印书馆，1934.1，59 页，32 开（社会科学小丛书）

上海：商务印书馆，1935，再版，59 页，32开（社会科学小丛书）

　　本书共 4 章：社会主义说及损失补偿说、利益说、能力说、结论。

　　收藏单位：重庆馆、广东馆、广西馆、贵州馆、国家馆、河南馆、吉林馆、江西馆、辽大馆、南京馆、上海馆、首都馆、浙江馆

15061

李权时经济财政论文集　李权时著

上海：商务印书馆，1930.10，405 页，23 开，精装（中国经济学社丛书）

上海：商务印书馆，1931，405 页，23 开，精装（中国经济学社丛书）

上海：商务印书馆，1933.5，国难后 1 版，405 页，22 开，精装（中国经济学社丛书）

上海：商务印书馆，1941.11，405 页，22 开（中国经济学社丛书）

　　本书收文 16 篇，内容包括：《货币购买力理论》《从银价暴落说到币制建设》《评甘末尔设计委员会的币制报告》《不用金币的金本位制与有限银本位制》《金本位之由来》等。

　　收藏单位：重庆馆、广西馆、国家馆、河南馆、黑龙江馆、湖南馆、吉林馆、江西馆、辽大馆、南京馆、宁夏馆、陕西馆、上海馆、武大馆、浙江馆、中科图

15062

莫氏官厅会计学　（美）穆莱（Lloyd Morey）著　封瑞云译

外文题名：Introduction to governmental accounting

上海：封瑞云 [发行者]，1933.1，10+230 页，22 开（国立暨南大学丛书）

　　本书共 20 章，内容包括：绪论、金、支用收入金、预算、预算帐目、收入、现金进款等。附《整理吾国官厅购置制度之意见》（封瑞云）、《统一会计制度之介绍与商榷》（封瑞云）等。著者原题：莫瑞。

　　收藏单位：安徽馆、重庆馆、广东馆、国家馆、南京馆、上海馆、浙江馆

15063

社会问题与财政　（日）小川乡太郎著　甘浩泽　史维焕译

上海：商务印书馆，1924，387 页，32 开（新智识丛书）

上海：商务印书馆，1927.7，再版，10+387页，32 开（新智识丛书）

　　本书共 3 编：总论、官业之社会化、租税之社会化。第 1 编共 4 章，内容包括：社会问题之解决与财政、战后财政之社会化等；第 2编共 3 章：独占事业官营论、驳官业整理论、专卖扩张论；第 3 编共 6 章，内容包括：社会

的租税政策之根本理论、由社会政策观察之日本税制、为充实国防而增税与税制整理等。

收藏单位：安徽馆、重庆馆、广东馆、广西馆、国家馆、河南馆、湖南馆、近代史所、宁夏馆、天津馆、西南大学馆、浙江馆

15064

什么是财政学　陈时权编

上海：经纬书局，[1930—1939]，90 页，50 开（经纬百科丛书）

收藏单位：广东馆、南京馆、上海馆

15065

市财政学　（美）巴克（A. E. Buck）主编 曾迪先译

外文题名：Municipal finance

上海：商务印书馆，1937.3，460 页，22 开，精装（经济丛书）

本书侧重对美国地方财政实务的研究。共 15 章，内容包括：市财政学之意义、财务行政之组织、预算及预算编制、预算及审计监督、普通会计及报告等。

收藏单位：重庆馆、东北师大馆、广东馆、贵州馆、国家馆、河南馆、黑龙江馆、湖南馆、吉林馆、辽大馆、南京馆、天津馆、浙江馆、中科图

15066

市财政学纲要　董修甲著

上海：商务印书馆，1936.3，918 页，22 开，精装（中国经济学社丛书）

本书共 5 编：总论、市经费论、市收入论、都市收支适合论、市财务行政论。附法规 30 余种。据著者所著《市财政学讲义》修改而成。

收藏单位：重庆馆、东北师大馆、广东馆、广西馆、国家馆、黑龙江馆、湖南馆、吉林馆、近代史所、南京馆、内蒙古馆、上海馆、天津馆、浙江馆、中科图

15067

岁计制度论　潘传栋著

上海：中华书局，1937.5，232 页，32 开（现代经济丛书）

昆明：中华书局，1941.2，再版，232 页，32 开（现代经济丛书）

本书共上、下两编。上编共 6 章，内容包括：绪论、预算之编制、会计年度与出纳整理期间、预算之审议等；下编共 3 章：英国岁计制度、美国岁计制度、我国岁计制度。附我国重要岁计法规 7 种。

收藏单位：重庆馆、东北师大馆、广东馆、广西馆、国家馆、河南馆、黑龙江馆、湖南馆、吉林馆、江西馆、近代史所、辽大馆、南京馆、上海馆、天津馆、浙江馆、中科图

15068

所得税　吴广治编

上海：中华书局，1936.9，146 页，32 开

上海：中华书局，1937.2，3 版，146 页，32 开

本书共上、下两编：关于所得税之理论概要、各国所得税之实施制度。共 15 章，内容包括：所得及所得税之释义、所得税之性质、所得税之范围、所得税制之构成、中国之所得税、所得税之展望等。附所得税暂行条例草案、所得税暂行条例草案说明、所得税法暂行条例、所得税施行细则草案。

收藏单位：重庆馆、东北师大馆、广东馆、国家馆、河南馆、黑龙江馆、吉林馆、江西馆、辽大馆、辽宁馆、南京馆、内蒙古馆、上海馆、首都馆、天津馆、浙江馆、中科图

15069

所得税发达史　朱偰著

重庆：正中书局，1939.1，208 页，32 开（所得税丛书）

上海：正中书局，1947.1，208 页，32 开（所得税丛书）

本书共 4 章：所得税之滥觞、所得税之成立、所得税之风行、所得税之趋势。

收藏单位：安徽馆、重庆馆、东北师大馆、广东馆、贵州馆、国家馆、河南馆、湖南馆、吉林馆、辽大馆、南京馆、内蒙古馆、上海馆、浙江馆、中科图

15070

所得税会计论　袁际唐　陈德荣编

上海：袁际唐[发行者]，1937.3，12+520+28页，23开

　　本书共两编：所得税会计之概念、所得税会计之实务。附参考文献、所得税暂行条例施行细则、所得税征收须知。据作者的授课讲稿编成。编者"陈德荣"原题：陈德容。

　　收藏单位：广东馆、贵州馆、南京馆、上海馆

15071

所得税论　（美）塞利格曼（Edwin Robert Anderson Seligman）著　杜俊东译述

外文题名：The income tax: a study of the history, theory, and practice of income taxation at home and abroad

上海：商务印书馆，1933.11，45页，32开（社会科学小丛书）

上海：商务印书馆，1935.5，再版，45页，32开（社会科学小丛书）

　　本书共9部分，内容包括：租税标准之发展、以财产为能力之标准、以用费及产物为能力之标准、以所得为能力之标准、所得之意义等。为原著绪论一章的译文。著者原题：塞里格曼。

　　收藏单位：安徽馆、重庆馆、东北师大馆、广东馆、广西馆、贵州馆、国家馆、湖南馆、吉大馆、吉林馆、辽大馆、南京馆、内蒙古馆、上海馆、天津馆、浙江馆

15072

所得税论　（美）塞利格曼（Edwin Robert Anderson Seligman）著　王官彦　王官鼎译

上海：中华经济学社，1921.6，136页，22开

　　本书共9章：绪论、英国之所得税、美国之所得税、德国之所得税、法国之所得税、欧洲其他诸国之所得税、中国之所得税、日本之所得税、结论。著者原题：施里曼。

　　收藏单位：国家馆、上海馆、首都馆

15073

所得税原理及实务　潘序伦　李文杰编著

上海：商务印书馆，1937，327+[20]页，22开（立信会计丛书）

上海：商务印书馆，1937.3，再版，13+327页，25开（立信会计丛书）

上海：商务印书馆，1937，3版，13+327页，25开（立信会计丛书）

上海：商务印书馆，1937，修订4版，13+321+88页，25开（立信会计丛书）

上海：商务印书馆，1939，修订5版，[16]+321+88页，22开（立信会计丛书）

上海：商务印书馆，1941.8，修订7版，13+321+88页，22开（立信会计丛书）

　　本书共14章，内容包括：赋税原理、所得税原理、英国所得税制度、美国所得税制度、法国及意国所得税制度、日本及德国所得税制度、苏联所得税制度、我国所得税制度等。附所得税暂行条例、致财政部所得税事务处函等。

　　收藏单位：安徽馆、重庆馆、东北师大馆、甘肃馆、广东馆、贵州馆、国家馆、河南馆、黑龙江馆、湖南馆、吉林馆、辽大馆、南京馆、内蒙古馆、宁夏馆、上海馆、首都馆、天津馆、浙江馆

15074

所得税之理论与实际　陈英竞著

出版者不详，1933.5，114页，32开（澄园经济丛刊）

　　本书共10章，内容包括：所得及所得税之性质与意义、所得税之重要及其课税范围、所得税之分类、所得税与其他租税之关系、所得税之公平问题等。

　　收藏单位：重庆馆、国家馆、南京馆、武大馆、西南大学馆

15075

田赋讲义　熊鼎盛编述

出版者不详，[1911—1949]，78页，16开

　　收藏单位：南京馆

15076

土地税　李权时编

中央政治学校，[1930—1939]，232页，16开

本书为土地税讲义。内容包括：租税系统概论及土地税的地位、土地的分类与其赋税的关系、各种土地税之划分等。

　　收藏单位：广东馆、国家馆

15077
瓦格涅财政学提要　童蒙正编
上海：黎明书局，1931，150+20 页，32 开

　　本书共上、下两篇。上篇共 8 节，内容包括：企业国家经营的概要、私经济的收入概论、国有田野论、国有森林论、企业国家经营论结论等；下篇共 4 节：租税政策论的概要、租税的意义及理由、租税的最高原则、租税的体系。附社会政策与社会政策学会、瓦格涅的社会政策主张。大部分内容取材于日本泷本美夫的《瓦格涅的财政学》及松下芳男的《瓦格涅的社会政策论》。

　　收藏单位：重庆馆、广西馆、国家馆、河南馆、湖南馆、吉林馆、江西馆、南京馆、上海馆、天津馆、西南大学馆、浙江馆

15078
县财政　严与宽著
上海：大东书局，1935.3，228 页，32 开，精装

　　本书共 9 章：总论、田赋、营业税、契税、牙税、会计、解款、交替、结论。

　　收藏单位：重庆馆、东北师大馆、国家馆、江西馆、南京馆、天津馆、浙江馆

15079
县财政建设　王启华等编著
重庆：中央政治学校研究部，1941.1，218 页，32 开（三民主义县政建设丛书）

　　本书共 5 章：绪论、岁出论、收入论、收支适合论、财务行政论。

　　收藏单位：重庆馆、东北师大馆、广东馆、国家馆、黑龙江馆、吉林馆、江西馆、南京馆、上海馆

15080
县财政问题　朱博能编著
[重庆]：正中书局，1943.7，14+222 页，25

开（社会科学丛刊）
上海：正中书局，1946.3，14+222 页，25 开（社会科学丛刊）

　　本书共 16 章，内容包括：绪论、县财政支出、县财政收入、县地方捐税、县税务行政、县财政机构、县公库等。

　　收藏单位：安徽馆、重庆馆、东北师大馆、贵州馆、国家馆、河南馆、湖南馆、江西馆、近代史所、辽大馆、辽宁馆、南京馆、首都馆、天津馆、浙江馆

15081
现代财政学　赵祖抃著
上海：光华书局，1931.5，204 页，22 开

　　本书共 5 编：岁出论、岁入论、收支适合论、财务行政论、地方财政论。其他题名：财政学讲义。

　　收藏单位：安徽馆、重庆馆、国家馆、湖南馆、江西馆、辽宁馆、南京馆、上海馆、天津馆、浙江馆

15082
现代财政学理论体系　（日）永田清著　吴兆莘译
上海：正中书局，1947.12，281 页，25 开

　　本书分前、后两篇，共 8 章：共同欲望论之财政学、全体主义之财政学、目的论之财政学、功利主义之财政学、财政学之社会理论、财政社会学之展开、经济组织的二元论、财政学之政治性。

　　收藏单位：安徽馆、重庆馆、东北师大馆、广东馆、贵州馆、国家馆、辽大馆、南京馆、陕西馆、上海馆、浙江馆

15083
现代国家财政的社会经济机能·中日战争与太平洋各强国之关系　杨汝梅著
中国计政学会，1938，58 页，32 开（中国计政学会丛刊）

　　本书为合订本。《现代国家财政的社会经济机能》共 5 章：现代国家财政之模型、战时财政之社会经济机能、战后整理财政与国民经济之拘束、现代国家之统制经济的机能、

结论。《中日战争与太平洋各强国之关系》共5节：绪论、英国与中日战争之关系、苏俄与中日战争之关系、美国与中日战争之关系、结论。

收藏单位：重庆馆、国家馆、吉林馆、南京馆

15084

现代税制类型之检讨　崔敬伯著

北平：国立北平研究院经济研究会，1936，14页，16开

本书共5部分：引言、前资本主义类型、资本主义类型、社会主义类型、结论。

收藏单位：重庆馆、国家馆、湖南馆、南京馆、内蒙古馆、浙江馆

15085

新财政学　（日）阿部贤一著　施复亮译

上海：大江书铺，1931.8，356页，32开

上海：大江书铺，1933.8，再版，356页，32开

本书分上、下两篇：财政学原理、财政政策论。上篇共4章，内容包括：财政底本质、财政与私经济底关系等；下篇共5章，内容包括：财政政策底意义、英国劳动党底财政政策等。

收藏单位：重庆馆、东北师大馆、广东馆、广西馆、国家馆、吉林馆、近代史所、辽大馆、南京馆

15086

亚当士财政学大纲　（美）亚当士（H. C. Adams）著　刘秉麟译

外文题名：Science of finance

上海：商务印书馆，1921，12+154+69页，22开

上海：商务印书馆，1928，6版，12+154+69页，25开

上海：商务印书馆，1932.12，1册，32开

收藏单位：东北师大馆、贵州馆、南京馆、首都馆、西南大学馆

15087

遗产税论　朱博能著

杭州：正中书局，1940，68页，32开

本书共9节，内容包括：遗产税之意义与性质、遗产税之学说、各国遗产税、遗产税之征收制度、遗产税税基等。附遗产税暂行条例、遗产税暂行条例施行条例、遗产评价规则、遗产评价委员会组织规程。

收藏单位：上海馆

15088

遗产税问题　李权时编著

上海：世界书局，1929.11，120页，32开（经济学丛书）

上海：世界书局，1930，120页，32开（经济学丛书）

本书共9章，内容包括：遗产税的理论、总遗产税与分遗产税的比较、遗产税税率问题、继承人的差异待遇问题、遗产税的逃避问题等。为《各国遗产税史要》的续编。

收藏单位：安徽馆、重庆馆、广东馆、国家馆、河南馆、湖南馆、吉林馆、江西馆、南京馆、山西馆、陕西馆、上海馆、绍兴馆、首都馆、天津馆、西南大学馆、浙江馆

15089

遗产税原理及实务　朱公言编著

中国著作人出版合作社，1938.12，[12]+155页，32开

本书共7章，内容包括：遗产税原理概述、遗产继承、遗嘱、我国现行遗产税制度、遗产会计等。

收藏单位：重庆馆、上海馆

15090

营业税概论　吉德湘编著　薛兆棠校正

南阳：前锋报社，1944，112页，32开

本书共9章，内容包括：总论、论营业税征课法则、论营业税征课标准、营业税在财政上之地位与其归著和优点、各国过去营业税概况、吾国营业税之沿革等。

收藏单位：国家馆

15091

营业预算与国家普通预算的比较研究 杨汝梅译著

[中国计政学会]，1935.8，120 页，32 开（中国计政学会丛刊）

本书据《预算统制之研究》（长谷川安兵卫）节译。

收藏单位：重庆馆、国家馆、南京馆

15092

应用财政学讲义 杨汝梅著

出版者不详，[1921—1949]，石印本，1 册，18 开，环筒页装

本书共 3 编：民国财政总论、中央财政、全国财政与预算关系。逐页题名：应用财政学。

收藏单位：国家馆

15093

预算概论 黄凤铨著

南京：京华印书馆，1931.3 印，[456] 页，22 开

本书共 7 章：预算总论、预算之沿革、预算之编制、预算之提出、预算之议决与公布、预算之施行与监督、结论。附各种书表样式、各种法规、国民政府财政委员会核定各机关十八年度岁出预算一览表。

收藏单位：广东馆、国家馆、江西馆、南京馆、上海馆

15094

豫算决算论表解 蒋筠编

上海科学书局，1913.6，71 页，50 开（法律政治经济学表解丛书）

本书用表解形式介绍豫算决算的历史、范围、制度、程序、方法等。

收藏单位：上海馆、浙江馆

15095

怎叫公债 周君若编

上海：民众教育研究社，1932.12，62 页，50 开（注音符号民众万有丛书 经济类）

收藏单位：重庆馆、江西馆、首都馆

15096

战时公债 吴克刚编译

上海：文化生活出版社，1937.1，140 页，36 开（战时经济丛书 3）

本书共 8 章：战时公债的特点、英国战时公债、法国战时公债、俄国战时公债、意大利战时公债、德国战时公债、美国战时财政方针、自由公债。附各国战前战后的公债统计表，世界大战各交战国人口、国富、国民收入及公债统计表，德国战时公债统计表等。

收藏单位：重庆馆、国家馆、湖南馆、江西馆、近代史所、上海馆、浙江馆

15097

战时统制经济论 （日）森武夫著 陈绶荪译

[上海]：国立编译馆，[1933]，[178] 页，22 开

上海：国立编译馆，1935.5，627 页，22 开

长沙：国立编译馆，1938.3，3 版，627 页，22 开

本书共 13 章，内容包括：战争之经济的原因、将来战争与经济、战时工业之统制、战时劳动之统制、战时财政与金融等。

收藏单位：江西馆

15098

政府会计学 丁宇学编著

南京：正中书局，1935.7，22+449 页，22 开

本书备作高中、商科大学商学系及经济学系学生教本及参考。共 21 章，内容包括：基金、可用岁入款基金、预算、预算各帐户、岁入款、现金之收纳、会计上法定支用数之处理、支付与国库帐等。

收藏单位：重庆馆、广东馆、广西馆、贵州馆、国家馆、湖南馆、辽大馆、上海馆、浙江馆

15099

政府会计学提要 丁宇学著

中国计政学会，1935.3，72 页，23 开（中国计政学会丛刊）

本书备作高中、商科大学商学系及经济学系学生教本及参考。共 3 部分：政府会计、

附属机关会计、习题。

　　收藏单位：重庆馆、南京馆、上海馆

15100

政府会计学原理　何士芳编

标准会计图书社，1941，[324]页，18开（实用会计丛书）

　　本书共15章，内容包括：绪论、基金、预算、岁入款等。据《政府会计导论》（穆莱）及美国市政委员会颁布的有关资料辑译而成。

　　收藏单位：国家馆

15101

政府会计原理　蒋明祺编著

重庆：立信会计图书用品社，1941.12，376页，22开（立信会计丛书）

上海：立信会计图书用品社，1947.3，3版，375页，22开（立信会计丛书）

　　本书共7编，内容包括：政府审计之意义、机构、法规、程序、人员、制度等。

　　收藏单位：上海馆

15102

政府会计原理及实务　张心澂著

出版者不详，[1911—1949]，500页，32开

　　本书共5章：概论、会计科目、会计凭证、会计簿记、会计报告。书中题名：政府会计实务。

　　收藏单位：重庆馆、广东馆、广西馆、桂林馆

15103

政府普通公务会计原理及实务　董明易编著

江西省立图书馆文化服务部，1941.9，3册（[12]+456页），25开

　　本书据作者在会计人员就业训练班上的讲稿增订编成。

　　收藏单位：重庆馆、广东馆、江西馆、南京馆、浙江馆

15104

资本盈余与所得税　郑廷植著

厦门：国立厦门大学，1943.1，[12]页，18开

　　本书共5部分，内容包括：资本盈余之性质与内容、重估价盈余应否课税之问题、所得税法中关于盈余公债之部分应加修正等。为《厦大学报》第1集抽印本。

　　收藏单位：国家馆

15105

租税　王首春著

上海：商务印书馆，1927.7，61页，36开（百科小丛书129）

上海：商务印书馆，1930.10，56页，32开（万有文库第1集211）（百科小丛书）

上海：商务印书馆，1933，国难后1版，56页，32开（百科小丛书）

上海：商务印书馆，1935，国难后2版，56页，32开（百科小丛书）

　　本书共11章，内容包括：租税的意义、租税的种类、租税的根据、租税的原则、租税的本源等。

　　收藏单位：安徽馆、长春馆、重庆馆、大理馆、大连馆、大庆馆、东北师大馆、广东馆、广西馆、贵州馆、国家馆、河南馆、黑龙江馆、湖南馆、江西馆、辽大馆、辽师大馆、南京馆、内蒙古馆、宁夏馆、山东馆、上海馆、天津馆、西南大学馆、浙江馆

15106

租税各论　（美）塞利格曼（Edwin Robert Anderson Seligman）原著　胡泽译

外文题名：Essays in Taxation

上海：商务印书馆，1934.12，2册，32开，精装

长沙：商务印书馆，1940.5，再版，4册（12+1262页），32开

　　本书共24章，内容包括：租税之沿革、一般财产税、单一税、双重征课、遗产税、公司税、战费收入条例、战费及其筹备方法等。

　　收藏单位：安徽馆、重庆馆、东北师大馆、广东馆、广西馆、贵州馆、国家馆、河南馆、湖南馆、江西馆、辽大馆、辽宁馆、南京馆、上海馆、西南大学馆、浙江馆、中

科图

15107
租税论 来承志编
浙江省财务人员养成所，[1911—1949]，74页，22开

　　本书共3章：绪论、租税分类、租税制度。

　　收藏单位：国家馆

15108
租税新论 江世义编纂
上海：法政学社，1930.2，105页，22开

　　收藏单位：重庆馆、湖南馆、江西馆、南京馆、浙江馆、中科图

15109
租税转嫁与归宿 （美）塞利格曼（Edwin Robert Anderson Seligman）著　许炳汉译
外文题名：Shifting and incidence of taxation
上海：商务印书馆，1931.6，413+32页，22开（社会科学名著丛书）
上海：商务印书馆，1933.8，国难后1版，413+32页，22开，精装（大学丛书）
上海：商务印书馆，1935，4册，32开（万有文库 第2集115）（汉译世界名著）
上海：商务印书馆，1936.9，4册，32开（万有文库 第2集115）
长沙：商务印书馆，1939.4，[13]+413+32页，22开（大学丛书）

　　本书共两篇：租税归宿学说史、租税归宿之理论。第1篇共两卷：古代学说、近代学说；第2篇共8章，内容包括：一般原则、农业用地税、城市不动产税、动产税及资本税等。附亚丹斯密以前之著作、亚丹斯密以后之著作。著者原题：塞力格曼。

　　收藏单位：安徽馆、重庆馆、大理馆、大连馆、东北师大馆、广东馆、广西馆、贵州馆、国家馆、河南馆、黑龙江馆、湖南馆、吉林馆、江西馆、辽大馆、辽宁馆、辽师大馆、柳州馆、南京馆、内蒙古馆、宁夏馆、上海馆、绍兴馆、首都馆、天津馆、西南大学馆、浙江馆、中科图

15110
租税总论 （日）小川乡太郎著　萨孟武译述
外文题名：Principles of taxation
上海：商务印书馆，1926.9，439页，22开，精装（经济丛书）
上海：商务印书馆，1933.2，国难后1版，439页，22开，精装（经济丛书）
上海：商务印书馆，1935，国难后2版，439页，22开，精装（经济丛书）

　　本书共9章，内容包括：租税之本质、租税之技术术语及其分类、租税之发达、租税之根据、租税之最高原则等。

　　收藏单位：长春馆、重庆馆、东北师大馆、广东馆、广西馆、国家馆、黑龙江馆、湖南馆、江西馆、辽大馆、南京馆、宁夏馆、山西馆、陕西馆、上海馆、首都馆、天津馆、浙江馆、中科图

15111
最近财政概论 黄孝庚著
成都：安新贤[发行者]，1937.6，283页，18开

　　本书分3篇：绪论、租税总论、租税各论。

　　收藏单位：东北师大馆

15112
最近豫算决算论 （日）工藤重义著　易应绅译
上海：群益书社，1911.7，11+248页，22开，精装

　　本书共5编：豫算总论、豫算全论、豫算本论、豫算后论、决算论。附论豫算膨胀之趋势。

　　收藏单位：国家馆、首都馆、浙江馆

15113
最新财政思想与财政政策 萨孟武编译
上海：新生命书局，1930.10，160页，32开

　　本书收节译文章6篇，内容包括：《有产者国家的财政租税政策》《租税问题及租税政策》《苏俄的财政政策》《德国社会民主党的财政政策》等。

收藏单位：安徽馆、重庆馆、广东馆、广西馆、国家馆、江西馆、南京馆、上海馆、天津馆、西南大学馆

15114

最新财政学 （日）松崎藏之助著　张家骝译

上海：群益书社，1918.10，314 页，24 开，精装

本书共 5 篇：总论、岁入、岁出、公债、岁计预算。

收藏单位：安徽馆、南京馆

15115

最新财政学 [（日）松崎藏之助著]　张家骝编辑

上海：商务印书馆，1918.10，314 页，24 开，精装

收藏单位：重庆馆

15116

最新财政学纲要 （日）宇都宫鼎著　区华山译

广州：美华书局，1935.7，2 册（250 页），25 开

本书共 4 部分：总论、租税论、官业收入论、公债论。

收藏单位：广东馆

世界财政

15117

比京国际财政会议报告 [魏宸组编译]

[财政部]，[1920.11]，[38] 页，18 开

本书共 3 部分：公函（魏宸组）、国际财政会议致国际联合会行政部报告书、附件。

收藏单位：重庆馆、国家馆、近代史所、首都馆

15118

财政渊鉴 [过耀根等译]

上海：民友社，1912，1914 页，22 开，精装

上海：民友社，1913，再版，1914 页，22 开，精装

上海：民友社，1913，3 版，1914 页，22 开，精装

收藏单位：安徽馆、重庆馆、东北师大馆、广东馆、国家馆、河南馆、黑龙江馆、吉林馆、江西馆、近代史所、南京馆、内蒙古馆、上海馆、浙江馆、中科图

15119

财政渊鉴 [过耀根等译]

上海：中华书局，1917.3，2 册（52+18+1914 页），23 开，精装

本书共 6 编：租税、公债、会计、货币、银行、财政学。附中国全国岁入表、中国全国岁出表等。译自日本田中穗积、田尻稻次郎、堀江归一及德国怀格那等人的原著。

收藏单位：安徽馆、广东馆、国家馆、河南馆、首都馆、中科图

15120

财政政策论 （日）阿部贤一著　王长公译

上海：华通书局，1930.5，228 页，36 开

本书共 5 章：财政政策的意义、英国劳动党的财政政策、意大利泛系党的财政政策、劳农俄国的财政政策、结论。原著分上、下两编，此译本为下编。

收藏单位：广东馆、国家馆、吉林馆、江西馆、南京馆、上海馆、天津馆

15121

财政政策论 （日）阿部贤一著　邹敬芳译

上海：明月书局，1930.5，217 页，32 开

本书共 4 章：财政政策的意义、英国劳动党的财政政策、意大利法西斯蒂的财政政策、苏俄的财政政策。原著共两编：财政学原理、财政政策论。

收藏单位：重庆馆、国家馆、吉林馆、南京馆、内蒙古馆、上海馆、浙江馆

15122

大战前东西各国国债整理始末　财政善后委员会编

财政善后委员会，[1911—1949]，[264] 页，16 开

本书共两部分：日本国债调查始末、欧美国债。第 2 部分共 8 章：美国、英国、俄国、法国、普鲁士及德国、巴威伦国、墺国、意大利国债整理。附财政长官麻约拉男氏关于意债借换提出上下两院之报告、前财政长官路奇萨氏关于意债借换之评论。

收藏单位：南京馆

15123

各国财政史　胡善恒编

出版者不详，[1911—1949]，200 页，16 开

收藏单位：南京馆

15124

各国财政史　（日）小林丑三郎著　邹敬芳译

上海：神州国光社，1930.11，350 页，25 开

本书共 7 章，内容包括：古代财政、中世纪财政、近古财政、法国革命以后的各国财政、德意志帝国再建以后的各国财政等。附苏俄的财政。

收藏单位：安徽馆、重庆馆、广东馆、国家馆、河南馆、湖南馆、吉林馆、江西馆、近代史所、南京馆、宁夏馆、山西馆、上海馆、首都馆、天津馆、浙江馆

15125

各国财政制度　黄卓编

上海：中华书局，1935.8，[14]+288 页，32 开（国际丛书）

本书共 4 编：公共经费、公共收入、公债、预算制度。附各国租税制度中（所得税与遗产税以外）的几种其他直接税、各国的税务行政制度中的几个重要原素。

收藏单位：重庆馆、贵州馆、国家馆、黑龙江馆、湖南馆、吉林馆、江西馆、南京馆、内蒙古馆、山西馆、上海馆、首都馆、天津馆、西南大学馆、浙江馆、中科图

15126

各国地价税制度　东京市政调查会编　邓绍先译

上海：华通书局，1929.11，192 页，32 开

本书共两编：土地加价税、土地原价税。第 1 编共两章：土地加价税的实例、土地加价税的性质；第 2 编共两章：土地原价税的实例、土地原价税之性质。

收藏单位：重庆馆、广东馆、贵州馆、国家馆、湖南馆、吉林馆、辽宁馆、南京馆、内蒙古馆、上海馆、天津馆、浙江馆、中科图

15127

各国所得税制度论　（日）汐见三郎著　宁柏青译

上海：商务印书馆，1936.5，428 页，18 开，精装（经济丛书）

上海：商务印书馆，1936.11，再版，428 页，18 开，精装（经济丛书）

本书共 10 章：总论、英国之所得税、美国之所得税、德国之所得税、法国之所得税、意大利之所得税、俄国之所得税、日本之所得税、各国所得税负担之比较、结论。附各国所得税发达年表、索引。

收藏单位：安徽馆、重庆馆、东北师大馆、甘肃馆、广东馆、贵州馆、国家馆、黑龙江馆、湖南馆、吉林馆、江西馆、近代史所、辽大馆、南京馆、内蒙古馆、山西馆、上海馆、天津馆、浙江馆、中科图

15128

各国盐政大观　周棠　汪秉文编

上海：政治经济学社，1913.5，118 页，32 开

本书共两编：绪论、外国盐政。附财政部盐专卖法规草案说明书。

收藏单位：湖南馆、吉大馆、上海馆、首都馆、浙江馆

15129

各国战时财政政策　蔡次薛著

耒阳（衡阳）：中央日报湖南分社，[1914]，39 页，32 开

本书共 5 部分：前言、前次大战时各国的财政经验、各国当前所采取的财政政策、中国战时财政政策、结论。

收藏单位：南京馆

15130

各国租税制度讲义　王丕烈编

出版者不详，[1911—1949]，112 页，16 开

收藏单位：南京馆

15131

国外公债　花旗银行公司编

上海：花旗银行公司，[1928—1930]，[22]+98
页，22 开

本书收录 20 世纪 20 年代世界各国发行
国外公债的有关资料。按地域、国别或发行
机构分别列出发行数额、种类、付息日期、
特点等。

收藏单位：国家馆、上海馆

15132

货币膨涨各国公债略史　（美）塞利格曼
（Edwin Robert Anderson Seligman）著　吴东
初译

外文题名：A brief history of currency inflation
and public debts

上海：商务印书馆，1924.1，89 页，25 开

本书共两部分：导言、十八世纪。第 2 部
分共 13 章，内容包括：美利坚殖民地、法兰
西、英吉利、意大利、俄罗斯、结论等。附
英殖民政府信用票发行额、殖民政府信用票
价值之低落、美国革命时纸币发行表等。

收藏单位：重庆馆、广东馆、国家馆、河
南馆、湖南馆、近代史所、南京馆、内蒙古
馆、上海馆、天津馆、浙江馆

15133

**京兆地方财政讲习所讲义录（第 12 卷 财政
学）**　京兆地方财政讲习所编

京兆地方财政讲习所，1919.10，[336] 页，16
开

本书叙述英、法、德、日诸国地方财政
制度及征课状况。目录页题名：地方财政学。

收藏单位：国家馆

15134

欧战经济财政史　（法）奥尔夫 – 盖亚尔（G.
Olphe-Gailliard）著　林孟工译

上海：商务印书馆，1937，614 页，32 开，精
装（汉译世界名著）

本书共 8 章：信用恐慌与延期清理、运
输、对外贸易与汇兑、工业生产、农业生产、
消费、财政、法国的复兴事业。

收藏单位：重庆馆、东北师大馆、广东
馆、广西馆、贵州馆、国家馆、河南馆、黑
龙江馆、湖南馆、吉林馆、江西馆、近代史
所、辽大馆、辽宁馆、南京馆、内蒙古馆、
宁夏馆、陕西馆、上海馆、绍兴馆、首都馆、
西南大学馆、浙江馆

15135

预算与财务（第 4 编 预算之施行）　胡善恒编

中央政治学校，[1932] 印，142 页，16 开

本书共 11 节，内容包括：概说、收入行
政、支出行政、金库制度等。

收藏单位：国家馆

15136

战后世界各国财政　（日）高木寿一著　徐文
波译

上海：民智书局，1934.3，264 页，32 开（民
智时代丛书）

本书共 9 章，内容包括：序论、国家经费
及其经济的性质、各国租税制度之构成、所
得税、承继税与财产税等。附日本国家财政
之经费与租税。原著为日本庆应大学《世界
经济问题丛书》之一。封面著者错题为：高寿
木一。

收藏单位：重庆馆、广东馆、湖南馆、浙
江馆

15137

战后之中外财政　诸青来著

上海：良友图书印刷公司，1932，57 页，64
开（一角丛书 37）

本书共 4 部分：绪论、各国财政、中国财
政、结论。

收藏单位：河南馆、江西馆、上海馆、浙

江馆

15138

战时捐税 （美）波加特（E. L. Bogart）著
吴克刚编译

外文题名：War costs and their financing

上海：文化生活出版社，1936.11，115 页，36 开（战时经济丛书 2）

　　本书共 8 章：英国战时捐税、法国战时捐税、俄国战时捐税、意大利战时捐税、德国战时捐税、奥匈战时捐税、美国参战前的税制改革、美国参战后的加税政策。附各国战前战后岁出岁入比较表、大战时期英国财政状况表等表 13 种。译自原著《战费及其筹措》第 8—9 章。

　　收藏单位：重庆馆、国家馆、吉林馆、近代史所、内蒙古馆、陕西馆、上海馆、浙江馆

15139

战争与财政 （德）柏登（H. Pantlen）著　杨树人译

上海：商务印书馆，1937.11，99 页，32 开（战时经济丛书）

长沙：商务印书馆，1938.3，再版，99 页，32 开（战时经济丛书）

　　本书共 5 部分：裴列大王时代、解放战争时代、迄于世界大战以前、世界大战、总论。

　　收藏单位：重庆馆、东北师大馆、广东馆、国家馆、河南馆、黑龙江馆、吉林馆、江西馆、南京馆、宁夏馆、山西馆

15140

中央预算制度　李君达著

重庆：独立出版社，1942.7，164 页，32 开

　　本书共两编：绪论、各论。第 1 编共两章：意义与性质、原则的分析。第 2 编共 5 章，内容包括：编制、议定、执行等。

　　收藏单位：重庆馆、广东馆、广西馆、国家馆、吉林馆、南京馆、内蒙古馆、宁夏馆、上海馆、浙江馆

中国财政

15141

1941 年财政工作计划

冀南太行太岳行政联合办事处，1940.12，43 页，32 开

　　收藏单位：国家馆

15142

1946 年全年工作总结与今后工作任务

德茂公司，1947.2，油印本，49 页，32 开

　　本书收录该公司财政、金融、贸易方面的资料。

　　收藏单位：国家馆

15143

安徽财政　吴塘祥等编

吴塘祥 [发行者]，1933.11，手写本，4 册，16 开，精装

　　收藏单位：南京馆

15144

安徽财政一览　安徽省财政厅编

安徽省财政厅，1942.7，74 页，18 开，环筒页装

　　本书大部分为表。共 8 部分：概述、章制、机构、税课、预算、收支、审计、附录。

　　收藏单位：重庆馆、国家馆、南京馆

15145

安徽财政之整理与建设　安徽财政厅编

出版者不详，[1911—1949]，1 册，32 开

　　收藏单位：南京馆

15146

安徽省财政厅所属特种公务机关征课会计制度　安徽省财政厅编

安徽省财政厅，1941，石印本，1 册，16 开

　　收藏单位：安徽馆、南京馆

15147

安徽省地方赋税及县地方附加杂捐报告书
安徽财政厅编

［安徽财政厅］，1934.5，1 册，16 开

　　本书共两部分：省地方赋税、县地方附加杂捐。附安徽省财政收支概况、安徽省各县地方经费支出概况、安徽省债款报告。

　　　　收藏单位：河南馆

15148

安徽省地方概算书（民国二十二年度） ［安徽省政府财政厅编制］

［安徽省政府财政厅］，［1934］，油印本，1 册，16 开

　　本书内容包括：安徽省地方民国二十二年度岁入概算书、安徽省地方民国二十二年度岁出概算书等。

　　　　收藏单位：河南馆

15149

安徽省地方预算（民国十九年度） 安徽省政府财政厅编制

安徽省政府财政厅，［1930—1939］，4 册，16 开，精装

　　本书分 4 册。第 1 册共 3 部分：经临正杂各款、党务费、行政费；第 2 册共 4 部分：司法费、省防费、公安费、财务费；第 3 册共 1 部分：教育费；第 4 册共两部分：建设费、临时费。

　　　　收藏单位：安徽馆、东北师大馆、贵州馆、国家馆、河南馆、南京馆、山西馆、首都馆、浙江馆、中科图

15150

安徽省地方总概算书（民国二十九至三十年度） 安徽省政府会计处编

安徽省政府会计处，1940—1944，油印本，2 册，16 开，环筒页装

　　本书大部分为表。内容包括：施政纲领、总说明、总表、岁入概算书、岁出概算书、附属单位概算、施行条例等。

　　　　收藏单位：重庆馆、国家馆、南京馆

15151

安徽省地方总会计制度 安徽省政府财政厅编

安徽省政府财政厅，1936.4，［110］页，16 开

　　本书共 4 章：簿记组织系统图、总帐科目、传票帐簿报表格式及说明、举例。目录页题名：安徽省地方总会计制度——簿记组织。

　　　　收藏单位：重庆馆

15152

安徽省地方总会计制度 安徽省政府会计处编

安徽省政府会计处，1940，油印本，67 页，16 开，环筒页装
安徽省政府会计处，1941.7，97 页，32 开

　　本书内容包括：簿记组织系统图、会计报告、会计科目、会计簿籍、记帐凭证、分录举例等。

　　　　收藏单位：安徽馆、重庆馆

15153

安徽省赋税章则

出版者不详，［1911—1949］，40 页，32 开

　　　　收藏单位：南京馆

15154

安徽省各县裁局改科案财政部份文件 安徽省政府财政厅统编

安徽省政府财政厅，1936.4，52 页，25 开

　　　　收藏单位：江西馆、中科图

15155

安徽省各县税务局组织规程

出版者不详，［1939—1949］，10 页，32 开

　　本书内容包括：安徽省各县税务局组织规程、安徽省各县税务局办事通则、各县税务局请领经常临时两费简则等。

　　　　收藏单位：国家馆

15156

安徽省各县县地方预算书（中华民国三十年度） 安徽省政府会计处编

安徽省政府会计处，[1940—1949]，石印本，[285] 页，16 开

本书共 5 部分：总说明、统计图、统计表、各县预算、附各县乡镇经费分预算。逐页题名：安徽省三十年度县地方预算书。

收藏单位：安徽馆、重庆馆、南京馆

15157
安徽省各县县政府岁入款会计规程　安徽省政府财政厅编
安徽省政府财政厅，1936.9，1 册，22 开

本书共 5 部分：总则、款项收支、凭证账簿报表、记账制表程序、附则。附安徽省各县县政府岁入款簿记组织。

收藏单位：湖南馆

15158
安徽省各县县政府总会计制度
出版者不详，1940.3，石印本，[122] 页，16 开

本书内容包括：总说明、簿记组织系统图、会计报告、会计科目、会计簿籍、会计凭籍等。

收藏单位：安徽馆、重庆馆

15159
安徽省普通公务财物会计制度　安徽省政府会计处编
安徽省政府会计处，1940，油印本，17+14 页，16 开，环筒页装
安徽省政府会计处，1941，31 页，18 开

本书共 7 部分：概说、簿记组织系统图、会计报告、会计科目、会计簿籍、记帐凭、分录举例。附登记方式。

收藏单位：安徽馆、重庆馆

15160
安徽省普通公务经费类单位会计制度　安徽省政府会计处编
安徽省政府会计处，1941，油印本，1 册（53+44+47+36 页），16 开，环筒页装

本书共 4 部分：安徽省普通公务经费类单位会计制度（甲种、乙种）、安徽省普通公

务岁入类单位会计制度（甲种、乙种）。甲种适用于有附属分会计机关有岁出预算之机关，乙种适用于无附属分会计机关有岁出预算之机关。每种均分 7 部分：概说、簿记组织系统图、会计报告、会计科目、会计簿籍、记帐凭、分录举例。

收藏单位：重庆馆、南京馆

15161
安徽省省县地方预算汇编（二十四年度）　安徽省政府财政厅编
安徽省政府财政厅，[1935]，1081 页，22 开，精装

本书大部分为表。共上、下两编：省计之部、县计之部。收录编制概算办法，重要公文及本年度概算、预算书等。

收藏单位：安徽馆、广东馆、广西馆、国家馆、河南馆、湖南馆、江西馆、南京馆、宁夏馆、上海馆、天津馆、浙江馆

15162
安徽省县地方预算岁入岁出总表及总说明（中华民国二十九度）　安徽省政府会计处编
安徽省政府会计处，[1940]，油印本，1 册，16 开，环筒页装

本书内容包括：本年度县预算核编经过及统计图表之说明、安徽省民国二十九年度县预算（包括乡镇保）与二十六年度预算比较及本年度县乡预算比较图、安徽省民国二十九年度县预算岁入总数表等。附县预算未成立前救济办法、县地方预算执行办法。

收藏单位：重庆馆

15163
安徽省县（市）地方岁入岁出总预算书汇编（中华民国三十七年度上半年度）　安徽省政府会计处编
安徽省政府会计处，[1948]，油印本，1 册，16 开，环筒页装

本书内容包括：安徽省三十七年上半年度各县市地方岁入（出）预算书总说明、安徽省三十七年上半年度县地方岁入（出）预算总额与上年半数比较表、安徽省第一区各县

三十七年上半年度岁入（出）预算总表等。

收藏单位：国家馆

15164

安徽省县总会计制度　安徽省政府会计处编

安徽省政府会计处，1941.9，87页，32开

本书与县公库会计制度联合编定。

15165

安徽省县总会计制度实例（民国三十一年度）
安徽省政府会计处编

安徽省政府会计处，1942，61页，18开（皖省会计丛书）

本书对县总会计制度中的会计科目、会计簿籍、会计凭籍等进行各类帐上的分录举例。

收藏单位：重庆馆

15166

安徽省修正契税章程

出版者不详，[1939]，石印本，8页，32开，环筒页装

本章程共24条。于1939年6月30日由省府委员第384次谈话会议决议通过。

收藏单位：国家馆

15167

安徽省暂行会计规程暨施行细则　安徽省政府财政厅编制

安徽省政府财政厅，1931.6，109页，18开

本书内容包括：安徽省暂行会计规程、安徽省暂行会计规程施行细则、安徽省地方各机关系统表、收入科目细则、支出科目细则等。附安徽财政厅会计册报检查员任用及服务规则。

收藏单位：安徽馆、广西馆、国家馆、河南馆、湖南馆、南京馆、上海馆

15168

安徽省政府财政厅普通特种公务综合单位会计制度　安徽省政府财政厅编

安徽省政府财政厅，1941，163页，16开

收藏单位：南京馆

15169

安徽省政府会计处成立五周年纪念特刊　安徽省政府会计处编

安徽省政府会计处，1944.11，86页，23开

本书收录1939年9月该处成立以来的业务工作概况及该省财政统计资料。

收藏单位：安徽馆、重庆馆

15170

安徽省总会计制度　安徽省地方行政干部训练团编

安徽省地方行政干部训练团，1940，98页，36开

本书共6部分：簿记组织系统图、会计报告、会计科目、会计簿籍、记帐凭证、分录举例。

收藏单位：重庆馆

15171

安徽战时财政概况

出版者不详，1946，70页，16开

本书附财政厅职员录。

收藏单位：安徽馆、南京馆

15172

安徽整理旧债委员会报告　安徽整理旧债委员会编

安徽整理旧债委员会，[1923]，1册，18开

本书大部分为表。内容包括：安徽省各项债款一览表、安徽省国家经费欠支一览表、安徽省历年官产收入一览表、中央欠拨皖省各款清单等。所记时间为1913—1922年。

收藏单位：安徽馆、国家馆

15173

安阳县整理田赋委员会纪念刊　王金相编

安阳县整理田赋委员会，1930.8，138页，16开

收藏单位：南京馆

15174

按年应还各国赔款预计册　财政部公债司编

[财政部公债司]，[1911—1949]，37页，横

10 开

　　收藏单位：广东馆、国家馆

15175

巴县财务委员会财政报告书　巴县财务委员会编

巴县财务委员会，[1937]，272 页，16 开

　　本书内容包括：国府公布之财政方案、巴县财务委员会组织简章及办事细则、职员姓名一览表、巴县廿四年岁入岁出概算书等。

　　收藏单位：重庆馆、南京馆

15176

霸县现行地方摊款各村成分统计对照表　霸县政府编

霸县政府，1932.10，油印本，15 页，28×40cm（霸县地方统计丛刊 2）

　　收藏单位：国家馆

15177

办理普通公务会计备览　江西省政府会计处编辑

江西省政府会计处，1940.1，66 页，25 开

　　收藏单位：江西馆、南京馆

15178

办理旗产概略　京兆全区旗产官产清理处编

京兆全区旗产官产清理处，1927，38 页，18 开

　　本书收录该处所发指令、训令、章程、呈文等档案及实解各款一览等统计资料。为增加京兆财政收入，1926 年成立该清理处，对京兆地区前清各王公的赏地、圈地及一切不向政府纳税的旗产进行清理。

　　收藏单位：国家馆

15179

办理盐务人员须知　[陕西盐务总局编]

陕西盐务总局，1929，91 页，22 开

　　本书共 21 章，内容包括：奖惩章程、陕西省食盐之种类、引地、捐率、罚则、解款、东路缉私局办法等。

　　收藏单位：国家馆

15180

半年来之浙江计政　浙江省政府会计处编

浙江省政府会计处，1937.12，50 页，16 开

　　本书记述 1937 年 7 月浙江省政府会计处成立至 12 月的计政工作。封面题名：半季来之浙江计政。

　　收藏单位：重庆馆、南京馆

15181

宝庆货物统税征收局民国十八年工作报告书　甘融编述

出版者不详，[1930]，28+8 页，22 开

　　本书内容包括：收支概况、整理概况、商民完税须知等。

　　收藏单位：国家馆

15182

北京特别市公署财政局登记牲畜长养规则　[北京特别市公署财政局编]

北京特别市公署财政局，1938.6，8 页，32 开

　　本规则于 1935 年 1 月 22 日公布，于 1938 年 6 月 15 日呈准修正。

　　收藏单位：国家馆

15183

北京特别市公署财政局管理牧放羊群规则　[北京特别市公署财政局编]

北京特别市公署财政局，1938，8 页，32 开

　　收藏单位：国家馆

15184

北京特别市公署财政局民国二十七年施政概要　北京特别市公署财政局编

北京特别市公署财政局，[1938]，12 页，16 开

　　本书大部分为表。内容包括：计画事项、计画内容、实施情形等。

　　收藏单位：国家馆

15185

北京特别市屠宰营业税章程　[北平特别市财政局编]

北平特别市财政局，[1938]，6 页，24 开

本章程于 1934 年 12 月 31 日公布，于 1938 年 6 月 15 日呈准修正。

收藏单位：国家馆

15186

北平财政整理委员会收支款项表　北平财政整理委员会编

北平财政整理委员会，1933.1，140 页，16 开

本书全部为表。内容包括：收支款项总表、收支款项副表、长芦盐运使署、口北蒙盐局等。所涉时间为 1932 年 2—12 月。

收藏单位：国家馆

15187

北平市财政局车捐章程　北平市财政局编

北平市财政局，[1934]，6 页，22 开

本章程于 1934 年 12 月 29 日公布。

收藏单位：国家馆

15188

北平市财政局登记猪牛羊长养规则　北平市财政局编

北平市财政局，[1935]，6 页，25 开

本规则于 1935 年 1 月 22 日公布。

收藏单位：国家馆

15189

北平市财政局营业税征收处办事细则　北平市财政局营业税征收处编

北平市财政局营业税征收处，[1930—1937]，油印本，1 册，16 开，环筒页装

收藏单位：国家馆

15190

北平市契税征收章程　北平市财政局编

北平市财政局，1932.10，6 页，23 开

收藏单位：国家馆

15191

北平市屠宰税征收细则　北平市财政局编

北平市财政局，[1945]，4 页，32 开

本细则于 1945 年 11 月公布。

收藏单位：国家馆

15192

北平市屠宰营业税章程　北平市财政局编

北平市财政局，[1934]，4 页，23 开

本章程于 1934 年 12 月 31 日公布。

收藏单位：国家馆

15193

北平市牙行营业章程　北平市财政局编

北平市财政局，[1935]，4 页，24 开

本章程于 1935 年 3 月公布。

收藏单位：国家馆

15194

北平市牙税暂行章程　[北平市财政局编]

[北平市财政局]，[1930—1937]，[6] 页，22 开，环筒页装

本章程共 21 条。

收藏单位：国家馆

15195

北平市筵席捐征收章程暨施行细则　北平市财政局编

北平市财政局，1934.11，1 册，22 开

本书收录章程 13 条、施行细则 12 条。于 1934 年 11 月 1 日公布。

收藏单位：国家馆

15196

北平税捐考略　雷辑辉著

北平：社会调查所，1932.6，118 页，22 开（社会研究丛书 13）

本书共 4 章：绪论、国税、市税、综述。附北平税务监督公署所属平门各局卡概况表、北平税务监督公署所属外口各局卡概况表、北平税捐新旧章则索引、本书参考之各种刊物表。所记时间为 1901—1930 年。

收藏单位：安徽馆、长春馆、重庆馆、广东馆、国家馆、近代史所、南京馆、上海馆、天津馆、浙江馆、中科图

15197

北平税务监督公署同仁录　北平市税务监督公署总务处编

北平市税务监督公署总务处，1931.1，74 页，25 开，环筒页装

　　本书收录该署监督办公室、秘书处、总务处、文书股、庶务股、稽征处、综核股等人员名录。

　　　　收藏单位：国家馆

15198

北平税务监督公署职员录　北平市税务监督公署总务处编

北平市税务监督公署总务处，1928.9，92 页，22 开

　　本书收录该署总务处、文书科、庶务科、稽征处、综核科、税则科、审查科、会计处、出纳科等人名录。

　　　　收藏单位：国家馆

15199

北平特别市财政局职员录　北京特别市财政局第一科文书股编

北平特别市财政局第一科庶务股，1928.10，26 页，32 开

　　本书收录该局秘书处、第一科、第二科、第三科、第四科、稽查室、编纂室、特务员等人名录。

　　　　收藏单位：国家馆

15200

北平田赋征收章程　[北平市财政局编]

[北平市财政局]，[1935]，3 页，25 开

　　本章程于 1935 年 2 月 25 日公布。

　　　　收藏单位：国家馆

15201

北平之市财政　朱炳南　严仁赓著

国立中央研究院社会科学研究所，[1934]，[83] 页，16 开

　　本书共 6 节：导言、财务行政、五年来之财政状况、支出、收入、税制之综述与批评。附北平市税制表、北平市各机关征收各项规费表、北平市各项资负科目分类计算表。为《社会科学杂志》第 5 卷第 4 期抽印本。

　　　　收藏单位：国家馆、中科图

15202

本届财政厅会议之任务与实施土地政策之必要　蒋中正讲

[中央文化驿站总管理处]，[1941]，54 页，64 开

中央文化驿站总管理处，1943，40 页，64 开（总裁训词 第 1 集）

　　本书为作者于 1941 年 6 月 22 日在第三次全国财政会议扩大纪念周上的讲话词。

　　　　收藏单位：重庆馆、南京馆

15203

本局通令摘要汇录　盐务总局编

盐务总局，[1944]，油印本，30 页，16 开，环筒页装

　　本书共 7 类：总务、人事、场产、运销、财务、计政、视察。所涉时间为 1943 年 4—12 月。

　　　　收藏单位：国家馆

15204

本省财政概况　江西省地方行政干部训练团编

江西省地方行政干部训练团，1941.9，50 页，25 开（分组训练教材 67）

　　本书共 4 节：绪言、省地方财政、县地方财政、乡镇地方财政。

　　　　收藏单位：重庆馆、江西馆

15205

本省省地方财政与县市地方财政之比较　广西省政府统计处编

出版者不详，1948.4，油印本，12 页，16 开，环筒页装（广西统计资料分析研究报告 第 5 号）

　　本书内容包括：前言、省地方与县市地方预算之比较、省地方及县市地方岁出入科目之分析比较、结语等。

　　　　收藏单位：桂林馆

15206

比国庚款案重要文件

出版者不详，[1911—1949]，117 页，21 开

本书其他题名：比国庚子赔款余额协定及其关系文件。

收藏单位：重庆馆、近代史所

15207

比较租税　徐祖绳著

上海：商务印书馆，1930.12，278页，22开，精装（经济丛书）

上海：商务印书馆，1933，国难后1版，[8]+278页，22开，精装（经济丛书）

上海：商务印书馆，1935.6，国难后2版，278页，22开，精装（经济丛书）

本书综合诸家租税学说，列举现行税目，并作性质上的比较，阐明中国税制的变迁。共6章，内容包括：收益税、所得税、行为税、消费税等。

收藏单位：安徽馆、重庆馆、东北师大馆、广东馆、贵州馆、国家馆、河南馆、黑龙江馆、湖南馆、吉林馆、江西馆、辽大馆、辽宁馆、南京馆、内蒙古馆、陕西馆、首都馆、浙江馆

15208

毕业生生活特刊　税专同学会编

北京：税专同学会，1927，90页，22开

本书收文20篇，内容包括：《我之服务与生活》（乐轩主人）、《青岛海关公余随笔》（范豪）、《温州商务情形生活状况各种拉杂谈》（林占鳌）、《个人生活状况》（沈裕祺）等。为《税专同学会月刊》第7期抽印本。

收藏单位：国家馆

15209

边区政报　晋冀鲁豫边区政府秘书处编

晋冀鲁豫边区政府秘书处，1946.9，64页，32开（财政专号61）

本书收录有关推行统一累进税的经验、总结、报告、办法、问题等的文章10篇。

收藏单位：国家馆

15210

编审民国三十四年度国家总预算手册　国民政府主计处岁计局 [编]

国民政府主计处岁计局，1945，油印本，1册，16开，环筒页装

本书内容包括：预算须知、注意事项等。

收藏单位：国家馆

15211

兵役税论　刘不同著

重庆：中山文化教育馆，1939.7，40页，32开（抗战丛刊89）

本书共5部分：中国兵役税历史之研究、兵役税理论之根据、兵役税分配问题、兵役税之归宿与国民经济之影响、结论。

收藏单位：重庆馆、贵州馆、国家馆、江西馆、南京馆

15212

财产税案文件汇编　商报社编

上海：商报社，1948.6，38页，32开

本书共14部分，内容包括：论财产税、立法院委员刘不同等四十九人原提案、上海市商会呈立法院电文、上海五十九工业同业公会呈立法院电等。

收藏单位：南京馆

15213

财经会议关于征收及财经工作上几个问题的结论

冀晋区第二专区，1942，26页，32开

收藏单位：山西馆

15214

财经建设

东北书店，[1948]，22页，32开

本书内容包括：中共中央东北局加强财经工作决定、东北解放区财经会议上李富春同志的报告与总结、东北解放区一九四八年经济建设计划大纲等。

收藏单位：山东馆

15215

财务管理　李俶讲　中央训练团党政高级训练班编

中央训练团党政高级训练班，[1911—1949]，

78 页，32 开（教字 14）

　　本书共 7 章：概论、预算、会计、公库制度、计算决算、交代、结论。

　　收藏单位：重庆馆、国家馆、南京馆

15216
财务机关编制月份计算办法
出版者不详，1943，26 页，16 开
　　本书附表。
　　收藏单位：南京馆

15217
财务机关预算分配表、支付预算书、收入计算书、支出计算书章程
出版者不详，1930.6，1 册，16 开
　　收藏单位：南京馆

15218
财务行政　鲁佩璋讲
中央训练团党政高级训练班，1944.5，42 页，32 开（编教 56）
　　本书共 7 节：概论、行政系统、主计系统、审计系统、公库系统、财政部实施行政三联制概况、结论。
　　收藏单位：国家馆、天津馆

15219
财务行政　[鲁佩璋等著]
[中央政治学校]，[1941]，1 册，18 开（中央政治学校公务员训练部高等科讲义）
　　本书收录鲁佩璋、邹琳、孔祥熙、戴铭礼等 9 人论述关政、盐政、战时财政政策、公库制度、公债、货币金融等问题的演讲稿 10 篇。
　　收藏单位：重庆馆、国家馆、南京馆

15220
财务行政　鲁佩璋著　中央训练委员会审订
中央训练委员会、内政部，1943，134 页，32 开（县各级干部人员训练教材）
　　本书共 7 章：概论、现行财务行政制度（一、二、三、四）、财务行政三联制、结论。附各省（市）田赋粮食管理处组织规程草案

等。
　　收藏单位：重庆馆、东北师大馆、广东馆、贵州馆、国家馆、湖南馆、吉林馆、江西馆、南京馆、西南大学馆

15221
财务行政
财务部全国财务人员训练所，1944.9，30 页，32 开
　　收藏单位：南京馆

15222
财务行政
出版者不详，[1911—1949]，38 页，25 开
　　本书共 8 章：绪言、会计年度、会计机关、预算、收支机关与金库、决算、交代、审计。
　　收藏单位：重庆馆

15223
财务行政（会计）　杨汝梅讲
出版者不详，1945.2，50 页，32 开（中央训练团台湾行政干部训练班讲演录）
　　本书共 4 章：现行会计法令、现行预算法令、现行仓库法令、现行决算。
　　收藏单位：国家馆、南京馆、浙江馆

15224
财务行政纲要　吴健陶讲述
江西省县政人员训练所，1935.5，109 页，32 开（县训丛刊 2）
　　本书共 5 编：赋税、预决算、交代、金融、区财政。

15225
财务行政机关系统与官用簿记之图解　杨汝梅编制
出版者不详，[1911—1949]，4 版，[16] 页，8 开
　　本书为审计簿记讲习所的官厅簿记课程而编制。为《岁入岁出程序与官厅簿记之图解》增订版，增加了图解和详细说明。

15226

财务行政及法规　徐懋来编

浙江财务人员养成所，1931.6，111 页，24.5cm

　　收藏单位：南京馆

15227

财务行政实践　陶元琳编著

重庆：时代书局，1941.1，246 页，32 开

重庆：时代书局，1942.3，再版，246 页，32 开

　　本书共 10 章：绪论、主计机关、预算概论、预算科目（上、下）、概算之拟编及核议、预算之拟定审议及执行、营业预算、收支、决算。

　　收藏单位：安徽馆、重庆馆、广东馆、广西馆、贵州馆、国家馆、湖南馆、吉林馆、江西馆、南京馆、上海馆、浙江馆

15228

财务总署职员录　财务总署编

财务总署，1943.4，22 页，32 开

　　本书收录该署秘书处、总务局、税务局、会计局、库藏局等人名录。

　　收藏单位：国家馆

15229

财物管理　江西省工商管理处战时贸易部编

江西省工商管理处战时贸易部，1939.10，[20] 页，25 开

　　本书全部为表。内容为政府机关财物管理使用单据的样式，并有介绍财物管理程序的文字说明。

　　收藏单位：江西馆

15230

财政报告　湖北财政厅编

湖北财政厅，1933，24 页，16 开

　　本书所涉时间为 1933 年 3—6 月。

　　收藏单位：南京馆

15231

财政报告　孔祥熙 [讲]

出版者不详，1934.12，34 页

　　收藏单位：近代史所、南京馆

15232

财政报告　俞鸿钧讲

出版者不详，[1911—1949]，15 页，21 开

　　本书内容包括：关务、盐务、税务、债务等。

　　收藏单位：重庆馆、广东馆

15233

财政报告——第四届五中全会至六中全会间之财政状况　孔祥熙报告

出版者不详，[1935]，42 页，16 开

　　本书为作者于 1935 年 11 月在国民党四届六中全会上的报告。共 10 部分，内容包括：绪言、收支、关务、盐务、税务、债务、钱币等。

　　收藏单位：国家馆

15234

财政报告——第四届六中全会至第五届二中全会间财政状况　孔祥熙报告

出版者不详，[1936]，32 页，16 开

　　本书为作者于 1936 年 7 月在国民党五届二中全会上的报告。

　　收藏单位：国家馆

15235

财政报告——第五届二中全会至三中全会间之财政概况　孔祥熙报告

出版者不详，[1937]，32 页，16 开

　　本书为作者于 1937 年 2 月在国民党五届三中全会上的报告。共 11 部分，内容包括：绪言、收支、关务、盐务、税务、所得税等。

　　收藏单位：国家馆

15236

财政部安徽区货物税局卅六年上半年度统计手册　统计室编

财政部安徽区货物税局，1947，油印本，1 册，横 16 开

　　收藏单位：国家馆、南京馆

15237

财政部安徽区直接税局三十五年度工作报告
　　财政部安徽区直接税局编
财政部安徽区直接税局，1947.1，10 页，16
开
　　本书共 10 部分，内容包括：一般事项、
所利得税、遗产税、印花税、营业税、人事、
督察、图表等。
　　　　收藏单位：国家馆

15238

财政部察哈尔印花烟酒税局职员姓名表
出版者不详，[1936]，手写本，2 页，13 开，
环筒页装
　　　　收藏单位：国家馆

15239

财政部成都直接税局视察报告　叶乾初　唐
世铨编
川康区直接税局，1946.9，76 页，32 开
　　本书共 9 部分，内容包括：沿革及组织、
税务、审核、会计、人事、文书等。
　　　　收藏单位：国家馆

15240

**财政部川康区盐务人员训练班第一期职教学
员通讯录**　财政部川康区盐务人员训练班编
财政部川康区盐务人员训练班，1942.11，26
页，32 开
　　　　收藏单位：南京馆

15241

财政部川康区直接税局三十六年度工作计划
　　财政部川康区直接税局编
财政部川康区直接税局，[1947—1949]，31
页，25 开
　　本书共 8 部分，内容包括：所利得税、遗
产税、印花税及特种营业税、税务督导工作、
事务部分等。
　　　　收藏单位：国家馆、吉林馆、南京馆

15242

财政部川康区直接税局统计年刊（三十五年）

　　财政部川康区直接税局编
[财政部川康区直接税局]，1946，油印本，
158 页
　　　　收藏单位：近代史所

15243

财政部第二期战时行政计划实施具体方案
　　财政部编
财政部，[1938]，10+78 页，16 开
　　本书共 7 部分，内容包括：财政部第二期
战时行政计画实施具体方案、财政部第二期
战时行政计画实施具体方案分期实施各级主
办机构一览表、各级主办机关名称及负责人
员姓名表、财政部第二期战时行政计画实施
具体方案分期进度表等。
　　　　收藏单位：国家馆、南京馆

15244

财政部第一次财政会议议决录　财政部编
财政部，1939，70 页，16 开
　　本书共 4 部分：关于行政组各案、关于经
费组各案、关于税制组各案、关于金融组各
案。收录行政、经费、税制、金融等方面的
议决案共 39 项。
　　　　收藏单位：国家馆、南京馆

15245

**财政部东南区直接税税务人员讲习班结业纪
念特刊（第 2、4 期）**　财政部东南区直接税
税务人员讲习班编
财政部东南区直接税税务人员讲习班，
[1942]，2 册（98+[80] 页），32 开
　　　　收藏单位：广东馆

15246

**财政部对国民参政会第三届第三次大会询问
案答复书**　财政部编
[财政部]，1944，油印本，1 册，16 开
　　　　收藏单位：南京馆

15247

**财政部对国民参政会第四届第一次大会询问
案答复书**　财政部编

[财政部]，1945，油印本，1 册，16 开

收藏单位：南京馆

15248

财政部对国民参政会第四届第二次大会询问案答复书　财政部编

[财政部]，[1935]，油印本，1 册，18 开

收藏单位：国家馆

15249

财政部对四届三次参政会质询案答复书　财政部编

[财政部]，[1946]，油印本，1 册，16 开

本书收录参议员孔庚、乔廷琦、金振玉、蒋建白、陆宗祺等人的答复。

收藏单位：国家馆

15250

财政部对于五中全会决议案暨第二期行政计划实施方案财政部分进度之检讨　财政部编

财政部，[1939—1945]，油印本，1 册，16 开

收藏单位：南京馆

15251

财政部二十九年度工作计划第四期（二十九年十至十二月）工作报告表

[财政部]，[1940]，油印本，48 页，16 开

本书内容包括：税务事项、债务事项、财务行政事项、地方财政事项、金融事项、物资事项、其他事项等。

收藏单位：国家馆

15252

财政部二十九年度工作实施报告表　财政部编制

[财政部]，[1940]，油印本，57 页，18 开，环筒页装

收藏单位：国家馆

15253

财政部福建区货物税局三十五年度第一届业务检讨会议总报告

出版者不详，[1946]，82 页，22 开

本书内容包括：大会经过、训词、演词、业务检讨、议案等。附福建区货物税局三十五年度业务检讨会议议事规则、福建区货物税局三十五年度第一届业务检讨会议会员题名录。

收藏单位：国家馆

15254

财政部改订会计表式办法（第 1 号 关于收支旬报表事项）

出版者不详，[1911—1949]，14 页，16 开

收藏单位：南京馆

15255

财政部工作计划（中华民国三十四、三十六、三十八年度）

财政部，1944—1948，修订版，油印本，3 册，22 开，环筒页装

本书共 3 部分：行政部分、事业部分、营业部分。

收藏单位：广东馆、国家馆、南京馆

15256

财政部关税署税务专门学校章程　税务专门学校编

北平：税务专门学校，1932.2，84 页，16 开

本章程共 11 章：总则、学科、入学及退学、考试及升级、毕业及服务、学期及休业日、请假、惩奖、缴费、教职员、附则。

收藏单位：国家馆、南京馆

15257

财政部广东区货物税局第二届业务检讨会议专刊

出版者不详，[1911—1949]，60 页，16 开

本书为《广东货物税通讯》第 2 期抽印本。

收藏单位：南京馆

15258

财政部广东区货物税局中山分局三十五年度业务概况　广东区货物税局中山分局编

广东区货物税局中山分局，1947.1，92 页，

16 开

本书共 4 部分：题词、弁言、本局三十五年度业务概况、附载货物税各项法令汇编。

收藏单位：国家馆

15259

财政部广东印花烟酒税局职员姓名表

出版者不详，[1936]，手写本，3 页，大 16 开，环筒页装

收藏单位：国家馆

15260

财政部国库司收支实数表

读有用书斋，[1930]，油印本，1 册，16 开，环筒页装

本书所涉时间为 1929 年 4 月至 1930 年 1 月。

收藏单位：国家馆

15261

财政部国税署成立三个月工作检讨报告 姜书阁编

[财政部国税署]，1948.10，20 页，16 开

本书共 3 部分：改组情形、业务之整理计划与推进、税收概况。附全国国税机构设置表、三十七年下半年度直接税岁入概算表、三十七年下半年度货物税岁入概算表等。

收藏单位：国家馆

15262

财政部河北财政特派员公署职员录 财政部河北特派员公署编

财政部河北财政特派员公署，1931.7，116 页，18 开

财政部河北财政特派员公署，1938，116 页，18 开

收藏单位：国家馆

15263

财政部河北印花烟酒税章则汇刊 财政部河北印花烟酒税局编辑

财政部河北印花烟酒税局，1933.10，108+42 页，16 开

本书收录章则 41 种，内容包括：财政部税务署暂行组织章程、财政部直辖各省印花烟酒税局组织章程、财政部各省印花烟酒税局征收考成章程等。附苏浙皖豫鄂赣闽七省征收熏烟叶统税、土烟叶特税、土酒定额税各项章则暨办法。

收藏单位：国家馆

15264

财政部湖南财政特派员公署收支报告表 湖南财政特派员公署第三课编辑

湖南官纸印刷局，[1940]，[18] 页，8 开

本书所涉时间为 1928 年 4—6 月及 1929 年 7—12 月。

收藏单位：国家馆

15265

财政部湖南区货物税局工作报告 刘大柏报告

出版者不详，1947.8，37 页，32 开

本书共 11 部分，内容包括：本区税源概述、机构设置与调整、业务设施、票照领发及稽核、税收征解情形等。

收藏单位：国家馆、南京馆

15266

财政部湖南省田赋管理处所属各县局特种公务征课实物会计制度 财政部湖南省田赋管理处编

财政部湖南省田赋管理处，1941，34 页，25.5cm

收藏单位：南京馆

15267

财政部湖南硝磺局各县土硝稽征所承包暂行章程 财政部湖南硝磺局编订

财政部湖南硝磺局，[1937]，石印本，1 册，16 开

本书章程共 33 条。

收藏单位：国家馆

15268

财政部花纱布管制局会计制度 财政部花纱

布管制局编

财政部花纱布管制局，[1937—1945]，106页，16开

本书收录抗战时期花纱布管制总局及所属单位会计制度。

收藏单位：重庆馆、南京馆

15269

财政部及所属普通公务经费类单位会计制度 财政部制定

财政部，1943.1，52页，16开

本书共6章：本制度实施之机关范围、会计报告之种类及其格式、会计科目之分类及其编号、会计簿籍之种类及其格式、会计凭证之种类及其格式、会计事务处理程序。

收藏单位：广西馆、国家馆、南京馆

15270

财政部吉北区税务管理局长春分局成立周年纪念特刊 [长春税务分局编]

长春税务分局，1947，32页，16开

本书内容包括：叙言、工作概况、业务体验、统计、专论等。

收藏单位：国家馆、南京馆

15271

财政部冀晋察绥区统税局一览 财政部冀晋察绥区统税局编

财政部冀晋察绥区统税局，1934.1，[38]页，32开

本书大部分为图表（包括折页）。首节叙述该局沿革概况，余为所属辖区、机构、巡员、经费、税收等14种统计图表。

收藏单位：国家馆

15272

财政部冀晋察绥区统税局职员录 财政部冀晋察绥区统税局编

财政部冀晋察绥区统税局，1934.4，80页，50开

本书收录该局秘书室、第一课、第二课、第三课、第四课、矿税课等机构职员录。

收藏单位：国家馆

15273

财政部江苏财政特派员公署特刊 江苏财政特派员公署编辑

江苏财政特派员公署，1930.12，1册，16开

本书记载江苏筹办特种消费税经过。共6章：法令、筹备、调查、统计、计划、公牍。

收藏单位：国家馆、近代史所、南京馆

15274

财政部江苏区直接税局三十五年度工作报告

财政部江苏区直接税局，1946，油印本，55页，13开，环筒页装

本书内容包括：本区工商业情形与税源分布状况、所利得税、遗产税、印花税、营业税等。

收藏单位：国家馆

15275

财政部江西直接税局成立纪念册 财政部江西直接税局秘书室编

财政部江西直接税局秘书室，1941.1，38页，32开

收藏单位：南京馆

15276

财政部借款表 南满洲铁道株式会社北京公所研究室编辑

南满洲铁道株式会社北京公所研究室，1928，77页，13开

收藏单位：国家馆

15277

财政部经管内外债表（民国十四年度） 财政整理会编

[财政整理会]，[1926]，1册

本书为合订本。

收藏单位：近代史所

15278

财政部经管内外债及关盐烟酒印花路邮厘金收入表 财政整理会编

财政整理会，1925.10，[136]页，16开

15279

财政部经管无确实担保各项内债说明书　财政整理会编

财政整理会，1927.7，1册，16开

本书大部分为表。内容包括：总说明书、借户表、借款年月先后表、利率重轻表、结算年月先后表、中国银行借款等。

收藏单位：东北师大馆、国家馆、吉林馆、近代史所、上海馆、天津馆、中科图

15280

财政部经管无确实担保各项外债说明书　财政整理会编

财政整理会，1927.6，1册，16开

[财政整理会]，1929.5重印，再版，1册，16开

本书内容包括：总说明书、总比较率、货币率、本会计算书目及各国开送数目表、各洋行借款欠款情况等。

收藏单位：东北师大馆、国家馆、吉林馆、近代史所、上海馆、天津馆、中科图

15281

财政部经管无确实担保内债表　财政整理会编

财政整理会，1925.10，1册，16开

本书共6部分：计算总说明附借款结算办法两种、内国公债现欠本息表、盐余借款一览表、内国银行短期借款一览表、各银行垫款欠数表、国库证券欠款一览表。

收藏单位：东北师大馆、广东馆、国家馆

15282

财政部经管无确实担保外债表　财政整理会编

财政整理会，1925.10，1册，16开

本书内容包括：总说明、订借日期表、十四年底本息欠数折合国币总表、十四年底本息欠数分币表、分国总表（折合率一、二）、分币详表（日金部分）等。

收藏单位：国家馆、吉林馆、近代史所

15283

财政部经管有确实担保内外债表　财政整理会编

财政整理会，1925.10，1册，16开

本书内容包括：有确实担保内债一览表、有确实担保外债一览表、关税担保详赔各款按年应付本息数目表、盐税担保债务按年应付本息数目表、关于担保各项内国公债按年应付本息数目表、按年应付各国庚子赔款数目表等。

收藏单位：国家馆、南京馆、上海馆

15284

财政部经管有确实担保外债说明书　财政整理会编

财政整理会，1928.6，增订本，76+168页，16开

本书分上、下两编：各项借款说明书、各国庚子赔款说明书。

收藏单位：东北师大馆、国家馆、近代史所、上海馆

15285

财政部经济会议办事细则　财政部编

财政部，[1911—1949]，6页，16开

15286

财政部经济会议议事规约　财政部编

财政部，[1911—1949]，5页，16开

15287

财政部经济会议组织规程　财政部编

财政部，[1911—1949]，4页，16开

15288

财政部科长以上职员录　[财政部]人事处第四科编

财政部，1948.5，油印本，7页，16开，环筒页装

本书收录该部次长、参事厅、国库署、直接税署、税务署、钱币司、公债司、地方财政司、总务司等人名录。

收藏单位：重庆馆、国家馆

15289

财政部贸易委员会经费业务会计规程

出版者不详，1939.8，66 页，16 开

收藏单位：南京馆

15290

财政部青岛货物税局工作概要（民国三十五年度） 财政部青岛货物税局编

财政部青岛货物税局，[1947]，1 册，16 开

本书部分内容为图表。共 7 部分：沿革、接收、局址、组织、人事、业务、统计。

收藏单位：国家馆

15291

财政部青岛货物税局工作年报（民国三十六年度） 财政部青岛货物税局编

财政部青岛货物税局，[1948]，125 页，16 开

本书大部分为图表。共 7 部分，内容包括：岁入、纳库、岁出、人事、会计等。

收藏单位：国家馆、南京馆、天津馆

15292

财政部全国财务人员训练所学员手册

财政部全国财务人员训练所，[1912—1949]，62 页，64 开

收藏单位：南京馆

15293

财政部全国财务人员训练所盐务人员训练班第一、二、三期教职学员通讯录 财政部全国财务人员训练所编

财政部全国财务人员训练所，1943.3，63 页，22 开

本书附一、二、三期毕业学员各种统计表。

收藏单位：国家馆

15294

财政部审核各国家银行局库暨监务机关三十七年下半年度营业预算意见

出版者不详，[1948—1949]，1 册，16 开

收藏单位：南京馆

15295

财政部税务署分省各项课税货品税额表（三十四年上期）

重庆：大东书局，1944.12，1 册，16 开

收藏单位：南京馆

15296

财政部税务署各省区税务机关名称及辖境表 财政部税务署编

财政部税务署，1944.4，64 页，32 开

收藏单位：南京馆

15297

财政部税务署各项税收及统税物品销量统计（二十四年度） 财政部税务署编

财政部税务署，[1930—1939]，97 页，8 开

收藏单位：重庆馆、南京馆、上海馆

15298

财政部税务署税务人员养成所毕业纪念刊

财政部税务人员养成所编

财政部税务人员养成所，1934，[30] 页，16 开，精装

15299

财政部税务署统税物品销量分类统计（二十二年度） 财政部税务署编

[财政部税务署]，1934，1 册，横 8 开

本书共 7 章：卷烟、薰烟、棉纱、麦粉、火柴、水泥、啤酒。

收藏单位：重庆馆、南京馆、内蒙古馆、上海馆

15300

财政部税务署章则汇编 财政部税务署编

财政部税务署，1933.12，1 册，16 开

财政部税务署，1938.4，1 册，16 开

财政部税务署，1942.7，修订版，1 册，16 开

本书共 5 类：官制、税务、海关协助事项、租界协助事项、会计。税务类内容包括：征收卷烟统税条例（附注现行办法）、卷烟登记章程、棉纱统税稽征章程、火柴统税征收章程、土酒定额税稽征章程（附税率表）等

50 种。

收藏单位：重庆馆、广东馆、广西馆、国家馆、吉林馆、近代史所、南京馆、上海馆

15301
财政部四川区税务局分所长会议议事录 财政部四川区税务局编

财政部四川区税务局，1936.11，石印本，105 页，16 开

本书收录该次会议的议事日程，开会词，第一、二次会议记录及各税务分所提案等。

收藏单位：国家馆

15302
财政部四川省田赋管理处工作报告 陈志学著

出版者不详，[1940—1949]，11 页，32 开

本书共 12 部分，内容包括：健全各级组织、征借概况、抵还三十年粮食库券、办理预行借征、改进经收业务、征收城镇区土地税、宣传督征及监察、整理契税等。所涉时间为 1943 年 12 月至 1944 年 5 月。

15303
财政部四川盐运使署盐务稽核分所硝磺处及所属各机关组织细则

出版者不详，[1911—1949]，1 册，大 32 开

收藏单位：南京馆

15304
财政部苏浙皖区统税局会计概况 辛子文编

出版者不详，1936.5，152+[30] 页，16 开

本书大部分为表。共 5 章：簿记组织、总帐户、格式及说明、收支程序、将来之希望及计划。附苏浙皖区统税局历年征收税款比较表（直接收入）、苏浙皖区统税局二十四年度七月至二十五年二月逐月税收款额表（甲表）、苏浙皖区统税局二十四年度七月至二十五年二月逐月税收款额表（乙表）等。

收藏单位：国家馆、近代史所

15305
财政部所得税疑义解释

出版者不详，[1911—1949]，148 页，16 开

收藏单位：南京馆

15306
财政部所属财务机关编制十八年度预算办法 财政部编

财政部，[1920—1929]，28 页，23 开

收藏单位：浙江馆

15307
财政部所属财务机关编制月份计算书章程

出版者不详，[1911—1949]，54 页，16 开

收藏单位：南京馆

15308
财政部所属机关编送收支旬报表办法 财政部制定

财政部，1933.6，修订版，14 页，16 开

本书内容包括：总则、报告之编送、收支各款之分类、填法等。

收藏单位：重庆馆、国家馆

15309
财政部所属机关公务员交代条例施行规则 财政部编

财政部，[1933]，8 页，16 开

本规则共 26 条。于 1933 年 7 月 13 日由部令会字第 839 号公布。

收藏单位：国家馆

15310
财政部所属机关适用统一会计制度（收入类） 财政部编

财政部，[1930—1939]，73 页，16 开

本书收录主计处拟订之中央各机关及所属统一会计制度等。

收藏单位：南京馆

15311
财政部特种公务税务征课会计制度（乙种）

出版者不详，1945，47 页，16 开

15312

财政部同仁会会员录

出版者不详，1923，16 页，22 开

　　收藏单位：国家馆

15313

财政部西川税务管理局绵竹税务分局概况

财政部西川税务管理局绵竹税务分局编

财政部西川税务管理局绵竹税务分局，1944，8 页

　　收藏单位：重庆馆

15314

财政部新订债券程表汇编　　财政部编

出版者不详，1932，1 册

　　本书逐页题名：公债库券程表汇编。

　　收藏单位：国家馆、南京馆

15315

财政部烟酒专卖局会计规程

出版者不详，[1911—1949]，油印本，85 页，16 开

　　收藏单位：南京馆

15316

财政部盐务稽核所规则汇编　　财政部盐务稽核所编

外文题名：Ministry of Finance Chief Inspectorate of Salt Revenue condensed personnel regulations

财政部盐务稽核所，1935 重印，1 册，9 开

　　本书共 5 章：考试规则、服务规则、俸给规则、任免规则、请假规则。

　　收藏单位：广东馆、国家馆

15317

财政部盐务稽核所人事规则汇编（第 2 期）

财政部盐务稽核所编

财政部盐务稽核所，1936，修订版，69 页，12 开

　　本书封面题名：财政部盐务稽核所规则汇编。逐页题名：盐务稽核所规则汇编。

　　收藏单位：国家馆、南京馆

15318

财政部盐务稽核所送部报表规则格式汇编

盐务稽核总所审核股编

盐务稽核总所审核股，1935.3，修订版，108 页，16 开

　　收藏单位：南京馆

15319

财政部盐务稽核总所税警章则汇编　　财政部盐务稽核总所编

财政部盐务稽核总所，[1935]，144 页，16 开

　　本书共 10 章，内容包括：编制官等及薪饷额、职责、缉务、人事、会计、军需物品等。

　　收藏单位：国家馆、南京馆、天津馆

15320

财政部盐务人员训练班学员手册　　财政部盐务人员训练班编

财政部盐务人员训练班，1942.3，44 页，32 开

　　本书共 10 部分，内容包括：中华民国陆海空军军人读训十条、国民公约、学员到班应注意事项、组织系统表、训练大纲等。

　　收藏单位：国家馆

15321

财政部盐务总局人事规则　　财政部盐务总局编

财政部盐务总局，1943 翻印，58 页，16 开

[财政部盐务总局]，1943.5 重版，48 页，16 开

　　收藏单位：广东馆

15322

财政部盐务总局税警教育计划表　　财政部盐务总局编

财政部盐务总局，1948.8，24 页，32 开

　　本书共 12 部分，内容包括：教育大纲、教育计划时间配当表、士警教练所第一所第十四周日期使用表、士警教练所星期日作业表等。

　　收藏单位：国家馆、吉林馆、南京馆

15323

财政部盐政总局闽浙淮鲁场盐督运处工作报告 财政部盐政总局闽浙淮鲁场盐督运处编

上海现代印书局，[1946]，13页，22开

本书共6部分：铜图（督运处全体同人摄影）、督运场盐始末记、运务组工作报告、会计财务两组工作报告、总务组工作报告、督运处职员表。

收藏单位：国家馆、南京馆

15324

财政部盐政总局三十四年度九至十二月份管理部份经常费岁出预算分配表

[财政部盐政总局]，[1945—1949]，油印本，7页，16开

收藏单位：南京馆

15325

财政部盐政总局职员录（民国三十六至三十七年） 财政部盐政总局编

财政部盐政总局，[1947—1948]，2册（[74]+306+58+156页），22开

本书收录盐政总局、东北盐务管理局、长芦盐务管理局、山东盐务管理局、两淮盐务管理局等人名录。

收藏单位：广东馆、国家馆、上海馆

15326

财政部长孔祥熙任内政绩交代比较表

出版者不详，[1940—1949]，140页，36开

本书共11部分，内容包括：税收、专卖、金融、公债、物资管制、人事、计政等。附本任内历年国库收支数目表、本任内历年偿付发行各种公债本息及结欠现况表。所涉时间为1933年11月至1944年11月。

收藏单位：国家馆、上海馆、首都馆、浙江馆

15327

财政部浙江区货物税局衢县分局工作报告

财政部浙江区货物税局衢县分局，1946，油印本，1册，13开

收藏单位：国家馆

15328

财政部整理田赋人员训练所河南分所讲义汇编 财政部整理田赋人员训练所河南分所编

财政部整理田赋人员训练所河南分所，1939，1册，18开

本书收录土地陈报、测量、田赋征收等方面的规章、要点、大纲等资料16种。

收藏单位：重庆馆

15329

财政部直接税处第五届业务会议预备会纪录 李敏淑记录

出版者不详，[1911—1949]，5页，18开

收藏单位：广东馆

15330

财政部直接税处省分局局所一览表

出版者不详，1941，油印本，1册，16开

本书大部分为表。内容包括：川康直接税局局所一览表、浙江直接税局局所一览表、福建直接税局局所一览表等。

收藏单位：国家馆

15331

财政部直接税人事管理办法草案

出版者不详，[1927—1949]，14页，25开

收藏单位：南京馆

15332

财政部直接税人员手册 财政部直接税署编

财政部直接税署，1947.2，62页，32开

本书共5部分：公务员服务通则、机构及人事、税务、会计统计、管理。

收藏单位：重庆馆、国家馆、辽宁馆、南京馆、上海馆、天津馆

15333

财政部直接税署督察人员服务规则 财政部直接税署制定

[财政部直接税署]，[1911—1949]，9页，大64开

本书收录规则17条，内容包括：本署督察人员受署长之指挥监督承办事项、本署督

察人员于执行职务时其职权范围、督察人员应行注意事项等。

收藏单位：国家馆、南京馆

15334
财政部职官录　财政部编
财政部，[1912—1914]，[82] 页，20 开，环筒页装

15335
财政部职员录（民国六、九、十一至十二、十六、十八、二十一、二十三、三十二年）
财政部编
财政部，1917—1933，9 册（124+184+128+148+179+84+105+104+226 页），36 开

本书收录该部参事室、秘书处、编纂处、总务厅、赋税司、会计司、公债司等人名录。

收藏单位：国家馆、南京馆、上海馆

15336
财政部中央直接税税务人员训练班考试报告书　财政部中央直接税筹备处编
财政部中央直接税筹备处，1936.9，26 页，16 开
本书为考选结果总结报告。共 4 部分：招考、考试、初试、覆试。

收藏单位：国家馆、南京馆、山西馆

15337
财政部主管三十七年度岁入经常门概算书·财政部主管三十七年度岁入临时门概算书
出版者不详，[1948]，油印本，1 册，13 开

收藏单位：国家馆

15338
财政当局的矛盾！
出版者不详，[1936]，42 页，32 开

本书通过刊入两组当时政府当局（行政院、全国财政会议）发布的完全对立的命令、提案、决议案等文件，揭露当时政府空喊废除苛捐杂税，实则滥增食盐捐税的劣迹。共 4 部分：表解、引言、正文、附录。附录南京各

精盐公司经理处呈财政部请免增南京食盐公益捐文等 14 种。

收藏单位：国家馆、南京馆

15339
财政谠言　姚咏白著
出版者不详，[1933.11]，15 页，32 开

本书为著者对当时政府财政、金融政策的主张和意见。

15340
财政改造　卫挺生著
上海：太平洋书店，1929.2，202 页，32 开
上海：太平洋书店，1930，再版，202 页，32 开

本书共 15 部分，内容包括：总论、作战的财政计划、规划财政条陈、改革关税制度议、改革盐税制度议、改革中央财政官制议、整理国债方略、训政时期财政整理之途径等。

收藏单位：重庆馆、东北师大馆、广东馆、广西馆、国家馆、河南馆、湖南馆、江西馆、近代史所、南京馆、上海馆、天津馆、浙江馆、中科图

15341
财政概要　贵州省保甲训练干部讲习所编
贵州省保甲训练干部讲习所，1938.7，42 页，32 开

本书内容包括：土地陈报概要、整理县地方收支、财务行政、贵州省地方财政概况。编者又题：保泽苍。

收藏单位：贵州馆

15342
财政概要　贵州省地方行政干部训练委员会编
贵州省地方行政干部训练委员会，1940，92 页，46 开

本书共 6 章：财政学、岁出、岁入、公债、财务行政、本省地方财政。

收藏单位：重庆馆、贵州馆

15343

财政概要　徐绍真讲述

浙江财务人员养成所，1932.6，[266] 页，18 开

　　本书内容包括：收入、非租税收入、岁出、公债及浙江财务行政等。目录页题名：浙江财政概要讲义。

　　收藏单位：浙江馆

15344

财政概要

江西省地方政治讲习院，1939，1 册，32 开（分组训练教材 2）

江西省地方政治讲习院，1940，1 册，32 开（分组训练教材 2）

　　本书共 5 章：地方财政、赋税征收、公款公产管理、预决算编审、收支程序。各章附问题讨论及参考材料。

　　收藏单位：重庆馆、国家馆、江西馆、南京馆

15345

财政工作　冀鲁豫行署编

冀鲁豫行署，[1947]，42 页，32 开

　　本书内容包括：戎副主席在财政会议上的发言、边处长在秋征会议上总结发言、村财政问题等。附阳谷、南峰、卫南、滑县的村负担调查，濮县咸场王庄的村财政工作概述。

　　收藏单位：国家馆

15346

财政工作报告

台湾省政府财政厅，[1947]，油印本，1 册，16 开，环筒页装

　　本书共 4 部分：省财政、县市财政、乡镇财政、金融。

　　收藏单位：国家馆

15347

财政工作参考材料　太岳政报社编

太岳政报社，1947.4，41 页，32 开（政报丛书）

　　本书收文 9 篇：《毛主席论发展经济保障供给》、《中央局关于励行生产节约的指示》、《太岳区农业负担办法草案》、《纪处长在专县财政科长会议上的总结》、《军鞋工作经验总结》、《游击区征收工作的几点经验》（庞湘川）、《关于土地房产的税契问题》（纪锦章）、《赵城的夏屯征收工作》、《太行区田房税契暂行办法》（附件）。

　　收藏单位：国家馆

15348

财政工作的几点意见　冀察热辽边区财政处编

冀察热辽边区财政处，1948.9，油印本，21 页，32 开

　　收藏单位：国家馆

15349

财政汇刊　青岛特别市财政局编

青岛特别市财政局，1929，[146] 页，16 开

　　本书收录该市的命令、公牍、规章、会议录、收支报告、财政统计、计划等，附有关提案、签呈 4 件。所涉时间为 1929 年 7—10 月。

　　收藏单位：国家馆

15350

财政汇刊　天津市财政局编

天津市财政局，1935，1 册，18 开

　　本书收录该市 1934 年的有关文件。共 15 部分，内容包括：组织、命令、法规、公牍、税考、报告、统计、专载、附录等。目录页题名：天津市财政局财政汇刊。

　　收藏单位：广东馆、贵州馆、国家馆、近代史所、辽宁馆、南京馆、天津馆

15351

财政纪要　河北省财政厅编

河北省财政厅，[1929]，[140] 页，16 开

　　本书收录 1928 年 7 月至 1929 年 6 月该省财政厅的提案、报告、工作摘要、财务章则及河北省全年收支数目统计表等。其他题名：河北省政府周年纪念特刊。

　　收藏单位：国家馆、南京馆、天津馆

15352
财政建设重要文件汇集 太行行署编
太行行署，1947.6，145 页，32 开
本书共 3 部分：整理财政重要文件、各种重要财政法规及决定、审会计制度。
收藏单位：山西馆、浙江馆

15353
财政讲演 贵州财政厅秘书室汇编
[贵州财政厅秘书室]，1930.10，66 页，18 开
收藏单位：贵州馆

15354
财政金融施政方针报告与质询 立法院财政金融委员会编
立法院财政金融委员会，1948.7，20 页，16 开
本书共 4 部分，内容包括：行政院翁院长施政方针报告中关于财政金融部份（节录俞院长施政方针报告）、财政部王部长云五在财政金融委员会第二次会议关于财政金融施政方针之报告（三十七年六月十六日）等。附三十七年下半年度中央政府总预算财政部有关各部份施政计划纲要。
收藏单位：国家馆、南京馆

15355
财政金融学会章程 [财政金融学会编]
财政金融学会，[1930—1939]，2 页，13 开，环筒页装
收藏单位：国家馆

15356
财政经验集（第 1 集） 中央政治学校毕业生指导部编
重庆：中央政治学校毕业生指导部，1941.2，264 页，32 开（服务丛书）
本书收录刊于《服务月刊》的论文 18 篇，内容包括：《财政家的修养》（刘振东）、《我如何做财政厅厅长》（王德溥）、《我做财政厅厅长的经验》（曹仲植）、《办过地方财务行政之后》（刘支藩）等。

收藏单位：安徽馆、长春馆、重庆馆、广东馆、广西馆、贵州馆、国家馆、南京馆

15357
财政论集 文群讲述
中国合作图书社，[1930—1939]，86 页，22 开
本书为论文集，收录作者于 1937—1938 年间的会议报告、演讲词、广播讲话词 7 篇：《财政之建制定策暨运用》《财政轮廓的素描》《战时江西财政》《非常时期江西财政概况》《战时江西财政及与邻省之比较》《整理江西财政之磋议》《劝购救国公债》。
收藏单位：重庆馆、贵州馆、国家馆、吉林馆、江西馆、南京馆

15358
财政论集 杨汝梅等著
上海：中华书局，1935.4，192 页，32 开（新中华丛书 社会科学汇刊）
本书收文 9 篇：《整理财政与会计组织》（杨汝梅）、《中国财政制度与财政实况》（杨汝梅）、《中国财政现状及其前途》（魏颂唐）、《近年中国都市财政之趋势》（杜严双）、《杨炎及其两税法》（庄心在）、《中国盐政之积弊及其改革》（夏保罗）、《战时财政问题之研究》（夏保罗）、《最近甘肃的财政与社会》（明驼）、《一九三四年苏联财政计划》（伟椿）。
收藏单位：安徽馆、重庆馆、东北师大馆、广西馆、国家馆、河南馆、吉林馆、南京馆、内蒙古馆、天津馆、浙江馆

15359
财政论集（第 1 集） 广东财政厅编辑处编
广东财政厅编辑处，1929.5，[364] 页，18 开
本书收录冯祝万、欧宗祐等 10 人所著论文 24 篇。分 3 编：一般财政、租税、关税及厘金。
收藏单位：广西馆、国家馆、南京馆

15360
财政秘密报

出版者不详，[1911—1949]，油印本，1 册，16 开

　　收藏单位：南京馆

15361

财政年鉴 财政部财政年鉴编纂处编

上海：商务印书馆，1935.9，2 册（43+2600 页），22 开，精装

上海：商务印书馆，1935.12，再版，2 册（43+2600 页），22 开，精装

　　本书记叙 1933 年之前主要财政事务，并辑录有关法规。共 15 篇，内容包括：财政概况、财务行政、会计、关税、盐税、统税、印花税、国债、金融、地方财政、二十二年度财政大事记、世界财政概况等。

　　收藏单位：安徽馆、重庆馆、东北师大馆、广东馆、贵州馆、国家馆、黑龙江馆、湖南馆、吉林馆、江西馆、近代史所、辽大馆、南京馆、内蒙古馆、宁夏馆、山西馆、上海馆、首都馆、天津馆、浙江馆

15362

财政年鉴续编 财政部财政年鉴编纂处编

财政部财政年鉴编纂处，1945，3 册，25 开

　　本书记叙 1934—1942 年主要财政事务，并辑录有关法规。共 15 篇，内容包括：财政政策概述、财务机构与人事、计政与公库、专卖、国债、金融、物资、地方财政、财政大事记、各国财政概况等。

　　收藏单位：安徽馆、重庆馆、东北师大馆、广东馆、贵州馆、国家馆、湖南馆、吉林馆、近代史所、南京馆、内蒙古馆、山西馆、上海馆、首都馆、天津馆

15363

财政年鉴三编 财政部财政年鉴编纂处编

财政部财政年鉴编纂处，1948.1，2 册，22 开

　　本书记叙 1943—1946 年主要财政事务，并辑录有关法规。

　　收藏单位：安徽馆、重庆馆、东北师大馆、广东馆、国家馆、吉林馆、江西馆、近代史所、南京馆、宁夏馆、山西馆、上海馆、首都馆、天津馆

15364

财政年刊（民国二十九年份） 山东省公署编

山东省公署，[1940]，2 册（[456]+148+10 页），16 开

　　本书共 7 类，内容包括：法规、公牍、概算、统计图表、附录等。收录 1940 年各项资料，并收录 1938 年及 1939 年部分重要文件。其中多为该省资料，并兼有华北地区伪政权的章则、法令、文牍等。

　　收藏单位：国家馆

15365

财政评论（第 1—14 卷） 财政评论社编

[重庆]：财政评论社，1946.7，46 页，25 开

　　收藏单位：江西馆

15366

《财政评论》第一卷至第十卷目录索引 财政评论社编

重庆：财政评论社，[1911—1949]，48 页，36 开

　　本书共 8 类：中国财政、日本财政、列国财政、研究、人物、书评、法规、消息汇报大事记及论文索引。

　　收藏单位：重庆馆

15367

财政清理成绩 上海银行周报社编纂

上海银行周报社，[1911—1949]，42 页，32 开（经济类钞 第 4 辑）

　　本书收录财政清理处 1923 年呈文 3 件：财政清理处呈报清理财政部发行国库证券文（附表）、财政清理处呈报清理财政部无确实抵押品外债情形文（附表）、财政清理处呈报清理财政部各项内债情形文。

　　收藏单位：浙江馆

15368

财政实业集论 杨汝梅著

汉口：昌明公司，1913.10，66 页，22 开

　　本书收文 9 篇：《游武汉劝业奖进会之感言》《论中国商人之地位》《调查南洋劝业会之评议》《改良铁路会计说》《论湖北财政书》

《财政与实业商榷书》《加税裁厘议》《对于国会建议组织审计院之私评》《论民国二年度预算无正式成立之理由应另定变通办法》。

收藏单位：国家馆、人大馆

15369

财政收入统计表（民国十九年） [福建省财政厅编]

福建省财政厅，[1930]，1 册，16 开

本书全部为表。内容包括：十九年度省库收入分类统计表、各库收入平均数与预算数比较增减表、福建省十九年度第二季田赋收入统计等。

收藏单位：福建馆

15370

财政说明书　经济学会编

北京：经济学会，1915，13 册，16 开

本书为各省财政说明书合编。共 13 册，每册 1—2 省，涉及福建省、甘肃省、广东省、广西省、贵州省、江苏省、山东省、陕西省、云南省、浙江省等省份。

收藏单位：重庆馆、广东馆、国家馆、河南馆、辽东学院馆、南京馆、内蒙古馆、上海馆、西南大学馆、浙江馆、中科图

15371

财政讨论初集　南京特别市财政局编

南京特别市财政局事务股，1929.7，3 册（28+20+26 页），32 开

本书为合订本。内容分别为：《下关设立米市问题》《整理南京市财政局刍议》《整理南京市税制意见书》。

收藏单位：华东师大馆、吉林馆、南京馆、上海馆

15372

财政厅各项专案报告　甘绩镛报告

出版者不详，[1942]，石印本，[74] 页，25 开

本书大部分为表。收录报告人在四川省临时参议会第 5 次大会上所作有关该省税务、预算、收支、地方金融、整理债务等内容的报告。所涉时间为 1941 年 6—12 月。

收藏单位：国家馆

15373

财政统计（民国二十九至三十一年度）　汉口特别市政府财政局编

汉口特别市政府财政局，[1941—1943]，6 册，16 开，环筒页装

本书民国三十年统计分春、夏、秋、冬 4 季，每季 1 册，其余每年 1 册。

收藏单位：国家馆

15374

财政统计年报（民国三十一年）　财政部统计处编

财政部统计处，[1943]，1 册，21×29cm

本书收录统计表 126 种。分 13 类，内容包括：国库、关税、专卖、国债、地方财政、货币与汇兑、银行、贸易等。

收藏单位：重庆馆、国家馆、近代史所

15375

财政问题商榷书　共和建设讨论会编

上海：共和建设讨论会，1912，2 册（58+[52] 页），大 32 开

本书共两册，分两编：初编、次编。共 4 部分：第一期财政计画意见书、偿还外债计画意见书、吾党对于国民捐之意见、论今日整理财政宜先划定国税与地方税之范围。附本年财政现状质问政府案。

收藏单位：安徽馆、广东馆、贵州馆、国家馆、湖南馆、吉林馆、江西馆、近代史所、南京馆、上海馆、天津馆

15376

财政行政讲义　陈家瓒编

长沙：厚生会计讲习所，1933.7，90 页，24 开

本书内容包括：预算、岁计、金库制度、岁计之监督、决算等。附"岁出、岁入科目""概算、预算格式及说明"等。

15377

财政学与中国财政（理论与现实）　马寅初著

上海：商务印书馆，1948.8，2 册（31+16+ 531 页），25 开（大学丛书）

上海：商务印书馆，1949.3，再版，2 册（31+16+531 页），25 开（大学丛书）

本书共 8 篇，内容包括：超然主计与联综组织、中国税制与赋税体系、赋税各论、征实与专卖、公债、地方财政等。

收藏单位：重庆馆、东北师大馆、广东馆、广西馆、贵州馆、国家馆、黑龙江馆、湖南馆、近代史所、辽大馆、南京馆、宁夏馆、上海馆、武大馆、浙江馆、中科图

15378
财政与国防建设
国防研究院，1943.3，30 页，32 开
　　收藏单位：南京馆

15379
财政整理会经过情形及办理一切事宜述要
财政整理会编
财政整理会，1927.7，30 页，16 开
　　本书附财政整理会编译文件目录分类表。
　　收藏单位：国家馆、近代史所、南京馆、上海馆

15380
财政整理会章程　财政整理会编
外文题名：Articles of Constitution of the Commission for the Readjustment of Finance
财政整理会，[1911—1949]，[8] 页，23 开
　　本书为汉英对照。

15381
裁局改科后之绍兴财政概况　浙江省绍兴区行政督察专员公署编
[浙江省绍兴区行政督察专员公署]，1932.1，56 页，16 开（浙江省绍兴区行政督察专员公署绍兴县政府财政丛书）
　　收藏单位：浙江馆

15382
裁厘加税与我国经济前途之关系　许绍猕著
出版者不详，1924，12 页，22 开
　　收藏单位：首都馆

15383
裁厘甲案　杨永泰草拟
出版者不详，[1911—1949]，1 册，16 开
　　收藏单位：南京馆、首都馆

15384
裁厘宣传大纲　丘元武编
中国国民党中央执行委员会宣传部，[1911—1949]，30 页，32 开
　　本书共 6 部分：引言、什么是厘金、厘金底弊害、为什么要裁厘、怎样去裁厘、总结论。
　　收藏单位：上海馆

15385
裁厘宣传大纲
中国国民党中央执行委员会宣传部，1931 印，26 页，32 开
　　本书共 9 部分，内容包括：厘金的意义和来源、厘金的种类、全国厘卡现状、厘金的弊害、裁厘的意义等。附中国国民党河南省党务指导委员会训令。
　　收藏单位：重庆馆、广东馆、河南馆、江西馆、上海馆、天津馆、浙江馆

15386
裁厘宣传集
中国国民党察哈尔省党务特派员办事处，1931.1，60 页，32 开
　　本书共 7 部分：中央裁厘宣传大纲、裁厘与国内经济的变动、裁厘与设税的意义、裁厘后的营业税问题、明令裁厘与华北实施之步骤、通电、本省裁厘实施情况。
　　收藏单位：东北师大馆

15387
裁厘运动丛刊　中国国民党浙江省执行委员会宣传部编
[杭州]：中国国民党浙江省执行委员会宣传部，1931.1，278 页，32 开
　　本书内容包括：总理关于裁厘之遗教、本

党关于裁厘之议决案、国民政府关于裁厘之
宣言、关于裁厘之文电、关于裁厘之言论、
关于裁厘之讲演等。附民国十九年中华民国
海关进口税税则、中央裁厘宣传大纲。
　　收藏单位：国家馆、南京馆、陕西馆、上
海馆、浙江馆

15388

**采购与建筑（又名，盐务稽核总所业务科之
状况）**　[盐务稽核总所编]

盐务稽核总所，[1934]，116页，16开
　　本书介绍该所业务科成立三年来的工作
情况。
　　收藏单位：重庆馆、广东馆、国家馆、南
京馆、上海馆

15389

曹县田赋整顿之计划与实施　王翕如编

出版者不详，1932，29页，32开
　　收藏单位：南京馆

15390

草拟县政府簿记实例　孙燮和编

出版者不详，1929，107页，16开
　　收藏单位：南京馆、浙江馆

15391

查验人员手册　财政部税务署编

财政部税务署，1947.8，38页，50开
　　本书共5部分：查验人员服务守则、查验
工作之执行、查验通则、课税货品分类查验
须知、完税证照之查验。
　　收藏单位：国家馆、吉林馆、南京馆、上
海馆

15392

察哈尔省捐税监理委员会汇刊　察哈尔省捐
税监理委员会编辑

察哈尔省捐税监理委员会，1936.10，16+394
页，16开
　　本书共7部分：章则、布告、调查事项、
会议纪录、整理方案、来往文电、附录。附
录察哈尔省各项税捐章则。

　　收藏单位：国家馆

15393

察南自治政府现行租税制度便览　察南自治
政府财政厅编

察南自治政府财政厅，1938.1，[70]页，8开
　　本书全部为表。
　　收藏单位：国家馆

15394

长治市营业税试行草案　长治市政府颁发

长治市政府，1947.7，油印本，6页，32开
　　收藏单位：国家馆

15395

偿还内外短期八厘债券（简称九六公债）
九六债券二次整理持票人会编

九六债券二次整理持票人会，1932，14页
　　本书内容包括：持票人会对内债之宣言、
宋部长宣言等。

15396

超然主计制度　张心澂著

[桂林]：出版者不详，1947，56页，32开
　　本书共10章，内容包括：超然主计制度
的由来、内容、机构、问题、实施概况等。
　　收藏单位：广西馆、桂林馆

15397

崇明财政　朱渤　曹懋远编

出版者不详，[1911—1949]，手写本，1册，
16开，精装
　　收藏单位：南京馆

15398

重订陕西牙捐税章程

出版者不详，[1911—1949]，3页，16开
　　收藏单位：南京馆

15399

重庆市财政局工作报告　[重庆市财政局编]

[重庆市财政局]，[1939—1942]，油印本，3
册，16开

本书各分册所涉时间分别为：1939 年 1—8 月、1941 年 3—8 月、1941 年 9 月至 1942 年 2 月。

收藏单位：南京馆

15400

重庆市财政局职员录 ［重庆市财政局编］

重庆市财政局，1942.7，56 页，32 开

收藏单位：南京馆

15401

重庆市地方税捐章则 重庆市财政局编

重庆市财政局，1943.4，48 页，32 开

本书收录有关章则 11 种。

收藏单位：重庆馆、南京馆

15402

重庆市政府会计处工作报告 重庆市政府会计处编

重庆市政府会计处，1941—1947，油印本，3 册（27+10+4 页），16 开，环筒页装

本书各分册所涉时间分别为：1940 年 9 月至 1941 年 2 月、1943 年 3—9 月、1947 年 5—8 月。

收藏单位：重庆馆

15403

重庆税捐总局税务汇刊（第 1 期）

出版者不详，[1931]，1 册，16 开

本书内容包括：稽察、处理漏税、罚金等。附军部财字第三六三四号指令、本局随轮稽察暂行条例等。

收藏单位：重庆馆

15404

筹募民国三十一年同盟胜利美金公债、同盟胜利公债特刊 财政部公债筹募委员会编

财政部公债筹募委员会，1942.10，60 页，32 开

本书收录宣传性文章 19 篇，内容包括：《战时国家财政与人民对公债应有之认识》（孔祥熙）、《国民认购公债的义务》（翁文灏）、《如何争取同盟国的胜利》（潘公展）、

《为筹募同盟胜利公债贡一言》（钱永铭）、《同盟胜利公债与抗战第六年度之财政》（陈行）等。

收藏单位：重庆馆、国家馆、南京馆

15405

筹募手册 财政部公债筹募委员会编

财政部公债筹募委员会，1942.9，42 页，32 开

本书共 19 部分，内容包括：民国三十一年同盟胜利美金公债条例、民国三十一年同盟胜利公债条例、财政部公债筹募委员会组织章程、财政部公债筹募委员会委员会议规则等。

收藏单位：安徽馆、国家馆、吉林馆、南京馆、上海馆

15406

筹募手册续编 财政部公债筹募委员会编

财政部公债筹募委员会，1942.11，12 页，32 开

收藏单位：南京馆

15407

出纳人员经手帐目之监察 窦尔迪讲

中央训练团监察官训练班，1948.1，4 页，25 开（教字 9）

收藏单位：国家馆、内蒙古馆

15408

处务会议记录 财政部直接税处编

财政部直接税处，[1940—1941]，2 册（168+110 页），25 开

本书共两集。第 1 集收 1940 年 6—12 月第 1—27 次会议记录，第 2 集收 1931 年 1—6 月第 28—51 次会议记录。

收藏单位：国家馆

15409

川北区十四县煎盐灶户请仍行等差税制文件备忘录

出版者不详，1945，36 页，36 开

本书内容包括：上行政院财政部盐政局盐

管局快邮代电、财政部川北盐务管理局批示、川康绥靖主任公署代电等。

收藏单位：重庆馆

15410

川鹾概略　四川盐务管理局编

美新印刷社，[1938]，52 页，32 开

15411

川康运销概况　汪天行编著

财政部全国财务人员训练所川康区盐务人员训练班，1943.3，2 册（54+146 页），32 开，环筒页装（训练教材 11）

本书共 15 部分，内容包括：运制、运道、运具、运约、保险、包装、限价、食盐官专卖政策实施之现状等。附川康川北川东三区所属各县人口数目及配销盐类数目表、盐制得失检讨表。

收藏单位：重庆馆、国家馆、南京馆

15412

川沙县八、九团业户请减亩捐案牍（民国十八年至二十一年）　[杨承震等编]

出版者不详，[1932.3]，30 页，20 开

15413

川沙县公款公产管理处收支报告（民国十六年至十九年度）　陆仲超　朱景熙编

川沙县公款公产管理处，[1930—1939]，32 页，16 开

15414

川省财政概况与改进计划　甘绩镛讲

出版者不详，[1939]，46 页，28 开

本书共 4 部分：民国二十八年二月十一日四川省党训班之讲述、调剂金融、财政视察纲如后表、中央核示。

收藏单位：重庆馆、南京馆

15415

川省田赋征实负担研究　彭雨新等著

重庆：商务印书馆，1943.11，143 页，25 开（国立中央研究院社会科学研究所丛刊 第 20 种）

本书共 3 章：川省田赋税率轻重之沿革、征实前川省田赋正附税之检讨、征实后田赋负担之分析。附川省各县田赋正税与副税两额比较表、民国以来川省各县每两粮额折征银元数比较表、二十八年度川省各县田赋省县正附税合计每粮一两共征银元数表等。

收藏单位：重庆馆、东北师大馆、广东馆、国家馆、吉大馆、吉林馆、近代史所、南京馆、上海馆、中科图

15416

川盐改税新编　[四川盐政局编]

[四川盐政局]，1912，5 册，28 开，环筒页装

本书共 5 部分：政纲、官制、税则、清理、杂俎。

收藏单位：重庆馆

15417

川盐官运之始末　吴铎著

出版者不详，[1932—1949]，[119] 页，16 开

本书研讨清末川盐改行官运的背景、原因、实施经过、成效与官运商销制度的利害得失等。为《中国近代经济史研究集刊》抽印本。

收藏单位：重庆馆、天津馆

15418

川盐纪要　林振翰编

[上海]：[商务印书馆]，1916.2，606+12 页，16 开

上海：商务印书馆，1919.3，2 版，增订本，606 页，16 开，精装

本书共 4 篇：四川盐务沿革、产、运、销。附专件、法规章程、杂录。

收藏单位：安徽馆、重庆馆、福建馆、广东馆、广西馆、国家馆、湖南馆、吉林馆、近代史所、南京馆、宁夏馆、上海馆、西南大学馆、浙江馆

15419

川盐通论及其展望　曾仰丰著

川康盐务人员训练班，1942.11，18页，50开

本书共4部分：场产之今昔、运销管制之变迁、运额盐价税收之进展、改善之建议。

收藏单位：国家馆、南京馆

15420

从经济危机之杞忧建议战时财政三项原则·物价普遍不断上涨之研究与稳定当前物价之对策原则　陈康文作

巴县（重庆）：陈康文，1942.12，44页，32开

本书共3部分：从经济危机之杞忧建议战时财政三项原因、物价普遍不断上涨之研究与稳定当前物价之对策原则、对稳定当前物价之具体办法原则中消极方面三项原则答读者。

收藏单位：重庆馆、广东馆、国家馆、南京馆、浙江馆

15421

村财政问题　华北财经办事处编

华北财经办事处，1948.2，油印本，18页，大32开

收藏单位：国家馆

15422

村政经费收支条例（草案）　华东局秘书处编

华东局秘书处，1948.6，油印本，12页，32开

收藏单位：国家馆

15423

答复调查湖南财政事项

出版者不详，[1912]，71页，18丌

本书内容包括：调查大纲、岁入各款、岁出各款、行政费、财务费、外交费、民政费、教育费、军政费、司法费等。

收藏单位：国家馆

15424

大借款违法之披露（第1册）　佚名著

出版者不详，1913，6+112页

本书共4章：政府违法借款之签字及其原

因、舆论反对违法借款之激昂、参众两院否决违法借款之实况、各方面反对政府违法借款之通电。

收藏单位：北师大馆、近代史所

15425

大总统咨一件（关于民六以来所有借款合同尽各部所有送请查照由）

出版者不详，[1923]，628页，18开

本书收录1917年6月12日至1922年8月1日中国政府签订的内外债款合同及附件。

收藏单位：国家馆、河南馆、近代史所

15426

单位会计制度之一致规定（丙种）

湖南省地方行政干部训练团，1943，208页，64开（会计组专业讲义17）

收藏单位：广东馆

15427

丹阳财政　杨祖德编

出版者不详，[1911—1949]，手写本，1册，16开，精装

收藏单位：南京馆

15428

当前财政问题　闵天培著

重庆：中山文化教育馆，1938.11，54页，36开（抗战丛刊65）

本书共15部分：概论、调整汇率、统制贸易、奖励输出、巩固金融、集中华侨汇款、集中对外购买力、稳定币值、安定物价、改进税务、举办过分利得税、展还旧债、实行专卖、促进农业生产、结论。

收藏单位：重庆馆、国家馆、吉林馆、江西馆、近代史所、南京馆、浙江馆

15429

当前中国财政问题　崔敬伯著

北平：国立北平研究院经济研究会，[1937]，21页，16开

本书收文5篇：《军扩财政的新姿态》《最近财界之传说与现实》《螺线型财政的透视》

《财政部与中央银行》《举债与增税》。

　　收藏单位：北师大馆、国家馆、湖南馆、吉林馆、内蒙古馆、陕西馆、天津馆、浙江馆

15430

地丁钱粮考　莫东寅著

出版者不详，1942，38 页，25 开

　　本书共 6 部分：清代农村机构、清代土地制度、地丁合一前之赋制、地丁之合一、征收制度、田赋弊端。

　　收藏单位：北师大馆、国家馆

15431

地方财政　董辙编述

出版者不详，[1946]，40 页，16 开

　　本书内容包括：地方财政之性质、我国地方财政之史的演进、地方支出、地方收入、地方财务行政等。

　　收藏单位：南京馆、上海馆

15432

地方财政　高秉坊讲

中央训练团党政训练班，1940.5，36 页，32 开（中央训练团党政训练班讲演录）

　　本书共 3 章：地方财政之演进、中央整理地方财政之已有事实、地方财政之目前急务。

　　收藏单位：安徽馆、重庆馆、广西馆、国家馆、吉林馆、南京馆

15433

地方财政　孔福民编著

青岛青年书店，1948.11，144 页，32 开

　　本书共 7 章：绪论、地方财政史、地方财政的检讨、地方财政整建的原则、地方财政整建的途径、地方财务管理问题、地方财务前途。

　　收藏单位：国家馆、南京馆

15434

地方财政　庞松舟讲

[中央训练团]，1939.4，16 页，32 开（中央训练团党政训练班讲演录）

中央训练团，1940.2，26 页，32 开（中央训练团党政训练班讲演录）

　　本书内容包括：收支之划分、省县税收之整理、财务行政之改进、财政与金融之联系等。

　　收藏单位：重庆馆、广东馆、南京馆

15435

地方财政　[中国国民党中央委员会训练委员会编]

中国国民党中央委员会训练委员会，1934，1 册，32 开

　　收藏单位：广西馆

15436

地方财政　中国国民党中央执行委员会训练委员会编

中国国民党中央执行委员会训练委员会，1944.3 印，65 页，32 开

　　本书共 6 章：概论、地方税捐的征收、分配地方的国税、地方财政的整理、乡镇财政、地方财务行政机构。

　　收藏单位：吉林馆、南京馆

15437

地方财政概要　民政部地方司 [编]

民政部地方司，1936.4，100 页，16 开

　　本书共 6 部分，内容包括：岁入岁出总览、地方债、户数及人口等。附新京卸卖物价指数表、各地小卖物价调、各地劳动赁金调。

　　收藏单位：国家馆

15438

地方财政概要附录　广西民团干部学校编

广西民团干部学校，[1938]，65 页，25 开

　　本书内容包括：二十七年度本省财政设施计划、本省县地方财政法规、广西省区乡镇村街会计制度等。

　　收藏单位：广西馆、桂林馆

15439

地方财政施行法

出版者不详，[1914—1949]，94 页，25 开（江
西吏治训练所丛书 6）

　　收藏单位：江西馆

15440

地方财政问题（第5—6届后期） 于润华
孔涤庵编

出版者不详，[1911—1949]，2 册，22 开

　　收藏单位：浙江馆

15441

地方财政问题讲义

出版者不详，[1911—1949]，1 册，22 开

　　收藏单位：浙江馆

15442

地方财政整理会议汇编 地方财政整理会议
汇编委员会编

财政部总务司，1940.11，16+310 页，16 开

　　本书共 4 编：会议之经过、审查报告及原
提案、报告及图表、附录。

　　收藏单位：国家馆、吉林馆、近代史所、
南京馆

15443

地方财政之百弊及主治方案 毛龙章讲

财政部整理地方捐税委员会，1936.8，12 页，
16 开（财政部公余学术研究会讲演稿 2）

　　本书内容包括：引言、弊之意义、地方财
政多弊之最大原因、地方财政之百弊等。

　　收藏单位：重庆馆、国家馆

15444

地方公债 万必轩编著

上海：大东书局，1948.9，80 页，36 开（地
方行政实务丛书）

　　本书共 5 章：绪论、地方公债之发行原
则、地方公债之实际、中央整理地方公债之
经过、地方公债未来之展望。

　　收藏单位：广东馆、吉林馆、南京馆、上
海馆、浙江馆

15445

地方款产公开报告 杨行乡公所编

杨行乡公所，1924.8，80+40 页，16 开

　　本书大部分为地图与表册。内容包括：例
言、公产目录、裳四十九图东光圩、地方款
产公开报告单一览等。附杨行乡公所收支
报告（民国十三年七月汇编）。

　　收藏单位：上海馆

15446

**地方岁入岁出预算及概算（中华民国二十至
二十四年度）** 国民政府主计处岁计局编

国民政府主计处岁计局，1932—1937，5 册
（160+180+178+234+230 页），16 开

　　本书大部分为表。

　　收藏单位：广东馆、国家馆、近代史所、
南京馆、陕西馆、上海馆

15447

地价税纳税须知 北平市政府财政局编

北平市政府财政局，1947.1，8 页，32 开

　　本书共 6 部分：市政府开征地价税布告、
开办地价税说明、实施土地税对于人民之利
益、地价税征收方法、地价税征收规则、纳
税人应注意事项。

　　收藏单位：国家馆

15448

地价税应采累进制之理由及释疑

[财政部]，[1911—1949]，21 页，16 开

　　本书共两部分：地价税应采累进制之理
由、怀疑意见之解答。

　　收藏单位：重庆馆、国家馆、南京馆

15449

地税报告 土地委员会编

[土地委员会]，[1920—1939]，手写本，1 册，
13 开，环筒页装

　　收藏单位：国家馆

15450

第二次全国财政会议汇编 全国财政会议秘
书处编辑

财政部总务司，1934.7，1 册，18 开

本书共 4 编：会议之经过、审查报告及原提案、图表、附录。会议日期为 1934 年 5 月 21—27 日。

收藏单位：安徽馆、长春馆、重庆馆、广东馆、广西馆、国家馆、吉林馆、近代史所、南京馆、上海馆、中科图

15451

第三次全国财政会议汇编　第三次全国财政会议秘书处编辑

财政部总务司，1941.6，1 册，16 开

本书共 3 编：会议之经过、议案及决议、杂俎。

收藏单位：安徽馆、重庆馆、东北师大馆、贵州馆、国家馆、湖南馆、吉林馆、辽大馆、南京馆、上海馆、浙江馆、中科图

15452

第二次全国财政会议决议案一年来实施报告　财政部编

财政部，1935.8，138 页，16 开

本书共 9 类，内容包括：废除苛捐杂税及减轻田赋附加各案、整理地方税捐各案、整理田赋各案、确定地方预算及会计制度各案、抵补裁减苛杂及田赋附加办法各案、关于国家税各案等。附改订契税办法、整理牙税办法等。

收藏单位：国家馆、南京馆、宁夏馆、上海馆

15453

第二次全国财政会议之回顾　高秉坊著

出版者不详，[1911—1949]，12 页，16 开

本书内容包括：会议召开之背景、会议之经过、五年来实行议决案之情形、收获与今后之展望等。

收藏单位：重庆馆、南京馆

15454

第二类乙项薪给报酬所得税各区免税额及税率　财政部直接税署编

财政部直接税署，[1946.6]，110 页，32 开

本书收录 41 地区免税额和税率情况。内容包括：迪化区、太原区、青岛区、济南区等。自 1946 年 6 月起实行。

收藏单位：国家馆、吉林馆、南京馆、上海馆

15455

第二年之甘肃财政　甘肃省政府财政厅编

甘肃省政府财政厅，1939.12，1 册，16 开

本书共 3 编：省财政、县财政、经济与金融。第 1 编共 3 章：预算与计政、田赋、税收；第 2 编共 3 章：县预算之确定与执行、改进地方款收支、重订各县局交代办法；第 3 编共 3 章：省经济、省金融、今后之策进。所涉时间为 1938—1939 年。

收藏单位：重庆馆、国家馆、近代史所

15456

第七回税务统计年报书（康德五年度）　经济部税务司编

经济部税务司，1940，1189+[43] 页，16 开

本书内容包括税务监督署管区图、岁入总览等。

收藏单位：国家馆

15457

第三次全国财政会议湖南省有关资料辑要（用统计数字说明本省各部门概况）　湖南省财政厅编

湖南省财政厅，1941，365 页，16 开

本书大部分为表，收录各方面概况及有关统计数表等 30 余种。共 7 部分：财政部分、会计部分、审计部分、金融部分、贸易部分、经济建设部分、仓储。

收藏单位：国家馆、近代史所、南京馆

15458

第三次全国财政会议会员手册　第三次全国财政会议秘书处编

出版者不详，1941.6，44 页，32 开

收藏单位：南京馆

15459
第三次全国财政会议记录
出版者不详，[1930—1949]，1 册，16 开
　　收藏单位：南京馆

15460
第三次全国财政会议提案（第 2—3 辑）
出版者不详，[1941]，2 册（100+146 页），18
开，环筒页装
出版者不详，[1941]，146 页，18 开，环筒页
装

　　本书第 2 辑收录第 51—100 号议案，内
容包括：为配合国家及自治财政系统拟具建
立国家及自治金融系统意见案、各省地方赋
税名目繁多难免苛细应如何统一以资整理而
免扰民案、实施新县制为完成地方自治之要
政惟需费甚巨应如何筹划以利推行拟具意见
案等。第 3 辑收录第 101—148 号议案，为发
行粮食库券似宜付给利息请核示案第六七组、
国家专卖政策实行后各省公卖事业自应即行
废止兹特拟具抵补及整理办法案第二四组、
由各县设置信托机构代管人民财产之信托以
便人民而增公家收益案第三组等。
　　收藏单位：广东馆、国家馆、南京馆

15461
**第三次全国财政会议重要决议案决议要点辑
览**　福建省财政厅编
福建省财政厅，[1941]，50 页，32 开（财政
丛刊第 1 种）

　　本书共 11 部分，内容包括：遵照行政院
决定田赋的征实物之决议制定实施办法集、
拟订地方经济建设事业审核标准案、改进地
方税法税制案等。附八中全会决议案。
　　收藏单位：福建馆

15462
第三届中央执行委员会财务委员会工作报告
出版者不详，1931.10，32 页，16 开
　　收藏单位：南京馆

15463
第一次全国主计会议提案

出版者不详，[1911—1949]，油印本，5 册，
16 开
　　本书收录第 1—230 号提案。
　　收藏单位：南京馆

15464
第一次全国主计会议议案撷要　程养廉编
浙江省政府会计处，[1911—1949]，100 页，
22 开（浙江计政丛刊 4）

　　本书共 6 部分：会议始末纪要、宣言及
文电、训词、全国主计会议预备会议决议案
实施情形之检讨、工作报告审查委员会报告、
决议案概观。附本处各提案。
　　收藏单位：南京馆、浙江馆

15465
**第一期铁路建设公债基金保管委员会办事细
则**
出版者不详，1934，3 页，13 开，环筒页装
　　收藏单位：国家馆

15466
**第一期铁路建设公债基金保管委员会组织规
程**
出版者不详，1934，油印本，2 页，13 开，
环筒页装
　　收藏单位：国家馆

15467
滇东盐务纪实　董仙洲编著
四川自流井，1945.7，52 页，18 开
　　本书共 9 部分：引言、沿革、产制、盐
运、配销、缉私、征榷、盐务机关组织、硝
矿。
　　收藏单位：重庆馆、国家馆、吉林馆、南
京馆

15468
调查九千六百万元盐余公债报告书　龙钦海
穆湘瑶　江经沅报告
上海：全国高教联合会驻沪办事处，1922.4，
27 页，32 开

15469

定县赋税调查报告书　河北省县政建设研究院编

河北省县政建设研究院，1934.10，98+46 页，18 开

　　本书共 8 章：田赋、契税、牙税、营业税、牲畜花税、屠宰税、花生木植税、本县地方杂捐。附现行地方赋税各种条例汇编目录。

　　收藏单位：国家馆、吉林馆、近代史所、南京馆、内蒙古馆、天津馆、浙江馆、中科图

15470

东北税收统计（第 1 辑）　东北区税务管理局计划室编

东北区税务管理局计划室，1949，45 页，16 开

　　收藏单位：国家馆

15471

东北税章汇编（第 1—2 集）　东北税务总局编

东北税务总局，1948.12，2 册（115+51 页），32 开

　　本书每册 1 集。第 1 集共 3 部分：间接税、业务制度、税务组织机构及人员编制；第 2 集为直接税，共两部分：营业税（固定营业）、一时营业税及摊贩营业税。

　　收藏单位：辽宁馆

15472

东海县财政报告　余朝海编

东海（连云港）：余朝海 [发行者]，1936.5，手写本，1 册，16 开，精装

　　收藏单位：南京馆

15473

东阳县公产清册（第 1 辑）　东阳县财政整理委员会调制

东阳文化印刷社，1945，1 册，16 开

　　收藏单位：浙江馆

15474

对于财政整委会刊发清算淮商债务报告书稿之签正

湘岸淮商公所，[1928.9]，石印本，[49] 页，23 开，环筒页装

15475

对于江苏财政、吏治之研究　朱绍文著

出版者不详，[1911—1949]，21 页，16 开

　　本书为著者写给政界、学界人士的一封信。

　　收藏单位：上海馆

15476

对于江苏省整理田赋救济农村及地方政治设施之意见

嘉定：振华书局，1934.1，41 页，32 开

　　收藏单位：南京馆

15477

俄国赔款应付部分捐拨公债本息数目表

出版者不详，[1911—1949]，油印本，1 册，散页订装

　　收藏单位：国家馆

15478

二十年度预算未成立时各机关每月暂支经费数目表　国民政府主计处岁计局编

国民政府主计处岁计局，1933.9，46 页，16 开

　　收藏单位：国家馆、吉林馆、南京馆

15479

二十三年以来吾国中央财政及地方财政的概况　杨汝梅著

中国计政学会，1935.2，72 页，32 开（中国计政学会丛刊）

　　本书共 4 章：导言、中央财政概况、地方财政概况、结论。

　　收藏单位：重庆馆、国家馆、宁夏馆、上海馆、浙江馆

15480

二十四省岁入岁出盈亏比较表

出版者不详，[1911—1949]，油印本，1 册，18 开

本书全部为表。二十四省包括：直隶、奉天、新疆、顺天、归化、科布多、察哈尔、绥远、乌里雅苏台、伊犁、库仑、阿尔泰等。

收藏单位：国家馆

15481

二十一年度各种收支统计书表填法说明

出版者不详，[1930—1949]，16 页，16 开

本书内容包括：二十一年度收入统计表填法说明、二十一年度支出统计表填法说明、二十一年度收支统计总表填法说明等。

收藏单位：国家馆、南京馆

15482

二十一年度收支统计报告书表

出版者不详，[1933]，1 册，16 开

本书为发给下级机关待填报的统计表。内容包括：民国二十一年七月至二十二年六月收入统计表、支出统计表、收支统计总表等。

收藏单位：国家馆、南京馆

15483

二十一年江西之财政　江西省财政厅第一科编辑股编

江西省财政厅第一科编辑股，1933.5，12+180 页，16 开

本书共 13 部分，内容包括：关于编造预算及收支报告事项、关于监督地方财政事项、关于整理田赋事项、关于整理税捐事项、关于会计事项、关于办理统计事项、关于清理债券事项、关于处理公产事项等。

收藏单位：广东馆、国家馆、南京馆

15484

二十月来之湖南财政　胡善恒编

出版者不详，[1941]，152 页，32 开

本书共 5 部分：弁言、施政要旨、财政进度、重要设施、结论。第 4 部分共 6 部分：预算、债务、赋税、公库、人事控制、县地方

财政。附湖南省三十年度整理赋税计划。所涉时间为 1939 年 10 月至 1941 年 5 月。

收藏单位：国家馆、南京馆

15485

二五附税与财政计画　陈震异著

北京：民国大学消费社，1927.4，205 页，22 开

本书共 15 章，内容包括：二五附税之由来、二五附税与关税自主、二五附税之扩张、二五附税之复活原因、二五附税之总类、各国朝野对于附税用途之主张、军费标准及其收支适合策、增进民福及促进文化之财源等。

收藏单位：重庆馆、东北师大馆、国家馆、近代史所、南京馆、上海馆

15486

发行国库定期兑换券说帖

出版者不详，[1935.4]，24 页，18 开

本书为当时财政总长之"说帖"，阐述发行之理由、方法、现金准备与收回方法等。其他题名：发行国库定期兑换券二万万元说帖。

15487

法律馆试办宣统四年岁出预算报告册

出版者不详，1911，[7] 页，5 开，环筒页装

本书附比较表。

收藏单位：首都馆

15488

反对征收粮食营业税的意见

上海市参议会等，1948.6，16 页，32 开

收藏单位：南京馆

15489

非常时期财政提案汇编

出版者不详，[1911—1949]，油印本，85 页，16 开

收藏单位：南京馆

15490

非常时期过分利得税之理论与实际　段逸珊

著

重庆：独立出版社，1944.9，106 页，32 开

　　本书共 5 章：绪论、过分利得税之展视、过分利得税之实施、过分利得税改进之研究、结论。

　　收藏单位：重庆馆、国家馆、吉林馆、南京馆、上海馆、浙江馆

15491

非常时期商民对于印花税应有之认识　财政部税务署编

[财政部税务署]，[1937—1949]，32 页，32 开

　　收藏单位：广东馆

15492

非常时期贴用印花须知　嵇驰清编辑

上海：现行法制刊行社，1941.6，20 页，16 开

　　本书收录非常时期贴用印花须知及税率表。附非常时期征收印花税暂行办法及印花税法规原文。

15493

非常时期印花税贴用备查录　扬德惠编

华洋印务局，1939 印，18 页

　　收藏单位：南京馆

15494

非常时期之财政　熊凌霄著

出版者不详，[1935]，9 页，16 开

　　本书分析我国财政现状，以预测非常时期财政的危机，提出应采取的财政政策及财务行政上的改良意见。内有 1934 年及 1935 年总预算收入表。

　　收藏单位：上海馆

15495

非常时期之地方财政　马存坤著

上海：中华书局，1937.3，98 页，32 开（中国新论社非常时期丛书）

上海：中华书局，1937.8，再版，98 页，32 开（中国新论社非常时期丛书）

香港：中华书局，1938，3 版，98 页，32 开（中国新论社非常时期丛书）

　　本书共 5 章：导言、非常时期地方财政之整理、非常时期之地方财源与充实问题、非常时期的地方财政权、非常时期地方财政上应有之措施。

　　收藏单位：重庆馆、东北师大馆、广东馆、贵州馆、桂林馆、国家馆、黑龙江馆、江西馆、南京馆、天津馆、浙江馆、中科图

15496

废除淮盐鄂湘西皖四岸引商议　过钟粹著

出版者不详，1928.8，12 页，23 开

　　本书叙述废除引商的理由与具体办法等。

15497

废除苛捐杂税案关系文件　财政部整理地方捐税委员会编

财政部整理地方捐税委员会，1934.7，10 页，16 开

　　收藏单位：南京馆

15498

丰都县租石清理委员会报告书　丰都县租石清理委员会编

丰都（重庆）：丰都县租石清理委员会，1937，42 页，16 开

　　本书共 4 篇 24 章，内容包括：改组后告民众书、丰都县租石清理委员会暂行简章及调查规程、乡镇长与清理租之关系、自耕农之瞒租及清理情形等。

　　收藏单位：重庆馆

15499

奉天省财政统计年鉴（民国七、十至十一、十四至十五年度）　奉天财政厅统计科　高毓衡等编

奉天财政厅，1921—1929，5 册（[391]+415+395+[420]+[432] 页），16 开

　　本书全部为表。内容包括：支出之部、收入之部、公债之部、附图之部等。

　　收藏单位：国家馆、辽宁馆、首都馆

15500

奉天省预算案（宣统三年度）

出版者不详，1911，49 页，16 开

收藏单位：国家馆

15501

奉天市政公署商埠局捐税租费明细表解　奉
天市政公署商埠局编

奉天市政公署商埠局，[1931]，[12] 页，16 开

本书全部为表。内容包括：市政公署商埠
局各种税率表解、市政公署商埠局各种捐率
表解、市政公署商埠局各种租价表解等。自
1931 年 12 月起实行。

收藏单位：国家馆

15502

服务盐政四阶段

出版者不详，[1911—1949]，油印本，1 册，
16 开

收藏单位：南京馆

15503

福建财务统计　杨绰庵编

出版者不详，1930.2，石印本，[116] 页，12
开

本书全部为表。共上、下两卷。收录总
岁入、岁出，各类税收，国库、省库收支，
公债，田赋，海关贸易等统计表 27 种。

收藏单位：上海馆

15504

福建财政　福建省政府秘书处统计室编

福建省政府秘书处公报室，1938，114 页，16
开（福建省统计年鉴分类 14）

本书大部分为表。收录该省财政预算、
收支、赋税、债务等方面的统计资料。

收藏单位：南京馆、中科图

15505

福建财政史纲　王孝泉编著

[上海]：商务印书馆，1936.9，再版，2 册
（12+282+110 页），18 开（地方财政研究丛
书）

本书共 9 章，内容包括：福建省经济地理
之最近观察、福建财政之历史的发展、福建
省之岁入、福建省之岁出、福建省各县之收
支概况、福建省财政整理之意见等。

收藏单位：重庆馆、国家馆、南京馆、中
科图

15506

**福建财政厅厅长范其务自民国二十一年十二
月十六日接事起至二十二年七月三十一日卸
事止收支各款汇报总表**　福建省政府财政厅
编

福建省政府财政厅，[1933]，石印本，1 册，
16 开，环筒页装

本书内容包括：福建省政府财政厅汇编民
国二十一年度十二月下半月至六月底止收支
总表、福建省政府财政厅汇编民国二十一年
度十二月下半月至六月底止金库按月支付各
项经费比较表、福建省政府财政厅续编民国
二十二年度七月份收支总表等。

收藏单位：福建馆、国家馆

15507

福建财政厅最近收入状况说明书　[福建省政
府财政厅编]

[福建省政府财政厅]，[1925]，石印本，1
册，16 开，环筒页装

本书内容包括：福建财政厅所辖各县征收
丁粮捐税数目表、财政所辖各厘金局最近收
入状况表、财政厅现辖各县税契数目表等。

收藏单位：国家馆

15508

福建财政研究　郑拔驾著

上海：新宇宙书店 [等]，1931.1，46 页，32 开

本书共 5 章：国家收支研究、地方收支研
究、县自治收支概况、营业税研究、单一税
制论。

收藏单位：国家馆、上海馆、浙江馆

15509

福建地方财政概要　陈元璋编

出版者不详，1929，油印本，1 册，大 16 开

收藏单位：福建馆

15510

福建地方财政沿革概要　陈元璋著
福州：远东书局，1937.3，再版，[28]+310 页，
23 开
　　本书共 9 章：省地方财政、省地方岁入、
县地方财政、市地方财政、会计制度、币制
等。据著者在福建省政府地方行政人员养成
所的授课讲义编成。
　　收藏单位：近代史所、中科图

15511

福建地方收支统计表　福建财政厅总务科统
计股编
[福建财政厅总务科统计股]，1929.9，10 页，
16 开
　　本书内容包括：福建省政府财政厅收支总
数对照统计表、逐月收入分类统计表、逐月
支出分类统计表等。
　　收藏单位：福建馆

15512

**福建贾铺捐概况·福建屠宰税概况·福建茶
税概况·福建杂租概况**　林有壬编
上海：利国印刷所，1930.3，[37] 页，23 开

15513

福建卷烟统税局特刊　福建卷烟统税局特刊
编辑处编
福建卷烟统税局，1930.5，[278] 页，16 开
　　本书内容包括：法规、命令、公牍、布
告、统计等。所记时间为 1929 年 8 月至 1930
年 4 月。

15514

**福建契税概况·福建当税概况·福建牙税概
况·福建炉税概况**　林有壬编辑
上海：利国印刷所，1930.2，[22] 页，23 开

15515

**福建省财政会议各军及各机关造送第一类表
册**　[福建省政府财政厅编]

[福建省政府财政厅]，[1928]，90 页，18 开
　　本书共 22 部分，内容包括：海军所属各
项收入数目册、海军抵押借垫各项数目册、
南港战役垫款并开销数目表、福建全省烟酒
事务局款项收入及拨解数目报告书、福建全
省印花税局最近按月收支概况等。
　　收藏单位：福建馆

15516

**福建省财政会议各军及各机关造送第二类表
册·福建省财政会议各军及各机关造送第三
类表册**　[福建省政府财政厅编]
[福建省政府财政厅]，[1928]，154 页，18 开
　　本书为合订本。《福建省财政会议各军及
各机关造送第二类表册》内容包括：福建省党
费支出总表、福建省政府秘书处支出预算书
等。《福建省财政会议各军及各机关造送第三
类表册》内容包括：福建省债务简明总表、福
建省财务委员会暨财务处任内借入各款数目
一览表等。附福建省国家税岁入一览表等。
　　收藏单位：福建馆

15517

**福建省财政会议军政各机关续送函件及表册
（第 4 类甲、乙）**　[福建省政府财政厅编]
[福建省政府财政厅]，[1928]，2 册，16 开
　　本书共 32 部分，内容包括：福建省旧次
各债数目一览表、国民革命军闽海军所属收
支总分表、漳厦海军警备司令部编制额支薪
饷表、海军所属陆战队军费新旧比较表等。
　　收藏单位：福建馆

15518

福建省财政会议议决案（第 5 类）　[福建省
政府财政厅编]
[福建省政府财政厅]，[1928]，52 页，18 开
　　本书共两部分：福建财政会议第一次会
议事录、福建财政会议第二次会议议事录。
　　收藏单位：福建馆

15519

福建省出入预算表册（中华民国元年下半年）
出版者不详，[1911]，272 页，16 开

15520

福建省第二次全省行政会议财政施政报告

严家淦述

出版者不详，[1943]，18 页，32 开

　　收藏单位：福建馆

15521

福建省第一次地方财政会议汇编 ［福建省第一次地方财政会议编］

福建省第一次地方财政会议，1937.5 印，1册，16 开

　　本书共 4 类："法规、图表""致词、训词""议程、议案索引、审查报告""决议案件、提案汇存"。

　　收藏单位：福建馆

15522

福建省地方建设事业费收支审定概算表（二十三年度） ［福建省政府财政厅编］

福建省政府财政厅，[1930—1939]，石印本，1 册，16 开，环筒页装

15523

福建省地方岁出岁入审定概算表（二十二至二十三年度） 福建省财政厅编

福建省财政厅，[1930—1939]，石印本，4册，16 开，环筒页装

　　本书每年两册：福建省地方岁出审定概算表、福建省地方岁入审定概算表。

　　收藏单位：国家馆、上海馆

15524

福建省地方岁出总概算（中华民国三十一年度） ［福建省财政厅编］

［福建省财政厅］，[1943]，油印本，1 册，大16 开

　　本书全部为表。

　　收藏单位：福建馆

15525

福建省地方岁入岁出总概算书（三十六至三十七年度） ［福建省政府财政厅编］

［福建省政府财政厅］，[1948]，油印本，2册，大 16 开

　　本书主要为表。内容包括该年度地方岁入总概算书、岁出总概算书等。

　　收藏单位：福建馆

15526

福建省地方岁入岁出总决算书（三十五年下半年度） 福建省政府编制

福建省政府，1947.7，80+46 页，16 开

　　本书共 6 部分：总说明、岁入来源别总表、岁出主管别总表、岁出政事别总表、决算书、三十五年下半年度岁出预算动支第一及第二预备金新兴事业费暨追加移用案件明细表。

　　收藏单位：国家馆

15527

福建省地方岁入岁出总预算分配总表及明细表（三十六年度） 福建省财政厅编

［福建省财政厅］，1947.7，油印本，1 册，13开

　　本书全部为表。内容包括：福建省卅六年度地方预算岁入总计表、福建省卅六年度岁入总预算各费类分配明细表、福建省三十六年度地方岁出总预算事业别总计表等。

　　收藏单位：福建馆

15528

福建省赋税概况 张果为口述　郑航生记录

福州：福建省县政人员训练所，1936，194页，16 开

福州：福建省县政人员训练所，1936.6，再版，268 页，16 开

　　本书为作者在福建省县政人员训练所的演讲词。共 3 章：概论、各种赋税分论、县地方财政。附福建省征收契税章程、福库省征收契税章程施行细则、外国教会租用土地房屋暂行章程等 32 种。

　　收藏单位：国家馆、近代史所、南京馆

15529

福建省各县地方总预算书（中华民国二十五至二十七、三十至三十一年度） 福建省政府

财政厅编

福建省政府财政厅，[1935—1941]，5 册，16 开

本书大部分为表。

收藏单位：福建馆、国家馆、南京馆、宁夏馆

15530

福建省各县市区地方总预算书汇编（三十四、三十七年度） [福建省政府会计处编]

[福建省财政厅]，[1945]，2 册，16 开

本书全部为表。共 3 部分：统计图表、说明、福建省该年度各县市（区）地方总预算书。

收藏单位：福建馆、国家馆

15531

福建省各县市整理自治财政工作总报告（三十五年度） 福建省政府财政厅编

福建省政府财政厅，1948.6 印，110 页，16 开

本书共两部分：一般财政状况概述、整理自治财政之实况。

收藏单位：福建馆

15532

福建省会计建设

出版者不详，1941，374 页，32 开（闽政丛刊）

本书介绍该省 1934—1939 年五年中的岁计、会计工作及会计机构、人事情况等。

收藏单位：重庆馆、福建馆、广东馆、广西馆、国家馆、江西馆、南京馆、上海馆

15533

福建省三十五年度财政概况 丘汉平编

福建省政府财政厅，[1947]，22 页，16 开

收藏单位：福建馆、南京馆

15534

福建省省地方普通岁入概算案（二十八、三十一年度） [福建省财政厅编]

[福建省财政厅]，[1940—1943]，油印本，2

册，16 开

本书全部为表。内容包括：福建省该年度省地方普通岁入概算总表、福建省该年度省地方普通岁入概算案等。

收藏单位：福建馆

15535

福建省省地方总概算书（民国二十五年度）

福建省政府财政厅编

福建省政府财政厅，[1937]，[89] 页，16 开

本书全部为表。共 4 部分：普通岁入预算书提要、普通岁入预算书、普通岁出预算书提要、普通岁出预算书。

收藏单位：广东馆、国家馆、南京馆、上海馆

15536

福建省岁出单位决算书（三十四年度） 福建省政府编制

福建省政府，1946.5，169 页，16 开

本书全部为表。

收藏单位：国家馆

15537

福建省政府财政整理委员会汇刊（第 1 册）

福建省财政整理委员会编

福建省财政整理委员会，[1928]，[250] 页，16 开

本书内容包括：命令、训令、指令、法规、公牍及调查报告等。

15538

福建省政府建设厅财务经理会计制度 吴国仁编

福建省政府建设厅，[1947.5]，94 页，25 开

本书封面题名：财务经理会计制度。

收藏单位：贵州馆、国家馆、南京馆、天津馆

15539

福建省最近办理财政概况 福建省政府财政厅编

福建省政府财政厅，1937.4，27 页，16 开

本书内容包括：福建省会计、税务、财政行政等。

15540

福建省最近地方收支概况报告　高汉锹著

福建省政府财政厅财政讨论会，[1929]，[20]页，16开

本书附总表7份、分表6份。

收藏单位：福建馆

15541

福建盐区场务人员须知　曹国章著

福建盐务管理局，1945，1册，32开

本书介绍该区所属各盐场管理情况。共5部分：绪言、概况、整建、设施、结语。附场务概况表、各场章则汇编、财政部福建盐务管理局工作人员训练班精神讲话。

收藏单位：国家馆、南京馆

15542

福建盐务概况　林有壬编

上海：利国印刷所，1928，20页，23开

本书通过盐务费用开支与征税情况的介绍，揭示当时盐政的弊端，并提出改革的主张与办法。附盐公司制下的盐工宣言、漳龙公民代表丘振中等抗告利民公司呈文。

15543

福建印花税概况·福建常关税概况·福建烟酒税概况　林有壬编辑

上海：利国印刷所，1930.1，27页，23开

15544

福建印花烟酒税务特刊（第1卷 第1期）
福建印花烟酒税务局编

福建印花烟酒税务局，1935.6，[306]页，16开

本书内容包括：论文、法规、训令、指令、公函、呈文、电文、批文、专载、统计等。收录该省征收印花、烟酒税务法令章则，有关专论及档案资料，统计图表共170余种。

收藏单位：国家馆

15545

福建之财政　福建省政府秘书处主编　福建省政府财政厅编著

福建省政府秘书处，1944.10，146页，32开

本书共两编：省财政、自治财政。上编共4章：战前省财政整理概况、战时省财政调度概况、省岁入岁出的检讨、省公库制度的演变；下编共9章，内容包括：县收入制度的改革、县级公粮的分配、县人事制度的确立、结论等。

收藏单位：福建馆、柳州馆

15546

福建之田粮　福建省田赋粮食管理处编

福建省政府秘书处，1944.5，94页，32开（福建建设丛书6）

本书分上、下两篇：田赋、粮政。上篇共4章：货币税制下之福建田赋、福建创立田赋改征实物制之经过、福建田赋征实第一年、近两年来之福建田赋征实；下篇共9章，内容包括：本省的粮食问题、本省粮食管理机构的演进、本省粮食管理政策的演进、粮食供应与运输等。附本省粮食管理单行法规。

收藏单位：重庆馆、福建馆、国家馆、吉林馆、辽宁馆、南京馆、浙江馆

15547

福建直接税一年讲话集　陈声聪著

财政部福建区直接税局，1946，62页，25开

本书收录著者发表于福州《中央日报》及该区《直接税通讯》的演说词、文稿16篇，内容包括：《福建区直接税局元旦成立演词》《论行政管理与效率提高》《怎样配当现代公务员》等。

收藏单位：国家馆、南京馆

15548

复员一周年　财政部湖南区货物税局零陵分局编

财政部湖南区货物税局零陵分局，[1947]，38页，32开

本书介绍该局复员后的业务活动概况。内容包括：《发刊词》（杨铎）、《零陵分局复

员纪念特刊训词》（刘大柏）、《税人应有之认识》（陈观表）等。

收藏单位：国家馆、南京馆

15549

复员二周年 [财政部湖南区货物税局零陵分局编]

财政部湖南区货物税局零陵分局，[1947]，38页，32开

收藏单位：南京馆

15550

赋税 四川省训练团编

四川省训练团，1930.4，212页，36开（区训练班教材）

四川省训练团，1940，212页，36开（区训练班教材）

本书共5章：田赋、契税、营业税、房捐、土地陈报。分别论述其沿革、现状、制度、章则及改革等。

收藏单位：重庆馆、国家馆

15551

赋税征收 江西省地方行政干部训练团编

江西省地方行政干部训练团，1941.6，66页，32开

本书论述田赋、地价税、契税、普通营业税、屠宰税、牙营税、烟酒税等的征收。

收藏单位：江西馆

15552

赋税整理 丘东旭 林少韩编

广东省地方行政干部训练团，1940.11，37页，32开（财政类7）

本书共两部分：省赋税整理、县赋税整理。逐页题名：赋税整理讲义。

收藏单位：重庆馆

15553

富荣目前应选择之盐法——就场公卖制 汪光汉编

出版者不详，[1930—1939]，32页，25开

本书共5部分：题前、应用甚么方法来研

究四川盐法、统制的具体盐法、富荣食盐就场公卖制、结论。附富荣认商取消后之盐务。

收藏单位：重庆馆、国家馆

15554

改编三十七年下半年度中央政府总预算及特别预算案

出版者不详，[1948]，[343]页，16开

本书共5部分：总说明、图表、总预算案、特别预算案、附件。

收藏单位：重庆馆、国家馆、近代史所、南京馆、上海馆

15555

改订棉织品税则建议 叶量著

国民政府财政部驻沪调查货价局，1928，72页，32开

收藏单位：上海馆

15556

改革福建盐务纪实（第1编） 福建盐运使署编

出版者不详，[1911—1949]，60页，16开

本书共7部分，内容包括：福建盐政的沿革、永和公司概况、永和公司违法的事实、运署对于永和公司的处分等。附永和公司契约、财政部令永和公司应每月缴足二十万元文等24种。

收藏单位：南京馆、上海馆

15557

改革盐务报告书 丁恩著

南京：盐务署，1922.10，239页，16开，精装

本书共4章：民国二年、民国三年、民国四年、民国五年至六年。

收藏单位：南京馆

15558

改良统一会计制度登记实例（第1编 经费类） 杨汝梅著

[中国计政学会]，[1935]，51页，23开（中国计政学会丛书）（国民政府主计处岁计局公

务员补习讲义）

本书共 8 章：帐簿及会计报告之组织、经费类之会计科目、记帐标准、各种会计报告之分析、各帐表登记方法摘要、改良之要点及理由、各种帐簿改良登记结算之实例、各种报告改良编制之实例。

收藏单位：重庆馆、广东馆、南京馆、内蒙古馆、浙江馆

15559

改良盐政刍议　张英华著

北京：和济印刷局，1923.3，40 页，18 开

本书文言体，无标点。共 7 部分：废引以利民、化私以为公、除积弊以重民食、设专商以维边岸、添场产以济民生、增收入以裕税源、统一缉私以维盐务。

收藏单位：广东馆、国家馆、河南馆、南京馆、首都馆、天津馆

15560

改善经济之途径　徐青甫讲

出版者不详，[1911—1949]，10 页，26cm（物品证券演讲）

本书为作者在浙江商学社的经济座谈演讲词。

收藏单位：浙江馆

15561

甘肃财政工作择要报告（民国二十三年）　朱境宙编

出版者不详，[1930—1939]，1 册，10 开，环筒页装

本书共 9 节，内容包括：整理税收经过、计划取消拨款制度经过、整理债券之经过、调查甘肃辅币之经过等。

收藏单位：国家馆、上海馆

15562

甘肃省财政厅会计人员养成所第一期纪念册

甘肃省政府财政厅会计人员养成所编

甘肃省政府财政厅会计人员养成所，1935.12，68 页，16 开

本书内容包括：祝词、论著、专载、统

计、附录等。"论著"部分收文 9 篇，内容包括：《本所创办之缘起及经过》《甘肃之计政》《甘肃省亟应举办营业税之我见》《如何编制县地方预算》等。附录本所大事记略、本所职员通信录、本所教员通信录、本所第一期同学录等。

收藏单位：国家馆、上海馆、浙江馆

15563

甘肃省改进县地方自治财政计划与实施方案

甘肃省政府编

甘肃省政府，1942.2，34 页，32 开

本书内容包括：改进目标、设施原则、计划大纲等。

收藏单位：重庆馆、广东馆、国家馆、吉林馆、南京馆

15564

甘肃省三十年度省库收支及整理税捐概况

甘肃省政府编

甘肃省政府，1942.2，24 页，32 开

本书共 3 章：前言、卅年度省库收支概况、整理税捐情形。附甘肃省地方二十九年度及三十年度岁入、岁出预算数目比较表等 13 种。

收藏单位：重庆馆、广东馆、国家馆、吉林馆、南京馆

15565

甘肃省田赋整理与征实　甘肃省政府编

甘肃省政府，1942.2，30 页，32 开

本书共 5 部分：田赋情况、近年来之整理、田赋征实经征情形、田赋征实经收情形、中央接管后整理计划。

收藏单位：重庆馆、广东馆、国家馆、吉林馆、南京馆

15566

甘肃省政府财政厅二十四年工作择要报告

甘肃省政府财政厅编

甘肃省政府财政厅，[1935]，63 页，16 开

本书共 14 部分，内容包括：一年来之甘肃财务立法、甘肃省库二十四年份收支报告、

一年来赋税收入概况、实行废除苛杂经过、取消拨款制度、交还国税经过、甘肃禁烟概况、一年来之甘肃会计制度、甘肃各县人民负担概况等。

　　收藏单位：国家馆、吉林馆、首都馆

15567

甘肃田赋概要　何让著

兰州：西北印刷所，[1942]，80 页，32 开

　　本书共 11 章，内容包括：沿革、田地种类及亩额、科则、附加、田赋与地方财政、田赋改征实物问题、中央接管后之整理步骤等。所引资料截至 1941 年 8 月。

　　收藏单位：国家馆、南京馆

15568

甘肃印花烟酒税局工作概要（民国二十二年七月至十二月、二十三年元月至六月）　甘肃印花烟酒税局编

甘肃印花烟酒税局，[1934]，2 册（[145]+[137] 页），16 开

　　本书收录有关法规、文牍、统计等。各分册所涉时间分别为：1933 年 7—12 月、1934 年 1—6 月。

　　收藏单位：国家馆

15569

赣县赋粮（民国三十二年七至十二月工作报告）　赣县田赋粮食管理处编

赣县田赋粮食管理处，[1944]，148 页，32 开

　　本书目录页题名：赣县田赋粮食管理处卅二年七月至十二月工作报告。

　　收藏单位：江西馆

15570

高等考试财务行政考试大全　陈野萍等编

上海：直美书社，1931.6，8 册（[1940] 页），32 开

　　本书讲义汇编。共 3 辑。第 1 辑共两部分：国义、党义；第 2 辑共 9 部分，内容包括：民刑法、行政法、经济学、财政学等；第 3 辑共 10 部分，内容包括：土地法、审计学、官厅会计、国际贸易等。

　　收藏单位：国家馆、河南馆、江西馆、南京馆、内蒙古馆

15571

告直接税同仁书　王抚洲著

出版者不详，1947.1，5 页，32 开

　　收藏单位：国家馆、南京馆、天津馆

15572

革命后之江西财政　张静庐编著

上海：光华书局，1927.5，94 页，32 开

　　本书共 19 部分，内容包括：财政委员会之组织、江西全年之收支、税收类目及预算、严禁米谷出口与免税一月、维持盐斤加价、整理金融公债条例、整理田赋计画、附加税及抵补金等。附财政官吏渎职治罪条例。

　　收藏单位：重庆馆、国家馆、河南馆、黑龙江馆、吉大馆、吉林馆、江西馆、近代史所、上海馆、浙江馆

15573

革命债券种类表　黄伯耀编

南京革命债券调查委员会，1935，1 册

　　收藏单位：近代史所

15574

各分支库处理国库收支岁出部份事务须知　中央银行总行国库局编

[中央银行总行国库局]，[1944]，28 页，16 开

　　本书共 3 章：中央岁出部份、省市岁出部份、各年度国库收支结束之办法。

　　收藏单位：重庆馆

15575

各分支库处理国库收支岁入部分事务须知（收入总存款收入之部）　中央银行总行国库局编

中央银行总行国库局，1944，135 页，23 开

　　本书共 6 章，内容包括：收入总存款岁入之列收、收入总存款之经收退还及转正、传票之缮制、帐簿之登记等。

　　收藏单位：安徽馆、重庆馆、广东馆、天

津馆

15576

各国土地债券制度概论　罗醒魂编著

正中书局，1947.10，92 页，25 开（中国地政研究丛刊）

本书共 5 章：概说、土地债券之重要性及其机构、各国土地债券业务实况（上、下）、土地债券业务之归趋及其将来可能之发展。附各国土地债券法规。

收藏单位：重庆馆、广东馆、国家馆、吉林馆、江西馆、近代史所、南京馆、上海馆、浙江馆

15577

各级财务机构　高显锦讲述

[四川省训练团]，1940.3，28 页，32 开（四川省训练团讲义）

本书讲述四川省营业税征收机构组织章则及机构设置情况。

收藏单位：重庆馆、广西馆

15578

各级机关办理报销指南　陶元琳编

上海：新生书局，1946.4，57 页，32 开

本书共 5 章：总论、办理经常费报销之方法、办理生活补助费报销之方法、办理临时费报销之方法、办理岁入类款项报销之方法。

收藏单位：国家馆、南京馆

15579

各区现行农业税法汇辑　全国首届粮食会议大会秘书处编

[全国首届粮食会议大会秘书处]，1949，110 页，16 开

本书为全国首届粮食会议参考资料。

收藏单位：天津馆

15580

各省地方公债考略　上海银行周报社编

上海银行周报社，[1923]，8 页，32 开（经济类钞 第 5 辑）

本书简述 1905—1923 年我国各省地方公债发行情况。共 3 部分：光宣末年之所发行、民国初年之所发行、近数年来之所发行。

收藏单位：上海馆

15581

各省区厘金收数表　财政整理会编

财政整理会，1925.10，74 页，16 开

本书全部为表。内容包括：各省区厘金及含有通过税各项捐款总数表、京兆财政厅报告民国十二年厘金实收数目表、直隶财政厅报告民国十二年分实收税货捐数目表等。

收藏单位：东北师大馆、国家馆、吉林馆、上海馆、中科图

15582

各省区历年财政汇览（第 1 编）　财政部财政调查处编辑

财政部财政调查处，1927，4 册，18 开，精装（财政部财政调查处编辑财政丛刊）

本书大部分为表。系北京政府财政部为整理全国财政派员赴各省调查，并对各省区发送填报表册的汇编。概述 1911—1923 年各省区财政收支状况。依省区 1—4 册分别为：江苏省、浙江省、福建省，京兆区、直隶省、山东省、贵州省、广西省。

收藏单位：长春馆、重庆馆、东北师大馆、广东馆、贵州馆、国家馆、吉林馆、南京馆、上海馆、浙江馆、中科图

15583

各省市财政收支统计　国民政府主计处统计局编

[国民政府主计处统计局]，1935，23 页，32 开（统计期讯 财政 第 10 号）

本书全部为表。内容包括：各省市总表、江苏省、安徽省、浙江省、广东省、湖南省等。附江苏省、河南省教育专款。

收藏单位：近代史所

15584

各省市动支省市补助费数目表（中华民国三十六年度 第 1 次）　国民政府主计处编

国民政府主计处，[1947]，40 页，16 开

本书为合订本。合订书有 4 种:《中华民国三十六年度中央政府岁出各款动支善后救济金数目表》《中华民国三十六年度中央政府岁出各款动支复员支出数目表》《中华民国三十六年度粮食补助各省市田粮储运机构经费数目表》《中华民国三十六年度教育部补助各省市接办国立中学经费数目表》。

收藏单位:重庆馆、国家馆、南京馆

15585

各省市税捐调查汇集(第 1 集) 中国国民党中央民众运动指导委员会编

中国国民党中央民众运动指导委员会,1934,124 页,16 开(农运丛书第 11 种)

收藏单位:首都馆

15586

各省市县地方预算分类统计(二十五年度)

财政部整理地方捐税委员会编

财政部整理地方捐税委员会,[1937],[179] 页,8 开

收藏单位:重庆馆、国家馆、南京馆

15587

各省市县地方预算概要(民国二十二年度至二十四年制)

出版者不详,1936,1 册,8 开

收藏单位:南京馆

15588

各省田赋统计图表(民国二年度)

出版者不详,[1914],1 册,18 开

收藏单位:国家馆

15589

各省田赋征收实物调查 王光仁　林锡麟编

重庆:农产促进委员会,1942.3,22 页,18 开(研究专刊 3)

本书共 5 部分:田赋征实之意义、田赋概况、田赋征实办法、田赋征实情形、结论。

收藏单位:重庆馆、国家馆、近代史所、南京馆、浙江馆

15590

各省整理田赋章则 [财政部编]

财政部,[1934—1939],100 页,16 开(财政会议参考资料 1)

本书共两部分:土地陈报之部、土地清丈之部。收录 1934 年 4 月以前各省有关章则办法共 23 种。

收藏单位:国家馆、上海馆、中科图

15591

各县编造三十一年度概算案原则

出版者不详,[1942],[14] 页,16 开

本书共 4 部分:各县编造三十一年度概算案原则、河南省各县收支科目总则、河南省各县概算科目细则、各县三十年度概算编造注意事项。

收藏单位:国家馆

15592

各项公债库券本息票停付日期一览表(民国二十四年份) 中央银行国库局债券科编

中央银行国库局债券科,[1935],12 页,32 开

15593

各项债券中签号码总表 [中央银行国库局债券科编]

中央银行国库局债券科,1937.2,[58] 页,23 开

15594

各种经济制度下加大预算之研究 阎锡山著

军政训练委员会政训部,1937.2,14 页,32 开

收藏单位:南京馆

15595

各种库券债券按市价合息表 上海浙江兴业银行编

上海浙江兴业银行,[1930—1939],[640] 页,18 开

本书全部为表。共 5 部分:各种库券按市价合息表(1933 年 1—5 月)、各种债券按

市价合息表（1933年5—12月）、各种库券应付本息统计表（1933年1—12月）、各种债券最高最低市价及折扣一览表（1933年1—12月）、中国外债伦敦市价表（1933年1—12月）。

15596

各种内国库券票面余额折扣合息表（中华民国二十四至二十五年） 通易信托公司信托部编

上海：通易信托公司信托部，[1936—1937]，2册（22+20页），12开

　　收藏单位：国家馆

15597

工作检讨报告 财政部湖南省田赋管理处编

财政部湖南省田赋管理处，[1942]，66页，16开

　　本书共4部分：田赋征收、勘灾免赋及摊派豁免、地价税征收工作、契税征收工作。所涉时间为1941年8月至1942年4月。

　　收藏单位：国家馆、南京馆

15598

公库处理 李侻讲

财政部全国财务人员训练所，[1911—1949]，36页，32开

财政部全国财务人员训练所，[1911—1949]，20页，32开

　　收藏单位：南京馆

15599

公库法之精义与有关财政计政问题之检讨

白庆兴编著

振兴印刷社，1940，126页，36开

　　本书共6章，内容包括：政权行使之系统与公库改制、公库制度之一般理论、我国公库制度之史的发展及其改革之必然性、我国公库法之施行及公库制度之确立等。

　　收藏单位：重庆馆

15600

公库制度 窦国钤编

江西省地方行政干部训练团，1941.6，220页，32开（分组训练教材53）

　　本书介绍我国公库制度，并叙及公库制度理论、各国公库制度、公库会计工作等。附《江西省实行公库法之商榷》一文及公库法规6种。

　　收藏单位：江西馆

15601

公库制度 阮有秋著

曲江（韶关）：新建设出版社，1941.3，75页，32开（政治经济社会文化丛书）

　　本书共6章，内容包括：建立我国公库制度的基本原则、我国公库制度的构成、我国公库制度关于经营公款公物的工作办法、我国公库制度的弹性规定等。

　　收藏单位：国家馆、南京馆

15602

公库制度 西康省地方行政干部训练团编

西康省地方行政干部训练团，1941，18页，36开

　　本书内容包括：公库制度之种类、我国公库法未实施以前财务行政上出纳系统之紊乱情形及其弊病、我国公库法实施以来之问题等。

　　收藏单位：重庆馆

15603

公库制度 张思林编

安徽省地方行政干部训练团，1941，18页，36开

　　本书内容包括：公库之意义、公库制度之种类、公库制度之方式、公库主管问题、各国公库制度、我国公库制度及本省公库制度过去与将来等。

　　收藏单位：重庆馆

15604

公库制度概要 杨绵仲编

中央训练团财务人员训练班，[1911—1949]，34页，16开

　　收藏单位：南京馆

15605
公库制度与财政收支系统 李傥讲
中央训练团党政高级训练班，1944.5，36页，
32开（编教57）
收藏单位：辽宁馆、天津馆

15606
公库制析述 秦汉平著
成都：公利出版社，1942.1，再版，71页，32
开
本书内容包括：公库组织系统、公库管
理制度、公库与各机关间收支程序、公库法
之规定等。附公库法及施行细则等法规5种、
《公库支票之研究》（杨承厚）。
收藏单位：辽宁馆、南京馆

15607
公款公产管理 江西省地方行政干部训练委
员会编
江西省地方行政干部训练委员会，[1942.6]，
20页，32开（各县训练所训练乡镇干事教
材）
收藏单位：江西馆

15608
公物管理之理论与实际 李植泉著
[重庆]：[中国文化服务社]，[1945]，102
页，24开（中国财政学会丛书）
本书共5章，内容包括：公物管理机关、
公物管理制度、集中购置制度等。
收藏单位：重庆馆、南京馆

15609
公用物品统计 天津市政府市政传习所统计
室编
天津：金兴印务局，1931，1册，22开
收藏单位：首都馆

15610
**公有营业预算暂行标准（营业机关预算科目
及编制营业概算书实例）** 国民政府主计处岁
计局编
出版者不详，1936，14页，大32开

收藏单位：广西馆、南京馆

15611
公债
出版者不详，[1931]，6页，50开（行员常识
本行资金运用方法）
收藏单位：上海馆

15612
公债（甲编） 中国国货银行信托部编
上海：中国国货银行信托部，[1930—1939]，
[34]页，23开，活页装
本书大部分为表。收录1918年以后发行
的11种公债的摘要介绍和历次中签号码等材
料。

15613
公债纪要 陈绩编著
上海：华商证券交易所，1928.2，再版，58
页，32开
本书介绍11种在证券市场流通的国内公
债的历史、总额、付息等方面的情况。附国
外公债流通债券种类、四厘金镑公债、五厘
金镑公债、证券交易所法例及施行细则等。
收藏单位：国家馆

15614
公债纪要 通易信托公司编
[上海]：通易信托公司，1922.12，[26]页，
32开
本书介绍11种公债的债额、还本付息、
利率等项资料。附该公司买卖有价证券办法、
公债市价比较表。

15615
公债市场 投资周刊社编
上海：中国文化服务社，1947.5，116页，32
开（国民文库）
本书共4章：公债之投资、我国之公债、
公债之交易、内债要览。
收藏单位：重庆馆、广东馆、国家馆、吉
大馆、吉林馆、辽宁馆、天津馆

15616

古制考（赋役篇） 姚祖诏著

出版者不详，[1947.8]，12 页，16 开

　　本书为文言体。对古代赋役制进行考证注释。为《浙江学报》第 1 卷第 1 期单行本，为纪念著者百年而将其遗作单独出版。

15617

关系中国主权纸烟捐税之问题 [上海总商会编]

上海总商会，[1925]，[72] 页，22 开

　　本书内容包括：民国十年八月北京烟酒事务署与英美烟公司订声明书办法、民国十三年八月十一日上海总商会通电反对烟酒署不应与洋商续订内地捐税之电文、民国十四年四月北京烟酒署与英美烟公司新订捐税章等。

　　收藏单位：国家馆

15618

关盐烟酒印花铁路邮政收入表 财政整理会编

财政整理会，1925.10，22 页，16 开

　　本书主要为表。内容包括：近三年海关税收入数目表、近三年海关兼辖五十里内常关税收数目表、近年五十里外暨内地各常关税收数目表等。

　　收藏单位：东北师大馆、国家馆、吉林馆、近代史所、上海馆、首都馆、中科图

15619

关于 1948 年度财政工作几个问题的决定

[晋冀鲁豫边区财政处编]

晋冀鲁豫边区财政处，1948.1，油印本，5 页，16 丌

　　本书附荣誉军人退伍调查表等。书前有晋冀鲁豫边区政府通知。于 1947 年 12 月在晋冀鲁豫边区财政处长会议上通过。

　　收藏单位：国家馆

15620

关于财经工作的决定 中共吉林省委颁

出版者不详，1947.2，8 页，32 开

　　本决定颁布于 1947 年 2 月 20 日。

　　收藏单位：南京馆

15621

关于财经会议的通知 [东北局编]

东北局，1949.6，油印本，4 页，32 开，环筒页装

　　本通知由中共东北局向各省委、地委发出，内容为当年 8 月召开的全东北财经会议所要探讨的基本问题。

　　收藏单位：国家馆

15622

关于村财政工作的研究 晋冀鲁豫边区财政处编

晋冀鲁豫边区财政处，1947.7，石印本，[44] 页，32 开

　　本书为资料集。共 4 部分：1946 年 11 月财经会议上对整理村财政的决议、关于村财政的调查研究、太行三专区整理村负担的经验、财经模范高如泉同志对村财政工作如何作的。

15623

关于街税村税 锦州省长官房地方科编

锦州省长官房地方科，1940，66 页，22 开

　　本书为汉日对照。论述门户费、地费、家屋费等税费的税理及征课。

　　收藏单位：国家馆

15624

关于经费提案 郝鹏等提

出版者不详，[1911—1949]，油印本，1 册，16 开

　　收藏单位：南京馆

15625

关于卷烟特税争回内地课税主权全案

出版者不详，1925，66 页，23 开

　　本书收录有关该案的函牍、电文等文件及资料 19 件。

　　收藏单位：南京馆、上海馆

15626

关于临时财产税之研讨　凌舒谟著

财政部直接税处经济研究室，[1940—1949]，38 页，32 开

本书共 6 节：导言、临时财产税的意义、临时财产税的史略、各国施行临时财产税、赞成与反对的议论、我国施行临时财产税。

收藏单位：重庆馆、广东馆、国家馆、湖南馆、南京馆、浙江馆

15627

关于四八年财经工作的检讨及四九年财经工作的任务与方针问题　贾拓夫报告

出版者不详，[1940—1949]，49 页，36 开

本书为 1949 年 2 月 27 日及 3 月 18 日贾拓夫同志在西北财经会议上的报告与总结。

收藏单位：国家馆

15628

关于田赋征实粮食征购之意见

出版者不详，[1911—1949]，11 页，16 开

收藏单位：南京馆

15629

关于盐引问题各文件

出版者不详，[1924]，140 页，18 开

本书为当时北京政府议员所提有关盐政问题的提案汇辑。所编文件截至 1923 年 3 月 21 日。

15630

关于御海绥靖及救灾之财政报告

出版者不详，[1938—1949]，4 页，16 开

收藏单位：南京馆

15631

关于整理财政事项案件汇编（第 1 卷）

出版者不详，1925.3，1 册，18 开

本书共 7 部分：提案、修正案、报告书、公函、公电、条陈、附件。所收资料来自段祺瑞执政时期。

收藏单位：广东馆、国家馆、首都馆

15632

官产之收数　国民政府财政部赋税司编

国民政府财政部赋税司，[1916—1919]，4 页，16 开

本书记录 1915—1916 年两年官产收入。

15633

官厅簿记　郭秉权编著

中国计政学社，1942.4，59 页，25 开（会计速成科讲义 3）

中国计政学社，1946.4，增订 3 版，78 页，25 开（会计速成科讲义 3）

收藏单位：江西馆

15634

官厅簿记　王文林编　朱承俊校

西安：西北青年会计学校，1942.11，204+18 页，32 开（青年会计丛书 8）

本书为商科及会计专业学校教本。据当时各种主计法令、会计制度的各项规定编辑。

收藏单位：重庆馆

15635

官厅簿记　张原絜　赵中编著

上海：世界书局，1934.11，317 页，25 开

本书为商科及会计专业学校教本。共 8 章：绪论、原始凭证及传票、总帐科目及其分录方法、帐簿组织及登记方法（一、二）、预算决算书类、报表、物品会计。附预算法、审计法、审计法施行细则等。据当时各种主计法令、会计制度的各项规定编辑。

收藏单位：安徽馆、湖南馆、南京馆、浙江馆

15636

官厅簿记讲义　杨汝梅编述

[汉口]：杨汝梅[发行者]，1913.2，222 页，25 开

[汉口]：杨汝梅[发行者]，1913.4，再版，1 册，22 开

[汉口]：杨汝梅[发行者]，1913.8，3 版，222 页，22 开

[汉口]：杨汝梅[发行者]，1914，4 版，

[12]+222+64 页，23 开

[汉口]：杨汝梅[发行者]，1921，增订7版，[352] 页，23 开

本书为培训讲义。共5章：官厅簿记之性质及其作用、会计机关、岁入岁出程序与簿记之关系、帐簿组织及登记法、记簿关联之书类。

收藏单位：北大馆、国家馆、湖南馆、南京馆、首都馆

15637
官厅会计　军政部军需学校[编]

军政部军需学校第一分校，1941，2 册（374 页），32 开

军政部军需学校第一分校，1942.5，81 页，32 开

本书共上、中、下3编：绪论、本论、余论。上编介绍官厅会计；中编共5章：军事会计、军事预（概）算、军事现计、军事决算、军事审计；下编共4章：概论、交代、设计会计制度应行注意事项、原始凭证应行注意事项。

收藏单位：重庆馆、国家馆、江西馆

15638
官厅会计概要　罗介邱编

出版者不详，[1911—1949]，222 页，16 开（安徽省地区训练所讲义）

收藏单位：安徽馆、南京馆

15639
官厅会计练习题

出版者不详，[1911—1949]，37 页，32 开

收藏单位：广东馆

15640
官厅会计实例　吴伯华编

浙江财务人员养成所，[1911—1949]，188+12 页，22 开

本书共7章：概说、会计机关、缴款程序、收支科目、簿记、预计算、附录。

收藏单位：浙江馆

15641
官厅会计提要　关德辉编

[北京]：关德辉，1945.1，226 页，16 开

本书共4章：概论、预算、官厅簿记、移交与接收。

收藏单位：安徽馆、国家馆

15642
官运会计简则　财政部粤东盐务管理局职员训练班编

财政部粤东盐务管理局职员训练班，1940，108 页，32 开（训练教材6）

收藏单位：南京馆

15643
管理储仓及在途应税盐斤办法　国民政府财政部盐务稽核总所编

外文题名：Procedure for the exercise of control over the custody of dutiable salt in storage and in transit

国民政府财政部盐务稽核总所，1931，油印本，108 页，9 开，环筒页装

收藏单位：国家馆、南京馆、上海馆

15644
管理中英庚款董事会规程汇编

[管理中英庚款董事会]，1931，30 页，16 开

收藏单位：国家馆

15645
管理中英庚款董事会协助科学工作人员一览表

管理中英庚款董事会，1938，30 页，16 开，环筒页装

本书附图表3张：油印备取递补名单（1939年1月）、各科协助人员撤销原案名单、各科协助人员更改工作地点表。

收藏单位：国家馆

15646
管理中英庚款董事会章程及办事细则议事规则·购料委员会章程暨办法大纲

[管理中英庚款董事会]，[1911—1949]，10

页，18 开

本书为合订本。《管理中英庚款董事会章程》共 15 条。《管理中英庚款董事办事细则》共 12 条。《购料委员会章程暨办法大纲》共 5 条。

收藏单位：国家馆

15647

广大计政——桂林分班　[袁功甫编]

广州大学，1945.10，27 页，23 开

本书介绍该分班成立缘起、人事组织、课程设置等情况，并辑有教职员工、学生名录。

15648

广东财政　广东省政府秘书处编译室编

广东省政府秘书处第二科，1943，197 页，32 开（广东省政丛书）

本书叙述 1937—1941 年广东省财政状况。共 7 章：导言、财务行政、省库收支、赋税收入、非赋税收入、省债、县地方财政。

收藏单位：安徽馆、重庆馆、国家馆、南京馆

15649

广东财政报告书　张导民著

出版者不详，1941.6，48 页，16 开

本书共 17 部分，内容包括：最近三年度之省县地方预算、最近三年度之省县实际收支款、最近三年度省县各项税捐实收数、田赋情形、官产状况、本省营业税之实际状况与整理计划等。

收藏单位：国家馆

15650

广东财政概况　罗镇欧编

出版者不详，[1911—1949]，180+118 页，16 开（中央陆军军官学校特别班讲义）

本书共 3 章：概论、各种赋税分论、县地方财政。附特别班讲义《计政学》（麦思敬）。所涉时间为 1932—1934 年。

收藏单位：国家馆

15651

广东财政概况　熊理演讲　黎秀石　陈礼颂记录

[广东经济研究会]，1935.12，28 页，16 开（广东经济研究会丛书）

本书从该省各项财政收支统计数字、财政史、财政收入系统及民国以来广东省所采取的财政政策等角度，研究该省财政状况。共两部分：广东财政外表、广东财政内容。为作者于 1935 年 11 月在学海书院的演讲词。

收藏单位：国家馆

15652

广东财政纪要（民国二十五年度）　广东财政厅秘书室编

广东财政厅秘书室，1937.8，[12]+262 页，16 开

本书共 21 章，内容包括：总述、施政纲要与中心工作、整理地税、整理沙田、整理税捐体系与稽征机构、税捐征收状况、统一保安经费、改编省地方预算、改编县市地方预算、省库收支状况、清理债务、管理货币取缔银市等。附广东财政特派员公署经管国税概略。

收藏单位：重庆馆、国家馆、近代史所

15653

广东财政厅缉私处组织规程·广东财政厅缉私处办事细则　广东财政厅编

[广东财政厅]，1940.2，32 页，32 开

本书为合订本。《广东财政厅缉私处组织规程》共 24 条。《广东财政厅缉私处办事细则》共 53 条。

收藏单位：国家馆

15654

广东财政厅清理田赋方案　广东财政厅田亩陈报处编

广东财政厅田亩陈报处，1930.8—1931.4，再版，4 册，16 开

本书共 6 编。第 1 编内容包括：呈省政府拟具田亩陈报办法暨应决定前提呈文、呈省政府拟办田亩陈报加具意见呈文等；第 2 编内

容包括：呈省政府拟定改征地税以前县地方款附加办法暨乡镇田亩捐征收章程呈文、咨送民政建设教育各厅改定征粮表及田亩捐章程请为备查文等；第 3 编内容包括：呈省政府转呈财政部审议上海特别市党部第九区第十一分部条陈清赋四种办法文、呈复省政府转咨财政部检寄土地机关之组织及实施方案文、布告征用各县主任文附甄别章程等；第 4 编内容包括：布告禁止造谣破坏田亩陈报及执行处罚手续文、训令各县陈报处查有造谣破坏田亩陈报者应函县拿究及处罚业佃遵章手续文等；第 5 编内容包括：呈省政府咨覆内政部改定税率办法并无超过值百税一之制文、呈省政府请令广州市政府将地税五成厅解文等；第 6 编内容包括：呈省政府拟将各县田亩陈报处结束改组田土清丈登记处文、咨民政厅将各县田亩陈报结束改组田土清文登记处文、令各县将田亩陈报处结束改组田土清丈登记处文（附办法及经费表）等。

收藏单位：国家馆、近代史所、南京馆、宁夏馆、首都馆、中科图

15655

广东财政厅十七年来收支统计图表 广东财政厅主计局统计科编

广东财政厅主计局统计科，[1928]，1 册，19×30cm

本书内容包括：民国元年度收支分类统计表、民国二年度收支分类统计表、民国三年度收支分类统计表等。

收藏单位：浙江馆

15656

广东财政统计（民国二 | 一至二十三、三十年度） 广东省财政厅第四科统计股编

广东省财政厅第四科统计股，1935—1941，3 册（212+120+212 页），16 开

本书全部为图表。民国二十一、二十二年为 1 册，其他每年 1 册。

收藏单位：重庆馆、广西馆、国家馆、南京馆

15657

广东计政丛刊（第 1 辑） 广东省政府会计处编

广东省政府会计处第一科庶务股，1939.12，1 册，16 开

本书内容包括：《计政系开学训词》（陈其采）、《励行计政之理论的探讨》（毛松年）等。附国民政府之预算制度问题、预算法之要点。

15658

广东会计 广东省会计处编辑

广东省政府秘书处第二科，1940.11，166 页，32 开（广东省政丛书 7）

本书共 5 章：超然主计制度概述、本省会计行政之史的发展、施政计划、组织、工作概况。附法规、讲词。

收藏单位：重庆馆、国家馆、吉林馆、南京馆

15659

广东全省烟酒税务会议录 广东烟酒事务局编

广东烟酒事务局，1929.9，192 页，16 开

本次会议召开时间为 1929 年 9 月 8 日。

收藏单位：上海馆

15660

广东省财物厅颁订各种会计制度

出版者不详，[1938]，[500] 页，16 开，活页精装

本书收录广东省财政厅颁订之广东省省县款收支程序及该厅会计室拟订之广东省省县金库统一会计制度、广东省征收机关统一会计制度，分别于 1938 年 6、8 月印行。

15661

广东省财政纪实（民国元年至二十二年） 广东财政特派员公署 广东省政府财政厅编

广东省政府财政厅，1934.1，3 册（[403]+1041+[846] 页），18 开

本书分上、中、下 3 册，共 6 编。上册共两编：概要、国税，概要编主要叙述该省财

政机关沿革、民国以来的财政变迁及收支实数；中册共 1 编：省税，单述该省各类税捐；下册共 3 编：会计、债务、金融，分述该省金库、会计手续、预决算，中央与省地方债务及该省各银行与币制、金融变迁等。附署厅职员一览表。

　　收藏单位：国家馆、近代史所、南京馆

15662

广东省财政厅废除厅款专辑　广东财政厅整理税务委员会编

广东财政厅整理税务委员会，1941，45 页，28 开

　　本书共 7 部分，内容包括：废除厅款提案、厅款停征解库令、订正有关厅款章则条文、财政部指令、广东省临时参议会公函等。附厅款解库统计表。

　　收藏单位：南京馆

15663

广东省地方财政　熊理编

出版者不详，[1936.6]，3 册（[12]+580+470+704 页），32 开（广东军事政治学校政治深造班讲义）

　　本书共 5 篇：概要、收入、支出、收支平衡、财务行政。

15664

广东省地方税税则

广州：广东日本大使馆事务所，1943.11，153 页，25 开

　　本书内容包括：广东省营业税征收章程、广东省营业税物品贩卖业税率表、广东省财政厅征收煤油贩卖业营业税章程、广东省财政厅管理煤油商贩运规则、广东省契税暂行章程等。

　　收藏单位：国家馆

15665

广东省地方岁入岁出预算书（民国二十四年度）　区芳浦著

出版者不详，[1930—1949]，1 册

　　收藏单位：南京馆

15666

广东省地税概要　林习经编

曲江（韶关）：新建设出版社，1940，48 页，32 开（广东施政常识小丛书）

曲江（韶关）：新建设出版社，1941.3，50 页，32 开（广东施政常识小丛书）

　　本书共 9 章，内容包括：绪论、本省钱粮之沿革、钱粮之积弊、本省钱粮改征临时地税之经过、临时地税之征收、临时地税之整理等。

　　收藏单位：重庆馆、国家馆、南京馆

15667

广东省各机关收支程序之改革　蔡经济著

广州大学计政班，1938.3，18 页，32 开（广大计政增刊 3）

　　本书共 5 部分：解领款之意义、原有解领款项之手续、原有解领款项手续之检讨、现行解领款项之手续、附录。

　　收藏单位：重庆馆、国家馆

15668

广东省各机关预算科目之厘订　蔡经济著

广州大学计政班，1938.1，34 页，32 开（广大计政增刊 1）

　　本书内容包括：厘订之理由、厘订之手续、厘订之科目等。

　　收藏单位：重庆馆

15669

广东省各级征收机关组织规程　广东财政厅编

广东财政厅，1940.2，10 页，32 开

　　本书共 5 章：总则、分等标准、分部职掌、人员编制、附则。

　　收藏单位：南京馆

15670

广东省各县地税征课会计制度　广东省财政厅会计室拟订

出版者不详，1938，1 册，16 开

　　收藏单位：南京馆

15671

广东省各县局地方岁入岁出总预算汇编（中华民国三十一年度） 广东省政府会计处编

广东省政府会计处，[1943]，[459]页，16开

本书全部为表。内容包括：广东省番禺县三十一年度地方岁入岁出总预算书、广东省顺德县三十一年度地方岁入岁出总预算书、广东省中山县三十一年度地方岁入岁出总预算书等。

收藏单位：国家馆

15672

广东省各县市局地方款追加预算书（中华民国二十六年度） 广东省政府财政厅编

广东省政府财政厅，[1937]，112页，16开

本书收录广东省41个县市财局拟报的1937年度地方财政追加预算书。

收藏单位：国家馆、南京馆

15673

广东省各县市局地方总预算书汇编（中华民国三十五至三十七年度） 广东省政府编

广东省政府，[1940—1949]，3册（[324]+[400]+[400]页），16开

本书全部为表。目录页题名：广东省各县市局该年度地方岁入岁出总预算书汇编。

收藏单位：重庆馆、国家馆、上海馆

15674

广东省各县市岁入岁出概算书（中华民国二十五年度） 广东省政府编

[广东省政府]，[1936]，1册，16开

收藏单位：南京馆

15675

广东省救国公债劝募委员会梅县分会经募公债数目清册 广东省救国公债劝募委员会梅县分会编

广东省救国公债劝募委员会梅县分会，[1938]，261页，16开

15676

广东省会计人员春季工作会报 广东省政府会计处编

广东省政府会计处，1943.3，46页，32开

本书附主计处重要命令：主计人员不得兼职案、各省市政府会计处分层负责办事通则、受（发）令专册式样及填报办法。目录页题名：三十二年度春季会报纪要。

收藏单位：重庆馆、吉林馆、南京馆

15677

广东省会计人员夏季工作会报 [广东省政府会计处编]

[广东省政府会计处]，1943.7，73页，32开

本书内容包括：出席名单、会场素描、专题研究、工作竞赛陈列室、一段纪念本处成立六周年的话、本处工作综述、本处党团活动、单位工作报告、我们的理事会、会计长提示等。

收藏单位：南京馆

15678

广东省会计人员秋季工作会报纪要 广东省政府会计处编

[广东省政府会计处]，1943.11，80页，32开

本书内容包括：出席人员一览、专题研究、本处秋季工作综述、各单位工作分组检讨综合报告、工作总检讨、本处小组会议录要、生活素描、特载等。附修正公务员战时生活补助办法。

收藏单位：南京馆

15679

广东省会计章则汇编 广东省财政厅会计室编

广东省财政厅会计室，1938.8，1册，16开

收藏单位：南京馆

15680

广东省三年计划推进中苛捐杂税之废除 广东省调查统计局编

[广州]：广东省调查统计局，1935.3，27页，16开（广东省三年施政计划统计丛刊 财政类第1种）

本书共 6 部分：绪论、民元以来各省之苛捐杂税、广东省目下之杂税、苛捐杂税之鉴别、粤省废除苛捐杂税之经过、结论。
　　收藏单位：上海馆

15681
广东省三十一年度各县财政重要工作方案
广东省政府财政厅编
广东省政府财政厅，1942.8，28 页，25 开
　　本书内容包括：广东省各县市局三十一年度地方岁入岁出概算审核办法、整理县市局收入方案、县（乡镇）公共造产之实施方案等。
　　收藏单位：重庆馆

15682
广东省省地方普通岁出总概算书提要（二十六年度）
出版者不详，1937，油印本，1 册，16 开
　　收藏单位：南京馆

15683
广东省省地方普通岁入总概算书（修正民国二十五年度）
出版者不详，[1936—1939]，油印本，1 册，16 开
　　收藏单位：南京馆

15684
广东省省库收支结算表　广东省政府财政厅第四科会计股编
广东省政府财政厅，1930.11，[19] 页，8 开
　　本书收录广东省政府财政厅 1930 年 11 月之收支总表及月结表等。
　　收藏单位：南京馆

15685
广东省省县金库统一会计制度　广东省财政厅会计室编
广东省财政厅，1938，1 册，16 开
　　收藏单位：南京馆

15686
广东省省县款收支程序　广东省财政厅颁订
广东省财政厅，1938.6，1 册，16 开
　　收藏单位：南京馆

15687
广东省县地方会计之整理　蔡经济著
广东省财政厅各县市会计主任训练班，1937.9 印，46 页，25 开
　　本书共 5 部分：绪言、县会计之种类、县会计之现况、整理之办法、当局之期望。附各县市会计主任暂行规则、各县市会计暂行规程、各县市预算收支分类标准、各县市预算科目。
　　收藏单位：东北师大馆

15688
广东省县政人员训练所计政系开学纪念专号　广东省政府会计处编
广东省政府会计处第一科庶务股，1939，46 页，16 开（广东计政丛刊第 1 辑）
　　本书内容包括：《计政系开学训词》（陈其采）、《励行计政之理论的探讨》（毛松年）等。附国民政府之预算制度问题、预算法之要点。
　　收藏单位：重庆馆

15689
广东省营业土地税征课会计处理暂行办法
广东省政府财政厅会计室编订
广东省政府财政厅会计室，[1947]，22 页，18 开
　　收藏单位：国家馆

15690
广东省征收机关统一会计制度　广东省财政厅会计室编
广东省财政厅，1938，1 册，16 开
　　收藏单位：南京馆

15691
广东省政府财政厅职员录　广东省财政厅编
广东省财政厅，1939.12，42 页，25 开

15692

广东省政府会计处三十二年度冬季工作会报纪要   广东省政府会计处编

广东省政府会计处，1943，79 页，32 开

　　收藏单位：重庆馆

15693

广东田赋纪实及整理途径   陈骏南著

广州：中心印书局，1947.4，220 页，32 开

　　收藏单位：南京馆

15694

广东烟酒税沿革（原名，广东烟酒税史）   余启中编述

[广州]：国立中山大学出版部，1933.10，290 页，22 开（国立中山大学法学院经济调查处丛书）

　　本书共两编：税制、税务行政。共 11 章：土烟酒类税之沿革、烟酒牌照税之沿革、酒饼税之沿革、征收机关、征收考成、税收概况等。

　　收藏单位：国家馆、近代史所、柳州馆、上海馆、浙江馆

15695

广东盐务整理意见书   唐萱著

出版者不详，[1938]，50 页，16 开

　　本书为著者对盐务场产、运销、税收、行政等的改革整理意见。所收资料截至 1938 年。

　　收藏单位：上海馆

15696

广东之县地方财政   陈松光著

曲江（韶关）：满地红半月刊，1941.10，104 页，32 开

　　本书共两部分：广东县地方财政之演变、战时广东各县财政鸟瞰。附民国三十年度广东省各县地方概算岁出岁入统计表。

　　收藏单位：重庆馆、国家馆

15697

广东直接税局卅一年度工作报告   广东直接税局编

广东直接税局，[1941]，18 页，25 开

　　本书共 10 部分，内容包括：业务范围扩大全貌、厉行考训整饬税风、调整各级征收机构、普遍稽征所利得税、加强稽征遗印二税等。

　　收藏单位：国家馆、南京馆

15698

广西财政报告书

[南宁]：广西印务局，1926，64 页，16 开

　　收藏单位：广东馆

15699

广西财政纪要   广西省政府财政厅编

广西省政府财政厅，1935.7，[174] 页，16 开

　　本书共 3 编：国家财政、省地方财政、县地方财政。

　　收藏单位：重庆馆、国家馆、南京馆、上海馆、中科图

15700

广西财政纪要新编   广西省政府财政厅秘书室编

广西省政府财政厅，1938.12，144 页，22 开

　　本书续 1935 年 7 月《广西财政纪要》，汇辑 1935—1938 年资料。共 5 编：国家财政、省地方财政、县地方财政、公营事业、结论。附二十八年度广西省施政计划纲要。

　　收藏单位：国家馆、江西馆、近代史所、南京馆、中科图

15701

广西财政考查报告汇编   广西省政府编

[广西省政府]，1933，354 页

　　收藏单位：桂林馆、近代史所、南京馆

15702

广西财政施政纲要   黄钟岳讲述

出版者不详，[1927—1929]，54 页，32 开（国民革命军第四集团军干部政治训练班讲义）

15703

广西财政施政纲要　王逊志编

广西省地方行政干部训练团，1943，24页，32开（广西省地方行政干部训练团教材）

　　本书共3部分：广西省之财政方针、过去本省之县地方财政、今后本省之自治财政。

　　收藏单位：重庆馆

15704

广西财政实况及整理改革计划　桂竞秋著述

中国计政学会，1934.11，42页，32开（中国计政学会丛刊）

　　本书内容包括：整理旧税、创办新税、稽征制度等。

　　收藏单位：桂林馆、国家馆、浙江馆

15705

广西各县地方财政统计（中华民国二十三年度）　广西统计局编

广西统计局，1934.11，169页，32开（广西统计丛书 第9种）

　　本书全部为图表。共7部分：说明、县地方收支比较总表（附图）、各县人民负担县地方税捐比较、县地方收入分类统计、县地方支出分类统计、各县收支不符简明表、各县地方收支分表（九十四县）。

　　收藏单位：重庆馆、国家馆、南京馆、浙江馆

15706

广西建设厅财务例则　广西省建设厅编

出版者不详，[1911—1949]，1册，16开

　　收藏单位：广东馆

15707

广西会计概要　广西省政府会计处编

广西省政府会计处，1939.1，132页，32开（桂岭会计丛刊9）

　　本书内容包括：广西会计之沿革、广西会计之机关、广西会计之规章、广西会计之制度、广西会计之人员培训、广西会计之监督及预算、会计报告等。

　　收藏单位：重庆馆、广东馆、桂林馆、南

京馆

15708

广西会计建设　张心澂著

南京：中国计政学会，1936.3，90页，22开（中国计政学会丛书）

　　本书研讨该省1934年改革政府会计工作的计划与实施步骤。共7部分，内容包括：第一步设计及育才、第二步颁布新制及改组机关、第三步推行新制及继续育才、第四步整理县会计等。

　　收藏单位：广东馆、国家馆、南京馆

15709

广西区乡镇村街岁计会计　广西省政府会计处编纂

广西省政府会计处，1939.6，126页，32开（桂岭会计丛刊11）

　　本书内容包括：广西省各县区乡镇村街预算、决算之章程与实例及会计制度等。并给予讲解说明。

　　收藏单位：重庆馆、桂林馆、南京馆

15710

广西省代理国家收支数目概算（民国二十六年度）

出版者不详，[1937—1949]，油印本，37页，16开

　　收藏单位：南京馆

15711

广西省地方岁入岁出总概算书目录（三十七年上半年度）

出版者不详，[1948—1949]，油印本，1册，16开

　　收藏单位：南京馆

15712

广西省对外贷借估计（中华民国二十一年）　广西统计局编

广西统计局，1934.4，8页，32开（广西统计丛书 第2种）

　　本书共3部分：民国二十一年广西省对外

贷借估计、民国二十一年广西省出口商品贸易统计、民国二十一年广西省入口商品贸易统计。

收藏单位：桂林馆、国家馆、上海馆

15713

广西省各机关会计人员交代规则 [广西省政府编]

[广西省政府]，1938.7，12 页，16 开

本书内容包括：主办会计人员交代、会计佐理人员交代等。

收藏单位：浙江馆

15714

广西省各机关会计组织（甲、乙、丙） 广西省政府编 [贺世缙拟]

[广西省政府]，[1935]，3 册（82+6+20 页），18 开

收藏单位：南京馆

15715

广西省各机关普通岁入岁出预算科目表 广西省政府编

广西省政府，[1911—1949]，10 页，18 开

本书共 3 部分：广西省各机关国家普通岁入科目表、广西省各机关地方普通岁入科目表、广西省各机关普通岁出科目表。

收藏单位：国家馆

15716

广西省各市县政府总会计制度之一致规定 [广西省政府编]

[广西省政府]，[1911—1949]，28 页，16 开

收藏单位：桂林馆、南京馆

15717

广西省各县地方财政规章 [广西省政府编]

[广西省政府]，1937，10 页

收藏单位：南京馆

15718

广西省各县地方岁入预算书（二十六年度）

广西省政府编

[广西省政府]，[1937]，1 册，18 开

收藏单位：广东馆

15719

广西省各县普通岁入岁出概算书（中华民国二十三至二十六年度） 广西省政府编

广西省政府，1934—1937，3 册，16 开

本书全部为表。除中华民国二十五、二十六年度合为 1 册外，其他每年 1 册。

收藏单位：广东馆、桂林馆、南京馆、中科图

15720

广西省各县区乡镇村街决算章程 [广西省政府编]

[广西省政府]，[1938]，6 页，25 开

收藏单位：桂林馆

15721

广西省各县区乡镇村街预算章程 [广西省政府编]

[广西省政府]，1938.2，12 页，18 开，环筒页装

本章程内容包括：广西省各县区乡镇村街预算章程及分类表、填法说明书。自 1938 年度起实行。

收藏单位：桂林馆、南京馆

15722

广西省各县专设县库会计制度 [广西省政府编]

[广西省政府]，[1911—1949]，46 页，32 开

本制度内容包括：簿记组织系统、会计报告、会计科目、会计簿籍、会计凭证等。

收藏单位：桂林馆

15723

广西省公务出纳单位会计制度 [广西省政府编]

[广西省政府]，[1930—1939]，34 页，16 开

本制度共 5 部分：本制度实施之机关范围、报告之种类及其格式、簿籍之种类及其格式、凭证之种类及其格式、会计事务之处

理程序。自 1938 年 7 月 1 日起实行。
　　收藏单位：桂林馆、国家馆、南京馆

15724
广西省公务单位机关庶务备用金会计制度
[广西省政府编]
[广西省政府]，1938.7，10 页，16 开
　　收藏单位：桂林馆、南京馆

15725
广西省公务岁计经费类单位会计制度　[广西省政府编]
[广西省政府]，1938.7，49 页，16 开
　　本书内容包括：本制度实施之机关范围、报告之种类及其书表格式、科目之分类及其编号、簿籍之种类及其格式等。自 1938 年 7 月 1 日起实行。
　　收藏单位：桂林馆、南京馆、浙江馆

15726
广西省国家地方普通岁入岁出概算书（中华民国二十五年度）　广西省政府编
[广西省政府]，[1936—1949]，1 册，16 开
　　收藏单位：南京馆

15727
广西省金库会计组织　[广西省政府编]　[贺世缙拟]
[广西省政府]，[1935]，20 页，18 开

15728
广西省会计人员养成所概况　广西省政府财政厅会计室编
广西省政府，1937，74 页，16 开
　　收藏单位：南京馆

15729
广西省契税章程　[广西省政府编]
[广西省政府]，[1939—1949]，8 页，32 开
　　本章程于 1939 年 11 月 29 日由广西省政府委员会第 443 次会议决议修正通过，并于同日公布。
　　收藏单位：南京馆

15730
广西省区乡镇村街会计制度
桂林：阳立夫，[1938]，32 页，16 开
　　本书内容包括：本制度实施之机关范围、会计凭证、收支簿、会计报告等。自 1938 年 7 月 1 日起实行。
　　收藏单位：重庆馆、桂林馆、浙江馆

15731
广西省入口货物饷捐捐则　[广西省政府编]
[广西省政府]，[1937]，148 页，21 开
　　本书全部为表。于 1937 年 9 月 18 日由广西省政府委员会决议通过。

15732
广西省税捐稽征分局组织章程　广西省政府颁发
出版者不详，1937.7，3 页，32 开
　　收藏单位：桂林馆

15733
广西省特种基金会计　张心澂著
出版者不详，[1911—1949]，100 页，32 开
　　本书内容包括：广西省特种基金的作用、种类、会计制度、预算、出纳、保管等。附广西省政府在 1939 年核准的各类基金会计办法 11 种。

15734
广西省物品会计组织　[广西省政府编]　[贺世缙拟]
[广西省政府]，[1935]，14 页，18 开
　　收藏单位：南京馆

15735
广西省县地方金库会计组织（甲、乙种）　广西省政府编
广西省政府，1936.1，2 册（19+26 页），32 开
　　本书共 6 部分：总则、会计科目、书类及单据、帐簿、报表、格式。
　　收藏单位：国家馆、南京馆

15736

广西省县地方总会计组织（甲、乙种） 广西省政府编

广西省政府，1935—1936，2 册（34+56 页），16 开

　　收藏单位：南京馆

15737

广西省县会计之整理 广西省政府编

广西省政府，1936.2，24 页，32 开

　　本书收录广西省各县整理财务会计之规划，于 1936 年 1 月 31 日由该省"府令"公布的"广西县地方会计规划"及"广西各县会计员规则"等章则。

15738

广西省县属机关简易会计制 广西省政府编

广西省政府，1934，44 页，18 开

广西省政府，1936.7，44 页，16 开

　　本书共 10 章：概说、预算、领款、支款、收款、解款、记帐、报帐、决算、附说。

　　收藏单位：重庆馆、桂林馆、南京馆

15739

广西省烟酒公卖暂行章程及施行细则·广西省烟酒牌照暂行章程及施行细则·广西省酒饼业取缔规则

出版者不详，[1911—1949]，1 册，32 开

　　收藏单位：南京馆

15740

广西省营业税章则辑览（第 1 编） 广西省政府编

广西省政府，1934.10，112 页，16 开

　　本书收录文告、章则、公牍等资料 87 种。书前有《广西省营业税沿革》一文。

　　收藏单位：国家馆

15741

广西省政府各机关会计出纳人员章程释义

[广西省政府会计委员会拟订]

[广西省政府会计委员会]，1938.1，32 页，16 开

　　本章程于 1935 年 5 月初订，于 1937 年由广西省会计处修订，同年 11 月 17 日由广西省政府公布实行。

　　收藏单位：桂林馆、国家馆、浙江馆

15742

广西省总会计组织 ［广西省政府编］

[广西省政府]，[1935]，37 页，18 开

15743

广西特种基金会计制度 张心澂撰

出版者不详，[1938]，100 页，36 开（桂岭会计丛刊 12）

　　本书内容包括：基金之意义、基金之作用、基金之种类、会计制度之设计、基金预算、基金出纳保管等。附广西省政府成人教育基金会计办法、广西省政府农业管理处农业贷款基金会计办法等。

　　收藏单位：重庆馆、广东馆、桂林馆、南京馆

15744

广西田赋概要 杨世贤编著

广西省政府经济委员会，1936.2，[13]+233 页，22 开

　　本书共 10 章：绪论、田亩概数、田赋定额、田赋科则、田赋经征、田赋岁收状况、田赋附加税、田赋之积弊、田赋之整理、结论。附中国田赋制度之史的观察。

　　收藏单位：重庆馆、广东馆、贵州馆、国家馆、南京馆、西南大学馆

15745

广西县财政整理办法与经过 梁上燕著

桂林：民团周刊社，1940.5，18 页，32 开（丙种丛刊 第 7 种）（县政丛刊 第 2 辑）

　　本书共 3 章：县财政整理方针、县财政整理办法、县财政整理成果。

　　收藏单位：重庆馆、广西馆、湖南馆、江西馆、辽宁馆

15746

广西县地方金库会计制度

出版者不详，1938，32 页，16 开

本书共 6 部分：本制度实施之机关范围、报告之种类及其书表格式、科目之分类及其编号、簿籍之种类及其格式、凭证之种类及其格式、会计事务之处理程序。自 1938 年 7 月 1 日起实行。

收藏单位：重庆馆、桂林馆、南京馆

15747

广西县地方会计制度 谢柏坚著

[桂林]：民团周刊社，1940.6，39 页，32 开（丙种丛刊第 7 种）（县政丛刊第 2 辑 6）

桂林：民团周刊社，1940，3 版，39 页，32 开（丙种丛刊第 7 种）（县政丛刊第 2 辑 6）

本书共 3 部分：广西推行县地方会计之概况、中心思想与主义政策、特点与成效。

收藏单位：安徽馆、重庆馆、湖南馆、江西馆、南京馆

15748

广西县政府总会计制度

出版者不详，1938.1，36+18 页，18 开

本书共 6 部分，内容包括：科目之分类及其编号、凭证之种类及其格式、会计事务之处理程序等。附县地方总会计组织修改为县政府总会计制度缘由及要点、县政府总会计新旧帐衔接办法、县政府总会计新旧帐衔接办法实例、广西省各县政府会计室组织章程。

收藏单位：重庆馆、桂林馆、国家馆、南京馆

15749

广西租税概观（上卷） 龙家骧编著

广西省政府经济委员会，1934.1，[10]+352 页，16 开

本书共 11 章，内容包括：国库与省库的划分、盐税、百货统税、邮包税、烟酒税、印花税、矿税等。

收藏单位：重庆馆、国家馆、南京馆

15750

广州市财政局特刊 广州市财政局编

广州市财政局，1929，194 页，16 开

本书收录该市财政税务法规及 1925—1926 年岁入岁出预算、1927 年财政状况等资料。共 5 部分：插图、弁言、法规、最近本市财政状况图表附、历年收支统计图表。

收藏单位：国家馆、南京馆

15751

广州市市库最近三年收支概要 广州市财政局编

广州市财政局，[1935.10]，22 页，16 开

本书全部为图表。收录 1932 年 4 月至 1935 年 3 月广州市库逐月统计图表等资料。

15752

贵州财政工作报告书 贵州省财政厅编

贵阳：同志印刷局，[1930—1939] 印，98+24 页，16 开

本书收录财政重要章则，有关国税、省税、金融等方面的整理报告及 1929—1932 年各项财政收支表。

收藏单位：广西馆、贵州馆、国家馆、南京馆、浙江馆

15753

[贵州各县岁入岁出统计表]

出版者不详，[1930—1937]，2 页，横 27 开

本书收录下江县、铜仁县、江口县、松桃县、石阡县、毕节县、安顺县岁入岁出的统计数字。题名为编目员自拟。

收藏单位：国家馆

15754

贵州省财政讲习所同学录

出版者不详，[1919]，34 页，16 开

本书收录该所成立以来的学员名录。

收藏单位：贵州馆

15755

贵州省财政厅财政报告书 贵州省财政厅编

贵州省财政厅，[1932]，98+24 页，18 开

本书共 48 部分，内容包括：贵州省财政厅组织系统表、贵州省财政厅职员录、总论、财政重要章则、重要建议案、国税之整理、

省税之整理、稽核制度、公债、官产、贵州省民国十九年度国家岁入概算表、贵州省裁厘委员会民国十九年度经费支出计算数目表等。

收藏单位：国家馆

15756
贵州省地方普通岁入岁出总概算书（三十年度） [贵州省政府财政厅编]
[贵州省政府财政厅]，[1941]，30 页，16 开

收藏单位：贵州馆

15757
贵州省地方岁入岁出总概算书（二十五年度） 贵州省政府财政厅编
贵州省政府财政厅，[1936—1949]，1 册，16 开

收藏单位：南京馆

15758
贵州省地方预算（民国二十四年度） 贵州省政府财政厅编
贵州省政府财政厅，[1935—1949]，1 册，16 开

收藏单位：南京馆

15759
贵州省赋税章则汇编
出版者不详，1939，152 页，25 开
本书共两部分：国税、省税。

收藏单位：重庆馆

15760
贵州省各县地方预算编制原则（三十六年度） 贵州省政府会计处编
贵州省政府会计处，[1948]，93 页，16 开，环简页装
本书共 6 部分：总则、总预算书表、总预算说明书、岁入、岁出、附则。

收藏单位：国家馆、南京馆

15761
贵州省县行政人员训练所政府会计学概要

出版者不详，[1911—1949]，104 页，25 开
本书共 4 编：绪论、官厅簿记论、财务行政论、决算论。

收藏单位：重庆馆

15762
贵州省政府财政厅工作报告书 贵州省财政厅编
贵州省财政厅，[1931]，42 页，16 开
本书共 13 章，内容包括：用人行政、划分国地收支、会计之整理、金融之整理、清查田亩、稽核制度、裁厘等。所涉时间为1929 年 7 月至 1931 年 3 月。

收藏单位：国家馆、南京馆

15763
贵州省政府各支金库各项税款及军政费收支报告表 总金库编
[总金库]，1932.12，1 册，16 开

收藏单位：贵州馆

15764
桂林经济机关参观考察团报告书 罗廷等编
西大出版组，1942，油印本，1 册，横 8 开
本书内容包括：教育部王视察员暨校长训词、发起动机与组织经过、广西省政府财政厅参观报告、中央银行桂林分行参观报告、审计部广西省审计处参观报告、工作检讨等。

收藏单位：重庆馆、东北师大馆、南京馆

15765
桂林市政府各项税捐章程汇编
桂林市政府，1942.5，油印本，34 页，16 开

收藏单位：南京馆

15766
国地财政划分问题 李权时编著
上海：世界书局，1929，106 页，32 开（经济学丛书）
本书共 5 章：前清时代中央与地方间的财政关系、民国时代中央与地方间的财政关系、晚近国地收支划分运动之经过、列强的国地财政之划分、与国地收支划分问题有关的几

个问题。

收藏单位：安徽馆、重庆馆、广东馆、广西馆、国家馆、湖南馆、江西馆、近代史所、南京馆、上海馆、绍兴馆、天津馆、浙江馆

15767

国防部三十七年上半年度军费总预算　赵志垚主办

国防部，1948，油印本，1册，16开

收藏单位：南京馆

15768

国父纪念周记录（第2集）　财政部直接税处编

财政部直接税处，[1941]，110页，32开

本书收录1941年1—6月间该处20次纪念周上的会议纪录、主席报告等，共21种。

收藏单位：国家馆

15769

国家财政四大先决问题　龙骧著　蒲万龄校阅

上海：东亚文学社，1912.10，[76]页，16开，环筒页装

本书所提4大先决问题为：规定行政阶级以划清财政之界限、先定国家税项以建树财政之基础、划定国家职务以统计经费之范围、确定行政宗旨以配置经费之分量。

收藏单位：国家馆

15770

国家普通岁出十三类假预算（中华民国二十二年度）　国民政府主计处岁计局编

国民政府主计处岁计局，1933，132页，16开

本书全部为表。于1933年6月30日由国民政府颁行。

收藏单位：广东馆、国家馆、南京馆、上海馆、中科图

15771

国家普通岁出总预算（中华民国二十七至二十八年度）　[国民政府主计处岁计局编]

[国民政府主计处岁计局]，[1938—1939]，2册（33+30页），16开

本书全部为表。共3部分：岁出经常临时总表、分表岁出经常门、分表岁出临时门。

收藏单位：重庆馆、国家馆、吉林馆、南京馆

15772

国家普通岁入岁出（中华民国二十五年度　第一、四至五次追加预算）　[国民政府主计处岁计局编]

[国民政府主计处岁计局]，[1936]，3册（13+17+9页），16开

收藏单位：南京馆

15773

国家普通岁入岁出（中华民国二十六年度　第一次追加预算）　[国民政府主计处岁计局编]

[国民政府主计处岁计局]，[1937]，44页，16开

收藏单位：南京馆

15774

国家普通岁入岁出总预算（中华民国二十、二十三至二十六年度）　国民政府主计处岁计局编

国民政府主计处岁计局，[1931—1937]，5册，16开

本书大部分为表。

收藏单位：安徽馆、重庆馆、广东馆、国家馆、吉林馆、江西馆、近代史所、南京馆、上海馆、首都馆、天津馆、中科图

15775

国家岁出各款动支第二预备金追加预算（中华民国三十五年度）　国民政府主计处编

国民政府主计处，[1940—1949]，128页，16开

本书全部为表。

收藏单位：重庆馆、国家馆、南京馆

15776

国家岁出各款动支复员支出预算（中华民国

三十五年度） 国民政府主计处编

国民政府主计处，[1940—1949]，54 页，16 开

　　本书全部为表。

　　收藏单位：重庆馆、广东馆、国家馆、南京馆

15777

国家岁出各款动支善后救济基金数目表（中华民国三十五年度） 国民政府主计处编

国民政府主计处，[1946]，30 页，16 开

　　本书全部为表。

　　收藏单位：重庆馆、国家馆、南京馆

15778

国家岁出预算概数表（中华民国十七至十八年度） 国民政府财政委员会秘书处编

国民政府财政委员会秘书处，[1928—1929]，2 册，16 开

　　本书大部分为表。内容包括：国民政府财政委员会核定各机关该年度岁出预算一览表等。

　　收藏单位：广东馆、国家馆

15779

国家岁出原预算及追加减预算提要（中华民国二十五年度） 国民政府主计处编制

出版者不详，[1936—1949]，16 页，16 开

　　收藏单位：南京馆

15780

国家岁出总预算（中华民国三十一至三十三年度） 国民政府主计处编

国民政府主计处，[1940—1943]，3 册（57+72+60 页），18 开

　　本书全部为表。内容包括：岁出总表、岁出各款百分比率表。

　　收藏单位：国家馆、吉林馆、近代史所、南京馆

15781

国家岁入岁出（中华民国三十四年度 第四次追加预算） 国民政府主计处编

[国民政府主计处]，1945，油印本，1 册

　　收藏单位：近代史所

15782

国家岁入岁出预算总案（民国八年度）

出版者不详，[1919]，14 页，16 开

15783

国家岁入岁出原预算及追加追减预算提要（中华民国三十五年度） 国民政府主计处编

国民政府主计处，[1940—1949]，16 页，16 开

　　本书全部为表。

　　收藏单位：重庆馆、国家馆

15784

国家岁入岁出追加减预算（中华民国二十五年度） 国民政府主计处编

国民政府主计处，[1936—1949]，340 页，16 开

　　收藏单位：南京馆

15785

国家岁入岁出追加追减预算（中华民国三十五年度） 国民政府主计处编

国民政府主计处，[1940—1949]，340 页，16 开

　　本书全部为表。内容包括：岁入部分、岁出部分、附表。

　　收藏单位：重庆馆、国家馆

15786

国家岁入总预算书（中华民国三十三年度）

出版者不详，[1944]，油印本，1 册，16 开，环筒页装

　　本书全部为表。

　　收藏单位：国家馆

15787

国家预算（民国二年度） 财政部编

财政部，[1913]，21 页，16 开

　　收藏单位：湖南馆

15788

国家总预算（中华民国三十四年度）

出版者不详，[1945]，油印本，1 册，16 开，
环筒页装

　　本书共两部分：岁入、岁出。

　　收藏单位：国家馆、近代史所

15789

国库出纳会计制度 [财政部编订]

上海：立信会计图书用品社，1949，100 页，
32 开

　　本书共 8 章，内容包括：总说明、簿记组
织系统图、会计报告、会计科目、会计簿籍、
会计凭证等。于 1947 年修正，自 1948 年度
起实施。

　　收藏单位：安徽馆、重庆馆、广东馆、国
家馆、湖南馆、吉林馆、辽大馆、南京馆

15790

国库统一处理各省收支暂行办法

出版者不详，[1911—1949]，48 页，16 开

　　本书内容包括：通则、收入、支出、特种
基金、附则、缴款书填法等。

　　收藏单位：浙江馆

15791

**国立中央研究院普通公务及特种基金会计制
度**

出版者不详，[1911—1949]，油印本，216
页，16 开

　　收藏单位：南京馆

15792

**国民大会代表询问案财政部之答复（第 1—2
批）** 财政部编

财政部，[1948]，2 册（26+82 页），16 开
财政部，[1948]，82 页，18 开

　　本书收录 1948 年国民政府财政部对当时
的国大代表刘文清、关宝琦等人质询财政问
题的答复。

　　收藏单位：安徽馆、重庆馆、广东馆、国
家馆、吉林馆、南京馆、上海馆

15793

国民政府财政部赋税司章制汇编 周圻等编
订

财政部赋税司，1928.9，500 页，18 开

　　本书收录有关章则、条例 110 余种。分 8
类：中央地方收支标准、收益税、行为税、所
得税、消费税、货物税、官有产业、附件。

　　收藏单位：重庆馆、广东馆、国家馆、吉
林馆、南京馆、上海馆

15794

国民政府财政部赋税司章制续编 财政部赋
税司编辑

[南京]：京华印书馆，1930.9，346 页，16
开

　　本书收录有关章则、条例 100 余种。分 9
类：国地收支标准、收益税、消费税、验契、
官有产业、关税自主及裁厘事项、监督地方
财政、官制、新税草案。

　　收藏单位：广东馆、国家馆、南京馆、上
海馆

15795

国民政府财政部各项章程 财政部编辑处编

[财政部编辑处]，1926，1 册，16 开

　　收藏单位：广东馆

15796

国民政府财政部收支总册 [财政部编]

[财政部]，1927.9，47 页，16 开

　　本书附收支清册。所涉时间为 1927 年 6
月 2 日至 9 月 17 日。

　　收藏单位：南京馆、上海馆

15797

**国民政府财政部修正烟酒营业牌照税暂行章
程**

湖南省财政厅，1937.5，10 页，16 开

　　本书其他题名：烟酒营业牌照税暂行章程
施行细则。

　　收藏单位：南京馆

15798

国民政府财政部训政时期行政计划大纲纲领草案　国民政府财政部编

国民政府财政部，[1940—1949]，10 页，18 开

15799

国民政府财政部盐务稽核所职员录（第2、7—9 编）　财政部盐务稽核所编

财政部盐务稽核所，1925—1935，4 册（205+[308]+[307]+[317] 页），16 开

　　本书为汉英对照。

　　收藏单位：国家馆、南京馆

15800

国民政府财政部盐务稽核总所可以支付款项——拨付各种可以支付款项之手续及会计格式用法说明　国民政府财政部盐务稽核总所编

国民政府财政部盐务稽核总所，1931.7，石印本，44 页，16 开，环筒页装

　　本书共 4 部分：通令、弁言、拨付款项手续纲要、各种格式用法说明。

　　收藏单位：国家馆

15801

国民政府财政概况论　杨汝梅著

[南京]：杨汝梅[发行者]，1936.9，216 页，22 开（中国计政学会丛书）

　　本书共 4 章：导言、中央财政概况、国债概况、地方财政概况。附世界各大国最近数年岁入岁出总数对照表、世界各国现负国债总数表。

　　收藏单位：国家馆、吉林馆、上海馆

15802

国民政府财政概况论　杨汝梅著

广州：中华书局有限公司，1938.10，512 页，32 开（中国计政学会丛书）

　　本书共 4 章：导言、中央财政概况、国债概况、地方财政概况。附岁计问题、整理国债与平衡国库收支、第三次全国代表大会之财政报告等。

　　收藏单位：重庆馆、广东馆、国家馆、吉大馆、辽宁馆、南京馆、上海馆、浙江馆

15803

国民政府成立以来财政制度之整理·超然主计与联综组织　卫挺生著

中国计政学会，1936，44 页，32 开

　　本书为合订本。附本会会员信息。

　　收藏单位：广东馆

15804

国民政府奠都南京以来盐务整理之概况　[盐务稽核所编]

[盐务稽核所]，[1937]，22 页，16 开

　　本书收录 1936 年以前盐务整理之概况。附"盐务稽核所现行之制度及其特点""我国盐务统计资料之计算方法——并答复史廉君之《中国盐税之危机》"。

　　收藏单位：国家馆、南京馆、上海馆

15805

国民政府发行之债券辑览　金城银行总经理处调查室编

金城银行总经理处调查室，[1931]，28 页，16 开

金城银行总经理处调查室，[1931.11]，增订版，51 页，16 开

　　本书收录国民政府发行之债券一览表、1930 年后发行的 7 种债券条例全文及还本付息表。于同年 11 月增订，债券数增为 8 种。增订后题名：国民政府发行（财政部所管）之内国公债库券辑览。

　　收藏单位：近代史所

15806

国民政府军事委员会经理处自民国十六年八月十六日起至民国十七年十一月止收付款项数目报告清册

出版者不详，[1928]，1 册，16 开

　　收藏单位：南京馆

15807

国民政府军事委员会委员长行营财政监理处

经办重要事项简编

出版者不详，1939.2，156 页，16 开

本书共 5 编："整理税务、执行四川省国省联合预算""经管廿四、五年两年善后公债专款""奉中央核准发行之各种证券""改销各种证券""接办川黔公路借款"。

收藏单位：重庆馆、南京馆

15808

国民政府军事委员会委员长行营财政特派员公署自二十三年一月二十三日起至二月二十五日止收支报告表

出版者不详，[1930—1939]，石印本，[15] 张，16 开，环筒页装

15809

国民政府内债纪要　国定税则委员会税款组编译

国定税则委员会税款组，[1911—1949]，70 页，23 开

本书共 5 章：绪论、广东发行各债、汉口发行各债、南京发行各债、结论。附国民政府财政部各地发行内债总额表、江海关二五附税国库券还本付息表等 4 种。附广东第一次有奖公债发行条例、汉口国库券条例等 14 种。

收藏单位：重庆馆、上海馆

15810

国民政府新须进口税则全文

出版者不详，[1911—1949]，41 页，横 18 开

收藏单位：广东馆

15811

国民政府印花税贴用须知

中央法制丛刊社，1946.4，8 页，32 开

15812

国民政府应付内债本息统计表及说明（民国二十一年份）·省市及特种内债统计之试编（民国二十一年第一、二两季）　上海浙江兴业银行调查处编

上海浙江兴业银行调查处，[1932]，[83] 页，

18 开

本书为合订本。

收藏单位：广西馆、国家馆、上海馆

15813

国民政府预算章程　国民政府主计处岁计局编

浙江财务人员养成所，1932.1，84 页，32 开

本书内容包括：预算章程、办理预算收支分类标准、预算科目细则、概算预算格式及说明。

收藏单位：浙江馆

15814

国民政府整理内外债委员会报告书

出版者不详，1937.2，[32] 页

本书共 4 部分：财政铁道两部会同整理之债务、财政部整理之债务、交通部整理之债务、铁道部整理之债务。

收藏单位：近代史所

15815

国民政府整理内外债委员会章程

出版者不详，[1930]，[2] 页，12 开

本章程为汉英对照。颁布于 1929 年 1 月 29 日，其中第 2 条于 1930 年 12 月修改。

收藏单位：国家馆

15816

国民政府主计处工作报告（中华民国二十四、二十七至二十八、三十、三十三至三十四、三十六年）　国民政府主计处编

国民政府主计处，1935—1947，7 册，16 开

收藏单位：重庆馆、广西馆、国家馆、南京馆、上海馆

15817

国民政府主计处岁计局职员录　国民政府主计处编

国民政府主计处，1936.6，14 页，25 开

本书收录该处岁计局第一科、第二科、第三科等机构职员录。

收藏单位：国家馆、南京馆

15818

国民政府主计处职员录（民国二十二至二十三、二十五至二十六、三十至三十一、三十五至三十六年） 国民政府主计处编

国民政府主计处，1933—1947，8 册（32+22+22+32+16+16+25+25 页）

本书收录该处秘书室、岁计局、统计局、会计室等机构职员录。

收藏单位：国家馆、吉林馆、南京馆

15819

国难时期各县地方预算紧缩办法

出版者不详，[1911—1949]，油印本，1 册，16 开

收藏单位：南京馆

15820

国内外公债纪要 通易信托公司编

上海：通易信托公司，1924.8，30 页，32 开

本书介绍当时 10 种国内公债、19 种国外公债的发行日期、数额、还本付息办法等。

15821

国税章则汇编 淮海省财政厅编

淮海省财政厅，1944.3，58 页，25 开

本书收录章则 21 种，内容包括：棉纱统税条例、修正棉纱统税稽征章程、棉纱统税处罚章程、火柴统税条例、麦粉统税条例、修正卷烟统税条例等。

收藏单位：国家馆

15822

国债概况 曾熔浦讲　中央训练团党政高级训练班编

中央训练团党政高级训练班，1944，45 页，32 开

本书共 8 部分，内容包括：绪言、民国以前国债情形、北京政府时代国债情形、民国十六年至二十二年国债情形、抗战以来国债情形、"中国之命运"与公债之政策等。

15823

国债辑要 蒋士立编

上海：商务印书馆，[1915.12]，232 页，23 开，精装

本书共 8 章：中国国债之沿革、军事外债及赔款外债、最近中央外债、地方外债、中央内债、地方内债、铁道及借款、中国国债与列强之关系。附全国国债明细一览表、全国海关历年收入表、世界列强国债比较表等。

收藏单位：国家馆、近代史所、南京馆、首都馆

15824

国债与金融 贾士毅著　蔡允　陆鸿吉校阅

上海：商务印书馆，1930.10，[769] 页，22 开（中国经济学社丛书）

本书共 6 编：总论、内债、外债、交通债务、国民政府内债、整理内外债。附历年借款岁出预算表、民国十七年度偿还内外债本息预算数等。

收藏单位：重庆馆、东北师大馆、广东馆、广西馆、国家馆、黑龙江馆、湖南馆、吉林馆、江西馆、近代史所、辽大馆、辽宁馆、南京馆、内蒙古馆、上海馆、天津馆、浙江馆、中科图

15825

海州区盐务年报（民国三十年份） 海州区盐务管理局编辑

海州区盐务管理局，1943.1，302 页，16 开

本书共 10 部分，内容包括：法令、场产、运销、税收、经费、组织、税警等。

收藏单位：国家馆、南京馆

15826

汉口第三特别区市政管理局第五届纳税人常年大会纪录 ［汉口第三特别区市政管理局编］

［汉口第三特别区市政管理局］，1932，18 页，9 开

收藏单位：首都馆

15827

汉口市第二特别区管理局民国十六年预算表

汉口市第二特别区管理局编

[汉口市第二特别区管理局]，1927，6页
　　收藏单位：近代史所

15828

汉口市第二特别区民国十六年各项税捐则例
　　汉口市第二特别区编
[汉口市第二特别区]，1927，6页
　　收藏单位：近代史所

15829

汉口市税捐稽征处处务辑要 [汉口市税捐稽征处编]
汉口市税捐稽征处，1933.12，1册，16开
　　收藏单位：广东馆、南京馆

15830

汉口市税捐征收规则
出版者不详，1940，32页
　　收藏单位：南京馆

15831

汉口特别市政府各局处所属各机关支出概算书（民国三十年上半年度至三十二年下半年度） 汉口特别市政府编
汉口特别市政府，[1940—1949]，6册（[3698]页），13开，环筒页装
　　本书全部为表。内容包括：汉口市政府警察局第一、二、三、四分局支出概算书等。其他题名：汉口市政府各局处所属各机关支出概算书。
　　收藏单位：国家馆

15832

汉口特别市政府收支概算书（中华民国三十至三十二年 上、下半年度） [汉口特别市政府编]
[汉口特别市政府]，[1942—1944]，6册，16开，环筒页装
　　本书全部为表。每年两册，上、下半年各1册。收录该年汉口特别市政府收入概算书、汉口特别市政府支出概算书等。其他题名：汉口市政府收支概算书。
　　收藏单位：国家馆

15833

杭县财政 侯铭恩编
侯铭恩[发行者]，1932.1，手写本，1册，16开，精装
　　收藏单位：南京馆

15834

杭县财政 黄德馨编
黄德馨[发行者]，[1911—1949]，手写本，1册，16开，精装
　　收藏单位：南京馆

15835

杭州市财政报告书 杭州市财政局编
杭州市财政局，1939.6，[256+44]页，16开
　　本书内容包括：杭州市一年来财政概况之回顾、一年来收入报告、一年来支出报告、财政局贷款处一年来之工作报告、各种统计图表等。所涉时间为1938年6月至1939年6月。
　　收藏单位：国家馆

15836

杭州市征收地价税估定地价一览 杭州市政府财政科编辑
杭州市政府财政科，1933.9，90+[10]页，32开
　　本书收录杭州市疆域总图、杭州市第一至十三区估定地价分段图、杭州市第一至十三区估定地价表。附修正杭州市征收地价税暂行章程、杭州市征收地价税地价估价委员会组织规程、杭州市地价估计办法、杭州市征收地价税施行细则。
　　收藏单位：国家馆、浙江馆

15837

杭州市政府财政科职员录 杭州市政府财政科编
杭州市政府财政科，1931，10页，25开
　　本书收录该科全体职员职务、姓名、性别、年龄、地址等。
　　收藏单位：浙江馆

15838

杭州市政府财政业务报告　杭州市政府财政科编

杭州市政府财政科，1933，[312] 页，16 开

　　本书共 4 编："组织""税捐""公产、公债""会计"。所涉时间为 1927—1931 年。

　　收藏单位：广东馆、国家馆、湖南馆、江西馆、近代史所、南京馆、上海馆、浙江馆

15839

合肥财政　冯有辰编

冯有辰 [发行者]，1933.11，1 册，16 开

　　收藏单位：南京馆

15840

合肥财政　舒嗣芬编

合肥：舒嗣芬 [发行者]，1933.11，手写本，1 册，16 开，精装

　　收藏单位：南京馆

15841

合肥财政　朱兴良编

出版者不详，1933.11，手写本，1 册，16 开，精装

　　收藏单位：南京馆

15842

河北百货统税则例　河北省修订税则委员会秘书处编

河北省修订税则委员会，[1911—1949]，油印本，106 页，16 开，环筒页装

　　收藏单位：国家馆

15843

河北财政特派员公署年鉴（民国十九至二十年度）　财政部河北财政特派员公署编

财政部河北财政特派员公署，1931—1932，2 册（[776]+[980] 页），16 开，精装

　　本书共 10 部分，内容包括：命令、组织、法规章程、公牍、国税纪略、特种事业纪略、统计、票照表册等。附提议案、调查材料等。封面题名：年鉴。

　　收藏单位：北师大馆、东北师大馆、国家馆、黑龙江馆、近代史所、南京馆、首都馆、中科图

15844

河北第四统税征收局全体职员巡役薪饷清册

河北第四统税征收局，[1929]，手写本，[5] 页，大 16 开，环筒页装

　　收藏单位：国家馆

15845

河北省包收各项税捐包额表（十八年度）

出版者不详，[1930]，手写本，1 册，13 开，环筒页装

　　收藏单位：国家馆

15846

河北省财政报告书（二十一至二十二年度）　河北省财政厅编

河北省财政厅，1933—1935，2 册（104+270 页），16 开

　　本书大部分为表。收录该年河北省岁入岁出收支概况及整理财政的各项工作报告。

　　收藏单位：国家馆、南京馆

15847

河北省财政厅现行章则汇刊　河北省财政厅编

河北省财政厅，1933.6，202 页，16 开

　　本书收录该厅组织、办事、公务、行政及省地财务、税务等现行章则 57 种。

　　收藏单位：国家馆

15848

河北省财政撷要　河北省财政厅编

河北省财政厅，[1930—1939]，146 页，16 开

　　本书共 10 部分，内容包括：关于编造预算及收支报告事项、关于各县财务局事项、关于经征人员实习录用事项、关于各县自治经费事项、关于整顿田赋事项、关于开辟营业税事项等。所涉时间为 1930 年 10 月至 1932 年 6 月。

　　收藏单位：国家馆、南京馆、首都馆

15849

河北省定县的牙税　冯华德著

天津：南开大学经济研究所，1936.12，48 页，16 开（地方财政丛刊第 5 种）

　　本书内容包括：牙税的原始性质、清代牙税的积弊和户部牙税改革的失败、民国四年牙税的改革、现行牙税性质的剖析等。附定县历年牙税实收月报等统计表两种、1915—1929 年公布整顿牙税的章程 4 种。

15850

河北省定县之田房契税　冯华德　李陵著

天津：南开大学经济研究所，1936.7 印，78 页，16 开（定县财政研究报告）（地方财政丛刊第 4 种）

　　本书共 6 部分：田房交易制度、田房中用、田房契税、税契行政与规费收入、验契费与印花费、田房交易税费负担之分析。附1902—1929 年颁布的有关章则 15 种。

　　收藏单位：重庆馆、国家馆、辽宁馆、南京馆、上海馆

15851

河北省定县之田赋　冯华德　李陵著

天津：南开大学经济研究所，1936.4，78 页，16 开（定县财政研究报告）（地方财政丛刊第 3 种）

　　本书共 4 部分：粮地、税则、征收制度、田赋岁收状况分析。附定县额外地正赋税率表等 8 种。

　　收藏单位：重庆馆、广东馆、近代史所、辽宁馆、南京馆、上海馆

15852

河北省二十二年度财政统计　河北省财政厅编制

河北省财政厅，1934，[100] 页，8 开

　　本书全部为表。

　　收藏单位：国家馆、南京馆

15853

河北省各县（市）及所属各机关普通公务单位会计制度之一致规定草案　河北省政府会计处编

河北省政府会计处，1947.9，32 页，16 开

　　本书共 8 部分：总说明、簿记组织系统图、会计报告、会计科目、会计簿籍、会计凭证、分会计之处理办法、分录举例。逐页题名：普通公务单位会计制度之一致规定草案。目录页题名：河北省县（市）及所属各机关普通公务单位会计制度草案。

　　收藏单位：国家馆

15854

河北省各县田赋科则调查报告表　河北省捐税监理委员会编

河北省捐税监理委员会，1936.12，77 页，16 开

　　收藏单位：国家馆

15855

河北省捐税监理委员会会议汇刊（第 1 期）

河北省捐税监理委员会编

河北省捐税监理委员会，1936，148 页，16 开，精装

　　本书为该会 1936 年成立后出版的会议文件集辑。收录该会章程、办事细则、议案、议事录以及来往公文等。

　　收藏单位：国家馆

15856

河北省牲畜税章程　河北省税务整理处编

河北省税务整理处，1930.3，12 页，25 开

　　本章程共 10 条。

　　收藏单位：国家馆

15857

河北省税捐各局卡会计主任一览表

出版者不详，[1929]，手写本，2 页，13 开，环筒页装

　　本书封面题名：河北省各税捐局各会计主任名册。

　　收藏单位：国家馆

15858

河北省税务整理处办事细则

河北省税务整理处，[1929]，手写本，[4] 页，13 开，环筒页装

收藏单位：国家馆

15859

河北省屠宰税章程

河北省税务整理处，1930.3，石印本，2 页，25 开

本章程共 11 条。

收藏单位：国家馆

15860

河北省县（市）总会计制度之一致规定草案
河北省政府会计处编

河北省政府会计处，1947，38 页，16 开

本书共 7 部分：总说明、簿记组织系统图、会计报告、会计科目、会计簿籍、会计凭证、分录举例。

收藏单位：国家馆、天津馆

15861

河北省牙税暂行章程

河北省税务整理处，1930.3，石印本，3 页，25 开

本章程共 19 条。

收藏单位：国家馆

15862

河北省营业税章则汇编（第 1 册） 财政厅编

财政厅，[1931]，40 页，16 开

本书所收章则颁布于 1931 年前。

收藏单位：国家馆

15863

河北省营业税征收章程

出版者不详，[1933]，14 页，16 开

本书内容包括：河北省营业税征收章程、河北省营业税课税标准税率表、河北省物品贩卖业营业税税率表、河北省制造业营业税税率表等。于 1932 年 5 月由财政部修正颁行。

收藏单位：国家馆

15864

河北省渔税招商代收章程

河北省税务整理处，1930.3，石印本，[4] 页，22 开

本章程共 15 条。

收藏单位：国家馆

15865

河北省招包各县税务奖惩规则

出版者不详，[1930]，油印本，1 册，16 开，环筒页装

本书内容包括：整顿税捐应行研究事项、旧直隶北京征收矿税定律表、河北省糖类特捐章程等。

收藏单位：国家馆

15866

河北省征收局会计主任规则审查报告　孙奂仑　吕咸　李鸿文 [拟]

河北省征收局，[1930—1937]，油印本，1 册，13 开，环筒页装

本书附河北省征收局会计主任规则、经征人员任用办法、河北省征收局会计主任考成章程。

收藏单位：国家馆

15867

河北省政府公报特刊——河北省金库收支统计表　河北省政府编

河北省政府，[1933]，1 册，16 开

本书共 40 期，内容包括：1929 年 7—12 月、1930 年 1—12 月、1931 年 1—12 月、1932 年 1—10 月的金库收支统计表。每月 1 期。

收藏单位：国家馆

15868

河北省之包税制度　王志信著

天津：南开大学经济研究所，1935.4，60 页，21 开

本书共 3 节。论述包税制度的沿革、现状、弊端及改善办法。

收藏单位：南京馆

15869

河南财政检讨　孟昭瓒编

出版者不详，1946.10，32页，32开

　　收藏单位：南京馆

15870

河南省地方财政　曹仲植著

重庆：文威印刷所，1940，114页，16开

重庆：文威印刷所，1941.9，200页，16开

　　本书内容包括：河南田赋、河南营业税、创立督察制度、省财政、推行公库制、县地方财政、河南战时金融、河南战时物资、游击区财政等。附陇海平汉线视察记、河南战时财政等。

　　收藏单位：重庆馆、国家馆、近代史所、南大馆、南京馆

15871

河南省地方岁入岁出总预算书（三十六年度）　河南省政府编

河南省政府，1947.8，38页，16开

　　本书全部为表。内容包括：总说明、河南省三十六年度地方预算岁入总计表、河南省三十六年度地方岁入总预算书、河南省三十六年度地方岁出总预算事业别总计表等。

　　收藏单位：国家馆、湖南馆

15872

河南省第一次全省财政会议报告　河南省第一次全省财政会议秘书处编辑股编

河南省第一次全省财政会议秘书处，1935.7，[230]页，16开

　　本书内容包括：公牍、章则、会议记录、统计图表、提案索引、决议事项、重要案件原文等。

　　收藏单位：上海馆

15873

河南省各县地方总预算书（中华民国三十六年度）　河南省政府会计处编

河南省政府会计处，[1940—1949]，[293]页，16开

　　本书全部为表。共8种，内容包括：河南

省三十六年度各县地方总预算岁入岁出总额百分比率图、河南省三十六年度各县地方总预算岁入总表、河南省三十六年度各县地方总预算岁出总表等。

　　收藏单位：国家馆

15874

河南省各县市推收所规程

河南省公署财政厅，1940.9，4页，16开

　　收藏单位：国家馆

15875

河南省各县征收人员训练所同学录　河南省县征收人员训练所编

河南省县征收人员训练所，[1936.4]，96页，16开，活页装

15876

河南省牲畜税征收暂行章程

河南省公署财政厅，1940.9印，1册，16开

　　本章程共12条。

　　收藏单位：国家馆

15877

河南省税务会议汇编

出版者不详，[1937]，330+26页，16开

　　本书内容包括：会议纪要、河南省税务会议议事规则、关于经征机关组织人事及经费事项议案、河南省税务会议全体会员名单、河南省税务会议秘书处职员名单等。

　　收藏单位：重庆馆

15878

河南省岁出单位决算书（三十五年上半年度）　河南省政府编

河南省政府，1947.12，48页，16开

　　本书全部为表。共9部分，内容包括：总说明、总计表、经常门总计表、临时门总计表、经常门合计表、临时门合计表等。

　　收藏单位：国家馆

15879

河南省屠宰营业税征收暂行章程

河南省公署财政厅，1940.9 印，2 页，16 开

　　本书收录河南省屠宰营业税征收暂行章程 12 条。

　　　　收藏单位：国家馆

15880

河南省县地方岁入岁出预算表（民国二十四年度） 河南省政府编

[河南省政府]，[1935]，[632] 页，16 开

　　本书全部为表。内容包括：河南省各县地方款二十四年度收支总表、河南省郑县县地方款二十四年度岁入预算表、河南省郑县县地方款二十四年度岁出预算表等。

　　　　收藏单位：国家馆

15881

河南省牙行营业税征收暂行章程 [河南省公署财政厅编]

河南省公署财政厅，1940.9 印，4 页，16 开

　　本章程共 20 条。

　　　　收藏单位：国家馆

15882

河南省烟酒营业牌照税征收暂行章程 [河南省公署财政厅编]

河南省公署财政厅，1940.9 印，1 册，16 开

　　本章程共 12 条。

　　　　收藏单位：国家馆

15883

河南省营业税征收暂行章程 [河南省公署财政厅编]

河南省公署财政厅，1940.9 印，14 页，16 开

　　本书内容包括：河南省营业税征收暂行章程、修正河南省营业税标准及税率表、河南省物品贩卖业营业税税率表、河南省制造业营业税税率表等。

　　　　收藏单位：国家馆

15884

河南省禹县三十三年度施政计划

出版者不详，[1944]，手抄本，1 册，21 开，环筒页装

本计划内容包括：财政部分、计政部分、建设部分、合作部分、教育部分等。

　　　　收藏单位：重庆馆

15885

河南省征收契税暂行规程 [河南省公署财政厅编]

河南省公署财政厅，1940.9 印，4 页，16 开

　　本规程共 16 条。

　　　　收藏单位：国家馆

15886

河南省征收田赋章程 [河南省公署财政厅编]

河南省公署财政厅，1940.12 印，[8] 页，16 开

　　本书章程共 19 条。附造册须知 25 条。

　　　　收藏单位：国家馆

15887

河南省征收营业专税暂行办法 河南省公署财政厅编

河南省公署财政厅，1943.4，1 册，16 开

　　本办法共 11 条。

　　　　收藏单位：国家馆

15888

河南省政府公布二十六年份各县应征及停征田赋附加一览表 河南省政府财政厅编

河南省政府财政厅，[1930—1939]，12 页，16 开

15889

河南盐务概况 蒋守一编

出版者不详，1936，40 页，16 开

　　本书为作者在盐务缉私督察人员训练班的授课讲义。内容包括：机关沿革、行盐制度、运销情况、土盐问题等。

　　　　收藏单位：国家馆

15890

核拟中央每月支出概算书 财政整理会编

财政整理会，1925.10，10 页，16 开

收藏单位：上海馆

15891

湖北财政报告书（民国二十一年、二十三年一月至六月、二十四年） 湖北省财政厅编

[湖北省财政厅]，[1933—1936]，4 册（76+52+60+60 页），16 开

本书民国二十一年分册所记时间为当年 4 月 11 日至次年 2 月底，其余每年两册，上、下半年各 1 册。内容包括：赋税事项、公产事项、金融事项等。

收藏单位：国家馆、湖南馆、南京馆

15892

湖北财政概况 徐振麟著

汉口：现代书局，1935.5，[10]+340 页，16 开

本书共 8 章，分述该省 1933 年度的收支、预算、田赋、公产、金融、公债、营业税以及汉口市和各县地方财政实况。

收藏单位：重庆馆、广东馆、上海馆、中科图

15893

湖北财政视察报告书 [湖北财政厅编]

湖北财政厅，[1911—1949]，97 页，18 开

本书共 4 部分：总论、收入篇、支出篇、结论。附湖北外债一览表。

收藏单位：国家馆、首都馆

15894

湖北财政厅全省财政会议专刊 湖北财政厅秘书处编

湖北财政厅秘书处，1929，344 页，16 开

收藏单位：广东馆

15895

湖北财政问题解答（第 1—3 辑） 湖北省政府财政厅编

湖北省政府财政厅，1940—1942，3 册（78+66+50 页），64 开

本书为该厅所办"地方行政干部训练团"学员提出的有关该省财政问题的解答。

收藏单位：重庆馆

15896

湖北国税纪要

出版者不详，[1911—1949]，228 页，16 开

本书共 7 章，内容包括：关税、盐税、烟酒税、附录等。

收藏单位：河南馆

15897

湖北省财务人员须知 湖北省政府编

湖北省政府，[1942]，180 页，32 开（湖北省政参考资料 财政类 4）

本书所收法规及资料截至 1942 年。

收藏单位：重庆馆、南京馆

15898

湖北省财政粮食会议纪要 湖北省政府财政厅编

湖北省政府财政厅，1941.8，12+220 页，32 开

本书共 5 部分：训词、报告、议案、会务、业务讨论摘要。收录有关文件、规程等80 余件。

收藏单位：重庆馆、国家馆、南京馆

15899

湖北省财政厅二十八、九两年度工作实施概要 湖北省政府财政厅编

湖北省政府财政厅，1941.2，24 页，32 开

收藏单位：南京馆

15900

湖北省地方财政第一次调查报告 阮毓麒著

财政部整理地方捐税委员会，[1911—1949]，88 页，16 开

收藏单位：南京馆

15901

湖北省地方财政调查报告

出版者不详，[1930—1939]，油印本，2 册，16 开

收藏单位：南京馆、中科图

15902

湖北省地方财政计划草案

出版者不详，[1911—1949]，油印本，56 页，16 开

　　收藏单位：南京馆、中科图

15903

湖北省地方财政沿革汇刊　湖北省财政厅编

湖北省财政厅，1933.10，392 页，25.5cm，精装

　　收藏单位：南京馆

15904

湖北省各县市地方预算（三十五年度）

出版者不详，[1946—1949]，1 册，18 开

　　收藏单位：广东馆

15905

湖北省各县县地税岁入岁出预算表（二十年度）　[湖北省财政厅编]

湖北省财政厅，[1931.11]，[222] 页，16 开

　　本书目录页题名：湖北省各县二十年度县地税岁入岁出总预算汇刊（第一期）。附审核意见书。

　　收藏单位：南京馆

15906

湖北省清理甲债始末报告书　清理甲债委员会编

清理甲债委员会，1935.3，168 页，16 开

　　本书收录 1934 年为清理 1926 年前该省发行的各种债券（包括清末"官钱局"等所欠旧债）而成立的"清理甲债委员会"的资料。内容包括：影片、插图、报告节目、案牍选要、附刊等。

　　收藏单位：国家馆、南京馆

15907

湖北省省地方总概算书（民国二十三至二十五、二十八至二十九年度）　湖北省政府财政厅编

湖北省政府财政厅，[1934—1940]，5 册（74+176+[152]+130+100 页），16 开

本书大部分为表。

　　收藏单位：重庆馆、广东馆、国家馆、湖南馆、南京馆

15908

湖北省县地方岁入岁出概算书（民国二十五年度）　湖北省财政厅编

湖北省财政厅，[1930—1939]，[912] 页，16 开

　　本书全部为表。

15909

湖北省县地方岁入岁出预算表（民国二十三至二十五年度）　湖北省财政厅编

湖北省财政厅，[1934—1936]，3 册（[572]+498+[870] 页），18 开

　　本书大部分为表。内容包括：序言、各县预算表、附录。

　　收藏单位：广东馆、国家馆、南京馆

15910

湖北省政府财政工作纲目（民国三十二年度）　湖北省政府编

湖北省政府，[1943]，35 页，32 开（湖北省政参政资料 财政类 10）

　　本书全部为表。

　　收藏单位：重庆馆、国家馆、南京馆

15911

湖北省政府财政厅税务会议汇编

出版者不详，1935.2，71 页，16 开

　　本书内容包括：厅长报告开会意义、出席人员名单、第一次会议纪录等。封面题名：湖北税务会议汇编。

　　收藏单位：国家馆、南京馆

15912

湖北省政府财政厅直辖征收机关交代规则

湖北省政府财政厅法制室修正

湖北省政府财政厅，[1911—1949]，修订版，46 页，16 开

　　本规则共 5 章 40 条。

　　收藏单位：重庆馆、南京馆

15913

湖北省政府财政中心工作（三十至三十一年度） 赵志垚讲 湖北省地方行政干部训练团编

湖北省地方行政干部训练团，1941—1942，2册（24+42页），36开

本书目录页题名：湖北省政府该年度财政中心工作。

收藏单位：重庆馆

15914

湖北省政府督导自治财政报告（上册） 湖北省政府编

湖北省政府，[1942.12]，158+[33]页

本书收录湖北省政府对所属各县的调查报告，调查内容包括："公学款项"的清理、财政收支、财务机构、人事、经济金融等。附各县主要农产品售价价比等统计图表44种。

收藏单位：重庆馆、广东馆、南京馆

15915

湖北省政府各级机关编制收支报告表暂行办法

湖北省政府会计处，1939.9，1册，16开

收藏单位：南京馆

15916

湖北省政府会计中心工作（三十至三十一年度） 湖北省地方行政干部训练团编

湖北省地方行政干部训练团，1941—1942，2册（22+10页），32开

本书共两部分：岁计、会计。

收藏单位：重庆馆

15917

湖北税务概要 熊道瑞编

湖北财政厅事务股，[1932.9]，212页，16开

本书共7部分：契税、屠宰税、营业税、牙帖捐税、当税、汉口市税、武阳市税。附湖北国税概要。

收藏单位：广东馆、国家馆、湖南馆、南京馆、上海馆、首都馆

15918

湖北田赋概要 湖北财政厅编辑股编

湖北财政厅事务股，1932.3，82页，16开

本书共18部分，内容包括：田赋性质、田赋沿革、田赋赋目、田赋概数、田赋赋率、折价标准、田赋附加制限、赋收概数、征收吏员、田赋考成、推收概况、整理田赋意见等。附张难先厅长整理田赋办法、湖北各县田亩地价田赋概数一览表等6种。

收藏单位：国家馆、吉林馆、近代史所、南京馆

15919

湖南财政整理方案 尹任先著

出版者不详，1937.5，32页，21开

收藏单位：湖南馆、南京馆、上海馆

15920

湖南财政整理委员会报告书 湖南财政整理委员会编

湖南财政整理委员会，1929，110页，16开

本书内容包括：委员一览表、职员一览表、本会组织大纲、本会办事细则、岁入岁出表、议案目录等。

收藏单位：国家馆、湖南馆

15921

湖南区货物税复员以来工作概况 财政部湖南区货物税局编

财政部湖南区货物税局，1946.9，20页，24开

收藏单位：湖南馆

15922

湖南全省扩大行政会议财政报告 湖南省财政厅编

湖南省财政厅，1939.12，78页，16开

本书共7部分：岁计、财务行政、赋税、会计、债务、经济、县地方财政。附《湖南省银行报告》（丘国维）。

收藏单位：国家馆

15923

湖南全省第二次扩大行政会议财政厅工作报告　胡善恒报告

出版者不详，1940.11，38 页，16 开

　　本书共 7 部分：岁计、赋税、债务、会计、一般财务行政、战时经济、县地方财政。

　　收藏单位：国家馆、南京馆

15924

湖南全省第四次扩大行政会议湖南省政府会计处工作报告　周淼编

湖南省政府会计处，1942，56 页，18 开

　　收藏单位：湖南馆

15925

湖南省财务收支统制会计制度　湖南省政府会计处编

湖南省政府会计处，1943.11，74 页，16 开

　　收藏单位：南京馆

15926

湖南省财政厅工作报告（二十九年三月至九月）　湖南省财政厅编

[湖南省财政厅]，1940.9，油印本，42 页，16 开，环筒页装

　　本书内容包括：整理赋税、清理债务、实施公库法、改进会计制度、执行及编制概算、整理县地方财政等。附湖南省贸易局工作报告等。

　　收藏单位：国家馆、湖南馆

15927

湖南省财政厅职员录　湖南省财政厅编

[湖南省财政厅]，1940.11，18 页，大 16 开

　　收藏单位：南京馆

15928

湖南省财政厅职员统计　湖南省财政厅编

湖南省财政厅，1931.1，1 册，12 开

　　收藏单位：南京馆

15929

湖南省财政整理报告书　何浩若编

湖南省财政厅，[1938]，146 页，18 开

　　本书共 6 章：预算、收支程序之整理、赋税、经费及债务、公产及金融、县地方财政。附湖南省政府整理二十四年度财政方案、湖南省土地陈报章程。所涉时间为 1935 年 8 月 21 日至 1937 年 3 月 15 日。

　　收藏单位：广东馆、国家馆、湖南馆、吉林馆、上海馆、中科图

15930

湖南省单位会计制度

出版者不详，[1911—1949]，46 页，16 开

　　本书内容包括：会计报告、会计科目等。

　　收藏单位：浙江馆

15931

湖南省地方财政调查报告

出版者不详，[1911—1949]，油印本，2 册，16 开

　　收藏单位：南京馆、中科图

15932

湖南省地方财政调查报告（二十二年度）

出版者不详，[1933—1949]，油印本，1 册，16 开

　　收藏单位：南京馆、中科图

15933

湖南省地方财政计划草案

出版者不详，[1911—1949]，油印本，1 册，16 开

　　收藏单位：南京馆、中科图

15934

湖南省地方普通岁入岁出第二级概算书（中华民国二十六年度）　湖南省政府财政厅编

湖南省政府财政厅，[1937—1949]，1 册，16 开

　　收藏单位：南京馆

15935

湖南省地方岁入岁出概算实际收支数目表（修正二十六年度下半年度）　湖南省政府财

政厅编

[湖南省政府财政厅]，[1937—1949]，油印本，1册，16开

收藏单位：南京馆

15936

湖南省地方营业基金概算汇编（中华民国三十年度）　湖南省政府会计处编

出版者不详，[1941—1949]，210页，36开

收藏单位：湖南馆、南京馆

15937

湖南省第六区所属各县地方预算汇编（中华民国三十三年度）　湖南省政府会计处编

出版者不详，[1944]，1册，16开

收藏单位：南京馆

15938

湖南省第七区所属各县地方预算汇编（中华民国三十三年度）　湖南省政府会计处编

湖南省政府会计处，1944，1册，16开

本书全部为表。内容包括：1944年度湖南省零陵、祁阳、宁远、东安、永明等8县的岁入岁出预算。目录页题名：中华民国三十三年度湖南省第七区所属各县地方岁入岁出预算汇编。

收藏单位：国家馆、南京馆

15939

湖南省第八区所属各县地方预算汇编（中华民国三十三年度）　湖南省政府会计处编

湖南省政府会计处，[1944]，[104]页，16开

本书全部为表。内容包括：湖南省永顺、龙山、大庸、保靖、桑植、古丈6县岁入岁出预算。目录页题名：中华民国三十三年度湖南省第八区所属各县地方岁入岁出预算汇编。

收藏单位：国家馆

15940

湖南省第九区所属各县地方预算汇编（中华民国三十三年度）　湖南省政府会计处编

湖南省政府会计处，1944，[136]页，16开

本书全部为表。内容包括：湖南省沅陵、

溆浦、辰溪、凤凰、乾城、永绥、泸溪、麻阳8县的岁入岁出预算。目录页题名：中华民国三十三年度湖南省第九区所属各县地方岁入岁出预算汇编。

收藏单位：国家馆

15941

湖南省第十区所属各县地方预算汇编（中华民国三十三年度）　湖南省政府会计处编

湖南省政府会计处，[1944]，[136]页，16开

本书全部为表。内容包括：湖南省会同、芷江、绥宁、黔阳、晃县、靖县、通道、怀化8县的岁入岁出预算。目录页题名：中华民国三十三年度湖南省第十区所属各县地方岁入岁出预算汇编。

收藏单位：国家馆

15942

湖南省各级政府机关现行会计制度　湖南省政府会计处订

湖南省干部训练团，1940.7，396页，16开

本书附暂行公有营业机关会计制度之一致规定等。

收藏单位：广东馆

15943

湖南省各县普通岁入岁出预算书（二十六年度）

湖南省财政厅，[1937]，油印本，1册，16开

收藏单位：南京馆

15944

湖南省各县县政府总会计制度　湖南省政府会计处编

湖南省政府会计处，[1911—1949]，56页，16开

本书内容包括：簿记组织系统图、会计报告、会计科目等。

收藏单位：浙江馆

15945

湖南省公债监管委员会报告书（民国二十二年）　湖南省公债监管委员会第一届委员会编

湖南省公债监管委员会第一届委员会，1935，[144]+521 页，18 开

本书内容包括：第一次抽签还本演词、会议录、各项章则、文电摘要、各项表报等。附刊该省各县债主清册名录。

收藏单位：国家馆、湖南馆

15946

湖南省公债监管委员会报告书（民国二十二年） 湖南省公债监管委员会第二届委员会编

湖南省公债监管委员会第二届委员会，1937.1，[72] 页，16 开

本书内容包括：会议录、各项章则、文电摘要、各项表报等。

收藏单位：国家馆、湖南馆、南京馆

15947

湖南省官厅簿记账表组织系统图 湖南省财政厅编

湖南省财政厅，1931，1 册，横 8 开，精装

收藏单位：湖南馆、南京馆

15948

湖南省两期收支各款简明册

出版者不详，[1912]，40 页，16 开

本书所记时间为 1911 年 9 月至 1912 年 7月。

收藏单位：国家馆

15949

湖南省三十一年度随赋购粮价款收支总报告（第 1 次） 财政部湖南省田赋管理处编

财政部湖南省田赋管理处，[1942]，50 页，横 16 开，环筒页装

本书内容包括：财政部湖南省田赋管理处三十一年度随赋购粮价款收支对照表、湖南省各县三十一年度随赋购粮给价收支明细表、湖南省各县三十一年度征购稻谷数目表等。所涉时间为 1942 年 8 月 15 日至 1943 年 1 月31 日。

收藏单位：重庆馆、南京馆

15950

湖南省屠宰税征收章程

出版者不详，[1911—1949]，1 册，32 开

收藏单位：南京馆

15951

湖南省县会计制度之设计与实施 湖南省财政厅会计室编

湖南省财政厅会计室，1937.11，104 页，18开

本书共 5 部分：引言、主持设计与推行之机关、县会计制度之设计、县会计制度之实施、结论。附拟具湖南省财政厅会计委员会组织规程并预算书请公决由、江苏省会计制度暨田赋整理情形考察报告书、为财政厅原议仿江苏成例组设会计委员会经实地考察拟再照该省变更办法改设会计室以资紧缩而利推进请公决由等。

收藏单位：国家馆、南京馆

15952

湖南省县市预算岁入总表（三十六年度）

出版者不详，1947，1 册，28×40cm

收藏单位：国家馆

15953

湖南省政府会计处成立九周年纪念·中国会计学社湖南分社成立大会特刊

湖南国民日报，1947.8，20 页，16 开

收藏单位：南京馆

15954

湖南省政府会计处成立周年工作概况 湖南省政府会计处编

湖南省政府会计处，[1939.8]，30 页，32 开

本书共 4 部分：岁计事项、会计事项、调整会计机构、改进计划。

收藏单位：国家馆、南京馆

15955

湖南省政府预算委员会报告书（中华民国十八年度） 湖南省政府预算委员会编

湖南省财政厅，[1929]，60 页，8 开，活页精

装

本书收录湖南省政府预算委员会的职员录、各项规程、训令、函牍、会议录及湖南省民国十八年度预算纪事本末等。附湖南省地方十八年度预算统计图表、历年预算统计图表、粤鄂湘赣10省十八年度预算统计图等55种。

　　收藏单位：国家馆、湖南馆

15956

湖南田赋改制公牍辑要　湖南省田赋管理处编

出版者不详，[1943]，62页，25开

　　收藏单位：湖南馆、江西馆、南京馆

15957

湖南之财政　陈子剑编

湖南经济调查所，1934.8，[203]页，18开（湖南经济调查所丛刊）

　　本书共3章：清末之湖南财政、民国十六年后之湖南财政、赋税。

　　收藏单位：广东馆、广西馆、国家馆、湖南馆、吉林馆、近代史所、南京馆、上海馆

15958

湖南之税政　[湖南省财政厅编]

长沙：大伦印务馆，1941.6，2册（16+604页），32开

　　本书共5篇，内容包括：税务行政、赋税制度、地方财政改革之途径等。

　　收藏单位：重庆馆、国家馆、湖南馆、南京馆

15959

华北财经会议材料汇辑（1 几项统计数字）

华北财经会议秘书处编

华北财经会议秘书处，1947.3，油印本，16页，32开

　　收藏单位：国家馆

15960

华北财经会议决定　晋察冀财经办事处编

晋察冀财经办事处，1947.11，44页，32开

本书共两部分：华北财政经济会议决定、华北财政经济会议综合报告。该会于1947年5月召开。

　　收藏单位：国家馆、南京馆、山西馆

15961

华北财经会议山东省材料　山东省工商总局税务科编

山东省工商总局税务科，1947.3，13页，32开

　　收藏单位：国家馆

15962

华北财政经济会议文献　东北局秘书处编

东北局秘书处，1948.1，38页，32开

　　本书共两部分：华北财政经济会议决定草案、华北财政经济会议综合报告。

　　收藏单位：国家馆

15963

华北财政经济会议文献　华北财政经济会议秘书处编

华北财政经济会议秘书处，1947.5，[341]页，36开

　　本书为该会散发的17篇文件合订本。共3部分：会议的决定、各地工作报告（包括：陕甘宁、山东、晋察冀、晋冀鲁豫、晋绥各县解放区）、各中央局的决定及指示。

　　收藏单位：国家馆

15964

华北解放区财政经济会议文献附件　晋冀鲁豫区军政联合财经办事处[编]

晋冀鲁豫区军政联合财经办事处，1947.11，278页，32开

　　收藏单位：国家馆

15965

华北酒税稽征暂行办法　华北统税总局编

华北统税总局，1943，14页，25开

　　本书为统税章则续编。附施行细则。

　　收藏单位：首都馆

15966

华北区农业税暂行税则工作手册　华北人民政府财政部编

华北人民政府财政部，1949，32页，32开

　　本书收录公布于1948年12月的该税则，及有关的通令、指示、规定、问答等共6篇。附工作经验介绍。

　　收藏单位：国家馆

15967

华北区首届税务工作会议参考材料（2）　华北区首届税务工作会议秘书处编

华北区首届税务工作会议秘书处，[1949]，油印本，30页，16开

　　本书收录各种税务条例。

　　收藏单位：国家馆

15968

华北区暂行财政会计规程

出版者不详，1949，34页，16开

　　本书大部分为表。共9章，内容包括：总则、会计机构与职责、会计科目、收支程序、电报制度、帐表组织等。由华北人民政府颁发。

　　收藏单位：国家馆、宁夏馆

15969

华北人民政府金库条例施行细则　华北人民政府总金库编

华北人民政府总金库，1949，18页，16开

　　本书所收条例由华北人民政府制定并于1949年1月8日颁布，所收施行细则由华北人民政府总金库制定。

　　收藏单位：国家馆

15970

华北统税总局统计年报（民国二十九至三十一年份）　华北统税总局编

华北统税总局，1941—1943，3册（[157]+[162]+137页），16开

　　本书全部为表。内容包括：组织、总务、税收、产销、舶来进口、经征货品数量等。附华北统税局该年度经办税政纪要。

收藏单位：国家馆、近代史所

15971

华北烟税稽征暂行办法　华北统税总局编

华北统税总局，1943，4页，25开

　　收藏单位：首都馆

15972

华北政务委员会三十四年度岁入岁出总概算书　财务委员会编制

财务委员会，[1940—1949]，[58]页，16开

　　本书内容包括：三十四年度岁入概算总表、三十四年度岁出概算总表、岁入概算分类表、岁出概算分类表等。

　　收藏单位：国家馆

15973

华北政务委员会暂行决算办法　[华北政务委员会编]

华北政务委员会，[1940—1945]，4页，18开，环筒页装

　　本书共5章：通则、编制方法、华北政务委员会所属各级决算编审之程序及时期、华北政务委员会所辖地方决算编审之程序及时期、附则。

　　收藏单位：国家馆

15974

华北织物税稽征暂行办法　华北统税总局编

华北统税总局，1943，8页，25开

　　本书为统税章则续编。附施行细则。

　　收藏单位：首都馆

15975

华人纳税会失败之内幕　上海商界联合总会宣布

出版者不详，[1921]，12页，32开

　　收藏单位：国家馆

15976

华商卷烟业请求改税之方案

出版者不详，[1934.4]，26页，16开

　　本书内容包括：民众等四十家烟公司呈各

院部军事委员会为呈请召集会议公开讨论卷烟税率案、全国商联会电请各院部公开讨论卷烟税率案、统计表 5 种等。

　　收藏单位：上海馆

15977

华中伪组织之财政与金融　中央银行经济研究处编

中央银行经济研究处，1942.1，22 页，16 开（经济情报丛刊第 10 辑）

　　本书共两章：财政、金融。第 1 章共 4 部分：导言、华中伪组织财政之过去与现在、华中伪组织财政上之各种措施、华中伪组织财政之前途；第 2 章共 10 部分，内容包括：伪中储银行成立前之华中金融概况及伪府设行之经过、伪府设立伪行之企图、伪中储行之业务及其政策、伪华兴银行之现状、敌军用票之现状等。

　　收藏单位：国家馆、南京馆

15978

划分财政管见　吴兴让著

出版者不详，[1911—1949]，20 页，23 开

　　本书收文两篇：《划分财政管见》《财政危险之证据》。

15979

淮北盐务纪要　淮北盐务管理局编

淮北盐务管理局，1948.5，80+32 页，16 开

　　本书共 7 章：沿革、场产、运销、征榷、工程、警务、盐务机关。附盐政条例等法规 10 种。

　　收藏单位：安徽馆、广东馆、国家馆、南京馆、中科图

15980

火柴统税征处、登记、查验处罚章程

出版者不详，[1933—1939]，[20] 页，16 开

　　本章程于 1933 年 6 月 9 日公布。

15981

货物税纲要　张静愚讲

中央训练团党政高级训练班，1944.4，26 页，

32 开（编教 13）

　　本书共 7 部分，内容包括：货物税之意义、统税制度之特点、统税之演进、烟酒税与矿产税、稽征与税率、税务行政等。

　　收藏单位：国家馆、南京馆

15982

货物税稽征手册　财政部湖南区货物税局同人进修会编撰

财政部湖南区货物税局同人进修会，1946.9，476 页，50 开，活页装

　　收藏单位：湖南馆、南京馆

15983

货物税论　陈焕焘著

长沙：[陈焕焘]，1948.1，66 页，32 开

　　本书附货物税条例等 4 种。

　　收藏单位：南京馆

15984

货物税条例·国产与酒类税条例·水泥税稽征规则·饮料品税稽征规则

财政部国税署，1949，20 页，32 开

　　收藏单位：南京馆

15985

货物税条例及稽征规则　财政部编

出版者不详，[1946—1949]，1 册，32 开

　　本规则于 1946 年 11 月 27 日由府令修正公布。

　　收藏单位：南京馆

15986

基本统计报告表

上海：盐务办事处，[1947]，1 册，16 开

　　本表统计时间为 1947 年 1—3 月中旬。

　　收藏单位：南京馆

15987

缉私概要　财政部粤东盐务管理局职员训练班编

财政部粤东盐务管理局职员训练班，1940，14 页，32 开（训练教材 12）

收藏单位：南京馆

15988

吉林省清理田赋局报告书　吉林全省清理田赋局编

吉林全省清理田赋局，1924.6，3 册（[232]+[380]+[162] 页），16 开

　　本书共 10 部分，收录该局处理自报升科、勘放官荒、清查街基、变卖旗产、沿边清丈、代办皇产等各项工作相关的文牍、规章、统计图表、票照等 300 余种。

　　收藏单位：国家馆、天津馆

15989

吉林省一九四八年财政法令汇编　吉林省政府财政厅编

吉林省政府财政厅，1949.3，107 页，32 开

　　收藏单位：国家馆

15990

济南市财政局十八、十九两年度业务报告
济南市财政局编

济南市财政局，1931，[464] 页，18 开

　　本书共 9 部分，内容包括：成立概况、组织、收入、土地、统计、行政计划、专载等。附十八、十九两年度业务摘要，十八、十九两年度局务会议纪录，十八年度岁出经常费收支一览表等。

　　收藏单位：国家馆、首都馆

15991

济南市财政局二十、二十一两年度业务报告
济南市财政局编

济南市财政局，[1933]，[498] 页，16 开

　　本书共 8 部分，内容包括：组织、收入、土地、统计、行政计画、专载等。附二十、二十一两年度业务摘要，二十、二十一两年度局务会议记录，二十年度岁出经常费收支一览表等。

　　收藏单位：国家馆、首都馆

15992

济南市财政局二十二、二十三、二十四年度

业务报告　济南市财政局编

济南市财政局，[1936]，[466] 页，18 开

　　本书附业务摘要、会议记录、收支一览等 12 种。

　　收藏单位：国家馆、农大馆、首都馆

15993

济南市公署岁入岁出预算书（三十二年度）
济南市公署编

济南市公署，[1943]，[59] 页，16 开

　　本书全部为表。共两部分：经常门、临时门。

　　收藏单位：国家馆

15994

济豫盐案之真相（山东盐务行政黑幕之一）
殷桐声编

青岛：豫济公司，[1930]，100 页，18 开

　　本书收录 1930 年青岛济豫公司为贩运青盐赴豫与山东盐运使署发生纠纷而诉诸财政部、山东省政府及司法机构的有关函电档案资料。

　　收藏单位：国家馆、近代史所

15995

计划财政刍议　张英华著

北京：和济印刷局，1923.3，36 页，18 开

[北京]：和济印刷局，1923.4，再版，36 页，18 开

　　本书为文言体，无标点。附民国八、九、十三年度关税、盐税、烟酒税费、印花税、田赋、京师税务出入情形表，税款出入情形总表等 24 种。

　　收藏单位：重庆馆、广东馆、国家馆、近代史所、天津馆

15996

计务简则　财政部粤东盐务管理局职员训练班编

财政部粤东盐务管理局职员训练班，1940，2 册（78+88 页），32 开（训练教材 6）

　　本书共上、下两编。上编共 7 章，内容包括：绪论、岁入岁出概算科目则例暨簿记组

织系统、会计通则、盐税款项、经费款项等；下编共 8 章，内容包括：款项账目名称暨用途、生活补助费临时费暨米贴领发报销手续、本局计务处理手续等。目录页题名：粤东盐务管理局暨附属机关处理计务简则。

收藏单位：国家馆、南京馆

15997

计学始基　[甘肃财政厅附设会计人员养成所编]

[甘肃财政厅附设会计人员养成所]，[1911—1949]，68 页，16 开

本书内容包括：《本所创办之缘起及经过》《甘肃之计政》《甘肃省亟应举办营业税之我见》《如何编制县地方预算》等。附本所大事记略、职员通讯录、同学录等。

15998

纪念直接税节特刊（卅五年度上半年工作实录）　财政部广西区直接税梧州分局编

财政部广西区直接税局梧州分局，1946.7，38 页，16 开

本书内容包括：工作实录、经济周刊论文选辑、生活剪影等。

收藏单位：广东馆、国家馆、南京馆

15999

冀东政府岁入各县并各征税机关月别收入明细表　[满铁产业部编]

[满铁产业部]，1937，7 页，16 开（冀东 财资第 3 号）

本书全部为表。

收藏单位：国家馆

16000

冀太联合办事处戎副主任伍胜向晋冀鲁豫边区临时参议会的财政建设工作报告

出版者不详，1941，32 页，32 开

收藏单位：山西馆

16001

冀中区党委第二届财经会议参考文件（3、5）

冀中区党委第二届财经会议大会秘书处编

冀中区党委第二届财经会议大会秘书处，1947，油印本，2 册（26+28 页），22 开，环筒页装

收藏单位：国家馆

16002

冀中区来往分类帐（花费分类帐）

供给部被服局工人合作社，1948，2 册，32 开

收藏单位：国家馆

16003

冀中行署为适应目前新形势取消封锁缉卡实行税收保护政策的决定

出版者不详，1946.2，油印本，4 页，32 开（贸字第 11 号）

收藏单位：国家馆

16004

监察院首都巡察团财政粮政组巡察报告　监察院首都巡察团 [编]

监察院首都巡察团，1948，油印本，18 页，16 开，活页装

收藏单位：国家馆

16005

监察院质问食盐改秤加税暨各方评论

盐政杂志社，1934.6，130 页，32 开

本书收录监察院质问书、各方意见及评论。

收藏单位：南京馆、浙江馆

16006

兼部长在全国财务人员训练所训词辑要

财政部全国财务人员训练所，1943.8，79 页，32 开

本书收录 1942 年孔祥熙所作有关财政的讲话 9 篇。

收藏单位：重庆馆、吉林馆、南京馆

16007

简化稽征手续案　孙邦治起草

出版者不详，[1911—1949]，24 页，32 开

本书为五届业务会议决议案之六。

收藏单位：南京馆

16008

间接税 张静愚讲

财政部全国财务人员训练所，[1911—1949]，18 页，36 开

本书共 6 节，内容包括：统税之创办、统税之发展、税制与税率、税务机关等。

收藏单位：重庆馆、南京馆

16009

建国特捐征课方案及有关参考资料 全国经济委员会秘书处编

全国经济委员会秘书处，1947.8，42 页，32 开

收藏单位：吉林馆、南京馆、浙江馆

16010

建立国家财统经济的基础及推行粮食与土地政策的决心 蒋中正著

重庆：中央秘书处文化驿站总管理处，1943.6，30 页，64 开（总裁训词第 1 集）

本书为著者于 1941 年 6 月 16 日在第三次全国财政全川绥靖会议开幕典礼上的讲话词。

收藏单位：南京馆

16011

建省后之西康财政 西康省政府财政厅编

[西康省政府财政厅]，[1944]，1 册，16 开

本书共 12 章：西康财政特质、财政沿革、财政政策、财务行政、会计及省取支、税务、出赋、自治财政、土地陈报、金融、合作、公务员生活改善。

收藏单位：国家馆

16012

江都财政 邓杰作

江宁：邓杰 [发行者]，[1929—1937]，手写本，1 册，16 开，精装

收藏单位：南京馆

16013

江都财政 董载泰作

出版者不详，[1929—1937]，手写本，1 册，16 开，精装

收藏单位：南京馆

16014

江都财政 吕泽智编

出版者不详，[1929—1937]，手写本，1 册，16 开，精装

收藏单位：南京馆

16015

江津县地方财政汇编

出版者不详，1933，138 页，16 开

本书共 3 部分：专载、议决案、章则。第 1 部分内容包括：《江津县地方财政汇编序》《讨论整理地方财政之初步办法》《江津县县政府呈报整顿地方财政办法文》等；第 3 部分内容包括：整理江津县地方财政大纲、整理江津县地方财政监察委员会组织条例、江津县地方公款统收所组织条例等。逐页题名：整理地方财政汇编。

收藏单位：重庆馆

16016

江南财政论丛 申兰生著

上海：经纶出版社，1943.4，200 页，32 开，精装（经纶丛刊）

本书收录著者有关论文 16 篇，分 3 辑：财政篇、租赋篇、农经篇。附江南主要各县田赋调查表等 4 种。

收藏单位：广东馆、南京馆、浙江馆

16017

江宁财政 蔡如海编

蔡如海 [发行者]，1934.8，手写本，1 册，16 开

收藏单位：南京馆

16018

江宁财政 孙豫恒作

孙豫恒 [发行者]，1932.11，手写本，1 册，

16 开
　　收藏单位：南京馆

16019
江宁财政　汪友明 [作]
汪友明 [发行者]，[1929—1937]，手写本，1
册，16 开，精装
　　收藏单位：南京馆

16020
江宁财政　周福元作
江宁：周福元 [发行者]，[1929—1937]，手
写本，1 册，16 开，精装
　　收藏单位：南京馆

16021
江宁兰溪财政调查报告　严仁赓著
出版者不详，1937.1，60 页，16 开
　　本书记述江宁、兰溪两县在 1933 年后进
行财政改革的概略及其推广的问题。为《行
政研究》月刊单行本。
　　收藏单位：国家馆、中科图

16022
江宁自治实验县县政府会计制度　汪友明拟
订
[江宁县政府]，1934.12，137 页，16 开
　　本书共两编：会计规程、簿记组织。
　　收藏单位：重庆馆、南京馆

16023
江浦财政　蹇先觉编
出版者不详，[1911—1949]，手写本，1 册，
16 开，精装
　　收藏单位：南京馆

16024
江苏财政　黄焕采作
黄焕采 [发行者]，1936.6，手写本，1 册，
16 开，精装
　　收藏单位：南京馆

16025
江苏财政　罗学良作
绍兴：罗学良 [发行者]，1936.5，手写本，1
册，16 开，精装
　　收藏单位：南京馆

16026
江苏财政　朱渤作
中央政治学校，[1929—1937]，手写本，1 册，
16 开，精装
　　收藏单位：南京馆

16027
江苏财政调查报告册　[贾士毅等编]
出版者不详，[1911—1949]，2 册（77+111 页），
18 开
　　本书第 1 册共两部分：调查大纲、调查细
目。第 1 部分共 5 章，内容包括：各省岁出入
比较盈亏如何、各省亏短之数已否筹有抵补
办法、各省能否认解中央之款等；第 2 部分共
8 章，内容包括：田赋、盐课、关税等。
　　收藏单位：国家馆、首都馆

16028
江苏财政概况　曲兴城编
出版者不详，[1911—1949]，1 册，16 开，精
装
　　收藏单位：湖南馆、南京馆

16029
江苏财政概况　阎鸿声编
[吴江（苏州）]：阎鸿声 [发行者]，1936.6，
1 册，16 开，精装（实习报告 第 1 分册）
　　收藏单位：南京馆

16030
江苏财政概况　张宏业编
上海：东南印刷局，1927 印，38 页
　　本书共 3 章：国家费、省地方费、今后财
政之商榷。
　　收藏单位：南京馆

16031

江苏财政厅国家经费状况报告　江苏财政厅编

江苏财政厅，[1922]，18 页

　　本书所涉时间为 1920 年 11 月至 1922 年 4 月底。

16032

江苏财政之回顾与前瞻

出版者不详，1941.2，20 页，32 开

　　收藏单位：南京馆

16033

江苏财政之研究　刘大柏作

昆山：刘大柏 [发行者]，1936.5，手写本，3 册，16 开，精装

　　收藏单位：南京馆

16034

江苏财政最近二十个月经过状况　江苏省财政厅编

江苏省财政厅，1933，10 页，32 开

16035

江苏地方财政第二次视察报告　张廷休　崔唯吾编

财政部整理地方捐税委员会，1936.6，118 页，16 开

　　本书为对该省各县 1935 年的地方预算、经费、田赋、营业税及县地方财务行政组织等项的调查。

　　收藏单位：国家馆、南京馆、上海馆

16036

江苏地方财政第一次调查报告　翁之镛报告

财政部整理地方捐税委员会，1934.8，20 页，16 开

　　本书共 5 节：调查范围与方法、江苏财政之过去、江苏财政整理之要点、第一次调查后之建议、结论。

　　收藏单位：重庆馆

16037

江苏地方财政论　马怀璋撰

江苏地方财政厅，[1929—1937]，手写本，1 册，16 开，精装

　　收藏单位：南京馆

16038

江苏赋税之提成　董修甲编

[江苏省财政厅]，1941.12，38 页，32 开

　　本书共 5 部分：实行赋税提成制之起因、营业税提成制、田赋提成制、营业专税提成制、结论。

　　收藏单位：国家馆

16039

江苏兼上海财政委员会收支余额总表　江苏兼上海财政委员会编

江苏兼上海财政委员会，1927.8，48 页，18 开

　　本书大部分为表。共两部分：收入款项、支出款项。附江苏兼上海财政委员会收支清册。

　　收藏单位：上海馆

16040

江苏清理财政委员会报告书　江苏清理财政委员会编

江苏清理财政委员会，[1925]，490 页，18 开

　　本书收录江苏省善后会议提议整理财政案（卢宣抚使提出），江苏省善后会议提议岁减本省军政各费以救破产紧急动议案（会员二十五人提出），江苏清理财政委员会简章、江苏省民国五年度、八年度、十三年度国家预算总册等。附江苏整理财政委员会报告。

　　收藏单位：国家馆、南京馆、宁夏馆、上海馆

16041

江苏全省田地银米省县正附税专税额征总数分数表

出版者不详，[1911—1949]，32 页，32 开

　　收藏单位：南京馆

16042

江苏省财务报告

出版者不详，1934.5，油印本，1 册，16 开，
环筒页装

　　本书共 8 部分，内容包括：收支概况、废
除苛杂、厉行会计制度、整顿征收、举办土
地陈报、整理沙田管产湖田等。

　　收藏单位：国家馆、南京馆

16043

江苏省财政汇报（第 1 编）　江苏省政府财政
厅公报处编

江苏省政府财政厅庶务处，1927，156 页，18
开

　　本书收录北伐军建立的江苏省政府所发
表的宣言、命令及有关财政的文牍、法规、
视察报告、调查表册、收支统计等资料。所
涉时间为 1927 年 5—12 月。

　　收藏单位：国家馆

16044

江苏省财政厅　鲍宁生编

出版者不详，[1929—1937]，1 册，16 开，精
装

　　收藏单位：南京馆

16045

江苏省财政厅　曹懋远作

江苏省财政厅，[1929—1937]，手写本，1
册，16 开

　　收藏单位：南京馆

16046

江苏省财政厅　胡宗谦作

绍兴：胡宗谦 [发行者]，1936.5，手写本，1
册，16 开，精装

　　收藏单位：南京馆

16047

江苏省财政厅　唐希寅编

中央政治学校，[1929—1937]，手写本，1
册，16 开

　　收藏单位：南京馆

16048

江苏省财政厅　萧成栋作

溧阳（常州）：萧成栋 [发行者]，1936.5，手
写本，1 册，16 开

　　收藏单位：南京馆

16049

江苏省财政厅工作报告　江苏省财政厅编

江苏省财政厅，[1946]，34 页，32 开

　　本书共 6 节：整理自治财政、经理省级经
费、管理省县金融、清理公有地产、清理省
有财产、清理县长交代。所涉时间为 1945 年
底至 1946 年 6 月。

　　收藏单位：南京馆

16050

江苏省财政厅工作报告书　董修甲编

江苏省财政厅，[1940]，56 页，25 开

　　本书主要为图表。内容包括：田赋部分、
官产沙田部分、营业税部分、营业专税部分
等。所涉时间为 1940 年 6 月至 10 月底。目
录页、逐页题名：江苏省财政厅二十九年度工
作报告书。

　　收藏单位：国家馆、南京馆、上海馆

16051

江苏省财政厅实习报告　黄密著

中央政治学校，[1929—1937]，手写本，124
页，16 开，精装

　　收藏单位：南京馆

16052

江苏省财政厅实习报告　江苏省财政厅 [编]

出版者不详，[1911—1949]，手写本，31 页，
16 开

　　收藏单位：南京馆

16053

江苏省财政厅实习报告　孙濡昆著

中央政治学校，[1929—1937]，手写本，293
页，16 开，精装

　　收藏单位：南京馆

16054

江苏省财政厅实习报告 谢源和著

中央政治学校，[1929—1937]，手写本，165页，16 开，精装

　　收藏单位：南京馆

16055

江苏省财政厅实习报告 张传英著

中央政治学校，[1929—1937]，手写本，199页，16 开，精装

　　收藏单位：南京馆

16056

江苏省财政厅实习报告 赵鸿德著

中央政治学校，[1929—1937]，手写本，152页，16 开，精装

　　收藏单位：南京馆

16057

江苏省财政厅实习与工作 谢人伟著

中央政治学校，[1929—1937]，手写本，194页，16 开，精装

　　收藏单位：南京馆

16058

江苏省财政厅所辖厘税调查表

出版者不详，[1927.10]，折页 8 张，20 开，环筒页装

16059

江苏省财政整理之经过与批判 阎鸿声编

吴江（苏州）：阎鸿声 [发行者]，1936.6，1册，16 开，精装

　　收藏单位：南京馆

16060

江苏省地方普通概算书（中华民国二十五年度）

出版者不详，[1937]，[836] 页，16 开

　　收藏单位：重庆馆、国家馆、南京馆

16061

江苏省地方岁入岁出总决算书（三十六年度）

江苏省政府会计处编

江苏省政府会计处，[1948]，1 册，16 开

　　本书大部分为表。收录江苏省民国三十六年度地方岁入决算数及预算数对照表、江苏省民国三十六年度地方岁出决算数及预算数对照表、决算表等。

　　收藏单位：国家馆

16062

江苏省地方岁入岁出总预算书（三十六年度）

江苏省政府会计处编

江苏省政府会计处，1947.7，60 页，16 开

　　本书全部为表。共 10 部分，内容包括：总说明、岁入总表、岁入经常门预算书、岁入临时门预算书、岁出总预算事业别总计表等。

　　收藏单位：国家馆、南京馆

16063

江苏省各县市地方总预算书汇编（民国三十五至三十七年度） 江苏省政府会计处编

江苏省政府会计处，1946—1948，3 册（128+182+184 页），16 开

　　本书大部分为表。内容包括：绪言、江苏省该年度各县市地方总预算岁入各款统计表、江苏省该年度各县市地方总预算岁出各款统计表等。其他题名：江苏省民国该年度各县市局地方总预算书汇编。

　　收藏单位：重庆馆、国家馆、南京馆

16064

江苏省各县市税捐稽征处征课会计制度 江苏省政府会计处编

江苏省政府会计处，1946，30 页，32 开

　　收藏单位：广东馆、南京馆

16065

江苏省各县（市）岁入岁出预算（中华民国二十四至二十六年度） [江苏省政府编]

[江苏省政府]，[1935—1937]，3 册，16 开

　　本书全部为表。

　　收藏单位：近代史所、南京馆、首都馆

16066

江苏省各县县地方机关会计规程　江苏省政府编

出版者不详，[1911—1949]，6 页，16 开

16067

江苏省各县县政府税款会计规程　[江苏省政府编]

出版者不详，[1911—1949]，[5] 页，16 开

本规程共 35 条。附有关表格式样。

16068

江苏省各县预算书（民国二十四年度）

出版者不详，[1935—1949]，55 册，16 开

本书收录宝山县、江都县、赣榆县、沭阳县、灌云县等 55 县的年度预算书。

收藏单位：南京馆

16069

江苏省各县正附税调查及统计表（第 1—2 编）　[秘书处统计股编制]

出版者不详，[1932.4]，67 页，8 开

本统计表系于 1931 年 1 月编制。内容包括：该省各县田赋、附加税、收入分类表。

16070

江苏省建设公债基金保管委员会报告汇刊（第 1 编）　江苏省建设公债基金保管委员会编

江苏省建设公债基金保管委员会，[1931]，126 页，22 开

本书共 9 章：计划、条例、章则、会议录、公牍、基金实况、宣传、经费、杂录。所涉时间为 1930 年 7 月至 1931 年 6 月。

收藏单位：国家馆

16071

江苏省建设公债基金保管委员会二十年度工作报告（第 2 编）　江苏省建设公债基金保管委员会编

江苏省建设公债基金保管委员会，[1932]，14+140 页，16 开

本书共 7 章：用途、条例、章则、会议

录、公牍、基金实况、杂录。所涉时间为 1931 年 7 月至 1932 年 6 月。

收藏单位：广西馆、国家馆、上海馆

16072

江苏省建设公债基金保管委员会二十一年度工作报告（第 3 编）　江苏省建设公债基金保管委员会编

江苏省建设公债基金保管委员会，[1933]，12+112 页，16 开

本书共 6 章：条例、章则、会议录、公牍、基金实况、杂录。所涉时间为 1932 年 7 月至 1933 年 6 月。

收藏单位：广西馆、国家馆、浙江馆

16073

江苏省卷烟印花样本

上海：中华书局，1923.8，胶印，[15] 页，32 开

16074

江苏省岁出单位预算书（三十五年度）　江苏省政府会计处编

江苏省政府会计处，1946.5，38 页，16 开

本书全部为表。

收藏单位：南京馆、天津馆

16075

江苏省田赋改征地价税统计表

出版者不详，[1931]，67 页，32 开

收藏单位：上海馆

16076

江苏省田赋章则辑要（第 1 辑）　[董修甲编]

[江苏省财政厅]，[1940]，[50] 页，22 开（江苏省财政厅丛书）

本书共 11 部分，内容包括：引言、修正江苏省各县田赋征收章程、修正江苏省各县田赋征收规则、江苏省重行修订勘报灾歉办法、江苏省各县田赋秋勘清册、户粮推过办法等。

收藏单位：南京馆、上海馆

16077

江苏省田赋征课会计制度草案　江苏省政府
会计处编订

江苏田赋粮食管理处，1946.9，42 页，32 开

　　本书共 8 部分：总说明、簿记组织系统
图、会计报告、会计科目、会计簿籍、记帐
凭证、原始凭证、分录举例。封面题名：江苏
省田赋征课会计制度。

　　收藏单位：广东馆、国家馆、上海馆、浙
江馆

16078

**江苏省田赋征实派驻各县及巡回督导人员工
作须知**　江苏田赋粮食管理处编

江苏田赋粮食管理处，1946.9，8 页，32 开

16079

江苏省田赋征实征借实施办法（三十五年度）

出版者不详，1946.8，12 页，32 开

　　本办法于 1946 年 8 月 23 日在省政府委
员会第 52 次会议上通过。

　　收藏单位：上海馆

16080

江苏省田赋正附税统计表　程鹏编

出版者不详，[1911—1949]，146 页，16 开

　　收藏单位：广东馆、南京馆

16081

江苏省武进县民国二十四年度预算书

出版者不详，[1935]，1 册，16 开

　　收藏单位：南京馆

16082

江苏省一年来之财政（中华民国三十一年）

陈涤生　俞源　周祥编辑　余百鲁主编

江苏省财政厅，1943.1，96 页，16 开

　　本书内容包括：本厅组织系统机构表、一
年来工作大事记、一年来财务行政机构之调
整、一年来本省赋税之整理、一年来本省计
政之设施等。

　　收藏单位：国家馆、南京馆

16083

江苏省暂行会计章程　江苏省政府委员会修
正通过

江苏省政府委员会，[1935]，56 页，25 开

　　本书大部分为书表格式。书中题名：江苏
省新会计暂行章程。

　　收藏单位：南京馆、浙江馆

16084

江苏省长韩国钧补造收支册　南京监算交代
委员会编

南京监算交代委员会，1925，36 页

16085

江苏省长韩国钧交代清册　南京狮子桥监算
交代委员会抄

南京狮子桥监算交代委员会，1925.6，6 册，
16 开

　　本书收录江苏财政厅厅长严家炽、曾朴
造报 1920 年 11 月 1 日至 1925 年 4 月 30 日
江苏省国款总册、分册，省款总册、分册，
库款总册、分册。

　　收藏单位：国家馆、南京馆、上海馆、首
都馆

16086

江苏省整理地方财政会议预备会议报告书

江苏省整理地方财政会议，[1940]，146 页，
25 开

　　本书共 12 部分，内容包括：召开预备会
议经过、大会纪录、原提案、审查报告、决
议案等。

　　收藏单位：国家馆

16087

江苏省政府会计处工作报告　江苏省政府会
计处编

江苏省政府会计处，1946，10 页

16088

江苏田赋粮食管理处工作报告

出版者不详，[1947]，4 页，32 开

16089

江苏武进南通田赋调查报告　万国鼎　庄强
华　吴永铭著

参谋本部国防设计委员会，1934.8，206页，
16开（参谋本部国防设计委员会参考资料7）

　　本书分上、下两篇：武进田赋、南通田
赋。两篇均8章，内容包括：田赋种类及亩
数、地籍、推收及税契、税率、征收等。附
江苏省田地注册暂行条例、江苏各县局设立
推收所简章、江苏财政厅推收过户官印单等。

　　收藏单位：广东馆、国家馆、河南馆、湖
南馆、吉林馆、江西馆、近代史所、辽宁馆、
南京馆、上海馆、中科图

16090

江苏整理财政委员会报告

出版者不详，1924.6，石印本，折页12张，
20开，环筒页装

16091

江苏之烟酒税　薛福田著

薛福田 [发行者]，1936.5，262页，22开

　　本书共12章：沿革（上、下）、组织、
制度、税收、经费、土烟（上、下）、土酒
（上、下）、洋酒、牌照。

　　收藏单位：广东馆、国家馆、南京馆

16092

江西财政纪要　江西财政厅编辑　翁燕翼
傅汝楫主编

江西财政厅，1930.9，6册（[2004]页），16
开

　　本书共8编：概要、赋税、会计、金融、
公债、盐务附捐、表牍、法规。

　　收藏单位：重庆馆、广东馆、国家馆、湖
南馆、近代史所、南京馆、上海馆、天津馆、
中科图

16093

**江西财政委员会第一次报告书（二十一年上
期）**　江西财政委员会编

江西财政委员会，[1932]，[224]页，16开

　　收藏单位：国家馆

16094

江西财政委员会第二次工作报告书　江西财
政委员会编

江西财政委员会，[1911—1949]，[286]页，
16开

　　本书收录该委员会的组织规程、办事细
则等章则及该省提议案、收支预算审查案等
资料。

16095

**江西福建浙江皖南各县二十九年度岁入岁出
统计**　第三战区经济委员会统计室编

第三战区经济委员会统计室，1941，60页，
16开（战时统计专刊）

　　本书共4编：总额、岁入、岁出、人民负
担。

　　收藏单位：重庆馆、国家馆、南京馆、西
南大学馆

16096

江西赋粮工作要领　江西田赋粮食管理处编

出版者不详，[1944]，18页，25开

　　收藏单位：江西馆

16097

江西省财政厅收支清册（十八年度）

出版者不详，1930.7，1册，32开

　　本书附十七年度3月21日至6月底止收
支清册。

　　收藏单位：江西馆

16098

江西省财政统计图表（二十八年度）　江西省
政府财政厅编

江西省政府财政厅，1939.5，66页，8开

　　收藏单位：南京馆

16099

江西省地方普通基金总会计制度概略　窦国
钧辑　江西省地方行政干部训练团编

江西省地方行政干部训练团，1941，46页，
36开（分组训练教材49）

　　本书内容包括：会计报告、会计科目、会

计凭证、会计簿籍等。封面题名：江西省地方普通基金总会计制度。

收藏单位：重庆馆、江西馆

16100

江西省地方岁入岁出收支报告表（民国二十年度下半期、二十一年度、二十二年度） 江西省政府财政厅编

江西省政府财政厅，[1933]，52 页，16 开

收藏单位：国家馆、南京馆

16101

江西省各级机关会计规程　[江西省政府会计处编]

江西省政府会计处，1939.8，12 页，16 开

收藏单位：南京馆

16102

江西省各县地方预算规则　[江西省政府会计处编]

江西省政府会计处，1941.1 印，16 页，32 开

本规则共 47 条。分 6 章：总则、预算之编制、预算之审议、预算之核定、预算之执行、附则。于 1940 年 9 月 24 日第 1307 次省务会议通过。

收藏单位：国家馆、南京馆

16103

江西省各县购粮储券、粮食库券、征购谷移充农田水利基金问题之商榷

出版者不详，[1947—1949]，21 页，18 开

本书所收资料截至 1947 年。

收藏单位：国家馆

16104

江西省各县会计会议会刊

江西省政府会计处，1940.6，54 页，大 32 开

收藏单位：南京馆

16105

江西省各县市地方总预算书（三十六年度）

[江西省政府会计处编]

江西省政府会计处，[1947]，32+354 页，16

开

本书共 6 部分：说明、江西省各县市三十六年度总预算岁入来源别比较图、江西省各县市三十六年度总预算岁出政事别比较图、江西省三十六年度县市总预算岁入总表、江西省三十六年度县市总预算岁出总表、区县市别及各县市总预算。

收藏单位：国家馆

16106

江西省各县县地方总会计制度　江西省政府会计处订

江西省政府会计处，1940，120 页，16 开

收藏单位：南京馆

16107

江西省公务财物管理手册

出版者不详，[1943]，48 页，25 开

本书共 4 部分。

收藏单位：江西馆

16108

江西省计政概况（二十八年四月、三十年一月） 江西省政府会计处编

江西省政府会计处，[1939—1941]，2 册（28+44 页），22 开

收藏单位：国家馆、江西馆、南京馆

16109

江西省岁出单位决算书（三十五年上半年度） 江西省政府编制

江西省政府，1947.8，49 页，16 开

本书全部为表。内容包括：江西省三十五年上半年度岁出单位决算书总计表、江西省三十五年上半年度岁出单位决算书等。

收藏单位：国家馆

16110

江西省岁入岁出总决算书（三十五年下半年度） 江西省政府编制

江西省政府，1947.8，52 页，16 开

本书全部为表。内容包括：江西省三十五年下半年度岁入总决算总计表、江西省

三十五年下半年度岁出总决算总计表、江西省三十五年下半年度岁入总决算书等。

收藏单位：国家馆

16111

江西省岁入岁出总预算书（三十六年度、三十七年上半年度） 江西省政府编制

江西省政府，1947—1948，2册（68+54页），16开

本书全部为表。内容包括：岁入总计表、岁出事业别总计表、岁出机关别总计表、岁入分表、岁出分表等。

收藏单位：重庆馆、国家馆

16112

江西省政府会计处三十二年度施政计划 ［江西省政府会计处编］

［江西省政府会计处］，［1933］，28页，25开

本书概述办理省县预决算等内容。

收藏单位：浙江馆

16113

江西田赋问题

出版者不详，1932.11，174页，16开

收藏单位：南京馆

16114

讲习简报（第3—4期） 财政部直接税处丽水区税务助理员讲习班编

财政部直接税处丽水区税务助理员讲习班，1940.11，2册（46+52页），32开

本书内容包括：本税之人事制度、税人精神教育、合作制度与直接税制、讨论会小组会议总结论等。

收藏单位：国家馆

16115

蒋委员长为战时公债劝募运动发表告同胞书
　　［中央组织部编］

中央组织部，1941，油印本，6+13页，36开，环筒页装

收藏单位：国家馆、南京馆

16116

蒋志澄第一次在杭县任内收支征信录

出版者不详，［1929］，18页，16开

本书收录杭县县政府1927年4月至1929年2月的收支清册。

16117

蒋志澄兼嘉兴统捐征收局局长任内收支征信录

出版者不详，［1930］，56页，16开

16118

交通部公路总局川滇东路管理局各附属单位会计规程

出版者不详，［1911—1949］，58页，16开

本书共9章，内容包括：总则、预算、现金收支程序、会计凭证之审核、会计报告等。

收藏单位：重庆馆

16119

交通部暨所属机关普通公务单位会计制度

出版者不详，1939.1，126页，25开

本书内容包括：总则、会计报告、会计科目、会计簿籍、记账凭证、原始凭证等。其他题名：交通部普通公务单位会计制度。

收藏单位：浙江馆

16120

交通部经管各项债款说明书 财政整理会编

财政整理会，1927.4，12+［332］页，16开

本书汇辑并介绍有关路政、电政及交通部经营的其他内外债款说明书115件。共3章：绪论、外债、内债。

收藏单位：东北师大馆、国家馆、近代史所、辽宁馆、南京馆、上海馆、首都馆、天津馆

16121

交通部主管三十七年下半年度营业概况

出版者不详，［1948—1949］，12页，16开

收藏单位：南京馆

16122

交通部最近整理债务案暨债款表　财政整理
会编

财政整理会，1925.10，68 页，16 开

本书内容包括：总说明、交通部负债总表
等。逐页题名：交通部整理债务案。

收藏单位：国家馆、近代史所、上海馆

16123

胶东区战时借用物品偿还券发行办法　山东
省胶东区行政公署颁布

出版者不详，1944.10，11 页，横 30 开

本书为合订本。合订书还有 3 种：《胶东
区战时支差雇差暂行办法》《胶东区整理村财
政暂行办法》《胶东区筹收与使用铺草暂行办
法》。

收藏单位：国家馆

16124

节制资本之实施（中国经济统制论）　左其雯
著

[吴兴]：小琉璃书局，1932.12，51 页，32
开

本书内容包括：中国目前之难关及其症结
所在、私人资本之节制与累进税、国家资本
之发达、民族资本之出路与集中生产、商业
资本之移转利用等。

收藏单位：重庆馆、南京馆

16125

借款与田赋　晏才杰著

北京：共和印刷局，1920，12 页，22 开

收藏单位：国家馆

16126

今日我国之理财政策　沈谔编撰

无锡：民生问题出版社，1947.1，36 页，32
开

本书共 5 部分：卷头语、沈谔告国人书、
本文、沈谔肖像、附启事。本文部分共 10
章，内容包括：叙言、鼓励开矿事业以利改革
币制、规定游资充作国家企业基金、民生银
行之如何着手筹办、移民政策与注意开垦事

业、改进各种税务之我见等。

收藏单位：南京馆

16127

金融及财政统计　林和成编

中央政治学校，[1929—1946]，922 页，16 开

收藏单位：南京馆

16128

金元之田制　万国鼎著

[南京]：金陵大学，1932，[23] 页，16 开

本书为文言体。论述金、元两朝的田制
与赋税问题。为《金陵学报》第 2 卷第 1 期
抽印本。

收藏单位：南京馆

16129

**锦西县伪街村三十四年度（伪 12 年度）岁出
预算表·锦西县伪街村三十四年度（伪 12 年
度）岁入预算表**

出版者不详，1946，6 页，24×42cm

本书为合订本。

收藏单位：国家馆

16130

进展中之江苏财政（各种赋税盈收统计）

[董修甲编]

[江苏省财政厅]，[1942]，28 页，25 开

本书共 10 节，内容包括：弁言、田赋盈
收之统计、营业税盈收之统计、牙税营收之
统计、筹办营业专税之统计等。附税收对照
表 10 余张。逐页题名：八个月的江苏财政统
计报告。统计时间为 1940 年 6 月至 1941 年 1
月底。

收藏单位：国家馆、南京馆

16131

**晋察冀边区关于对出入口货物及境内货物运
输时之使用花证暂行办法草案**　晋察冀边区
税务总局编

晋察冀边区税务总局，1946，油印本，8 页，
8 开

收藏单位：国家馆

16132

晋察冀边区税政手册 冀晋贸易管理局编

冀晋贸易管理局，1947.8，石印本，9 页，32
开

本书内容为 1947 年 6 月 "边府新修订出
入口税目税率之精神与执行上注意事项的几
点解说"。附出入境货物税目税率表。

16133

**晋冀鲁豫边区 1946 年度财政工作总结（草
稿）** 晋冀鲁豫边区财政厅编

晋冀鲁豫边区财政厅，1947，抄本，10 页，
16 开

收藏单位：国家馆

16134

晋冀鲁豫边区出入境货物暂行税率表

晋冀鲁豫边区贸易总局，1947 翻印，12 页，
32 开

本表于 1947 年 4 月 1 日公布，自当年 5
月 1 日起实行。

16135

晋冀鲁豫的财政经济工作 晋察冀财经办事
处编

晋察冀财经办事处，1947.11，87 页，32 开

本书共 6 部分：财经工作的简单历史、贸
易工作、金融货币工作、财政工作、太行区
生产工作与合作运动、工业建设中的几个问
题。

收藏单位：国家馆、吉大馆、南京馆、山
西馆

16136

**晋绥边区党政军民机关部队 1947 年度供给标
准** 晋绥行署 晋绥军区司令部制定

晋绥行署、晋绥军区司令部，1947.3，油印
本，18 页，32 开

收藏单位：国家馆

16137

晋绥边区税收条例 晋绥行署颁布

晋绥行署，1946，油印本，75 页，大 32 开

本书附晋绥边区吕梁行署关于缉私暂行
办法（1945 年 11 月）。

收藏单位：国家馆

16138

晋绥财政整理处管辖国税汇录 晋绥财政整
理处编

晋绥财政整理处，[1931]，[510] 页，16 开

本书共 7 编：关税、盐税、烟酒税、印花
税、卷烟统税、铁路税捐、麦粉特税。附绥
远垦务。

收藏单位：国家馆、吉林馆

16139

**京都市政公所收支预计书（民国五年度 上、
下半年）**

[北京]：市政公所，1916.4，2 册（10+6 页），
18 开

本书共两部分：收入项下、支出项下。

收藏单位：国家馆

16140

京师卷烟吸户捐三元久记承办总所暂行规则

出版者不详，1927，油印本，2 册

本书附调查巡查奖惩暂行规则暨津贴办
法。

收藏单位：国家馆

16141

京师税务纪实 京师税务监督公署编

北京：京师税务监督公署，1925.1，[597] 页，
18 开

本书为该署监督薛笃弼在职 18 个月内各
项工作的汇报。共 14 部分，内容包括：整理
计画、厘订规章、画一税率、用人标准、教
育办法、查考办法、赏罚办法等。

收藏单位：北师大馆、东北师大馆、国家
馆

16142

**京师税务监督公署职员录（中华民国十三、
十六至十七年）** 京师税务监督公署编

北京：京师税务监督公署，[1924—1928]，3

册（66+106+86 页），32 开

收藏单位：国家馆

16143

京师税务实收实支报告书 京师税务监督公
署编

北京：京师税务监督公署，1923—1926，5 册
（[50] 页），18 开

本书收录 1923 年 11 月、1924 年 9 月、
1925 年 9 月、1925 年 10 月、1926 年 2 月的
税务实收实支报告表。该表每月 1 册，每册
均为 10 页。

收藏单位：国家馆、南京馆

16144

京市房捐之历史及整理之经过 金国宝编

南京特别市财政局事务股，1929.8，[22] 页，
32 开

本书叙述南京房捐历史、整理经过及征
收章程。

16145

**京绥货捐总局呈部辩明李芬等传单造谣请示
办理文**

京绥货捐总局，[1916—1924]，油印本，1
册，13 开，环筒页装

本书附逐条疏解李芬等请愿原文 1 件、
传单 1 件。

收藏单位：国家馆

16146

京兆财政汇刊（第 1 册） 陈昌谷编

出版者不详，1918.1，204 页，16 开

本书共 5 编：赋税、会计、银行、货币、
公债。收录 1914 年至 1917 年 12 月的有关文
牍及法令。

收藏单位：国家馆

16147

京兆财政章则辑要 京兆财政厅月刊编辑处
编

京兆财政厅庶务处，1925.12，252 页，18 开

本书共 4 部分：田赋、税捐、会计及银行

公债、官规。收录 1915 年后颁行的有关章则
及其附件共 72 种，并收契约、传票、收据、
表报等样式。

收藏单位：国家馆

16148

京兆二十县地方财政说明书 王达编

京兆尹公署内财政讲习所，1920.1，[312] 页，
16 开

本书分县论述北京附近地区 20 个县的财
政状况，内容包括：捐租、税项及官产收益的
沿革、现状、用途、利弊及整顿方法等方面。

收藏单位：国家馆、吉林馆

16149

**京兆二十县新五年度上半年地方岁入岁出预
算总说明书**

出版者不详，[1916]，1 册，16 开，环筒页装

收藏单位：国家馆

16150

**经济部资源委员会重工业建设基金所属机关
会计制度** 经济部资源委员会编

经济部资源委员会，[1911—1949]，430 页，
16 开，环筒页装

本书共 8 章：总说明、簿记组织系统图、
会计报告、会计科目、会计簿籍、会计凭证、
会计事务程序、附则。

收藏单位：重庆馆、南京馆

16151

经济纪要 孙德全著

孙德全 [发行者]，1917，1 册，22 开

本书为著者准备向政府呈递的呈文。收
录银行、币制、清理财政等方面的建议及相
关的函件、条陈、说帖等文稿 32 篇。

收藏单位：国家馆、上海馆、首都馆

16152

经理演习

中央训练团，1940.5，42 页，36 开

[中央训练团]，1943，13 页，36 开

本书共 9 部分：财务管理概述、概算及预

算、计算及决算、公库制度与款项收支、会计、审计、财物管理概述、财产与物品、交代。

收藏单位：安徽馆、重庆馆、国家馆、南京馆

16153

精盐登记案之始末　久大精盐公司编

久大精盐公司，[1935]，132页，18开

本书收录1933年长芦发生的"验票案"始末及财政部公布精盐行销暂行办法案之往来公牍。

收藏单位：南京馆、上海馆、天津馆、浙江馆

16154

精盐调查录　林振翰编

南京印书馆，1931.10印，[282]页，18开

本书共5章：精盐沿革、精盐产制、精盐征税、精盐运销、精盐管理。书前有全国精盐产销区域图、民国五年至十九年每年产制精盐比较图等7种图。附精盐法规20种。

收藏单位：福建馆、国家馆

16155

九江县财政概况及今后整理计划　九江县财政局编

九江县财政局，1932.3，88页，16开

本书大部分为表。共4部分：绪言、本局之沿革、本县财政概况、本县财政竭蹶症结之所在。

收藏单位：国家馆

16156

九年度财政报告　武进县公署编

武进县公署，[1920.12]，[178]页，16开

本书大部分为表。共6部分：章规、公牍、预算、议案、书表、附录。

16157

九年来财政部经管各种公债中签号码册　财政部公债司编

财政部公债司，1946.5，68页，32开

本书共43部分，内容包括：十七年金融长期公债、二十三年六厘英金庚款公债、廿四年四川善后公债、廿五年统一公债戊种债票、廿五年复兴公债票等。

收藏单位：上海馆

16158

旧财政部各项内外债及庚子赔款详表

出版者不详，[1911—1949]，石印本，[14]页，8开，环筒页装

16159

救国公债　中国国民党中央执行委员会宣传部编

中国国民党中央执行委员会宣传部，1937.9，65页，50开（抗战手册5）

本书收录叶楚伧、邵力子、马超俊、谷正纲等人所写有关宣传文字5篇。附救国公债条例、募集办法、劝募委员会组织章程等章则7种。

收藏单位：重庆馆

16160

救国公债劝募特刊　救国公债劝募委员会浙江省分会编

救国公债劝募委员会浙江省分会，1937，12页，32开

收藏单位：广东馆

16161

救国公债劝募委员会香港分会征信录　救国公债劝募委员会香港分会编

香港：救国公债劝募委员香港分会，1938，210页，16开

本书共7部分，内容包括：本分会全体委员玉照、本分会职员表、捐款栏、购债栏、报效栏等。附救国公债条例、购募救债分等奖励办法。

收藏单位：国家馆

16162

救国公债劝募委员会总会章则汇编　救国公债劝募委员会总会编

救国公债劝募委员会总会，1937.9，54 页，23 开

本书收录救国公债条例、修正救国公债募集办法、救国公债劝募委员会组织章程、职员录、办事细则等。

收藏单位：重庆馆、广东馆、南京馆

16163

救国公债特刊　The Far Eastern Corporation 编
香港：The Far Eastern Corporation，1938.3，[220] 页，16 开

本书为推销救国公债的宣传刊物，内容多为广告。

16164

救济浙省财政与军务善后之策略　胡浩然撰
胡浩然 [发行者]，[1925]，12 页，22 开

收藏单位：浙江馆

16165

局卡员役服务临时注意事项　[河北省税务整理处编]
[河北省税务整理处]，[1929]，手写本，1 册，大 16 开，环筒页装

本书为该处内部资料。附密查员暂行规则、本局巡长须知、局卡员役试题。

收藏单位：国家馆

16166

捐税概要　欧阳法讲述
江西省县政人员训练所，1936.3，24 页，22 开（县训丛刊财政类第 2 种）

收藏单位：江西馆

16167

卷烟报运规则
出版者不详，[1933]，5 页，16 开

本规则于 1933 年 6 月 10 日修正公布。

16168

卷烟查验处罚章程
出版者不详，[1933]，11 页，16 开

本章程于 1933 年 6 月 10 日修正公布。

16169

卷烟登记章程
出版者不详，[1933]，8 页，16 开

本章程于 1933 年 6 月 10 日公布。

16170

卷烟税稽征规则
财政部国税署，[1940—1949]，34 页，32 开

本书共 7 章：总则、登记、花照单证、征税手续、查验、免税及退税、附则。于 1948 年 10 月 13 日由财政部公布。

收藏单位：重庆馆、国家馆、吉林馆

16171

卷烟统税史　程叔度总纂
财政部卷烟统税处，1929.12，12+246 页，16 开

本书共 9 章，内容包括：卷烟税之缘起及其沿革、改办统税、施行规划、实行加税、扩充统税区域、收税状况、杂录等。

收藏单位：安徽馆、广东馆、国家馆、近代史所、柳州馆、南京馆、内蒙古馆、西南大学馆、浙江馆、中科图

16172

卷烟用纸购运规则
出版者不详，[1930—1939]，8 页，16 开

本书于 1933 年 6 月 10 日修正公布。

16173

决算报告书（民国三十至三十一年度）　华北棉产改进会编
华北棉产改进会，[1941—1942]，油印本，2 册，16 开

本书共 4 部分：岁入岁出决算书、岁出决算书、收支计算书、财产目录。

收藏单位：国家馆

16174

军政部会计处成立十周年纪念刊　军政部会计处编
军政部会计处，1944.3，172 页，16 开

收藏单位：南京馆

16175

康德三年度一般会计岁入岁出预算各目明细书　国务院总务厅编制

国务院总务厅，[1936]，14+920 页，16 开

　　收藏单位：国家馆

16176

康德十二年度预算纲要　总处厅主计处编

出版者不详，1944.12，121 页，25 开

　　收藏单位：东北师大馆

16177

康德十一年度街村预算编成科目别查定说明

出版者不详，1943，油印本，1 册，13 开

　　收藏单位：国家馆

16178

抗战六年来之财政金融　中国国民党中央执行委员会宣传部编

中国国民党中央执行委员会宣传部，1943.7，32 页，32 开（抗战建国六周年纪念丛刊）

　　本书共 4 章：绪论、抗战以来之财政重要措施、抗战以来之金融重要措施、结论。

　　收藏单位：安徽馆、北师大馆、重庆馆、广东馆、广西馆、贵州馆、国家馆、湖南馆、吉林馆、江西馆、内蒙古馆、首都馆、天津馆、西南大学馆

16179

抗战期中的财政问题　杨一夫著

重庆：中山文化教育馆，1938.5，33 页，36 开（抗战丛刊 26）

　　本书共 4 部分：引言、战时统制经济之意义及其实施、战时筹集款项之办法、结论。

　　收藏单位：重庆馆、广东馆、广西馆、国家馆、吉林馆、江西馆、南京馆

16180

抗战期中之财政

出版者不详，[1942]，油印本，1 册，16 开

　　本书共 6 章：财务行政、租税、物资、公债、金融、地方财政。

　　收藏单位：国家馆

16181

抗战三年之贵州财政与金融

出版者不详，[1941]，油印本，1 册，13 开，环筒页装

　　本书共两部分：财政、金融。

　　收藏单位：国家馆

16182

抗战时期之地方财政　黄豪著

重庆：中山文化教育馆，1938.9，78 页，36 开（抗战丛刊 54）

　　本书分两编：抗战时期之地方赋税、抗战时期之地方财政监督。第 1 编共 4 章：田赋、营业税、契税、抗战时期之抗苛捐杂税与临时筹款问题；第 2 编共两章：预算、金库及会计制度。书后有结论。

　　收藏单位：重庆馆、国家馆、吉大馆、吉林馆、南京馆

16183

抗战四年来之陕西财政　[周介春编]

出版者不详，1941，油印本，1 册，16 开，环筒页装

　　本书内容包括：整顿田赋、整顿税务、近四年来收支实况、增加省银行股本强化金融机构、确定陕行业务方针等。

　　收藏单位：重庆馆

16184

抗战以来的财政　孔祥熙著

重庆：胜利出版社，1942.11，88 页，32 开（抗建丛书第 2 辑）

重庆：胜利出版社，1943.3，70 页，32 开（抗建丛书第 2 辑）

　　本书共 4 章："概论""我国战前财政状况""我国战时财政""今后的财政政策——结论"。

　　收藏单位：安徽馆、北师大馆、重庆馆、复旦馆、国家馆、吉林馆、江西馆、南京馆、山西馆、上海馆、浙江馆

16185

抗战与财政金融　独立出版社编

重庆：独立出版社，1938.12，6 版，60 页，32
开（战时综合丛书第 2 辑）

本书分上、下两编：抗战与财政、抗战与
金融。上编共 5 章，内容包括：全国战时财政
动员的估计、抗战后中央财政之动向、救国
公债与国防公债金公债等；下编共 5 章，内容
包括：长期抗战的金融方针、现行金融政策之
缺点与补救、法币汇价与外汇管理等。

收藏单位：重庆馆、广西馆、贵州馆、国
家馆、吉林馆、江西馆、南京馆、内蒙古馆、
上海馆、武大馆、西交大馆、西南大学馆、
浙江馆

16186

抗战与财政金融　周宪文　孙礼榆著
长沙：商务印书馆，1937.12，48 页，32 开（抗
战小丛书）
长沙：商务印书馆，1938.2，再版，48 页，32
开（抗战小丛书）
长沙：商务印书馆，1938.2，3 版，48 页，32
开（抗战小丛书）
长沙：商务印书馆，1938，4 版，48 页，32 开
（抗战小丛书）
长沙：商务印书馆，1938.3，5 版，48 页，32
开（抗战小丛书）

收藏单位：重庆馆、东北师大馆、广东
馆、广西馆、贵州馆、国家馆、河南馆、湖
南馆、吉林馆、江西馆、近代史所、南京馆、
武大馆

16187

科目章则　陕西省政府财政厅征收人员训练
班编
陕西省政府财政厅征收人员训练班，1928.6，
108 页，25 开

本书共 11 章，内容包括：厘金统捐、百
货商税、盐务保运、烟酒事务、烟卷特税、
杂税等。附局长须知讲义。书中题名：陕西财
政厅征收人员训练班科目章则讲义。

收藏单位：国家馆

16188

克利斯浦五厘公债　浙江兴业银行上海总行
编
浙江兴业银行上海总行，1938.12，5 页，16
开

本书介绍该公债发行整理经过、发行额、
种类、利率、还本付息等。

收藏单位：上海馆

16189

**孔部长对于所得税之讲演词（九月二十八日
中央党部纪念周）**　孔祥熙讲演
出版者不详，[1933—1939]，17 页，32 开

本书内容包括：我国历来采间接税、筹备
所得税之经过、所得税条例之要点、人民应
拥护新税制等。书中题名：孔部长在中央党部
纪念周之报告。

收藏单位：重庆馆、国家馆、上海馆

16190

孔院长在党政训练班讲演词　孔祥熙讲
中央训练团党政训练班，1939.3，22 页，32
开（中央训练团党政训练班讲演录）

本书据作者于 1939 年 3 月在重庆所作的
演讲词编成。讲演原名：我国财政金融之过去
与现在。

收藏单位：重庆馆、国家馆、南京馆

16191

库券（乙编）　中国国货银行信托部编
上海：中国国货银行信托部，[1930—1939]，
[32] 页，23 开，活页装

本书大部分为表。内容为 1928 年以后发
行的 8 种库券的摘要介绍、逐月还本付息数
额等。

16192

库券指南　中央信托有限公司编
中央信托有限公司，1931.1，18 页，18 开

本书介绍国民政府发行的 7 种库券还本
付息计算方法与息额，以供投资者选择。

16193

会计报告　江西省各界民众抗敌后援会编
江西省各界民众抗敌后援会，1939.7，42 页，

32 开

本书收录各种收支明细表。所涉时间为 1938 年 8 月 16 日至 1939 年 4 月底。

收藏单位：浙江馆

16194

会计服务须知　广西省政府会计处编纂

广西省政府会计处，[1913—1940]，304 页，32 开（桂岭会计丛刊 15）

广西省政府会计处，1940.5，增修再版，304 页，32 开（桂岭会计丛刊 15）

本书根据广西省情况编纂，介绍会计政策、方法、规章及各类会计实务等。

收藏单位：重庆馆、广东馆、贵州馆、桂林馆、湖南馆、江西馆

16195

会计讲演集　南京特别市财政局编

南京特别市财政局，1929.11，[56] 页，16 开

本书收录财政局主办的会计讲习会讲稿 9 篇，内容包括：《我国官厅会计制度》（林襟宇）、《会计与财政》（马寅初）、《谈我国之审计制度》（吴宗焘）、《我国普通官厅会计之真相》（杨汝梅）、《票据交换制度》（朱宗良）、《东三省经济现状》（张心一）等。

收藏单位：华东师大馆、上海馆

16196

会计救国论　张心澂著

广西省政府会计处，1939，12 页，32 开

收藏单位：广东馆

16197

会计年度财政报告（中华民国十七至二十年）　宋子文报告

出版者不详，[1929—1932]，3 册（25+18+22 页），16 开

本书为宋子文在国民党中央执行委员会会上的报告。其中民国十九、二十年为 1 册，其余每年 1 册。

16198

会计人员服务须知　安徽省政府会计处编

安徽省政府会计处，1941，103 页，32 开（皖省会计丛书）

本书共 18 章，内容包括：会计之任务、会计人员之地位、会计人员应有之认识等。

收藏单位：重庆馆

16199

会计人员手册　张统达著

上海：中国文化服务社，1948，211 页，32 开（国民文库）

本书收录商业会计、县政府机关会计的基本知识。

收藏单位：重庆馆、南京馆、宁夏馆

16200

会计人员与长官及同事摩擦问题　张心澂著

广西省政府会计处，1938.11，12 页，32 开（桂岭会计丛刊 2）

本书探讨会计人员与长官及同事发生摩擦的原因、是非何属、如何避免等。

收藏单位：重庆馆

16201

会计文件　朱翊新编辑

上海：世界书局，1946.12，新再版，137 页，32 开

本书共 5 部分：概论、家庭会计用件、营业会计用件、官厅会计用件、会计师用件。

收藏单位：广东馆

16202

会计须知　贵州省政府财政厅编

贵州省政府财政厅第四科，1938.6，1 册，16 开

本书共 6 部分：岁计、会计、审计、财务行政、其他、应用书表格式。

收藏单位：贵州馆

16203

会计与财务之监察　中央训练团监察官训练班编

中央训练团监察官训练班，1947.9，22 页，25 开

本书共 7 章，内容包括：财务行政实务概述、会计与财务之监察、岁计、会计、财务补给及财务调查等。

16204

矿产税章则汇编　[华北统税总局编]
[华北统税总局]，1941，30 页，25 开
　收藏单位：首都馆

16205

矿业税法讲义　（日）山田新一讲述
财务职员养成所，1938，34 页，22 开
　本书共 6 章，内容包括：矿业税法之概念、矿区税、矿产税、取缔及罚则等。附抚顺烟台煤矿细则等。
　收藏单位：国家馆

16206

昆明市政公所财政报告书　昆明市政公所总务课编
昆明市政公所总务课，[1925.11]，204 页，16 开
　本书共 6 章：总论、本市经费统计、整顿会计办法、整顿税捐之效果、关于新税捐之各种计画、财政委员会之组织及其经过。所记时间为 1922—1925 年。
　收藏单位：国家馆

16207

昆明特种消费税总局暨所属各分局所税收征信录（二十一至二十二年份）　昆明特种消费税总局编
昆明特种消费税总局，[1932—1933]，3 册（[248]+[662]+[627] 页），8 开
　本书全部为表。共 3 册，其中二十一年为两册。
　收藏单位：国家馆

16208

兰溪财政　徐世耀编
出版者不详，[1911—1949]，手写本，1 册，16 开，精装
　收藏单位：南京馆

16209

兰溪实验县县政府捐税征收处暂行簿记组织
　[兰溪实验县县政府编]
[兰溪实验县县政府]，1935.6，38 页，16 开（兰溪实验县县政府出版物 14）
　本书内容包括：簿记组织系统图、原始凭证、会计科目、传票、帐簿、报表等。
　收藏单位：南京馆、浙江馆

16210

兰溪实验县县政府清查土地整理田赋概况
[兰溪实验县县政府编]
兰溪实验县县政府，1934，46 页，22 开（兰溪实验县县政府出版物 6）
　本书共 5 部分：县政的初步建设、兰溪田赋积弊的解剖、整理田赋的步骤、田赋整理以后怎么样、最后的几句话。书中题名：兰溪实验县县政建设的小贡献。原载于《民国日报》（即《东南日报》）。
　收藏单位：国家馆

16211

兰溪实验县县政府田赋征收处暂行簿记组织
　兰溪实验县县政府编
兰溪实验县县政府，1934.5，64 页，16 开（兰溪实验县县政府出版物 13）
　收藏单位：南京馆、浙江馆

16212

兰溪实验县县政府暂行会计制度　兰溪实验县县政府编辑
兰溪实验县县政府，1934.12，116 页，16 开（兰溪实验县县政府出版物 8）
　本书共 4 章：簿记组织系统图、会计科目及登记方法、传票账簿书表格式及说明、簿记通则。附兰溪实验县县政府暂行会计科目、兰溪中国银行存支款项合同等。
　收藏单位：重庆馆、国家馆、南京馆、上海馆、浙江馆

16213

兰溪县地方财务行政制度　叶桂芳编
兰溪：叶桂芳 [发行者]，1935.8，手写本，1

册，16 开，精装

    收藏单位：南京馆

16214

兰州市推行土地税纪要 [兰州市政府编]

兰州市政府，1941.10 印，石印本，1 册，22 开

    本书共 14 部分，内容包括：兰州市政府开征三十年下半期土地税布告、兰州市政府为举办土地税告市民书、甘肃省各县市地价税征收规则、甘肃省各县市土地增值税征收规则、兰州市各区标准地价表等。

    收藏单位：国家馆

16215

厘订基层组织案 郭逢杰起草

出版者不详，[1911—1949]，16 页，32 开

    收藏单位：南京馆

16216

厘金制度 国定税则委员会税款组编译

国定税则委员会税款组，[1911—1949]，[74] 页，32 开

    本书共 3 章：厘金制度、沿海贸易税之存废、在华外侨课税问题。附参考资料及统计。

    收藏单位：上海馆

16217

理财救国论 康有为著

出版者不详，[1912]，65 页，32 开

    收藏单位：国家馆、河南馆、上海馆、天津馆

16218

历代财政学说（集权资宪通史） 曹恭翊编

曹恭翊 [发行者]，[1931.9]，82 页，23 开

    本书摘录《资治通鉴》《续资治通鉴》及"九通"原文编成。

16219

历年官产收入预算表 国民政府财政部赋税司编

国民政府财政部赋税司，[1920—1929]，4 页，16 开

    本书收录 1919、1925 年两年官产收入预算表。

16220

立法院财政金融委员会第一届第一会期第八、九次会议议事日程 [立法院编]

[立法院]，1948，21 页，18 开

    收藏单位：国家馆

16221

溧阳财政 鲍宁生等编

出版者不详，[1911—1949]，手写本，1 册，16 开，精装

    收藏单位：南京馆

16222

两年来福建财政工作概要 [福建省政府财政厅编]

[福建省政府财政厅]，[1936]，190 页，16 开

    本书共 5 部分：总述、撤废苛杂及减免赋税之部、确定县地方预算之部、整理纸币及救济金融之部、厘订税则之部。附两年来按月收支总数概览、福建省审查交代委员会组织大纲、福建省政府甄别各县主管财政科长办法等 6 种。

    收藏单位：福建馆、南京馆

16223

两年来年所得税推行概况 财政部所得税事务处编

财政部所得税事务处，1938，1 册，32 开，环筒页装

    本书共 7 部分，内容包括：筹办之经过、推行之概况、机构之扩展、税务人员之训练、税收之状况等。附所得税暂行条例。

    收藏单位：重庆馆

16224

两年来之货物税 姜书阁编述

财政部税务署，1947.2，98 页，32 开

    本书共 8 部分，内容包括：抗战胜利初期之重要措施、税政之改进、推行督导制度、

加强缉私与查验、税收概况等。所涉时间为
1946—1947 年。

收藏单位：安徽馆、重庆馆、国家馆、吉
林馆、南京馆、上海馆

16225
两宋田赋制度 刘道元著 陶希圣校
上海：新生命书局，1933.6，190 页，32 开（中
国社会史丛书 1）

本书共 9 章，内容包括：宋以前田赋变迁
概说、土地制度、官田租课、民田赋税、土
地整理与均税、丁口之赋、差役等。

收藏单位：重庆馆、东北师大馆、广东
馆、国家馆、河南馆、黑龙江馆、吉林馆、
江西馆、辽宁馆、南大馆、南京馆、山西馆、
上海馆、绍兴馆、首都馆、天津馆、浙江馆、
中科图

16226
两浙盐务概况 杨兴勤著
盐务缉私督察人员训练班，1935，40 页，22
开

收藏单位：广东馆、南京馆

16227
两浙盐务概况 周次辛撰
浙江财务人员养成所，1931.3，66 页，16 开

本书内容包括：民国以来改革之状况、最
近盐务情形等。

收藏单位：浙江馆

16228
两浙盐务管理局附属机关暂行盐专卖会计制
度 财政部两浙盐务管理局编
龙泉：决胜印刷厂，1943.11，76 页，22 开

本书内容包括：总说明附簿记组织系统
图、会计科目附各项清单应用科目简明表、
附属机关款项收支及其会计事务处理之程序
等。

收藏单位：南京馆、浙江馆

16229
辽宁省财政统计年鉴（民国十六至十七年度）

辽宁省财政厅第四科编
辽宁省财政厅印刷处，1930，2 册（[438]+
[564] 页），18 开，精装

本书内容包括：支出之部、收入之部、杂
录之部、附图之部等。

收藏单位：国家馆、黑龙江馆

16230
林主席对于所得税之讲演词（九月二十八日
国民政府纪念周） 林森讲演
出版者不详，[1930—1939]，7 页，32 开

本书书中题名：所得税是现代国家最合理
的税制。

收藏单位：重庆馆、国家馆、江西馆、南
京馆

16231
临时财政总监理处报告书 北京地方维持会
临时财政总监理处编
北京地方维持会临时财政总监理处，1938.1，
88 页，16 开

本书共 13 部分，内容包括：摄影、组织
缘起、组织原案、组织条例、各科股办事内
容、聘请顾问暨委任职员、本处经费之规定
等。逐页题名：北京地方维持会临时财政总监
理处报告书。

收藏单位：国家馆、首都馆

16232
龙南县政府清查县乡镇公款公产报告
出版者不详，[1911—1949]，油印本，1 册，
16 开

收藏单位：南京馆

16233
陋规问题 姚元纶讲
盐务缉私督察人员训练班，1935.10，16 页，
32 开（特别演讲 12）

本书共 5 部分：陋规的意义与产生陋规的
原因、产区陋规、运盐陋规、销岸陋规、改
革陋规的枢纽。

收藏单位：国家馆

16234

泸定县财政

出版者不详，[1939]，手写本，1 册，16 开，
环筒页装

　　本书共 4 章：省税、县地方财政、财务行
政、批评与建议。

　　收藏单位：国家馆

16235

潞鹾纪要　蔡国器著

上海：民光印刷公司，1935.1，43 页，16 开

　　本书概述山西河东潞盐的沿革、制法、
运销等情况。

16236

沦陷期间华北所得税概况　刘名麟 [编]

出版者不详，[1949]，手抄本，1 册，16 开，
环筒页装

　　本书共 7 章：沿革、所得之分类及免税之
规定、税率、所得额之计算及申报缴、调查
复查及审查、所得税之减免及退税补税、罚
则。附华北所得税历年税收数额分区统计表、
华北所得税稽征区域图。

　　收藏单位：国家馆

16237

论川省田赋　关吉玉著

出版者不详，[1911—1949]，油印本，8 页，
16 开

　　收藏单位：南京馆

16238

论对发国难财者征收财产税及其他　马寅初
著

新华日报华北分馆，1941.2，24 页，32 开

　　本书收录著者所著文章 3 篇：《提议对发
国难财者开办临时财产税以充战后之复兴经
费》《对发国难财者征收临时财产税为我国财
政与金融唯一的出路》《在重庆大学经济研究
社的讲演》。

　　收藏单位：国家馆

16239

论盐务稽核原有之政策与今后应有之努力

林振翰著

出版者不详，1929，4 页，16 开

16240

论盐务已往之历史与改革问题之关系　左树
珍讲

盐务缉私督察人员训练班，1935.10，36 页，
32 开（特别演讲 7）

　　收藏单位：南京馆

16241

论浙江田赋科则　魏颂唐 [编]

出版者不详，[1911—1949]，30 页，18 开

　　收藏单位：浙江馆

16242

论中国历代田赋之制度　林邦焘著

广州大学法科学院，1933.9，7 页，16 开（广
州大学法科丛刊第 1 种）

　　收藏单位：国家馆

16243

论中国战时遗产税　邓启农著

[金华]：正中书局，1941.12，50 页，32 开

重庆：正中书局，1943.11，3 版，49 页，32 开

　　本书共 5 章：概论、中国之遗产税、对于
现在遗产税暂行条例之评价、对于我国现行
遗产税制度之意见、结论。附遗产税暂行条
例。

　　收藏单位：重庆馆、东北师大馆、国家
馆、湖南馆、南京馆

16244

**论中国之财政书籍及中国之财政学——答罗
玉东及千家驹二君**　朱偰著

出版者不详，[1934.9]，18 页，16 开

　　本书就《中国财政问题》第 1 编对二者
的批评作了答辩。

　　收藏单位：广东馆

16245

旅大地区税务年报

出版者不详，1948，273 页，10 开

本书题名依据书脊确定。

收藏单位：国家馆

16246

旅费简则 财政部粤东盐务管理局职员训练班编

财政部粤东盐务管理局职员训练班，1940，26 页，32 开（盐务法规课程 会计部分）（训练教材 4）

本书共 6 章，内容包括：出差旅费、调差旅费、遣散旅费、复职旅费等。

收藏单位：国家馆

16247

律师事务所所得税及会计上应行注意之事项

赵祖慰　李文杰拟定

上海律师公会，[1911—1949]，40 页，24 开

收藏单位：内蒙古馆、上海馆

16248

马寅初演讲集 马寅初演讲

上海：商务印书馆，1932.9，国难后 1 版，4 册（318+304+302+304 页），22 开，精装（中国经济学社丛书）

本书为作者演讲集 1—4 集合编，此前各集多分散出版。

收藏单位：东北师大馆、广东馆、广西馆、国家馆、南大馆、南京馆、宁夏馆、上海馆、首都馆、中科图

16249

马寅初演讲集（第 1 集） 马寅初演讲

外文题名：Lectures on current economic problems in China

上海：商务印书馆，1923.9，318 页，25 开（中国经济学社丛书）

上海：商务印书馆，[1924—1925]，2 版，318 页，25 开（经济丛书社丛书）

上海：商务印书馆，1925.11，3 版，318 页，25 开（经济丛书社丛书）

上海：商务印书馆，1926.11，4 版，318 页，25 开（经济丛书社丛书）

上海：商务印书馆，1929.1，5 版，318 页，25 开（中国经济学社丛书）

本书收录演讲稿 44 篇，内容包括：《银行之根本问题》《吾国恶币之影响》《中国的交易所》《上海交易所前途之推测》《上海一百四十个交易所》等。

收藏单位：安徽馆、长春馆、重庆馆、东北师大馆、广东馆、广西馆、贵州馆、国家馆、黑龙江馆、湖南馆、吉林馆、江西馆、辽大馆、辽师大馆、南大馆、南京馆、内蒙古馆、宁夏馆、上海馆、首都馆、浙江馆

16250

马寅初演讲集（第 2 集） 马寅初演讲

上海：商务印书馆，1925.3，304 页，25 开（经济丛书社丛书）

上海：商务印书馆，1925，2 版，304 页，25 开（经济丛书社丛书）

上海：商务印书馆，1926.11，3 版，304 页，25 开（经济丛书社丛书）

上海：商务印书馆，1928.11，4 版，304 页，25 开（经济丛书社丛书）

上海：商务印书馆，1930.5，5 版，304 页，25 开（中国经济学社丛书）

本书收录演讲稿 45 篇，内容包括：《以科学眼光观察中国之财政与金融》《读第五届银联会议决各案随抒我见》《中外救济银根紧急方法之不同》《中国何以如此之穷》《欧战后之货币》等。

收藏单位：安徽馆、长春馆、重庆馆、东北师大馆、广东馆、广西馆、贵州馆、国家馆、黑龙江馆、湖南馆、江西馆、辽大馆、辽师大馆、南大馆、南京馆、内蒙古馆、宁夏馆、上海馆、首都馆、浙江馆

16251

马寅初演讲集（第 3 集） 马寅初演讲

北京：北京晨报社，1926.3，302 页，25 开

本书收录演讲 41 篇，内容包括：《如何提倡中国工商业》《吾国之财政适合于对外宣战否？》《汇丰银行》《不平等条约与中国经济之

关系》《上海不宜继续罢市》等。

收藏单位：安徽馆、重庆馆、东北师大馆、广西馆、贵州馆、国家馆、黑龙江馆、江西馆、南大馆、宁夏馆、上海馆、首都馆、浙江馆

16252

马寅初演讲集（第3集） 马寅初演讲

上海：商务印书馆，1929.3，302页，25开（经济丛书社丛书）

上海：商务印书馆，1930.6，再版，302页，25开（中国经济学社丛书）

收藏单位：安徽馆、重庆馆、东北师大馆、广西馆、国家馆、黑龙江馆、内蒙古馆、宁夏馆、首都馆、浙江馆

16253

马寅初演讲集（第4集） 马寅初演讲

上海：商务印书馆，1928.8，304页，25开（中国经济学社丛书）

上海：商务印书馆，1929.5，再版，304页，22开（中国经济学社丛书）

本书收录演讲44篇，内容包括：《反对今日之禁烟办法》《评财政部浙江禁烟局改组宣言》《鸦片问题》《本省之禁烟问题》《北大之责任与鸦片问题》等。

收藏单位：安徽馆、重庆馆、东北师大馆、广西馆、国家馆、黑龙江馆、湖南馆、辽师大馆、内蒙古馆、宁夏馆、首都馆、浙江馆

16254

买卖公债 张一凡编 王海波校订

上海：著作人书屋，1941.1，135页，36开，精装（美商环球信托公司经济研究部市场知识丛书1）

本书共6节：公债及其投资利益、我国公债政策及其现状、战前发行之国币公债、战时发行之内债概述、伦敦市场上之中国债券、公债市场及其交易。附各债还本付息表及1941年1月1日止国债现负额一览表。

收藏单位：国家馆

16255

麦粉处罚章程

出版者不详，[1933]，4页，16开

本章程于1933年6月9日公布。

16256

麦粉税稽征章程

出版者不详，[1930—1939]，6页，16开

16257

满洲地方财务纲要 姜英藩著

[新京（长春）]：益智书店，1937.6，[14]+536页，16开（经济丛书）

本书共6编：总论、会计、预算、决算、收支、财务簿记。

收藏单位：国家馆、黑龙江馆

16258

满洲续地方财务纲要（1） 姜英藩著

[新京（长春）]：益智书店，1937，13+525页，22开（经济丛书）

本书共两编：地方税、地方债。

收藏单位：国家馆、黑龙江馆

16259

棉麦大借款 郑学稼著

上海：生活书店，1933.7，42页，36开（时事问题丛刊3）

本书共6部分，内容包括：借款之经过及其内容、借款与中国农村、借款与中国工业、借款与国际关系等。所述借款为1933年中国政府与美国签订的棉麦借款合同。

收藏单位：广西馆、国家馆、湖南馆、南京馆、人大馆、上海馆、浙江馆

16260

棉纱暨棉纱直接织成品暂定估价税率表 财政部税务署编

财政部税务署，1943.1，1册，16开

本书附加工织成税率表。

收藏单位：南京馆

16261

棉纱统税稽征、处罚章程

出版者不详，[1933]，[10] 页，16 开

　　收藏单位：上海馆

16262

免厘加税第五问题之一

出版者不详，[1911—1949]，17 页，16 开

　　收藏单位：首都馆

16263

民国八年度预算案审查报告大会修正清单（众议院附送）

出版者不详，1919，7 页，16 开

　　收藏单位：国家馆

16264

民国财政概要　景学铸编

出版者不详，[1911—1949]，1 册，23 开

　　收藏单位：重庆馆、南京馆

16265

民国财政简史　贾德怀编

上海：商务印书馆，1946.8，2 册（700 页），25 开

[上海]：商务印书馆，1947，2 版，2 册（[18]+700 页），25 开

　　本书共 7 章：总论、岁入、岁出、公债、会计、泉币、地方财政。附民国二年度至十四年度、十七年度至二十年度岁入岁出总预算等。为《民国财政史》（贾士毅）续编，论述 1930—1940 年的财政状况。

　　收藏单位：重庆馆、广东馆、广西馆、国家馆、河南馆、黑龙江馆、湖南馆、江西馆、辽大馆、南京馆、内蒙古馆、宁夏馆、山西馆、上海馆、首都馆、武大馆、西南大学馆、浙江馆、中科图

16266

民国财政论　杨汝梅著

上海：商务印书馆，1927.3，311+60 页，22 开，精装

上海：商务印书馆，1928.6，再版，311+61 页，

22 开

上海：商务印书馆，1931.5，3 版，311+61 页，23 开，精装

上海：商务印书馆，1932.12，国难后 1 版，311+61 页，22 开

　　本书叙述民国成立至 1926 年北京政府时期财政上的重要事项。共 4 编：民国财政总论、中央财政、全国财政与豫算之关系、国债总论。附近时重要财政问题，收录《评论关税会议各国代表整理债务之提案》《财政上司法监督与立法监督之关系》《美国豫算及审计制度》等 9 篇文章。

　　收藏单位：安徽馆、重庆馆、东北师大馆、广东馆、广西馆、贵州馆、国家馆、黑龙江馆、湖南馆、吉林馆、江西馆、近代史所、辽大馆、南京馆、内蒙古馆、宁夏馆、上海馆、绍兴馆、首都馆、天津馆、武大馆、浙江馆、中科图

16267

民国财政史　贾士毅著

上海：商务印书馆，1917.4，2 册（[10]+1826 页），22 开，精装

上海：商务印书馆，1924.6，再版，2 册（[10]+1826 页），22 开，精装

上海：商务印书馆，1928，3 版，2 册，22 开，精装

上海：商务印书馆，1934，国难后 1 版，2 册，22 开，精装（中国经济学社丛书）

　　本书共 6 编：总论、岁入、岁出、国债、会计、泉币。附民国二、三、五年度岁入岁出总预算表等。

　　收藏单位：安徽馆、重庆馆、东北师大馆、广东馆、广西馆、贵州馆、国家馆、河南馆、黑龙江馆、湖南馆、吉林馆、江西馆、辽大馆、辽东学院馆、柳州馆、南大馆、南京馆、内蒙古馆、宁夏馆、上海馆、绍兴馆、首都馆、天津馆、西交大馆、西南大学馆、浙江馆、中科图

16268

民国财政史

中央政治学校，[1929—1946]，308 页，16 开

收藏单位：南京馆

16269

民国的财政

出版者不详，[1932]，21页，32开（国难小丛书）

本书评述国民政府1931年度国家总预算及公债政策的不合理，主张削减军费，取消党务费。

收藏单位：重庆馆、上海馆

16270

民国二十三年至二十五年两年来之闽侯财政

出版者不详，[1934—1949]，184页，16开

收藏单位：南京馆

16271

民国卅八年爱国公债收解债款领售债票实施办法

出版者不详，[1949]，8页，32开

本书共8章，内容包括：总则、债票之保管与分拨、债款之经收、债票之核拨、报表之报核等。

收藏单位：重庆馆

16272

民国三年度各部主管岁出现计书

出版者不详，1914，29页，16开，环筒页装

本书为计开经常门，内容包括：外交部所管、内务部所管、财政部所管、陆军部所管、海军部所管、司法部所管等。

收藏单位：国家馆

16273

民国三十六年短期库券美金公债说明书

出版者不详，[1940—1949]，40页，32开

本书为推销短期库券、美金公债的宣传刊物。

收藏单位：湖南馆

16274

民国十四年度预算各省岁入分类表　国民政府财政部赋税司编

国民政府财政部赋税司，[1925]，8页，16开

16275

民国十四年货价税率暨现行税率之税课比较表

出版者不详，[1925]，35页，横11开

收藏单位：国家馆

16276

民国续财政史　贾士毅著

上海：商务印书馆，1932—1934，7册（[3176]页），23开，精装（中国经济学社丛书）

本书共7编：总论、岁入、岁出、公债、会计、泉币、地方财政。为著者《民国财政史》续编，论述1917—1931年的财政状况。

收藏单位：安徽馆、长春馆、重庆馆、东北师大馆、广东馆、广西馆、贵州馆、国家馆、河南馆、黑龙江馆、湖南馆、江西馆、近代史所、辽大馆、辽东学院馆、柳州馆、南京馆、内蒙古馆、宁夏馆、山西馆、上海馆、首都馆、武大馆、西交大馆、浙江馆、中科图

16277

民国盐政史云南分史稿（第2—4册）　云南盐运使署实业司编

出版者不详，1929.5，3册（150+171+108页），16开

本书第2册内容包括：运销、征榷等，第3册内容包括：缉私、借款、职官等，第4册内容包括：经费、特载等。

收藏单位：中科图

16278

民国以来中央财政与庚子赔款的关系　杨汝梅讲演

出版者不详，[1930]，30页，22开（中外国债问题）

出版者不详，1933，修订版，38页，22开（中国计政学会丛书）

本书附庚子赔款余额一览表等4种表。据作者在国立中央大学所作的演讲稿增补修订重新讲演。

收藏单位：重庆馆、国家馆、南京馆、首都馆

16279

民国以前的赔款是如何偿付的　汤象龙著

出版者不详，[1932—1949]，[28]页，16开

本书介绍鸦片战争赔款、英法联军赔款、伊犁偿款、日本赔款、八国联军赔款的偿付办法。为《中国近代经济史研究集刊》抽印本。

收藏单位：重庆馆

16280

民国以前关税担保之外债　汤象龙著

出版者不详，[1932—1949]，49页，16开

本书内容包括：绪论、初期外债、西征借款时期、中法战争借款时期等。附民国以前关税担保之外债总表、各省关每年应还英德借款表等16种表。为《中国近代经济史研究集刊》抽印本。

收藏单位：中科图

16281

民生主义之租税制度　刘不同著

重庆：青年书店，1941，再版，94页，32开

本书解说中国国民党的租税政策。共6节，内容包括：社会政策租税论、平均地权与地价单一税、节制资本与所得税、根据平均地权节制资本之原则对于中国今后租税制度之刍议等。

收藏单位：安徽馆、重庆馆、广东馆、广西馆、贵州馆、国家馆、湖南馆、吉林馆、江西馆、南京馆、浙江馆

16282

民政部所管康德元年一般会计岁入岁出预算各目明细表　民政部编辑

民政部，[1934]，98页，16开

收藏单位：广东馆

16283

民众烟公司等二十四家联请政府改善益洋害华烟税案　黄子屏等撰

上海华商卷烟厂业同业公会会员大会审查委员会，[1936—1939]，[36]页，16开

收藏单位：河南馆、上海馆

16284

闽侯县政府财务委员会特刊　[闽侯县政府财务委员会编]

[闽侯县政府财务委员会]，1937，1册，18开

本书内容包括：绪言、规程、公牍、会议录、二十五年度预决算附各月份收支月报表、统计等。

收藏单位：福建馆

16285

明代户口田地及田赋统计　梁方仲著

梁方仲，1935，[54]页，16开

本书全部为表。收录1381年至明末各朝田亩面积、户口税粮等统计数字。为《中国近代经济史研究集刊》抽印本。

收藏单位：广东馆、国家馆、上海馆

16286

明代"两税"税目　梁方仲著

出版者不详，[1932—1949]，1册，16开

本书共3部分：明代历朝两税名目及其种类、各项税目输纳地域的分配、各项税目的意义和来源。两税为夏税、秋粮。为《中国近代经济史研究集刊》抽印本。

收藏单位：国家馆、湖南馆、南京馆、上海馆、中科图

16287

明代一条鞭法年表（初稿）　梁方仲著

出版者不详，[1911—1949]，50页，16开

本书为《岭南学报》第12卷第1期抽印本。

收藏单位：南京馆

16288

命令　[山东省财政厅编]

山东省财政厅，[1936]，18页，16开

本书收录1935—1936年山东省财政厅对

所属各县市营业税征收局长呈文的批复指令
36 种。

收藏单位：国家馆

16289

纳税常识　黄君默编
重庆：新中国出版社，1944.10，[44]+22 页，
25 开

收藏单位：广东馆、江西馆

16290

纳税人须知　财政部福建税务管理局编
财政部福建税务管理局，1943，56 页，32 开

本书为纳税宣传读物。共 6 节：所利得
税、营业税、遗产税、印花税、统矿税、烟
酒税纳税人须知。

16291

南昌市政府财政局业务报告
出版者不详，[1929]，128 页，16 开

本书内容包括：发刊词、本局成立概况、
本局财政计划大纲、市捐等。所涉时间为
1928 年 1—12 月。

收藏单位：广东馆

16292

南京上海两市及江苏上海县地价税考察报告
　蔡殿荣　庄强华编
浙江省政府民政厅，1936.12，40 页，16 开

本书共 4 章：南京市之地价税、上海市之
地价税、江苏上海县之地价税、推行地价税
应先解决之问题。附南京市地政局组织规则、
上海市征收暂行地价税章程、江苏省地价税
暂行章程等 10 种。

收藏单位：国家馆

16293

**南京市财政局工作报告（南京市参议会第一
届第二次大会）**
出版者不详，1947.3，10 页，16 开

收藏单位：南京馆

16294

南京市财政局工作报告补充参考资料　南京
市财政局编
南京市财政局，1946.12，18 页，32 开

收藏单位：南京馆

16295

**南京市地方岁入岁出总决算书（三十六至
三十七年度）**　南京市政府编制
南京市政府，1948，2 册（56+58 页），16 开

本书全部为表。共 3 部分：总说明书、图
表、总决算书。

收藏单位：广东馆、国家馆、南京馆

16296

南京市市财政统计（十八、二十一年度）　南
京市政府财政局编
南京市政府财政局，1930—1933，2 册（[148]+
[124] 页），16 开

本书全部为图表。收录当年 7 月至下一
年 6 月南京市各项财政收支统计资料。附当
年南京市政府组织系统表。

收藏单位：重庆馆、广东馆、广西馆、国
家馆、南京馆、上海馆

16297

**南京市政府会计处工作报告（南京市参议会
第一届第二次大会）**
出版者不详，1947.3，6 页，16 开

收藏单位：南京馆

16298

南京特别市财政局收支报告（民国十八年）
南京特别市财政局编
南京特别市财政局，[1930]，1 册，8 开

本书内容包括：收支对照明细表（全年）、
收入分析表（全年）、支出分析表（全年）等。

收藏单位：国家馆、南京馆、上海馆

16299

南京特别市财政局现行章则汇刊　南京特别
市财政局编
南京特别市财政局，1941.11，162 页，32 开

收藏单位：南京馆

16300

南京特别市政府财政局现行各种捐税章则汇编

出版者不详，1939.5，1 册，22 开，环筒页装

本书内容包括：南京特别市政府财政局征收营业税暂行章程、南京特别市政府财政局征收铺房捐暂行章程、南京特别市政府征收烟酒营业牌照税暂行章程等。

收藏单位：国家馆

16301

南京政府的财政

出版者不详，[1934]，94 页，16 开

本书为合订本。合订书还有 3 种：《南京政府的外交》《南京政府的军事》《南京政府的内政》。

收藏单位：国家馆

16302

南通县民求减田赋附税公文汇刊

出版者不详，[1936.9]，38 页，20 开

16303

内国公债　胡文炳著

上海：土山湾工艺局，1920，[118] 页，23 开

本书为汉法对照。叙述 1894—1919 年中央内债的历史和现状。共 3 章：中国内外债之历史、中国内债之现状、内债不发达之原因及其补救方法。附内公债局章程（1914 年 8 月 4 日）、内国公债付息施行细则（1916 年 3 月 28 日）、财政会议整理各省内外债款之议决案等。

收藏单位：国家馆、上海馆

16304

内国公债单复利合息表　葛之干编制

出版者不详，1936.6，44 页，14 开

本书大部分为表。并收录财政部布告和利息计算法。

收藏单位：国家馆、上海馆

16305

内国公债付息施行通则

出版者不详，[1911—1949]，6 页，18 开

本书附外埠付息通则。

16306

内国公债简明表　交通银行总管理处国库股编辑

北京：银行月刊社，1925，90 页，32 开

本书收录表 15 种，内容包括：内国公债发行额数目表、内国公债公布条例及发行日期表、内国公债偿本期限表、内国公债利率及发行折扣用途表、内国公债票面种别及签字人名表等。

收藏单位：国家馆、上海馆、首都馆

16307

内国公债库券汇编　交通银行总管理处券务部编辑

上海提篮桥光华印刷公司，1929.7，3 册，16 开，精装

本书内容包括：爱国公债、元年军需公债、元年公债、三年公债、四年公债等。

收藏单位：上海馆

16308

内国公债库券要览　中国国货银行信托部编

上海：中国国货银行信托部，[1931]，[52] 页，18 开，活页精装

本书共甲、乙两编：公债、库券。收录北京政府及国民政府 1918—1930 年间发行公债的摘要介绍与历次公债的中签号码表、国民政府 1928—1931 年间发行库券的摘要介绍与逐月还本付息表。

收藏单位：国家馆

16309

内国公债快览　北京证券交易所编

北京证券交易所，1924.4，订正版，22 页，18 开

本书为各种公债及其抽签、付息、发行、还本等一览表。

16310

内国公债史　徐沧水编

上海：商务印书馆，1923，[12]+172 页，22 开

上海：商务印书馆，1926.10，再版，172 页，22 开

　　本书共 11 章，内容包括：绪论、公债与法规、公债之举债、公债之会计、公债之债票及息票、公债之利息及付息日期、近两年来公债基金之内容等。附各省地方公债考略。

　　收藏单位：安徽馆、重庆馆、东北师大馆、广东馆、广西馆、国家馆、河南馆、湖南馆、江西馆、近代史所、辽宁馆、南京馆、内蒙古馆、上海馆、天津馆、浙江馆

16311

内国公债要览　[上海商业储蓄银行编]

上海商业储蓄银行，1929，121 页，18 开

上海商业储蓄银行，1930.8，再版，168 页，18 开

上海商业储蓄银行信托部，1931，3 版，168 页，18 开

　　本书收录 1918 年以来各种内国公债、库券发行之原委、条例、基金状况、市价涨落、还本付息表等资料。共两部分：北京政府发行之公债库券、国民政府发行之公债库券。

　　收藏单位：重庆馆、国家馆、近代史所、辽大馆、南京馆、内蒙古馆、上海馆、武大馆、浙江馆、中科图

16312

内国债券调查录　大陆银行编

大陆银行，[1930]，88 页，22 开

　　本书收录各种库券、公债的发行日期、总额、利息、担保、付息等资料。所涉时间为 1927 年 5 月至 1929 年 9 月。

　　收藏单位：国家馆、近代史所

16313

内国债券要览　国华银行调查科编

上海：中华银行调查科，1935.6，39 页，16 开

　　本书共 4 节：债券之沿革、投资之方法、本息之计算、最近三年来之内债市场。

　　收藏单位：南京馆、上海馆、中科图

16314

拟订新会计制度之普通公务单位会计登记实例

国民政府主计处岁计局，1937.6，32 页，23 开

　　收藏单位：重庆馆、南京馆

16315

拟征糖类消费税先行整理内债计划书　钱承懋　吴曾愈著

出版者不详，1929.10，10 页，22 开

　　本书附中华民国无确实担保内债表。

　　收藏单位：国家馆

16316

宁属税务处建设特捐捐率估价表

出版者不详，1942.3，31 页，16 开

　　收藏单位：浙江馆

16317

宁夏省财政概要（民国二十九年度）　宁夏省财政厅编

宁夏省财政厅，[1940]，1 册，16 开

　　本书共 7 章：总务、统计、经征、田赋、国税、支付、库务。附宁夏省二十九年度各机关组织及经费数目表、宁夏省财政厅全体职员姓名略历表。

　　收藏单位：重庆馆、国家馆、近代史所、中科图

16318

宁夏省财政厅年刊（民国二十八年度）　宁夏省财政厅编

宁夏省财政厅，[1940]，208 页，16 开

　　本书内容包括：审计法施行细则、非常时期过分利得税条例、修正宁夏省征收田赋章程、宁夏省自七七抗战起至廿七年年底止各项税收公家所受损失数目总表等。封面题名：宁夏省财政厅年刊。

　　收藏单位：重庆馆、近代史所、南京馆

16319

宁夏省各县岁入岁出预算书（二十五年度）

[宁夏省财政厅编]

[宁夏省财政厅]，1936，油印本，30 页，16
开

　　收藏单位：南京馆

16320

宁夏省岁入岁出总概算书（二十六年度） 宁
夏省财政厅编

[宁夏省财政厅]，[1937]，油印本，1 册，12
开

　　收藏单位：南京馆

16321

**农工业用盐发售规则·农工业用盐变性变色
办法** 财政部福建盐务管理局编辑

财政部福建盐务管理局，1943.2，8 页，50 开

　　本书为合订本。

　　收藏单位：国家馆

16322

农商部筹议加税免厘案 农商部工商司编

农商部工商司，1917.5，64 页，23 开

　　本书分析实行裁厘加税的得失，提出实
施计划的办法。

　　收藏单位：国家馆、吉林馆、南京馆、天
津馆

16323

农业所得税暂行办法 太行行署颁行

太行群众书店，[1948.6]，19 页，64 开

　　本书附农业所得税征收分数表。

　　收藏单位：山西馆

16324

赔款和外债 钱实甫主编

南宁：民团周刊社，1939.6，20 页，32 开（丙
种丛刊 第 5 种）（国难丛刊 第 1 辑 4）

　　本书共 4 部分：赔款和外债的损害、赔款
的总结算、外债的一般、外债和中国财政。

　　收藏单位：安徽馆、重庆馆、国家馆、吉
林馆

16325

平乐县民国三十年度县预算书

出版者不详，[1942]，油印本，14 页，25 开

　　收藏单位：桂林馆

16326

评廿六年度国家总概算·说"预算日" 崔敬
伯著

北平：国立北平研究院经济研究会，[1937]，
11 页，16 开

　　本书为合订本。

　　收藏单位：重庆馆、广东馆、国家馆、湖
南馆、南京馆、内蒙古馆、浙江馆、中科图

16327

**莆田县地方二十四年度收支预算表草案公款
公产收支沿革表** [莆田县款产委员会编]

出版者不详，1935，石印本，[36] 页，16 开

　　本书附收支损益比较表。

16328

普通公务单位会计制度之一致规定 [主计处
会计局编]

上海：立信会计图书用品社，1949.2，106 页，
32 开

　　本书共 8 部分，内容包括：总说明、簿记
组织系统图、会计报告、会计科目、会计簿
籍、记帐凭证等。由主计部于 1948 年修正，
自 1949 年度起实行。

　　收藏单位：国家馆、上海馆、天津馆

16329

普通公务机关会计实务 翁鸣编著　潘葆墀
校阅

明德印书局，[1947]，132 页，32 开

　　本书共 7 章：概论、预算、会计科目及
分录举例、会计凭证、会计簿籍、会计报告、
决算。

　　收藏单位：广东馆、贵州馆、国家馆、吉
林馆、南京馆、首都馆

16330

普通公务会计原理 江西省地方行政干部训

练团编

江西省地方行政干部训练团，1941.3，256
页，25开

  收藏单位：江西馆、南京馆

16331

普通官厅簿记方式 区家侯编著

广州：合作印务公司，1926.6，44页，21开

16332

普通官厅会计学 蔡振邦著

汉口：真美善图书公司，1933，226页，25开
（湖北会计学会丛书）

  收藏单位：重庆馆

16333

普通官厅现行簿记组织及结算实例 杨汝梅
拟订

出版者不详，1913.8，22页，23开

  收藏单位：首都馆

16334

铺底加租条例合刊 伍澄宇编辑

中华学会，1922，73页，32开（中华学会丛
书10）

  收藏单位：南京馆

16335

七年来安徽省财政收支总报告 安徽省政府
财政厅编

安徽省政府财政厅，1941.12，1册，16开

  收藏单位：重庆馆、南京馆

16336

启东县三十七年度地方总概算书

出版者不详，1947，油印本，1册，16开，
环筒页装

  本书全部为表。内容包括：江苏省三十七
年度启东县地方概算岁入总表、江苏省启东
县各级机构及月支经费表、江苏省启东县
三十七年度员役生活补助费计算表等。

  收藏单位：国家馆

16337

钱永铭先生两年一个月之浙江财政 王忍先
编

出版者不详，1931，16页，16开

  本书以统计数字揭露其在浙江省政府财
政厅长任上欠发各机关经费500余万元。所
涉时间为1928年11月16日至1930年12月
15日。

16338

青岛市财政年刊（民国二十年度）

出版者不详，[1932]，1册，16开

  收藏单位：南京馆

16339

青岛特别市财政局业务纪要 青岛特别市财
政局编

青岛特别市财政局，1930，[316]页，16开

  本书介绍该局组织、法规、会计、租税、
土地、会议记录、行政概况等。所涉时间为
1928年7月至1930年6月。

  收藏单位：南京馆、上海馆

16340

青岛特别市税务关系规则类集 青岛特别市
财政局编辑

青岛特别市财政局，1940.10，303页，22开

  本书为汉日对照。共两部分：青岛特别市
税务关系规则、青岛特别市官有财产暨行政
手续费其他关系规则。

  收藏单位：国家馆、首都馆

16341

青岛统税局工作纪要（廿九至三十年） 青岛
统税局编

青岛统税局，[1941—1942]，2册（52+[116]
页），22开

  本书共7部分：关于总务事项、关于经理
事项、关于统税事项、关于印花税烟酒税事
项、关于矿产税所得税事项、关于禁烟清查
事项、各项图表。附图表91种。

  收藏单位：国家馆、首都馆

16342

青岛之财务行政 吴义方编

出版者不详，[1911—1949]，1 册，16 开，精
装

收藏单位：南京馆

16343

**青浦县第二区区公所各项公款收支报告册
（民国二十一年度）** 蔡庸言编制

薛浪公司，[1930—1939] 印，20 页，18 开

16344

清查公款、整理自治财政、视察会计手册

福建省政府财政厅第三科编

福建省政府财政厅会计处，1944.5，[316] 页，
25 开，布面装

本书收录该三项工作的工作要点、注意
事项及参考法令等。

收藏单位：福建馆

16345

清初四朝财政史 沈宪梁著

出版者不详，[1911—1949]，70 页，16 开

本书介绍清代顺治、康熙、雍正、乾隆
四朝的财政史。共 4 编：引论、支出、收入、
总论。

16346

清代云南的盐务 刘隽著

社会调查所，[1932—1949]，[113] 页，16 开

本书共 7 部分：绪言、清代以前云南井盐
的历史、滇盐的场产、运销、征权、官制与
缉私、结论。为《中国近代经济史研究集刊》
第 2 卷第 1 期抽印本。

收藏单位：中科图

16347

**请改进财政政策及经济统制办法以稳定战时
公私经济争取最后胜利并为战后民生主义建
设建立其基础案** 刘明杨等提

出版者不详，[1911—1949]，24 页，16 开

收藏单位：南京馆

16348

秋季农业税征收手册 豫皖苏区行政公署编

豫皖苏区行政公署，1948.10，27 页，25 开

本书共 4 部分：对秋征应有的几点认识、
豫皖苏区民国三十七年秋季农业税负担办法、
负担政策上的几点说明、征收工作。

收藏单位：国家馆、南京馆

16349

祛除重复课征实 杜岩双起草

出版者不详，[1911—1949]，39 页，32 开

本书为第五届业务会议决议案之四。

收藏单位：南京馆

16350

全国财政会议汇编 全国财政会议秘书处编
辑

国民政府财政部秘书处总务科，1928.7，1
册，18 开

本书内容包括：法规、议案索引、大会议
事录、图表、文电撮要等。

收藏单位：安徽馆、重庆馆、广东馆、国
家馆、黑龙江馆、湖南馆、南京馆、上海馆、
天津馆

16351

全国财政会议提案 甘肃财政厅编

甘肃财政厅，[1931—1940]，油印本，1 册，
16 开

本书内容包括：呈请废除甘肃各种杂税并
请中央拨款协济案、甘肃田赋概况及整理方
案、呈请将甘肃省国家岁入岁出部分划归中
央直接统筹收付案、兰州之金融与货币、甘
肃财政工作报告等。

收藏单位：国家馆、南京馆

16352

全国赋税与农田各项统计表 [财政部编]

[财政部]，[1931—1932]，折页 24 张，16 开
（财政会议参考资料 3）

本书全部为表。内容包括：最近各省市
田赋正附税额统计表、各省市二十年度田赋
收入表、各省市田赋与地方岁入总额比较表、

各省田地价格表、各省历年地价变迁表等。

收藏单位：上海馆

16353

全国各省市减轻田赋附加废除苛捐杂税报告书

出版者不详，1934，230 页，16 开

本书大部分为表。共 4 部分：绪言、各省市整理财政概要、各省市减轻田赋附加废除苛捐杂税总表、各省市减轻田赋附加废除苛捐杂税分表。

收藏单位：重庆馆、广东馆、国家馆、近代史所、南京馆、上海馆

16354

全国经济会议公债股议决案　全国经济会议公债股编

出版者不详，1928.6，10 页，16 开

本书共 7 部分，内容包括：整理各省省债案、筹发新债案、国民政府在粤汉所发债券整理案、交通事业内外债整理案等。

收藏单位：国家馆、上海馆

16355

全国经济会议贸易股本股及各委员提案并审查报告

中山印务局，1928.6，92 页，16 开

本书共 8 部分，内容包括：请实行保护贸易以裕民生案、关于建设者二案、关于棉业者一案、关于交通者六案、关于维护棉铁丝糖煤各业者一案等。逐页题名：全国经济会议议案。

收藏单位：国家馆、上海馆

16356

全国军事政治整理计划书

出版者不详，[1919]，153 页，22 开

本书共 5 部分：近年财政之状况、现在财政之实情、军事问题、政治问题、结论。

收藏单位：国家馆、上海馆、首都馆、天津馆

16357

全国行盐分区图说　盐务署总务处第二科编

财政部印刷局，1917，影印本，1 册

收藏单位：国家馆

16358

全国盐区现行皮重暨卤耗表（二十四年）

出版者不详，1935，30 页，16 开

本书备作盐务机关参考。收录长芦区、山东区、淮北区、扬州区、两浙区等 21 盐区税盐皮重暨卤耗表。

收藏单位：国家馆、南京馆

16359

全国盐区现行税率表

出版者不详，1937.3，63 页，16 开

出版者不详，1938.12，石印本，15 页，16 开

本书收录两淮、湘岸、松江、福建、两广、四川、云南、山东、河南、西北 10 个盐区现行税率表。

收藏单位：重庆馆、国家馆、南京馆

16360

全国印花税会议速记录　全国印花税会议编

全国印花税会议，1925，[182] 页，18 开

本书内容包括：召集全国印花税会议呈临时执政文、全国印花税会议简章、第一次股会议速记录等。附各省区印花税处意见书。

收藏单位：国家馆

16361

全国主计会议预备会议决议案概观　程养廉编

浙江省政府会计处，[1940]，38 页，32 开（浙江计政丛刊 2）

本书所述会议于 1939 年 11 月在重庆召开。

收藏单位：重庆馆、南京馆、浙江馆

16362

劝募公债须知　香港公债分会劝募队编制

香港公债分会劝募队，1941.5，16 页，32 开

本书共 9 部分，内容包括：战时公债之种

类、战时公债条例摘要、战时公债性质、战时公债劝募要点、劝募战时公债之意义等。书前有文章 3 篇，内容包括:《战时公债劝募运动的意义》(黄炎培)、《为劝募战债敬告同侨》(周寿臣) 等。

收藏单位:国家馆

16363

劝募救国公债宣传纲要 财政部劝募救国公债委员会云南分会编

财政部劝募救国公债委员会云南分会，1937.10，102 页，32 开

本书收录有关劝募救国公债的演讲词、言论、文告及《修正救国公债》等规章 12 种。

16364

劝募救国公债宣传资料 救国公债劝募委员会广东分会编

救国公债劝募委员会广东分会，1937，38 页，32 开

16365

榷醝回顾录 曾仰丰著

曾仰丰，1933，29 页，16 开

收藏单位:国家馆、南京馆、上海馆、首都馆

16366

榷盐回顾录 曾仰丰著

曾仰丰，1942.2，232 页，32 开

本书共两集，内容为著者于 1916—1939 年间从事盐务行政工作的回忆录。

收藏单位:重庆馆、国家馆、南京馆

16367

任副局长在太岳工商税务联合局首次分县局长会议总结报告 太岳区工商税务联合局编

太岳区工商税务联合局，1947.3，37 页，32 开

收藏单位:国家馆、近代史所

16368

日本意见

出版者不详，[1929—1939]，48 页，16 开

本书内容包括:中国政府内外各债整理之原则及假拟之计画、关于整理债务原则之意见、湖广津浦铁路借款问题意见书等。

收藏单位:国家馆

16369

日用品公卖问题 寿景伟讲

中央训练团印刷所，1941，12 页，32 开（中央训练团党政训练班讲演录）

本书内容包括:日用品公卖问题在战时民生经济上之重要性、经济部对于日用品种类之指定及其平价购销之基本原则、日用品公卖机构与全国合作社物品供销处业务上应有之配合等。

收藏单位:重庆馆、贵州馆、南京馆

16370

瑞安县财政之过去与现在 苏荣光编

出版者不详，[1911—1949]，油印本，1 册，16 开

收藏单位:南京馆

16371

三年来整理地方财政报告 财政部编

[财政部]，1937，6 页

本书附统计图表。

收藏单位:近代史所、南京馆

16372

三年来之广东财政 张导民著

出版者不详，[1911—1949]，油印本，1 册，16 开

收藏单位:南京馆

16373

三十八年度主计工作检讨会议会计工作检讨报告

出版者不详，[1949]，油印本，1 册，16 开

本书内容包括:序言、检讨事项、实行各县（市）税捐稽征处政课会计制度等。

收藏单位：桂林馆

16374

三十个月来湖南区货物税业务工作总检讨
刘大柏　温克刚述
财政部湖南区货物税局，1948.6，32页，32开

收藏单位：国家馆、南京馆

16375

三十六年度各类所得税免税额及税率　财政部直接税署编
财政部直接税署，[1947]，46页，32开

本书共5分类：甲乙两项营利事业所得税、甲项业务或技艺报酬所得税、甲乙两项财产租赁所得税、一时所得税、综合所得税。由财政部于1947年4月24日公布。

收藏单位：重庆馆、国家馆、南京馆、上海馆

16376

三十年度整理赋税计划及实施概况
出版者不详，1941，油印本，1册，16开

收藏单位：南京馆

16377

三十年来之盐政　张绣文著
财政部盐务总局，1943.12，27页，16开（盐政丛书）

本书共5部分：绪言、稽核所与盐政整理、党治下之盐政改革、抗建时期盐政之措施、结论。附三十年来盐务机关历任主管长官递嬗表。三十年为1914—1943年。

收藏单位：国家馆、吉林馆、南京馆、天津馆

16378

三十一年度业务报告　广东直接税茂名分局编
广东直接税茂名分局，[1940—1949]，28页，32开

收藏单位：广西馆

16379

三十一年同盟胜利美金·同盟胜利公债经办收解债款·领售债票手续须知　财政部公债筹募委员会编
财政部公债筹募委员会，1942，23页，32开

收藏单位：南京馆

16380

三台县卅二年度征收处各级承办征借实物人员办事守则　三台县政府粮政科拟制
三台县政府，[1943]，石印本，8页，36开，环筒页装

本守则共21条。

收藏单位：重庆馆

16381

三月训练之回顾　财政部川康区盐务人员训练班编
财政部川康区盐务人员训练班，1942.11，26页，32开

本书共15部分，内容包括：训练之目的、筹办与开学、组织经费与设备、学员来源、作息时间等。

收藏单位：国家馆、南京馆

16382

山东财政年刊　山东省政府财政厅编
山东省政府财政厅，1947，60+66页，18开

本书共5部分：弁言、特载、论著、报告、附录。"论著"部分收文两篇：《论我国现行财务制度》《现阶段之地方行政》。附录山东省银行主要人员名录等35种。

收藏单位：国家馆、近代史所、南京馆

16383

山东财政厅偿还各县军费案汇编　山东省政府财政厅秘书处编
山东省政府财政厅秘书处，1930.6，706页，18开

本书分上、下两编：各县通案、各县专案。上编共两类：法令类、表册类，下编分63县。封面题名：山东财政厅偿还十九年各县军费案汇编。

收藏单位：重庆馆、国家馆、湖南馆、近代史所、南京馆

16384

山东财政一年来之重要工作情形 [王向荣述]

山东省财政厅秘书处，1931，[22]页，16开

本书附山东省政府财政厅金库周年收支报告表。所涉时间为1930年9月9日至1931年9月9日。

收藏单位：国家馆

16385

山东解放区征收进出口税暂行条例（进出口贸易管理暂行办法） 山东省政府制订

山东省政府，1948.12，14页，32开

收藏单位：国家馆

16386

山东全省第二届财政局长会议特刊 [山东省政府财政厅编]

山东省政府财政厅，1931，[124]页，16开

收藏单位：首都馆

16387

山东省渤海区进出口货物税率表

出版者不详，[1940—1949]，石印本，10页，32开

本书全部为表。于1947年9月15日修订。

16388

山东省财政法令汇集 山东省政府渤海行署颁行　中共中央财政经济部研究室辑

[山东省政府渤海行署]，[1946—1947]，油印本，43页，18开

本书收录有关农业税、公粮等10项条例指示。

收藏单位：国家馆

16389

山东省地方普通岁入岁出概算书（中华民国二十一至二十四年度） 山东省政府财政厅编

山东省政府财政厅，[1933—1936]，10册，16开

本书每年4册，全部为表。第1册共两部分：岁入、岁出。岁入为各项收入，岁出共3项：党务费、行政费、司法费。第2册共两项：公安费、财务费。第3册1项：教育文化费。第4册共6项：实业费、建设费、债务费、协助费、预备费、临时费。封面题名：山东省地方普通概算。

收藏单位：安徽馆、重庆馆、广东馆、广西馆、国家馆、河南馆、湖南馆、南京馆、宁夏馆、首都馆、浙江馆

16390

山东省地方普通岁入岁出总预算表（中华民国二十一至二十三年度） 山东省政府财政厅编

山东省政府财政厅，[1932—1934]，3册（28+56+50页），16开

本书共两部分：经常门、临时门。

收藏单位：国家馆、河南馆、湖南馆、浙江馆

16391

山东省地方岁入岁出概算辑要（民国三十二年度） 山东省公署财政厅编

山东省公署财政厅，[1943]，32页，32开

本书内容包括：编制概况、各年度收支总额及中央协款比较图、岁入岁出概算各月份分配比较图、岁入经临各款百分比例图、岁入经临各款增减比较图、岁入临时各款增减比较图（附百分图）、岁出经临各费百分比例图等。

收藏单位：国家馆

16392

山东省地方岁入岁出预算册（民国十八至十九年度） 山东省政府财政厅编

山东省政府财政厅，[1929—1930]，4册（[513]+614+234+[286]页），16开，精装

本书内容与《山东省地方普通岁入岁出概算书》相同。

收藏单位：国家馆、河南馆、黑龙江馆、

南京馆、上海馆、首都馆、浙江馆

16393

山东省地方岁入岁出预算书（民国二十年度）
山东省政府财政厅预决算编审委员会编
山东省政府财政厅预决算编审委员会，[1931]，
4 册，16 开，精装

本书内容与《山东省地方普通岁入岁出概算书》相同。

收藏单位：重庆馆、广东馆、国家馆、南京馆、浙江馆

16394

山东省地方岁入岁出追加追减预算书（三十五年下半年度、三十六年度第一至三次、三十七年上半年度第一次） 王耀武　尹文敬　张敦镛编制
山东省政府财政厅，1947—1948，油印本，5册，16 开，环筒页装

本书全部为表。内容包括：岁入经常门、岁出经常门、岁入临时门、岁出临时门等。

收藏单位：国家馆

16395

山东省地方岁入岁出追加总预算书（民国三十五年下半年度） 山东省政府财政厅　山东省政府会计处编
山东省政府财政厅、山东省政府会计处，
1947.6，油印本，[4] 页，18 开，环筒页装

收藏单位：国家馆

16396

山东省地方岁入岁出总决算书（三十五年下半年度） 王耀武　张敦镛编
山东省政府会计处，1948，油印本，41 页，18 开，环筒页装

本书共 7 部分：总说明、（甲）岁入来源别总表、（甲）岁出政事别总表、（甲）岁出机关别总表、（乙）岁出政事别总表、（乙）岁出机关别总表、决算表。

收藏单位：国家馆

16397

山东省地方岁入岁出总预算分配总表（三十六年度） 王耀武　尹文敬　张敦镛编制
山东省政府财政厅，1946.7，油印本，6 页，18 开，环筒页装

本书全部为表。内容包括：岁入经常门、岁入临时门等。

收藏单位：国家馆

16398

山东省地方岁入岁出总预算书（三十五年下半年、三十六年、三十七年下半年度） [山东省政府财政厅编]
山东省政府财政厅，1946—1948，油印本，3册（4+19+24 页），18 开，环筒页装

收藏单位：国家馆

16399

山东省地方营业概算（中华民国二十二至二十五年度） 山东省政府财政厅编
山东省政府财政厅，[1933—1936]，4 册（[166]+110+104+[114] 页），16 开，精装

收藏单位：安徽馆、重庆馆、广东馆、国家馆、河南馆、宁夏馆、浙江馆

16400

山东省地方总预算书（中华民国二十二至二十三年度） 国民政府主计处等编
山东省政府财政厅，[1934—1935]，2 册（56+50 页），16 开

收藏单位：广东馆、国家馆、河南馆、湖南馆、南京馆

16401

山东省各县地方预算书（民国二十至二十一、二十三、二十五年度） 山东省政府财政厅编
山东省政府财政厅，[1931—1932]，5 册（[450]+[612]+600+908+880 页），16 开，精装

本书内容包括：山东各县该年度地方预算书总说明、山东各县该年度地方岁入岁出预算总数、历城县等县该年度地方岁入岁出预算表等。

收藏单位：国家馆、南京馆、上海馆

16402

山东省胶东区行政公署暂行进出口货物税税则税率　胶东区行政委员会通过

胶东区行政公署，1947.7，铅印及石印本，62页，32开

本税率自1947年8月1日起实行。

　　收藏单位：国家馆

16403

山东省经济财政整理委员会报告　山东省经济财政整理委员会编

山东省经济财政整理委员会，[1929]，3册（320+586+716页），16开，精装

本书收录该委员会自1929年成立起50次常会的会议记录及部分议案。

　　收藏单位：国家馆

16404

山东省税务局驻厂（场矿）税务员工作细则·新解放区税务工作实施纲要

出版者不详，[1946—1949]，5页，32开

本书为合订本。

　　收藏单位：国家馆

16405

山东省岁出单位预算书（三十五年度）　山东省政府会计处编制

山东省政府会计处，1945，油印本，1册，16开，环筒页装

　　收藏单位：国家馆

16406

山东省岁出决算书（三十四年度）　王耀武 张敦镛编

山东省政府会计处，1946.12，油印本，27页，18开，环筒页装

本书全部为表。共4部分：总说明、总表（甲种）、总表（乙种）、决算书。目录页题名：山东省岁出单位决算书。

　　收藏单位：国家馆

16407

山东省岁出总预算书（三十五年下半年度）

山东省政府会计处编

山东省政府会计处，[1946]，油印本，16页，18开，环筒页装

　　收藏单位：国家馆

16408

山东省营业税筹办委员会工作报告　山东省营业税筹办委员会编

山东省营业税筹办委员会，1931.6，[442]页，16开

本书收录相关法规、命令、公牍、存查文件、书表等。附《何谓营业税》（汪家曾）、职员录等。

16409

山东省暂行政府会计制度（草案）　华东财政经济办公处颁发

南京市人民政府财政局，1949.8，106页，32开

　　收藏单位：南京馆

16410

山东省征收营业税总评议委员会工作报告（第1、3—6期）　山东省征收营业税总评议委员会编辑

山东省征收营业税总评议委员会，1931—1931，2册，16开

本书内容包括：插图、会议录、公牍、存查文件、书表等。

　　收藏单位：国家馆、南京馆

16411

山东省政府财政厅第三周年重要工作报告

山东省政府财政厅编

山东省政府财政厅，[1933]，[36]页，16开

本书所涉时间为1932年9月9日至1933年9月9日。

　　收藏单位：湖南馆、南京馆

16412

山东省政府财政厅收支各款总清册　山东省财政厅编

山东省财政厅，1931，2册（16+28页），16

开

本书各分册所涉时间分别为：1930 年 9 月 9 日至 12 月 31 日、1931 年 1 月 1 日至 6 月 30 日。

收藏单位：国家馆、南京馆、上海馆

16413

山东省政府财政厅职员录（民国二十三年）

山东省政府财政厅编

山东省政府财政厅，[1934]，[114] 页，25 开

收藏单位：广西馆、国家馆、湖南馆

16414

山东省政会议财政事项议决案汇编　山东省政府财政厅编

山东省政府财政厅，1932.4，3 册（138+50+256+52+236 页），16 开

本书共 3 册。第 1 册收录第 1—28 次政务会议议决案（1930 年 9—12 月），第 2 册收录第 29—62 次政务会议议决案（1931 年 1—6 月），第 3 册收录第 63—108 次政务会议议决案（1931 年 7—12 月）。

收藏单位：重庆馆、国家馆、南京馆、上海馆、首都馆

16415

山东省追加岁入岁出单位预算书（三十五年上半年度）　山东省政府财政厅会计处编

山东省政府财政厅会计处，1947.4，3 页，16 开

本书全部为表。内容包括：岁入经常门、岁出临时门等。

收藏单位：国家馆

16416

山东省追减岁出单位预算书（三十五年度）

[山东省政府会计处]，[1947]，油印本，17 页，18 开，环筒页装

收藏单位：国家馆

16417

山东田赋粮食管理处三十六年度征实运输业务费预算表·山东田赋粮食管理处三十六年度征实业务费分配表·山东田粮处修正山东省三十六年度田赋征实及带征公粮配额表

[山东田赋粮食管理处编]

山东田赋粮食管理处，1947，油印本，1 册，32 开，环筒页装

本书为合订本。

收藏单位：国家馆

16418

山东现行财政法规统诠　罗介邱纂述

济南：五三美术印刷社，1930.8，408 页，22 开

本书共 5 编：总纲、各款收入法规、各款支出法规、县地方财政法规、结论。

收藏单位：广东馆、南京馆、浙江馆

16419

山东盐务税警一览　山东盐务税警局编著

山东盐务税警局收发处，1933.11，46+140 页，16 开

本书内容包括：山东盐务税警之沿革、训练与勤务、盐务税警防务之概况、关于改进之意见等。附训令摘要、法令规程等。

收藏单位：国家馆、上海馆

16420

山东盐政汇编

出版者不详，[1925]，54 页，16 开

本书收录 1924 年山东各盐场及各盐务处、局的行政建制、沿革、盐滩、灶数、场产，各盐警署缉私状况，各稽核支所、盐税局名录等资料。附山东盐税调查表、山东盐税统计表等。

收藏单位：国家馆

16421

山东一年来之财政情况　袁家普讲演　罗介邱笔记

济南：山东印刷公司，1930.4，60 页，22 开

本书内容包括：改革赋税、清理旧案、整理金库、收支概况、特种财务行政等。为袁家普于 1930 年 4 月在国民党山东省各级党部工作人员训练班上的演讲词。

收藏单位：国家馆、上海馆、浙江馆

16422

山西省地方财政调查报告（全） 童蒙正
[著]

出版者不详，1934，油印本，1 册，16 开

收藏单位：南京馆、中科图

16423

山西省第一次财政统计（第 1—3 集） 山西
省长公署统计处编

山西省长公署统计处，1921，1 册（378+
179+26 页），18 开

本书全部为表。共 3 编：赋税、预决算、
票据。

收藏单位：东北师大馆、国家馆、黑龙江
馆

16424

山西省第二次财政统计（民国八年度） 山西
省长公署统计处编

山西省长公署统计处，1923.9，[123] 页，16
开

本书共 4 编：田赋、厘金、杂税、票据。

收藏单位：国家馆

16425

山西省第三次财政统计（民国九、十两年度）
山西省长公署统计处编纂

山西省长公署统计处，1926.11，石印本，[281]
页，16 开

本书共 5 编：田赋、统税、杂税、票据、
预决算。

收藏单位：国家馆

16426

**山西省各县市地方岁入岁出总预算书
（三十六、三十七年上半年度）** 山西省政府
会计处编

山西省政府会计处，1947—1948，油印本，2
册，16 开

本书全部为表。

收藏单位：国家馆、南京馆

16427

山西省公署三年来财政统计 财政厅出版科
编

山西省公署财政厅，1941.6，82 页，16 开

本书全部为表。共 4 部分：收支状况、
现金、财政统计、事变前后比较。三年为
1939—1941 年。

收藏单位：国家馆、山西馆

16428

山西省芮城县三十六年度地方岁入总预算书

出版者不详，[1947]，油印本，1 册，18 开，
环筒页装

本书内容包括：岁入经常门、岁出临时
门、事业岁出等。

收藏单位：国家馆

16429

山西省三年来财政实况 财政厅编

财政厅，1940.7，24 页，25 开

收藏单位：山西馆

16430

山西省预算书（民国廿八年度）

出版者不详，1939，手写本，[7] 页，横 8 开

收藏单位：国家馆

16431

**山西省政府村政处清理村财政报告（民国
二十二年至二十四年）** 山西省政府村政处编

山西省政府村政处，1936，36 页，16 开

本书内容包括：山西村政处清理村财政报
告、山西省政府村政处训令、监督乡镇财政
办法等。

收藏单位：国家馆、南京馆

16432

陕甘宁边区财政经济问题·文教工作的方向
陈云　李鼎铭著

出版者不详，[1911—1949]，12 页，32 开，活
页装

本书为合订本。为二人在边区二届二次
参议会上的发言。

16433

陕甘宁边区各种税收条例

[陕甘宁边区新华书店]，1946.12，8 页，8 开

本条例由陕甘宁边区政府颁布。

收藏单位：国家馆

16434

陕甘宁边区农业统一累进税试行条例

出版者不详，1944.6，23 页，32 开

本书内容包括：陕甘宁边区农业统一累进税试行细则、陕甘宁边区土地房屋登记暂行办法等。

收藏单位：东北师大馆

16435

陕西省财政报告（民国二十一年度） 陕西省财政厅编

陕西省财政厅，[1933]，44 页，21 开，环筒页装

收藏单位：重庆馆、河南馆

16436

陕西省财政统计报告（民国二十八年份） 陕西省财政厅第一科统计股编

陕西省财政厅，1940，1 册，横 16 开

本书共 4 部分：收支概况、财务行政、工作纪要、附载。

收藏单位：重庆馆、国家馆、近代史所

16437

陕西省地方总概算书（中华民国三十年度）

陕西省政府会计处编

陕西省政府会计处，1941，42 页，12 开

收藏单位：南京馆

16438

陕西省地方总预算书（三十七年上半年度）

陕西省政府编

陕西省政府，1948，油印本，22 页，16 开，环筒页装

本书共 7 部分，内容包括：总说明行政院核定预算训令审核意见、地方预算岁入总表、地方预算岁出事业别总计表、生补费及主副食计算表等。

收藏单位：国家馆

16439

陕西省各县地方经费支出概况表 陕西省财政厅第二科编

陕西省财政厅第二科，1934.10，4 册，16 开

本书为合订本。合订书还有 3 种：《陕西省整理田赋附加暨县地方捐税计划书》《陕西省最近各县田赋附加概况表》《陕西省各县最近县有捐税收入概况表》。

收藏单位：南京馆

16440

陕西省各县地方款收支预算书（二十六年度）

出版者不详，[1936]，194 页，16 开

收藏单位：国家馆

16441

陕西省各县地方总预算书（三十六年度）

出版者不详，[1940—1949]，[273] 页，16 开

16442

陕西省各县赋税经征处地籍员办事暂行规则

陕西省财政厅制订

陕西省财政厅，[1940]，14 页，32 开

本规则于 1940 年 5 月在陕西省政府委员会第 193 次会议上通过。

收藏单位：国家馆

16443

陕西省各县市局地方总预算书（三十六年度）

出版者不详，1947，217 页，16 开

本书共 3 部分：说明、图表、各县市局地方总预算书。

收藏单位：国家馆

16444

陕西省关中区各县二十二年分地方税收支预算书 陕西省财政委员会编

陕西财政厅，[1934]，136 页，23 开，环筒页装

本书全部为表。收录长安、临潼、渭南等县二十二年分地方税收支预算书。

收藏单位：国家馆、河南馆、南京馆

16445

陕西省临时行政会议财政报告　陕西财政厅编

陕西财政厅，1938.7，26 页，16 开

本书共两部分：收支概况、整理草案。

收藏单位：国家馆

16446

陕西省普通公务单位会计制度　陕西省政府会计处编

陕西省政府会计处，[1911—1949]，176 页，32 开

收藏单位：南京馆

16447

陕西省省财政统计（民国二十七年度上半年度）　陕西省财政厅编

陕西省财政厅，[1938—1949]，22 页，16 开

收藏单位：南京馆

16448

陕西省省库会计制度

陕西省政府会计处，[1939] 印，64 页，25 开

本书共 5 章：总说明、会计报告、会计科目、会计簿籍、会计凭证。

收藏单位：国家馆、南京馆

16449

陕西省省总会计制度

陕西省政府会计处，[1939] 印，98 页，32 开

本书共 6 章：总说明、会计报告、会计科目、会计簿籍、会计凭证、簿记通则。

收藏单位：国家馆、南京馆

16450

陕西省岁出单位预算书（三十五年度）　陕西省政府会计处编

陕西省政府会计处，[1947]，30 页，16 开

收藏单位：国家馆、南京馆

16451

陕西省征收特种消费税暂行章程　陕西省财政厅编

陕西省财政厅，[1940—1949]，16+20 页，32 开

本书附税额表。于 1940 年 3 月 22 日由省政府委员会第 176 次会议议决通过。

收藏单位：南京馆

16452

陕西省政府会计处工作报告　陕西省政府会计处编

陕西省政府会计处，[1941]，油印本，15 页，16 开，环筒页装

本书共 5 部分：办理二十八年度省总预算情形、办理二十九年度省总概算情形、筹编三十年度省总概算情形、审编各县二十九年度地方预算情形、审编各县三十年度地方预算情形。

收藏单位：国家馆、南京馆

16453

陕西特种消费税税率　陕西财政特派员编

陕西财政特派员，[1934]，1 册，大 16 开

收藏单位：东北师大馆、国家馆

16454

善后公债之研究　[浙江实业银行编]

[浙江实业银行]，[1926.8]，18 页，50 开

本书内容包括：善后公债之大略、善后公债之担保、善后公债抽签还本之方法及其利益等。

收藏单位：上海馆

16455

善后借款详论　周宏业著

天津：庸言报社，1913.7，[70] 页，22 开

本书共 4 章：借款之条件、中国经济上之亏损、用途中之行政费及他费、将来之危险。

收藏单位：东北师大馆、南京馆、首都馆

16456

商政报告（中华民国二十七年七月）　孔祥熙

报告

出版者不详，1938，17 页，16 开

本书为 1933—1937 年财政金融状况的总结报告。

收藏单位：国家馆、南京馆

16457

上海财政 上海市财政局编

[上海市财政局]，1930，1 册，16 开，精装

本书内容包括：序文、题辞、发刊词、法规、命令、公牍、论著、统计等。

收藏单位：南京馆

16458

上海市财政局办事细则 上海市财政局编

上海：上海市财政局，[1945—1949]，12 页，32 开

16459

上海市财政局工作报告 上海市财政局编

上海市财政局，[1945—1947]，3 册（26+12+13 页），16 开

本书共 5 部分：收支概况、整理税捐、清理田赋、产债金融、公库行政。各分册所涉时间分别为：1945 年 9 月至 1946 年 2 月、1946 年 1—8 月、1947 年 5—8 月。

收藏单位：重庆馆、国家馆、上海馆

16460

上海市财政局业务报告 上海市财政局编

上海市财政局，[1931—1932]，2 册（[446]+[332] 页），18 开，环筒页装

本书共 5 编：组织、捐税、统计、公债、附录。各分册所涉时间分别为：1929 年 7 月至 1931 年 6 月、1931 年 7 月至 1932 年 6 月。

收藏单位：广东馆、国家馆、近代史所、南京馆、上海馆

16461

上海市财政局业务概况（十九年度上半年）

唐乃康编著

出版者不详，1931.1，[66] 页，32 开（上海市财政局刊物）

本书附市金库 1930 年 7—12 月逐月收支报告。

收藏单位：南京馆、上海馆

16462

上海市财政局章则汇刊

上海市财政局，1936.10，1 册，16 开

本书共 3 部分：总务类、捐物类、会计类。内容包括：上海市财政局办事细则、上海市财政局征稽处章程、上海市房损规则、上海市房产估价委员会章程、上海市统一收支办法、上海市财政局征解捐款规则等。

收藏单位：南京馆

16463

上海市地方保安捐委员会工作报告（三十八年三月至五月） 上海市地方保安捐委员会编

上海市地方保安捐委员会，[1949]，19 页，16 开

本书共 5 部分：前言、收入部分、支出部分、会计报告、结论。附上海市地方保安捐征收办法、委员及职员名单等 4 种。

收藏单位：上海馆

16464

上海市第一届参议会财政委员会工作报告（第 1、4 辑） 上海市第一届参议会秘书处编

上海市第一届参议会秘书处，1946—1947，2 册（20+4 页），32 开

本书收录该届委员会历次会议纪录等。

收藏单位：国家馆、上海馆、浙江馆

16465

上海市第一届参议会预决算委员会工作报告（第 1—2、4 辑） 上海市第一届参议会秘书处编

上海市第一届参议会秘书处，1946—1947，3 册（4+12+44 页），32 开

收藏单位：国家馆、上海馆、浙江馆

16466

上海市公布征收暂行地价税估价图表（第 2—7 册） 上海市土地局绘编

上海市土地局，[1935]，6 册（37+47+89+ 28+ 88+54 页），16 开

本书第 2—7 册分别为：法华区、引翔区、沪南区、引翔区扩充区、蒲淞区扩充区、洋泾区扩充区。

16467

上海市征收暂行地价税章则汇编

出版者不详，1933.8，[11] 页，16 开

本书收录章则 4 种：上海市征收暂行地价税章程、上海市征收暂行地价税章程施行细则、上海市暂行地价税土地估价委员会组织规则、上海市征收暂行地价税地价公断办法。

收藏单位：国家馆

16468

上海市政府会计规程

出版者不详，1929，134 页，24 开

出版者不详，1930.12 重版，134 页，24 开（上海市财政局刊物 1）

本规程于 1929 年 1 月 22 日修正公布。

收藏单位：南京馆、上海馆

16469

上海市政府现行各种会计制度汇编　上海市政府会计处编

上海市政府会计处，1948.7，16 册，32 开

本书分 16 册。每册 1 编，共 16 编：总目录及提要、国家总会计制度、省（市）总会计制度之一致规定、中央各机关及所属普通公务单位会计制度之一致规定、暂行公有营业会计制度之一致规定、各级地方政府公库出纳会计制度设计准则、县市局捐税稽征处课会计制度之一致规定、上海市银行会计制度、上海市兴业信托会计制度草案、上海市印制厂会计制度、上海市市立医院会计制度、上海市公共交通公司筹备委员会会计制度、上海市码头仓库管理处会计制度、上海市吴淞煤气厂会计制度、上海市公用局浦东自来水厂会计制度、上海市社会局所属各公典会计制度之一致规定。

收藏单位：国家馆、吉林馆、辽大馆、南京馆、内蒙古馆、上海馆

16470

上海特别市财政局业务报告　上海特别市财政局编

上海特别市财政局，1929—1931，2 册（[576]+ [445] 页），16 开，环筒页装

本书内容包括：序言、组织、税捐、会计、计划等。各分册所涉时间分别为：1928 年 7 月至 1929 年 6 月、1929 年 7 月至 1931 年 6 月。

收藏单位：国家馆、南京馆

16471

上海特别市三十一年度财务行政　上海特别市财政局秘书室编

上海特别市财政局秘书室，1943，196 页，32 开

16472

上海特别市政府财政局业务汇报　上海特别市政府财政局编

上海特别市政府财政局，1928，[14]+475 页，16 开

本书内容包括：组织、捐税、会计、计画等。汇报时间为 1927 年 7 月至 1928 年 6 月。

收藏单位：重庆馆、国家馆、中科图

16473

上海特别市政府会计规程

上海：勤业印务局，1929.7，修正版，106 页，14 开

本规程于 1929 年 1 月 22 日由上海特别市政府会计委员会修正。

16474

上海特别市政府会计规程释义　费绍宏编著

费绍宏 [发行者]，1929.5，306 页，22 开

本书共 11 章，内容包括：总则、会计系统、会计科目、簿记组织、簿记程式及记法、决算等。附审计法、审计法施行细则、会计法草案等。

收藏单位：国家馆、江西馆、南京馆、内蒙古馆、上海馆

16475

上海县实行地价税经过纪要　江苏省地政局编

江苏省地政局，1937.3，50 页，16 开

本书共 4 章：引言、查估地价、编造地价税册、结语。

收藏单位：国家馆、南京馆

16476

绍兴县三十五年度田赋征实须知　绍兴县田赋粮食管理处编

绍兴县田赋粮食管理处，[1940—1949]，12 页，32 开

本书内容包括：绍兴县田赋征收标准、完纳期限与滞纳处分、经征区域各划分、经征机构人员之配备等。

收藏单位：浙江馆

16477

绍兴县县社仓经济仓储部岁入岁出收支计算书　[绍兴县社仓部编]

[绍兴县社仓部]，[1921]，25 页，16 开

收藏单位：浙江馆

16478

绍兴县政府编查店住屋捐报告　绍兴县政府编

绍兴县政府，1937，42 页，16 开（第三区行政督察专员公署绍兴县政府财政丛书 3）

收藏单位：国家馆、南京馆、浙江馆

16479

绍兴县政府查催契税报告　[胡宗谦编]

出版者不详，[1937.5]，48 页，18 开（第三区行政督察专员公署绍兴县政府财政丛书 4）

本书共 6 章，内容包括：绍县契税鸟瞰、查催动机、查催结果、今后问题等。附浙江省查催契税办法、绍兴县政府查催契税办事处细则等 6 种。

收藏单位：国家馆、南京馆

16480

绍兴县政府二十四年度岁出岁入决算报告书　绍兴县政府编

绍兴县政府，1937.6，1 册，16 开（浙江省第三区行政督察专员公署绍兴县政府财政丛书 5）

收藏单位：南京馆、绍兴馆

16481

绍兴县政府捐税征收处簿记组织　绍兴县政府第三区行政督察专员公署编

绍兴县政府第三区行政督察专员公署，[1937]，69 页，16 开（第三区行政督察专员公署绍兴县政府财政丛书 2）

本书内容包括：簿记组织系统图、会计科目、收入传票、帐簿、报表、征收成绩年计表等。

收藏单位：南京馆、浙江馆

16482

社会部三十二年度岁出经常门常时部分概算简表

社会部，1943，油印本，5 页，13 开，环筒页装

收藏单位：国家馆

16483

社会部三十二年度岁出经常门临时部分概算简表

社会部，1943，油印本，3 页，13 开，环筒页装

收藏单位：国家馆

16484

社会部岁出经常门临时部份追加案说明表暨说明书（三十一年度）

[社会部]，1942，油印本，1 册，16 开，环筒页装

收藏单位：国家馆

16485

审查重编本市三十五年下半年度岁入岁出总预算报告书

[上海市参议会]，[1946]，12 页，16 开

本书为 1946 年上海市参议会对市预算的

审查报告。

16486
审核民众等公司呈请改订卷烟税率一案说明书   财政部税务署编
上海：新国民印书馆，[1911—1949]，48 页，16 开
　　收藏单位：南京馆

16487
审计院修订普通官厅用簿记   审计院修订
审计院，1914.10，78 页，22 开
　　本书共 3 章：簿记组织、登记方法及顺序、簿记程式及登记实例。据国务院颁行的普通官厅簿记修订编成。
　　收藏单位：广东馆、国家馆、上海馆

16488
生产供给会议财经报告提纲   晋绥边区编制
晋绥边区，1947，抄本，37 页，16 开
　　收藏单位：国家馆

16489
省市总会计制度之一致规定   国民政府主计处编
国民政府主计处，[1946—1949]，修订版，45 页，16 开
　　本规定于 1946 年 7 月颁行，于 1948 年 1 月修订。被收入 1948 年 7 月由上海市政府会计处编辑出版的《上海市政府现行各种会计制度汇编》，作为该汇编本的第 3 编。
　　收藏单位：重庆馆

16490
省市总会计制度之一致规定   主计处会计局编
广州市政府会计处，1948，48 页，16 开
　　收藏单位：广东馆

16491
省县财政及省县税   张凤藻编著
上海：大东书局，1949，138 页，32 开（地方行政实务丛书 13）

本书介绍省县财政的意义、目的、范围、特质、省县支出、收入、税捐等。
　　收藏单位：重庆馆

16492
省债   凌文渊编
北平：银行月刊社，1928.9，[313] 页，18 开
　　本书收录 16 省区积欠内外债款额及签订条件等资料。
　　收藏单位：东北师大馆、国家馆、近代史所、南京馆、上海馆、中科图

16493
施行非常时期过分利得税在社会经济上之意义   财政部所得税事务处编
财政部所得税事务处，1940.5，18 页，22 开
　　本书共 4 部分：抗战以来的变态国民经济及社会的不平鸣、非常时期过分利得税筹办实施的经过、非常时期过分利得税对纳税人负担之分析、非常时期过分利得税征课之意义。
　　收藏单位：国家馆、浙江馆

16494
十九年三月至六月各局卡收数考核表
出版者不详，1930，油印本，3 页，13 开，环筒页装
　　本书附十九年三月至五月各局卡收数考核表、某某局卡十八年度收入比额表、手绘各局卡分布图。
　　收藏单位：国家馆

16495
十年来办理岁计之经过   国民政府主计处岁计局编
国民政府主计处岁计局，[1940—1949]，42 页，16 开
　　本书为该处所编《岁计年鉴》之提要，就 1931 年该处成立至 1941 年之岁计概况摘要叙述，并列表比较。
　　收藏单位：重庆馆、国家馆、南京馆

16496

十年来之财政丛刊 财政部参事厅等编

中央信托局印制处，1943 印，[569] 页，32 开

本书为孔祥熙兼任财政部长就职十周年的纪念文辑。共 21 辑，内容包括：十年来之政务法制、十年来之财务行政、十年来之国库、八年来之直接税、十年来之关税等。

收藏单位：安徽馆、东北师大馆、广东馆

16497

十年来之广东会计制度 广东省政府会计处编

广东省政府会计处，1946，186 页，32 开

本书共 5 章：绪言、机构之设置与推进、业务之设计与实施、人才之考选与训练、工作之检讨与考核。附训词选录、现任会计人员名录、各班各期受训人员名录。

收藏单位：国家馆、南京馆、浙江馆

16498

十年来之盐政 缪秋杰著

财政部盐务总局，1948.4，28 页，32 开

本书共 10 部分，内容包括：制度沿革、产销概况、征榷情形、盐贷之举办、盐业技术之改进、未来计划等。

收藏单位：国家馆、吉大馆、吉林馆、南京馆

16499

石家庄财政局无政府无纪律状态检查报告

石家庄市政府财政局著

石家庄市政府财政局，1949.2，油印本，5 页，16 开

收藏单位：国家馆

16500

[石家庄市政府关于农业税免税点与消耗扣除及改造农业负担表册的通知] 石家庄市政府颁行

石家庄市政府，1948.8，油印本，3 页，32 开

收藏单位：国家馆

16501

实施改订财政收支系统会议日程表

出版者不详，[1940—1949]，1 册，16 开

本书内容包括：实施改订财政收支系统会议规程、实施改订财政收支系统会议秘书处组织规程、修订财政收支系统法原则等。

收藏单位：国家馆

16502

实施所得税遗产税计划案

出版者不详，[1936]，[32] 页，16 开，环筒页装

本书为实施前的讨论稿。收录两税的实施计划、条例、细则、推行步骤等 6 项草案。

16503

实行公务员考铨制度与改革盐政之关系

出版者不详，[1937]，10 页，16 开

收藏单位：国家馆、上海馆

16504

实用报税指导 王矩先编

北京：矩先会计事务所，1943.1，160 页，32 开

本书共 5 章：总论、编表、一时营利事业薪给报酬及利息的报税、沿用中式簿记的商号应矫正的通病、编表实例。附所得税暂行条例、所得税暂行条例施行细则、折旧率计算表、工业制品成本计算表。

收藏单位：国家馆、首都馆

16505

实用官厅簿记 叶鹏飞编著

[上海]：世界书局，1935.5，164+59 页，25 开，精装

[上海]：世界书局，1936，再版，164+59 页，25 开，精装

[上海]：世界书局，1937.5，3 版，164+59 页，25 开，精装

本书共 10 章：概论、金库、会计科目、传票、帐表、簿记规则、缴款及支款、预算、决算、交代。附国民政府主计处组织法、财政部会计则例、财政部监督地方财政条例等。

收藏单位：重庆馆、广东馆、国家馆、河南馆、湖南馆、辽大馆、南京馆、首都馆、西交大馆

16506
实用官厅会计　吴蕚编著
上海：商务印书馆，1935，石印本，412页，22开，精装（立信会计丛书）
上海：商务印书馆，1935.12，再版，石印本，412页，23开，精装（立信会计丛书）
上海：商务印书馆，1936.4，3版，412页，25开，精装（立信会计丛书）
长沙：商务印书馆，1938.4，7版，412页，22开，精装（立信会计丛书）
长沙：商务印书馆，1938.10，8版，412页，25开，精装（立信会计丛书）
长沙：商务印书馆，1940.2，9版，412页，25开，精装（立信会计丛书）
上海：商务印书馆，1940.6，11版，412页，22开（立信会计丛书）
长沙：商务印书馆，1941.3，12版，412页，25开（立信会计丛书）

本书共10章，内容包括：通论、预算、收支、决算、预算帐户与财务帐户、财产会计、官厅簿记、官厅审计等。

收藏单位：重庆馆、广东馆、广西馆、贵州馆、国家馆、湖南馆、吉林馆、江西馆、辽宁馆、南京馆、绍兴馆、首都馆、天津馆、浙江馆

16507
实用政府会计　蔡经济编著
上海：立信会计图书用品社，1941.9，再版，283页，22开（立信会计丛书）
重庆：立信会计图书用品社，1941，修订3版，389页，23开（立信会计丛书）
重庆：立信会计图书用品社，1942.4，4版，389页，25开（文信会计丛书）
桂林：立信会计图书用品社，1942.6，4版，389页，25开（立信会计丛书）
桂林：[立信会计图书用品社]，1943，修订6版，377页，22开（立信会计丛书）
广州：立信会计图书用品社，1946.7，7版，

283页，25开（立信会计丛书）

本书为作者授课的教本。共6编：总论、预算、收支、会计、现行会计制度、决算与审计。章末附习题。

收藏单位：长春馆、重庆馆、广东馆、广西馆、贵州馆、桂林馆、湖南馆、辽大馆、南京馆、浙江馆

16508
实用政府会计　李亦人　孔橲编著
西安：中国文化服务社陕西分社，1942.11，319页，18开（西北会计学会丛书）

收藏单位：国家馆

16509
实用政府会计（下册）　谢霖　林树湘编
成都：正则会计事务所，1941.5，180页，16开

本书共4类：组织法令、岁计法令、会计法令、审计法令。

收藏单位：南京馆

16510
食盐问题　马泰钧讲
[中央训练团印刷所]，1940.5，18页，36开（中央训练团党政训练班讲演录）
[中央训练团印刷所]，1940.12，27页，36开（中央训练团党政训练班讲演录）
中央训练团印刷所，1941，28页，36开（中央训练团党政训练班讲演录）

本书共6部分：食盐之重要性、抗战以来盐政之措施、二十九年产销计划、税制之沿革、当前盐务应行解决之问题、今后盐务政策。

收藏单位：重庆馆、南京馆、宁夏馆、武大馆

16511
试办宣统三年四川岁出岁入预算比较表（下）
出版者不详，[1911—1949]，149+[10]页，横12开

本书全部为表。共两部分：岁出经常门分类数目表、岁出临时门分类数目表。

收藏单位：重庆馆

16512

试拟中央及各省区国家岁入岁出预算表　财政整理会编

财政整理会，1924.9，6 册，18 开

　　本书收录试拟京兆、直隶、奉天、吉林等 15 省国家岁入岁出预算分表。

　　收藏单位：东北师大馆、国家馆、近代史所、辽宁馆、南京馆、上海馆

16513

试行硝磺营业会计制度　财政部盐务总局编订

财政部盐务总局，1944.7，2 册（208+46 页），16 开

　　本书共 11 章，内容包括：总说明、会计科目、主要会计簿籍、资产负债类科目之明细帐表、损益类科目之明细帐表等。附各种凭证帐表目录、会计科目简明表。

　　收藏单位：国家馆、吉林馆、南京馆

16514

视察人员手册　财政部盐务总局编

财政部盐务总局，1942.4，74 页，64 开

　　本书共 8 部分，内容包括：概说、视察守则、视察方法、视察报告注意事项、视察检举注意事项等。

　　收藏单位：国家馆、湖南馆、吉林馆、南京馆

16515

收支程序　江西省地方行政干部训练团编

江西省地方行政干部训练团，1941.3，26 页，25 开（分组训练教材 65）

　　收藏单位：江西馆

16516

收支程序　江西省地方行政干部训练委员会编

江西省地方行政干部训练委员会，1942.6，28 页，25 开，精装（各县训练所训练乡镇干事教材）

收藏单位：江西馆

16517

收支国库应用科目

中央银行，[1943—1948]，7 册，16 开

　　本书将中央及地方的机关团体、事业单位分部门编列成支出名录。所涉时间为 1943—1948 年。

　　收藏单位：安徽馆、重庆馆、广东馆、国家馆、湖南馆

16518

收支计算书格式及填法说明书

出版者不详，[1911—1949]，24 页，16 开

　　收藏单位：重庆馆

16519

水泥统税处罚章程

出版者不详，[1930—1939]，4 页，16 开

　　本章程于 1933 年 6 月 9 日公布。

16520

水泥统税稽征章程

出版者不详，[1930—1939]，6 页，16 开

　　本章程于 1933 年 6 月 9 日公布。

16521

税警缉私概要　余炳勋等编

盐务缉私督察人员训练班，1935.10，356 页，22 开

　　本书共 15 章，内容包括：绪言、税警章则、训练、长芦、苏五属产销区、两浙产区、淮北产区等。

　　收藏单位：国家馆、吉林馆、南京馆

16522

税捐各局卡现行比额

出版者不详，[1930]，油印本，1 册，16 开，活页装

　　本书收录 1928—1929 年抚宁洋河口、天津老龙头、天津总车站、天津大红桥、天津龙王庙闸口、大沽口、石家庄等局的税收表。

　　收藏单位：国家馆

16523

税人手册　[浙江绍兴县赋税征收处编]
浙江绍兴县赋税征收处，[1940—1949]，74页，32 开

本书共 4 部分：粮税章则、契税推收、县自治税、其他部份。收录浙江省各市县有关章则共 34 种。目录页题名：绍兴县赋税征收处征收赋税规程。

16524

税收政策意见书　财政部甘末尔设计委员会拟
财政部甘末尔设计委员会，1930，油印本，18 页，16 开

收藏单位：国家馆、上海馆

16525

税务处职员录　税务处编
税务处，1924.4，42 页，18 开，环筒页装
税务处，1926.9，32 页，18 开，环筒页装

本书收录该处提调厅、统计科、会计科、庶务科等部门职员录。

收藏单位：国家馆

16526

税务人员考试手册　杨世杰编
上海：大东书局，1947，130 页，36 开

本书共 5 章：应考须知、考试前后应注意事项、应考准备用书举要、各科试题汇辑、参考资料。附各科试题。

收藏单位：广东馆、桂林馆、国家馆、湖南馆、南京馆、浙江馆

16527

税务人员手册　财政部福建税务管理局编
财政部福建税务管理局，1943.10，186 页，23 开

本书共 11 章。首章叙述税务署及直接税处的沿革，其他各章均以 1943 年 8 月前颁布的各种税务法规为依据，摘要叙述各种直接税与货物税的沿革、课税范围、税率、征课手续、罚则等。

收藏单位：重庆馆

16528

税务人员手册　财政部税务署编
财政部税务署，1947.7，154 页，50 开

本书共 16 部分，内容包括：税训、财政部税务署及所辖区局直辖局及分局系统表、货物税史简述、现行货物税之种类与税率、货物税课税物品评价须知、各种货物税征收手续及查验须知等。附各税章则参考表。

收藏单位：安徽馆、国家馆、吉林馆、江西馆、南京馆、上海馆

16529

税务手册（又名，税务实践）　黄君默编著
出版者不详，1944，128+40 页，32 开

本书内容包括：税务署组织系统、货物税史简述，有关货物税种类、税率、征收手续、查验须知等法令章则。附怎样做税务员。

收藏单位：广西馆

16530

税务统计　财政部江西税务管理局直接税丛书编纂委员会编
财政部江西税务管理局直接税丛书编纂委员会，[1911—1949]，油印本，10 页，18 开（中央直接税丛书）

收藏单位：广东馆

16531

税务行政经验集　刘友藩著
新税政月刊社，1944.12，262 页，32 开

收藏单位：南京馆

16532

税务学校廿年纪念　北平税务专门学校廿周年纪念特刊委员会编
北平税务专门学校廿周年纪念特刊委员会，1929.2，1 册，16 开，精装

本书收文 26 篇，内容包括：《税校二十年来略史》（黄季弼）、《收回海关行政权之我见》（谢丛周）、《中日关税交涉之抉隐》（许文通）、《新税率之鸟瞰》（蒋宗衡）、《领事裁判权与关税》（刘萃华）等。附本校现任职教员一览、校内外全体同学录。

收藏单位：广东馆、国家馆

16533

税务章则汇编（初集） 财政部福建区税务局编

财政部福建区税务局，1941.3，10+395 页，32 开

　　本书共 5 编：官制、服务、税务、海关协助事项、会计。收录中央及该省的有关章则、令文、电文 140 余种。

　　收藏单位：贵州馆、国家馆

16534

税务整理处召集招包委员训话要点

税务整理处，[1929]，油印本，2 页，13 开，环筒页装

　　收藏单位：国家馆

16535

税务专门学校章程汇编 税务专门学校编

北平：税务专门学校，1933.4，[80] 页，16 开

　　本书共 10 部分，内容包括：税务专门学校章程、税务专门学校教师服务及待遇规程、税务专门学校职员服务规程、税务专门学校教务处办事细则、税务专门学校事务处办事细则等。

　　收藏单位：国家馆

16536

税则汇编目次 王家鼎 [等] 编

奉天财政厅，1928，[232] 页，16 开

　　收藏单位：辽宁馆

16537

私拟浙江省县政府会计规程 孙燮和　陈超仑编

浙江财务人员养成所，[1928.12]，127 页，32 开

　　收藏单位：浙江馆

16538

四川财政概况 财政部四川财政特派员公署编

财政部四川财政特派员公署，1936.3，166 页，18 开

　　本书共 4 编：岁出入概况、国税、省税、公债与地钞。

　　收藏单位：重庆馆、广东馆、国家馆、吉林馆、近代史所、南京馆、上海馆、首都馆

16539

四川财政录 [黄云鹏等编]

出版者不详，[1926]，[728] 页，16 开

　　本书共 5 编：收入门、官有产业门、临时收入门、支出门、职掌门。

　　收藏单位：重庆馆、国家馆、近代史所、内蒙古馆、上海馆、中科图

16540

四川地方税务概况

出版者不详，1940，46 页，32 开

　　本书共 5 部分：导言、川省地方现行税捐述略、今后之省县税、一般问题的检讨、结论。

　　收藏单位：广西馆、南京馆

16541

四川款目说明书

出版者不详，[1911—1949]，1 册，16 开

　　本书内容包括：地丁说明书、津贴说明书、捐输说明书、新加捐输说明书等。

　　收藏单位：浙江馆

16542

四川农村社会苛捐杂税概录 傅双无纂

成都：民间意识社，1936.10，再版，118 页，22 开

　　收藏单位：南京馆、浙江馆

16543

四川省财政改制后省县财政收支预计说明书

出版者不详，[1946]，10 页，16 开

　　收藏单位：重庆馆

16544

四川省财政概况 中国人民解放军西南服务

团研究室编

中国人民解放军西南服务团研究室，1949，50 页，36 开（四川省参考资料 4）

　　本书共两编：税政、田赋。

　　收藏单位：重庆馆

16545

四川省财政近年概况　　四川省训练团编

[四川省训练团]，1940.5，114 页，32 开（区训练班教材）

　　本书分甲、乙两篇：二七年六月至二八年六月概况、二八年下半年度（七至十二月）概况。两篇均包括 7 部分：财务行政之整饬、各项制度之改善、税务之整理、债务之整理、金融之调剂、预算之执行、县地方财政之整理。

　　收藏单位：重庆馆、国家馆

16546

四川省地方普通岁出概算书（中华民国二十四年度）　[四川省政府财政厅统计股编]

出版者不详，[1936]，[95] 页，16 开

　　本书全部为表。

16547

四川省地方税局两年来职工训练概况　　四川省地方税局职工训练委员会编

四川省地方税局职工训练委员会，1937，1 册，16 开

　　本书内容包括：两年来之职工训练报告、职工训练各项间章则、职员班课程时数及内容、职工训练委员会成立会议纪录、职工训练委员会委员暨训练班职员一览、职工训练班历期各班教师一览、职工训练班历期各班毕业学员一览、军事训练班职员教员暨毕业学员一览等。

　　收藏单位：重庆馆

16548

四川省地方总概算书（中华民国二十七年度）　[四川省政府编]

出版者不详，[1939]，106+10 页，16 开

　　本书全部为表。附有关公文及表格 5 种。

　　收藏单位：重庆馆、南京馆

16549

四川省第六次行政会议财政中心工作提示

四川省政府财政厅编

四川省政府财政厅，1946，[14] 页，18 开

　　本书内容包括：财政中心工作提示、四川省各县（市局）税捐征收处组织规程、四川省各县（市局）税捐征收处等级划分表、四川省各县（市局）税捐征收处各级职员任用办法等。

　　收藏单位：重庆馆

16550

四川省二十八年度各县地方预算之分析　　四川省政府财政厅秘书室统计股编

四川省政府财政厅秘书室统计股，[1930—1939]，[310] 页，16 开

　　本书共 6 部分：引言、各县预算总额比较、各县岁入之来源、各县岁出之分配、近五年来之趋势、结语。附四川省二十八年县地方岁入岁出预算统计等图表。

　　收藏单位：国家馆

16551

四川省各区税务督察处会计规程

[四川省政府]，[1937]，42 页，18 开

　　本书共 11 章，内容包括：总则、概算及预算、收支程序、会计科目、应用账簿、收支报告等。

　　收藏单位：国家馆

16552

四川省各县地方预算汇编（二十七至二十八年度）　　四川省政府财政厅编

四川省政府财政厅，[1938—1939]，2 册，16 开

　　本书全部为表。

　　收藏单位：重庆馆、东北师大馆、国家馆

16553

四川省各县市地方总预算书汇编（民国二十九至三十一、三十三年度）　　四川省政府会计

处编

四川省政府会计处，1941—1944，5 册，18 开

　　本书内容包括：四川省该年度各县市地方预算总额分级表、四川省该年度各县市地方预算岁入岁出总对照表、四川省该年度各县市地方预算岁入岁出分析表等。民国三十三年度为 2 册，分上、下两编。其他年度每年为 1 册。

　　收藏单位：重庆馆、国家馆、南京馆

16554

四川省各县县地方款项收支处理暂行规则

四川省政府编

四川省政府，1938，1 册，22 开

　　收藏单位：南京馆

16555

四川省各县县政府经收处征课会计制度　四川省政府会计处编

四川省政府会计处，1941.12，18 页，8 开

　　本书共 9 部分，内容包括：总说明、簿记组织系统图、会计报告、会计科目说明表、会计簿记、分录举例、会计报告编送程序等。

　　收藏单位：重庆馆、国家馆

16556

四川省各县征收局会计规程

出版者不详，[1939]，8 页，16 开

　　本书共 10 章，内容包括：总则、概算及预算、收支程序、记帐手续、会计科目、应用帐簿等。

　　收藏单位：国家馆

16557

四川省各县征收局填送收支月报暂行规则

[四川省政府]，[1937]，12 页，18 开

　　收藏单位：国家馆

16558

四川省经济建设基金临时保管委员会工作总报告　四川省经济建设基金临时保管委员会编

四川省经济建设基金临时保管委员会，[1946]，70+15 页，横 16 开

　　本书共 7 章，内容包括：概述、谷款之摊算与分配、领存、结存、代管款等。附四川省经济建设基金临时保管委员会委员姓名表。所记时间为 1945 年 7 月 1 日该会成立至 1946 年 8 月 31 日该会结束。

　　收藏单位：重庆馆

16559

四川省普通公务会计制度　四川省政府颁行

[四川省训练团]，1940.9，27 页，32 开（四川省训练团讲义）

　　本书共 3 部分：单位机关、分会计机关、会计报告编送程序。由国民政府主计处核准，自 1940 年度起试办。

　　收藏单位：重庆馆、广西馆、南京馆

16560

四川省普通公务会计制度实例　四川省政府会计处编

四川省政府会计处，[1911—1949]，25 页，8 开

　　本书全部为表。

　　收藏单位：重庆馆

16561

四川省普通岁出单位预算书（三十二年度）

四川省政府会计处编

四川省政府会计处，1943，1 册，16 开

　　本书全部为表。内容包括：四川省三十二年度普通岁出单位预算书、预算移用表、预算说明书、预算附表等。

　　收藏单位：重庆馆

16562

四川省契正税暨附加收入概算表（二十四年度）　四川省政府编

[四川省政府]，[1935]，油印本，13 页，16 开，环筒页装

　　收藏单位：重庆馆

16563

四川省荣县三十四年度县地方总预算书

出版者不详，[1945]，石印本，1 册，16 开，环筒页装

　　本书全部为表。内容包括：四川省荣县三十四年度县地方预算岁出总表、荣县三十四年度县地方总预算书、荣县三十四年度县公粮收支预算表等。所涉时间为 1945 年 1 月 1 日至 12 月 31 日。

　　收藏单位：重庆馆

16564

四川省省地方总概算书（民国二十八至三十年度） 四川省政府会计处编

四川省政府会计处，[1939—1941]，3 册，16 开

　　本书大部分为表。

　　收藏单位：重庆馆、国家馆、南京馆

16565

四川省岁出单位决算书（民国三十三年度、三十五年上半年度） 四川省政府会计处编

四川省政府会计处，[1944—1946]，2 册（[200]+73 页），8 开

　　本书全部为表。

　　收藏单位：国家馆

16566

四川省岁入单位决算书（民国三十四年度）

四川省政府会计处编

四川省政府会计处，[1940—1949]，[10] 页，6 开

　　本书全部为表。

　　收藏单位：国家馆

16567

四川省田赋管理处工作报告 石体元著

出版者不详，[1911—1949]，22 页，32 开

　　本书共 7 部分，内容包括：健全各级组织、改订征收新科则、介绍田赋征实、整理契税、举办土地税概况等。所涉时间为 1943 年 5—11 月。

　　收藏单位：重庆馆

16568

四川省田赋征购实物实施方案草案（三十一年度） 四川省政府　财政部四川省田赋管理处拟订

出版者不详，[1941]，16 页，36 开

　　本书草案共 11 部分，内容包括：总则、征粮、购粮、机构、仓库等。

　　收藏单位：重庆馆

16569

四川省田赋征借实物实施办法（细则） [四川田赋粮食管理处编]

四川田赋粮食管理处，[1949]，20 页，36 开

　　本细则共 68 条。

　　收藏单位：重庆馆

16570

四川省田赋正税暨附加收入概算表（廿四年度）

出版者不详，[1911—1949]，油印本，6 页，16 开，环筒页装

　　收藏单位：重庆馆

16571

四川省县地方预算汇编（二十五至二十六年度） 四川省政府财政厅编

[四川省政府财政厅]，[1936—1937]，2 册，16 开

　　本书收录各县地方岁入岁出预算表、县地方预算编制办法、各县地方预算概要等。

　　收藏单位：重庆馆、东北师大馆、广东馆、近代史所、南京馆

16572

四川省县市会计制度（总会计、简易单位会计） 四川省政府颁行

四川省政府会计处，1941，石印本，38 页，横 8 开

　　本制度由国民政府主计处核准，自民国三十年度起试办。

　　收藏单位：重庆馆

16573

四川省乡镇统制会计制度　四川省政府会计处编

四川省政府会计处，[1911—1949]，24 页，32 开

本制度由国民政府主计处核准试办。

收藏单位：南京馆

16574

四川省营业税局通告　四川省营业税局编

四川省营业税局，1936，48 页，36 开

本书介绍征收机关办理营业税的步骤、营业人申报纳税的手续等。附四川省营业税征收章程、营业税法、四川省营业税税率表等。

收藏单位：重庆馆

16575

四川省营业税征收章程　四川省营业税局编

四川省营业税局，1936，34 页，36 开

本书内容包括：四川省营业税征收章程、四川省营业税评议委员会章程、四川省营业税总调查须知等。附各种表单证据式。

收藏单位：重庆馆

16576

四川省征购实物收储业务讲习大纲　财政部四川省田赋管理处编

财政部四川省田赋管理处，[1911—1949]，1 册，36 开

本书内容包括：实物成色鉴别、实物保护保管及翻晒要义、衡量折合及衡量器使用方法大纲、仓库建筑法、收储方法大纲等。

收藏单位：重庆馆

16577

四川省征收营业税例案辑览（第 1 集）　四川省营业税局编

四川省营业税局，1937，36 页，16 开

本书内容包括：木业（四件）、染织业（二件）、机械业（一件）、银楼业（一件）等。

收藏单位：重庆馆

16578

四川省政府财政厅工作报告（二十七年度下半年度）　四川省政府财政厅编

四川省政府财政厅，[1938]，24 页，16 开

本书内容包括：调整人事、强化视察制度、整理税务、整顿各项税收等。

收藏单位：重庆馆、南京馆

16579

四川省政府财政厅历年各项财政统计表　四川省政府财政厅秘书室统计股制

四川省政府财政厅秘书室，1940.11，20 页，8 开

本书收录统计表 20 种，内容包括：四川省历年度（自二十四年度至二十九年度）省地方预算岁入岁出对照表、四川省政府县市财政整理项目及办法、四川省各县市过去财政情形概况表、四川省整理县市财政已得及可得之效果等。

收藏单位：国家馆

16580

四川省政府财政厅秘书室统计股办事细则

四川省政府财政厅，1939.8，油印本，1 册，16 开

收藏单位：南京馆

16581

四川省政府财政厅施政报告　甘绩镛报告

[四川省政府财政厅]，[1939—1940]，2 册（48+33 页），32 开

本书共 7 节，内容包括：整饬财务行政、改善各项制度、整理税务、整理债务、调节金融等。各分册所涉时间分别为：1938 年 6 月至 1939 年 6 月、1939 年 7—12 月。

收藏单位：重庆馆、国家馆、南京馆

16582

四川省政府财政厅施政报告概要　甘绩镛报告

[四川省政府财政厅]，[1939]，20 页，16 开

本书所涉时间为 1938 年 6 月至 1939 年 7 月。

收藏单位：南京馆、浙江馆

16583

四川省政府建设厅普通公务会计制度　四川省政府建设厅编

四川省政府建设厅，[1911—1949]，1 册，16 开

本书封面题名：普通公务会计制度。

收藏单位：重庆馆

16584

四川省政府教育厅蒋任收支总册

[四川省政府教育厅]，1938.8，1 册，横 16 开

本册经厅长蒋志澄咨送新任杨厅长接收并分别呈报主管上级机关备案。

收藏单位：南京馆

16585

四川省政府清理债务委员会总报告书　四川省政府清理债务委员会编

四川省政府清理债务委员会，1939，94 页，16 开

本书内容包括：四川省政府清理债务委员会暂行条例、四川省政府清理债务委员会姓名表及职员一览表、清查债务案经过、偿还方案、会务概况、经费收支情形等。

收藏单位：重庆馆、南京馆

16586

四川省之公债　重庆中国银行编辑

外文题名：Public bond issues of Szechuen province

重庆中国银行，1934.1，95 页，32 开（四川丛刊 2）

本书共 8 部分，内容包括：发行各种公债库券以前之财政略况、库券公债发行之起因、各项基金之史略来源及现状、各项公债库券之经过及信用现状、各项公债库券一览表等。研究对象为 1932—1933 年驻四川二十一军发行的 13 种公债库券。

收藏单位：重庆馆、国家馆、南京馆、上海馆、天津馆、浙江馆

16587

四川省专署县府区署联保办公处组织暨经费沿革表　四川省政府民政厅 [编]

四川省政府民政厅，[1939]，油印本，22 页，横 14 开

本书附各县市区署联保保甲户口面积统计表。

收藏单位：国家馆

16588

四川田赋改制专刊　财政部四川省田赋管理处编

财政部四川省田赋管理处，1941，107 页，18 开

本书内容包括：特载、重要法令、统计材料等。书前收文 16 篇，内容包括：《田赋改制之意义与执行要则》（张群）、《实行田赋征收实物》（黄季陆）等。

收藏单位：国家馆、近代史所、南京馆、中科图

16589

四川县财政整理之分析　卢畇原　王肇烈著
　　四川地方实际问题研究会编

成都：实际出版社，1941，40 页，32 开（四川地方实际问题研究会丛书 9）

收藏单位：重庆馆、国家馆

16590

四川之金融恐怖与刘湘东下　张禹九著

出版者不详，[1937]，24 页，32 开

收藏单位：重庆馆、国家馆

16591

四年回顾（为财政部浙江所得税办事处成立四周年纪念作）　张淼著

财政部浙江所得税办事处，1940.12，18 页，32 开

收藏单位：南京馆

16592

四年来的财政金融　孔祥熙讲

中国国民党中央执行委员会宣传部，1941.7，

38 页，32 开（抗战第四周年纪念小丛书）

收藏单位：安徽馆、重庆馆、广东馆、广
西馆、国家馆、吉林馆、近代史所、南京馆、
西南大学馆、浙江馆

16593

四月份国内公债票市价表（1931 年）

出版者不详，1931，3 页，16 开

收藏单位：国家馆

16594

宋代的杂徭　（日）曾我部静雄 [著]　张我军译

北京近代科学图书馆，[1931—1939]，13 页，22 开（北京近代科学图书馆丛刊第 27 号）

收藏单位：国家馆

16595

苏省请免加征漕价案函电汇录

出版者不详，[1916]，26 页，23 开

本书收录唐文治等人请免加征"漕税"呈文函电 15 件。

16596

苏松财赋考　（清）周梦颜辑　吴廷铨校

常熟：开文社，[1911—1949]，1 册，16 开

本书附曾国藩减赋奏议。

收藏单位：南京馆

16597

苏浙皖税务总局火柴统税水泥统税麦粉税章则　苏浙皖税务总局编

苏浙皖税务总局，[1938]，[43] 页，16 开

本书收录章则 10 种，内容包括：火柴水泥统税及麦粉税条例、火柴统税稽征章程、水泥统税稽征章程、麦粉税处罚章程等。

收藏单位：上海馆

16598

苏浙皖税务总局卷烟统税章则　苏浙皖税务总局编

苏浙皖税务总局，[1938]，[57] 页，16 开

本书收录章则 11 种。

16599

苏浙皖税务总局棉纱统税矿产税章则　苏浙皖税务总局编

苏浙皖税务总局，[1938]，[52] 页，16 开

本书收录章则 13 种。附苏浙皖税务总局各项矿产税税率简表（1938 年 6 月）。

16600

苏浙皖税务总局统税矿产税印花烟酒税汽水税税率表　苏浙皖税务总局编

苏浙皖税务总局，[1941.9]，[39] 页，16 开

16601

苏浙皖税务总局土酒定额税、火酒统税、洋酒类税、啤酒统税、汽水税章则　苏浙皖税务总局编

苏浙皖税务总局，[1938]，26 页，16 开

本书收录章则 7 种。

16602

苏浙皖税务总局土烟叶税章则　苏浙皖税务总局编

苏浙皖税务总局，[1938]，16 页，16 开

本书收录章则 3 种。

收藏单位：浙江馆

16603

苏浙皖税务总局印花税章则　苏浙皖税务总局编

苏浙皖税务总局，[1938]，20 页，16 开

本书收录章则 4 种。

16604

绥远财政公牍分类辑要（第 2 期）　绥远财政厅编辑处编

绥远财政厅，1925，[294] 页，18 开

收藏单位：甘肃馆

16605

绥远财政年刊（民国三十五至三十六年度）　绥远省财政厅编

绥远省财政厅，[1947—1948]，5 册，16 开

本书民国三十五年年刊为 3 册，三十六

年为两册。内容包括：特载、论述、法规、工作计划、工作报告等。

收藏单位：国家馆

16606
绥远财政厅年刊（民国二十一年度） 绥远财政厅秘书处编
绥远财政厅秘书处，[1933]，[744]页，16开

本书为创刊号。内容包括：法规章则、公文、计划、统计图表等。"特载"部分收录《绥远省财政机关之沿革》一文。

收藏单位：广西馆

16607
绥远省各县市地方总预算书汇编（中华民国三十六年度） 绥远省政府财政厅编制
绥远省政府财政厅，[1947]，104页，16开

本书共9部分，内容包括：绥远省各县市三十六年度岁入岁出预算总额百分比较图、绥远省各县市三十六年度地方岁入岁出预算总额比较图、绥远省三十六年度各县市人员数目总额比较图等。

收藏单位：国家馆

16608
绥远烟酒辑要 绥远烟酒事务局编
绥远烟酒事务局，1927.7，[236]页，16开

本书概述绥远烟酒事务沿革，并收录命令、公牍、法规、统计等143件。

收藏单位：国家馆、辽宁馆

16609
岁计概要 张汉卿编著
丽水：浙东书局，1940，[10]+132页，22开

本书共6章：统述、预算、决算、暂行预算科目、概算及预算书表、决算报表格式。据作者浙江省地方行政干部训练班岁计讲义编写。

收藏单位：重庆馆、广东馆、国家馆、吉林馆、内蒙古馆、浙江馆

16610
岁计年鉴 国民政府主计处岁计局编

国民政府主计处岁计局，1934，3册，16开

本书共6章：民国财政概况、中央岁入岁出概况、地方岁入岁出概况、国债、军费、国有经营岁入岁出概况。

收藏单位：国家馆、湖南馆、近代史所、南京馆、上海馆、首都馆

16611
岁计年鉴（第2集） 国民政府主计处岁计局编
国民政府主计处岁计局，1935.5，[539]页，16开

本书共6章：总论、中央岁入岁出、国债、国家营业收支、地方岁入岁出、现行岁计法规摘要。

收藏单位：重庆馆、国家馆、湖南馆、吉林馆、南京馆、首都馆

16612
岁计年鉴（第3集） 国民政府主计处岁计局编
国民政府主计处岁计局，1936.9，1册，16开

本书共5章：总论、中央岁入岁出概况、国债、国家营业收支概况、地方岁入岁出。

收藏单位：国家馆、湖南馆、吉林馆、南京馆

16613
岁计年鉴（第4集） 国民政府主计处岁计局编
国民政府主计处岁计局，1937，[645]页，16开

本书共5章：总论、中央岁入岁出、国债、国家营业收支、地方岁入岁出。

收藏单位：国家馆、吉林馆、南京馆

16614
岁计问题（即，预算决算问题）·整理国债与平衡国库收支 杨汝梅著
中国计政学会，1937.1，88页，32开（中国计政学会丛刊）

本书为合订本。《岁计问题》共两节：关于预算法规之各问题、关于决算法规之各问

题。为著者于 1936 年 4 月在中央政治学校专科以上学校毕业生就业训导班上所作的演讲稿。《整理国债与平衡国库收支》附世界各国岁入岁出一览、主要各国岁入比较等。为著者在中央广播电台所作的播音讲稿。

　　收藏单位：上海馆

16615

岁计制度　余模编述

[四川省训练团]，1940.9，118 页，32 开（四川省训练团讲义）

　　收藏单位：广西馆、南京馆

16616

所得税　行政院新闻局编

行政院新闻局，1947.1，25 页，32 开

　　本书共 8 部分，内容包括：税制之演进、征课范围、免税规定、征收程序、各类所得税稽征办法、历年税收状况等。

　　收藏单位：安徽馆、长春馆、重庆馆、广东馆、广西馆、国家馆、河南馆、湖南馆、吉林馆、江西馆、近代史所、辽大馆、辽宁馆、南京馆、宁夏馆、陕西馆、上海馆、首都馆、天津馆、武大馆、浙江馆

16617

所得税筹备处简章

出版者不详，[1920—1929]，石印本，[40] 页，16 开

　　本书收录简章及办事细则等 9 种。于 1920 年由北京政府财政部颁布。

　　收藏单位：国家馆

16618

所得税各类征收须知

出版者不详，[1911—1949]，24 页，25 开

出版者不详，[1911—1949]，15 页，50 开

　　本书内容包括：营利事业所得税、薪给报酬所得税、证券存款所得税征收须知等。

　　收藏单位：重庆馆、上海馆

16619

所得税各项疑难问答　祝步唐编著

所得税河南办事处，1937，1 册，32 开

　　本书共 4 部分：第一类营利事业各项疑难问答、第二类薪给报酬各项疑难问答、第三类证券存款各项疑难问答、关于各类调查审核处罚各项疑难问答。附所得税审查委员会组织规程、所得税罚锾暂行办法、所得税奖励金暂行办法等。

　　收藏单位：河南馆

16620

所得税及遗产税

四川省训练团，1940.5，22 页，32 开

　　收藏单位：南京馆

16621

所得税会计　蔡经济　李超凡编著

上海：立信会计图书公司，1946.12，204 页，22 开（立信会计丛书）

　　本书内容包括："各业会计与所得税之处理""征课类会计——预算及征解""课征类会计——会计制度"等。附修正所得税法、所得税法施行细则、遗产税法等 8 种。

　　收藏单位：辽大馆、浙江馆

16622

所得税纳税须知　杨荫溥　王逢壬著

上海：经济书局，1936，89 页，24 开

　　本书共 8 部分，内容包括：引言、所得税之概说、各国所得税之略述、所得税在我国之重要性、我国创办所得税之沿革等。附所得税暂行条例、所得税暂行条例施行细则等 4 种。

　　收藏单位：安徽馆、重庆馆、广东馆、国家馆、南京馆、上海馆、浙江馆

16623

所得税浅说　张恂子著

上海：震华书局，1937.6，136 页，50 开

16624

所得税实施问题　崔敬伯著

北平：国立北平研究院经济研究会，1936.6，34 页，16 开

本书论述 1936 年实施所得税法以来面临的问题，并介绍苏联及资本主义各国所得税制度。共 4 部分：引言、所得税制概观、苏联所得税制现状、中国试行所得税问题。

　　收藏单位：国家馆、湖南馆、江西馆、内蒙古馆、天津馆、浙江馆

16625
所得税实务讲义　舒铎编

财务总署财务官吏养成所出版课，1943.9，104 页，18 开

　　本书共两部分：我国创行所得税之沿革、华北现行之所得税。书前有弁言。

　　收藏单位：国家馆

16626
所得税现状一览　财政部所得税事务处编

财政部所得税事务处，1940.5，12 页，23 开

　　收藏单位：南京馆

16627
所得税须知　朱肇之编

上海：三民图书公司，1937.8，再版，1 册，25 开

　　本书内容包括：什么是所得税、所得税的历史、吾国为何要抽所得税、吾国创办所得税的沿革、怎样课征所得税、所得税暂行条例等。附所得税暂行条例及施行细则、所得税征收须知草案。

　　收藏单位：浙江馆

16628
所得税研究院报告　[四川省银行所得税研究会编]

四川省银行所得税研究会，1937，油印本，1 册，16 开，环筒页装

　　本书介绍薪给报酬所得税、证券存款所得税及罚则的界定及规定。

　　收藏单位：重庆馆

16629
所得税要览　宁恩承编辑

汉口武汉印书馆，1937，83 页，16 开，精装

本书共 5 章：总论、现行所得税、所得税条例之解释、调查审查及诉愿与诉讼、罚则。

　　收藏单位：重庆馆、贵州馆

16630
所得税要义　郑文新著

正则出版社，1937.4，1 册，22 开

　　本书共 8 章：所得税之性质、所得之意义、所得之种类、所得之税率、所得额之计算法、所得额之报告、所得额之决定与缴纳、所得税之罚则。

　　收藏单位：浙江馆

16631
所得税与会计　徐永祚　陆善炽编著

上海：徐永祚会计师事务所，1938.10，471+[100] 页，23 开（会计丛书 6）

　　本书共 13 章，内容包括：租税大意、所得税之意义、各国所得税之沿革及其制度、我国所得税之课税范围及种类、我国所得税之免税规定、我国所得税之税率及纳税额计算法等。附所得税暂行条例及施行细则、所得税征收须知、所得税疑义解释。

　　收藏单位：重庆馆、国家馆、南京馆、内蒙古馆、上海馆

16632
所得税与会计十讲　徐永祚著

上海：徐永祚会计师事务所，1937.1，255 页，22 开（会计丛书 6）

上海：徐永祚会计师事务所，1937.3，3 版，1 册，22 开（会计丛书 6）

　　收藏单位：安徽馆、北师大馆、南京馆、内蒙古馆、浙江馆

16633
所得与资本之性质　张淼讲

财政部整理地方捐税委员会，1936.8，18 页，16 开

　　收藏单位：南京馆

16634
所利得税实务浅说　财政部广东直接税局编

财政部广东直接税局，[1941—1949]，40 页，
32 开

　　本书叙述该省开征所利得税的事前准备
工作、课征程序、经征机构、组织系统、税
款计算等。

　　　　收藏单位：南京馆

16635

**台湾省地方岁入岁出总概算书（三十六至三
十七年度）** 台湾省行政长官公署会计处编

台湾省行政长官公署会计处，[1947—1948]，
2 册（54+42 页），16 开

　　本书全部为表。内容包括：总概算编制
说明、岁入总表、岁出总概算事业别总计表、
岁出总概算事业别百分比表、岁出总概算机
关别总计表等。其他题名：台湾省岁入岁出总
概算书。

　　　　收藏单位：重庆馆、国家馆

16636

**台湾省各县市地方岁入岁出总预算书汇编
（三十七年度）** 台湾省政府会计处编

台湾省政府会计处，[1948]，208 页，16 开

　　本书全部为表。内容包括：台湾省各县市
三十七年度地方总预算书审编总说明、地方
总预算实数表、地方预算总额分级表、地方
预算岁入岁出总对照表、地方总预算岁入总
表等。

　　　　收藏单位：国家馆

16637

台湾省会计人员手册 台湾省行政长官公署
会计处编

台湾省行政长官公署，1946.9，627 页，32 开

　　　　收藏单位：南京馆

16638

**台湾省屏东市三十五年度地方岁入岁出总决
算书**

出版者不详，[1940—1949]，[32] 页，16 开

　　本书全部为表。

　　　　收藏单位：国家馆

16639

**台湾省普通公务统一会计制度（省各机关及
所属单位会计制度）** 台湾省政府会计处编

台湾省政府会计处，1948.8，4 册，16 开

　　本书分甲、乙、丙、丁 4 种。

　　　　收藏单位：浙江馆

16640

台湾省岁入岁出预算书（三十五年度） 台湾
省行政长官公署会计处编

台湾省行政长官公署会计处，[1940—1949]，
37 页，16 开

　　本书目录页题名：台湾省岁入岁出总预算
书。

　　　　收藏单位：国家馆

16641

台湾省岁入岁出总决算书（三十五年度） 台
湾省政府会计处编

台湾省政府会计处，[1947]，94 页，16 开

　　本书全部为表。共 5 部分：台湾省三十五
年度决算总说明书、台湾省三十五年度总决
算岁入岁出对照总表、岁入部分、岁出部分、
台湾省三十五年度岁入岁出预算追加减汇计
表。

　　　　收藏单位：国家馆

16642

台湾省台南县民国三十五年度地方总决算书

出版者不详，[1940—1949]，66 页，16 开

　　　　收藏单位：国家馆

16643

台湾省总会计制度 台湾省政府会计处编

台湾省政府会计处，1948.9，70 页，16 开

　　本书内容包括：总说明、统制纪录部份、
汇编部份等。

　　　　收藏单位：浙江馆

16644

台湾一年来之财政 台湾省行政长官公署财
政处编

台湾省行政长官公署宣传委员会，1946.12，

69 页，32 开（新台湾建设丛书 15）

本书共 6 章：省概算、赋税、财务行政、县市财政、乡镇财政、金融。一年为 1945 年 11 月至 1946 年 12 月底。

收藏单位：重庆馆、浙江馆

16645

台湾一年来之会计行政　台湾省行政长官公署会计处编

台湾省行政长官公署宣传委员会，1946.12，209 页，32 开（新台湾建设丛书 19）

本书共 3 编：岁计、会计、会计机构及会计人员。

收藏单位：重庆馆、南京馆

16646

太行财政会议几个决定汇集　太行行政公署财政处编

太行行政公署财政处，1948.12，111 页，32 开

本书内容包括：杨处长在专县财政科长会议上的报告、太行行政公署关于评丈工作指示、县地方财政几项制度规定、太行区战勤实施办法草案、华北区农业税暂行税则等。

收藏单位：国家馆、山西馆

16647

太行第三专员公署关于豁免统累税的指示
太行第三专员公署颁布

太行第三专员公署，1946.4，油印本，6 页，32 开（三财字第一号）

本指示由专员李毅之、副专员刘征田签发。

收藏单位：国家馆

16648

太行分局高干会议上的报告（财经工作）

出版者不详，1943.2，171—204 页，32 开

收藏单位：国家馆

16649

太行区财政工作中几个问题的初步总结（三十四年度）　太行行署财政处辑

太行行署财政处，1945，30 页，32 开

本书共 5 部分：征收、仓库、契税、整理地方公产、安置荣退军人。

收藏单位：国家馆、山西馆

16650

太行行署关于大力整理财政的命令　太行行署颁行

太行行署，1947.7，油印本，4 页，16 开

本书附太行区整理财政办法、太行区地方财政制度。由行署主任李一清签发。

收藏单位：国家馆

16651

太平天国前后长江各省之田赋问题　夏鼐著

[北京]：国立清华大学，1935.4，66 页，16 开

本书分上、下两篇：太平天国以前的情形、平定太平天国时的减赋运动。为《清华学报》单行本。

收藏单位：国家馆、首都馆

16652

太原统税局工作纪要（二十九年度）　太原统税局编

太原统税局，[1941]，[106] 页，16 开

本书共 9 部分，内容包括：插图、太原统税局二十九年度大事表、太原统税局三十年度事业计划提要、工作纪要、各项图表、附表等。目录页题名：太原统税局二十九年度工作纪要。

收藏单位：国家馆

16653

（太岳）专署财政秘书会议总结　太岳行署财政处编

太岳行署财政处，1948.6，27 页，32 开

本书内容包括：太岳区的生产、群众的负担、政策、财粮管理、干部作风等。为该处纪处长于 1948 年 5 月 8 日所作之报告。

收藏单位：国家馆

16654

泰兴财政　典兴减等编

典兴减 [发行者]，[1911—1949]，手写本，1 册，16 开，精装

　　收藏单位：南京馆

16655

谈盐汇刊　铦公等编

出版者不详，[1911—1949]，[124] 页，16 开

　　本书为文言体，无标点。共 4 卷。收录盐政论文 23 篇，内容包括：《张季直盐政补救策驳议》《破除引岸争议》《论盐务为营业性质不宜官办》《论改革盐政书》《引地溯源论》等。

　　收藏单位：南京馆

16656

檀香山华侨推销救国公债征信录　驻火奴鲁鲁总领事馆编辑

驻火奴鲁鲁总领事馆，1938.12，118 页，16 开

　　本书内容包括：例言、购债诸君玉照、救国公债结束总数表、认购公债芳名、代募公债进支计算表等。

　　收藏单位：国家馆

16657

唐代财政史　鞠清远著

长沙：商务印书馆，1940.9，171 页，36 开（史地小丛书）

上海：商务印书馆，1940，171 页，32 开（史地小丛书）

　　本书共 6 章：两税法以前之赋税、两税法、专卖收入、官业收入与税商、特种收支、财务行政。书中摘引各史、志及类书原文均注明出处。

　　收藏单位：重庆馆、东北师大馆、广东馆、贵州馆、国家馆、黑龙江馆、吉林馆、江西馆、南京馆、天津馆

16658

唐代的两税法　鞠清远著

出版者不详，[1911—1949]，[35] 页，16 开

本书为北京大学《社会科学季刊》第 6 卷第 3 号抽印本。

16659

唐宋政府岁入与货币经济的关系　全汉升著

出版者不详，[1948]，[32] 页，16 开

　　本书共 5 部分：引言、唐代的岁入、北宋的岁入、北宋岁入钱币金银较唐激增的原因、结论。为《国立中央研究院历史语言研究所集刊》第 20 本抽印本。

　　收藏单位：国家馆、南京馆

16660

特种考试税务人员考试试题汇编

喻新光 [发行者]，1948.1，98 页，32 开

　　本书为 1947 年国民政府财政部举办现职财务、税务人员特种考试的各科试题。分两部分：高级之部、初级之部。科目包括：宪法、财政学、经济学、租税论、英文、民法、会计学、工商管理、统计学、盐政等。附三十五年特种考试财务人员考试试题、各项法令、财政部部长告考试及格人员书。

　　收藏单位：安徽馆、国家馆、吉林馆、江西馆、南京馆

16661

提倡内国公债会第二次报告书　提倡内国公债会编

上海：提倡内国公债会，1914.9，[120] 页，22 开

　　本书内容包括：序文、部批、本会第二次开会之通告、提倡内国公债会第二次大会纪事、分会纪事、杂录等。附本会上内国公债局条陈、内国公债成绩记等。

　　收藏单位：国家馆

16662

提高行政效能及简化处理公文办法　财政部盐政总局订

财政部盐政总局，1946，21 页，16 开

　　本办法共 23 条。

　　收藏单位：国家馆、南京馆

16663

天津货物税特刊 ［天津货物税局编］

天津货物税局，[1940—1949]，44 页，16 开

　　本书内容包括：一年来办理天津货物税之经过、关于矿产税各项章则、关于货物税各项章则、本局三十五年度全年税收统计图表等。

　　收藏单位：国家馆、南京馆

16664

天津民众的呼声（第 1 集）

东方日报社，1930.8，161 页，32 开

　　本书收录天津市各报关于阎锡山占领天津期间各种苛捐杂税的报道。共 13 部分，内容包括：阎氏叛变哭满津门、巧借名义芦盐加价、糖类特捐独苦津民、翻尽新样逼贴印花、噫谁怜机制货征捐等。

　　收藏单位：国家馆

16665

天津市财政报告 天津市政府财政局编

天津市政府财政局，1947.9，油印本，1 册，16 开，活页装

　　本书共 5 部分：税务、公库、会计、整理自治财政、结论。

　　收藏单位：国家馆

16666

天津市地方临时筹集各款收支报告书（三十七年） 天津市政府编

天津市政府，1949，1 册，16 开

　　本书共 5 部分：城防工事、救济特捐、纸烟及纱布捐献、军事支应、兵发互助。

　　收藏单位：天津馆

16667

天津市地方岁入岁出概算书（二十年度） 天津市财政局编

天津市财政局，[1931.9]，36 页，大 16 开

　　本书全部为表。

　　收藏单位：国家馆

16668

天津市税捐概况（十七年度至二十一年度）

天津市政府统计委员会编

天津市政府统计委员会，1935.8，106 页，16 开

　　本书共 4 部分：五年来财政概况、现行税捐概况、各种税捐述略、附录。附录各项税捐历年度逐月收入数目表、各机关历年度实收税捐数目表。

　　收藏单位：广东馆、国家馆、吉林馆、南京馆、上海馆、首都馆、天津馆

16669

天津特别市财政局财政年刊（民国十七至十八年度） 天津特别市财政局编

天津特别市财政局，1929—1930，2 册，16 开

　　本书内容包括：组织、法规、命令、公牍、会议纪录、统计、工作计划等。

　　收藏单位：广西馆、国家馆、南京馆、宁夏馆、首都馆、天津馆

16670

天津统税局工作纪要（三十年度） 天津统税局编

天津统税局，[1941]，1 册，16 开

　　本书共 6 部分：关于总务事项、关于经理事项、关于统税事项、关于印花税烟酒税通行税事项、关于矿产税所得税事项、各项图表。

　　收藏单位：国家馆、近代史所

16671

田赋 关吉玉讲

财政部全国财务人员训练所，1944.9，18 页，32 开

　　本书共 5 部分：绪言、田赋沿革、战前田赋之整理、战时田赋之设施、结论。

　　收藏单位：国家馆、吉林馆、南京馆

16672

田赋刍议 晏才杰著

北京：共和印刷局，1915.4，1 册，22 开

本书共 6 章：总论、近代田赋概略、政府最近整理田赋之计划、评论中外人士整理田赋之意见、著者整理田赋之意见、结论。

收藏单位：重庆馆、东北师大馆、国家馆、辽宁馆、南京馆、上海馆、首都馆

16673
田赋附加税调查 中央大学经济资料室编
上海：商务印书馆，1935，369 页，22 开，精装（行政院农村复兴委员会丛书）

本书为中央大学经济系师生对江苏、浙江、安徽、河南、山东、广东、四川、湖北、江西 9 省 40 余县征收附加税情况的调查资料集。书前有文章 3 篇：《田赋附加税之繁重与农村经济之没落》《田赋附加税之沿革》《调查田赋附加税方法上之研究》。

收藏单位：重庆馆、东北师大馆、广东馆、贵州馆、国家馆、湖南馆、江西馆、辽大馆、辽东学院馆、辽宁馆、南京馆、宁夏馆、山西馆、上海馆、首都馆、天津馆、浙江馆、中科图

16674
田赋改征实物的研究 陈培锴著
南靖经征处，1940.10，32 页，32 开

本书论述田赋征实的历史、田赋改征实物的意义、改征实物与租税负担等。附田赋改征实物问答、田赋推行通则等 6 种。

16675
田赋改征实物论集 陈明鉴编著
福建省银行经济研究室，1941.7，133 页，25 开

本书分上、下两部分：论丛、法规。第 1 部分共 15 章，内容包括：战时田赋兼用收获课税法之我见、田赋改征实物之我见、论田赋酌征实物、田赋征收实物评议、闽省田赋改征实物评议等；第 2 部分共 5 种，内容包括：田赋改征实物办法暂行通则、浙江省田赋征收实物及米折办法、福建省田赋改定征收实物米折标准办法等。

收藏单位：重庆馆、东北师大馆、福建馆、广西馆、贵州馆、国家馆、江西馆、近

代史所、南京馆、浙江馆

16676
田赋概论 胡一臧著
丹阳财务局，1929.4，65 页，25 开（中国财政丛书）

本书共 7 章：土地之种类、土地调查、税率计附加税、全国田额及田赋、折价标准、江苏现行田赋制度、各国田赋之沿革。

收藏单位：浙江馆

16677
田赋概要 江西省训练团编
江西省训练团，1946.9，10 页，25 开
收藏单位：江西馆

16678
田赋概要 陶松轩讲述
江西省县政人员训练所，1936.3，104 页，22 开
收藏单位：江西馆

16679
田赋概要补充教材
出版者不详，[1937]，34 页，16 开

本书为《田赋概要》第 10 讲：现行田赋法令。
收藏单位：江西馆

16680
田赋会要 郭垣[等]编
财政部，1943—1944，6 册（237+304+561+716+358+430 页），25 开

本书共 4 篇：地税理论、田赋史（上、下）、国民政府田赋实况（上、下）、田赋法令。第 1 篇共 9 章，内容包括：土地税之起源与演进、土地税之种类与性质、田赋形态之分析、单一地税论、土地税之原则等；第 2 篇共 10 章，以朝代为序，述自三代至民国初年的田赋制度；第 3 篇共 9 章，内容包括：历届财政会议对田赋之讨论与决议、各省田赋实况、中央接管整理、各省业务推进概况等；第 4 篇共两部分：中央现行法令、地方法规。各

篇编者不同，郭垣为第1篇编者之一。

收藏单位：重庆馆、东北师大馆、广东馆、贵州馆、国家馆、湖南馆、辽大馆、南京馆、上海馆、浙江馆、中科图

16681

田赋会要　郭垣［等］编

重庆：正中书局，1943—1944，6册（237+304+561+716+358+430页），25开

收藏单位：重庆馆、东北师大馆、广东馆、贵州馆、国家馆、湖南馆、近代史所、辽宁馆、南京馆、内蒙古馆、上海馆、西南大学馆、浙江馆、中科图

16682

田赋积弊探微　翁之镛著

出版者不详，［1911—1949］，14页，23开

本书共4节：探索积弊为整理田赋之本、积弊本原由于历史之因袭、胥吏舞弊略述、结论。为中国地政学会《地政月刊》第4卷第2—3期抽印本。

收藏单位：重庆馆

16683

田赋积弊之检讨　徐味冰著

徐味冰［发行者］，［1936］，30页，22开

本书共3部分：田赋积弊、积弊症结、整理办法。据湖北省的情况编成。

收藏单位：国家馆

16684

田赋讲义　［胡次威编］

庐山暑期训练团，1937.7，34页，32开

本书共4章：概论、清厘地籍、改进税制、整顿征收。

收藏单位：国家馆、南京馆

16685

田赋·土地陈报·土地税　关吉玉著

重庆：中国文化服务社，1943.10，88页，32开（中国财政学会丛书）

本书为合订本。《田赋》共5部分：绪言、田赋沿革、战前田赋之整理、战时田赋之设

施、结语。附《契税》一文及相关法令9种。

收藏单位：重庆馆、广东馆、国家馆、南京馆、浙江馆

16686

田赋问题　关吉玉讲　中央训练团党政高级训练班编

中央训练团党政高级训练班，1943.6，20页，32开（教字49）

本书共3部分：田赋征实对抗战之贡献、中国田赋制度之演进、征实制度之运用。

收藏单位：重庆馆、国家馆、南京馆、天津馆

16687

田赋问题研究　汗血月刊社编辑

上海：汗血书店，1936.8，2册（270+300页），32开（汗血丛书7）

上海：汗血书店，1936.8，再版，2册（270+300页），32开（汗血丛书7）

本书为论文集。分上、下两册。上册共5部分：序言、综论、税制研究、征收制度、土地陈报；下册共两部分：序言、各省整理田赋实况。

收藏单位：重庆馆、广东馆、国家馆、河南馆、湖南馆、江西馆、近代史所、南京馆、上海馆、首都馆、天津馆、浙江馆

16688

田赋征借实物问答

江苏田赋粮食管理处，1946.9，10页，32开

本书共收录问题26个。附粮食衡量换算表。

收藏单位：国家馆、上海馆

16689

田赋征实　贵州省地方行政干部训练委员会编

贵州省地方行政干部训练委员会，1943，67页，36开

本书共7章，内容包括：田赋征实史、田赋征实本质之研讨、中央接管各省市田赋之实施、田赋征收实物组织机构等。

收藏单位：重庆馆

16690

田赋征实概论　宋同福著

重庆：中央银行经济研究处，1942.10，[35]+448 页，16 开（中央银行经济研究处丛书）

本书共 6 章：田赋征实史的回顾、田赋征实之理论、初期田赋改征实物概况、现行田赋征实制度、各省田赋征实实施概况、田赋征实问题总检讨。附初期田赋征实各项办法等。

收藏单位：安徽馆、重庆馆、东北师大馆、广东馆、国家馆、湖南馆、吉林馆、江西馆、近代史所、辽宁馆、南京馆、内蒙古馆、上海馆、首都馆、浙江馆、中科图

16691

田赋征实讲话

雅安县地方行政干部训练所，1941，12 页，36 开（雅安县政府县政小丛书）

本书内容包括：征实之意义、税率之决定、征收之方法等。

收藏单位：重庆馆

16692

田赋征实经收实务

广东省地方行政干部训练团，1942.3，88 页，32 开（粮政类 2）

本书论述征收机构、设施、度量、保管、运输、包装方法等。

收藏单位：重庆馆

16693

田赋征实研究　江苏省立经济研究所编辑

江苏省立经济研究所，1944.11，152 页，32 开（江苏经济丛书）

本书共 9 章，内容包括：历代征实沿革、重庆征实办法及概况、江苏征实折价办法、最近江苏征实之创议、防止弊端、结论等。

收藏单位：重庆馆、国家馆、近代史所、南京馆、上海馆

16694

田赋征实与粮食征购　西康省地方行政干部训练团编

西康省地方行政干部训练团，1942.11，1 册，32 开

收藏单位：南京馆

16695

田赋征实之理论与实务　关吉玉著

重庆：中国文化服务社，1944.3，240 页，32 开（中国财政学会丛书）

本书共 14 章，内容包括：绪论、我国历代田赋制度之演变、战时田赋改征实物之理由及其筹议经过、筹备期间之田赋征实、田赋改征实物之实施、征实过程中之改进、田赋征实与土地陈报等。

收藏单位：重庆馆、东北师大馆、国家馆、吉林馆、南京馆

16696

田赋征实制度　陈友三　陈思德著

重庆：正中书局，1945.6，111 页，32 开
上海：正中书局，1946.11，111 页，32 开

本书共 4 章：田赋征实缘起、田赋征实经过、田赋征实之成效、田赋征实检讨。

收藏单位：安徽馆、重庆馆、东北师大馆、广东馆、贵州馆、国家馆、湖南馆、吉林馆、辽宁馆、南京馆、内蒙古馆、上海馆、浙江馆

16697

田赋征收　张泰会编

江西省地方行政干部训练团，1940.10，12+108 页，32 开（分组训练教材 58）

本书共 7 章：本省田赋沿革、本省田赋制度、征收程序、催征方法、意图、田赋征收之奖惩、田赋之减免。逐页题名：田赋征收手册。

收藏单位：重庆馆、国家馆、近代史所

16698

田赋征收实物　江西省地方行政干部训练团编

江西省地方行政干部训练团，1942.5，90 页，25 开（分组训练教材 96）

收藏单位：江西馆

16699

田赋征收实物　江西省训练团编
江西省训练团，1946.9，10 页，25 开

收藏单位：江西馆

16700

田赋征收实物概述　财政部江西省田赋管理处编
财政部江西省田赋管理处，1941.11，74 页，22 开

收藏单位：江西馆、南京馆

16701

贴用印花须知　现行法制刊行社编
[上海]：现行法制刊行社，1946.11，16 页，32 开

收藏单位：南京馆

16702

统计年刊（民国三十一年度）　天津特别市公署财政局编
[天津特别市公署财政局]，1943，111 页

收藏单位：近代史所

16703

统计提要（三十六年）　财政部江西区直接税局编
财政部江西区直接税局，1948，32 页，16 开，环筒页装

本书共两部分：言论、资料。第 1 部分收录赵佩玺序、胡先传序、《三十七年度税收预测》（徐乐生）；第 2 部分收有关税收、税源、税政内容的统计明见表 44 种。

收藏单位：国家馆、南京馆

16704

统矿所得税章则汇编　冀晋察绥区统税局编
冀晋察绥区统税局，1937.10，114 页，25 开
本书收录卷烟、棉纱、火柴、水泥、麦粉、火酒、啤酒等统税章则 44 种、矿产税则 4 种、所得税则两种。

收藏单位：国家馆、首都馆

16705

统税概要　赵明修编
出版者不详，1936，227 页，16 开（四川省财务人员训练所讲义）
本书共 9 章，介绍统税之缘起，及卷烟、棉纱、火柴、水泥、熏烟等统税。

收藏单位：重庆馆、南京馆

16706

统税公署统计年报（民国二十七至二十八年份）　统税公署总务科考核股编
统税公署总务科考核股，1939—1940，2 册（124+116 页），18 开
本书全部为图表。内容包括：组织、总务、税收、产销、舶来进口等。

收藏单位：东北师大馆、广东馆、国家馆、近代史所

16707

[统税局税务统计表]
出版者不详，[1929]，油印本，4 页，16 开
本书全部为表。内容包括：第一至第十七统税局、保定统税专卡、棉花干果局、六种皮毛税局、顺德邮包税局、保定邮包税局、安国邮包税局等。

收藏单位：国家馆

16708

统税物品销量分类统计（二十二至二十三年度）　财政部税务署编
财政部税务署，[1933—1935]，2 册（[71]+[150] 页），8 开

收藏单位：南京馆、上海馆

16709

统税章则汇编　财政部统税公署编
财政部统税公署，1940.1 印，118 页，25 开
本书共 9 部分：卷烟统税、棉纱统税、火柴统税、水泥统税、麦粉统税、火酒统税、

啤酒统税、各种统税通用、汽水税。

收藏单位：国家馆

16710

统税章则汇编 华北统税总局编

华北统税总局，1941.3，124页，25开

华北统税总局，1943，30页，25开

本书收录抗战前国民政府财政税务机关颁行的各类统税章则。共59种。

收藏单位：国家馆、首都馆、中科图

16711

统税章则举要 鲁豫区统税局编

鲁豫区统税局，[1936]，324页，42开

本书收录章则60余种。分7部分，内容包括：关于官规部分、关于各项统税普通规定、关于棉纱部分之规定、关于酒类部分之规定、关于火柴水泥麦粉部分之规定等。

收藏单位：国家馆

16712

统一公债市价合息表 中国银行总管理处经济研究室编

中国银行总管理处经济研究室，1936.10，70页，18开，活页装

本书大部分为图表。共3部分：编制说明、使用说明、统一公债市价合息表及对照图。所涉时间为1936年8月至1938年1月。

收藏单位：广东馆、国家馆、湖南馆、南京馆、上海馆、天津馆、浙江馆、中科图

16713

统一会计制度（收入类） 财政部编

财政部，[1936]，74页，16开

本制度适用于财政部所属机关。

收藏单位：国家馆、南京馆、内蒙古馆、浙江馆

16714

统一累进税法规 [晋冀鲁豫边区委员会编]

晋冀鲁豫边区委员会，1941.3，37页，32开

本书内容包括：晋察冀边区统一累进税暂行办法、晋察冀边区统一累进税暂行办法施

行细则、统一累进税审查委员会章程等。

收藏单位：东北师大馆

16715

统一累进税简易计算法 李琦著

华北书店，[1911—1949]，11页，32开

收藏单位：国家馆

16716

统一累进税税则 [晋冀鲁豫边区行政委员会编]

晋冀鲁豫边区行政委员会，1942.5，46页，大64开

本书内容包括：晋察冀边区统一累进税税则、晋察冀边区统一累进税税则施行细则、统一累进税审查委员会章程等。

收藏单位：东北师大馆

16717

统一累进税在晋察冀的实施

出版者不详，[1911—1949]，油印本，21页，32开

本书为《北方文化》第2卷第3期抽印本。

收藏单位：国家馆

16718

统一累进税暂行税则

[晋冀鲁豫边区政府]，[1945]，石印本，18页，36开

本税则于1945年7月修订，由晋冀鲁豫边区政府颁布。书中题名：晋冀鲁豫边区统一累进税暂行税则。

收藏单位：国家馆

16719

土地税 关吉玉讲 中央训练团党政高级训练班编

中央训练团党政高级训练班，1944.5，47页，32开

本书论述土地税的意义、类别，田赋制度与土地税的源起，及抗战时期田赋征实的改制与土地陈报等。

收藏单位：南京馆

16720

土地税 马大英编著

出版者不详，1947，96 页，32 开

本书为作者在中央训练团地政班上所作的演讲稿。共 7 章，内容包括：概论、土地收益税、地价税、土地增值税、土地改良物税等。

收藏单位：安徽馆、重庆馆、广东馆、国家馆、南京馆

16721

土地税表解及要旨 四川省田赋管理处制

四川省田赋管理处，1943.10，32 页，36 开

本书共 6 部分：四川省三十二年度土地税征收表解、孙中山关于土地税及土地问题言论摘要、省政府主席张群关于开征三十二年土地税告民众书、各县市土地税征收规则、土地税宣传大纲、征收土地税问答。

收藏单位：国家馆、吉林馆、南京馆

16722

土地税实务 张肩重编著 温伯泉 郑绍猷编校

财政部直接税署，1946.8，134 页，32 开

本书共 7 章，内容包括：土地税之性质与种类、土地税之原理与使命、土地税之沿革、征收土地税之基本工作、土地税之征收程序等。

收藏单位：重庆馆、桂林馆、国家馆、吉林馆、江西馆、辽宁馆、南京馆

16723

土地增价税之研究 蒋谦著

南京：中德书局，1930.8，28 页，32 开（财政问题讨论丛书）

南京：中德书局，1930，4 版，1 册，32 开（财政问题讨论丛书）

本书共 8 部分：土地增价税之沿革、土地增价税之根据、课税之要件、纳税义务者、税率、课税之免除、赋课及征收、我国应仿行土地增价税之理由。

收藏单位：南京馆

16724

土烟叶特税征收暂行章程 安徽省政府财政厅编

安徽省政府财政厅，1939.4，26 页，32 开

本书为合订本。合订书还有 4 种：《安徽省印花烟酒税局稽征土酒定额税施行细则》《财政部改定安徽省烟酒税率》《土烟叶稽征处罚规则》《土酒定额税稽征章程》。

收藏单位：国家馆

16725

土盐问题 曾仰丰讲

盐务缉私督察人员训练班，1935，8 页，32 开（特别演讲 8）

本书共 4 部分：前言、土盐问题之由来、土盐之所以须加取缔、取缔土盐之方法。

收藏单位：国家馆

16726

推行所得税的人事问题 崔敬伯著

北平：国立北平研究院经济研究会，[1937]，18 页，16 开

本书收录著者发表于《北平晨报》的短文 4 篇：《所得税与现代生活》《所得税与应能负担》《所得税与外侨》《所得税与租界》。内容均为宣传施行所得税的合理性。

收藏单位：国家馆、湖南馆、近代史所、南京馆、内蒙古馆、陕西馆、天津馆、中科图

16727

退款问题之日人舆论 朱念祖等译

东京：鲜明舍印刷所，1923.6，51 页

收藏单位：近代史所

16728

外交部汉口第三特别区市政管理局第七届纳税人常年大会纪录 [外交部汉口第三特别区市政管理局编]

[外交部汉口第三特别区市政管理局]，[1934]，10 页，10 开

本书为汉英对照。共 6 部分：筑路、沟渠、改进道路、防水费用、修改电灯电力价目、其他。

收藏单位：国家馆

16729

皖北行署税务暂行条例（1 辑） 税务总局编

税务总局，1949，20 页，36 开

收藏单位：广东馆

16730

王主席为江苏省田赋征实问题告全省各界同胞

出版者不详，1946.9，8 页，32 开

16731

违反财政政策制度材料 晋绥行署财政处汇集

晋绥行署财政处，1947.7，油印本，16 页，32 开

收藏单位：国家馆

16732

伪满财政和财政政策 江宇平著

[重庆]：东北问题研究社，1940.1，58 页，32 开（东北丛书）

本书共 4 部分：伪满财政和财政政策的特质、伪政权建立时期的财政和财政政策、"产业开发"时期的财政和财政政策、结语。

收藏单位：重庆馆、国家馆、湖南馆、南京馆

16733

伪满财政总检讨 中央设计局东北调查委员会编

中央设计局东北调查委员会，1945.7，油印本，75 页，16 开，环筒页装

本书共 8 章：绪论、伪满财务行政、伪满岁出岁入、伪满关税、伪满内地税、伪满专卖、伪满公债、结论。

收藏单位：国家馆

16734

委员长交管四川善后建设专款收支总报告

国民政府军事委员会委员长行营财政监理处，[1938]，25 页，16 开

本书共 4 部分：公债票收支报告、现金收支报告、借债付息细数报告、附言。所涉时间为 1935 年 7 月 1 日至 1938 年 8 月 10 日。

收藏单位：重庆馆、国家馆

16735

为食盐牺牲人民生命之一斑 中国盐政讨论会编

南京：中国盐政讨论会，1935.9，56 页，22 开

本书共 9 部分，内容包括：首都食盐中毒案、大名硝盐惨案、河南硝盐风潮、鲁东民变抢盐等。

收藏单位：重庆馆、广东馆、国家馆、湖南馆、南京馆、上海馆、天津馆、浙江馆

16736

温江县财政状况 王柄昆　姚家田调查

[成都]：金陵大学文学院，1940，油印本，14 页，13 开（金陵大学文学院政治经济系经济资料研究室报告 第 7 号）

本书共 3 编：财务行政、支出、收入。

收藏单位：国家馆

16737

我国创办所得税之理论与实施 胡毓杰编述

上海：财政建设学会，1937.2，82+24 页，16 开

本书共 6 部分：绪言、所得税之史的演化、各国所得税发展之综合观、我国筹办所得税之经过、现行所得税制度之精义、所得税实施与推进。附所得税重要法令条文分类对照表。

收藏单位：国家馆、南京馆

16738

我国发行内国公债史略

上海：太平洋书店，1929.5，62 页，36 开（建设文库 经济类）

本书共 24 部分，内容包括：内债发行之起源、最初发行内债失败之原因、四年内国公债详情、七年长期公债之详情、整理公债案之缘起、庚款担保各债本利之分析等。

收藏单位：重庆馆、国家馆、湖南馆、南京馆、山西馆、天津馆、浙江馆

16739

我国市财政问题　董修甲著

武汉市市政委员会秘书处编译室，1929.1，111 页，32 开（市政丛书 3）

本书共 4 部分：市收入问题、市支出问题、市债问题、结论。第 1 部分共 3 章：市税、市产与市营业之收入、政府补助金。

收藏单位：重庆馆、国家馆、上海馆、天津馆、浙江馆

16740

我国所得税实践

出版者不详，[1944—1945]，4 册，18 开

本书为合订本。合订书还有 3 种:《印花税实践》《遗产税实务》《营业税实务》。

收藏单位：江西馆

16741

我国现行之直接税

出版者不详，[1911—1949]，96 页，32 开

收藏单位：广西馆

16742

我国租税之研究与批判　丘东旭著

丘东旭，1945.11，[10]+312 页，32 开

本书共 19 章。内容包括：租税之性质、租税之原则、租税行政、租税政策、土地税、契税、所得税、货物税等。

收藏单位：广东馆、国家馆、近代史所、南京馆

16743

我们的财政　张静华编著

长沙：中华平民教育促进会，1938.1，22 页，50 开（十年来我国新建设 4）（农民抗战丛书）

本书共 5 部分：关税方面、盐务方面、税务方面、内外债方面、地方财政方面。

收藏单位：东北师大馆

16744

无锡财政　董彬谦作

南京：董彬谦 [发行者]，1932.1，手写本，1 册，16 开，精装

收藏单位：南京馆

16745

无锡财政　张攸麟编

无锡：张攸麟 [发行者]，1932.1，手写本，1 册，16 开，精装

收藏单位：南京馆

16746

芜关纪要　张贻志编

上海：中华书局，1929.3，125 页，16 开

本书共 17 章，内容包括：纪建置沿革、纪关署组织沿革及经费、纪税收种类及性质、纪海常关税例沿革、历年税收比较表、纪代征捐税沿革、历任监督年表、芜湖常关货物税则等。

收藏单位：上海馆

16747

芜湖常关土货税则

出版者不详，[1915—1919]，石印本，69 页，25 开

本书附船税则例、芜湖常关过关须知等。

16748

吴常昆江四县请原减免漕折特征全案

出版者不详，[1932—1933]，26 页，16 开

本书为 1932—1933 年江苏省吴县、昆山、常熟、吴江 4 县请免加征"冬漕"往来文牍摘要汇编。

16749

吴县公款公产管理处年刊　吴县公款公产管理处编

吴县公款公产管理处，[1929—1930]，2 册

（[278]+[335] 页），16 开

本书内容包括：宣言、绪言、公牍、例规、表册、附件等。所涉时间为 1928 年 5 月至 1929 年 4 月、1929 年 5 月至 1930 年 8 月。

收藏单位：国家馆

16750

吴县租赋并收局收支总报告　吴县租赋并收局编

吴县租赋并收局，[1939.11]，44 页，16 开

本书收录吴县租赋并收局收支总报告、组织简章、组织规程、各分局有关报表等。

16751

吴县租赋征收总管理处收支总报告

吴县租赋征收总管理处，1940.11，114 页，16 开

收藏单位：南京馆

16752

五年来广东营业税办理概况　张兆符著

财政部广东区直接税局，[1947]，14 页，25 开

本书共 3 部分：前言、省办期中概况、直接税接征后之业务概况。五年为 1942—1946 年。

收藏单位：国家馆

16753

五年来之闽省财政　[福建省政府编]

出版者不详，[1939]，343 页，32 开（闽政丛刊）

本书共 3 篇：赋税、财务人事及单照管理、县区地方财政。所涉时间为 1934—1939 年。

收藏单位：重庆馆、福建馆、广东馆、国家馆、南京馆、浙江馆

16754

五权宪法的预算制度　王延超著

重庆：博文书局，1944.7，[10]+208 页，32 开（中央政治学校研究部丛书）

本书共 7 章：绪言、预算的编制、预算的审议、预算的执行、预算的监督、财务人员的人事制度、结论。

收藏单位：重庆馆、广西馆、南京馆

16755

五省裁厘会议议决各种规程

出版者不详，[1911—1949]，24 页，16 开

本书收录江苏、浙江、安徽、福建、江西 5 省裁厘会议议决要点及 1929 年 1 月财政部公布的《改办特种消费税条例》等章则 9 种。附特种消费税税率式样 3 种。

16756

五通桥区盐务分局概略　五通桥区盐务分局[编]

五通桥区盐务分局，1945，油印本，1 册，18 开，环筒页装

本书封面题名：五通桥区盐务概略。

收藏单位：国家馆

16757

五项统税物品产销数量分类统计（二十一年度）　财政部统税公署编

财政部统税公署，1933.7，[76] 页，8 开

本书全部为图表。

收藏单位：国家馆、上海馆

16758

武汉特别市市政府经常门收入预算书（第 5—6 次）　武汉特别市市政府编

武汉特别市市政府，[1940]，2 册（[280]+[336] 页），16 开，精装

本书全部为表。每季度 1 册。所涉时间为 1940 年 1—6 月。

收藏单位：国家馆

16759

武汉特别市市政府经常门支出预算书（第 5 次）　武汉特别市市政府编

武汉特别市市政府，[1940—1949]，41 页，16 开

本书全部为表。所涉时间为 1940 年 1—3 月。

16760

武汉特别市市政府岁入岁出预算书（第3次）
[武汉特别市市政府编]
武汉特别市市政府，[1940]，1册，16开，精装

本书所涉时间为1939年7—9月。
收藏单位：国家馆

16761

武汉特别市市政府特别会计经常、临时门收支预算书（第2次） 武汉特别市市政府编
武汉特别市市政府，[1940—1945]，[334]页，16开，精装

本书全部为表。所涉时间为1939年10—12月。
收藏单位：国家馆

16762

西安直接税分局情报（第1集） 西安直接税分局编
西安直接税分局，[1943]，石印本，58页，32开，环筒页装

本书内容包括：专载、工作、生活、摄影、统计等。
收藏单位：国家馆

16763

西北盐业参考资料（第1辑）
出版者不详，1944.9，157页，32开

本书共3部分：陕甘宁青食盐产销情况、陕西盐务管理局、盐务法规。附陕西全省人口统计表、陕甘宁青交通路线。资料摘自各种报刊、书籍。
收藏单位：辽宁馆

16764

西康财务中心工作 西康省地方行政干部训练团编
西康省地方行政干部训练团，1941，16页，46开

本书内容包括：清理田赋、健全行政机构、推行计政、设立会计主任办事处等。
收藏单位：重庆馆

16765

西康省财务行政组织及管理 徐戴五著 西康省地方行政干部训练团编
西康省地方行政干部训练团，1941，66页，36开

本书共4章：泛论、西康省过去财政组织概略、西康省现行财政组织、财政管理。附西康省政府财务视察员视察规则、西康省边关税局组织条例等。
收藏单位：重庆馆

16766

西康省财政概况 西康省地方行政干部训练团编
西康省地方行政干部训练团，1941，28页，32开
收藏单位：重庆馆

16767

西康省财政概况 钟廷栋编撰
西康省政府财政厅，1940.1，11+280页，16开

本书共8章：财政沿革、财务行政、收支概况、租税概况、货币金融、县地方财政、禁烟、土地陈报。
收藏单位：重庆馆、广东馆、国家馆、近代史所、辽宁馆、南京馆

16768

西康省地方岁入岁出总预算书（三十六年度） 西康省政府会计处编
西康省政府会计处，1947.7，46页，16开
收藏单位：国家馆

16769

西康省各县局地方总预算汇编（三十六年度） 西康省政府会计处编
西康省政府会计处，[1947]，148页，16开
收藏单位：重庆馆、国家馆

16770

西康省普通岁出单位决算书（卅五年上半年度） 西康省政府编制

西康省政府，[1947]，油印本，1 册，16 开，环筒页装

收藏单位：国家馆

16771

西南盐务概况 中国人民解放军西南服务团研究室编

中国人民解放军西南服务团研究室，1949，50 页，36 开（西南区参考资料 6）

本书共 3 章，叙述川康、川北及云南地区的盐务情形。

收藏单位：重庆馆

16772

西浙盐务管理局增产会议录

出版者不详，[1911—1949]，1 册，16 开

收藏单位：浙江馆

16773

县地方财务行政及财务监督 [兰溪实验县县政府编]

[兰溪实验县县政府]，1935.5，34 页，32 开（兰溪实验县县政府出版物 11）

本书共 6 章：县地方财政概况、省县财政收支之划分、县财政之收支、县财政之整理、县预算决算之编制及审核、结论。

收藏单位：浙江馆

16774

县地方财政 彭雨新著

上海：商务印书馆，1945.11，198 页，25 开（国立中央研究院社会科学研究所丛刊 第 22 种）

上海：商务印书馆，1948.4，再版，198 页，25 开，精装（国立中央研究院社会科学研究所丛刊 第 22 种）

本书共 8 章：县财政在各级收支系统中之演变、过去县地方经费分配概况、县支出论、县地方收入消长情形、县收入论、县与各级财政收支关系论、县财务行政沿革、县财务行政论。所引图表多为 1935—1942 年间的统计数据。

收藏单位：安徽馆、重庆馆、东北师大馆、广东馆、国家馆、黑龙江馆、湖南馆、

江西馆、辽大馆、南京馆、宁夏馆、天津馆、武大馆、浙江馆、中科图

16775

县地方财政 四川省训练团编

四川省训练团，1940.5，94 页，32 开（区训练班教材）

本书共 6 章：县地方财政概况、省县财政收支之划分、县财政之收支、县财政之整理、县预算决算之编制及审核、结论。

收藏单位：重庆馆、国家馆、南京馆

16776

县地方财政 许兆麟讲述

江西省县政人员训练所，1936.12，42 页，22 开（县训丛刊 财政类 第 9 种）

收藏单位：江西馆

16777

县地方财政资料

出版者不详，[1911—1949]，油印本，78+13 页，14 开，环筒页装

本书共 3 部分：国地财政关系及划分沿革、战时地方财政制度之改革、新县制全部实施后县市收支之估计。

收藏单位：重庆馆

16778

县计政工作纲要 陈其祥著

江西省地方行政干部训练团，1941，18 页，32 开（服务指导丛书）

收藏单位：重庆馆

16779

县经征机构 童质夫编

江西省地方行政干部训练团，1940.9，56 页，32 开（分组训练教材 60）

本书内容包括：该省税收机构的沿革以及各县税收机构的职权、业务、征税方法、科技制度等。附有关组织章程、办事细则等 4 种。

收藏单位：重庆馆

16780

县市及所属各机关普通公务单位会计制度之一致规定　国民政府主计处编

[国民政府主计处]，1942.5，48页，16开

[国民政府主计处]，1943.8，50页，16开

[国民政府主计处]，[1935—1949]，84页，36开

　　本书共5部分：总说明、甲种制度、乙种制度、分会计之处理办法、附录。

　　收藏单位：安徽馆、重庆馆、福建馆、国家馆、南京馆、浙江馆

16781

县市及所属各机关普通公务单位会计制度之一致规定实例　中国计政学社编

中国计政学社，[1911—1949]，石印本，72页，16开（计政进修丛书）

　　本书书中题名：县市单位会计实例。

　　收藏单位：上海馆

16782

县总会计制度草案　[国民政府主计处编]

国民政府主计处，[1935—1939]，油印本，79页，16开，环筒页装

　　本书共7部分：总说明、簿记组织系统图、会计报告、会计科目、会计簿籍、会计凭证、分录举例。

　　收藏单位：国家馆

16783

县总会计制度之一致规定　国民政府主计处编

国民政府主计处，[1935—1949]，76页，16开

[国民政府主计处]，[1935—1949]，94页，32开

　　本书内容与《县总会计制度草案》相同。

　　收藏单位：安徽馆、重庆馆、广西馆、国家馆、柳州馆、南京馆、浙江馆

16784

现今中国盐务之检讨　刘隽著

国立中央研究院社会科学研究所，1935.12，

[20]页，16开

　　本书内容包括：出口值之修正、进口值之修正、研究结果及结论等。为《社会科学杂志》第6卷第4期抽印本。

　　收藏单位：中科图

16785

现行财政税务法规汇编　四川省政府财政厅编

四川省印刷局成都供销处，1946，1册，22开

　　本书收录法规41种，内容包括：修订财政收支系统法原则、四川省各县（市局）税捐征收处组织规程、土地法、土地法施行法、战时征收土地税条例等。

　　收藏单位：重庆馆

16786

现行财政之利弊及整理办法·财政内容之解剖　陈扬镳著

[中国计政学会]，1937.5，44页，32开（中国计政学会丛刊）

　　本书为合订本。《现行财政之利弊及整理办法》共4部分：现行财政政策上之缺点应行补救、关于国税各弊端应行改革、财务行政机关应行整理与裁并、财务行政上之积弊应行革除。

　　收藏单位：国家馆、南京馆、上海馆

16787

现行各区盐税税率表　盐务署编

盐务署，1933.12，1册，16开

　　本书收录淮北、淮南、湘岸、两浙、山东、宁夏、青海、两广等23个盐区现行税率表。

　　收藏单位：国家馆、上海馆

16788

现行公库制度　何兆青编

[四川省训练团]，1940.4，23页，32开（四川省训练团讲义）

　　本书内容包括：公库法、公库制度、四川省金库之沿革等。

收藏单位：重庆馆、南京馆

16789

现行公务会计制度　彭树鑫　秦汉平选辑

四川省政府建设厅会计室，1941，再版，316页，18开

　　本书共 4 部分，内容包括：中央各机关及所属普通公务单位会计制度之一致规定、中央各机关及所属普通公务单位会计制度之一致规定实施公库法之处理办法等。封面题名：现行会计制度。

　　收藏单位：长春馆、国家馆

16790

现行后方供给自给标准　东北财政委员会编

合江省政府，1947.11，10 页，32 开

　　本标准共分 14 类，内容包括：伙食、粮秣、办公、杂支、津贴、旅费、烤火、被服、妇女卫生等。附军事费用负担之决定。

　　收藏单位：南京馆

16791

现行货物税　陈清初著

重庆：独立出版社，1944.1，126 页，32 开

　　本书共 5 章：绪论、关税、盐税、统矿烟酒税、货物税之重要与前途。附非常时期禁止进口物品办法暨禁止进口物品表土货转口免税品目表、货物统税暂行条例等 5 种。

　　收藏单位：安徽馆、重庆馆、广东馆、广西馆、贵州馆、国家馆、湖南馆、吉林馆、南京馆、上海馆、浙江馆

16792

现行货物税概要　费守纶编著

上海：费守纶 [发行者]，1946.4，[140] 页，32 开

　　本书以 1946 年 2 月前颁布的章则为依据，分统税、矿税、国产烟酒类税、附记 4 部分，论述货物税的性质、基本原则、立法意旨及其稽征手续等。

　　收藏单位：安徽馆、广东馆、南京馆、上海馆

16793

现行卷烟税率华洋待遇不平请迅予改订以资救济书　民众烟厂等编

民众烟厂，[1933]，16 页，16 开

　　本书为民众烟厂等 12 个中国烟厂、公司联名给行政院、实业部、立法院、财政部、税务署的呈文。

　　收藏单位：国家馆

16794

现行会计及公库制度　闻亦有讲

中央训练团党政训练班，1941，50 页，32 开（中央训练团党政训练班讲演录）

16795

现行会计及公库制度　杨兆熊讲

中央训练团党政训练班，1940.5，66 页，32 开（中央训练团党政训练班讲演录）

　　收藏单位：南京馆

16796

现行商税　李权时著

上海：商务印书馆，1930.10，125 页，32 开（万有文库 第 1 集 212）（商学小丛书）

上海：商务印书馆，1933.10，125 页，32 开（商学小丛书）

上海：商务印书馆，1934，再版，125 页，32 开（商学小丛书）

　　本书共 4 章："租税系统概论及什么是商税""中国的现行商税——规费类""中国的现行商税——间接消费税类""中国的现行商税——营业税类"。

　　收藏单位：安徽馆、重庆馆、大理馆、大连馆、东北师大馆、广东馆、广西馆、贵州馆、国家馆、河南馆、黑龙江馆、湖南馆、江西馆、辽大馆、辽师大馆、柳州馆、南京馆、内蒙古馆、宁夏馆、陕西馆、上海馆、天津馆、西南大学馆、浙江馆

16797

现行税务征收计算实例　吴捷彪编著

财政部江西税务管理局经济研究室，1944.1，56 页，25 开（税务丛书）

本书共 3 章：直接税、货物统税、自治财政各税。

收藏单位：广东馆、浙江馆

16798

现行税制 [李倪讲]

中央训练团党政训练班，1940.11，38 页，32 开（中央训练团党政训练班讲演录）

收藏单位：南京馆

16799

现行税制与地方财政 俞鸿钧讲

中央训练团印刷所，1941.11，21 页，32 开（中央训练团党政训练班讲演录）

本书共两章：财政收支系统之改进与税制、新税制下之地方财政。

收藏单位：重庆馆、国家馆

16800

现行所得税改进论 杨骥著

重庆：独立出版社，1941，75 页，32 开

本书主张通过调整税法、扩充税制、修正税率、改善减免、防止逃税等方法，对 1936 年的所得税制进行改进。共 3 章：绪论、本论、结论。

收藏单位：安徽馆、重庆馆、东北师大馆、贵州馆、国家馆、吉林馆、南京馆、浙江馆

16801

现行所得税纳税方法 萧承禄著

上海：立信会计图书用品社，1948.11，80 页，32 开

收藏单位：南京馆

16802

现行土地税制述要 熊仲虚编述

上海：商务印书馆，1946.11，133 页，36 开

本书共 4 章：土地税立法原则概述、实施土地税之意义、土地税之征收、现行土地税应用法规。第 4 章收录法规 16 种，内容包括：战时征收土地税条例、战时地价申报条例、贵州省土地税征收规则、修正土地赋税

减免规程、公库法等。附关于土地法地税疑义之解释。

收藏单位：重庆馆、广东馆、广西馆、贵州馆、国家馆、河南馆、湖南馆、吉林馆、江西馆、辽宁馆、南京馆、内蒙古馆、宁夏馆、浙江馆

16803

现行政府会计 石子才 戴礼编

成都：石子才、戴礼 [发行者]，1941.1，220 页，18 开

成都：石子才、戴礼 [发行者]，1943，再版，324 页，18 开

本书共 6 章：总纲、预算、收支、各种会计制度应实施之机关范围、决算、审计。

收藏单位：长春馆、重庆馆、南京馆

16804

现行政府会计实务 倪希明编著

广州：建成印务局，1947.1，增订版，281 页，32 开

收藏单位：南京馆

16805

现行政府会计实务 倪希明编著

广州：学成书店，1941.8，270 页，25 开

收藏单位：广西馆

16806

现行政府会计要论 余亮编著

检知出版社，1946.10，334 页，32 开

本书共 8 章：绪论、政府理财之方法、公款之出纳与保管、政府及机关收支之会计、决算、政府收支之审核、交代制度、结论。

收藏单位：国家馆、南京馆、内蒙古馆

16807

现行主计法令 江西省政府会计处编订

南昌：中国农业出版社，1946.10，448 页，22 开

本书共 6 部分：组织类、人事类、岁计类、会计类、统计类、有关法令。

收藏单位：江西馆

16808

现在实行的所得税

出版者不详，1936.9，63 页，16 开

　　本书共 5 章：何谓所得税、各国所得税之概况、我国现有之所得税、国民对于所得税应有之认识、附载。第 5 章收文 17 篇，内容包括：《推行所得税问题》（孔祥熙）、《中国所得税问题》（刘振东）、《开征所得税的展望》（陈长蘅）、《施行所得税》（《中央日报》）、《论所得税》（《新闻报》）等。

　　收藏单位：重庆馆、广东馆、国家馆、江西馆、上海馆、天津馆

16809

乡镇会计　尤玉照编著

成都：胜利出版社四川分社，1945.6，102 页，32 开

　　收藏单位：南京馆

16810

乡镇会计制度　江西省地方行政干部训练团编

江西省地方行政干部训练团，1940.9，40 页，25 开（分组训练教材 9）

　　收藏单位：江西馆

16811

乡镇会计制度　江西省地方行政干部训练委员会编

江西省地方行政干部训练委员会，[1942.6]，46 页，25 开（各县训练所训练乡镇干事教材）

　　收藏单位：江西馆

16812

湘赣粤桂浙闽六省盐粮战时调节会议录

国民政府军事委员会桂林办公厅，[1940]，92 页，25 开

　　本书共 13 部分，内容包括：盐务报告、粮食报告、军粮（军盐）报告、金融运输报告、广西省黄主席提供意见、主席提供意见等。附提案审查审核决议表共 63 案、六省盐粮战时调节会议提案审核委员名单等。该会

于 1940 年 10 月 25—28 日在桂林召开。

　　收藏单位：重庆馆、国家馆

16813

萧县财政　张超良编

张超良 [发行者]，[1911—1949]，手写本，1 册，16 开，精装

　　收藏单位：南京馆

16814

硝磺问题　薛桂轮讲

盐务缉私督察人员训练班，1935.10，8 页，32 开（特别演讲 10）

　　本书共 6 部分：硝磺之种类、磺硝税之特性、硝磺管理之沿革、硝磺与各方面之关系、财政部整理硝磺之方法、结论。

　　收藏单位：国家馆

16815

孝丰乡镇财政透视　刘能超编

浙西民族文化馆，1942.1，54 页，18 开（浙西抗建丛刊 21）

　　本书内容包括：建立乡镇财政制度之由来、乡镇财政之确立、编造县镇预算、厘定乡镇财政收支保管稽核制度等。

　　收藏单位：南京馆、浙江馆

16816

新编江苏省田赋科则统计表　[叶永清编]

[江苏省财政厅]，[1920]，[136] 页，8 开

江苏省财政厅，1931.4，[136] 页，8 开

　　收藏单位：国家馆、近代史所、南京馆

16817

新监法通过后与论界之评论

出版者不详，1931.5，72 页，25 开

　　收藏单位：浙江馆

16818

新民会会计关系令规集　中华民国新民会中央指导部编

中华民国新民会中央指导部，[1939]，175 页，22 开（工作资料 第 15 号）

本书为汉日对照，大部分为表。共 5 章：会计关系、给与关系、旅费关系、共济关系、其他。

收藏单位：国家馆

16819

新式官厅簿记及会计　杨汝梅编

上海：商务印书馆，1924，339 页，25 开

上海：商务印书馆，1927.7，3 版，[10]+339 页，25 开

上海：商务印书馆，1928，4 版，[10]+339 页，25 开

上海：商务印书馆，1929.4，5 版，[10]+339 页，25 开

上海：商务印书馆，1932，国难后 1 版，[10]+339 页，32 开

上海：商务印书馆，1933，国难后 2 版，[10]+339 页，22 开

本书为新学制高级商业学校教科书。共 3 编：官厅簿记通则、与帐簿关联之各种书类、现行各种官厅簿记及会计审计各法令。

收藏单位：重庆馆、广东馆、国家馆、河南馆、湖南馆、江西馆、南京馆、内蒙古馆、首都馆、天津馆、浙江馆

16820

新税历程　纯愚编

出版者不详，1948，46 页，32 开

本书为《直接税考训制度检讨资料》抽印本。

收藏单位：重庆馆

16821

新四军东进前敌战区一般状况调查表

出版者不详，[1911—1949]，34 页，32 开

本书为苛捐杂税统计表。

收藏单位：国家馆

16822

新中国盐业政策　何维凝编著

金华：正中书局，1941.9，224 页，25 开（社会科学丛刊）

金华：正中书局，1942.7，再版，224 页，25

开（社会科学丛刊）

重庆：正中书局，1943.5，5 版，224 页，25 开（社会科学丛刊）

上海：正中书局，1947.10，224 页，25 开

本书共 5 编："导论——地理背景与历史背景""国父遗教中盐业政策之分析""新中国盐业政策之动向""近十年来盐政上之重要设施""今后中国应有之盐业政策及其推行方案"。

收藏单位：重庆馆、东北师大馆、广东馆、贵州馆、国家馆、湖南馆、辽大馆、辽宁馆、南京馆、内蒙古馆、宁夏馆、山西馆、上海馆、浙江馆

16823

兴城县康德十二年度岁入岁出预算

出版者不详，[1945]，油印本，1 册，18 开，环筒页装

收藏单位：国家馆

16824

行政院编送调整增拨各省三十四年度公费生副食费数额表

行政院，1945，油印本，1 册，大 16 开，环筒页装

本书为合订本。合订书还有:《行政院编送调整增拨各省保安防空官兵副食费经费数额表》《各省追加三十四年度经费收支第二预备金表》等。

收藏单位：国家馆

16825

行政院对立法委员关于财政经济紧急处分令书面意见之答复　行政院编

[行政院]，[1948]，80 页，18 开

本书收录相关书面意见及答复 61 件。

收藏单位：广东馆、国家馆、南京馆

16826

休宁县税务局成立半年来之工作报告　张舫榭报告

出版者不详，[1940.1]，25 页，16 开

本书共 3 类：总务、田赋、税捐。书中题

名：安徽省休宁税务局成立半年来之工作报告（自二十八年六月十日成立起至十二月止）。

收藏单位：重庆馆

16827

修订贵州省总会计制度说明书 吕仁编

出版者不详，[1939]，10 页，25 开

本书内容包括：会计报表改革、会计科目之整理、帐簿格式之改订、记帐凭证之改订、贵州省暂行总会计会计科目表等。

收藏单位：重庆馆

16828

修正北平市铺底转移税章程 北平市财政局编

北平市财政局，1934.1，4 页，22 开

北平市财政局，1940.8，6 页，22 开

收藏单位：国家馆

16829

修正湖南省特种物品产销税税则

湖南省财政厅，[1941]，[268] 页，16 开

本税则所列物品共 16 种，内容包括：竹木、茶叶、纸张、药品等。

收藏单位：国家馆、南京馆

16830

修正江苏省各县会计主任办事规程

出版者不详，[1911—1949]，8 页，16 开

16831

修正南京特别市房捐章程之理由 金国宝著

南京特别市财政局事务股，1929.8，8 页，32开

收藏单位：上海馆

16832

修正山东省契税凭证暂行规则 山东省公署编

山东省公署，1939.12，1 册，16 开

本书为合订本。合订书还有：《修正山东省推收户粮暂行规则》（民国二十八年十二月）、《修正山东省典卖田房契约纸发行暂行

规则》（民国二十八年十二月）、《修正山东省各县市保管契纸暂行规则》（民国二十八年十二月）、《修正山东省各县市保管契约凭证暂行办法》（民国二十八年十二月）、《修正山东省征收油税暂行章程》（民国二十八年十二月）等。

收藏单位：国家馆、南京馆

16833

修正山东省营业税征收暂行章程 山东省公署编

山东省公署，1942.1，8 页，16 开

收藏单位：南京馆

16834

修正山东省暂行会计规程暨施行细则 山东省政府财政厅编

山东省立印刷局，1930.6，104 页，16 开

收藏单位：南京馆

16835

修正山东省征收田赋暂行章程 山东省公署编

山东省公署，1943.4，18 页，16 开

收藏单位：南京馆

16836

修正山东省征收田户契税暂行章程

山东省公署，[1911—1949]，1 册，16 开

收藏单位：南京馆

16837

修正山东省征收屠宰税暂行章程 山东省公署编

山东省公署，1942.1，1 册，16 开

收藏单位：南京馆

16838

修正四川省整理县市财政方案（第 1 辑） 四川省政府县市财政整理处编

四川省政府县市财政整理处，1941，50 页，16 开

本书收录方案 17 种，内容包括：修正四

川省各县市公学产整理办法大纲、修正四川省各县市公学产租佃办法、四川省各县市碾磨等捐整理办法、修正四川省各县市特许费招商包收规则、四川省各县筹办县银行注意事项等。

收藏单位：重庆馆、国家馆、南京馆

16839

修正所得税法

财政部直接税局福利委员会，1948.1，40 页，32 开

本税法由国民政府于 1948 年 4 月 1 日公布。

收藏单位：重庆馆、内蒙古馆

16840

修正烟酒营业牌照税暂行章程·修正烟酒营业牌照税暂行章程施行细则 北平市政府财政局编

北平市政府财政局，1935.1，13 页，22 开

本书为合订本。均于 1935 年 1 月 8 日公布。

收藏单位：国家馆

16841

修正预算章程·修正办理预算收支分类标准

国民政府主计处岁计局，1935，20 页，32 开

本书为合订本。《修正预算章程》于 1934 年 8 月颁布。《修正办理预算收支分类标准》于 1935 年 11 月颁布。

收藏单位：南京馆

16842

修正浙江省营业税征收章程·修正浙江省牙行营业税征收章程·修正浙江省屠宰营业税征收章程

[浙江省政府]，1938.12，27 页，18 开

本书为合订本。均于 1938 年 12 月在浙江省政府委员会第 1032 次会议上决议通过并公布实行。

收藏单位：浙江馆

16843

徐青甫先生演讲集（第 2 册） 徐青甫讲

[浙江财务人员养成所]，1932.8，[126] 页，18 开

本书收录第 3—7 讲。共 5 部分：重申救国方策非由改革金融币制入手不可之意见、货币问题、资本问题、生产问题、总括说明予拟救国方策之原由并释阅者诸君重要之怀疑。

收藏单位：上海馆

16844

勖会计员生 黄旭初著

广西省政府会计处，1938，30 页

收藏单位：重庆馆、桂林馆、吉林馆、南京馆

16845

续中国盐政实录 财政部盐务署 续中国盐政实录委员会编

财政部盐务署、续中国盐政实录委员会，1945.5，2 册（272+244 页），16 开

本书共 11 章，内容包括：运销、硝磺、税务、统计、法规等。为 1933 年《中国盐政实录》（朱庭祺主编）续编。

收藏单位：国家馆、南京馆

16846

溆浦县财政报告书 溆浦县财政局编

溆浦县财政局，1933，1 册，16 开

收藏单位：广东馆

16847

宣平县举办牲畜登记暨管制征收屠宰税办法

出版者不详，[1946]，油印本，1 册，16 开

收藏单位：浙江馆

16848

薰烟叶税稽征规则

财政部国税署，[1911—1949]，12 页，32 开

收藏单位：南京馆

16849

巡回简易会计制　张心澂撰

出版者不详，[1911—1949]，28页，32开（桂岭会计丛刊16）

本书共6章，内容包括：说明书、拟设巡回会计员建议案、广西省政府训令、经费类机关简易会计办法等。

收藏单位：重庆馆、广西馆、桂林馆、南京馆

16850

烟酒税史　程叔度　秦景阜总纂

财政部烟酒税处，1929.11，2册，16开，精装

本书共10章：沿革、区域、税制、公卖费、烟酒税、牌照税、卷烟税、洋酒类税、收支概况、整理概况。附财政部整理烟酒税务委员会议案、各国税制、调查统计、烟酒事务职员年表。

收藏单位：安徽馆、东北师大馆、广东馆、国家馆、黑龙江馆、吉林馆、近代史所、南京馆、上海馆、中科图

16851

严格执行县村两级财政科目制度的决定　太行第一专署颁布

太行第一专署，1948.5，油印本，5页，32开

收藏单位：国家馆

16852

研究各国变更庚款办法意见书　财政讨论会编

财政讨论会，1927.6，200页，18开

本书共10卷，内容包括：研究各国庚款撮要总表、研究各国庚款撮要分记表、美国庚款报告书、荷兰庚款报告书、法国庚款意见书等。

收藏单位：国家馆、上海馆、天津馆、中科图

16853

盐法纲要　左树珍著

北京：新学会社，1913，108页，22开

本书为文言体，加标点。共4编：通变篇、征管篇、述刘篇、释难篇。

收藏单位：重庆馆、国家馆、首都馆

16854

盐商侵占国税统计（公开部分）　中国盐政讨论会编

南京：中国盐政讨论会[发行者]，1935.11，4页，22开

本书为龚德柏等21人在国民党"五大"的提案。提案名：严厉革除盐商侵占之国税增加国库收入案。附各区盐斤给耗加皮漏税统计表。

收藏单位：广东馆、国家馆、南京馆、陕西馆、上海馆

16855

盐税财用登记征拨详细办法　国民政府财政部盐务稽核总所编

国民政府财政部盐务稽核总所，1931.7，油印本，20页，16开

收藏单位：南京馆

16856

盐税款项会计报告简易办法　国民政府财政部盐务稽核总所编

国民政府财政部盐务稽核总所，1934.10，油印本，24页，16开，环筒页装

收藏单位：国家馆、南京馆

16857

盐税问题　景学铸编

[军需学校]，[1911—1949]，2册，22开（军需学校丛书）

本书共两编：历代盐制、民国盐政。第1编附征管篇、两汉设盐官二十七郡一览、述刘篇等13种。其他题名：盐政概要。

收藏单位：重庆馆、广东馆、国家馆、南京馆

16858

盐税问题　于去疾编

中央政治学校，[1929—1946]，1册，16开

收藏单位：南京馆

16859
盐税征课会计制度　[财政部盐务总局编]
财政部盐务总局，1947.10，150+20页，16开
　　本书共6章：总说明、会计科目、会计凭证记帐凭证及原始凭证、附属机关收支处理之程序与应用之凭证帐表、会计簿籍、会计报告。附机关收支处理之程序与应用之凭证帐表单行本。
　　收藏单位：重庆馆、广东馆、国家馆、南京馆

16860
盐税征课会计制度草案　盐政总局拟订
盐政总局，1946.10，油印本，1册，16开
　　收藏单位：广东馆、国家馆

16861
盐务抽查手册（1）　审计部盐务总局审计办事处编
审计部盐务总局审计办事处，1947.12，49页，32开
　　本书内容包括：盐务大事纪要、民国以来盐税征率之调整、盐斤各种附加之简史、历年盐税收入额、盐之种类等。
　　收藏单位：国家馆

16862
盐务概况　沈本强　黄竞武等编辑
盐务缉私督察人员训练班，1935.10，2册，22开
　　收藏单位：广东馆、南京馆

16863
盐务概览　财政部盐务总局编
财政部盐务总局，1944.4，11页，32开
　　本书内容包括：盐区、盐产、盐运、销售、盐价等。
　　收藏单位：国家馆、吉林馆

16864
盐务革命史　韬园著

精盐总会盐政杂志社，1929.4，32+206页，22开
　　本书共5部分：革命之胚胎、第一期革命之失败、第二期革命之失败、第三期革命之经过、第四期革命开始。附浙江军政府盐政局长庄景仲、范运枢宣言（附改革浙盐大纲），邓孝川力辞四川盐政部长职书等。
　　收藏单位：国家馆、南京馆、上海馆、天津馆、浙江馆、中科图

16865
盐务公报各区盐务图说汇编（第1集）　盐务署编
出版者不详，[1911—1949]，16页，精装
　　本书收录1929—1931年绘制盐务彩色地图26幅。各图附说明。

16866
盐务合作问题　景学铸著
重庆：独立出版社，1941.4，[10]+144页，32开（中央政治学校研究部新政丛书）
　　本书共4章：先来一个个例、解决两大问题、盐务合作化、结语。
　　收藏单位：安徽馆、重庆馆、广东馆、贵州馆、国家馆、河南馆、吉林馆、南京馆、内蒙古馆、浙江馆

16867
盐务缉私督察人员训练班纪念刊
盐务缉私督察人员训练班，1935.10，1册，16开
　　收藏单位：南京馆

16868
盐务缉私督察人员应有之认识　杨兴勤讲　陈大鹏记
盐务缉私督察人员训练班，1935.9，32页，22开
　　收藏单位：南京馆

16869
盐务稽核所的人事管理章程　陈主素讲
盐务缉私督察人员训练班，1935.10，64页，

32 开（特别演讲 11）
　　收藏单位：南京馆

16870
盐务稽核所年报汇编（民国十八至二十二、二十四至二十五年） 财政部盐务稽核总所视察处编
财政部盐务稽核总所视察处，1932—1937，12 册（180 页），16 开
　　本书每年两册，分上、下两编，每册 1 编。收录各盐区概况、大事纪要等。其中民国二十年仅下编，民国二十二年仅上编。逐页题名：盐务稽核所年报。
　　收藏单位：重庆馆、广东馆、国家馆、吉林馆、南京馆、山西馆、上海馆、天津馆、浙江馆、中科图

16871
盐务稽核所统计报告书撮要 左树珍编
出版者不详，1934.11，52 页，16 开
　　本书共 4 章：民二以前盐务机关之状况、稽核所成立后之效率、收税及放盐统计、结论。
　　收藏单位：广东馆、国家馆、南京馆、上海馆、浙江馆

16872
盐务稽核所问题 于去疾著
出版者不详，1931.6，34 页，22 开
　　本书收文 4 篇：《新盐法与稽核所》《敬告全国盐稽核所本国同人书》《上中央党部建议书》《财政部之答复》。前 3 篇阐述盐务稽核所应撤销的理由。附《案语》一文，为著者对《财政部之答复》的批评。
　　收藏单位：国家馆、南京馆、浙江馆

16873
盐务稽核所真相 心水编
心水 [发行者]，[1931—1949]，90 页，16 开
　　本书内容包括：盐务稽核所问题平议、民国十八年之盐务稽核所、民国十九年之盐务稽核所、民国二十年之盐务稽核所等。
　　收藏单位：重庆馆、南京馆、浙江馆

16874
盐务稽核所之职掌与整理盐务之关系 左树珍著
出版者不详，[1934]，8 页，16 开
　　收藏单位：国家馆、南京馆、上海馆、浙江馆

16875
盐务稽核总所初步年报（二十五年） 盐务稽核总所编
[南京]：盐务稽核总所，[1937]，14 页，16 开
　　本书内容包括：机关之裁并、场区工程之建设、税率改革之递进、各区运销之调整及续办常平盐、缉务之整顿、硝土盐之取缔、外债之整理等。
　　收藏单位：国家馆、上海馆

16876
盐务稽核总所税警年报（民国二十二、二十四年） 盐务稽核总所税警科编
盐务稽核总所税警科，[1934—1936]，2 册（39+53 页），16 开
　　本书内容包括：税警行政之组织及重要变迁、训练及整顿、查缉私盐情形、应行改革事件等。
　　收藏单位：北大馆、广东馆、国家馆、吉林馆、南京馆、上海馆

16877
盐务稽核总所整理场产报告书 盐务稽核总所编
盐务稽核总所，[1935]，46 页，16 开
　　本书分淮北、淮南、长芦、山东等 7 区。
　　收藏单位：国家馆、吉林馆、南京馆、天津馆

16878
盐务纪要（上编） 周维亮编著
财政部粤东盐务管理局职员训练班，1940，1 册，32 开（训练教材 31）
财政部粤东盐务管理局职员训练班，1942，1 册，32 开（训练教材 31）

本书论述盐的生产应用，历代盐政与盐务机关沿革，抗战后盐的生产、运销、征榷及盐务措施等。共4章：绪言、概论、沿革、现状。附中国政府善后借款合同、新盐法等。

收藏单位：国家馆

16879

盐务会计实务 徐正渭编著
财政部川康区初级盐务人员训练班，1942.10，1册，32开

收藏单位：南京馆

16880

盐务年鉴（民国十八年） 财政部盐务署编辑
财政部盐务署，1930.5，1册，16开

本书内容包括：总务、场产、运销、征榷、缉私、统计等。

收藏单位：重庆馆、广东馆、国家馆、黑龙江馆、湖南馆、江西馆、近代史所、南京馆、上海馆、浙江馆

16881

盐务人事规则 ［盐务总局编］
盐务总局，1945.4，修正版，98页，16开

本规则共11章，内容包括：服务守则、考试、任免升调、俸给、考绩奖惩、请假等。附有关细则32种。于1945年4月修正。

收藏单位：国家馆、湖南馆、南京馆

16882

盐务人事规则
出版者不详，1946，187页，18开

收藏单位：广东馆、南京馆

16883

盐务人事行政制度 中央政治学校编
［中央政治学校］，［1928—1949］，12页，18开（中央政治学校人事行政人员训练班讲义）

收藏单位：南京馆

16884

盐务人事制度 财政部财务人员训练所盐务人员训练班编

财政部财务人员训练所盐务人员训练班，1942.8，57页，36开（盐务丛书3）

本书共5章：导论、盐务人事制度之沿革及内容、盐务人事制度之检讨、今后盐务人事行政改进之动向、结论。附盐务总局组织法草案。

收藏单位：重庆馆、江西馆、南京馆

16885

盐务人事制度 缪秋杰讲述
中央训练团党政军人事管理人员训练班，1944.6，12页，32开
中央训练团党政军人事管理人员训练班，1947.1，12页，32开

收藏单位：南京馆、内蒙古馆

16886

盐务人员会计常识 李大钧编
财政部川康盐务管理局，1941，44+11页，18开

本书共6章：绪论、对于会计方面几个应有之认识、盐务会计人员的几个主要条件、官厅会计述要、盐务会计述要、旅费简则。

收藏单位：国家馆

16887

盐务实况提要 财政部盐务总局编
财政部盐务总局，1947.10，48页，32开

本书共8部分：概况、产销区域、产制、运销、核价、征榷、办理盐业贷款、盐务机构。附全国盐场及运销据点分布图等11种。

收藏单位：安徽馆、广东馆、国家馆、南京馆、浙江馆

16888

盐务署职员录 盐务署编
盐务署，［1917］，46页，36开
盐务署，1920.1，30页，36开
盐务署，1924.1，58页，22开
盐务署，1925.3，50页，36开
盐务署，［1927］，72页，32开

本书收录该署参事室、秘书室、总务处等机构职员录。

收藏单位：国家馆、首都馆

16889

盐务税警惨杀扰民之事实及各报评论

南京：中山印书馆，1934.11，56 页，25 开

　　收藏单位：南京馆、浙江馆

16890

盐务讨论会会议汇编　盐务讨论会编

南京：盐务讨论会，[1930]，[116] 页，16 开

　　本书共两类。第 1 类内容包括：法规、会员题名、开会词、演说词等；第 2 类为议案汇录。该会于 1928 年 12 月召开。

　　收藏单位：国家馆、南京馆、上海馆、中科图

16891

盐务统计概略　财政部盐务总局统计室绘制

财政部盐务总局统计室绘制，1941.1，石印本，[20] 页，12 开

　　本书全部为图表。共 10 种，内容包括：全国食盐经销最近概况、近十年全国产盐数量、近十年全国盐税收入等。

　　收藏单位：国家馆

16892

盐务统计名词定义　财政部盐务总局颁发

外文题名：Definitions of terms used in the statistical reports for the salt administration

财政部盐务总局，1937，7 页，大 16 开

　　本书为汉英对照。共 6 部分：产盐、盐税、放盐、盐价、销盐、存盐。

　　收藏单位：国家馆

16893

盐务统计实务　财政部川康区盐务人员训练班编

财政部川康区盐务人员训练班，1942.10，34 页，32 开（训练教材 8）

　　本书共 4 章：总论、盐斤统计、盐专卖利益收支统计、盐价统计。附盐价细目月报表填表须知等。

　　收藏单位：南京馆

16894

盐务总局初步年报（二十六、三十三年）　盐务总局编

盐务总局，[1937—1944]，2 册（18+22 页），16 开

　　本书内容包括：税收、盐场工程之建设、碱地土质之改良、税率之调整、盐务机关之改组、总局之迁移等。

　　收藏单位：重庆馆、国家馆、吉林馆、南京馆

16895

盐务总局年报（民国二十六至三十五年）　盐务总局编

盐务总局，[1938—1947]，10 册，16 开

　　本书内容包括：概况、大事纪要、产运销情形、征榷、缉私等。每年内容略有差异。

　　收藏单位：安徽馆、重庆馆、广东馆、国家馆、吉林馆、近代史所、南京馆、山西馆

16896

盐章汇录　唐璧等编

两广盐运使公署，1930.11，[306] 页，16 开

　　本书内容包括：盐运使公署章程、财政部审计法、制盐特许条例、设立普通盐店办法、场馆章程、现行缉私条例等。分 4 类：总务类、场产类、运销类、缉私类。附最近粤盐征收税率、关于编辑此书之签呈。

　　收藏单位：广东馆

16897

盐政　行政院新闻局编

行政院新闻局，1947.10，30 页，32 开

　　本书共 4 部分：前言、历代盐制沿革、战时盐务、战后设施。

　　收藏单位：安徽馆、重庆馆、大庆馆、广东馆、贵州馆、国家馆、河南馆、黑龙江馆、湖南馆、江西馆、近代史所、辽宁馆、南京馆、内蒙古馆、山西馆、陕西馆、上海馆、首都馆、天津馆、中科图

16898

盐政辞典　林振翰编著

商务印书馆，1948.11，1 册，22 开，精装

本书收录全国场区制造、品质、器具、运销、征榷、缉私、法制、官署、人名、书籍、规章等方面的名辞。

收藏单位：安徽馆、重庆馆、福建馆、国家馆、近代史所、辽宁馆、南京馆、内蒙古馆、山西馆、首都馆、天津馆、浙江馆、中科图

16899
盐政改革问题　龚德柏著
出版者不详，[1911—1949]，36 页，32 开

本书共 3 部分：小引、盐政改革计划书、驳湘鄂西皖四岸运商总会公表盐法之商榷。附上海湘鄂西皖四岸运商总会公表盐法之商榷。

收藏单位：北师大馆

16900
盐政概论　财政部财务人员训练所盐务人员训练班编
财政部财务人员训练所盐务人员训练班，1942，366 页，32 开（盐训丛书 2）

本书共 5 章：绪论、场产、运销、财务、机构递嬗之梗概。附盐专卖暂行条例之草拟与实施。

收藏单位：广东馆、国家馆、南京馆

16901
盐政概论　财政部川康盐务管理局编
财政部川康盐务管理局，1943.8，183 页，32 开

本书共 3 章：场产、运销、财务。附相关规则 9 种。

收藏单位：重庆馆

16902
盐政概论　财政部全国财务人员训练所川康区盐务人员训练班编
财政部全国财务人员训练所川康区盐务人员训练班，1943.8，10+336 页，32 开（训练教材 17）

本书共 4 章：导言、场产、运销、财务。

分别由何维凝、沈本强、姚元纶、陈如金讲述。

收藏单位：南京馆

16903
盐政概论　[张绣文编]
财政部盐务总局，1944，修订版，218 页，16 开（盐政丛书）

本书据财政部财务人员训练所盐务人员训练班《盐政概论》重订。

收藏单位：安徽馆、广东馆、国家馆、吉大馆、吉林馆、近代史所、南京馆

16904
盐政概要　缪秋杰讲述
财政部盐务总局，1947.7，再版，32 页，16 开（盐政丛书）

本书共 6 章：概说、场产之整理、运销之调节、财务之规划、机构与人事之加强、警力之配备。附盐之用途表解、制盐程序表解等 5 种。

收藏单位：安徽馆、重庆馆、广东馆、国家馆、吉林馆、南京馆、绍兴馆

16905
盐政新义　曾仰丰著
曾仰丰，1944.2，34 页，32 开

本书分上、下两编：新义、方略。上编共 17 部分，内容包括：概论、场产、效能、机构、人事、审计等；下编共 3 部分：关于创造财富者、关于废除盐税者、关于建立负责政治者。

收藏单位：东北师大馆、国家馆、南京馆

16906
盐政志（十卷）　（明）朱廷立等纂
北京图书馆，1937，摄影本，4 册，精装

本书据明嘉靖八年刻本摄影出版。

收藏单位：国家馆

16907
盐政总局代编川北管理局三十四年度九至十二月份管理部份经常费岁出预算分配表

[盐政总局编]

[盐政总局]，[1945]，油印本，6 页，16 开
　　收藏单位：南京馆

16908
盐政总局代编第五战区专员办事处三十四年度九至十二月份管理部份经常费预算分配表
　[盐政总局编]

[盐政总局]，[1945]，油印本，4 页，16 开
　　收藏单位：南京馆

16909
盐政总局代编贵州管理局三十四年度九至十二月份管理部份经常费预算表　[盐政总局编]

[盐政总局]，[1945]，油印本，6 页，16 开
　　收藏单位：南京馆

16910
盐政总局代编江西管理局三十四年度九至十二月份管理部份经常费预算分配表　[盐政总局编]

[盐政总局]，[1945]，油印本，5 页，16 开
　　收藏单位：南京馆

16911
盐政总局代编前川东局三十四年九至十二月份管理部分经常费岁出预算分配表　[盐政总局编]

盐政总局，[1945—1949]，油印本，5 页，16 开
　　收藏单位：南京馆

16912
盐政总局代编陕西管理局三十四年度九至十二月份管理部份经常费岁出预算分配表　[盐政总局编]

[盐政总局]，[1945]，油印本，10 页，16 开
　　收藏单位：南京馆

16913
盐政总局代编四省督运处三十四年度九至十二月份管理部份经常费预算分配表　[盐政

总局编]

[盐政总局]，[1945]，油印本，6 页，16 开
　　收藏单位：南京馆

16914
盐政总局代编云南管理局三十四年度九至十二月份管理部份经常费岁出预算分配表　[盐政总局编]

[盐政总局]，[1945]，油印本，5 页，16 开
　　收藏单位：南京馆

16915
盐专卖政策　马泰钧讲　中央训练团党政高级训练班编
中央训练团党政高级训练班，1944.5，66 页，36 开（编教 42）
　　本书共 5 部分：引言、盐专卖之目的、盐专卖实施之成效、盐专卖实施过程中之困难、将来之政策。附盐专卖暂行条例、参考书目。
　　收藏单位：天津馆

16916
一次财产税征课方式　立法院财政金融委员会拟订
立法院财政金融委员会，[1911—1949]，6 页，16 开
　　本书介绍一次财产税的 4 种征课方式。
　　收藏单位：吉林馆

16917
一九四三年的运盐工作　中共西北中央局调查研究室编
中共西北中央局调查研究室，1944，48 页，32 开（陕甘宁边区生产运动丛书）
　　本书共 5 部分：过去运盐简述、一九四三年运盐概况、一九四三年运盐中的各种互助合作组织、运盐事业的经营、去年运盐经验与今后应注意的几个问题。
　　收藏单位：重庆馆、国家馆、山西馆、天津馆

16918
一年来吴县财政整理概要　江苏吴县县政府

编

江苏吴县县政府，1935.12，[10]+164 页，16
开

　　本书共两编：吴县财政概况、吴县财政之
整理。书前附吴县二十三年及二十四年两年
度岁入岁出预算表等 8 种。

　　收藏单位：国家馆、南京馆

16919

一年来之甘肃财政　甘肃省政府财政厅编
甘肃省政府财政厅，1938，234 页，16 开

　　本书共 4 编：省财政、县财政、经济与金
融、附录。所涉时间为 1937—1938 年。

　　收藏单位：国家馆

16920

一年来之津市计政　朱如淦 [编]
天津市政府，1948.4，油印本，1 册，16 开，
环筒页装

　　本书共 9 部分：引言、设置会计机构、培
育会计人员、推行会计制度、结束统制纪录、
整编预算决算、增进工作数量、筹组会计学
会、结语。附天津市卅六年度地方岁入岁出
预算总计表、天津市政府会计处职员一览表
等 10 种。

　　收藏单位：国家馆

16921

一年来之吴县赋税　吴县赋税管理处编
吴县赋税管理处，1943.5，[272] 页，16 开

　　本书内容包括：总务课工作报告、田赋课
工作报告、捐税课工作报告、会计主任室工
作报告等。

　　收藏单位：北师大馆、国家馆

16922

一年来之中国公债　浙江兴业银行编
浙江兴业银行，1934.1，[194] 页，18 开

　　本书内容包括：一月来之内国公债（民国
二十三年一至十二月）、一年来之特种及地方
公债（民国二十三年份）、三月来之地方公债
（民国二十三年第一至四季）等。

　　收藏单位：广东馆、国家馆、上海馆、浙

江馆

16923

一条鞭法　梁方仲著
国立中央研究院社会科学研究所，1936.5，65
页，16 开

　　本书内容包括：导论、一条鞭法本论等。
为《中国近代经济史研究集刊》第 4 卷第 1
期抽印本。

　　收藏单位：国家馆、南京馆、上海馆、中
科图

16924

依据会计法拟订单位会计制度登记实例　杨
汝梅著
国民政府主计处岁计局，1937.7，修订版，
[84] 页，23 开（中国计政学会丛刊）

　　本书为政府机关会计实例。附普通公务
单位会计实例。

16925

遗产税　金国宝著
上海：商务印书馆，1937.2，196 页，22 开

　　本书共 11 章：绪论、各国遗产税制度、
课税之范围、财产之评价、亲等差别、其他
差别办法、扣除金、逃税与赠与、课税之程
序与手续、年金之现值、我国之遗产税。附
计算表、有关系之法规条文、参考书目、索
引。

　　收藏单位：重庆馆、东北师大馆、甘肃
馆、广东馆、贵州馆、国家馆、河南馆、湖
南馆、吉林馆、江西馆、辽大馆、辽宁馆、
南京馆、宁夏馆、上海馆、天津馆、浙江馆

16926

遗产之会计及课税　沈立人编著
上海：商学书局，1934.4，206 页，25 开

　　本书分两编：遗产之会计、遗产之课税。
第 1 编共 13 章，内容包括：遗产会计之意义、
遗产会计之原理、遗产会计之特质、执行人
会计之设立、执行人会计之组织、遗产信托
之会计等；第 2 编共 5 章：遗产课税之意义、
遗产课税之分别、遗产税之计算、继承税之

计算、关于遗产课税之问题。附中华民国民法继承编、中华民国民法继承编施行细则等4种。

收藏单位：重庆馆、东北师大馆、广西馆、国家馆、江西馆、南京馆、上海馆、浙江馆

16927
银行学会对于所得税第二次研究之结果
出版者不详，[1911—1949]，17页，18开
收藏单位：国家馆

16928
引票问题之研究 本白著
[南京]：中国盐政讨论会[发行者]，1931.6，36页，22开
本书收录著者发表在《盐政杂志》上的论文4篇：《引票废止问题》《引商非商议》《引票代价驳议》《票本问题》。
收藏单位：国家馆、南京馆、上海馆、浙江馆

16929
印花税票记帐及编制表报办法 财政部直接税署编
财政部直接税署，[1940—1949]，66页，32开
本书共7章：内容概述、原始凭证及补助帐簿、日记帐及日计表、特殊情形之处理、总号编列方法及编号表、代销机关帐簿、表报。
收藏单位：国家馆、吉林馆、南京馆、上海馆

16930
印花税票简化贴用办法
出版者不详，[1911—1949]，1册，32开
收藏单位：南京馆

16931
印花税释疑 章文虎编
上海事业调查所，1936.6，2版，64页，16开

上海事业调查所，1936.11，5版，64页，18开
本书为各行业贴印花办法之解释说明。附法规。
收藏单位：江西馆、上海馆

16932
印花税总论 孙新彦编
出版者不详，[1911—1949]，50页，16开
收藏单位：南京馆

16933
英庚款保息办法 管理中英庚款董事会订
管理中英庚款董事会，1931，2页，18开
本办法共9条。
收藏单位：国家馆

16934
英美借款问题之总观 熊子骏著
成都：新闻报馆、文化服务部，1942.6，42页，32开
本书附中美联合声明借款及协定等4种。
收藏单位：广东馆、近代史所

16935
营利事业及自由职业者之业务所申请登记办法
出版者不详，[1911—1949]，18页，32开
收藏单位：南京馆

16936
营业基金预算科目 国民政府主计处岁计局编
国民政府主计处岁计局，1943.12，20页，36开
本书为合订本。合订书还有4种：《营业基金预算格式》《营业基金决算格式》《营业基金结算格式》《说明》。
收藏单位：重庆馆、南京馆

16937
营业税法施行细则 四川省营业税局编
[四川省营业税局]，1947，2页，16开，环

简页装

收藏单位：重庆馆

16938

营业税实务　季怡编著

季怡 [发行者]，1946.4，129 页，32 开

本书共 4 章：总论、征免范围及计算方法、纳税单位之控制、征收过程。附营业税法、营业税法施行细则、法令解释等。

收藏单位：浙江馆

16939

营业税述义　杨继先编述

四川省营业税局，1936，1 册，16 开

收藏单位：南京馆

16940

营业税逃税百弊（第 1 辑）　直接税处经济研究室编

直接税处经济研究室，[1943]，83 页，25 开（直接税实务丛书）

本书将 100 种弊端分 10 类，内容包括：私人类、字号类、批发类、自由职业类、机关团体类等。

收藏单位：重庆馆、东北师大馆、广东馆、贵州馆、国家馆、南京馆

16941

营业税文件（第 1 册）　财政部编

财政部，1931.3，72 页，16 开

本书收录文件 25 种，内容包括：各省征收营业税大纲、各省征收营业税大纲补充办法、浙江省征收营业税条例（修正本）、安徽省征收营业税条例（修正本）、咨各省市政府解释办法五项文等。

收藏单位：国家馆

16942

营业税问题　侯厚培著

上海：大东书局，1931.6，122 页，32 开

本书共 5 章：营业税的性质、营业税的课税、营业税的重复税问题、营业税的转嫁与归宿、中国举办营业税问题。附我国实施营业税之经过。

收藏单位：安徽馆、重庆馆、广东馆、广西馆、国家馆、河南馆、湖南馆、江西馆、辽宁馆、南京馆、上海馆、首都馆、天津馆、浙江馆、中科图

16943

营业税宣传资料辑要　财政部直接税处编

财政部直接税处，1943.5，90 页，25 开

本书共 6 部分：中央接管营业税及其整理经过、营业税现制述要、营业税报缴须知、营业税征收程序表解、营业税税额计算举隅、营业税应用书表格式。

收藏单位：重庆馆、贵州馆、国家馆、南京馆、陕西馆

16944

有关计政法令（2）　广东省县政人员训练所计政系编

广东省县政人员训练所，1940.1，68 页，32 开（计政法令汇刊 5）

收藏单位：南京馆

16945

舆论与财政公开　崔敬伯著

北平：国立北平研究院经济研究会，[1937]，20 页，16 开

本书收录著者发表在报纸上的短文两篇：《国民意志与国家财政》《实报与中国财政》。

收藏单位：国家馆、湖南馆、江西馆、南京馆、内蒙古馆、天津馆、西交大馆、浙江馆、中科图

16946

预决算编审　江西省地方行政干部训练团编

江西省地方行政干部训练团，1941.2，98 页，32 开（各县训练所训练乡镇干事教材）

江西省地方行政干部训练团，1942.6，95 页，32 开（各县训练所训练乡镇干事教材）

收藏单位：重庆馆、江西馆

16947

预决算编审　西康省地方行政干部训练团编

西康省地方行政干部训练团，1942，47 页，
36 开
　　收藏单位：重庆馆

16948
预算法　立法院预算委员会编
立法院预算委员会，1948，1 册，32 开
　　本书为合订本。合订书还有 3 种：《决算
法》《会计法》《审计法》。附财政收支系统
法。附收入分类表等 3 种。
　　收藏单位：广东馆

16949
预算科目实例·县市预算科目实例　国民政
府主计处岁计局编
国民政府主计处岁计局，1943.7，18 页，32
开
　　本书为合订本。
　　收藏单位：南京馆

16950
预算科目细则·概算预算格式及说明　国民
政府主计处岁计局编
国民政府主计处岁计局，1932.12 重印，44
页，16 开
　　本书为合订本。
　　收藏单位：国家馆、南京馆

16951
预算论文选读　福建省政府会计处编辑
福建省政府会计处，1939.3，150 页，22 开
（主计丛书 2）
　　本书收文 4 篇：《新旧预算法的比较研究》
（王新铭）、《公有营业机关之预算及会计问
题》（陈其祥）、《工业预算》（王荫初）、《计
政法规：中央及地方决算教题》（闻亦有）。附
预算章程、预算法、预算法施行细则等 6 种。
　　收藏单位：福建馆

16952
预算业务之监察　中央训练团监察官训练班
编
中央训练团监察官训练班，[1948.1]，9 页，

25 开（教字 12）
　　本书共 4 部分：各级预算机构之组织与职
掌、预算业务处理程序、现行预算业务概况
及一般缺点流弊及其原因、监督事项及其方
法。附预算机构设置概要等。
　　收藏单位：国家馆

16953
预算章程·办理预算收支分类标准　[国民政
府主计处岁计局编]
国民政府主计处岁计局，1932.10 重版，17
页，16 开，环筒页装
　　本书为合订本。均于 1931 年 11 月 2 日
由国民政府公布。
　　收藏单位：国家馆、南京馆

16954
预算制度
财务人员养成所，1929.1，118 页，32 开
　　收藏单位：南京馆

16955
预算作业教程
中央陆军军官学校军需训练班，[1934—
1936]，134 页，23 开
　　收藏单位：重庆馆、广东馆

16956
元代茶税与交钞制度
出版者不详，1942，1 册，16 开
　　收藏单位：浙江馆

16957
元旦纪念刊　浙江财务人员养成所编
浙江财务人员养成所，1929，48 页，16 开
　　本书分两部分：浙江省均赋问题、浙江省
裁厘问题。收录莫存之、邵蓉生等 10 人所著
论文 11 篇。
　　收藏单位：国家馆、南京馆、浙江馆

16958
约园理财牍稿　张寿镛编著
出版者不详，[1918]，[14]+514+43 页，22 开

本书收录作者在湖北任职期间的档牍、文稿（批文呈文稿）。附浙江讨论财政答案等。

收藏单位：国家馆、河南馆、近代史所、首都馆、天津馆

16959
乐清县三十二年度县地方岁出入总单预算书
李乃常　王达编
乐清县政府，[1943]，油印本，1 册，16 开
本书内容包括：岁入总预算、岁出总预算、行政支出岁出分预算、教育及文化支出岁出分预算、经济及建设支出岁出分预算等。

收藏单位：浙江馆

16960
粤鹾纪实　邹琳撰述
上海：华泰印制有限公司，1922.7，1 册，18 开
[上海]：华泰印制有限公司，1923，2 版，1 册，22 开
[上海]：华泰印制有限公司，1927.4，增订 4 版，1 册，18 开，精、平装
本书共 6 编：总说、职官、场产、运销、征榷、缉私。

收藏单位：重庆馆、国家馆、吉林馆、近代史所、南京馆、宁夏馆、上海馆、首都馆、浙江馆、中科图

16961
粤东区统计实务　秦元华编
财政部粤东盐务管理局职员训练班，1940，56 页，25 开
本书共 4 章：目录总论、盐斤统计、税收统计、盐价统计。

收藏单位：国家馆

16962
粤湘赣鄂四省商会代表所得税研究会议纪录
江西全省商会联合会编
江西全省商会联合会，1937.5，30 页，32 开
本会于 1937 年 4 月 16 日在汉口召开。

收藏单位：国家馆

16963
云南财政人员训练　云南省财政厅编
云南省财政厅，1941.6，70 页，32 开（云南财政丛书 8）

收藏单位：南京馆

16964
云南财政特刊　云南省财政厅总务科编
云南省财政厅总务科，1931.10，1 册，16 开
本书内容包括：组织、图表、法规、公文、工作报告、言论等。

收藏单位：国家馆、南京馆

16965
云南财政厅拟具整理财政议案　云南省财政厅拟
出版者不详，[1920—1949]，石印本，1 册，16 开
本书收录议案 7 个，内容包括：清丈田地先从报查入手俾易举行案、拟征外来洋酒公卖费案、拟设专局征收川盐厘金案、拟整理预征布厘金案等。

收藏单位：国家馆

16966
云南财政厅印刷局营业报告书（民国二十二年）　[云南财政厅编]
云南财政厅，1933，1 册，13 开

收藏单位：国家馆

16967
云南财政厅征收官吏会计人员宣誓纪录　财政厅稽核科编
财政厅稽核科，1931，72 页，16 开
本书内容包括：云南省财政厅征收官吏宣誓规则、征收官吏就职宣誓纪录、会计人员宣誓就职纪录、陆厅长对新委各会计及稽核员之训词等。

收藏单位：国家馆

16968
云南改革税制计划书　云南省财政厅编
云南省财政厅，1930，60 页，16 开

本书共 10 项：总论、特种消费税、营业牌照税、宅地税、田赋、契税、印花税、烟酒税费、牲屠税、县区地方财政。附财政厅经管各县附捐杂款一览表、玉溪等十五县地方附捐一览表。

收藏单位：国家馆、辽宁馆、南京馆、上海馆

16969

云南改革税制宣传纲要（改革税制的理由）

云南官印局，[1930—1939] 印，12 页，32 开

收藏单位：国家馆

16970

云南计政概况 云南省财政厅编

云南省财政厅，1941.6，24 页，32 开（云南财政丛书 5）

收藏单位：南京馆

16971

云南会计制度 财政厅稽核科编

财政厅稽核科，1931，246 页

收藏单位：南京馆

16972

云南省财政概况 中国人民解放军西南服务团研究室编

中国人民解放军西南服务团研究室，1949.8，51 页，32 开（云南省参考资料 2）

本书分上、下两编：税收、田赋。上编共两章：税源和税收、税务机构；下编共 3 章：概说、粮产和赋额、机构和人事。

收藏单位：重庆馆、湖北馆

16973

云南省财政厅修正征收耕地税施行细则 ［云南省财政厅编］

云南省财政厅，[1935]，6 页，16 开

本细则于 1935 年 10 月修正。

收藏单位：南京馆

16974

云南省财政厅修正征收耕地税章程 ［云南省财政厅编］

云南省财政厅，[1911—1949]，1 册，16 开

收藏单位：南京馆

16975

云南省财政厅征收契税章程 ［云南省财政厅编］

云南省财政厅，[1911—1949]，1 册，16 开

收藏单位：南京馆

16976

云南省财政厅征收牲畜屠宰税章程施行细则 ［云南省财政厅编］

云南省财政厅，[1911—1949]，4 页，16 开

收藏单位：南京馆

16977

云南省财政厅征收特种消费税 云南省财政厅编

云南省财政厅，1930，1 册，16 开

本书内容包括：云南省征收特种消费税暂行章程、云南省财政厅征收特种消费税管理细则、云南省财政厅征收特种消费税物价评议委员会组织规则等。

收藏单位：国家馆

16978

云南省财政厅征收特种消费税章则 云南省财政厅编

云南省财政厅，1939.9，第 6 次修正版，[86] 页，23 开

收藏单位：中科图

16979

云南省地方岁入岁出总预算书（三十六年度） 云南省政府编

云南省政府，[1947]，32 页，16 开

本书大部分为表。共 8 部分：总说明、岁入总表、岁入经常门预算书、岁出总预算事业别总计表、岁出总预算机关别总计表、普通岁出经常门预算书、普通岁出临时门预算书、事业岁出预算书。

收藏单位：国家馆

16980

云南省各县市局地方总预算书汇编（民国三十六年度） 云南省政府会计处编

云南省政府会计处，[1948]，[343] 页，16 开

　　本书全部为表。共 4 部分：云南省三十六年度各县市局地方岁入岁出预算书总说明、预算百分比较表、预算总表、总预算书。

　　　　收藏单位：国家馆

16981

云南省各县县地方预算书（中华民国三十五年度） 云南省政府会计处编

云南省政府会计处，1945，油印本，1 册，16 开，环筒页装

　　　　收藏单位：国家馆

16982

云南省田赋征收实物解答（卅年度） 云南省田赋管理处编

云南省田赋管理处，1941 印，12 页

　　　　收藏单位：南京馆

16983

云南省田赋征收实物实施办法（卅年度）

[云南省田赋管理处编]

[云南省田赋管理处]，[1941]，6 页

　　　　收藏单位：南京馆

16984

云南省政府会计处工作报告 云南省政府会计处编

[昆明]：云南省政府会计处，1944，油印本，8 页，18 开，环筒页装

　　本书所涉时间为 1943 年 9 月至 1944 年 4 月。

　　　　收藏单位：国家馆

16985

云南新财政政策实施纲领 云南省财政厅编

云南省财政厅，1941.6，18 页，32 开（云南财政丛书）

　　　　收藏单位：南京馆

16986

云南盐务纪要 杨勋民编

出版者不详，[1940]，94 页，18 开

　　本书内容包括：沿革、产制、运销、征榷、机关组织、盐业团体等。附云南制盐技术改进拟议、云南各区井场食盐加碘方法。

　　　　收藏单位：国家馆、近代史所

16987

云南盐务统计（民国二十四年度） 云南盐运使公署编

云南盐运使公署，1936.10，61 页，10 开，精装

　　本书收录该署所属各盐场行政经费、产销、税捐等统计图表及附表 61 种。

　　　　收藏单位：国家馆、南京馆

16988

云南之财政 严仁赓具拟

出版者不详，[1911—1949]，油印本，207 页，16 开，精装（云南经济研究报告 21）

　　本书共 8 章：云南省财政状况概述、国款收支概论、省款收支概论、国税分论、省税分论、财务行政、市县财政、官营事业。

　　　　收藏单位：广东馆

16989

杂税讲义 吴佐卿编述

四川省财务人员训练所，[1930—1939]，24 页，16 开

　　本书共 5 章：四川地方税、四川糖税、四川油税、四川茶税、四川房捐。

　　　　收藏单位：国家馆、南京馆

16990

暂编财政部所管各局厂特别会计岁入岁出预算表 财政整理会编

财政整理会，1925.12，36 页，16 开

　　　　收藏单位：重庆馆、国家馆、南京馆、宁夏馆、上海馆、天津馆、中科图

16991

暂编各海常关岁入岁出预算专表 财政整理

会编

财政整理会，1925.12，24 页，16 开

　　收藏单位：重庆馆、东北师大馆、国家馆、上海馆、天津馆、中科图

16992

暂编各省区国家岁入岁出预算分表　财政整理会编

财政整理会，1925，3 册（[162]+[176]+[130] 页），18 开

　　本书分甲、乙、丙 3 册。

　　收藏单位：重庆馆、东北师大馆、国家馆、南京馆、上海馆、中科图

16993

暂编国家岁出预算总表　财政整理会编

财政整理会，1925.12，62 页，16 开

　　收藏单位：重庆馆、东北师大馆、国家馆、辽宁馆、上海馆、天津馆、中科图

16994

暂编国家岁入岁出预算总表（民国十四年度）　财政整理会编

财政整理会，1925，[106] 页，16 开

　　收藏单位：国家馆、上海馆

16995

暂编国家预算总案　财政整理会编

财政整理会，1925.12，14 页，16 开

　　本书全部为表。

　　收藏单位：北师大馆、重庆馆、国家馆、上海馆、天津馆、中科图

16996

暂编盐务岁入岁出预算专表　财政整理会编

财政整理会，1925.12，10 页，16 开

　　收藏单位：重庆馆、国家馆、上海馆、天津馆、中科图

16997

暂编债款岁出预算专表　财政整理会编

财政整理会，1925.12，4 页，16 开

　　收藏单位：重庆馆、国家馆、上海馆、天

津馆、中科图

16998

暂编中央各部各机关岁入预算分表　财政整理会编

财政整理会，1925.12，26 页，16 开

　　收藏单位：国家馆、上海馆、天津馆、中科图

16999

暂编中央各机关经费国家岁出预算分表　财政整理会编

财政整理会，1925.12，[94] 页，16 开

　　本书封面题名：暂编中央各机关各部经费国家岁出预算分表。

　　收藏单位：重庆馆、东北师大馆、国家馆、辽宁馆、南京馆、宁夏馆、上海馆、天津馆、中科图

17000

暂编中央直接收入支出预算专表　财政整理会编

财政整理会，1925.12，[44] 页，16 开

　　收藏单位：重庆馆、国家馆、上海馆、天津馆、中科图

17001

暂付款之研究　广西省政府会计处编

广西省政府会计处，[1941]，43 页，32 开（桂岭会计丛刊 17）

　　收藏单位：重庆馆、桂林馆、南京馆、浙江馆

17002

暂行划分国省县乡租税方案

出版者不详，[1911—1949]，20 页，大 32 开

　　收藏单位：南京馆

17003

暂行进出口货物税税则税率　山东省胶东区行政公署 [编]

出版者不详，[1947.7]，[72] 页，32 开

　　本书共两部分：胶东区进出口货物征税暂

行章则、山东省胶东区战时贸易管理暂行办法。附 23 类货物税率。自 1947 年 8 月 1 日起实行。

　　收藏单位：国家馆

17004

暂行决算章程　国民政府主计处岁计局编
国民政府主计处岁计局，1932，26 页，16 开
　　本书共 5 章：通则、编制方法、国家决算编审之程序及时期、地方决算编审之程序及时期、附则。附书表格式及说明。于 1932 年 10 月 12 日国民党中央政治会议第 327 次会议通过。

　　收藏单位：重庆馆、广东馆、国家馆、吉林馆、南京馆

17005

暂行盐专卖会计制度　财政部盐务总局编订
上海印书馆，1943.8 印，292 页，16 开
　　本书共 11 章，内容包括：总说明、会计科目、附属机关收支处理之程序与应用之凭证帐表、主要会计簿籍、资产负债类科目之明细帐表等。附各种凭证帐表目录、会计科科目简明表。

　　收藏单位：重庆馆、广东馆、国家馆、上海馆

17006

暂行营业基金预算科目·暂行营业基金预算书表格式·办理营业预算应行注意事项　[国民政府主计处岁计局编]
[国民政府主计处岁计局]，[1911—1949]，1册，32 开
　　本书为合订本。

　　收藏单位：南京馆

17007

怎样检讨财政问题　崔敬伯著
北平：国立北平研究院经济研究会，1936.9，9 页，16 开
　　收藏单位：国家馆、近代史所、南京馆、内蒙古馆

17008

债款合同汇编　财政部公债司编
财政部公债司，[1931]，1 册，18 开
　　本书共 15 部分，内容包括：汇丰银款、汇丰金款、俄法洋款、辛丑各国条约、币制实业借款、华比借款等。

　　收藏单位：广东馆、上海馆、首都馆

17009

战前及战时财政部盐务总局筹办各区食盐情形述要　朱庭祺编
出版者不详，[1940.3]，26 页，64 开

17010

战时财政　孔祥熙讲
西康省地方行政干部训练团，1941.11，23页，32 开（中央训练团党政训练班讲演录）
　　本书共 6 部分：绪论、战时财政之要件与筹画、欧战时财政上之经验、我国抗战以来之财政重要措施、我国与敌方财政状况之比较、今后之财政政策。为《战时财政金融》（孔祥熙讲）第 1 部分"关于财政方面者"的抽印本。

　　收藏单位：重庆馆、国家馆

17011

战时财政调查要目表
出版者不详，[1937]，1 册，16 开
　　本书共 6 部分，内容包括：关于省财政机构之调整部份、关于税收部份等。

　　收藏单位：国家馆

17012

战时财政金融（又名，战时财政与金融）　孔祥熙讲
中央训练团，1939.12，46 页，32 开（中央训练团党政训练班讲演录）
中央训练团，1940，44 页，32 开（中央训练团党政训练班讲演录）
中央训练团，1941.9，40 页，32 开（中央训练团党政训练班讲演录）
中央训练团，1942.5，44 页，32 开（中央训练团党政训练班讲演录）

中央训练团，1943.6，44 页，32 开（教字28）

　　本书共两部分：关于财政方面者、关于金融方面者。

　　收藏单位：安徽馆、重庆馆、广东馆、广西馆、贵州馆、国家馆、南京馆、西南大学馆

17013

战时财政问题　马寅初讲

国民政府军事委员会陆军军官训练团，[1913—1949]，6 册，25 开

　　收藏单位：广东馆、江西馆

17014

战时财政问题与整理田赋　梅光复著

汉口 [等]：上海杂志公司，1938.3，92 页，32 开（抗战建国丛书）

　　本书共 6 章：战争与财政、我国战时财政现状、战时财政之治标方法、战时财政之基本方法、中日之战时财力、结论。

　　收藏单位：国家馆、南京馆

17015

战时财政新论　陈启修等著

上饶：战地图书出版社，1941.8，112 页，32 开

　　本书共 10 章：战时财政的新概念、确立收支系统与财政建设、统筹田赋与财政建设、田赋酌征实物之理论与实践、粮食国营与财政建设、粮食政策的回顾与前瞻、战时粮食公卖的检讨、国父土地政策的诠释、专卖制与财政建设、直接税与财政建设。书前有《财政建设与抗战建国》（蒋介石）。附第三届全国财政会议宣言。

　　收藏单位：安徽馆、广东馆、贵州馆、国家馆、湖南馆、江西馆、南京馆、上海馆、浙江馆

17016

战时财政与粮食政策

第三战区司令长官司令部政治部，1941.8，112 页，32 开

本书内容同《战时财政新论》（陈启修等著）。

　　收藏单位：安徽馆

17017

战时财政与中国（中国财政的政治条件）　崔敬伯著

北平：国立北平研究院经济研究会，[1936]，17 页，16 开

　　收藏单位：北师大馆、国家馆、吉林馆、近代史所、南京馆、内蒙古馆、天津馆、中科图

17018

战时财政政策　陈之硕讲

出版者不详，[1911—1949]，8 页，32 开

　　收藏单位：南京馆

17019

战时的财政和金融　符灿炎著　吕金录校订

长沙：商务印书馆，1938.5，30 页，42 开（民众战时常识丛书）

长沙：商务印书馆，1938，再版，30 页，42 开（民众战时常识丛书）

　　本书共 4 部分：家庭家计与国家财政、个人预算与国家预算、战时我国财政与金融、结论。

　　收藏单位：重庆馆、贵州馆、国家馆

17020

战时的财政问题　骆耕漠著

上海：黑白丛书社，1937.11，22 页，36 开（黑白丛书战时特刊 15）

汉口：黑白丛书社，1937.12，再版，22 页，36 开（黑白丛书战时特刊 15）

　　本书共 4 部分：绪言、中国的财政在平时、解决战时财政的几个前提、怎样处理当前的战费问题。

　　收藏单位：重庆馆、东北师大馆、广东馆、国家馆、吉林馆、近代史所、南京馆

17021

战时的租税　金天锡著

重庆：中山文化教育馆，1939.3，40页，36开
（抗战丛刊81）

[重庆]：中山文化教育馆，[1937—1945]，40
页，36开（抗战丛刊81）

本书共8部分，内容包括：租税在战时财政上的地位、各国战时财政所给我们的教训、我国战时增加的租税、战时的直接税、结论等。

收藏单位：重庆馆、国家馆、吉林馆、江西馆、南京馆

17022

战时公债　粟显运编
重庆：国民图书出版社，1941.4，52页，32开

本书共12部分，内容包括：劝募和摊派的比较、战时公债劝募队工作要点、经募战时公债应注意的事项等。附战时公债劝募委员会组织章程等。

收藏单位：安徽馆、重庆馆、广东馆、广西馆、贵州馆、国家馆、湖南馆、吉林馆、江西馆、南京馆、宁夏馆、陕西馆、浙江馆

17023

战时公债劝募手册　战时公债广东省劝募总队编辑
战时公债广东省劝募总队，1941.5，58页，32开

本书共21部分，内容包括：战时公债劝募委员会组织章程、战时公债劝募委员会各省劝募队通则、各省战时公债劝募工作实施顺序、战时公债劝募队工作要点、战时公债认购须知等。附勋章条例、战时公债广东省劝募总队负责人名表。

收藏单位：国家馆

17024

战时公债劝募手册　战时公债劝募委员会制发
战时公债劝募委员会，1941.2，50页，32开

收藏单位：重庆馆、国家馆、湖南馆、南京馆、西南大学馆

17025

战时公债劝募运动　军事委员会政治部编
军事委员会政治部，1941.3，46页，36开（宣传资料 第5辑）

收藏单位：安徽馆、重庆馆、广东馆、国家馆、南京馆

17026

战时公债劝募运动文集　战时公债劝募委员会编
战时公债劝募委员会，1941.3，2册（54+81页），32开

本书共两辑，每辑1册。内容包括：《战时公债之意义与作用》（陈立夫）、《对于战时公债应有的认识》（朱家骅）、《国民认购公债的意义》（翁文灏）、《劝募公债与抗战建国》（潘公展）、《大学生与战时公债》（黄炎培）等。

收藏单位：重庆馆、国家馆、南京馆、上海馆

17027

战时公债劝募运动宣传要领　战时公债劝募委员会制发
战时公债劝募委员会，1941.2，11页，32开

本书共7部分："为什么发行战时公债？""战时公债的性质和作用是什么？""我国历来公债的信用怎样？""这次战时公债对人民的好处是什么？""认购战时公债是哪些人的事？""对于战时公债是否只要自己尽力认购，就算尽了国民的责任呢？""'宣传是艺术'，要讲究募债宣传的方法与技术"。

收藏单位：安徽馆、重庆馆、国家馆、南京馆

17028

战时公债收款换票手续须知　战时公债劝募委员会编
战时公债劝募委员会，1941.3，42页，16开

收藏单位：重庆馆、南京馆

17029

战时国家总预算编审办法　国民政府主计处

岁计局编

国民政府主计处岁计局，1943.7，10 页，32
开

本书为合订本。合订书还有 3 种：《战时
营业预算编审办法》《战时营业决算编审办
法》《战时县市预算编审办法》。

收藏单位：国家馆、南京馆

17030

战时四川省县财政透视　西华经济研究所主
编

[成都]：西华经济研究所，1939，[23] 页，
16 开（西华经济丛刊）

本书为 1938 年 10 月 30 日在成都出版的
《民间意识》第 9—12 期合刊抽印本。

收藏单位：国家馆、南京馆

17031

战时田赋征实与战后粮食问题　戴日镳著

重庆：独立出版社，1942.10，158 页，32 开
（中国经济建设丛书）

本书共 5 章：绪论、粮食自给之前途、战
时后方粮价变动之经过及其影响、战时粮食
管理、战后粮食问题。附有关各部长官之指
示等。

收藏单位：重庆馆、广东馆、国家馆、河
南馆、吉林馆、近代史所、南京馆、宁夏馆、
西南大学馆

17032

战时消费税税则（乙 洋货）　重庆总税务司署
审榷科编

重庆总税务司署审榷科，1942.4，27—48 页，
32 开

收藏单位：南京馆

17033

战时整理田赋问题　郭垣著

重庆、西安：国民图书出版社，1942.5，[14]+
186 页，32 开

本书共 8 章，内容包括：抗战时期必须整
理田赋、从租税观点看也必须整理田赋、民
国以来政府整理田赋概述、筹备期间的田赋

整理工作、在实施中的田赋整理工作等。附
第三次财政会议宣言等 12 种。

收藏单位：安徽馆、重庆馆、东北师大
馆、甘肃馆、广东馆、贵州馆、国家馆、湖
南馆、江西馆、近代史所、南京馆、宁夏馆、
上海馆、西南大学馆、浙江馆

17034

战时之财政经济与教育文化　管雪斋编辑

汉口：华中图书公司，1938.2，[174] 页，32
开

本书为论文集。分上、下两卷，共收文
46 篇，内容包括：《战时财政与金融》（马寅
初）、《抗战后中央财政之动向》（贾士毅）、
《抗战期中财政之急要设施》（陈长蘅）、《论
战时金融》（章乃器）、《战时金融之错误与
救济》（卫挺生）、《抗战教育的意义》（陈仁
炳）、《战时电影》（张常人）等。

收藏单位：重庆馆、国家馆、南京馆、西
南大学馆

17035

战时之湖北财政　赵志垚著

出版者不详，[1940]，256 页，18 开

本书共 4 章：绪论、战前财政之回顾、战
时财政之设施、战后财政之展望。

收藏单位：国家馆、江西馆

17036

战时租税制度　侯厚吉著

上海：汗血书店，1936.11，82 页，32 开（国
防实用丛书 3）

本书共 4 部分：绪论、中国税制的现况及
其弱点、欧战时各国租税制度、我国战税政
策。

收藏单位：安徽馆、重庆馆、广东馆、贵
州馆、国家馆、江西馆、南京馆、上海馆

17037

张多税关税务纪要　梁汶舟著

出版者不详，1929，1 册，16 开

收藏单位：广东馆

17038

张氏改革全国盐政计划书

出版者不详，[1911—1949]，40 页，25 开

17039

张文襄公电稿（加税免厘部分）　李景铭摘抄

北京：经济学会，[1911—1949]，72+104 页，32 开

　　本书分上、下两卷：选录加税免厘部分、加税免厘部分。

　　收藏单位：国家馆、河南馆、南京馆、上海馆、绍兴馆、首都馆

17040

浙江财务人员养成所开学纪念刊　浙江服务人员养成所编

浙江服务人员养成所，1928.10，410 页，16 开

　　本书收录论著、规程、演说、纪念词等。

　　收藏单位：吉林馆、南京馆、浙江馆

17041

浙江财务人员养成所特刊　魏颂唐编

[浙江财务人员养成所]，[1929]，8 页，13 开

　　本书收录论述当时浙江财政的文章若干篇。

　　收藏单位：浙江馆

17042

浙江财务人员养成所一览　浙江财务人员养成所编

浙江财务人员养成所，1931.10，[106] 页，18 开

　　本书收录校史、章则、统计图表、教职员及学生一览表等资料。附学生自治会章程。

　　收藏单位：浙江馆

17043

浙江财务人员养成所正科第二期毕业纪念刊

　　浙江财务人员养成所编

浙江财务人员养成所，1932，1 册，25.5cm

　　收藏单位：南京馆

17044

浙江财政概要　浙江财务人员养成所编

浙江财务人员养成所，1931.6，82 页，16 开

　　本书内容包括：浙江之盐税、浙江之烟酒税、浙江之印花税、浙江之关税、浙江之卷烟税、浙江之煤油特税、浙江之箔类特税、浙江之营业税等。目录页题名：浙江财政概要讲义。

　　收藏单位：国家馆、浙江馆

17045

浙江财政汇报（第1编）　浙江省政府财政厅编

浙江省政府财政厅，1927，1 册，16 开

17046

浙江财政纪略　魏颂唐编

出版者不详，[1929]，[653] 页，18 开

　　本书共 3 部分：岁入、岁出、财政厅兼管中央各款。

　　收藏单位：安徽馆、东北师大馆、广东馆、国家馆、近代史所、南京馆、上海馆、浙江馆、中科图

17047

浙江财政厅收支册　钱永铭编

出版者不详，[1930]，2 册（[308]+[296] 页），16 开

　　本书为作者卸任前对任内经手各款所造之清册。上册所记时间为 1928 年 11 月至 1929 年 12 月，下册为 1930 年 1—12 月。

　　收藏单位：国家馆

17048

浙江财政统计（二十至二十二年度）　浙江省财政厅第四科编

浙江省财政厅第四科，[1930—1939]，3 册（[254]+[186]+[152] 页），16 开

　　本书全部为图表。

　　收藏单位：广东馆、国家馆

17049

浙江等省追加三十五年度岁出预算表　[国民

政府主计处岁计局编]

[国民政府主计处岁计局], [1946], 油印本, 1 册, 10 开, 环筒页装

本书为合订本。合订书还有:《中华民国三十五年度国家普通岁出陕西省岁出第七次追加预算书》《中华民国三十四年度国家普通岁出江苏省岁出第十一次追加单位预算书》等。

收藏单位: 国家馆

17050

浙江地方财政第一次调查报告　张淼著

财政部整理地方捐税委员会, 1934.9, 21 页, 16 开, 活页装

本书共 4 部分: 浙省财政之过去、浙省财政之现状与救济、浙省各县地方财政之整理与检讨、浙省各县整理地籍之经过与成果。

收藏单位: 国家馆

17051

浙江第一区营业税局征信录（中华民国廿一至廿二年份）

出版者不详, [1932—1933], 2 册（324+434 页）, 16 开

收藏单位: 广东馆

17052

浙江赋税源流　[魏颂唐编]

出版者不详, 1925.12, 106+[7] 页, 16 开

收藏单位: 浙江馆

17053

浙江计政之过去现在与将来　陈宝麟著

浙江省政府会计处, 1940.10, 102 页, 32 开（浙江计政丛刊 1）

本书共 6 章: 总论、预算、会计、决算、人事、组织及其他。

收藏单位: 国家馆、南京馆、浙江馆

17054

浙江卷烟特税总局汇刊　萧鉴编

出版者不详, 1926.7, [143] 页, 16 开

本书收录该局相关图表 5 种、章则 14

种、文牍 18 件。附总分局长职名一览表、各区分局及稽征所一览表等 4 种。

收藏单位: 浙江馆

17055

浙江临安县管理县公款公产委员会公告汇刊（第 1—2 届）　浙江临安县款产委员会编辑

浙江临安县款产委员会, 1928—1929, 2 册, 16 开

收藏单位: 浙江馆

17056

[浙江全省岁出预算册（中华民国元年）]

出版者不详, [1912], 1 册, 25 开

本书收录《大共和日报》登载的文章, 书名为第 1 篇文章题名。

收藏单位: 浙江馆

17057

浙江省财政法规汇编　浙江财务人员养成所编

浙江财务人员养成所, 1932.4, 526 页, 13 开

本书内容包括: 浙江省财政厅办事细则、财政厅厅务会议规则、财政厅财政讨论委员会章程、财政厅财政讨论委员会办事细则等。

收藏单位: 北大馆、浙江馆

17058

浙江省财政厅施政报告　[浙江省财政厅编]

[浙江省财政厅], [1911—1949], 1 册, 16 开

收藏单位: 浙江馆

17059

浙江省财政厅职员录　浙江省财政厅第四科编

浙江省财政厅第四科, 1932.3, 22 页, 32 开

浙江省财政厅第四科, 1935.1, 22 页, 32 开

收藏单位: 国家馆、浙江馆

17060

浙江省财政研究报告书（中华民国二十六年）

[浙江省财政研究委员会编]

浙江省财政研究委员会, 1937.4, 116 页, 16

开

本书分 4 部分：引言、报告、特载、附件。报告部分共 5 类：预算、金库会计制度、税收、债务、其它。

收藏单位：国家馆、南京馆、天津馆

17061

浙江省财政一览　浙江财务人员养成所编

浙江财务人员养成所，1932.6，[379] 页，10 开

本书共两部分：收入之部、支出之部。收录各类统计表 38 种。所涉时间为 1912—1929 年。

收藏单位：国家馆、南京馆、上海馆、浙江馆、中科图

17062

浙江省地方岁出入预算概况（民国二十年度）　浙江省财务人员养成所编

浙江省财务人员养成所，1932.5，1 册，18 开

本书共 5 部分：弁言、浙江省地方二十年度岁入岁出总概算书、浙江省地方二十年度岁入岁出总概算附表、主计处审查二十年度浙江省地方概算意见书、二十年度浙江省概算核成后各项百分比较。

收藏单位：国家馆、上海馆、浙江馆、中科图

17063

浙江省地方岁入岁出总概算书（三十六年度）　浙江省政府编

浙江省政府，[1947]，1 册，16 开

收藏单位：浙江馆

17064

浙江省地方岁入岁出总决算书（三十六年度）　浙江省政府编

浙江省政府，[1947]，1 册，16 开

收藏单位：浙江馆

17065

浙江省地方总概算书（中华民国二十六年度）　浙江省财政厅编

浙江省财政厅，[1937]，208 页，16 开

本书内容包括：岁入岁出概算百分比率表、本年度及上年度岁入概算比较表、本年度及上年度岁出概算比较表、普通岁入概算书经常门、普通岁入概算书临时门、普通岁出概算提要等。

收藏单位：广东馆、国家馆、南京馆、浙江馆

17066

浙江省地方总会计制度　浙江省政府会计处编

浙江省政府会计处，1937，[140] 页，16 开

收藏单位：浙江馆

17067

浙江省第八区营业税局征信录（民国二十二至二十三年）　俞子良编

浙江省第八区营业税局，[1934—1935]，2 册，16 开

本书全部为表。第八区包括：兰溪县、金华县、衢县、龙游县等。

收藏单位：国家馆

17068

浙江省东阳县地方财政说明书

出版者不详，[1911—1949]，油印本，1 册，16 开

收藏单位：浙江馆

17069

浙江省各机关及所属普通公务单位会计制度之一致规定

出版者不详，[1911—1949]，126 页，16 开

本书内容包括：规定之原因、实施之范围、内容要点等。

收藏单位：浙江馆

17070

浙江省各机关普通公务单位简易会计制度　浙江省政府会计处编

浙江省政府会计处，1941，31 页，23 开

收藏单位：重庆馆

17071

浙江省各级金库会计制度　浙江省财政厅会计委员会拟订

浙江省财政厅会计委员会，1937，1 册，16 开

　　本书共 5 部分：规划书、记帐办法、会计科目、省金库簿记格式、县金库簿记格式。目录页题名：浙江省县金库会计制度。

　　收藏单位：国家馆

17072

浙江省各级普通公务机关统一会计制度　浙江省财政厅会计委员会编

浙江省财政厅会计委员会，[1937]，1 册，18 开

　　本书内容包括：规划书、簿记组织系统图、记帐办法、会计科目表、簿记格式等。

　　收藏单位：浙江馆

17073

浙江省各区营业税征收局会计制度　浙江省财政厅会计委员会编

浙江省财政厅会计委员会，1937，1 册，16 开

　　收藏单位：绍兴馆、浙江馆

17074

浙江省各县办理财务须知　浙江省财政厅编

浙江省财政厅，[1935]，[110] 页，16 开

　　本书共 20 部分，内容包括：田赋、契税、烟酒牌照税、县地方捐税、预算、簿记、官产、俸给等。

　　收藏单位：广东馆、国家馆、南京馆、上海馆、浙江馆

17075

浙江省各县市地方总预算（中华民国二十六、三十六年度）　浙江省财政厅编

浙江省财政厅，[1937]，2 册（996+[1002] 页），16 开

　　本书大部分为表。目录页题名：浙江省该年度各县市地方岁入岁出总预算书。

　　收藏单位：国家馆、南京馆、上海馆、浙江馆

17076

浙江省各县市地方总预算书汇编（三十六至三十七年度）　浙江省政府会计处编

浙江省政府会计处，[1947—1948]，2 册，16 开

　　本书目录页题名：浙江省各县市地方岁入岁出总预算书汇编。

　　收藏单位：国家馆、浙江馆

17077

浙江省各县市税捐稽征处征课会计制度之一致规定　浙江省政府会计处拟订

[浙江省政府会计处]，[1947]，82 页，25 开

　　本书逐页题名：征课会计制度之一致规定。于 1947 年 1 月 26 日由国民政府主计处指令准予试办。

17078

浙江省各县田赋征收处会计制度　浙江省财政厅会计委员会编

浙江省财政厅会计委员会，[1937]，[14] 页，16 开

　　本书内容包括：规划书、簿记组织系统图、记帐办法、簿记格式等。

17079

浙江省各县杂税统计表　财政经济汇刊编辑处编

浙江财务人员养成所，1932.6，81 页，8 开

　　本书为《财政经济汇刊》第 1 卷第 3 期附册。

　　收藏单位：国家馆、浙江馆

17080

浙江省各县征解赋税月比一览表　浙江省财政厅编

浙江省财政厅，1933.7，62 页，16 开

17081

浙江省各县总会计制度　浙江省财政厅会计委员会拟订

[浙江省财政厅会计委员会]，[1937]，1册，16开

　　收藏单位：浙江馆

17082

浙江省杭州市地方岁出分预算书（民国三十七年度） [杭州市政府编]

[杭州市政府]，1947.12，油印本，1册，16开

　　收藏单位：浙江馆

17083

浙江省杭州市地方岁入岁出总概算书（民国三十八年度） [杭州市政府编]

[杭州市政府]，1949.8，油印本，1册，16开

　　收藏单位：浙江馆

17084

浙江省杭州市岁出单位预算书（民国三十五年度） [杭州市政府编]

[杭州市政府]，[1946]，油印本，1册，16开

　　收藏单位：浙江馆

17085

浙江省杭州市岁入岁出总分预算书（民国三十六年度） [杭州市政府编]

[杭州市政府]，[1947]，油印本，1册，16开

　　收藏单位：浙江馆

17086

浙江省杭州市岁入岁出总概算书（民国三十七年下半年度） [杭州市政府编]

[杭州市政府]，[1948]，油印本，23页，16开

　　收藏单位：浙江馆

17087

浙江省杭州市岁入岁出总决算书（民国三十五年度） 杭州市政府编

杭州市政府，[1946]，油印本，1册，16开

　　收藏单位：浙江馆

17088

浙江省杭州市总决算书（民国三十七年上半年度） [杭州市政府编]

[杭州市政府]，[1948]，油印本，1册，16开

　　收藏单位：浙江馆

17089

浙江省核减田赋附加税案

出版者不详，1934.3，268页，16开

　　收藏单位：南京馆

17090

浙江省会计规程

出版者不详，[1911—1949]，58页，16开

　　本书内容包括：总则、预算、收入、支出、帐簿及报告。

　　收藏单位：浙江馆

17091

浙江省普通公务机关交代论　董善谋著

浙江省政府会计处，1941，90页，32开

　　收藏单位：重庆馆、南京馆、浙江馆

17092

浙江省钱塘道海宁县十一年度县地方岁入岁出决算书

出版者不详，[1922]，石印本，1册，大16开

　　收藏单位：浙江馆

17093

浙江省钱塘道海宁县十四年度县地方岁入岁出预算总书

出版者不详，[1925]，石印本，1册，大16开

　　收藏单位：浙江馆

17094

浙江省清乡地区财务法规

出版者不详，[1911—1949]，58页，13开

　　本书内容包括：浙江省清乡地区财务行政系统表、浙江省清乡地区赋税管理处组织通则、浙江省清乡地区赋税管理处办事细则等。

收藏单位：浙江馆

17095

浙江省省地方建设费岁入岁出预算书（中华民国十七年度）

出版者不详，[1928]，106 页，16 开

收藏单位：国家馆、浙江馆

17096

浙江省省地方捐税税目税率一览　浙江省捐税监理委员会编

浙江省捐税监理委员会，1936.3，[44] 页，16 开

本书全部为表。

收藏单位：浙江馆

17097

浙江省省地方岁出入决算书（中华民国六、九年度）　[浙江省议会编]

[浙江省议会]，[1918—1921]，2 册（139+488 页），16 开

收藏单位：浙江馆

17098

浙江省省地方岁出入预算书（中华民国十三至十四年度）

出版者不详，[1924—1925]，2 册（276+276 页），16 开

收藏单位：浙江馆

17099

浙江省省总会计制度　浙江省政府会计处编

浙江省政府会计处，[1941]，82 页，22 开

本书共 7 部分：总说明、簿记组织系统图、会计报告之各类及其格式、会计科目之分类及其编号、会计簿籍之种类及其格式、会计凭证之种类及其格式、会计事务之处理程序。

收藏单位：重庆馆、国家馆、南京馆、浙江馆

17100

浙江省岁出单位决算书（民国三十四年度）

[浙江省政府编]

浙江省政府，[1945]，40 页，16 开

收藏单位：国家馆

17101

浙江省天台县出征抗敌军人家属优待经费岁出入概算书（三十二至三十三年度）

[天台县政府]，[1943—1944]，油印本，4 册，16 开

本书全部为表。每年 2 册。其他题名：浙江省天台县出征抗敌军人家属优待经费岁出入概算。

收藏单位：浙江馆

17102

浙江省天台县乡镇保事业费岁出入概算书（三十二年度）

[天台县政府]，[1943]，油印本，1 册，16 开

收藏单位：浙江馆

17103

浙江省田赋粮食管理处督导手册（三十七年度）　浙江省田赋粮食管理处编

浙江省田赋粮食管理处，[1948]，68 页，32 开

本书内容包括：浙江省三十七年度田粮业务督导要项、田赋粮食管理处三十七年度田赋征实督导计划及办法等。

收藏单位：浙江馆

17104

浙江省田赋一览表　浙江财政审查委员会编

浙江财政审查委员会，[1928]，50 页，8 开
浙江财政审查委员会，[1930—1939]，[244] 页，8 开

本书据该省各县调查报告汇编，各县统计表后均附"说明"。书前有马寅初、魏颂唐、程远帆于 1928 年 12 月合写的缘起。

收藏单位：国家馆、上海馆、浙江馆

17105

浙江省田赋一览表（民国二十一至二十二年）

[浙江财务人员养成所编]

浙江财务人员养成所，[1932—1933]，2册（40+38页），8开

收藏单位：东北师大馆、广东馆、国家馆、浙江馆

17106
浙江省田赋章则辑要　浙江省财政厅编
浙江省财政厅，[1931]，30页，23开

本书内容包括：浙江田赋之沿革、1931年6月浙江省政府议决之征收田赋章程及1928年10月财政部颁布的勘报灾歉条例。

17107
浙江省统捐捐率
出版者不详，[1911—1949]，1册，18开

本书介绍丝、茧、茶、绸缎、布、麻棉纱线、服装等的捐率。

收藏单位：浙江馆

17108
浙江省县政府簿记实例　楼铭　李月汀编
浙江省财务人员养成所，1932，[150]页，16开

收藏单位：浙江馆

17109
浙江省现行税务章则汇编　清乡委员会驻浙办事处第四处编
清乡委员会驻浙办事处第四处，1943.10，120页，32开

本书收录该省有关营业税、田赋、契税、清理沙田等的章则29种。附整理营业税办法、整理牙税办法等章则6种。

收藏单位：浙江馆

17110
浙江省新昌县三十五年度地方岁入岁出总预算书
出版者不详，[1945—1946]，油印本，1册，大16开

收藏单位：浙江馆

17111
浙江省营业税征收章程
出版者不详，1935.4，修正版，26页，32开

本书附牙行营业税征收章程、营业税处罚规则。

收藏单位：浙江馆

17112
浙江省战区特种税收章则
出版者不详，[1911—1949]，油印本，1册，16开

收藏单位：南京馆

17113
浙江省战区特种消费税征收章程
出版者不详，[1911—1949]，油印本，1册，大16开

收藏单位：南京馆

17114
浙江省浙西税务处特种消费税稽征须知
出版者不详，[1911—1949]，油印本，1册，16开

收藏单位：南京馆

17115
浙江省浙西税务处组织规程
出版者不详，1937，油印本，1册，16开
收藏单位：南京馆

17116
浙江省浙西税务规章
出版者不详，[1911—1949]，油印本，1册，大16开

收藏单位：南京馆

17117
浙江省征收不动产移转契税章程暨施行细则
出版者不详，[1934.3]，8页，16开

17118
浙江省征收田赋章程
出版者不详，[1931]，16页，32开

本书附各县局经征田赋规则。

17119

浙江省征收田赋章程释义　章亮熙编
出版者不详，[1932]，23 页，23 开

17120

浙江省整理财政废除苛杂建议书　浙江省捐税监理委员会编
浙江省捐税监理委员会，1935.10，34+6 页，16 开
　　　收藏单位：浙江馆

17121

浙江省整理各县地方捐税案
出版者不详，[1911—1949]，132 页，大 16 开
　　　收藏单位：南京馆

17122

浙江省政府成立初周财政厅政绩纪要
出版者不详，1939.6，1 册，16 开
　　　本书内容包括：浙江省财政厅组织章程、浙江省财政厅办事细则、省政府财政厅组织条例、浙江财政厅工作报告、浙江省县知事交代规则等。书中题名：浙江省政府成立初周财政厅第一期政绩。
　　　收藏单位：国家馆、南京馆、浙江馆

17123

浙江省政府建设厅暨附属机关会计制度　浙江省政府建设厅会计科编
浙江省政府建设厅，1933.6，[243] 页，16 开
　　　本书共 3 编：浙江省政府建设厅暨附属机关会计规程、浙江省政府建设厅暨附属机关会计规则、浙江省政府建设厅暨附属机关会计规式。书前有浙江省政府建设厅暨附属机关会计集中系统图、浙江省政府建设厅会计科组织及职掌。附支出凭证单据证明规则、印花税条例等 4 种。
　　　收藏单位：广东馆、国家馆、南京馆、浙江馆

17124

浙江省政府建设厅会计制度　浙江省政府建设厅第五科编制
浙江省政府建设厅，1930.7，[157] 页，16 开
　　　本书共 3 编：浙江省政府建设厅暂行会计规程、浙江省政府建设厅暂行会计规则、浙江省政府建设厅暂行记账通则。附行政院颁发十九年度试办预算章程、审计院颁布之审计法、财政部印花税暂行条例等 6 种。
　　　收藏单位：广东馆、国家馆、南京馆、上海馆、天津馆

17125

浙江省政府会计处会计部份报告
浙江省政府会计处，1939.11，油印本，1 册，16 开
　　　收藏单位：南京馆

17126

浙江省政府会计处十周年纪念刊　浙江省政府会计处编
浙江省政府会计处，[1947]，[68] 页，16 开
　　　本书内容包括：绪言、十年来之工作概况、统计图表等。附全省会计工作检讨会议志要、浙江省全省会计人员名册等。
　　　收藏单位：国家馆、浙江馆

17127

浙江省政府会计处实习报告　唐敦豫记述
出版者不详，[1939]，1 册，大 16 开
　　　收藏单位：浙江馆

17128

浙江省政府设计会统计部举办全省调查统计要目　浙江财务人员养成所编
浙江财务人员养成所，1931.3，12 页，16 开
　　　收藏单位：浙江馆

17129

浙江省中华民国十四年度省地方岁入预算书
出版者不详，[1924—1925]，276 页，16 开
　　　收藏单位：浙江馆

17130

浙江十七年度国省收支预算表

出版者不详，[1928]，58 页，22 开

收藏单位：广东馆、国家馆、南京馆、上海馆、浙江馆

17131

浙江所得税（二十八年）

出版者不详，[1911—1949]，1 册，18 开

本书内容包括：现状一瞥、所得税历年税收统计、前途瞻望等。目录页题名：二十八年浙江之所得税。

收藏单位：浙江馆

17132

浙江讨论财政答案　[浙江省政府财政厅编]

浙江省政府财政厅，[1911—1949]，9 页，18 开

本书内容包括：各省厘金及类似于厘金如统捐统税等应如何整顿方可增加收入、保证金条例提议案、牙税条例提议案、契税减轻以一年为期案等。

收藏单位：国家馆

17133

浙江烟酒事务局年刊（民国十八年度）　浙江烟酒事务局编

浙江烟酒事务局，[1930]，[345] 页，16 开

本书收录当年的文牍、税收统计等资料。

17134

浙江印花烟酒税局年刊（民国二十一年度）　浙江印花烟酒税局编

浙江印花烟酒税局，[1932]，[196] 页，16 开

本书收录 1932 年 7 月 1 日至 1933 年 6 月 30 日的呈文、训令、函电及有关附件 95 件，统计图表 18 种。附国民政府财政部印花税暂行条例、浙江印花烟酒税局所属各印花税分支局长二十一年度任卸一览表等。

收藏单位：国家馆、南京馆

17135

浙区战时食盐收运处会计制度　浙区战时食盐收运处编

浙区战时食盐收运处，[1911—1949]，121 页，18 开

本书内容包括：会计报告、会计科目、会计事务之处理等。

收藏单位：浙江馆

17136

浙省地漕减浮厘捐核实细数备考

出版者不详，[1911—1949]，1 册，16 开

收藏单位：浙江馆

17137

浙省各县田赋丁漕折征数一览表

出版者不详，[1911—1949]，16 页，16 开

收藏单位：重庆馆、南京馆、浙江馆

17138

浙省卷烟税之纷更与今后之希望　王鲲徙著

出版者不详，1927.8，12 页，32 开

本书内容包括：创办公卖之动机、筹备公卖之时期、开始公卖之打击、破坏公卖之阴谋等。

收藏单位：浙江馆

17139

浙省田赋正税分类税率高下等级明细表　魏颂唐编

浙江财务人员养成所，1931，23 页，8 开

收藏单位：浙江馆

17140

浙西税务处工作报告　刘能超编

出版者不详，[1938—1949]，油印本，1 册，16 开

收藏单位：南京馆

17141

浙盐纪要　林振翰编

商务印书馆，1925.10，14+396 页，16 开，精装

本书共 4 编：沿革、场产、运销、职官。附专件、规程、丛录。书前有两浙产销区域

图、两浙最近五年销盐比较图、两浙最近五年征税比较图等。

　　收藏单位：重庆馆、福建馆、广东馆、国家馆、湖南馆、吉林馆、近代史所、宁夏馆、上海馆、浙江馆

17142
浙志田赋略
出版者不详，[1911—1949]，1 册，22 开
　　本书附浙西各县银米科则表。
　　收藏单位：浙江馆

17143
赈济委员会办理小本贷款人员训练班政府会计讲义　殷灏若讲
出版者不详，[1911—1949]，油印本，1 册，16 开
　　收藏单位：南京馆

17144
镇江财政　郭福培编
镇江：郭福培 [发行者]，1931.12，油印本，2 册，16 开，精装
　　收藏单位：南京馆

17145
镇江财政　刘支藩编
镇江：刘支藩 [发行者]，1931.12，油印本，1 册，16 开，精装
　　收藏单位：南京馆

17146
镇江县地方财政考察录　丘国宝作
镇江：丘国宝 [发行者]，1931.12，手写本，1 册，16 开，精装
　　收藏单位：南京馆

17147
征课会计向导　张心澂著
桂林计能出版合作社，1947.3，36 页，32 开
　　本书共 3 编：县市分局税务征课会计、省区局税务征课会计、县市税捐稽征处税务征课会计。

　　收藏单位：广西馆、桂林馆

17148
征课会计制度　[财政部直接税处编]
财政部直接税处，[1911—1949]，50 页，22 开（财政部东南区直接税税务人员讲习班丛书）
　　本书共 9 节，内容包括：绪言、本会计制度应实施之机关范围、会计报告之种类及其书表格式、会计科目之分类及其编号、会计簿籍之种类及其格式（附簿记组织系统表）等。目录页题名：财政部直接税处征课会计制度，逐页题名：直接税征课会计制度。
　　收藏单位：国家馆、江西馆

17149
征粮条例（三十一年度）　陕甘宁边区财政厅 [编]
陕甘宁边区财政厅，1942，49 页，32 开
　　本书内容包括：陕甘宁边区政府三十一年度征收救国公粮条例、陕甘宁边区政府三十一年度征收救国公粮条例施行细则等。于 1942 年 7 月 21 日由陕甘宁边区政府公布。
　　收藏单位：东北师大馆

17150
征收报告
出版者不详，1935.8，1 册，16 开
　　收藏单位：南京馆

17151
征收赋税程序
财务人员养成所，1929，116 页，大 32 开
　　收藏单位：南京馆

17152
整顿财政工作的几个重要文件　太行第三专员公署编
太行第三专员公署，1946.9，石印本，22 页，32 开
　　本书共 6 部分：《保证自卫战争胜利克服财政上的混乱现象》（《新华日报》社论）、《太行行署关于清理财政与整顿财政制度的决

定》、《清理财政与整顿制度的补充意见》(刘
副专员在财粮会议上的发言)、《太行行署通
令颁发编余没收及战争缴获之牲口车辆处理
办法》、《太行行署关于地方财政的决定》、
《关于地方财政的补充决定》(财粮科长会议
通过)。

17153
整顿京师税务章程文牍汇编(第1—2辑)
京师税务监督公署编
[北京]:京师税务监督公署,1920—1921.4,
2册(359+[219]页),18开,精装
　　本书共两部分:章则门、文牍门。第1
辑所涉时间为1918年11月至1919年10月,
第2辑为1919年11月至1920年12月。
　　　　收藏单位:国家馆、南京馆

17154
整理财政　陈剑舟编著
浙江省民政厅,1943.10,101页,32开(乡
镇自治指导读物7)
　　本书共5章,内容包括:整理自治财政的
方法、自治财务行政的处理、乡镇财政的建
立等。附重要参考法律一览。
　　　　收藏单位:重庆馆、南京馆、浙江馆

17155
整理财政草案
出版者不详,[1925],[90]页,18开
　　本书共9部分:拟定军费标准、拟定中央
概算、核定各省区预算、实行关税二五附加
税、实行免厘加税、整理内外债款、划分国
地两税、统一国库整理币制、推行各种新税。
　　　　收藏单位:国家馆、近代史所、首都馆

17156
**整理财政大纲草案审查报告·财政善后委员
会条例草案审查报告**　[善后会议财政专门委
员会提出]
善后会议财政专门委员会,[1924],[11]页,
16开
　　本书为合订本。
　　　　收藏单位:国家馆

17157
整理财政工作初步总结　太行第三专员公署
编辑
太行第三专员公署,1947.9,油印本,11页,
32开
　　　　收藏单位:国家馆

17158
整理财政计划　叶景莘著
北京:京华印书局,1923.12,[214]页,25开
　　本书共10章,内容包括:计画大纲、财
政部借款之分析、交通部借款之分析、债务
之整理、各省财政之概测、国家财政之预计、
裁兵问题等。
　　　　收藏单位:东北师大馆、广东馆、国家
馆、近代史所、天津馆

17159
整理财政意见书　陈价著
出版者不详,1928,石印本,6页,16开
　　　　收藏单位:国家馆

17160
整理长芦盐务报告书　曾仰丰编
出版者不详,[1934.6],10页,23开
　　本书论述长芦盐务减销的原因等。
　　　　收藏单位:南京馆、上海馆

17161
整理地方财政的几个根本问题　杨绵仲著
出版者不详,1935.4,46页,32开
　　　　收藏单位:南京馆

17162
整理地方财政简要报告　孔祥熙报告
出版者不详,1935.10,28页,16开
　　本书共4部分:废除苛捐杂税与减轻田赋
附加之实施情形、确定地方预算之实施情形、
整理田赋先举办土地陈报之实施情形、结论。
附各省市废除苛捐杂税减轻田赋附加款额种
类统计图表等。
　　　　收藏单位:国家馆、南京馆、上海馆

17163

整理地方税制案关系文件　财政部整理地方捐税委员会编

财政部整理地方捐税委员会，1934.7，15 页，16 开

　　　　收藏单位：南京馆

17164

整理福建财政概览　福建省政府财政厅编

福建省政府财政厅，1935.4，[266] 页，16 开

　　本书共 4 部分：计划书、改革案、文告、关系法规。

　　　　收藏单位：福建馆、广东馆、南京馆、中科图

17165

整理广东省财政报告书　顾翊群编著

广东财政厅，1940.3，14 页，32 开

　　　　收藏单位：南京馆

17166

整理国家财政概算表　财政整理会编

财政整理会，1927.5，1 册，16 开

　　本书书中题名：整理国家财政概算岁入岁出表。

　　　　收藏单位：国家馆、近代史所、南京馆、上海馆、天津馆、中科图

17167

整理国债计画全编　费保彦著

出版者不详，1930.12，20 页，16 开

　　本书共 3 部分：十四年整理内外债款计画、十八年整理内外债款计画、十九年整理内外债款计画。附各国庚款完毕年份及最后一年应付数目表等。

　　　　收藏单位：国家馆、黑龙江馆、上海馆

17168

整理后之内国公债库券还本付息表　上海中孚银行编

上海中孚银行，1932.5，1 册，16 开

上海中孚银行，1933.4，再版，[21] 页，16 开

　　　　收藏单位：重庆馆、国家馆、近代史所、

南京馆

17169

整理江苏财政案　于宝轩等提出

出版者不详，[1925]，16 页，18 开

　　本案共 4 部分，内容包括：锐减军费、筹画公债基金等。附江苏最近三年收入实数表等。

　　　　收藏单位：国家馆

17170

整理江苏财政计划书草案　董修甲拟

苏州：永锠祥，[1911—1949]，14 页，32 开

　　　　收藏单位：上海馆

17171

整理江苏建设经费刍议　储琢轩著

江苏省建设厅，1933.4，50 页，22 开

　　本书共 10 章，内容包括：绪言、建设经费之来源与种类、县建设经费、各县征收建费之情形、整理建设经费之概论、建费保管之改良等。附江苏省建设厅建设事业三年计划第一年事业表等 6 种。

　　　　收藏单位：安徽馆、国家馆、上海馆

17172

整理江西财政案　吴钫提出

出版者不详，[1925]，6 页，20 开

17173

整理民国三十年度中央政府总预算　国民政府主计处编

国民政府主计处，[1940—1949]，202 页，16 开

　　　　收藏单位：重庆馆、国家馆、南京馆

17174

整理闽侯田赋　闽侯县政府秘书处编

闽侯县政府秘书处，1936.4，1 册，32 开

　　　　收藏单位：南京馆

17175

整理南京市财政刍议　金国宝著

南京特别市财政局事务股，1929.6，26 页，25 开

　　本书共两部分：税捐之部、市产之部。

　　收藏单位：国家馆

17176
整理南京市税制意见书　金国宝著
出版者不详，1929.7，8 页，32 开

　　收藏单位：上海馆

17177
整理全国财政商榷书　姚明德著
出版者不详，[1923.4]，1 册，20 开，环筒页装

　　本书内容包括：筹办各省区财政会议、创办爱国银行、振兴实业等。

17178
整理山西田赋计划书　孙群著　孙晋陞校阅
晋绥整理赋税研究会，1932.12，116 页，23 开

　　本书共 8 章：田地登记手续、田地所有权状、修正税率标准、统一征收方法、裁并省县附税、清理民欠办法、整理耕田纲要、开垦荒地办法。

　　收藏单位：国家馆、浙江馆

17179
整理田赋　闽侯县政府秘书处编
闽侯县政府秘书处，1936.4，[158] 页，25 开（闽侯县政建设）

　　本书共两编：田亩查报、田赋经征制度。书前有田赋处内部办公情形图、业户完赋图等。附闽侯县田赋新旧税率表、闽侯县田赋新旧科则对照表、闽侯县田赋新旧科则及赋额表等。

　　收藏单位：福建馆、南京馆

17180
整理田赋问题（因江西十足征收田赋贡献一点整理的意见）　萧纯锦著
[南昌]：江西省政府经济委员会，[1935]，16 页，22 开

　　收藏单位：重庆馆、国家馆、河南馆、湖南馆、上海馆、天津馆

17181
整理无抵押债务兼筹国家行政经费意见书
宝道著
宝道，[1923—1929]，32 页，16 开

　　本书共 5 节：无抵押之债务、国家行政经费、整理财政计划、筹画新财源之办法、整理基金之保管机关。附烟酒收入表、印花税收入表、内债本息详计表等 7 种。

　　收藏单位：国家馆、上海馆、首都馆

17182
整理现行官厅会计商榷书　张绍书著
张绍书 [发行者]，[1933.4]，[190] 页，32 开

　　本书收文 10 篇，内容包括：《会计学中之教理》《广东丝业之概况》《对于山东省教育厅现行教育机关会计规程的几个贡献》《教育机关会计规程实例》《合作社监事制度的研究》《农村合作社会计科目的研究》《农村合作社之社股》等。大部分曾发表于《中国大学季刊》《朝阳大学季刊》等杂志。书名系首篇篇名。

　　收藏单位：南京馆

17183
整理现行官厅会计意见书　杨汝梅著
[军需学校]，1929，36 页，32 开（军需学校丛书）

　　本书为《整理现行官厅会计意见书》第 1 章：总论。

　　收藏单位：重庆馆、国家馆

17184
整理烟酒税意见书　晏才杰著
出版者不详，[1911—1949]，油印本，1 册，散页订装

　　收藏单位：国家馆

17185
整理盐务初步　陈勉之著
上海：大同通讯社，1935.1，36 页，32 开

本书收文两篇:《盐务稽核所统计报告书撮要之商榷》《整理盐务初步》。

收藏单位:重庆馆、国家馆、南京馆

17186

整理盐务之基本问题　朱庭祺著

出版者不详,[1911—1949],14 页,16 开

收藏单位:国家馆、南京馆

17187

整理债务案进行概要　财政整理会编辑

财政整理会,1928.6,[204] 页,16 开

本书共 7 部分,内容包括:编述大旨、叙论、我国计画与各国意见比较表、各国意见节要等。附各国意见原案译文。

收藏单位:广东馆、国家馆、近代史所、上海馆、天津馆

17188

整理中国外债问题　万籁鸣著

上海:光华书局,1927.11,103 页,36 开（经济小丛书）

本书共 10 章,内容包括:绪论、外债之类别、以关税及税票作抵押之外债、铁路及电政抵押外债、地方外债、整理中国外债之计划等。附参考书一览表。

收藏单位:重庆馆、广东馆、国家馆、河南馆、浙江馆

17189

整理中华民国三十二年度国家岁入岁出总预算　国民政府主计处编

[国民政府主计处],1943,油印本,1 册

收藏单位:近代史所

17190

整理中央财政计画商榷书　尹文敬著

出版者不详,1925,20 页,16 开

本书分两部分:第一期整理计画、第二期整理计画。第 1 部分共两节:裁兵简政以节省国家之支出、清理内外债款以减少国家之负担;第 2 部分内容包括:宜割分中央税与地方税、改良租税制度、整饬税务机关等。

收藏单位:国家馆

17191

整理自治财政纲要　福建省财政厅编

福建省财政厅,1943.1,1 册,25 开

本书为合订本。合订书还有 3 种:《清理各县市公有款暂行通则》《县市财政整理委员会组织规程》《各县市清理公有款产奖励举发办法》。

收藏单位:福建馆

17192

正杂各税概要（安徽省赋税问题）　朱曾赏编述

出版者不详,[1911—1949],[316] 页,16 开（安徽省区政训练所讲义）

收藏单位:安徽馆、河南馆

17193

政府公库实务　张心澂著

桂林:广西政府会计处,1946.4,石印本,79 页,25 开

本书共 11 章,内容包括:概论、收入国款机关、支用国款机关、特种基金与国库之关系、审计机关与国库之关系等。

收藏单位:重庆馆、桂林馆

17194

政府会计　贵州省地方行政干部训练委员会编

贵州省地方行政干部训练委员会,1943,276 页,32 开

本书共 3 章:政府会计通论、现行政府会计制度、我国会计行政现况。

收藏单位:重庆馆

17195

政府会计　刘盛荣编

军需学校计政人员训练班,[1940],5 册（274+241+149+174+234 页）,32 开

收藏单位:重庆馆、广东馆、广西馆、江西馆、南京馆

17196

政府会计　刘盛荣编著

重庆：正中书局，1944.8，2 册（623 页），25 开

上海：正中书局，1945.12，2 册（623 页），25 开

上海：正中书局，1946，4 版，2 册（623 页），25 开

　　本书分上、下两卷，每卷 1 册。每册 1 编，共两编：政府会计之原理、现行各种政府会计制度。第 1 编共 11 章，内容包括：普通基金会计、债券基金会计、特赋基金会计、信托基金会计、循环基金会计、偿还基金会计等；第 2 编共 5 章：中央普通基金总会计制度、县总会计制度之一致规定、中央各机关及所属普通公务单位会计制度之一致规定、广西特种基金会计制度、对于我国政府会计制度之意见。

　　收藏单位：重庆馆、国家馆、湖南馆、辽大馆、南京馆、内蒙古馆、天津馆、浙江馆

17197

政府会计　潘序伦　王澹如编

上海：商务印书馆，1933.8，687 页，22 开（会计丛书）

上海：商务印书馆，1934.4，再版，687 页，22 开（立信会计丛书）

上海：商务印书馆，1934，3 版，687 页，23 开，精装（立信会计丛书）

上海：商务印书馆，1935.5，4 版，687 页，22 开，精装（立信会计丛书）

上海：商务印书馆，1937.7，3 版，修订本，2 册（672 页），25 开（立信会计丛书）

上海：商务印书馆，1938，4 版，2 册（672 页），25 开（立信会计丛书）

长沙：商务印书馆，1940.2，5 版，2 册（672 页），25 开（立信会计丛书）

上海：商务印书馆，1940，7 版，2 册（672 页），25 开（立信会计丛书）

　　本书共 5 编：总论、预算、收支、决算、审计。附现行重要会计法令。1937 年版根据当时法令变迁情况重新修订，作了较大改动，并增加"会计"一编，论述政府会计制度。

可作普通学校教科书，并供政府机关会计人员参考。

　　收藏单位：安徽馆、长春馆、重庆馆、东北师大馆、广东馆、广西馆、贵州馆、国家馆、湖北馆、湖南馆、江西馆、辽大馆、辽宁馆、南京馆、内蒙古馆、上海馆、天津馆、浙江馆

17198

政府会计　闻亦有讲

财政部全国财务人员训练所，[1911—1949]，24 页，32 开

　　本书内容包括：基金制度与预算管理制度、普通基金会计之处理、特种基金会计之处理、现行政府会计制度、我国会计行政现况等。

　　收藏单位：重庆馆

17199

政府会计　闻亦有　朱如淦编著　中央训练委员会　内政部审定

中央训练委员会、内政部，1942.4，190 页，32 开（县各级干部人员训练教材）

　　本书共 3 章：政府会计通论、现行政府会计制度、我国会计行政现况。

　　收藏单位：广东馆、贵州馆、国家馆、吉林馆、江西馆、南京馆、浙江馆

17200

政府会计　张蕙生　王成杰编著

重庆：立信会计图书用品社，1942.1，再版，310 页，32 开（立信会计丛书）

重庆：立信会计图书用品社，1943.5，2 版，310 页，32 开（立信会计丛书）

重庆：立信会计图书用品社，1944，3 版，310 页，32 开（立信会计丛书）

重庆：立信会计图书用品社，1944.10，4 版，310 页，32 开（立信会计丛书）

重庆：立信会计图书用品社，1946，5 版，310 页，32 开（立信会计教科书）

重庆：立信会计图书用品社，1947.2，6 版，310 页，32 开（立信会计教科书）

上海：立信会计图书用品社，1947.2，10 版，

310 页，32 开（立信会计丛书）

上海：立信会计图书用品社，1947.6，11 版，310 页，32 开（立信会计丛书）

重庆：立信会计图书用品社，1947.7，[7 版]，310 页，32 开（立信会计教科书）

上海：立信会计图书用品社，1947.12，12 版，310 页，32 开（立信会计丛书）

上海：立信会计图书用品社，1949，15 版，310 页，32 开（立信会计丛书）

本书共 16 章，内容包括：概论、预算之概念、决算之概念、公库制度、经费类会计科目及其分录、岁入类会计科目及其分录等。附习题、练习题。

收藏单位：安徽馆、重庆馆、贵州馆、国家馆、河南馆、湖南馆、江西馆、辽大馆、南京馆、浙江馆

17201

政府会计

出版者不详，[1911—1949]，366 页，32 开

本书共 9 章，内容包括：预算、收支、县总会计制度之一致规定、审计、会计交代等。附预算法、会计法等。

收藏单位：重庆馆、广东馆

17202

政府会计（第 2 集）　汪正琤主编

利利会计事务所，1944.2，石印本，32 页，32 开（汪氏会计丛书）

收藏单位：重庆馆

17203

政府会计·财政统计·财务人事制　陈维罴　杨寿标　吴兴周编讲

出版者不详，[1911—1949]，[304] 页，16 开（中央训练团财务人员训练班讲义）

本书为合订本。

收藏单位：广东馆

17204

政府会计概要　黄耀棠编著

广州大学，1942.9，再版，145 页，32 开（广州大学计政参考用书）

本书共 6 章：概论、预算、收支、会计、决算、审计。

收藏单位：安徽馆、国家馆

17205

政府会计概要　潘上元编著

丽水：元庆会计师事务所，1940.9，2 版，201 页，25 开（元庆丛书 3）

丽水：元庆会计师事务所，1941.10，3 版，201 页，32 开（元庆丛书 3）

本书共 9 章，内容包括：概论、预算、收支、会计科目、会计凭证、会计簿籍等。每章后附练习。书末附会计法、修正预算法、决算法、公库法等 8 种。

收藏单位：安徽馆、重庆馆、浙江馆

17206

政府会计概要　张汉卿著

福建省银行经济研究室，1944，增订 2 版，276 页，22 开

本书共 10 章，内容包括：政府会计事务之种类及其组织、会计报告、会计科目、会计簿籍、会计凭证等。附会计法、公库法、公库法施行细则等 7 种。

收藏单位：国家馆、南京馆

17207

政府会计概要　张汉卿著

杭州：正中书局，1940.10，228 页，25 开

收藏单位：安徽馆、江西馆、浙江馆

17208

政府会计纲要　谢芳远著

广州：谢芳远会计师事务所，1935，696 页，18 开

收藏单位：广东馆

17209

政府会计及实用簿记讲义　梁苏编述

广东省地方行政干部训练团，1940，74 页，36 开（财政类 6）

本书共 6 章：绪论、会计科目、会计凭证、会计簿籍、会计报告、记帐实例。

收藏单位：重庆馆

17210

政府会计漫评　张心澂著

广西省政府会计处，1946.3，18页，32开

　　本书共5部分：法评、制度评、书评、教评、学评。

　　收藏单位：广西馆、桂林馆

17211

政府会计人员服务须知　汪元铮编

西安：中国文化服务社陕西分社，1942.6，87页，32开

　　本书共6章：组织规章、人员与事务、工作计划与经费、工作报告与视察、考核、交代。

　　收藏单位：国家馆、河南馆

17212

政府会计人员手册　汪元铮编著

重庆：立信会计图书用品社，1944.4，414页，32开（立信会计丛书）

上海：立信会计图书用品社，1946.4，再版，10+414页，32开（立信会计丛书）

上海：立信会计图书用品社，1947.4，4版，10+414页，32开（立信会计丛书）

　　本书共8章：组织、人员、事务、法令与制度、工作计划与经费、工作报告与视察、考核、交代。附现行会计法令要目、现行会计制度要目。改编自《政府会计人员服务须知》（汪元铮编）。

　　收藏单位：安徽馆、重庆馆、广东馆、广西馆、贵州馆、国家馆、湖南馆、江西馆、辽大馆、南京馆、宁夏馆、天津馆、浙江馆

17213

政府会计述要　余舞咸编述

出版者不详，[1911—1949]，176页，16开

　　本书共3编：绪论、统一会计制度具体研究、计算决算及审计。附统一会计制度中之总账科目说明。

　　收藏单位：国家馆

17214

政府会计习题讲义

出版者不详，[1911—1949]，16页，32开

　　收藏单位：广东馆

17215

政府会计制度　闻亦有讲　中央训练团党政高级训练班编

中央训练团党政训练班，1944.4，28页，32开（编教33）

　　本书内容包括：总会计制度、普通公务单位会计制度、特种公务会计制度、公营企业会计制度等。

　　收藏单位：南京馆

17216

政府会计制度汇编　上海市政府会计处编

出版者不详，1946.10，再版，337页，32开

　　收藏单位：内蒙古馆

17217

政府会计制度及实例　何永鸿编著

曲江（韶关）：中国计政书局，1944.4，89页，23开（平正会计丛书 普通公务类）

　　收藏单位：重庆馆

17218

政府会计制度一致规定　[立信会计师事务所编]

重庆：立信会计图书用品社，1943.12，414页，32开

重庆：立信会计图书用品社，1944.9，再版，413页，32开（立信会计丛书）

重庆：立信会计图书用品社，1945，3版，413页，32开（立信会计丛书）

重庆：立信会计图书用品社，1946，再版，413页，32开

上海：立信会计图书用品社，1947.5，4版，414页，32开

　　本书共5部分：国家总会计制度、中央各机关及所属普通公务单位会计制度之一致规定、暂行公有营业会计制度之一致规定、县总会计制度之一致规定、县市及所属各机关

普通公务单位会计制度之一致规定。

收藏单位：安徽馆、重庆馆、广东馆、广西馆、贵州馆、国家馆、辽大馆、南京馆、山西馆、上海馆

17219

政府岁计实务　张心澂著

广西省政府会计处，1946，211 页，32 开

本书内容包括：岁计概论、预算概论、决算概论、第三级单位机关预算决算、国家总预算决算、营业基金预算决算等。

收藏单位：重庆馆、广西馆、桂林馆

17220

支出凭证单据证明规则

出版者不详，[1911—1949]，4 页，32 开

本规则共 14 条。逐页题名：支出凭证单据证明规则草案。

收藏单位：南京馆

17221

芝加高银行借款　浙江兴业银行上海总行编

浙江兴业银行上海总行，1939.2，6 页，16 开

收藏单位：上海馆

17222

执行四川国省联合预算收支决算书（民国二十四年度）　国民政府军事委员会委员长行营财政监理处编制

国民政府军事委员会委员长行营财政监理处，[1935]，[9] 页，16 开

17223

执行四川国省联合预算现金收支报告书附属表（民国二十六年度）　国民政府军事委员会委员长行营财政监理处编制

国民政府军事委员会委员长行营财政监理处，1937.12，[70] 页，10 开

收藏单位：国家馆

17224

直接税的生长（孔兼部长就职十周年纪念）

高秉坊著

财政部直接税处，1943.11，28 页，25 开（中国直接税实务丛书 1）

本书内容包括：我国财政史的演进、所得税创办的时代背景及征课的成果、厉行考训和划分征收制度的建立等。书中题名：中国直接税的生长。

收藏单位：重庆馆、东北师大馆、广东馆、贵州馆、国家馆、吉林馆、南京馆、上海馆

17225

直接税各项章则汇编（国民政府公布）　财政部直接税处工作人员进修会衡阳支会编

财政部直接税处工作人员进修会衡阳支会，[1937—1945]，[142] 页，32 开

本书共 6 部分：所得税、非常时期过分利得税、遗产税、印花税、营业税法、直接税商货运销登记办法。

收藏单位：国家馆

17226

直接税纳税义务人须知（又名，纳税不求人）　祝步唐编著

西安：广化出版社，1944.3，再版，184 页，32 开

本书共 7 编：所得税、非常时期过分利得税、遗产税、营业税、财产租赁出卖所得税、行住商登记、商货运销登记。附印花税法、印花税法施行细则。

收藏单位：国家馆

17227

直接税纳税义务人须知（又名，纳税不求人）　祝步唐编著

西安：英华书店，1944.1，182 页，32 开

收藏单位：东北师大馆、国家馆

17228

直接税十周年纪念特刊　财政部福建区直接税局福安分局编

财政部福建区直接税局福安分局，1946.7，油印本，12 页，16 开

收藏单位：南京馆

17229

直接税手册   罗学宏编

出版者不详，[1943]，85 页，32 开

        收藏单位：广东馆、贵州馆

17230

直接税手册   丘斌存主编   杨贻书辅编

上海：新时代社，1942.12，97 页，36 开（新时代经济丛书）

        本书内容包括：所得税、非常时期过分利得税、直接税、商货运销登记办法、遗产税、印花税、营业税法等。

        收藏单位：广东馆、国家馆、南京馆

17231

直接税问题   高秉坊讲   中央训练团党政高级训练班编

中央训练团党政高级训练班，1943.6，30 页，32 开（教 42）

        本书共 6 部分，内容包括：我国财政史的演变、所得税创办的时代背景及征课的成果、税务人事制度的建立、利得税及遗产税征课的经过等。附《消费税问题大纲》（李锐讲述）。

        收藏单位：重庆馆、国家馆、吉林馆、南京馆

17232

直接税五年报告统计图表   [财政部编]

财政部，[1941]，油印本，1 册，16 开，环筒页装

        收藏单位：国家馆

17233

直接税夏令业务讲习会纪实   [直接税署编]

重庆：直接税服务社，[1944]，[240] 页，25 开

        本书内容包括：训词、学术讲评、业务讨论等。附相关章则及职员、会员名录。本讲习会由直接税署于 1944 年 8 月在重庆第一次召开。

        收藏单位：重庆馆、广西馆

17234

直接税应用各种书表格式   财政部福建税务管理局编

出版者不详，[1911—1949]，1 册，16 开

        收藏单位：南京馆

17235

直接税在陕西   孙白琦述

出版者不详，1943，32 页，32 开

        本书为 1943 年 7 月 1 日直接税节纪念刊。共 7 部分：弁言、历年推行经过、人事及经征制度、各税征课程序之精意、直营合征之实施、历年税收概况、今后展望。

        收藏单位：国家馆

17236

治盐浅说   曾仰丰著

川康盐务人员训练班，1942，82 页，32 开

        本书共 14 部分，内容包括：科学之认识、人事管理、盐税、盐之管制、私盐与缉私等。

        收藏单位：国家馆、南京馆

17237

治盐要览   曾仰丰著

川康盐务人员训练班，1943.8，90 页，32 开

        本书附盐务机构组织图、战前战后产盐及税收比较表。

        收藏单位：东北师大馆、国家馆、上海馆

17238

中法美金五厘公债   浙江兴业银行上海总行编

浙江兴业银行上海总行，1938，5 页，16 开

        本书内容包括：发行原由、发行日期、发行额、债票种类、利率、偿还期限等。

        收藏单位：上海馆

17239

中国财务行政论   马大英编著

[上海]：国立编译馆，1947.7，[23]+778 页，25 开（部定大学用书）

        本书共 8 编：预算之编制、预算之审议、预算之执行、财务管理、会计、决算、审计、

财务人员。

收藏单位：重庆馆、东北师大馆、广东馆、国家馆、河南馆、吉林馆、辽大馆、南京馆、上海馆、天津馆、浙江馆

17240

中国财政部证券改借契约

出版者不详，[1911—1949]，油印本，1 册，散页订装

收藏单位：国家馆

17241

中国财政的经济基础 崔敬伯著

北平：国立北平研究院经济研究会，[1936]，16 页，16 开

收藏单位：重庆馆、国家馆、湖南馆、内蒙古馆、浙江馆

17242

中国财政的破灭和满洲国的经济建设 姚任编辑

奉天（沈阳）：满洲国通信社，1937.12，52 页，32 开

本书共 3 部分，内容包括：中国财政的破灭、华北经济的近况等。

收藏单位：东北师大馆、国家馆、辽宁馆

17243

中国财政的新阶段 崔敬伯著

北平：国立北平研究院经济研究会，[1937]，20 页，16 开

收藏单位：国家馆、湖南馆、近代史所、南京馆、内蒙古馆、首都馆、天津馆、浙江馆、中科图

17244

中国财政概况

湖南群治法政专门学校，[1933—1949]，173 页，32 开（湖南群治法政专门学校讲义）

本书共 4 部分：收入、公债、财务行政、财政监督。

收藏单位：东北师大馆

17245

中国财政纪略 日本东邦协会纂 吴铭译

上海：广智书局，[1911—1949]，41 页，32 开

本书共 4 章：中央政府与各省政府之关系、中央政府收入之租税、全国岁入之概计、全国岁出之概计。

收藏单位：浙江馆

17246

中国财政略说 赵诵轩等编

上海：中华书局，[1930]，17 页，32 开（民众经济丛书）

上海：中华书局，1932.9，再版，17 页，32 开，精装（民众经济丛书）

本书共 5 部分：中国财政的意义、国家财政与预算决算的关系、中国财政之收入与支出、中国近来的债务、国库与银行。

收藏单位：重庆馆、国家馆、湖南馆、江西馆、内蒙古馆、上海馆、浙江馆

17247

中国财政论 金国珍著

上海：商务印书馆，1931.11，12+687 页，22 开，精装

本书共 5 编：绪论、预算与收支概况、租税、官产收入及官业收入、公债。附国民政府财政部实行统一财政办法、财政部十七年度财政报告、十九年度试办预算章程、粤省十九年度预算办法。

收藏单位：重庆馆、广东馆、贵州馆、国家馆、吉林馆、南京馆、上海馆、天津馆、浙江馆

17248

中国财政论纲 周棠编辑

上海：政治经济学社、民国图书集成公司，1912.10，再版，1 册，22 开

本书共 6 章：总论、中央收入、中央支出、地方财政、地方支出、结论。附宣统元年各省岁入岁出表、宣统三年地方出入豫算表、宣统三年豫算总案等 8 种。

收藏单位：安徽馆、重庆馆、广东馆、国家馆、河南馆、湖南馆、江西馆、近代史所、

南京馆、首都馆

17249
中国财政论纲　周棠编辑
周棠 [发行者]，1911，[536] 页，22 开，精装

　　收藏单位：首都馆、浙江馆

17250
中国财政史　胡钧著
上海：商务印书馆，1920.9，12+408 页，22 开
[上海]：商务印书馆，1930，20+408 页，22开

　　本书为文言体，加圈点。按朝代为序，讲述自虞夏周至清末的中国财政史。共 8 章，内容包括：虞夏商周之财政（第一期）、秦汉之财政（第二期）、魏晋南北朝之财政（第三期）、隋唐之财政（第四期）等。逐页题名：中国财政史讲义。

　　收藏单位：重庆馆、东北师大馆、广西馆、国家馆、湖南馆、近代史所、宁夏馆、山西馆、上海馆、首都馆、浙江馆、中科图

17251
中国财政史　李景铭编
北平：朝阳学院，1933，1230 页

　　本书共 10 编：总论、会计、岁出、赋税、赋税外收入、公债、国库及金库、决算、货币、银行。

　　收藏单位：近代史所

17252
中国财政史　罗介邱编
安徽大学，[1911—1949]，66 页，16 开

　　收藏单位：南京馆

17253
中国财政史　王克宥讲述
浙江财务人员养成所，1931 印，260 页，18开

　　本书共两编：欧美列强财政略史、中国财政略史。第 2 编讲述自三代至宣统的历代财政史。

收藏单位：浙江馆

17254
中国财政史　徐绍真讲述
[浙江财务人员养成所]，1932.6，308 页，13开

　　收藏单位：浙江馆

17255
中国财政史（第 1—4 篇）　刘不同著
上海：大东书局，1948—1949，4 册（317+126+214+258 页），32 开

　　本书每篇 1 册，共 4 篇：周秦两汉、魏晋六朝、隋唐五代、宋辽金元。每篇内容包括：财政思想、岁入、岁出、财务行政等。

　　收藏单位：重庆馆、广东馆、广西馆、国家馆、南京馆、上海馆、首都馆、西南大学馆

17256
中国财政史纲（上册）　谭宪澄著
[天津]：工商学院，[1937.5]，77 页，18 开（工商学院丛书）

　　本书共两章：国家岁计、田赋与田制。为著者在该学院的授课讲义。

17257
中国财政史纲要　朱公准著
梅县（梅州）：时代印务局，1944，257 页，32 开

　　收藏单位：广东馆、辽大馆

17258
中国财政史讲授大纲　陈振鹭编
上海：法政学院，[1911—1949]，300 页，16开，精装（经济丛书）

17259
中国财政史略　徐式圭著
上海：中华学艺社，1926.2，105 页，25 开（学艺汇刊 11）
上海：中华学艺社，1929.5，再版，105 页，25 开（学艺汇刊 11）

上海：中华学艺社，1933.5，国难后1版，105页，25开（学艺汇刊11）

本书讲述自三代至清朝的财政史略。共9章，内容包括：三代之财政、春秋战国之财政、两汉之财政、魏晋六朝之财政、隋唐五代之财政等。

收藏单位：安徽馆、重庆馆、大庆馆、东北师大馆、甘肃馆、广东馆、广西馆、贵州馆、国家馆、河南馆、黑龙江馆、湖南馆、吉林馆、江西馆、近代史所、辽大馆、南京馆、上海馆、首都馆、浙江馆

17260

中国财政史史料辑要　廖维藩编

中央政治学校，[1929—1946]，337页

收藏单位：南京馆

17261

中国财政收支系统论　马大英著

重庆：中国文化服务社，1944，200页，32开（中国财政学会丛书）

本书共12章，内容包括：导言、民国财政收支系统沿革、地方财政、订定财政收支系统应守之原则、共有税之分配、财务调整等。

收藏单位：重庆馆、东北师大馆、国家馆、南京馆、上海馆

17262

中国财政统计大纲　杨寿标编著

上海：中华书局有限公司，1946.3，142页，32开

本书共20章，内容包括：统计之意义、财政统计之性质、中国财政统计发展简史、财政统计之编制、财政统计分析、金融统计、贸易统计、人事统计等。

收藏单位：重庆馆、广东馆、国家馆、江西馆、辽大馆、辽宁馆、南京馆、上海馆、首都馆、天津馆、浙江馆

17263

中国财政问题　罗介夫著

上海：太平洋书店，1933.5，[14]+551页，25开

本书论述清末及民国的财政问题。共6编：总论、财政机关、岁出入、各种租税、内外公债、结论。

收藏单位：重庆馆、东北师大馆、广东馆、贵州馆、国家馆、湖南馆、江西馆、近代史所、南京馆、上海馆、天津馆、西南大学馆、浙江馆、中科图

17264

中国财政问题　叶元龙著

上海：商务印书馆，1937.3，154页，32开（万有文库 第2集117）（现代问题丛书）

长沙，上海：商务印书馆，1939，154页，32开（万有文库 第1、2集简编500种78）（现代问题丛书）

本书共7章：绪言、中国财政略史、收支（上、下）、公债、租税、结论。

收藏单位：安徽馆、长春馆、大理馆、大连馆、大庆馆、东北师大馆、广西馆、国家馆、黑龙江馆、湖南馆、江西馆、辽大馆、辽师大馆、内蒙古馆、宁夏馆、上海馆、天津馆、浙江馆

17265

中国财政问题　诸青来　岩双著

上海：商务印书馆，1933.12，118页，50开（东方文库续编）

上海：商务印书馆，1934.4，再版，118页，50开（东方文库续编）

本书为东方杂志社三十周年纪念刊。收文3篇：《民元以来之国家财政》（诸青来）、《全国各省财政概观》（诸青来）、《中国财政问题之考察》（岩双）。

收藏单位：重庆馆、大庆馆、东北师大馆、广东馆、贵州馆、国家馆、河南馆、黑龙江馆、湖南馆、辽大馆、南京馆、内蒙古馆、宁夏馆、陕西馆、上海馆、天津馆、浙江馆

17266

中国财政问题

出版者不详，[1920—1929]，油印本，54+11

页，13 开，环筒页装

本书内容包括：北京政府财政、国民政府财政、中国国地税之划分、中国财政问题参考资料等。

收藏单位：国家馆

17267

中国财政问题（第 1 编）　朱偰著

上海：国立编译馆，1934，248 页，22 开

上海：国立编译馆，1934.9，再版，248 页，22 开

本书共 3 章：财政史的研究、北京政府时代之财政、国民政府之财政。书前有清季与民国以来所铸银币及各色辅币影印图。

收藏单位：安徽馆、重庆馆、广东馆、贵州馆、国家馆、黑龙江馆、湖南馆、吉林馆、江西馆、近代史所、辽大馆、南京馆、内蒙古馆、宁夏馆、上海馆、西南大学馆、浙江馆

17268

中国财政问题（第 2 编 租税论）　晏才杰著

北京：新华学社，1922.11，730 页，22 开

本书共 8 章：总论、收益税、所得税、销费税、厘金货物税、关税、杂税杂捐、行为税。

收藏单位：重庆馆、东北师大馆、国家馆、河南馆、吉林馆、上海馆、天津馆、浙江馆

17269

中国财政问题（第 3 编 中国租税问题）　朱偰著

上海：商务印书馆，1936.4，698+26 页，22 开

上海：商务印书馆，1936，再版，698+26 页，22 开

本书分两编：中国租税制度之现状、中国租税制度之改革。共 12 章，内容包括：田赋、营业税、关税、盐税、统税、将来之税则、结论等。

收藏单位：安徽馆、重庆馆、东北师大馆、广东馆、广西馆、贵州馆、国家馆、黑龙江馆、湖南馆、吉林馆、江西馆、辽大馆、

辽东学院馆、南京馆、宁夏馆、上海馆、浙江馆、中科图

17270

中国财政问题（第 4 编 公债论）　晏才杰著

北京：新华学社，1921.12，32+428+38 页，18 开

北京：新华学社，1922.9，再版，32+428+38 页，18 开

本书共 3 章：内债、外债、政府最近整理国债之办法暨著者对于整理国债之意见与今后对于政府及国民之希望。

收藏单位：北师大馆、重庆馆、国家馆、河南馆、南京馆、内蒙古馆、上海馆、浙江馆

17271

中国财政问题与立法　曹国卿编著

上海：正中书局，1947.6，230 页，25 开

本书共 16 章，内容包括：田赋、所得税、遗产税、非常时期过度利得税、营业税、我国预算制度、公库制度、决算等。

收藏单位：重庆馆、贵州馆、国家馆、河南馆、湖南馆、吉林馆、近代史所、南京馆、上海馆、浙江馆、中科图

17272

中国财政小史　刘秉麟著

外文题名：Chinese financial history

上海：商务印书馆，1931.12，82 页，25 开

上海：商务印书馆，1933.5，国难后 1 版，82 页，32 开

本书共 4 章：秦以前、秦汉至南北朝、隋唐宋、元明清。

收藏单位：安徽馆、重庆馆、大理馆、大连馆、东北师大馆、甘肃馆、广东馆、广西馆、贵州馆、国家馆、河南馆、黑龙江馆、湖南馆、惠州馆、吉林馆、江西馆、辽大馆、辽师大馆、柳州馆、南京馆、内蒙古馆、宁夏馆、上海馆、绍兴馆、首都馆、西南大学馆、浙江馆

17273

中国财政整理策　胡己任著

北京：民国大学，1927.6，14+412 页，22 开
（胡氏丛书 1）

　　本书共 4 编：绪论、我国现时财政之概况、我国财政紊乱之原因、我国财政整理之方案。

　　收藏单位：重庆馆、东北师大馆、国家馆、黑龙江馆、吉林馆、近代史所、南京馆、上海馆、首都馆、天津馆、浙江馆、中科图

17274

中国财政政策　王一新著

今生社，1933.6，53 页，32 开

　　本书论述财政制度、税捐、币制、内外债等问题。

17275

中国财政之病态及其批判　孙怀仁著

上海：生活书店，1937.2，191 页，32 开

　　本文分两编：中央财政、地方财政。共 10 章，内容包括：有声无形之中国财政改革、十年来财政膨胀之趋势、财政膨胀与增税、岁出之一般倾向、中央财政之危机等。附最近中国财政之分析。为著者《中国经济十年记》的第 2 章。

　　收藏单位：重庆馆、东北师大馆、广东馆、广西馆、国家馆、湖南馆、吉林馆、近代史所、南京馆、陕西馆、天津馆、浙江馆

17276

中国财政制度史　常乃德编著

上海：世界书局，1930.1，251 页，32 开（经济学丛书）

上海：世界书局，1935.4，再版，251 页，32 开（经济学丛书）

　　本书共 27 章，内容包括：导言、财政制度的起原、封建时代的贡赋制度、古代王朝和各国的赋税制度、古代政府的民生政策、封建政治破裂后的财政制度、两汉的田赋制度、唐朝的漕运和常平仓等。内容多摘自我国史志古籍原典，经作者整理、归纳编成。

　　收藏单位：安徽馆、重庆馆、广东馆、广

西馆、国家馆、湖南馆、江西馆、近代史所、南京馆、山西馆、上海馆、天津馆、浙江馆、中科图

17277

中国财政制度与财政实况　杨汝梅著

出版者不详，[1930—1939]，24 页，16 开

　　收藏单位：国家馆

17278

中国财政中的金融统制　崔敬伯著

北平：国立北平研究院经济研究会，[1937]，26 页，16 开

　　收藏单位：重庆馆、国家馆、河南馆、湖南馆、近代史所、南京馆、内蒙古馆、首都馆、天津馆、浙江馆、中科图

17279

中国创行所得税之沿革　陆忠义编

上海：国立上海商学院，1937，88 页，16 开

　　本书共 5 部分：引言、北京政府时代之所得税、国民政府时代之所得税、所得税现行办法、结语。

17280

中国的财政改良与公债整理问题　（日）木村增太郎著　中国太平洋国际学会译

上海：中国太平洋国际学会，1932，22 页，18 开（中国太平洋国际学会丛书）

　　本书共两部分：导言、中国财政制度的改善。

　　收藏单位：重庆馆、广东馆、国家馆、江西馆、南京馆、上海馆、天津馆、浙江馆

17281

中国的内债　千家驹著

北平：社会调查所，1933.4，92+18 页，22 开（中国经济问题丛书 2）

　　本书共 5 部：绪论、北京政府与内国国债、南京政府与内国国债、公债与国民经济、结论。附持票人会对于内债之宣言、上海内国债券最近五年最高最低市价表、民国二十二年起南京政府每月所负内债余额表、

民国二十二年起南京政府每月应付内债本息表。

收藏单位：重庆馆、广东馆、贵州馆、国家馆、近代史所、南京馆、内蒙古馆、上海馆、首都馆、天津馆、浙江馆、中科图

17282

中国的战时财政   金天锡著

重庆：中山文化教育馆，1938.11，40 页，36 开（抗战丛刊 67）

本书共 13 部分，内容包括：中国的战时财政真是困难吗、战费的估计、紧缩支出、扩张收入、关于募债、关于膨胀通货等。

收藏单位：重庆馆、国家馆、吉林馆、江西馆、南京馆、陕西馆、浙江馆

17283

中国地方财政（下篇）

出版者不详，[1911—1949]，1 册，16 开

收藏单位：南京馆

17284

中国地价税问题   王先强著

上海：神州国光社，1931.7，267 页，22 开

本书共 7 编，内容包括：关于地税及地价的解释、地价税是甚么、中国国民党所主张的地价税、国民党地价税的各面观等。

收藏单位：安徽馆、重庆馆、东北师大馆、广东馆、广西馆、国家馆、湖南馆、吉林馆、江西馆、南京馆、宁夏馆、山西馆、陕西馆、上海馆、天津馆、浙江馆、中科图

17285

中国对日之债务问题   王雨桐著

上海：商务印书馆，1936.9，[15]+93 页，25 开（新中国建设学会丛书）

本书共 4 章：总论、对日债务之总结算、整理中之各项借款、结论。书前有本书参考资料之来源。附日本对于整理债务意见节要、善后借款本利分付表、财政部经营对日外债一览表。

收藏单位：重庆馆、东北师大馆、广东馆、贵州馆、国家馆、吉林馆、辽大馆、南京馆、宁夏馆、山西馆、浙江馆、中科图

17286

中国非常时期财政出路之商榷   向绍轩著

向绍轩 [发行者]，1937.2，93 页，32 开（国防小言）

本书共 7 章，内容包括：总论、金融统制、税捐政策、借债政策、节约政策等。

收藏单位：国家馆、近代史所、南京馆

17287

中国赋税问题与二年来减废之概况   中央统计处编

[南京]：中央统计处、正中书局，[1936]，11 页，22 开

本书共 3 部分：绪言、田赋附加及苛杂之为害与中央减废之经过、结论。

收藏单位：安徽馆、重庆馆、广东馆、国家馆、河南馆、湖南馆、南京馆、上海馆

17288

中国各省地方税捐

立法院秘书处统计科，[1933—1949]，2 册（107+102 页），22 开

本书全部为表。共 15 项，内容包括：县名、税捐名目、被征物品、纳税人或团体、征收机关、何处何时征收、税率、全年征收费、拨解方法、用途、征收之困难等。

收藏单位：广西馆、国家馆、上海馆

17289

中国公库制度   杨承厚著

重庆：中央银行经济研究处，1944.6，[12]+396 页，16 开（中央银行经济研究处丛书）

本书共 4 编：概说、现行公库制度之程序、现行公库制度推行之情形、我国现行公库制度之检讨。附公库法规及有关章则、公库制度书籍及论文目录、各国公库制度概况。

收藏单位：安徽馆、重庆馆、国家馆、吉林馆、近代史所、辽宁馆、南京馆、上海馆、首都馆、中科图

17290

中国国民党财政政策　朱子爽编著

重庆：国民图书出版社，1943.11，158 页，32
开（中国国民党政策丛书）

　　本书共 6 章：绪言、国民政府成立前我国
财政概况、中国国民党财政政策的指导原则、
中国国民党财政政策的方针和纲领、中国国
民党财政政策的实施、结论。

　　收藏单位：安徽馆、重庆馆、广西馆、贵
州馆、国家馆、吉林馆、江西馆、近代史所、
南京馆、内蒙古馆、上海馆、西南大学馆、
浙江馆

17291

中国国民党地税政策　郭垣著

重庆：国民图书出版社，1944.1，[8]+186 页，
32 开（中国国民党政策丛书）

　　本书共 7 章：孙中山先生之赋税理论、国
民党地税政策内容、地价税之理论根据及实
施、土地增值税之理论与实施、国民党地税
政策比较研究、土地税法改进论、国民党战
时地税政策。

　　收藏单位：重庆馆、东北师大馆、广西
馆、贵州馆、桂林馆、国家馆、吉林馆、南
京馆、内蒙古馆、上海馆、首都馆、天津馆、
西南大学馆

17292

**中国国民党中央政治学校公务员训练部高等
科第二期财政金融班同学录**　中国国民党中
央政治学校公务员训练部编

中国国民党中央政治学校公务员训练部，
[1940]，32 页，32 开

　　本书共 8 部分，内容包括：校训、校长及
常务校务委员训词、师长一览表、同学一览
表、小统计等。附本科第一期师长及同学题
名录、历届高等考试及格人员题名录。

　　收藏单位：国家馆

17293

中国国债指掌　神州编译社编译部编译

上海：神州编译社，1914.4，18+224 页，25 开

　　本书共 10 章，内容包括：中国国债之沿

革、中日之役、地方公债、中国铁道现势、
铁道及邮传部公债、中央及地方内债等。

　　收藏单位：国家馆

17294

中国货物税基础论纲　方爕龄著

福州：大方书店，1946.9，106 页，32 开

　　本书共 10 讲，内容包括：中国租税历史
的轨迹、征经分权与税治盛衰的关系、从本
质上正视货物税、货物税的课税范围及其征
收方法、货物税对于生产流通的影响、现行
货物税行政的批判等。

　　收藏单位：南京馆、上海馆

17295

中国货物税史　杨昌祜编著

南京：中宣部国民印刷所南京分厂，1948.6，
146 页，32 开

南京：中宣部国民印刷所南京分厂，1948.7，
再版，146 页，32 开

　　本书共 22 章，内容包括：机构、货物税
史略、卷烟税、洋酒啤酒税、糖类税、棉纱
税、矿产税、违章处罚等。

　　收藏单位：重庆馆、东北师大馆、广东
馆、国家馆、黑龙江馆、吉林馆、江西馆、
近代史所、南京馆

17296

中国货物税史实　王延寿编著

兰州：西北文化建设协会兰州印刷厂，1947.11，
136 页，32 开

兰州：西北文化建设协会兰州印刷厂，1948.6，
136 页，32 开

　　本书内容包括：机构、货物税史略、卷烟
税、薰烟叶税、洋酒啤酒税、火酒税等。

　　收藏单位：浙江馆

17297

中国计政学会会员作品　[林兆]　蔡谊著

[中国计政学会]，1936.12，42 页，32 开（中
国计政学会丛刊）

　　本书收文两篇:《财务行政与联综组织》
《支出机关财务之稽核程序》。附会员消息。

17298

中国今日之财政　卫挺生著

上海：世界书局，1931.3，163+37 页，25 开

　　本书共 40 部分，内容包括：小引、收入之划分、国家收入、国家收入之综合观、地方收入、地方收入之综合观、公债、支出之范围、各省最近预算等。附财政部长十七年会计年度财政报告、国民政府财政部发行各公债数额、国民政府财政部组织法等 6 种。

　　收藏单位：安徽馆、重庆馆、广东馆、国家馆、湖南馆、江西馆、近代史所、南京馆、陕西馆、上海馆、天津馆、浙江馆

17299

中国近三百年岁计表　许造时著

出版者不详，1936，60 页，25 开

　　本书分 3 个时期：自前清顺治初年迄宣统三年、自民国肇造之二年迄十六年、自国民政府成立迄本年度。封面著者题：剑樵。

　　收藏单位：国家馆、南京馆、首都馆、天津馆、西南大学馆

17300

中国经济建设中之财政　贾士毅著

[上海]：[中国太平洋国际学会]，[1932]，104 页，18 开（中国太平洋国际学会丛书）

　　本书共 8 节，内容包括：改造财政与经济建设、均权主义与国地收支之划分、从国民经济观察中央税制、从国民经济观察内外债务、从国民经济观察地方政费、总结论等。

　　收藏单位：重庆馆、国家馆、江西馆、南京馆、上海馆、中科图

17301

中国经济制度变迁史　霍衣仙著

广州：北新书局，1936.1，52+50+46 页，32 开

　　本书共 3 编：历代田赋制度与民生、历代税制与国用、历代货币制度与经济问题。附近代新货币制度。

　　收藏单位：国家馆

17302

中国库券滚买利益计算法（至某种期满时为止）　周厚坤著

外文题名：Re-investment values of Chinese government treasury notes

上海：周厚坤，[1934]，[39] 页，25 开

　　本书为汉英对照。

　　收藏单位：国家馆

17303

中国厘金史　罗玉东著

上海：商务印书馆，1936.8，2 册（15+649 页），22 开（国立中央研究院社会科学研究所丛刊第 6 种）

　　本书共 12 章，内容包括：厘金制度之起源、历年清廷对于厘金税政之措施、全国厘金税制概要、全国厘金收支概况、江苏浙江安徽三省厘金等。附统计表、各省厘票及厘报式样。

　　收藏单位：安徽馆、重庆馆、东北师大馆、广东馆、广西馆、国家馆、黑龙江馆、湖南馆、吉林馆、辽大馆、南京馆、山西馆、上海馆、首都馆、西南大学馆、浙江馆、中科图

17304

中国厘金问题　王振先编

上海：商务印书馆，1917.4，115 页，32 开

上海：商务印书馆，1925.11，再版，115 页，32 开

上海：商务印书馆，[1927]，3 版，115 页，32 开，精装

　　本书共 7 部分：绪言、厘金之沿革、各省厘金之制度、厘金之税率及其税额、厘金在租税上之研究、免厘加税之运动及其主要论旨、免厘之根本计画。

　　收藏单位：重庆馆、福建馆、广东馆、广西馆、国家馆、河南馆、湖南馆、吉林馆、江西馆、辽宁馆、南京馆、内蒙古馆、陕西馆、上海馆、首都馆、天津馆、浙江馆

17305

中国历代财政制度利弊沿革之概论　高沛郇

著

高沛郇 [发行者]，[1934—1939]，132 页，16 开

　　本书共 3 节：总论、官制、税则。

　　收藏单位：国家馆

17306

中国历代盐策　陈荣渠著

曲江（韶关）：第七战区司令长官部编委会新建设出版社，1943.6，26 页，32 开

　　本书共 12 部分，内容包括："古代至夏商周——贡科制""西汉——恢复官专卖制""元——新格盐法""民国——官专卖制、自由贸易制"等。

　　收藏单位：国家馆

17307

中国内国公债备要　王声宏编著

上海：大东书局，1936.8，378 页，16 开

　　本书共 15 部分，内容包括：持券人公会宣言、孔部长提案、财政部布告、建设委员会历年发行之公债、铁道部历年发行之公债、交通部历年发行之公债、前北京政府发行业已结束各债券说明等。

　　收藏单位：国家馆、上海馆、中科图

17308

中国内外债详编　中国联合准备银行调查室编

北京：中国联合准备银行调查室，1940.6，[10]+248 页，22 开（财政金融丛书第 1 号）

　　本书共 3 编：内债、外债、庚子赔款。附内国债券近年来市价表、外债债券近年来市价表等。

　　收藏单位：东北师大馆、广东馆、国家馆、黑龙江馆、南京馆、上海馆、中科图

17309

中国人民盐税之负担　刘存良著

南京：中国经济研究会，1934.6，81 页，22 开

　　本书共 3 部分：中国盐税底高度、盐税底分配关系、中国盐税制度底特质。原载于中

国经济研究会《中国经济》第 2 卷第 2 期。

　　收藏单位：国家馆、湖南馆、浙江馆

17310

中国善后英金公债　浙江兴业银行上海总行编

浙江兴业银行上海总行，1938，5 页，16 开

　　本书内容包括：发行经过、发行日期、发行额、债票种类、偿还期限、市价概况等。

　　收藏单位：上海馆

17311

中国善后债款合同案据汇编

出版者不详，1913，[137] 页，21 开

　　本书收录民国二年北京政府向英、法、德、日、俄等六国银行团借款的合同及与此事有关的文案及各界的函电等。

　　收藏单位：重庆馆、近代史所、南京馆、上海馆

17312

中国施行所得税问题　李权时著

出版者不详，[1936.8]，6 页，16 开

　　收藏单位：上海馆

17313

中国税制　关吉玉著

重庆：经济研究社，1945.4，[16]+350 页，22 开（经济研究社丛书）

　　本书共 4 编：绪论、过去之中国税制、现行中国税制、战后我国租税建制之商榷。附各税计算公式及税率表 8 种。

　　收藏单位：重庆馆、东北师大馆、广东馆、贵州馆、国家馆、黑龙江馆、吉林馆、南京馆、上海馆、浙江馆、中科图

17314

中国税制论　李权时著

上海：世界书局，1929.11，139 页，32 开（经济学丛书）

　　本书共 3 章：税制概论、中国现今中央政府的税制、中国现今地方政府的税制。

　　收藏单位：重庆馆、广东馆、广西馆、贵

州馆、国家馆、河南馆、湖南馆、吉林馆、江西馆、近代史所、辽大馆、南京馆、上海馆、绍兴馆、天津馆、西南大学馆、浙江馆

17315

中国税制史 吴兆莘著

上海：商务印书馆，1937.4，2册（182+287页），32开，精装（中国文化史丛书 第2辑）

上海：商务印书馆，1937.5，再版，2册（182+287页），32开，精装（中国文化丛书 第2辑）

本书共9章：绪论、三代时之税制、秦汉时之税制、三国及南北朝时之税制、隋唐之税制、五代及宋时之税制、明代之税制、清代之税制、民国之税制。

收藏单位：安徽馆、重庆馆、东北师大馆、广东馆、广西馆、贵州馆、国家馆、黑龙江馆、湖南馆、近代史所、辽大馆、南京馆、内蒙古馆、宁夏馆、山西馆、上海馆、首都馆、中科图

17316

中国税制史讲义

出版者不详，[1911—1949]，64页，32开

本书共4章：无条约时代、通商开始时代、海关统一时代、外人管理海关时代。

收藏单位：重庆馆

17317

中国所得税 杨昭智著

上海：商务印书馆，1947.8，307页，25开

本书共11章，内容包括：所得及所得税之概念、各国所得税制度概要、中国所得税之沿革、中国实行所得税失败之原因、十年来所得税征收等。附所得税法关系法规等。

收藏单位：重庆馆、东北师大馆、广东馆、贵州馆、国家馆、辽大馆、南京馆、上海馆、首都馆、浙江馆、中科图

17318

中国所得税查帐学 孙邦治著

财政部直接税处经济研究室，1943.12，12+320页，32开（中国直接税实务丛书6）

本书共14章，内容包括：所得税原理、各国所得税概要、我国所得税概要、所得税查帐技术之重要、资本额之调查、资产负债表之调查、查帐报告之编制等。附修正所得税法、所得税法施行细则等6种。

收藏单位：重庆馆、东北师大馆、广东馆、国家馆、河南馆、吉林馆、辽宁馆、南京馆、上海馆、首都馆、西南大学馆

17319

中国所得税纲要 杜岩双著

财政部直接税署经济研究室，1944.6，610页，22开（中国直接税实务丛书5）

本书共24章，内容包括：所得税基本概念、我国所得税制之发展、我国所得税制度总论、营利事业所得税概要、非常时期过分利得税附论等。附所得税法等7种。

收藏单位：重庆馆、国家馆、河南馆、近代史所、南京馆、中科图

17320

中国所得税会计学 孙邦治编

川康区直接税局经济研究室，1937.8，270页，32开

川康区直接税局经济研究室，1947.8，270页，32开

本书共10章，内容包括：所得税原理、各国所得税概要、我国所得税概要、所得税与会计、所得税之计算等。书中题名：中国所得税会计讲义。

收藏单位：重庆馆、国家馆、吉林馆、南京馆

17321

中国所得税论 张保福编著

上海：正中书局，1947，108页，25开

本书共10章，内容包括：所得税之理论与方法、中国所得税初期史实、现行所得税制之分析、中国所得税的一般问题、所得税的会计制度等。附历年所得税税收预算数与实收数比较表、历年所得税分类税收比较表。

收藏单位：安徽馆、重庆馆、东北师大馆、国家馆、河南馆、吉林馆、辽宁馆、南

京馆、上海馆、浙江馆

17322

中国所得税实务　赵懿翔编著

财政部直接税署经济研究室，[1944]，257页，25开（中国直接税实务丛书8）

本书共14章，内容包括：中国直接税制度、征课程序、资本实额、营业时期、实际开支、财产租赁出卖所得税计算实例、非常时期过分利得税计算实例等。附所得税法等。

收藏单位：重庆馆、贵州馆、河南馆、南京馆

17323

中国所得税逃税论　包超时著

财政部直接税处经济研究室，1943.11，78页，22开（中国直接税实务丛书3）

本书共6章：绪论、逃税之发生、逃税之方法、逃税之影响、逃税之防止、结论。附所得税法等4种。

收藏单位：重庆馆、东北师大馆、广东馆、贵州馆、国家馆、吉林馆、南京馆、上海馆、西南大学馆

17324

中国所得税问题　刘振东　王启华著

重庆：中央政治学校研究部，1941.7，18+662页，22开

本书共6章：所得税之理论与方法、各国所得税制概要、中国所得税之沿革、中国现行所得税制度、中国现行所得税法之检讨、中国所得税之将来。附参考文献、中国过去之所得税法及其附件等。

收藏单位：安徽馆、重庆馆、广东馆、贵州馆、国家馆、吉林馆、南京馆、上海馆

17325

中国所得税制度　张森编

杭州：正中书局，1943，[10]+158+40页，32开（中国税制丛书1）

本书共6章：绪论、我国现行所得税制度、我国现行财产租赁出卖所得税制度、我国现行过分利得税制度、商货登记与稽征、

结论。

收藏单位：重庆馆、内蒙古馆、上海馆、浙江馆

17326

中国田赋改造　朱博能著

赣县（赣州）：中华正气出版社，1942.7，65页，32开

赣县（赣州）：中华正气出版社，1943，2版，64页，32开

本书共5章：概论、田赋改革之史的考察、田赋改革之现状、田赋征收实物问题、实施地价税问题。

收藏单位：安徽馆、重庆馆、广东馆、国家馆、江西馆、南京馆、浙江馆

17327

中国田赋鸟瞰及其改革前途　万国鼎著

出版者不详，[1936]，34页，25开

本书共8节：地籍、亩法与亩数、税则沿革、征收制度、赋额及实收、田赋在财政上之地位、近年之整理、实施地价税与增值税之前瞻。为中国地政学会《地政月刊》第4卷第2—3期合刊单印本。

收藏单位：国家馆

17328

中国田赋史　陈登原著

上海：商务印书馆，1936.12，268页，32开，精装（中国文化史丛书第1辑）

上海：商务印书馆，1937.1，再版，268页，32开，精装（中国文化史丛书第1辑）

上海：商务印书馆，1937.3，3版，268页，32开，精装（中国文化史丛书第1辑）

上海：商务印书馆，1937.4，4版，268页，32开，精装（中国文化史丛书第1辑）

上海：商务印书馆，1937，5版，268页，32开，精装（中国文化史丛书第1辑）

本书分两编：前论、本论。第1编共两部分：田赋与国家社会之关系、今时田赋之积弊；第2编共14章，内容包括：上古田赋概要、户调与田赋、均田制度与田赋、租庸调与两税、两宋田赋等。

收藏单位：安徽馆、重庆馆、大庆馆、东北师大馆、广东馆、广西馆、贵州馆、国家馆、河南馆、黑龙江馆、湖南馆、吉林馆、辽大馆、南京馆、内蒙古馆、宁夏馆、山西馆、上海馆、首都馆、天津馆、西南大学馆、中科图

17329
中国田赋税制战后实施之概论　刘荣著
出版者不详，1947.11，1 册，32 开
　　本书为手稿本。
　　收藏单位：南京馆

17330
中国田赋问题　刘世仁著
上海：商务印书馆，1935.12，[21]+347 页，32 开（学艺丛书 23）
上海：商务印书馆，1937.2，再版，19+347 页，32 开，精装（学艺丛书 23）
　　本书共 7 章，内容包括：中国田赋之沿革、中国田赋之现状、中国田赋之理论、田赋附加税之研究、中国田赋之整理、中国土地行政概况、最近之全国地政会议等。
　　收藏单位：安徽馆、重庆馆、大庆馆、东北师大馆、广东馆、贵州馆、国家馆、河南馆、湖南馆、江西馆、辽大馆、辽宁馆、南京馆、内蒙古馆、上海馆、绍兴馆、天津馆、西南大学馆、浙江馆、中科图

17331
中国田赋问题　孙佐齐著
南京：孙佐齐[发行者]，1935，470 页，22 开
　　本书共 11 章，内容包括：总论、田赋沿革、出赋、出赋科则、田赋赋额、田赋经征、整理田赋之意见等。附各省县赋赋额。
　　收藏单位：重庆馆、国家馆、河南馆、黑龙江馆、湖南馆、近代史所、辽大馆、辽宁馆、南京馆、上海馆、天津馆、中科图

17332
中国田赋研究　冯节著
上海：民智书局，1929.11，74 页，32 开
　　本书共 4 章：田赋在财政学上之价值、中国田赋制度之沿革、中国田赋现况、中国田赋改革方案。
　　收藏单位：安徽馆、重庆馆、广东馆、国家馆、吉林馆、江西馆、辽宁馆、南京馆、陕西馆、上海馆、首都馆、天津馆

17333
中国田赋之沿革及其整理之方案　任树椿著
出版者不详，[1934]，123 页，16 开
　　收藏单位：国家馆

17334
中国土地税之研究　蒋贻谷著
杭州：嘉泰印刷局，1936.6 印，62 页，27 开
　　本书共 6 章，内容包括：绪论、土地税之意义、中国土地税制之沿革、中国现行土地税之情形等。
　　收藏单位：南京馆、上海馆、浙江馆

17335
中国外债汇编　中国银行总管理处经济研究室编
外文题名：Chinese government foreign loan obligations
中国银行总管理处经济研究室，1935.3，95+191 页，16 开，精装
　　本书为汉英对照。共 3 编：财政部经管之外债、铁道部经管之外债、交通部经管之外债。附中国外债债票伦敦市价等。
　　收藏单位：安徽馆、重庆馆、广西馆、国家馆、湖南馆、辽宁馆、南京馆、内蒙古馆、上海馆、浙江馆、中科图

17336
中国现代赋税问题　[贾士毅编述]
[军需学校]，[1931—1949]，42 页，22 开（军需学校丛书）
　　本书共两讲：从国民经济观察中央税制、从国民经济观察省地方税制。为《中国经济建设中之财政》（贾士毅）中的两节。
　　收藏单位：国家馆

17337

中国现今盐务概要　左树珍著
出版者不详，[1922—1939]，[198]页，18开
　　收藏单位：国家馆

17338

中国现行公库制度　杨骥著
金华：正中书局，1941，218页，22开（社会科学丛书）
　　本书共3章：绪论、本论、结论。内容包括：公库之意义、我国公库制度之概况、新公库制度建立之经过、我国公库制度推行之概况、公库制度实施以来之影响等。
　　收藏单位：重庆馆、东北师大馆、广东馆、贵州馆、国家馆、吉林馆、南京馆、天津馆、西南大学馆、浙江馆

17339

中国现行税制概要
出版者不详，1916，油印本，9页，16开
　　收藏单位：国家馆

17340

中国现行所得税释疑
出版者不详，[1911—1949]，228页，22开
　　本书共4编：法令、解释、普通商号适用之帐法、附录。附录《所得税是现代国家最合理的税制》（林主席讲）、《推行所得税问题》（孔部长讲）等5种。
　　收藏单位：重庆馆、国家馆、南京馆、上海馆、浙江馆

17341

中国现行所得税制度　张淼编
出版者不详，[1940]，[12]+[184]页，25开
　　本书共3章：绪论、我国所得税制度、我国过分利得税制度。附法令、解释。
　　收藏单位：重庆馆、浙江馆

17342

中国现行印花税　任源远　汤执中编
财政部东南区直接税局，1942，60+20页，25开（财政部东南区直接税税务人员讲习班丛书）
　　收藏单位：广东馆

17343

中国盐税与盐政　田斌著
江苏省政府印刷局，1929，[236]页，22开
　　本书分上、中、下3编，共7章：盐税史略、产销现情、盐税实况、盐税制度、盐务机关、盐务积弊、整理盐务之商榷。
　　收藏单位：贵州馆、国家馆、近代史所、南京馆、内蒙古馆、上海馆、浙江馆

17344

中国盐务改革史　陈省方　周倬编
盐务缉私督察人员训练班，1935.10，192页，22开
　　本书共3章：历代沿革、民国以后之改革、附载。
　　收藏单位：国家馆

17345

中国盐务之现状　中国盐政讨论会编
南京：中国盐政讨论会，1935.11，10页，22开
　　本书为中国盐政讨论会在中央广播电台所作的演讲稿。
　　收藏单位：广东馆、国家馆、南京馆、上海馆

17346

中国盐务最近状况　胡翔云著
北京：求志学社，1918.12，72页，18开
　　本书共7章：绪论、场产、运销、缉私、征税、盐款之关系、结论。
　　收藏单位：国家馆、首都馆

17347

中国盐政改革规划意见书　王桢干著
出版者不详，[1940—1945]，20+20页，18开
　　本书为文言体，加圈点。
　　收藏单位：国家馆

17348

中国盐政纪要　林振翰编辑

上海：商务印书馆，1930.12 印，2 册，16 开，精装

本书共 4 编：沿革、场产、运销、职官。附民国盐务大事表。

收藏单位：重庆馆、福建馆、国家馆、南京馆、上海馆、绍兴馆、中科图

17349

中国盐政实录（第 1—4 辑）　财政部盐务署盐务稽核总所编

财政部盐务署盐务稽核总所，[1931—1946]，4 册（[722]+[742]+[820]+[636] 页），16 开

本书记述盐务实况。以 5 年为 1 辑，共出至 4 辑。第 1 辑所记时间为 1932 年以前，第 2 辑为 1932—1936 年，第 3 辑为 1937—1941 年，第 4 辑为 1942—1946 年。各辑编辑机构名称略有不同，第 2 辑为财政部盐务总局，第 3 辑为盐政局，第 4 辑为盐务总局资料室。

收藏单位：安徽馆、重庆馆、东北师大馆、广东馆、国家馆、河南馆、黑龙江馆、湖南馆、江西馆、近代史所、辽大馆、南京馆、内蒙古馆、宁夏馆、山西馆、上海馆、首都馆、天津馆、西南大学馆、浙江馆、中科图

17350

中国盐政史　曾仰丰著

上海：商务印书馆，1936.12，295 页，32 开，精装（中国文化史丛书第 1 辑）

上海：商务印书馆，1937.1，再版，295 页，32 开，精装（中国文化史丛书第 1 辑）

上海：商务印书馆，1937.3，3 版，295 页，32 开，精装（中国文化史丛书第 1 辑）

上海：商务印书馆，1937.4，4 版，295 页，32 开，精装（中国文化史丛书第 1 辑）

上海：商务印书馆，1937.5，5 版，295 页，32 开，精装（中国文化史丛书第 1 辑）

本书共 4 章：盐制、盐产、盐官、盐禁。附全国盐务近五年平均产盐放盐及税收表、《民国盐务改革史略》（左树珍）、盐法等。

收藏单位：安徽馆、长春馆、重庆馆、东北师大馆、广东馆、广西馆、贵州馆、国家馆、河南馆、黑龙江馆、湖南馆、江西馆、辽大馆、南京馆、内蒙古馆、宁夏馆、山西馆、上海馆、首都馆、天津馆、西南大学馆、中科图

17351

中国盐政问题　蒋静一编著

南京：正中书局，1936.9，210 页，32 开（时代丛书）

本书共 7 章，内容包括：概论、特种产制、盐务行政、中国盐制概论、中国盐税概论等。附新盐法、盐法草案说明。

收藏单位：重庆馆、国家馆、辽大馆、辽宁馆、南京馆、陕西馆、上海馆、天津馆、浙江馆、中科图

17352

中国盐政小史　欧宗祐著

上海：商务印书馆，1927，84 页，36 开（百科小丛书 130）

上海：商务印书馆，1930.12，70 页，22 开（万有文库第 1 集）（百科小丛书）

上海：商务印书馆，1931.12，71 页，32 开（万有文库第 1 集 219）（百科小丛书）

上海：商务印书馆，1933，国难后 1 版，71 页，32 开（百科小丛书）

上海：商务印书馆，1935.7，国难后 2 版，71 页，32 开（百科小丛书）

本书共 6 章：绪论、先秦之盐政、汉晋六朝之盐政、隋唐五代之盐政、宋元明清之盐政、民国之盐政。

收藏单位：安徽馆、重庆馆、大理馆、大连馆、大庆馆、东北师大馆、广东馆、广西馆、贵州馆、国家馆、河南馆、黑龙江馆、湖南馆、惠州馆、江西馆、辽大馆、辽宁馆、辽师大馆、南京馆、内蒙古馆、宁夏馆、山东馆、山西馆、上海馆、天津馆、西南大学馆、浙江馆

17353

中国盐政沿革史（安徽、长芦、奉天、福建、

河东、河南、山东）　盐务署编

盐务署，[1914—1915]，7 册（160+66+38+56+160+160+92 页），16 开

收藏单位：安徽馆、广东馆、国家馆、近代史所、南京馆、上海馆、首都馆、天津馆、中科图

17354

中国遗产税　赵佩玺著

财政部直接税署经济研究室，1944.5，186 页，22 开（中国直接税实务丛书 7）

本书共 4 章：课税范围、税率、遗产之评价、征收程序。附我国遗产税法案之演变、遗产税法规等 4 种。

收藏单位：重庆馆、国家馆、吉林馆、南京馆

17355

中国遗产税问题　姜慕殊著

上海：光华书局，1927.9，55 页，36 开（经济小丛书）

本书共 6 章：遗产税之意义及其起源、遗产税之各种学说、遗产税之地位及其税率、各国遗产税之概况、中国设施遗产税问题、结论。

收藏单位：重庆馆、河南馆、南京馆、浙江馆

17356

中国以关税为担保之债赔各款汇览　财政部关务署编

财政部关务署，1930.3，52 页，8 开

本书为汉英对照。收录赔偿说明书、还本付息表等 27 种。

收藏单位：国家馆

17357

中国营业税　包超时　倪镇编著

财政部直接税处经济研究室，1943.11，138 页，25 开（直接税实务丛书 4）

本书共 5 章：现行税制概论、征收手续述要、报缴程序表解、税额计算举例、中央之接管与整理。附营业税法、营业税法施行细则等 8 种。

收藏单位：重庆馆、东北师大馆、广东馆、贵州馆、国家馆、吉林馆、南京馆、西南大学馆

17358

中国营业税之研究　童蒙正著

[宜昌]：正中书局，1942.3，236 页，25 开
重庆：正中书局，1943，3 版，236 页，25 开
上海：正中书局，1946.11，236 页，25 开

本书收录著者任职于资源委员会时撰写的研究报告。共 7 篇，内容包括：《营业税研究旨趣及研究经过》《试拟营业税法施行细则草案重要几点修改说明》《试拟营业税法施行细则草案条文释义》《关于征收营业税用各种表单证式样》等。附中国营业税法规制定之沿革。

收藏单位：重庆馆、东北师大馆、广东馆、贵州馆、国家馆、湖南馆、近代史所、辽大馆、南京馆、上海馆、浙江馆

17359

中国营业税制度　张淼著

杭州：正中书局，1943.12，81 页，32 开（中国税制丛书 2）

本书共 4 章：绪论、沿革、制度、结论。附营业税法等 3 种。

收藏单位：上海馆、浙江馆

17360

中国预算制度刍议　吴贯因编著

北京：内务部编译处，[1918]，[24]+148 页，18 开

本书为文言体，加圈点。共 5 章：预算之准备、预算之编制、预算之议定、预算之施行、决算制度。

收藏单位：重庆馆、广东馆、国家馆、南京馆、上海馆、首都馆、天津馆

17361

中国预算制度与财政实况　杨汝梅著

中国计政学会，1934.8，54 页，24 开（中国计政学会丛书）

本书共 4 部分：中国预算制度之沿革、新预算制度成立之根据、中央财政实况、地方财政实况。

收藏单位：重庆馆、广东馆、广西馆、近代史所、浙江馆

17362

中国债券汇编（第 1 集 中央政府内债） 中央银行经济研究处 中央银行国库局债券科编辑

上海：中央银行经济研究处，1935.1，560 页，16 开，精装

本书共 7 编，内容包括：民国七年至十五年、民国十六十七两年、民国十八年、民国十九年等。附前北京政府发行本息衍期基金无着各债券等。

收藏单位：东北师大馆、广东馆、贵州馆、国家馆、湖南馆、近代史所、辽宁馆、南京馆、上海馆

17363

中国战费筹措论 周畅富著

重庆：中国青年写作协会，1942.2，68 页，32 开（中国青年写作协会丛书 第 11 种）

收藏单位：南京馆

17364

中国战时财政金融政策 罗敦伟著

重庆：财政评论社，1944.4，296 页，32 开（中国战时财政金融丛书）

本书共 4 章：绪论、中国战时财政政策的实际、中国战时金融政策的实际、检讨与展望。

收藏单位：重庆馆、东北师大馆、广东馆、广西馆、贵州馆、国家馆、河南馆、吉林馆、江西馆、近代史所、辽大馆、南京馆、山西馆、上海馆

17365

中国战时财政论 闵天培编著

南京：正中书局，1937，[26]+216 页，25 开，精装（国防知识丛书）

南京：正中书局，1937.11，再版，216 页，25

开，精装（国防知识丛书）

重庆：正中书局，1940.5，4 版，20+216 页，25 开（国防知识丛书）

本书分 5 篇：总论、备战时期之财政、战争时期之财政、战后之财政、总结论。共 13 章，内容包括：现时财政之状况、财政制度应有之调整、赋税制度应有之整理、金融制度应有之改善、战费之估计、战时预算之编制等。

收藏单位：长春馆、重庆馆、东北师大馆、广东馆、贵州馆、国家馆、湖南馆、吉林馆、近代史所、南京馆、内蒙古馆、宁夏馆、西南大学馆、浙江馆、中科图

17366

中国战时公债 尹文敬著

重庆：财政评论社，1943.12，170 页，32 开（中国战时财政金融丛书）

本书共 4 章：战时公债的一般理论、我国战前国债概况、我国的战时公债、敌我战时公债的比较。

收藏单位：重庆馆、东北师大馆、贵州馆、国家馆、河南馆、吉林馆、近代史所、辽大馆、南京馆、上海馆

17367

中国战时国家收支之分析 张一凡著

[上海]：著作人书屋，[1940—1949]，32 页，32 开（内外政治经济编译社丛书 别集）

本书内容包括：第一个嫌疑犯、日人估计下的我国战费、关于我国战费支出的估计、其他非战费支出及资产性支出等。为著者于1940 年在上海交大所作的演讲稿。曾被收入《法币·外汇·黄金》（张一凡）。

收藏单位：国家馆

17368

中国战时税制 朱偰著

重庆：财政评论社，1943.4，216 页，32 开（中国战时财政金融丛书）

本书共 8 章，内容包括：绪论、战时租税在筹措战费上之重要性、战时直接税体系之完成、战时关税之调整、战时盐税之改进、

结论等。

收藏单位：重庆馆、广东馆、贵州馆、国家馆、湖南馆、吉林馆、近代史所、辽大馆、辽宁馆、南京馆、内蒙古馆、上海馆

17369
中国战时物价与生产　方显廷编
重庆：商务印书馆，1945.9，210页，25开（南开大学经济研究所丛书）
上海：商务印书馆，1946.5，210页，25开（南开大学经济研究所丛书）
　　本书为论文集。收文14篇，内容包括：《战时物价理论》（李卓敏）、《稳定物价的目的与手段》（吴大业）、《抗战以来的物价与生产》（吴大业）、《充分就业理论与战时经济政策》（杨叔进）、《利率政策与物价及生产之关系》（吴大业）等。分4编：总论、就业与生产、利率与物价、物价生产与财政金融政策。
　　收藏单位：重庆馆、广东馆、国家馆、河南馆、黑龙江馆、江西馆、辽大馆、辽宁馆、南京馆、宁夏馆、上海馆、天津馆、浙江馆

17370
中国战时盐务问题　杨兴勤著
国民出版社，1943.6，294页，25开
国民出版社，1945.10，3版，270页，32开
　　本书共5章：绪论、盐务机关人事管理章程摘要、盐专卖重要法规、培养盐务干部、结论。附盐务总局暂行组织规程、盐训干部人员名单。
　　收藏单位：安徽馆、广东馆、国家馆、江西馆、近代史所、南京馆、内蒙古馆、上海馆、浙江馆

17371
中国战时应采的财政政策　张天泽著
出版者不详，[1937]，[31]页，16开
　　本书为《张菊生先生七十生日纪念论文集》抽印本。
　　收藏单位：国家馆

17372
中国政府会计　丘奇伟编著

梅县（梅州）：崇信会计学校，1943.7，247页，32开（崇信会计丛书）
　　收藏单位：南京馆

17373
中国政府会计　陶元琳编著
重庆：大时代印刷所，1942.1，298页，32开
重庆：大时代印刷所，1943，再版，298页，32开
　　本书共10章，内容包括：政府会计概论、政府会计之设计、会计报告、会计科目、会计簿籍、会计凭证、会计实务处理程序等。
　　收藏单位：重庆馆、广东馆、广西馆、贵州馆、国家馆、湖南馆、吉林馆、江西馆、南京馆

17374
中国政府会计　吴蕚编著
长沙：立信会计图书用品社，1941.1，334页，25开（立信会计丛书）
重庆：立信会计图书用品社，1942，再版，334页，25开（立信会计丛书）
　　本书共11章：总论、预算、收支、统制帐目、会计簿籍、会计报表、营业会计、基金、决算、交代、审计。
　　收藏单位：重庆馆、广东馆、辽大馆、辽宁馆、南京馆

17375
中国政府会计　吴蕚编著
上海：商务印书馆，1941.1，334页，25开（立信会计丛书）
长沙：商务印书馆，1941.1，再版，334页，25开（立信会计丛书）
长沙：商务印书馆，1941.7，3版，334页，25开（立信会计丛书）
　　收藏单位：安徽馆、东北师大馆、广东馆、江西馆、上海馆

17376
中国政府会计论　雍家源著
上海：商务印书馆，1933.11，716页，22开，精装（大学丛书　教本）

上海：商务印书馆，1934，2 册（716 页），25 开（大学丛书 教本）

上海：商务印书馆，1935.7，再版，716 页，22 开，精装（大学丛书 教本）

长沙：商务印书馆，1938.5，3 版，686 页，22 开，精装（大学丛书 教本）

长沙：商务印书馆，1938，4 版，2 册（686 页），25 开（大学丛书）

　　本书共 4 编：绪论、财务行政秩序论、簿记组织系统论、附论。

　　收藏单位：安徽馆、重庆馆、广西馆、贵州馆、国家馆、河南馆、黑龙江馆、湖南馆、吉林馆、江西馆、辽大馆、辽宁馆、南京馆、内蒙古馆、宁夏馆、上海馆、天津馆、西南大学馆、浙江馆、中科图

17377

中国政府会计制度　潘序伦　顾准编著

重庆：立信会计图书用品社，1941，3 版，412 页，21 开（立信会计丛书）

重庆：立信会计图书用品社，1942.11，新 1 版，412 页，25 开（立信会计丛书）

重庆：立信会计图书用品社，1944.8，4 版，修订本，334 页，25 开

上海：立信会计图书用品社，1945.12，5 版，修订本，334 页，25 开（立信会计丛书）

上海：立信会计图书用品社，1947.4，6 版，412 页，25 开（立信会计丛书）

　　本书共 21 章，内容包括：绪论、财务机关、预算科目及书表、预算之执行、政府会计之组织及其种类、统一会计制度、附属单位会计、中央政府总会计等。附旧普通官厅用簿记、中央政府总会计之若干问题、公库法实施后关于单位会计制度之改订问题、主要主计法规。

　　收藏单位：长春馆、重庆馆、广东馆、广西馆、贵州馆、国家馆、河南馆、黑龙江馆、南京馆、宁夏馆、浙江馆

17378

中国政府会计制度　潘序伦　顾准编著

长沙：商务印书馆，1941，412 页，25 开（立信会计丛书）

长沙：商务印书馆，1941.9，再版，412 页，25 开（立信会计丛书）

重庆：商务印书馆，1941.10，3 版，412 页，25 开（立信会计丛书）

　　收藏单位：重庆馆、东北师大馆、广东馆、国家馆、黑龙江馆、辽大馆、南京馆、宁夏馆、绍兴馆、四川馆

17379

中国政府会计制度　余性元编著

上海：立信会计图书用品社，1948.9，改订版，402 页，25 开（立信会计丛书）

　　本书共 21 章，内容包括：绪论、预算之编审、收支程序与公库制度、普通公务会计、普通公务会计之报告、公有营业会计、决算、审计等。

　　收藏单位：重庆馆、广西馆、辽大馆、南京馆、绍兴馆、浙江馆

17380

中国政府会计制度

出版者不详，[1911—1949]，120 页，16 开

　　收藏单位：南京馆

17381

中国政府善后借款合同

外文题名：The Chinese government reorganisation loan agreement

北京盐务学校，[1913] 重刊，[75] 页，22 开

　　本书为汉英对照。所涉合同于 1913 年订立。

　　收藏单位：国家馆、南京馆

17382

中国之地方财政　杨绵仲讲

财政部全国财务人员训练所，1942，41 页，32 开

　　本书讲述国家与地方财政关系及划分沿革、战时地方财政实况及其改进等。为作者在财务人员训练所的演讲稿。封面题名：地方财政。

　　收藏单位：重庆馆

17383

中国之地方财政　杨绵仲编著

重庆：中国财政学会，1942.10，36 页，32 开
（中国财政学会丛刊 2）

收藏单位：广东馆、国家馆、湖南馆、吉林馆、南京馆

17384

中国之内国公债　王宗培著

上海：长城书局，1933.6，1 册，22 开
（浙江兴业银行调查处丛刊）

上海：长城书局，1933.9，再版，[112] 页，22 开（浙江兴业银行调查处丛刊）

本书分上、下两卷：二十年来之内债、减息延期案实行后之内债。上卷共 10 章，内容包括：概论、公债与国库证券、内债之消长、内债用途之分析、内债之偿还等；下卷共 3 部分：国民政府关于内债减息延期之命令、中华民国内国公债库券持票人会宣言、国民政府应付内债本息预计表。

收藏单位：重庆馆、广西馆、国家馆、辽宁馆、南京馆、内蒙古馆、上海馆、首都馆、天津馆、浙江馆

17385

中国之田赋制度　钱承绪编著

上海：中国经济研究会，1942.9，142 页，16 开

本书共 3 部分：中国田赋之全貌、整理之经过、整理之对策。

17386

中国之营业税　朱炳南　严仁赓著

国立中央研究院社会科学研究所，[1933—1949]，[117] 页，16 开

本书共 4 部分，论述营业税的历史、现状、特种营业税的概况，与营业税有关的种种问题。为《社会科学杂志》第 6 卷第 3 期抽印本。

收藏单位：重庆馆、广东馆、南京馆、上海馆、中科图

17387

中国之预算与财务行政及监督　吴贯因著

上海：建华书局，1932.9，12+184 页，25 开

本书共 6 章：预算与财务行政、预算之准备、预算之编制、预算之议定、预算之施行、决算制度。

收藏单位：重庆馆、广东馆、国家馆、南京馆、天津馆、浙江馆

17388

中国直接税概要　费文星编著

上海：世界书局，1947.10，[14]+346 页，25 开

本书共 21 章，内容包括：绪论、所得税之基本理论、营利事业所得税概要、薪给报酬所得税概要、财产租赁所得税概要、营利事业所得额之决定、特种营业税概要等。附修正所得税法、印花税等 32 种。

收藏单位：重庆馆、国家馆、南京馆

17389

中国直接税概要　温耀祥编著

上海：同懋印书馆，1945.12，29 页，32 开

本书内容包括：绪言、所得税、非常时期过分利得税、遗产税、印花税、营业税、土地税、契税等。

收藏单位：广东馆、上海馆

17390

中国直接税史略　财政部江西税务管理局直接税丛书编纂委员会编

财政部江西税务管理局直接税丛书编纂委员会，1944，13 页，25 开（中国直接税丛书）

收藏单位：广东馆

17391

中国直接税史实　高秉坊著

财政部直接税处经济研究室，1943.11，366 页，22 开（中国直接税实务丛书 2）

本书共 6 章：绪论、所得税之渊源及其演进、主要各国所得税之缔造艰难、中国所得税之倡议与实现、中国直接税七年纪录、结论。附税法参考文件、税务行政参考文件。

收藏单位：重庆馆、东北师大馆、广东

馆、广西馆、国家馆、河南馆、黑龙江馆、湖南馆、吉林馆、江西馆、近代史所、辽宁馆、南京馆、内蒙古馆、首都馆、天津馆、西南大学馆、浙江馆、中科图

17392

中国直接税制度　吴仕汉编

吴仕汉 [发行者]，[1940.9]，148 页，25 开

　　本书共 4 编：绪论、中国现行之所得税、中国现行之非常时期过分利得税、中国现行之遗产税。附直接税法令索引、财政部直接税组织法。

　　收藏单位：广西馆、江西馆

17393

中国直接税制度　张森著

金华：国民出版社，1941.10，253 页，23 开

金华：国民出版社，1943.3，再版，253 页，23 开

　　本书共 6 章：绪论、我国现行所得税制度、我国现行过分利得税制度、我国现行遗产税制度、我国现行印花税制度、结论。附法令、补遗。版权页题名：中国现行直接税制度。

　　收藏单位：重庆馆、广东馆、广西馆、贵州馆、湖南馆、江西馆、近代史所、浙江馆

17394

中国直接税制度　周邠著

出版者不详，1948.2，159 页，25 开

　　收藏单位：安徽馆、江西馆

17395

中国中古时期的田赋制度　刘道元著　陶希圣校

上海：新生命书局，1934.10，362 页，32 开（中国社会史丛书 2）

　　本书共 8 章：绪论、土地制度、三国之地税和地租、户调及租庸调、南朝田亩的轮廓、徭役、佛教寺院与田赋、租税制度与户口逃亡。

　　收藏单位：重庆馆、东北师大馆、国家馆、河南馆、吉林馆、江西馆、辽宁馆、上

海馆、首都馆、天津馆、浙江馆、中科图

17396

中国自由职业会计制度与所得税　谢霖　陈德荣编著

上海：正则会计事务所，1937，144 页，22 开，精装

　　本书讲述律师、会计师、医师等自由职业者的所得税扣缴办法及会计制度。附所得税条例、表格等 10 种。

　　收藏单位：东北师大馆、广东馆、国家馆、南京馆

17397

中国租税制度及其改革　粟寄沧著

桂林：广西建设研究会，1941.8，[24]+264+14 页，25 开（广西建设研究会丛书 7）

　　本书共 6 编：总论、新兴所得税系统的建立、消费税系统的改革、收益税系统的改革、流通税系统的改革、国地税收的划分与调节。附专卖制度的理论与实施。

　　收藏单位：重庆馆、广东馆、广西馆、国家馆、近代史所、浙江馆

17398

中国租制论　李权时著

上海：世界书局，1930，1 册，32 开（经济学丛书）

　　收藏单位：南京馆

17399

中国最近经济问题　奚楚明编

上海：民生书局，1930，144 页，32 开

　　本书收文 26 篇，内容包括：《挽救金涨银落之办法》（孔祥熙）、《整理中国币制方案》（孔祥熙）、《经济恐慌中之善后》（宋子文）、《日本金解禁之由来与结果》（马寅初）、《金贵银贱与民生问题》（马寅初）等。

　　收藏单位：重庆馆、国家馆、上海馆

17400

中华财政史　寿勉成著

中央政治学校，[1930—1939]，140 页，16 开

本书共 10 册，内容包括：关于国家的支出、民国政府支出的沿革与批评、关于国家的收入、民国政府收入的沿革与批评、关于国家的债务、民国政府债务的沿革与批评等。

收藏单位：国家馆

17401

中华民国二年自一月至六月预算册　财政部编造

出版者不详，[1912—1913]，[264] 页，23 开

收藏单位：国家馆

17402

中华民国二十四年度广西省国家暨地方普通岁入岁出概算书

广西省政府，[1935]，80 页，16 开

收藏单位：南京馆

17403

中华民国临时政府各项税款收入预测表（二十七年度下半年）　[财政部编]

[财政部]，1939，5 页

收藏单位：近代史所

17404

中华民国临时政府各项税款收支总附分表（二十七、二十八年度上半年）　财政部编制

财政部，[1938—1939]，2 册，28×40cm

收藏单位：国家馆、近代史所

17405

中华民国临时政府国库收支各款报告表（二十七、二十八年度上半年）　财政部编

财政部，[1939]，2 册（19+40 页），29×41cm

本书共 3 部分：收支报告、收入之部、支出之部。

收藏单位：国家馆、近代史所

17406

中华民国临时政府国库岁出各款概算表（二十七年度下半年）　[财政部编]

[财政部]，1939，12 页

收藏单位：近代史所

17407

中华民国三十七年关东地区税务统计年报

关东税务局编

关东税务局，1948，275 页，16 开

本书统计时间为 1947 年 7 月 1 日至 1948 年 6 月 30 日。

收藏单位：国家馆

17408

中华民国铁路沿线捐税调查表

出版者不详，[1922]，[140] 页，16 开

本表共 14 部分，内容包括：平绥、粤汉南段、湘鄂、南浔、平汉、陇海、广九等。

收藏单位：国家馆、近代史所

17409

中华民国盐款总帐（第 1—15 编）　[盐务署稽核总所编]

[盐务署稽核总所]，1915—1929，15 册，14 开

本书为汉英对照，全部为折表。

收藏单位：广东馆、国家馆、近代史所、南京馆

17410

中华民国战时财政金融统计　财政部统计处编

财政部统计处，[1946]，111 页，21×29cm

本书全部为表。共 6 部分：税收专卖及花纱布、田赋、公债、地方财政、关务及贸易、金融。

收藏单位：重庆馆、广东馆、国家馆、近代史所、南京馆

17411

中央财务会计概要　雍家源编著

出版者不详，[1911—1949]，56 页，22 开

收藏单位：广东馆、南京馆

17412

中央党部印刷所成本会计草案

出版者不详，[1933—1949]，48 页，16 开

收藏单位：南京馆

17413

中央各机关及所属普通公务单位会计制度之一致规定 国民政府主计处编

国民政府主计处，1938.7，1 册，16 开

国民政府主计处，1940，再版，188 页，16 开

国民政府主计处，1941.2，再版，111 页，16 开

国民政府主计处，1942，112 页，16 开

国民政府主计处，1946.1，3 版，150 页，18 开

国民政府主计处，1948.7，4 版，97 页，16 开

国民政府主计处，1948，5 版，97 页，16 开

国民政府主计处，1948，188 页，16 开

本书共 8 部分：总说明、簿记组织系统图、会计报告、会计科目、会计簿籍、记帐凭证、原始凭证、分录举例。其他题名：普通公务单位会计制度之一致规定。

收藏单位：安徽馆、重庆馆、福建馆、广东馆、广西馆、贵州馆、国家馆、河南馆、吉林馆、江西馆、辽大馆、南京馆、内蒙古馆、上海馆、天津馆、浙江馆

17414

中央各机关及所属统一会计制度 国民政府主计处会计局 [编]

国民政府主计处会计局，[1935]，72 页，16 开

本书共两部分：总帐科目、格式说明。

收藏单位：广东馆、广西馆、国家馆、南京馆、上海馆、浙江馆

17415

中央各机关及所属统一会计制度实例 国民政府主计处会计局编译

国民政府主计处会计局，1932.7，184 页，18 开

国民政府主计处会计局，1933.10，再版，184 页，16 开

国民政府主计处会计局，1934.8，3 版，184 页，16 开

国民政府主计处会计局，1936.7，4 版，184 页，16 开

本书全部为表。

收藏单位：重庆馆、东北师大馆、广东馆、广西馆、国家馆、南京馆、上海馆

17416

中央各机关及所属统一会计制度实例（二甲） 国民政府主计处会计局编

国民政府主计处会计局，1933，130 页，16 开

国民政府主计处会计局，1934.11，再版，130 页，16 开

国民政府主计处会计局，1934，3 版，130 页，16 开

国民政府主计处会计局，1936，3 版，130 页，16 开

收藏单位：重庆馆、广东馆、国家馆、南京馆、上海馆、浙江馆

17417

中央各机关及所属统一会计制度实例（二乙） 国民政府主计处会计局编

国民政府主计处会计局，1933.6，94 页，16 开

国民政府主计处会计局，1934.12，再版，94 页，16 开

收藏单位：重庆馆、广东馆、国家馆、浙江馆

17418

中央各机关及所属统一会计制度实例（三甲） 国民政府主计处会计局编

国民政府主计处会计局，1934，94 页，16 开

收藏单位：重庆馆、国家馆、近代史所、上海馆、浙江馆

17419

中央各机关及所属统一会计制度实例（三乙） 国民政府主计处会计局编

国民政府主计处会计局，1933.6，57 页，16 开

国民政府主计处会计局，1934.12，再版，57 页，16 开

收藏单位：重庆馆、广东馆、国家馆、吉林馆、浙江馆

17420

中央各机关及所属统一会计制度实例总说明 国民政府主计处会计局编

国民政府主计处会计局，[1930—1939]，10
页，16 开

　　本书共 4 部分：编制经过、各种实例之特
点、采用方法、记帐手续。

　　收藏单位：广东馆、国家馆、南京馆、上
海馆、浙江馆

17421

**中央各机关会计处室联合工作报告（岁计部
分）**

出版者不详，[1911—1949]，油印本，17 页，
16 开

　　收藏单位：南京馆

17422

中央各省财政概况及整理循序刍议　童蒙正
著

出版者不详，1925.6，44 页，16 开

　　本书共 6 章：财政穷窘之原因、财政困难
之情形、中央与各省整理财政之概况、中央
与各省财政通盘整理至必要、整理财政之循
序、二五加税与整理债务。

　　收藏单位：国家馆

17423

中央接管后之契税　财政部直接税署编

财政部直接税署，1946.6，9 页，32 开

　　本书共 4 部分：接管契税之经过、契税业
务之改进、历年契税之征收情形、今后契税
之展望。

　　收藏单位：国家馆

17424

中央接管后之土地税　财政部直接税署编

财政部直接税署，1946 印，8 页，32 开

　　本书共 3 部分：接管土地税之经过、土地
税之推进情形、土地税前途之展望。

　　收藏单位：国家馆、南京馆

17425

中央接管后之营业税　财政部直接税署编

财政部直接税署，1946.6，22 页，32 开

　　本书共 4 部分：接管营业税之经过、营业

税之整顿概况、历年营业税税收情形、结论。

　　收藏单位：国家馆、吉林馆、南京馆、上
海馆

17426

**中央会计总报告（中华民国二十至二十三、
二十九年度）**　国民政府主计处会计局编

国民政府主计处会计局，[1932—1940]，5 册，
16 开

　　收藏单位：重庆馆、国家馆、吉林馆、近
代史所、南京馆、上海馆

17427

中央会计总报告之意义及其应有之内容　雍
家源著

出版者不详，[1911—1949]，31 页，16 开

　　收藏单位：南京馆

17428

中央每月军政费概算书　财政整理会编

财政整理会，1925.10，12 页，16 开

　　收藏单位：国家馆、中科图

17429

中央税警学校干部训练班第三期毕业同学录
　中央税警学校干部训练班编

中央税警学校干部训练班，1942.4，[70] 页，
23 开

　　本书前半部分为校长、教官、学员照片，
后半部分为名录及受训经过等。

17430

中央统制会计制度　国民政府主计处编

国民政府主计处，1946.12，22 页，16 开

国民政府主计处，1946.12，油印本，27 页，
16 开，环筒页装

　　本书共 3 部分：总说明、普通基金部份、
特种基金部份。

　　收藏单位：重庆馆、国家馆

17431

中央训练团财务人员训练班讲义汇编　窦梦
兆汇辑

出版者不详，[1947]，3册（[394]+[306]+[374]页），18开

本书收录讲义43种。内容包括：《经济学大纲》（曹国卿）、《国际贸易概论》（茅子椿）、《财政学总论》（刘振东）、《租税总论》（刘不同）、《关税》（朱偰）等。分3辑。

收藏单位：安徽馆、重庆馆、国家馆、湖南馆、南京馆

17432

中央政府岁出各款动支第二预备金预算（中华民国三十六年度 第1—2次） 国民政府主计处编

国民政府主计处，[1947]，2册，16开，环筒页装

本书第1册共7部分，内容包括：岁出各款动支数总表、本年度岁出各款追加动支数总表、本年度岁出各款追加动支数分表、以前年度岁出改作本年度追加动支数总表等；第2册共3部分：中华民国三十六年度动支省市补助费数目表、中华民国三十六年度中央政府岁出各款动支复员支出数目表、中华民国三十六年度中央政府岁出各款动支善后救济基金数目表。

收藏单位：重庆馆、国家馆、南京馆、内蒙古馆

17433

中央政府岁出总预算（中华民国二十九至三十年度） 国民政府主计处编

国民政府主计处，[1940—1941]，2册（52+52页），16开

收藏单位：重庆馆、国家馆

17434

中央政府岁入岁出追加追减预算（中华民国三十六年度 第1—2次） 国民政府主计处编

国民政府主计处，[1947]，2册，16开，环筒页装

收藏单位：重庆馆、国家馆、南京馆

17435

中央政府岁入岁出总预算（中华民国三十六

年度、三十七年上半年度） 国民政府主计处编

国民政府主计处，[1947—1948]，2册（242+174页），16开

本书内容包括：岁入总表、岁入分表、岁出总表、岁出分表等。

收藏单位：重庆馆、国家馆、南京馆、内蒙古馆、上海馆

17436

中央政府岁入岁出总预算暨施行条例草案及中央政府岁入岁出特别预算案审查报告书（三十七年下半年） [国民政府主计处编]

[国民政府主计处]，[1948]，油印本，20页，16开

收藏单位：国家馆

17437

中央政府特别岁入岁出预算（中华民国三十七年上半年度） 国民政府主计处编

国民政府主计处，1948，40页，16开

本书全部为表。共6部分：岁入总表、岁入统计图表、岁入分表、岁出总表、岁出统计图表、岁出分表。

收藏单位：重庆馆、国家馆、南京馆

17438

中央政府特别岁入岁出预算草案（中华民国三十七年下半年度） [国民政府主计处编]

[国民政府主计处]，1948，1册，16开，环筒页装

本书全部为表。共5部分：图表、岁入总表、岁入分表、岁出总表、岁出分表。

收藏单位：重庆馆、内蒙古馆

17439

中央政府特别预算案（中华民国三十七年下半年度） [国民政府主计处编]

[国民政府主计处]，[1948]，22页，16开

本书共4部分：说明书、统计图表、岁入提要及分表、岁出提要及分表。

收藏单位：重庆馆、国家馆、南京馆

17440

中央政府总预算案（中华民国三十七年下半年度、三十八年度） [国民政府主计处编]

[国民政府主计处]，[1948—1949]，2 册，16 开

　　收藏单位：重庆馆、贵州馆、国家馆、南京馆、浙江馆

17441

中央政府总预算公费附表（中华民国三十七年度） 国民政府主计处编

出版者不详，[1948]，油印本，1 册，16 开，环筒页装

　　收藏单位：重庆馆、国家馆

17442

中央政府总预算公务员役生活补助费附表（中华民国二十七年上半年度、三十六至三十七年度） 国民政府主计处编

国民政府主计处，[1938—1948]，4 册（124+142+142+[198] 页），16 开

　　收藏单位：重庆馆、国家馆、吉林馆、近代史所、南京馆、内蒙古馆

17443

中央政府总预算及特别预算第一次追加预算案（中华民国三十七年下半年度） [国民政府主计处编]

[国民政府主计处]，1948，1 册，16 开

　　本书共 4 部分：总说明、总预算第一次追加预算案、特别预算第一次追加预算案、附件。

　　收藏单位：重庆馆、国家馆、近代史所、南京馆

17444

中央政府总预算及特别预算综合审查总报告书（三十七年下半年度） [国民政府主计处编]

[国民政府主计处]，[1948]，12 页，16 开

　　收藏单位：国家馆、南京馆

17445

中央政府总预算薪饷附表（中华民国三十七年下半年度） [国民政府主计处编]

[国民政府主计处]，1948，油印本，1 册，16 开，环筒页装

　　收藏单位：重庆馆、南京馆

17446

中央政治会议武汉分会财政委员会向全国财政会议报告及提案

出版者不详，[1928]，42 页，16 开

　　本书内容包括：国民革命军到达武汉后收支实际情形报告、武汉政治分会函送财政委员会编造民国十六年度中央款项收支清册、国民革命军到达武汉以后中央政府机关提借各银行商号债款及透支中央银行款项应如何偿还清理案等。

　　收藏单位：上海馆

17447

中央政治委员会建设事业专款审核委员会工作报告 中央政治委员会建设事业专款审核委员会编

中央政治委员会建设事业专款审核委员会，[1942]，22 页，16 开

　　本书共 3 部分：概述、办理审核经过、附录。附录本会审核法规、会同党政工作考核委员会组织临时审查委员会办理二十九年审核工作概况、本会工作人员一览表。所涉委员会于 1937 年 8 月成立，1942 年 5 月结束。

　　收藏单位：国家馆、吉林馆、南京馆

17448

中央总会计制度 国民政府主计处编

[南京]：国民政府主计处，1946，34 页，16 开

　　本书共 3 部分：总说明、统制纪录部份、汇编部份。

　　收藏单位：重庆馆、国家馆

17449

中央总会计制度

出版者不详，[1940—1949]，油印本，79 页，

16 开，环筒页装

本书共 7 部分，内容包括：总说明、簿记组织系统图、会计报告之种类及其格式、会计科目之分类及其编号、分录举例等。

收藏单位：广西馆、国家馆、南京馆

17450

中英庚款十年来管理概况 朱家骅 [编]

出版者不详，1941，26 页，64 开

本文为作者在中英庚款董事会成立十周年纪念会上的报告。

收藏单位：国家馆、南京馆

17451

中英庚款息金用途支配标准

出版者不详，[1911—1949]，3 页，18 开

收藏单位：国家馆

17452

周礼财计制度 张心澂著

广西省政府会计处，1939.4，74 页，32 开（桂岭会计丛刊 10）

本书汇辑《周礼》中的相关记载，并加以解释。共 15 章，内容包括：总论、机关组织、财计总汇、财务行政、出纳保管、会计年度、预算制度、岁入类别等。

收藏单位：重庆馆、广东馆、桂林馆、国家馆、南京馆

17453

主计部三十七年下半年度施政计划纲要 [主计部编]

[主计部]，[1948]，5 页，16 开

收藏单位：南京馆

17454

主计部职员录 [主计部人事处编]

[主计部人事处]，1948.8，52 页，25 开

本书收录该部秘书处、岁计局、会计局等机构职员录。

收藏单位：国家馆

17455

主计制度 佘模编述

[四川省训练团]，1940.9，41 页，36 开（四川省训练团讲义）

收藏单位：重庆馆、南京馆

17456

主计制度 四川省训练团编

四川省训练团，1940.4，158 页，32 开（区训练班教材）

收藏单位：重庆馆、广东馆

17457

主计制度 闻亦有讲 中央训练团党政高级训练班编

中央训练团党政高级训练班，1943，21 页，36 开

本书讲述主计制度的起源、理论根据、推行概况等。

收藏单位：重庆馆、南京馆

17458

主计制度论文选读 福建省政府会计处编

福建省政府会计处，[1939]，114 页，25 开（主计丛书 1）

收藏单位：江西馆

17459

主计制度要义 陈其祥编

江西省政府会计处，[1911—1949]，36 页，32 开

收藏单位：南京馆

17460

主任训词汇辑 财政部财务人员训练所盐务人员训练班编

财政部财务人员训练所盐务人员训练班，1942.8，122 页，32 开（盐训丛书 1）

本书共 10 部分，内容包括：开学典礼训词、新生活与新生命、力行与抗战建国、经济建设与盐业建设、如何推行行政三联制等。

收藏单位：吉林馆、南京馆

17461

专卖制度

出版者不详，[1911—1949]，油印本，13 页，16 开

　　收藏单位：南京馆

17462

专署财政秘书会议总结

太岳行署财政处，1948.6，27 页，36 开

　　本书为 1945—1948 年太岳地区财政工作总结。共 4 部分，内容包括：关于人民负担与政策负担、财粮管理与军布军鞋等项问题及今后工作安排、地方财政管理问题等。为 1948 年 5 月 8 日纪处长所作的报告词。

　　收藏单位：国家馆

17463

专载（改定各县契税总分比额一览表） 山东省政府财政厅　山东省政府秘书处编辑

山东省政府财政厅、山东省政府秘书处，1937.8，12 页，16 开

　　收藏单位：国家馆

17464

资中县公款粮谷清算委员会总报告书　资中县公款粮谷清算委员会编

资中县公款粮谷清算委员会，1946，60 页，16 开

　　本书共 6 部分：前言、章则、人事、议案、公牍、经费。

　　收藏单位：重庆馆

17465

资中县三十四年度县地方总预算书

出版者不详，[1945]，石印本，16 页，16 开，环筒页装

　　收藏单位：重庆馆

17466

自治财政　石体元编著

四川省训练团，1944.6，22 页，32 开

　　收藏单位：南京馆

17467

自治财政　杨绵仲讲　中央训练团党政高级训练班编

中央训练团党政高级训练班，1944.5，50 页，32 开（编教 59）

　　本书共 5 节，内容包括：国地财政划分沿革、现行制度概要、自治财政收支实况等。

　　收藏单位：南京馆、上海馆

17468

自治财政论　刘善述编著

上海：正中书局，1947.1，193 页，32 开

　　本书共 5 编：总论、费用论、收入论（上、下）、财务行政及监督。

　　收藏单位：东北师大馆、国家馆、湖南馆、吉林馆、辽宁馆、南京馆、上海馆、天津馆

17469

自治财政实务概要　陈运和　叶广麟著

永安（三明）：福建人文出版社，1945.8，257 页，36 开

　　收藏单位：福建馆

17470

自治财政问题　胡善恒讲　中央训练团党政高级训练班编

中央训练团党政高级训练班，1943.6，24 页，32 开（教 38）

　　本书共 3 章：地方财政之过去情形、县财政自治成立之经过、县自治财政之进展。

　　收藏单位：重庆馆、国家馆、南京馆

17471

自治财政问题研讨集　江西省政府财政厅编

江西省政府财政厅，1943.6，82 页，25 开

　　收藏单位：重庆馆、广西馆、江西馆、近代史所、南京馆

17472

总税务司安格联拟发行俄国庚款分期教育债券计划并附表

出版者不详，[1924]，油印本，7 页，16 开，

环筒页装

　　收藏单位：国家馆

17473
总务管理讲话　财政部财务人员训练所盐务
人员训练班编
财政部财务人员训练所盐务人员训练班，
1943.3，24 页，32 开（盐训丛书 8）
　　本书共 5 节：绪论、总务管理之意义及其
重要性、总务管理与其他管理之联系、总务
管理之方针、总务管理之范围。
　　收藏单位：重庆馆、国家馆、吉林馆、南
京馆

17474
总预算审议委员会报告
出版者不详，[1911—1949]，油印本，1 册，
16 开
　　收藏单位：南京馆

17475
最近财经改革辑要　联合征信所调查组编
重庆：联合征信所，1949，328 页，32 开
　　本书共 6 章，第 1—2 章叙述财经紧急处
分令的内容和中央首要人员对此的说明，第
3 章叙述金圆券的发行状况，第 4 章主要叙
述中央政府的措施，第 6 章则为本市工商金
融各界领袖和报社学人发表的谈话评论的记
录。
　　收藏单位：重庆馆

17476
最近各省市契税调查表　[财政部编]
[财政部]，[1933]，[14] 页，16 开（财政会
议参考资料 5）
　　本书收录 1928—1933 年各省市契税调查
表。

17477
最近各省市县地方预算分类统计　[财政部整
理地方捐税委员会编]
财政部整理地方捐税委员会，[1936]，[80]
页，8 开

　　本书收录二十二年度至二十四年度各省
市预概算岁入、岁出分类指数表，二十二年
度各省市地方预概算岁入、岁出表，江苏省
二十四年度各县地方岁入、岁出预算分类统
计表等。
　　收藏单位：国家馆、湖南馆、上海馆

17478
最近各省田赋辑要
出版者不详，[1911—1949]，石印本，[224] 页，
16 开，环筒页装
　　本书为北京政府时期各省田赋资料。

17479
最近七年来中国财政之兴革　谢奋程著
出版者不详，1934.11，8 页，16 开
　　本文为《时事月报》第 12 卷第 1 期抽印
本。
　　收藏单位：国家馆

17480
最近四川财政论　许饯侬著
[重庆]：中央政治学校研究部，[1939]，12+
276 页，22 开（中央政治学校研究部丛书）
[重庆]：中央政治学校研究部，1940.5，再
版，12+276 页，22 开（中央政治学校研究部
丛书）
　　本书共 5 章：四川财政概述、财务行政、
税收、公债、四川省财政之总检讨与拟议中
之整理计划。
　　收藏单位：重庆馆、贵州馆、国家馆、吉
林馆、南京馆、宁夏馆、浙江馆

17481
最近田赋纪要
出版者不详，[1911—1949]，油印本，1 册，
16 开，环筒页装
　　本书收录京兆凡 20 县赋额、名目、折征
银元数、串票、清查地亩办法、编审户粮办
法等。
　　收藏单位：国家馆

17482

最近伪"满洲国"之财政概况　中央银行经济研究处编

中央银行经济研究处，1941.6，24 页，16 开（经济情报丛刊第 5 辑）

　　本书共 4 章："国家预算"、地方经费、对外贸易、金融。附"满洲"中央银行法、"满洲"中央银行资产负债表、全"满"银行存款及贷款额表。

　　收藏单位：国家馆

17483

最近五年度中央及地方岁入岁出预算统计（二十五至二十九年度）

第三次全国财政会议秘书处，[1941]，石印本，[110] 页，8 开

　　收藏单位：国家馆

17484

最近五年盐政史横面的剖解　缪秋杰讲

盐务缉私督察人员训练班，1935.9，12 页，32 开（特别演讲 3）

　　收藏单位：南京馆

17485

最近之财政金融　顾翊群讲

[中央训练团党政训练班]，1943.10，28 页，32 开（中央训练团党政训练班讲演录）

　　本书共 4 部分：财力动员的要旨、我国战时财政措施、我国战时金融措施、今后的展望。

　　收藏单位：广东馆、国家馆、辽宁馆、南京馆

17486

最近之财政金融　孔祥熙讲

出版者不详，1944，18 页，32 开

　　收藏单位：重庆馆、南京馆

17487

最近之广州市财政　麦健曾著

广东省银行经济研究室，1937.12，62 页，25 开（广东省银行经济丛刊第 2 种）

　　本书共 4 部分：引言、收入、支出、财务行政。

　　收藏单位：国家馆、上海馆

17488

最近之浙江财政　浙江省财政厅第四科编

浙江省财政厅第四科，1931.9，250 页，18 开

　　本书共 10 部分：十九年度之省库收支概况、二十年度之岁入岁出概算、整顿田赋、实行裁撤厘金、筹备营业税、整顿杂税、改良会计事项、办理省公债、成立省金库并增设各县县金库、其他事项。

　　收藏单位：国家馆、吉林馆、南京馆、上海馆、首都馆、浙江馆、中科图

17489

最近中国财政与借款　陈汉杰著

上海：民铎杂志社，1918.10，120 页，23 开

　　本书为文言体，加圈点。共 10 章，内容包括：民国建造后之财政、豫算之编成、租税制度、盐务行政、政治借款、内债之现状、财政困窘之原因及整理财政之方法等。

　　收藏单位：上海馆、天津馆

17490

最密作战财政计划　国民政府军事委员会陆军军官训练团编

国民政府军事委员会陆军军官训练团，[1913—1949]，18 页，22 开

　　收藏单位：江西馆

17491

最新官厅会计学　吴萼著

上海：民智书局，1930，[12]+260 页，22 开

上海：民智书局，1931，[12]+250 页，22 开

上海：民智书局，1933.9，3 版，[12]+260 页，23 开

上海：民智书局，1935，5 版，[12]+260 页，23 开

　　本书共 8 章，内容包括：概说、会计机关、缴款及支款、会计科目、官厅簿记等。附会计法草案、审计法、审计法施行细则等。

　　收藏单位：安徽馆、重庆馆、广东馆、国

家馆、河南馆、黑龙江馆、吉林馆、南京馆、首都馆、天津馆、浙江馆

17492

最新国库券还本付息表　朱幼庵汇编

上海：银行周报社，1934.7，64 页，10 开

　　本书收录 1927—1934 年国民政府发行的 13 种库券还本付息表。共 16 部分，内容包括：续发江海关二五附税国库券、民国十八年关税库券、民国十九年卷烟税库券、民国二十二年爱国库券、民国二十三年关税库券等。

　　收藏单位：国家馆、上海馆、天津馆

17493

最新国债号码大全　陆孝良著

[上海]：[绘章印务局]，1934.11，68 页，16 开，精装

　　本书其他题名：国债号码大全。

　　收藏单位：上海馆

17494

最新税务问答　蒋文英编

南平：总动员出版社，1944.2，85 页，32 开（实用丛书 2）

　　收藏单位：南京馆

17495

最新政府会计进修课本　吴崇泉编著

昆明：进修出版教育社，1943.1，[11]+308 页，22 开（进修丛书 3）

　　本书共 5 篇：总论、预算、收支与公库、会计制度、决算。

　　收藏单位：重庆馆、广东馆、广西馆、贵州馆、国家馆、江西馆、南京馆、浙江馆

17496

最新中国内外债券要览　董仲佳编

上海：通易信托公司，1929，340 页，32 开

　　本书分两编：国内债券、国外债券。第 1 编收录债券 25 种，第 2 编收录债券 26 种，分别摘录其发行原因、发行额、利息、还本付息等。其他题名：中国内外债券要览。所述

债券仅限当时尚未偿清且正式发行的有担保债券。

　　收藏单位：重庆馆、广东馆、国家馆、吉林馆、江西馆、近代史所、辽宁馆、上海馆、首都馆、天津馆

17497

最新中国内外债券要览续刊　董仲佳编

上海：通易信托公司，1931，[12]+138+14 页，32 开

　　本书为《最新中国内外债券要览》（董仲佳编）的补编。收录国民政府新发行的 11 种国内债券及前编漏收的 4 种内外债券的有关资料。附最新中国内外债券要览初刊增改表等。其他题名：中国内外债券要览续刊。

　　收藏单位：东北师大馆、江西馆、内蒙古馆、山西馆、上海馆

17498

作战财务计划（又名，新农工经济政策）（第一年度）　刘仁航著

上海：国货日报社，1932.11，56 页，32 开

　　本书其他题名：作战财务计划。

　　收藏单位：国家馆

各国财政

17499

朝鲜现行各项税例

出版者不详，[1911—1945]，石印本，[54] 页，16 开，环筒页装

　　本书为日据时期朝鲜所收国家、地方税的种类与税率调查录。

17500

德英法战时税政　（德）客老斯（Robert Knaus）原著　王光祈译

上海：中华书局，1934.9，156 页，32 开（国防丛书 第 2 种）

上海：中华书局，1941，再版，156 页，32 开（国防丛书 第 2 种）

本书共两编：战费、抽税政策。每编均分德国、英国、法国3部分，第2编有结论。节译自原著第5—6编。

收藏单位：安徽馆、重庆馆、东北师大馆、广东馆、贵州馆、国家馆、湖南馆、吉林馆、江西馆、近代史所、辽大馆、南京馆、内蒙古馆、上海馆、首都馆、天津馆、浙江馆、中科图

17501

敌国战时财政基本方策之分析　中央调查统计局特种经济调查处编

中央调查统计局特种经济调查处，1942.2，1册，16开（敌伪经济参考资料51）

收藏单位：南京馆

17502

敌之财政及资源　军令部第二厅第一处编

军令部第二厅第一处，1939.12，油印本，1册，16开

收藏单位：南京馆

17503

调查奥国盐政报告书　[陈芳瑞等调查]

出版者不详，[1913.8]，82页，16开

本书收录陈芳瑞、范锐、董廷瑞、文定祥四人于民国元年奉政府派遣赴奥调查制盐机器及盐政的报告。

17504

俄国印花税条例　司法部参事厅编　张弨译

出版者不详，1921，1册，32开（外国法典丛书第11种）

本书封面题名：俄罗斯印花税条例。

收藏单位：国家馆、南京馆

17505

列国战时财政状况　张君劢译述

上海：中华书局，1918.11，192页，32开（战时小丛书第4集）

本书介绍德、英两国参战第一年之财政状况。译述者原题：张嘉森。

17506

论粮食税　（苏）列宁（Владимир Ильич Ленин）著

冀南新华书店，1949.4，58页，32开

收藏单位：重庆馆、国家馆、南京馆、山东馆

17507

论粮食税（新政策底意义及其条件）　（苏）列宁（Владимир Ильич Ленин）著

莫斯科：外国文书籍出版局，1949，48页，25开

本书共5部分：俄国现时经济（摘自1918年出版的小册子）、论粮食税、自由贸易、租让制、政治总结和结论。据莫斯科国家政治书籍出版局1946年版《列宁文选》两卷集译出。

收藏单位：安徽馆、重庆馆、东北师大馆、国家馆、湖南馆、辽宁馆、南京馆、内蒙古馆

17508

论美国之新式官厅会计记帐法能否完全适用于我国　杨汝梅著

[军需学校]，[1920—1929]，石印本，[40]页，25开（军需学校丛书）

本书共3章：绪言、美国官厅簿记之登记实例、美国官厅会计帐簿之纲要及吾国能适用之范围。

收藏单位：国家馆

17509

美国财政部国内税局所得税实习报告　朱远编

出版者不详，[1943]，80页，32开

本书为作者于1943年5月在美国财政部国内税局实习时就美国所得税制问题所写的实习报告。共两部：实习期间及经过、实习结果。

收藏单位：国家馆

17510

美国官厅会计及簿记　军需学校编

军需学校，1933，330 页，32 开
　　收藏单位：南京馆

17511

美国联邦赠与税　邓文烈译
财政部直接税署经济研究室，1944.11，20
页，32 开（中国直接税税务丛刊 2）
　　收藏单位：南京馆

17512

美国普通官厅总会计登记实例　杨汝梅编译
南京：中国计政学会，1936.1，56 页，22 开
（中国计政学会丛书）
　　本书共 11 章：预算、总分类帐各帐户、
补助帐表、分录、总分类帐、基金平衡表、
各种收支及国库报告、物品基金记帐实例、
债券基金记帐实例、还债基金记帐实例、财
产会计记帐实例。选译自《政府会计学》（穆
莱）。
　　收藏单位：广东馆、国家馆、南京馆

17513

**美国新预算制度之中央预算局·失业统计问
题**　[王北辰　蔡谊编著]
中国计政学会，1936，72 页，32 开（中国计
政学会丛刊）
　　本书为合订本。
　　收藏单位：内蒙古馆

17514

美国预算制度（第 1—17 章）（美）威洛比
（William Franklin Willoughby）著　陈纫秋译
外文题名：The national budget system
中国文化服务社贵阳分社，1941.1，[16]+166
页，32 开
　　本书共 17 章，内容包括：美国预算制度
的沿革及其形式、国会对预算的审议及其执
行等。据原著 1933 年版译出。原著为对美国
1921 年预算及会计法的研究著作，共 5 编 25
章，本书只选译了 1—4 编。著者原题：威罗
白。
　　收藏单位：重庆馆、贵州馆、西南大学
馆、浙江馆

17515

美国政府总会计实例　杨汝梅编译
出版者不详，[1911—1949]，54 页，32 开（中
国计政学会丛书）
　　本书章节同《美国普通官厅总会计登记
实例》。附本会会员消息。选译自《政府会计
学》（穆莱）。
　　收藏单位：广东馆、国家馆、南京馆

17516

欧战财政纪要　陈灿编
上海：商务印书馆，1922.5，139 页，22 开
　　本书共 8 章：绪论、战费、战时财政政
策、赋税、战时国债、战时金融、欧战各国
之财力、全书结论。附欧战各国战费比较图、
欧战各国纸币流通图、欧战各国国富比较图
等 6 种。
　　收藏单位：安徽馆、重庆馆、广东馆、国
家馆、河南馆、黑龙江馆、湖南馆、江西馆、
南京馆、上海馆、天津馆、浙江馆、中科图

17517

日本财政　赖季宏编著
长沙：商务印书馆，1939.7，14+377 页，22
开（日本丛书）
　　本书共 7 编：日本财政的历史考察、日本
的经费、日本的收入、日本的预算、日本的
公债、日本的地方财政、日本近代的财政。
　　收藏单位：重庆馆、东北师大馆、广东
馆、贵州馆、国家馆、黑龙江馆、吉林馆、
近代史所、辽大馆、南京馆、宁夏馆、首都
馆、浙江馆、中科图

17518

日本财政的危机　唐崇慈著
南京：中山文化教育馆，1937.10，18 页，32
开（抗战丛刊 8）
重庆：中山文化教育馆，1938.9，再版，17
页，36 开（抗战丛刊 8）
　　本书共 6 部分：日本国富的概况、日本财
富分配的不均、预算与军费的逐年增加、战
时支出的浩繁与财政的困窘、财阀与军阀的
冲突、结论。

收藏单位：广东馆、国家馆、吉林馆、南京馆

17519

日本财政史要　日本评论社编辑

外文题名：The history of finance of Japan

南京：正中书局，1933.6，40页，32开（日本研究会小丛书12）

本书共5部分：改造时期、膨胀时期、整理时期、反常时期、结论。

收藏单位：重庆馆、国家馆、江西馆、上海馆

17520

日本财政之危机　黄兰亭编

战时月报社，[1913—1949]，1册，18开

本书内容包括：赤字时代之财政经济政策、军备与军费、公债问题之深刻化、走向大增税之途等。

收藏单位：江西馆、南京馆

17521

日本财政制度　日本评论社编辑

外文题名：Japan's financial system

南京：正中书局，1933.4，46页，32开（日本研究会小丛书3）

南京：正中书局，1933.10，再版，45页，32开（日本研究会小丛书3）

本书共6部分：日本的预算制度、岁入预算、岁出预算、特别会计、国债、地方财政。

收藏单位：重庆馆、国家馆、江西馆、南京馆、上海馆

17522

日本的军费膨胀与财政危机　日本评论社通信部编辑

外文题名：Japan's finance and its expansion

南京：正中书局，1933.3，40页，32开（日本研究会小丛书1）

南京：正中书局，1933.8，再版，40页，32开（日本研究会小丛书1）

本书共6部分：日本财政的膨胀、军事费增大的过程、日本行政费的分析、租税加征

及其意义、公债之累积、现时日本危殆财政的本质及将来。

收藏单位：重庆馆、国家馆、江西馆、南京馆、宁夏馆、上海馆

17523

日本官厅簿记法　（日）石川丰太郎　（日）秋山行藏编辑　丁志兰校阅　张心澂译

明新印字局，1913，250页，22开

本书共6章，内容包括：总说、现行会计制度之概要、簿记总说等。

收藏单位：首都馆

17524

日本国库事务纲要　叶春墀编

山东国税厅筹备处，1914.2，360页，22开

本书共9章：国库、岁入、岁出、杂部、现金运转、帐簿、计算报告、出纳证明、金库检查。附日本财政制度大纲、中国会计法草案、会计施行细则。为考察期间日本大藏省官员的演讲录。

收藏单位：国家馆、近代史所、首都馆

17525

日本继承税　邓文烈编译

财政部直接税署经济研究室，1945.1，50页，32开（中国直接税税务丛刊3）

本书共6部分：沿革及其特质、课税主体、课税客体、课税标准、课税手续、其他。

收藏单位：国家馆

17526

日本军事公债论　（日）阿部贤一著　张白衣译

外文题名：The war-loans of Japan

南京：日本评论社，1933.12，29页，32开（日本研究会小丛书37）

本书论述日本军事负债的实况、意义、作用及对当时经济的影响。译自《日本经济往来》10月号。书中译者误题：张百衣。

收藏单位：重庆馆、国家馆、江西馆、南京馆、上海馆、天津馆

17527

日本战时财政概况　中央银行经济研究处编

中央银行经济研究处，1941.3，41页，16开（经济情报丛刊 第2辑）

本书共6部分，内容包括：战时岁出预算内容及战费之增加、战时增税计划剖视、巨额公债之发行与推销、公债政策之运用与通货膨胀等。附日本战时岁出、岁入、国债等统计表5种。

收藏单位：国家馆、吉林馆、南京馆

17528

日本战时财政经济的危机　苏芗雨著

桂林：文化供应社，1940.4，101页，32开（世界大战丛刊7）

本书共11部分，内容包括：军事费、增税、公债之发行、增发钞票、对外贸易、物资匮乏、恶性通货膨胀等。

收藏单位：重庆馆、东北师大馆、广东馆、广西馆、国家馆、吉林馆、近代史所、南京馆、宁夏馆

17529

日本战时经济与财政　抗战丛书社编

成都：抗战丛书社，1938.7，92页，32开（抗战丛书）

本书为论文集。收文9篇，内容包括：《日本战时经济的"量"与"质"》（艾秀峰）、《日本的战费与公债》（张显之）、《日本工商业之危机》（国民经济研究所）、《日本对外贸易与中日冲突》（宓君伏）、《论日本贸易政策》（《武汉日报》）等。

收藏单位：重庆馆、东北师大馆、国家馆

17530

日本之地方财政　周宪文著

外文题名：The local finance of Japan

南京：正中书局，1933，32页，32开（日本研究会小丛书21）

本书共5部分：日本的租税是购买战争的、重担落在穷人肩上、各种租税的检讨、工业苦得喘不过气来、有钱人占上风。

收藏单位：重庆馆、东北师大馆、国家

馆、江西馆、南京馆、上海馆、天津馆

17531

日本之公债消化力　孔志澄著　日本问题研究会编辑

长沙：商务印书馆，1938.7，40页，25开（日本知识丛刊）

本书共8部分，内容包括：战前之军事公债、公债在战事预算中之地位、战费仰给公债之理由、最近之公债发行制度、公债消化力之鸟瞰等。

收藏单位：重庆馆、广东馆、贵州馆、国家馆、湖南馆、吉林馆、南京馆、内蒙古馆、陕西馆、上海馆

17532

日本专卖制度考略　寿景伟撰

出版者不详，1938，178页，32开

出版者不详，[1911—1949]，74页，32开

本书撰者原题：寿毅成。

收藏单位：南京馆、首都馆

17533

如何筹措战费　（英）凯恩斯（John Maynard Keynes）著　殷锡琪　曾鲁译

外文题名：How to pay for the war

重庆：中国农民银行经济研究处，1941.5，110页，32开（世界经济名著选译1）

本书共10章，内容包括：问题之性质、战费是否可由富裕阶级负担、实施延付收益与家族津贴及廉价定量分配之方案、延付额之偿还及资本税之征收、定量分配物品之价格及工资统制、自由节储与通货膨胀等。附国民所得之估计、吾国海外资源之估计、家族津贴费估计等。

收藏单位：重庆馆、广东馆、贵州馆、国家馆、吉林馆、南京馆、陕西馆、上海馆、武大馆、西南大学馆、浙江馆

17534

谁应负担战费？（一个凯恩斯计划的批判）

里谢著　王泰译

外文题名：Who shall pay for the war? (Analysis

of the Keynes plan)

重庆：商务印书馆，1944.11，46 页，32 开

　　本书对《如何筹措战费》（凯恩斯）中的主张进行了批判。

　　收藏单位：重庆馆、广东馆、国家馆、黑龙江馆、南京馆

17535

苏联财政　焦敏之编译

上海：棠棣出版社，1949.4，152 页，32 开（中苏文化协会丛书 1）

　　本书共 7 章：总论、苏联的国家预算、苏联的税制、苏联国立银行、人民的储蓄、重要工程建设的经费、苏联财政制度与货币流通的调节。

　　收藏单位：国家馆、天津馆

17536

苏联财政与社会主义建设　（苏）质费列夫著　孙静工译

[上海]：国际文化服务社，1949，111 页，32 开（三十年来之苏联财政 1）

　　收藏单位：重庆馆、广西馆、国家馆、辽宁馆、天津馆

17537

苏联财政制度　（苏）博高列波夫著　吴清友译

[上海]：天下图书公司，1947，121 页，32 开（中苏文化协会研究丛书）

北平：天下图书公司，1949.6，2 版，121 页，32 开

北平：天下图书公司，1949.9，3 版，121 页，32 开（苏联研究丛书）

　　本书共 6 章：财政制度的经济源泉、苏联国家制度与财政制度、财政管理、国家银行、苏联英勇的承平时代与财政、战时苏联的财政。

　　收藏单位：安徽馆、重庆馆、东北师大馆、国家馆、近代史所、南京馆、山东馆、山西馆、上海馆、首都馆

17538

苏联财政制度　（美）亨保罗（Paul Haensel）著　刘昌裔译

[福建省银行经济研究室]，1945，10+138 页，25 开

福建省银行经济研究室，1946.8，再版，12+124 页，32 开（福建省银行经济研究室丛书）

　　本书共 6 章：预算及审计制度、赋税、费、关税、金融、保险事业。书前有苏联宪法关于财政部分之规定。附新营业税率、一九三八年苏联之预算。著者原题：韩赛欧（P. Haensel）。

　　收藏单位：重庆馆、广东馆、贵州馆、国家馆、河南馆、湖南馆、江西馆、南京馆、上海馆、浙江馆

17539

苏联的金融和财政　启明等著

沈阳：东北新华书店辽东分店，1949.6，86 页，36 开

　　本书收文 3 篇：《苏联金融财政的组织和管理》（启明）、《苏联国家银行论》（青佑）、《苏联货币论》（吴清友）。

　　收藏单位：国家馆、内蒙古馆

17540

苏联的金融和财政　启明等著

华中新华书店，1949，79 页，32 开（干部学习丛书）

　　收藏单位：吉林馆、南京馆、天津馆

17541

苏联的金融和财政　启明等著

中央财政经济部，1948.8，99 页，36 开（参考资料 3）

　　收藏单位：国家馆

17542

苏联的预算制度　吴清友著

上海：中华书局，1949，68 页，36 开（大众文化丛书）

　　本书共 8 部分，内容包括：苏联预算制度

的基础、苏联国家预算的增长、战时苏联预算的回顾、新五年计划与苏联预算、苏联预算制度中岁出部分的结构等。

收藏单位：重庆馆、东北师大馆、广东馆、国家馆、南京馆、云南馆

17543

苏联公民怎样纳税 （苏）博高列波夫著　姚周杰译

外文题名：How the Soviet citizen pays his taxes

沈阳：东北新华书店，1949.9，58 页，32 开

本书共 7 章：苏联税收制度的演变、现今的税收制度、税收在国家预算中的作用、社会主义工业收入之课税、个人收入之课税、战时税、怎样收税。著者原题：M. I. 博格列波夫。

收藏单位：东北师大馆、国家馆、山东馆

17544

苏维埃联邦共和国之金融与财政　钟恺译著

[中国计政学会]，1937.6，50 页，32 开（中国计政学会丛刊）

本书讲述 1935 年苏联的物价、岁入、岁出、税收、公债等财政金融方面的情况。附 1936 年苏联国家预算及其与 1935 年国家预算之比较表。译自俄文版《苏维埃联邦事情》第 7 卷第 3 号。

17545

倭寇昭和十九年度预算之分析　中央调查统计局特种经济调查处编

中央调查统计局特种经济调查处，1943，油印本，7 页，18 开，环筒页装（敌伪经济参考资料 72）

收藏单位：国家馆

17546

一九三九年美国之财政　李植泉翻译　刘铁孙审查　刘大钧核定

出版者不详，1940.3，晒印本，7 张，大 16 开（中国经济统计研究所 总字第 364 号 经济门国际类 第 22 号）

收藏单位：上海馆

17547

一千九百三十四年度英国预算之分析 （美）威廉斯（W. H. Williams）编著　王北辰译述

中国计政学会，1934.10，34 页，32 开（中国计政学会丛刊）

本书内容包括：英国预算内之项目、岁入部、岁出部等。附战事经费、每年支付有关军事之经费总额、卫生费、国债等。补录对于一九三三至三四年英国预算之分析。

收藏单位：广东馆、国家馆、南京馆、上海馆

17548

英国财务论 （英）密郤尔（R. J. Mitchell）著　沈汉隐译

上海：商务印书馆，1936.7，111 页，32 开（社会科学小丛书）

长沙：商务印书馆，1938.7，再版，111 页，32 开（社会科学小丛书）

本书共 13 章，内容包括：导言、国会史中之财务、宪法、立法程序、财务概要、概算、预算、各种公共基金等。附文事费概算、文事费预算支出帐、审计部法送达期限表、参考材料。

收藏单位：重庆馆、东北师大馆、广东馆、广西馆、国家馆、黑龙江馆、吉林馆、南京馆、上海馆、首都馆、天津馆、浙江馆、中科图

17549

英国对德开战后财政上新措施之检讨　李竹溪翻译　刘铁孙审查　刘大钧核定

出版者不详，1939.12，晒印本，14 张，大 16 开（中国经济统计研究所 总字第 347 号 经济门国际类 第 14 号）

收藏单位：上海馆

17550

英国所得税论　金国宝著

外文题名：British income tax

上海：商务印书馆，1924.10，104 页，36 开（百科小丛书 66）

上海：商务印书馆，1926.11，再版，104 页，

44 开（百科小丛书 66）

上海：商务印书馆，1935.5，国难后 1 版，90 页，32 开（百科小丛书）

本书共 6 章：导言、大战前之所得税、大战期中之所得税、大战后之所得税、公司利益税、各国制度之比较。1924 年初版版权页题名：英国所得税。

收藏单位：安徽馆、重庆馆、广东馆、广西馆、贵州馆、国家馆、河南馆、黑龙江馆、湖南馆、江西馆、辽大馆、南京馆、山东馆、上海馆、首都馆、天津馆、西南大学馆、浙江馆

17551

英国遗产税逃税问题（生存赠与之课税）　

（英）韦奇伍德（Josiah Wedgwood）著　邓文烈译

财政部直接税署经济研究室，1944.9，12 页，32 开（中国直接税税务丛刊 1）

本书认为逃税方法可分为 3 种：完全合法之逃税、由于立法疏忽或执行能力不足之合法逃税、绝对违法之逃税。摘译自 *The economics of inheritance*。

收藏单位：国家馆

17552

英国战时财政金融　财政金融研究所编

昆明：中华书局，1940.12，290 页，22 开（财政金融研究所丛书）

本书共两编：战时财政、战时金融。第 1 编共 7 章，内容包括：议会过程所见的战时财政、战时经费、战时岁入等；第 2 编共 6 章，内容包括：英国信用组织的概观、大战勃发与伦敦金融市场、战时通货政策、战时银行等。附英国第一、二次战时预算报告书。据《英国战时财政经济》（土方成美）编译。

收藏单位：重庆馆、贵州馆、国家馆、吉林馆、江西馆、辽宁馆、南京馆、上海馆、浙江馆

17553

英国战时财政论　张白衣著

重庆：商务印书馆，1945.9，125 页，32 开

上海：商务印书馆，1946.3，125 页，32 开

本书共 5 章：英国战时财政之基本理念、第一次世界大战时英国战时财政、第二次世界大战时英国战时财政、英国纯粹战时财政之分析、战时英国国民所得论。

收藏单位：安徽馆、重庆馆、东北师大馆、广东馆、贵州馆、国家馆、河南馆、黑龙江馆、湖南馆、江西馆、辽宁馆、南京馆、上海馆、天津馆、浙江馆、中科图

17554

英国战时财政统计　财政部财政研究委员会编

财政部财政研究委员会，[1945—1949]，油印本，1 册，8 开

收藏单位：国家馆

17555

战时日本财政　陈宗经著

重庆：商务印书馆，1943.4，114 页，36 开（中法比瑞文化丛书）

赣县（赣州）：商务印书馆，1943，114 页，32 开（中法比瑞文化丛书）

本书共 4 部分：战前日本财政之回顾、战争中之日本财政、现阶段日本财政之结算、结论。附五年来日本政府税收表、五年来日本政府岁入表、五年来日本政府岁出表等 6 种。

收藏单位：安徽馆、重庆馆、东北师大馆、广东馆、贵州馆、国家馆、吉林馆、近代史所、辽大馆、南京馆、内蒙古馆、宁夏馆、上海馆

17556

最近日本之国际收支　孔志澄著

长沙：商务印书馆，1938.8，65 页，32 开（日本知识丛刊）

本书共 6 部分：何谓国际收支、日本国际收支内容之解剖、增加输出与改善国际收支、限制输入与改善国际收支、国际收支与运现出口、金准备额与圆价之前途。

收藏单位：重庆馆、广东馆、广西馆、贵州馆、国家馆、湖南馆、吉林馆、江西馆、

南京馆、上海馆

货币

17557
1700—1937 年中国银货输出入的一个估计
余捷琼编
长沙：商务印书馆，1940.12，41 页，25 开
（国立中央研究院社会科学研究所丛刊 第 15
种）

　　本书共 4 部分：1888—1937 年中国银货输
出入的估计、1867—1887 年中国银货输出入的
估计、1801—1866 年中国银货输出入的估计、
1700—1800 年中国银货输出入的估计。

　　收藏单位：东北师大馆、广东馆、国家
馆、吉林馆、近代史所、辽宁馆、南大馆、
上海馆、浙江馆

17558
按劳分配详述　刘杰编
抗战复兴出版社，1939.7，82 页，25 开（民
族革命理论丛书 2）

　　本书共 12 章，内容包括：资与产的区别
及其转变、生产与分配、现社会制度的分配
形态及其四罪案、消除四罪案的三个途径、
按劳分配的合理性及其永久性与广大性等。

　　收藏单位：重庆馆、国家馆

17559
按劳分配与物产证券初步研究大纲　山西省
临时村政协助员训练委员会编
山西省临时村政协助员训练委员会，1936.12，
26 页，32 开

　　本书共 45 部分，内容包括："甚么叫做主
义？""现社会经济制度的病根是什么？""何
谓金代值？""何谓资私有？""何谓交易病？
何谓分配病？"等。

　　收藏单位：国家馆

17560
按劳分配与物产证券教程大纲　阎锡山著

出版者不详，1936.6，140 页，16 开
出版者不详，1936.7，再版，144 页，16 开

　　本书共 7 章，内容包括：绪论、现社会
经济制度所构成之罪案与弊害、按劳分配论、
物产证券论等。

　　收藏单位：重庆馆、国家馆、近代史所、
山西馆

17561
白银出口问题　沈诵之著
出版者不详，[1930—1939]，12 页，23 开

　　本书主张政府放弃银本位、政府管理国
外汇兑及国际贸易、组织全国发行准备保管
委员会等，并有具体办法。

　　收藏单位：上海馆

17562
白银国有论　黄元彬著
上海：商务印书馆，1936.2，262 页，22 开
上海：商务印书馆，1936.6，再版，262 页，22
开
上海：商务印书馆，1939.12，3 版，262 页，22
开

　　本书共 10 章，内容包括：银价变动原因
之分析及其影响、抬高银价稳定银价与改行
金制三说之批判、中国币制改革诸说之批判、
匡救银制之鼎立三策、物银矫正之银税与银
禁等。附商业银行之资金创造、支票问题，
承兑汇票问题。

　　收藏单位：重庆馆、东北师大馆、广西
馆、贵州馆、桂林馆、国家馆、河南馆、湖
南馆、吉林馆、江西馆、近代史所、辽大馆、
辽宁馆、南京馆、内蒙古馆、上海馆、天津
馆、武大馆、浙江馆、中科图

17563
白银问题　富莱作　李守黑译
国魂书店，1938，14 页，25 开（国论经济丛
刊）

　　本书内容包括：银价跌落与复本位制的
崩溃、复本位论者之主张及单复两说的争难、
世界大战中的白银问题等。

　　收藏单位：重庆馆

17564

白银问题与中国币制 张素民著

上海：商务印书馆，1936.3，223 页，32 开

上海：商务印书馆，1936，再版，234 页，32 开

　　本书共 14 章，内容包括：白银问题之检讨、怎样解决币制问题、中国金融问题之症结及其对策、中国金融问题解决方案之商榷、世界银价与中国金融恐慌、增加筹码与金融紧缩、贸易入超与外人投资等。附财政部改革币制布告、兑换法币办法、辅币条例等。

　　收藏单位：安徽馆、重庆馆、东北师大馆、广东馆、广西馆、桂林馆、国家馆、河南馆、黑龙江馆、湖南馆、吉林馆、江西馆、近代史所、辽大馆、南京馆、内蒙古馆、上海馆、天津馆、武大馆、浙江馆、中科图

17565

白银问题与中国货币政策 周伯棣编

上海：中华书局，1936.3，202 页，32 开（新中华丛书 社会科学汇刊）

上海：中华书局，1936.5，再版，202 页，32 开（新中华丛书 社会科学汇刊）

　　本书共 11 章，内容包括：白银的问题是什么、白银的移动、美国白银政策的由来、美国白银政策的发展、白银政策的影响与其归趋、中国如何支配白银等。附财政部布告、发行准备管理委员会章程、英大使通告、兑换法币办法等 8 种。

　　收藏单位：安徽馆、重庆馆、广东馆、广西馆、国家馆、河南馆、黑龙江馆、湖南馆、吉林馆、江西馆、近代史所、辽大馆、南京馆、内蒙古馆、首都馆、天津馆、武大馆、浙江馆、中科图

17566

币制改革 行政院新闻局编

行政院新闻局，1948.9，116 页，32 开

　　本书共 4 部分：财政经济紧急处分令暨其四项办法、政府首长关于财政经济紧急处分之重要谈话、财政经济紧急处分令颁布后之一般反响、改革币制各项实施办法之制定。附国家总动员法、妨害国家总动员法惩罚暂行条例等 5 种。

　　收藏单位：安徽馆、重庆馆、大庆馆、广东馆、贵州馆、桂林馆、国家馆、湖南馆、吉林馆、江西馆、近代史所、南京馆、上海馆、首都馆、天津馆、浙江馆

17567

币制改革声中谈纸币膨胀政策 新陈著

镇江：江南印书馆，1948.1，54 页，32 开

　　本书共 4 章：基本认识、关联的物价、管理无方的前因后果、控制膨胀。

　　收藏单位：国家馆、南京馆、上海馆、首都馆、西南大学馆、浙江馆

17568

币制改革问题 鄷廷和著

[南京]：新中国出版社，1948.5，42 页，32 开（时代知识丛书）

　　本书共 4 部分：我们对于货币应有的认识、法币政策的检讨、币制改革的意义作用及其应有的趋势、我们所需要的货币制度。

　　收藏单位：人大馆

17569

币制改革之理论与实践 （英）爱恩济格（Paul Einzig）著 刘望苏 郭午峤译

外文题名：Monetary reform in theory and practice

长沙：商务印书馆，1940.5，23+364 页，25 开（经济丛书）

　　本书共 44 章，内容包括：叙论、放任的货币制度、货币能够废除吗、要求币制的改革、低货币政策、信用膨胀学派、消费学派、统制的金本位、复本位制、币制的孤立、币制改革的将来等。著者原题：爱恩西格。

　　收藏单位：重庆馆、桂林馆、国家馆、河南馆、黑龙江馆、吉大馆、吉林馆、江西馆、辽大馆、南京馆、宁夏馆、上海馆、浙江馆

17570

币制改革之商榷（又名，废两用金元辅的十进制） 杨子嘉著

出版者不详，1928.8，26 页，32 开

　　收藏单位：上海馆

17571

币制改革中之金单位问题（上篇） 陶德琨著

北平：河北省政府图书室，1930.9，再版，油印本，10+144 页，16 开，环筒页装

本书共 8 部分，内容包括："金单位"之纯金量宜再缩小并近整数、"金单位"之命名宜早颁定令人周知、海关进口税宜即征收现金、金汇兑券宜速发行备用、金汇兑券条例宜审慎制定公布等。

收藏单位：国家馆、南京馆

17572

币制汇编 财政部泉币司编

财政部泉币司，1919.1，4 册，22 开

本书收录 1903—1918 年有关币制改革问题的奏折、章程、法规等官书文件及中外学者的著述。共 7 编：货币法规、铸造银元铜元时期币制案、铸造新币时期币制案、纸币案、造币局厂沿革案、编币制论著（上、下）。

收藏单位：长春馆、东北师大馆、国家馆、吉林馆、辽东学院馆、南京馆、首都馆、天津馆、浙江馆、中科图

17573

币制局职员录（中华民国九年） ［币制局］文书科编

北京：［币制局］文书科，[1920]，36 页，36 开

收藏单位：国家馆

17574

币制与银行 崔晓岑著

上海：开明书店，1936.10，[466] 页，22 开

本书分上、下两编：币制论、银行论。上编共 18 章，内容包括：钱币的性质和起源、钱币的职能、钱币制度、钱币的价值与物价指数、民国以来的币制问题等；下编共 14 章，内容包括：银行名词的来源及定义、银行的业务、银行的设立及内部组织、英国银行制度与伦敦金融市场、论中国银行制度应有的建设等。附币制方面、银行方面、新币制政策的法令及通告。其他题名：钱币与银行论。

收藏单位：重庆馆、贵州馆、国家馆、黑龙江馆、湖南馆、南京馆、上海馆、首都馆

17575

币制原论 黄遵楷著

东京：中国书林，1911.8，11+197 页，22 开

本书分上、下两卷。共 7 章：总则、货币之性质贵均衡、货币之物质贵金属、货币之形式贵简单、货币之铸造在国权、货币之制度在统一、货币之机关在银行。

收藏单位：国家馆

17576

布里顿森林协定（ 即，国际货币基金协定 ）·国际复兴建设银行协定 国际出版社编

上海：国际出版社，1945，73+73 页，32 开

上海：国际出版社，1946.4，73+72 页，32 开，精装

本书为合订本。《国际货币基金协定》共 20 条，内容包括：目的、会员资格、基金分配额与认缴办法、货币之法定价值、基金之交易等。《国际复兴建设银行协定》共 11 条，内容包括：目的、会员资格及银行之资本、关于放款保证之通则、经营、管理与组织等。附英文版。

收藏单位：广东馆、国家馆、吉林馆、南京馆、上海馆

17577

财政部杭州造币厂报告书 财政部杭州造币厂编

财政部杭州造币厂，[1923]，86 页，16 开

本书为 9 部分：序、图、沿革、组织、稽考、管理、工务、化验、统计。目录页题名：财政部杭州造币厂民国十年报告书。

收藏单位：国家馆、吉林馆、浙江馆

17578

财政部钱币司各种章则 ［财政部钱币司编］

［财政部钱币司］，[1932]，1 册，16 开

本书内容包括：各省通货调查报告（二）、中央造币厂审查委员会章程、银本位铸造条例、银行业收益税法、修正银行兑换券发行税法、修正交易所税条例等。

收藏单位：国家馆、南京馆、上海馆

17579

财政部钱币司章制汇编　[徐堪编]
出版者不详，[1930]，188 页，16 开

本书内容包括：银行注册章程、银行注册章程施行细则、中央银行条例、中央银行章程、中国银行条例等。附统计报告、各省通货调查报告（二）。

收藏单位：东北师大馆、广东馆、国家馆、近代史所、南京馆、上海馆、中科图

17580

财政部四川造币分厂第一次报告书　财政部四川造币厂编
财政部四川造币厂，1915.7，112 页，18 开

本书内容包括：厂基平面图、各厂机器图、本厂沿革考、现在困难之点及整理情形、原借资本总表、现金存储表等。目录页、逐页题名：成都造币分厂第一次报告书。

收藏单位：国家馆、近代史所

17581

财政部新货币制度说明书　财政部秘书处编
财政部秘书处，1935.11，20+24 页，16 开

本书共 7 部分：货币政策之需要、新货币制度之要点、新货币制度之精义、新货币制度绝非放弃银本位、新货币制度绝非通货膨胀、告怀疑新货币制度者、实行新货币制度之利益。附施行法币重要令文第一辑。

收藏单位：重庆馆、福建馆、广东馆、国家馆、吉林馆、近代史所、辽宁馆、南京馆、上海馆、天津馆、浙江馆

17582

财政治标刍议　童杭时著
出版者不详，[1917—1949]，12 页，32 开

本书论述发行纸币的必要以及发行纸币中的确定担保、维持信用、推广银行等各种问题。附 1916 年各省区岁入总数表。

17583

当前币制问题　姚仲拔著

上海：姚仲拔［发行者］，1948.4，23 页，32 开

本书收录著者发表在报纸上的短文 5 篇：《处置伪币与国家元气》、《伪币不应有法定比率》（附录三十四年十一月七日中央社东京电）、《如何挽救法币》、《改革币制管见》、《实施铜币制》。

收藏单位：广东馆、南京馆、上海馆、武大馆

17584

第一次世界大战各国整理战后货币之研究
李休盦编著
国光印书馆，[1945]，油印本，120 页，13 开

收藏单位：上海馆、浙江馆

17585

电本位币制　黄良琛著
中国电本位币制运动总办事处、乐华印务公司，1948.12，45 页，32 开

收藏单位：广东馆、上海馆

17586

调查币制意见书　黄遵楷编
北京：商务印书馆，1916.12，108 页，22 开

本书共 19 部分，内容包括：改革币制之缘起、调查币制之由来、对于政府财政应行金本位制之理由、日本现行币制沿革之大略、各国银行设于我国市场及其营业之现状、日本现行金本位制之情状、结论等。

收藏单位：国家馆、辽宁馆

17587

定质货币　陈征远著
南京：中华印书馆，1948.3，36 页，32 开

本书共 17 部分，内容包括：法币的遭遇、法币膨胀与物资关系、关于改革法币的意见、定质货币、定质货币与外汇、定质货币与副币发行问题、结论等。

收藏单位：国家馆、南京馆

17588

对阎百川先生"发行物产证券"讲话之感想

余寰澄著

出版者不详，[1934.12]，16 页，36 开

　　收藏单位：上海馆

17589

二次欧战与银价之将来　李植泉翻译　刘铁孙审查　刘大钧核定

出版者不详，1940.3，晒印本，7 张，13 开（中国经济统计研究所 总字第 370 号 金融门 币制类 第 44 号）

　　收藏单位：上海馆

17590

法币的新敌人　黄义本著

重庆：胜利出版社，1942.11，42 页，32 开

　　本书共 5 部分：序言、与敌伪异曲同工之破坏法币阴谋、"边币"的研究、如何用边币来抑压法币、"边币"的根本问题。

　　收藏单位：重庆馆、国家馆、吉林馆、南京馆、陕西馆

17591

法币讲话　马咸著

长沙：商务印书馆，1938.4，197 页，32 开

长沙：商务印书馆，1940，再版，197 页，32 开（社会经济调查所丛书）

重庆：商务印书馆，1944，[11]+168 页，32 开

　　本书为货币学基础理论读物，曾被各大学规定为经济系学生的课外必读书。共 8 讲，内容包括：纸币的历史、纸币的种类、法币的异常现象及整理方法、法币的流通原理、法币的价值问题等。

　　收藏单位：重庆馆、广东馆、广西馆、贵州馆、国家馆、湖南馆、南京馆、上海馆、浙江馆

17592

法币・外汇・黄金（张一凡演讲集）　张一凡著

[上海]：著作人书屋，1940.9，110 页，32 开（内外政治经济编译社丛书 别集）

　　本书收录著者的演讲稿 4 篇：《中国战时国家收支之分析》《法币前途如何》《外汇前途如何》《黄金前途如何》。

　　收藏单位：国家馆、南京馆、上海馆

17593

法币问题　魏友棐著

美商现代中国周刊社，1939.11，46 页，32 开（现代中国丛书）

　　本书共 6 章：绪言、法币制度的确立、战时之法币政策、外汇黑市的演变、法币与日圆的战争、法币的前途。

　　收藏单位：贵州馆、国家馆

17594

法币之回顾与前瞻　钱承绪编

上海：中国经济研究会，1940.8，[214] 页，18 开

　　本书共 5 编：法币制度之由来、战前战后之法币、法币之防卫、法币之敌对行为、前后期之汇兑统制。

　　收藏单位：国家馆

17595

法币之谜　肖廉编

出版者不详，1947.11，[43] 页，25 开（工商知识丛书 2）

　　收藏单位：江西馆

17596

法兰西纸币祸史——中国财政之殷鉴　（美）怀特（A. D. White）著　郑之蕃译

上海：国华书局，1914.2，60+10 页，23 开，精装

　　本书著者原题：辖益脱。

　　收藏单位：国家馆、内蒙古馆、上海馆

17597

法郎贬价问题　林文著

上海：读书生活出版社，1936，104 页，32 开（角半小丛书）

　　本书共 10 部分，内容包括：法郎贬价的意义、法郎贬价的必然性、法郎贬价的经过及三国货币协定宣言之内容、法郎贬价后的各国舆论、英美法三国货币协定与世界和平

等。附文章 4 篇:《法郎贬值与国际局势的前途》(章乃器)、《法郎贬值问题》(章乃器、欧阳执无)、《法郎贬值》(伏生)、《法兰西货币贬值的透视》(徐农)。

收藏单位:重庆馆、贵州馆、国家馆、吉林馆、南京馆、上海馆

17598

非常时期货币问题　刘大钧著

重庆:独立出版社,1940,218 页,32 开(中国经济统计研究所丛书 3)

本书为著者所写关于中国货币问题的论文选集。共 13 篇,内容包括:《银价暴跌问题》《银价与银进口税》《银价暴涨问题》《非常时期维持法币价值意见书》《近八年我国物价的研究》等。分 4 编:银价暴跌时期、银价暴涨时期、抗战时期、货币与物价概论。

收藏单位:重庆馆、广东馆、贵州馆、国家馆、湖南馆、吉林馆、辽大馆、南京馆、宁夏馆、浙江馆

17599

废两改元问题　上海银行周报社编

上海:银行周报社,1928.5,141 页,32 开(经济类钞 第 7 辑)

本书为论文集。收文 20 篇,内容包括:《陈请政府废两为元意见》(天津银行工会)、《改两为元》(唐有壬)、《改革吾国币制之第一步》(马寅初讲)、《废两改元议》(徐永祚)、《废两改元问题释疑》(徐永祚)等。

收藏单位:广东馆、国家馆、河南馆、上海馆

17600

废两改元之成功　潘恒勤编

上海:银行周报社,1935.12,178 页,32 开

本书共两部分:论文、废两改元之实施。第 1 部分为论文集,内容包括:《洋厘跌价与两元并交论》(潘恒勤)、《旧事重提之废两改元问题》(章乃器)、《废两改元之意见书》(沈希平)、《论废两改元问题》(马寅初)等;第 2 部分内容包括:财政部废两改元提案、银本位币铸造条例、财政部令、上海市商会公

告等。收录 1932—1933 年发表在各报刊上有关"废两改元"问题的公告、法令、文章共 53 篇。

收藏单位:国家馆、华东师大馆、上海馆

17601

废止货币问题　(日)川岛清治郎著　徐冠刘家驹译

北京:社会经济学社,1922.5,10+39 页,32 开

本书共 29 部分,内容包括:本论、货币本质上之弊害、货币经济之虚伪、贫富悬隔之原因、不当之转移、简单经济现象、货币与游民、临时票券等。据法译本转译。

收藏单位:国家馆、首都馆

17602

改革币制要览　严翔编

上海:国光书店,1935.11,[252] 页,32 开

本书共 5 章:绪论、改革币制的发动与展拓、改革币制的反响、舆论一斑、参考资料。附《通货膨胀问题》(严翔)、财政部新货币制度说明书。

收藏单位:国家馆、辽宁馆、上海馆、浙江馆

17603

甘末尔货币论　(美)凯默勒(Edwin Walter Kemmerer)著　李百强译述

上海:会文堂新记书局,1935.6,160 页,22 开

上海:会文堂新记书局,1937,再版,160 页,25 开

本书共 11 章,内容包括:金本位、现在之纸币本位、购买黄金计划、债务人与债权人、恢复金本位之途等。著者原题:甘末尔。

收藏单位:重庆馆、江西馆、南京馆、山西馆、中科图

17604

甘末尔货币论　(美)凯默勒(Edwin Walter Kemmerer)著　向耿西译

外文题名:Kemmerer on money

上海:世界书局,1935.4,11+129 页,25 开

收藏单位：安徽馆、重庆馆、国家馆、江西馆、南京馆、上海馆、浙江馆

17605

各国币制　杨荫溥著

上海：商务印书馆，1931，124 页，32 开（万有文库 第 1 集 199）（商学小丛书）

上海：商务印书馆，1934.2，124 页，32 开（商学小丛书）

上海：商务印书馆，1935.6，再版，124 页，32 开（商学小丛书）

长沙：商务印书馆，1939.12，3 版，124 页，32 开（万有文库 第 1 集 199）（商学小丛书）

　　本书共 7 章：英国之币制、美国之币制、法国之币制、德国之币制、苏俄之币制、日本之币制、中国之币制。

　　收藏单位：安徽馆、重庆馆、大理馆、大连馆、东北师大馆、广东馆、广西馆、贵州馆、国家馆、黑龙江馆、湖南馆、吉大馆、吉林馆、江西馆、辽大馆、辽师大馆、柳州馆、南京馆、内蒙古馆、宁夏馆、上海馆、天津馆、西南大学馆、浙江馆

17606

各国币制概论　高家栋著

上海：大东书局，1933.4，84 页，32 开（社会科学基础丛书）

　　本书共 15 部分，内容包括：绪言、中国、英国、法国、意大利、德国、俄国、美国、日本等。

　　收藏单位：重庆馆、广东馆、国家馆、河南馆、湖南馆、华东师大馆、江西馆、近代史所、南京馆、上海馆、天津馆、浙江馆

17607

各国通货膨胀史图解　（美）福开森（D. G. Ferguson）（美）莱斯德（A. H. Lester）著　李竹溪译

上海、长沙：商务印书馆，1939.10，67 页，32 开（社会科学小丛书）

上海：商务印书馆，1941.4，2 版，67 页，32 开（社会科学小丛书）

　　本书共 5 章：绪论、通货膨胀之初期、通货膨胀之危急期、通货膨胀之爆发期、通货膨胀恶化之警兆。

　　收藏单位：重庆馆、广东馆、桂林馆、国家馆、吉林馆、江西馆、南京馆、上海馆、首都馆、浙江馆

17608

各国通货政策与货币战争　赵兰坪著

上海：新中国建设学会出版科，1934.4，254 页，22 开（新中国建设学会丛书 13）

　　本书共 6 章：概论、德国之通货政策与货币战略、英国之通货政策与货币战略、日本之通货政策与货币战略、美国之通货政策与货币战略、法国之通货政策与货币战略。

　　收藏单位：重庆馆、广东馆、桂林馆、国家馆、吉林馆、江西馆、辽大馆、南京馆、浙江馆

17609

估币法　施伯珩编纂

上海：商业珠算学社，1925.10，30 页，32 开

　　本书共 6 章：绪论、国币之沿革概略、鹰洋之由来、估看要诀、辨别真伪、版之种类。附中国货币表、国币条例等。

　　收藏单位：吉大馆、上海馆、浙江馆

17610

古今货币　卫聚贤等著

重庆：说文社，1944.12，1 册，32 开

　　本书收文 7 篇，内容包括：《古今货币谈》（卫聚贤）、《两宋的楮币》（解毓才）、《甘肃发现金明时代之钞票》（慕寿祺）、《民国以来之银元》（乔晋樑）等。

　　收藏单位：重庆馆、广东馆、国家馆、黑龙江馆、吉林馆、南京馆、西南大学馆、中科图

17611

古今货币通论　陈宗蕃编

出版者不详，[1912—1919]，108 页，18 开

　　本书共 3 章：中国古代之货币、中国现行之货币、各国通用之货币。

　　收藏单位：广东馆、国家馆、上海馆、首

都馆

17612

关于钱币革命之言论　焦易堂著

出版者不详，[1934]，58 页，23 开

　　本书收录著者发表在各报上关于钱币革命的文章及函牍。附商库证章程。

　　收藏单位：广东馆、广西馆、桂林馆、湖南馆、宁夏馆、上海馆

17613

管理币制本位定价之商榷　陈锦涛著

财政部币制研究委员会，[1936]，18 页，22 开（财政部币制研究委员会丛刊 5）

　　本书共 6 部分：新金银并用制、新金银复本位制、金汇兑本位制、关金连锁制、准物价指数制、英镑连锁制。原载于 1936 年 3 月《中央银行月报》。

　　收藏单位：广东馆、国家馆、湖南馆、近代史所、南京馆、上海馆、武大馆、浙江馆

17614

管理货币问题之经过及展望　财政部币制研究委员会编

财政部币制研究委员会，1936，11 页，22 开（财政部币制研究委员会丛刊）

　　本书为作者于 1935 年 12 月 16 日在上海地方协会的演讲稿。

　　收藏单位：浙江馆

17615

管理货币制度与通货膨胀释义　陈锦涛著

财政部币制研究委员会编

财政部币制研究委员会，[1936]，11 页，22 开（财政部币制研究委员会丛刊 4）

　　本书为著者于 1935 年 12 月 16 日在上海地方协会所作的演讲稿。

　　收藏单位：广东馆、国家馆、近代史所、南京馆、上海馆、浙江馆

17616

广东币制与金融　丘斌存著

上海：新时代社，1941.7，124 页，32 开（新时代学术丛书）

　　本书共 8 章，内容包括：概说、我国开铸大洋之嚆矢、广州行使小洋之原因与损失、统一币制之步骤、毫券与国币之换算、币制改革之大事等。

　　收藏单位：重庆馆、东北师大馆、广西馆、贵州馆、国家馆、吉林馆、南京馆

17617

广东货币混乱之源及其整理方法　符泽初编著

外文题名：The causes of money chaos in Canton

广州：培英印刷公司，1932.12，32 页，32 开

　　本书共 3 章：货币之哲理观念、中国货币进化概略、广东货币混乱之源及其整理方法。

　　收藏单位：国家馆

17618

广东纸币史　区季鸾编述　黄荫普校正

广州：国立中山大学经济调查处，1934.9，3 册，22 开

广州：国立中山大学经济调查处，1935.9，3 册，22 开

广州：国立中山大学经济调查处，1936.3，3 册，32 开

　　本书共 4 篇：中央银行发行之纸币、特种银行发行之纸币、广东中央银行发行之纸币、省立银行发行之纸币。附中国银行、广东中央银行兑换券影印件。

　　收藏单位：国家馆、近代史所、辽宁馆、柳州馆、南京馆、上海馆

17619

规银合银圆表　邓欣廉编

上海：邓欣廉 [发行者]，1919.5，160 页，64 开

　　本书为汉英对照。为银两价格折合银圆的计算表。

17620

贵州之货币　陈建棠调查　张宗弼审查　刘大钧核定

出版者不详，1939.5，晒印本，6 张，大 16

开（中国经济统计研究所 总字第 304 号 金融
门币制类 第 41 号）

　　收藏单位：上海馆

17621

国币刍议　张玉琳著

北京：厂甸养拙斋，1919.1，[92] 页，22 开

　　本书共 5 章：绪论、合成法币与非合成法
币之利害、现行泉币之状况、改革时必要注
意之事项、改进之本位为何。附筹办京都市
立储蓄银行要则。

　　收藏单位：国家馆

17622

国币代用券条例释疑　刘冕执著

国币代用券提案办事处，1929，24 页，16 开

　　本书解释了 50 个疑点，内容包括：学理
上无根据不能见诸实行、事体浩繁规模太大
不易通行全国、发行人财产不易审查、供过
于求将有物价高昂之弊、政府趁机滥发流毒
社会、以何方法足令世界统一等。附二十年
前之富国新方案。

　　收藏单位：国家馆、南京馆

17623

国币条例及施行细则理由书

出版者不详，[1911—1949]，14 页，18 开

　　本书为北京政府计划改行金本位制而草
拟的条例及施行细则理由书。共 7 部分，内
容包括：用银本位之理由、各辅币重量成色减
轻之理由、主币准自由铸造且收铸费六厘之
理由、旧辅币暂以市价通用之理由等。

　　收藏单位：国家馆

17624

国父钱币革命研究会组织缘起暨章程　国父
钱币革命研究会编

国父钱币革命研究会，[1946]，26 页，32 开

　　本书附职员录。

　　收藏单位：安徽馆、国家馆、南京馆、上
海馆

17625

国际货币会议与国际货币问题　顾翊群讲

中央训练团党政高级训练班编

中央训练团党政高级训练班，1945.6，16 页，
32 开

　　本书内容包括：国际货币合作的演进、英
美货币方案的大要、国际货币会议经过、今
后演化趋势及我国对国际货币协定应采取的
态度与政策等。

17626

国际货币会议专刊　[金融研究社编]

重庆：金融研究社，1944，69 页，16 开，环
筒页装

　　本书内容包括：国际货币会议之前奏、中
美代表团阵营、美国各方观感、会议经过等。

　　收藏单位：重庆馆

17627

国际货币基金协定　钟淦恩译

出版者不详，[1911—1949]，1 册，16 开

　　收藏单位：南京馆

17628

国际货币基金协定·国际复兴开发银行协定

出版者不详，[1945]，50 页，16 开

　　本书为合订本。

　　收藏单位：广东馆、国家馆、南京馆、上
海馆

17629

国际货币论集　梁庆椿编

重庆：中国农民银行经济研究处，1945.4，
277 页，32 开（中国农民银行经济研究处研
究专刊 第 3 集）

　　本书共 3 部分：序言、论著、国际货币稳
定集议。第 2 部分收文 5 篇，内容包括：《国
际货币会议与国际货币问题》(顾翊群)、《威
廉斯论布里敦森林会议后应采之国际货币计
划》(梁庆椿)、《布里敦森林会议与国际合
作》(摩根韬著，傅尚霖译)等。

　　收藏单位：重庆馆、广东馆、贵州馆、国
家馆、吉林馆、辽宁馆、南京馆、上海馆、

浙江馆、中科图

17630
国际货币制度之检讨　姚嵩龄著
重庆：商务印书馆，1946.1，73 页，32 开
上海：商务印书馆，1947.2，73 页，36 开
　　本书共 4 章：导言、英美国际货币计划之检讨、联合国专家建立国际货币基金联合宣言之检讨、布里顿森林国际货币金融会议协定案之检讨。附参加国际货币金融会议会员国应摊国际货币基金比额及应缴黄金概算表、应摊国际建设开发银行股本表。
　　收藏单位：重庆馆、东北师大馆、广东馆、广西馆、桂林馆、国家馆、黑龙江馆、湖南馆、吉林馆、辽大馆、南京馆、浙江馆

17631
国民党的币制与"改革"　经济研究会编
经济研究会，1948.8，85 页，32 开（参考资料乙 1）
　　本书就国民党政府第三次币制改革，辑录各地报刊登载的有关法币、通货膨胀、币制改革的论文 7 篇及政府颁布的有关币制改革的法令、办法等资料。
　　收藏单位：国家馆、山东馆、浙江馆

17632
国内币制改革与工商业　金烽等著
香港：南方论坛社，1948，64 页，25 开
　　本书为论文资料集。内容包括：《正视当前国内财政经济改革》（本社同人）、《如此金圆券》（金烽）、《论币制改革》（徐仲尧）、《改革币制与工商业》（赵广志）、《国内各界人士对南京币制改革的反响（美当局声明否认美金支持中国新币）》等。
　　收藏单位：东北师大馆、国家馆、黑龙江馆、吉林馆

17633
国内外钞票一览
出版者不详，1926.11，166 页，32 开
　　本书全部为钞票图照。收录清末及北京政府时期，我国各银行及外商银行发行的纸币图样，并附说明。

17634
汉约克之货币理论及其批评　姚庆三著
出版者不详，[1911—1949]，16 页，16 开
　　本书共 3 节：汉约克货币理论之溯源、分析、批评。为《国民经济月刊》第 1 卷第 2 期抽印本。

17635
合作券研究资料　山西省合作事业管理处编辑
山西省经济管理处，1946，94 页，32 开
　　本书共 10 部分，内容包括：开付合作券之意义、合作券的本质、合作券的效用、合作券之开付与收回、合作券之保管稽查与防弊、合作券之汇兑、合作券与法币之关系等。
　　收藏单位：贵州馆、国家馆、南京馆、山西馆

17636
黄金问题　顾翊群讲
中央训练团党政高级训练班，1945，14 页，32 开
　　收藏单位：广东馆

17637
黄金问题　伍顽立著
广东实业公司奥强印刷厂，1944.4，66 页，32 开（战时金融问题丛书）
　　本书共 10 部分，内容包括：黄金的国际性、国际金本位通货之演进、世界黄金生产及其移动、美国黄金政策影响及其归趋、中国黄金问题之发生、中国抗战前后黄金市场概观等。
　　收藏单位：重庆馆、广东馆、贵州馆、国家馆、南京馆、天津馆

17638
货币　（苏）普列奥布拉仁斯基著　季陶达译
重庆：生活书店，1940.1，66 页，36 开（百科小译丛 9）
　　本书共 17 部分，内容包括：货币的定义、

由商品到货币的转化、货币的起源、古代的货币、重商主义的货币论、马克思的货币论等。译自《苏联大百科全书》。著者原题：伯莱奥布拉绳斯基，译者原题：陶达。

收藏单位：重庆馆、广东馆、贵州馆、桂林馆、国家馆、吉林馆、南京馆

17639
货币常识　邓克生著
华中新华书店，1948.3，49 页，32 开

本书共 4 部分：序言、货币的基本常识、对蒋币的清算、解放区的货币。

收藏单位：南京馆

17640
货币的购买力　（美）费雪（I. Fisher）著　金本基译
外文题名：The purchasing power of money
上海：商务印书馆，1931.4，6 册，32 开（万有文库 第 1 集 181）（汉译世界名著）
上海：商务印书馆，1934.11，18+580 页，32 开，精装（汉译世界名著）

本书共 13 章，内容包括：基础的定义、货币购买力与交易方程式的关系、存款对于交易方程式及货币购买力的影响、间接及于购买力的影响、货币数量与他项份子对于购买力的影响及各份子间互相的影响等。著者原题：斐雪。

收藏单位：安徽馆、重庆馆、大理馆、大连馆、东北师大馆、广东馆、广西馆、贵州馆、桂林馆、国家馆、黑龙江馆、湖南馆、江西馆、辽大馆、辽宁馆、辽师大馆、柳州馆、南京馆、内蒙古馆、宁夏馆、上海馆、天津馆、西南大学馆、浙江馆、中科图

17641
货币的故事　（英）益杰尔（N. Angell）著　何子恒译
外文题名：The story of money
上海：商务印书馆，1936.11，14+388 页，32 开，精装（汉译世界名著）

本书共 14 章，内容包括：何以我人必须明了货币之史实、无货币之文化、对于货币

机构之探索、最初之货币、货币改革与专家之意见等。

收藏单位：重庆馆、东北师大馆、广东馆、广西馆、贵州馆、国家馆、河南馆、湖南馆、吉林馆、辽大馆、辽东学院馆、南京馆、内蒙古馆、宁夏馆、上海馆、天津馆、浙江馆

17642
货币的实际知识　（日）宫田保郎著　赵乐人译
上海：新知书店，1937.4，258 页，22 开

本书就日本货币的一些实际问题进行具体剖析，共 12 章，内容包括：目前的货币问题、货币底机能、信用及信用货币、信用在资本主义生产中的任务、国际现金的流动及汇兑行市等。据 1935 年再版译出。

收藏单位：重庆馆、广东馆、国家馆、湖南馆、吉大馆、吉林馆、近代史所、南京馆、内蒙古馆、上海馆、首都馆、天津馆、浙江馆、中科图

17643
货币概论　王恒编
上海：中华书局，1924，106 页，32 开（常识丛书 第 9 种）
上海：中华书局，1927.5，再版，106 页，36 开（常识丛书 第 9 种）
上海：中华书局，1928.10，3 版，106 页，36 开（常识丛书 第 9 种）
上海：中华书局，1933.10，4 版，106 页，36 开（常识丛书 第 9 种）

本书为文言体，加标点。共 14 章，内容包括：货币与经济生活、货币与商品、货币之三大职能、货币之本位、纸币、中国货币之现状及改革之困难等。

收藏单位：重庆馆、广东馆、贵州馆、桂林馆、国家馆、河南馆、黑龙江馆、湖南馆、吉林馆、江西馆、南京馆、内蒙古馆、绍兴馆、首都馆、浙江馆

17644
货币纲要　费四桥　郁嶷编

法轮印书局，1920.6，166页，22开，精装

本书为文言体，加圈点。分两部分：总论、本论。第1部分共8章，内容包括：货币之使用与文明之进步、实物交换、货币时代、信用时代等。第2部分分两编：硬货、软货。第1编共7章，内容包括：铸造货币、货币之制造技术、货币之单位、补助货币等；第2编共3章：总论、兑换纸币、不换纸币。附中国银行总检查员巴昔利整顿币制办法大纲驳议。

收藏单位：国家馆、南京馆、首都馆

17645

货币革命十讲 褚辅成讲演 钱步恒记录
出版者不详，[1935]，68页，32开

本书共6节：概论、中国货币之沿革、总理遗教之钱币革命、变更货币本位之理由、货币本位之实施办法、释疑。书后有附言。

收藏单位：吉林馆、江西馆、南京馆、上海馆

17646

货币及银行论 许桐华编
上海：三民图书公司，1948，97页，25开

收藏单位：江西馆

17647

货币价值论 褚葆一编著
上海：中华书局股份有限公司，1948.6，82页，32开

本书共5章：概论、交易方程式、现金差额与物价水准、收益支出与物价、利率与物价。附文献列要、西名中译检查表。

收藏单位：重庆馆、东北师大馆、广东馆、贵州馆、桂林馆、国家馆、辽大馆、辽宁馆、南京馆、内蒙古馆、上海馆、首都馆、浙江馆

17648

货币价值论 李权时著
上海：世界书局，1930.2，108页，32开（经济学丛书）

本书共4章：绪论、货币价值的理论、货币价值之衡量、货币价值之稳定。

收藏单位：安徽馆、重庆馆、广东馆、桂林馆、国家馆、河南馆、湖南馆、江西馆、南京馆、内蒙古馆、陕西馆、上海馆、首都馆、天津馆、浙江馆

17649

货币金融论 [国民银行函授学校编]
[国民银行函授学校]，[1934]，90页，36开（国民银行函授学校讲义）

17650

货币金融问题 吴墉祥编述
安徽省地方行政干部训练团，1941，38页，32开

本书共4章："绪论""我国战时金融之基础——法币政策""抗战以来之货币管理""抗战以来之外汇管理"。

收藏单位：重庆馆

17651

货币论 （日）河津暹著 陈家瓒译
上海：群益书社，1911.6，再版，149页，22开，精装

本书共3编：概论、硬货论、纸币论。

收藏单位：浙江馆

17652

货币论 （美）凯默勒（Edwin Walter Kemmerer）著 岑德彰译
外文题名：Money
上海：商务印书馆，1935.8，134页，32开（汉译世界名著）
上海：商务印书馆，1935，134页，32开（万有文库 第2集 112）（汉译世界名著）
上海：商务印书馆，1936.9，再版，134页，32开（汉译世界名著）
上海：商务印书馆，1939.12，134页，25开（万有文库 第1、2集简编500种75）（汉译世界名著）
长沙：商务印书馆，1939.12，134页，32开（万有文库 第1、2集）（汉译世界名著）

本书共11章，内容包括：金本位、我国现行纸本位、收买黄金计画、绿背钞、物价

本位、回复金本位之路等。附中英译名对照表。著者原题：甘末尔。

收藏单位：安徽馆、重庆馆、大理馆、大连馆、东北师大馆、广东馆、广西馆、贵州馆、国家馆、黑龙江馆、湖南馆、惠州馆、吉林馆、江西馆、近代史所、辽大馆、辽师大馆、柳州馆、南京馆、内蒙古馆、宁夏馆、上海馆、首都馆、天津馆、浙江馆

17653

货币论 （美）凯默勒（Edwin Walter Kemmerer）著　岑德彰译

上海：世界书局，1935.8，134 页，25 开

收藏单位：浙江馆

17654

货币论 （美）肯利（D. Kinley）著　徐宝璜译

[北京]：徐宝璜 [发行者]，1924，14+196 页，22 开

本书共 17 章，内容包括：货币在社会上之重要、货币之演化、铸造、货币之价值、信用与物价、兑换纸币等。

收藏单位：重庆馆、国家馆、辽大馆、首都馆、天津馆

17655

货币论 （日）堀江归一著　李翰章　李克谦译

东京：早大中华研学社，1917.11，13+326+27 页，22 开，精装

本书共 10 章，内容包括：总论、货币流通论、货币技术论、货币价格论、货币本位论、日本之货币制度等。附《中国币制改革及采取本位制意见》（李翰章）。

收藏单位：国家馆、河南馆、辽宁馆、内蒙古馆

17656

货币论 （日）桥爪明男著　顾高扬译

上海：民智书局，1934.6，422 页，22 开（民智商学丛书）

本书共 8 章：货币经济、货币本质论、货

币职能论、货币形态论、货币价值论、货币之对外价值论、货币制度论、货币政策论。

收藏单位：安徽馆、重庆馆、桂林馆、国家馆、吉林馆、南京馆、上海馆

17657

货币论　王效文编

上海：商务印书馆，1923，273 页，25 开

上海：商务印书馆，1926.7，3 版，273 页，32 开

上海：商务印书馆，1928.7，4 版，273 页，32 开

上海：商务印书馆，1930，5 版，273 页，32 开

上海：商务印书馆，1932，国难后 1 版，273 页，32 开

上海：商务印书馆，1932，国难后 2 版，273 页，32 开

上海：商务印书馆，1934.12，国难后 3 版，[11]+273 页，32 开

本书为新学制高级商业学校教科书。分 4 编：总论、实币论、纸币论、附录。附录共 6 章：制钱之沿革、铜圆之沿革、银圆之沿革、单位之沿革、本位之沿革、条例之沿革。

收藏单位：北师大馆、重庆馆、广东馆、桂林馆、国家馆、黑龙江馆、湖南馆、江西馆、辽大馆、辽宁馆、南京馆、内蒙古馆、上海馆、绍兴馆、天津馆、西南大学馆、浙江馆

17658

货币论　王学文编

上海法政学院，[1911—1949]，52 页，16 开，活页装

本书共 4 章：货币的意义、货币的起源、商品流通与货币、货币的机能。

收藏单位：国家馆

17659

货币论　徐钧溪编著

上海：世界书局，1932.12，214 页，25 开

上海：世界书局，1934.8，再版，214 页，25 开

本书共 8 章：总论、货币之职能、货币制度、货币之数量、货币之价值、货币之对外价值、欧洲大战期中及战后各国货币制度之变迁、吾国货币问题。附精琦之《中国新圆法条议》译文、卫斯林之建议要点译文、国币条例、国币条例实施细则、中国逐渐采行金本位币制法草案译文、关于货币学之参考用书籍。书中题名：最新货币论。

收藏单位：东北师大馆、广东馆、桂林馆、国家馆、辽大馆、南京馆、上海馆、首都馆、天津馆、浙江馆

17660

货币论　曾牖编

出版者不详，[1911—1949]，185 页，32 开

本书共两编：总论、铸货币。

收藏单位：浙江馆

17661

货币论（第 1 册）（英）凯恩斯（John Maynard Keynes）著　李荣廷译

外文题名：A treatise on money

上海：李荣廷 [发行者]，1935.12，10+105 页，23 开

本书为原书第 1 卷第 1—2 编：货币之性质、货币之价值。书前有著者简历、著作介绍。

收藏单位：长春馆、国家馆

17662

货币浅说　杨端六著

上海：商务印书馆，1923.1，45 页，36 开（百科小丛书 16）（商学小丛书）

上海：商务印书馆，1923，2 版，45 页，36 开（百科小丛书 16）

上海：商务印书馆，1925.12，3 版，45 页，36 开（百科小丛书 16）

上海：商务印书馆，1930.4，38 页，32 开（万有文库第 1 集 200）（商学小丛书）

上海：商务印书馆，1931.6，4 版，45 页，36 开（万有文库 第 2 集 16）（百科小丛书）

上海：商务印书馆，1934.2，国难后 1 版，38 页，32 开（商学小丛书）

上海：商务印书馆，1934.4，国难后 2 版，38 页，36 开（商学小丛书）

上海：商务印书馆，1935.7，国难后 3 版，38 页，32 开（商学小丛书）

本书为货币学入门读物。共 8 章：概论、货币之种类、硬币之铸造、硬币之流通、价值之本位、纸币、信用、物价。

收藏单位：安徽馆、重庆馆、大理馆、大连馆、东北师大馆、广东馆、广西馆、贵州馆、桂林馆、国家馆、河南馆、黑龙江馆、湖南馆、惠州馆、吉林馆、江西馆、辽大馆、辽师大馆、柳州馆、南京馆、内蒙古馆、宁夏馆、山东馆、上海馆、首都馆、天津馆、西南大学馆、浙江馆

17663

货币相对数量说　刘涤源著

重庆：中华书局，1945.10，232 页，22 开（中国财政学会研究丛书）

上海：中华书局，1947.2，再版，232 页，22 开（中国财政学会研究丛书）

本书为大学用书。共 8 章：导论、货币之本质及其职能、货币价值及其决定因素、货币数量说之批评、货币数量与流通速度、物价变动与经济发展、货币数量与物价水准、货币相对数量与币值安定问题。

收藏单位：重庆馆、东北师大馆、广东馆、广西馆、贵州馆、国家馆、辽大馆、辽宁馆、南京馆、内蒙古馆、上海馆、天津馆、西南大学馆、浙江馆

17664

货币新论　滕茂桐编著

重庆：正中书局，1945.5，64 页，32 开（中国人文科学社丛刊）

上海：正中书局，1946.3，64 页，32 开（中国人文科学社丛刊）

上海：正中书局，1947.9，4 版，64 页，32 开（中国人文科学社丛刊）

本书共 7 章，内容包括：货币理论的新趋势、货币理论利率与经济理论、储蓄与投资、生产计画与预期价格、利率与生产计画等。附消费计画的检讨、近代储蓄与投资理论的简

史、长期利率与短期利率、利率与生产阶段。

收藏单位：安徽馆、长春馆、重庆馆、广东馆、国家馆、河南馆、江西馆、辽大馆、南京馆、天津馆、浙江馆

17665
货币新论　叶作舟　郭真著
上海：太平洋书店，1930.5，278 页，32 开

本书共 11 章：绪论、货币的起因及其进化、货币的机能及其性质、货币的种类及其性质、货币制度论、货币技术论、货币流通论、货币价值论、纸币论、货币代用物、中国货币问题。

收藏单位：北师大馆、重庆馆、广东馆、贵州馆、桂林馆、国家馆、湖南馆、南京馆、内蒙古馆、上海馆、天津馆、西南大学馆、浙江馆

17666
货币信用论教程　（苏）柯兹洛夫（Г. А. Козлов）编纂　汪耀三译
上海 [等]：光明书店，1949.7，新 1 版，494 页，25 开
上海 [等]：光明书店，1949，新 2 版，494 页，25 开

本书共 5 编："马克思、列宁关于货币本质的学说""资产阶级的货币理论""信用制度下的流通手段""纸币及通货膨胀""资本主义一般危机时代的货币流通"。编纂者原题：G.加兹罗夫。

收藏单位：重庆馆、国家馆、湖北馆、吉林馆、江西馆、南京馆、内蒙古馆、天津馆、云南馆

17667
货币信用论教程　（苏）柯兹洛夫（Г. А. Козлов）编纂　汪耀三译
上海：光明书局，1939.2，494 页，25 开
上海：光明书局，1940.4，再版，494 页，25 开

本书编纂者原题：G.加兹罗夫。

收藏单位：重庆馆、东北师大馆、国家馆、湖南馆、首都馆

17668
货币学　（德）H. Moeller 著　傅英伟译
南京：东海书店，1936，309 页，32 开

本书共两编：货币史、货币理论。

收藏单位：安徽馆、重庆馆、南京馆

17669
货币学　陈绍武著
重庆：立信会计图书用品社，1943.7，150 页，32 开（立信商业丛书）
重庆：立信会计图书用品社，1947.2，3 版，150 页，32 开（立信商业丛书）

本书共 12 章，内容包括：货币之定义及其职能、货币之铸造、货币之本位、货币之流通、货币政策、各国币制之演变等。附银本位币铸造条例、世界各国采用金本位时期表。

收藏单位：安徽馆、重庆馆、广东馆、贵州馆、国家馆、吉林馆、江西馆、辽大馆、南京馆、浙江馆

17670
货币学　刘觉民编
上海：中华书局，1936.11，312 页，22 开，精装
昆明：中华书局，1941.3，3 版，312 页，22 开，精装

本书为大学用书。共 9 章，内容包括：货币之本质及机能、货币的演进、货币形态论、货币本位制度论、货币价值论等。附中外文参考书目。

收藏单位：安徽馆、重庆馆、广东馆、贵州馆、国家馆、黑龙江馆、湖北馆、江西馆、辽大馆、辽宁馆、南京馆、内蒙古馆、宁夏馆、上海馆、西南大学馆、浙江馆、中科图

17671
货币学　刘全忠编
刘全忠 [发行者]，1943，油印本，1 册，22 开，环筒页装

本书论述货币的意义、功用、价值等。

收藏单位：国家馆

17672

货币学 马国文著

马国文 [发行者]，1914.5，152+16 页，23 开

本书共两编：正货论、纸币论。上编论述货币的起源、职能、流通法则、制度、本位等；下编论述纸币的性质、发行方法、兑换、证券准备、发行机关等。附各国货币表、中华民国国币条例及施行细则、造币厂章程。

收藏单位：上海馆

17673

货币学 王怡柯编译

外文题名：Money

上海：商务印书馆，1924.10，20+386 页，22 开（经济丛书社丛书 6）

上海：商务印书馆，1926.11，再版，386 页，22 开（经济丛书社丛书 6）

上海：商务印书馆，1927，3 版，20+386 页，22 开（经济丛书社丛书 6）（大学丛书）

上海：商务印书馆，1928.11，3 版，20+386 页，22 开（经济丛书社丛书 6）

上海：商务印书馆，1932.9，国难后 1 版，386 页，22 开（经济丛书社丛书 6）

上海：商务印书馆，1935.1，国难后 1 版，20+386 页，22 开（大学丛书 教本）

上海：商务印书馆，1935.6，国难后 1 版，20+386 页，22 开，精装（大学丛书 教本）

上海：商务印书馆，1937.4，2 版，20+386 页，22 开（大学丛书 教本）

上海：商务印书馆，1938，60 页，22 开（经济丛书社丛书 6）（大学丛书）

长沙：商务印书馆，1938.11，3 版，25+386 页，24 开，精装（大学丛书 教本）

本书共 20 章，内容包括：绪论、货币之进化、货币之价值、各国现行币制、我国币制考略及近时之改革、欧战与币制等。根据美国肯利货币学著作编写。

收藏单位：安徽馆、重庆馆、东北师大馆、广东馆、贵州馆、桂林馆、国家馆、河南馆、湖南馆、吉林馆、江西馆、辽大馆、南京馆、内蒙古馆、宁夏馆、上海馆、绍兴馆、首都馆、天津馆、西南大学馆、浙江馆

17674

货币学 （英）魏式士（Hartley Withers）著 吴挹清译

外文题名：Money

上海：商务印书馆，1931.2，78 页，32 开（社会科学丛书）

本书共 9 章，内容包括：货币之功用、金银问题、安定与腾贵之物价、金之选为货币之理由、金纸币与稳定物价等。

收藏单位：广东馆、河南馆、湖南馆、江西馆、上海馆、天津馆、浙江馆

17675

货币学 闻亦有主编 朱通九 徐日洪编著

上海：正中书局，1946.8，102 页，32 开

上海：正中书局，1946.11，11 版，102 页，25 开

本书为高级商业职业学校用书。共 8 章，内容包括：货币之职能及性质、本位制度论、货币价值论、信用论、各国货币制度等。

收藏单位：东北师大馆、广东馆、国家馆、河南馆、江西馆、近代史所、辽大馆、南京馆

17676

货币学 赵兰坪著

[南京]：正中书局，[1934]，570 页，25 开（社会科学丛书）

南京、上海：正中书局，1936.1，570 页，25 开（商学丛书）

上海、南京：正中书局，1937.3，2 版，570 页，22 开（社会科学丛书）

重庆：正中书局，[1938]，570 页，25 开（商学丛书）

南京：正中书局，1939.1，3 版，570 页，25 开

重庆：正中书局，1941，6 版，570 页，25 开（社会科学丛书）

重庆：正中书局，1943.1，8 版，570 页，25 开（社会科学丛书）

上海：正中书局，1946.10，570 页，25 开

上海：正中书局，1947.3，4 版，570 页，25 开

上海：正中书局，1948.10，[5 版]，570 页，25

开

本书为大学用书。分前、后两编：货币理论、货币制度。前编共4章：总论、本位制度论、货币价值论、货币对外价值论；后编共8章：英国、德国、俄国、法国、美国、日本、印度、中国货币制度。之后各版内容有增修。

收藏单位：安徽馆、重庆馆、东北师大馆、甘肃馆、广东馆、贵州馆、国家馆、河南馆、湖南馆、吉林馆、江西馆、辽大馆、辽宁馆、南京馆、内蒙古馆、宁夏馆、山西馆、上海馆、天津馆、西南大学馆、浙江馆、中科图

17677
货币学 浙江财务人员养成所编
浙江财务人员养成所，1937.6，72页，18开

本书内容包括：金与经济、金与物价、金与世界市场、金之特质等。

收藏单位：浙江馆

17678
货币学ABC 沈藻墀著
上海：ABC丛书社，1929.5，97页，32开（ABC丛书）
上海：ABC丛书社，1931.4，3版，97页，32开（ABC丛书）
上海：ABC丛书社，1931，4版，97页，32开（ABC丛书）
上海：ABC丛书社，1935，5版，97页，32开（ABC丛书）
上海：ABC丛书社，1936.10，6版，97页，32开（ABC丛书）

本书共7章：货币的起源、货币的职分、币制、各国币制的演进、货币的价值、货币的类别、重要的货币理论。

收藏单位：重庆馆、东北师大馆、广东馆、广西馆、国家馆、河南馆、湖南馆、吉林馆、江西馆、辽大馆、辽宁馆、南京馆、内蒙古馆、上海馆、首都馆、天津馆、浙江馆

17679
货币学表解 上海科学书局编辑室编辑

上海科学书局，1913.4，49页，50开（法律政治经济学表解丛书）

收藏单位：上海馆、浙江馆

17680
货币学概论 （英）坎南（Edwin Cannan）著 郑行巽译
上海：法政学社，1930.9，10+150页，25开

本书共8章，内容包括：引言、货币之价值变化之认识与计算、货币之价值或价格一般的水平其计算之单位为未铸或既铸标金之一定量者、结论、一九一四年至一九二〇年价格高涨之真解等。著者原题：康伦。

收藏单位：安徽馆、广东馆、国家馆、湖南馆、南京馆、天津馆

17681
货币学概论 李达著
上海：生活·读书·新知三联书店，1949.7，452页，22开（新中国大学丛书）

本书共9章：货币的本质、货币的机能、各派货币学说、信用与信用货币、资本主义的货币体制、金融恐慌与货币流通、世界货币的运动与汇价、通货膨胀、金本位制的崩溃。

收藏单位：长春馆、重庆馆、东北师大馆、广东馆、国家馆、湖北馆、湖南馆、吉林馆、辽大馆、内蒙古馆、山西馆、天津馆

17682
货币学概论 龙家骧著
桂林：广西银行总行，1944.7，176页，25开（广西银行丛书 第3种）

本书共11章，内容包括：货币之意义与本质、货币之职能与材料问题、货币之进化、货币之种类、格莱森法则、货币之价值、货币之本位等。附银本位币铸造条例、论货币之价值标准、论战时中国黄金价格之变动。为著者货币银行学讲义之一。

收藏单位：重庆馆

17683
货币学概要 龚斯明编著

上海：世界书局，1929.6，126 页，32 开（社会经济概要丛书）

本书共 5 章：总说、货币的机能与货币经济的特征、实币论、纸币与银行券、货币流通论。

收藏单位：重庆馆、国家馆、河南馆、内蒙古馆、浙江馆

17684

货币学新论　吴文英编著

上海 [等]：国际文化学术研究会，1938，148 页，32 开

上海 [等]：国际文化学术研究会，1939，2 版，148 页，32 开

本书共 7 章：绪论、硬币论、纸币论、信用论、货币价值论、货币本位论、安定货币价值与专家之意见。附货币数量学说与工资基金。

17685

货币学要论　莫萱元编

长沙：商务印书馆，1939.12，11+228 页，36 开

长沙：商务印书馆，1940.10，再版，11+228 页，32 开

本书共 14 章，内容包括：货币的沿革、货币的本质、格兰兴法则、本位制度、货币价值变动的影响、一般的货币政策、将来的货币制度等。附银本位币铸造条例、辅币条例、财政部改革币制布告、兑换法币办法等 7 种。

收藏单位：重庆馆、广东馆、国家馆、吉林馆、江西馆、南京馆、绍兴馆

17686

货币学原理　赵兰坪著

南京：中国经济书刊生产合作社，1947.9，222 页，22 开（大学经济丛书）

本书共 10 章：货币概论、货币之种类、发行准备制度、葛来兴律、本位制度、管理通货、货币价值理论、货币价值与物价、外汇理论、外汇之决定原则及其涨跌因素。

收藏单位：国家馆、吉大馆、南京馆、上海馆、浙江馆

17687

货币学原理　朱佛乐编

上海：中华书局，1936.4，246 页，32 开

昆明：中华书局，1940.11，再版，246 页，32 开

本书共 5 编：总论、币值论、本位论、信用论、总结。附参考书目录。据作者在东北大学的讲稿编成。

收藏单位：重庆馆、东北师大馆、广东馆、贵州馆、桂林馆、国家馆、黑龙江馆、吉林馆、辽大馆、南京馆、内蒙古馆、宁夏馆、上海馆、首都馆、天津馆、浙江馆

17688

货币学总论　黄宪章著

成都：笔垦堂书屋，1936.10，2 册（468 页），22 开

本书共 5 编：货币之历史发展、货币之基本原理、货币制度、货币价值论、货币问题与货币政策。

收藏单位：重庆馆

17689

货币银行学　（美）霍斯华茨（J. T. Holdsworth）著　张伯篪译

上海：世界书局，1934.3，678 页，25 开，精装

上海：世界书局，1935.1，再版，678 页，25 开，精装

本书分上、下两编：货币论、银行论。上编共 7 章，内容包括：交换之媒介、货币之功用、合众国铸币史、纸币等；下编共 15 章，内容包括：银行业的起源与演进、银行业分类与职务、国民银行制度、联邦准备制组织与结构、联邦准备制职务与业务等。据原著第 5 版译出。

收藏单位：重庆馆、广东馆、贵州馆、国家馆、河南馆、湖南馆、吉林馆、江西馆、近代史所、南京馆、内蒙古馆、上海馆、浙江馆

17690

货币银行学 孙櫆编著

福建省银行金融研究室，1942.2，130 页，27 开（银行基础知识丛书）

本书分两编：货币原理、银行原理。

收藏单位：福建馆

17691

货币银行学 朱彬元著

上海：黎明书局，1931.1，再版，16+282+170 页，25 开

上海：黎明书局，1932.9，3 版，16+282+170 页，25 开

上海：黎明书局，1935.3，4 版，16+282+170 页，23 开（黎明商业丛书）

上海：黎明书局，1935.10，5 版，增订本，16+282+170 页，22 开

上海：黎明书局，1939.9，6 版，增订本，17+10+500 页，22 开（黎明商业丛书）

本书分两编：货币论、银行论。第 1 编共 6 章：通论、货币价值论、货币本位论、纸币论、各国现行货币制度、我国货币问题；第 2 编共 10 章，内容包括：总论、存款、贴现及放款、票据、票据及交换制度、钞票等。附国币条例等法规、上海银元银两大条存底表等图表。

收藏单位：安徽馆、重庆馆、东北师大馆、广东馆、广西馆、桂林馆、国家馆、河南馆、黑龙江馆、吉林馆、江西馆、辽大馆、南京馆、内蒙古馆、上海馆、西南大学馆、浙江馆

17692

货币银行学述要 顾凌云编著

顾凌云 [发行者]，[1946]，66 页，32 开

本书分前、后两编：货币论、银行论。前编共 5 章：总说、本位制度论、货币价值论、各国现行货币制度述要、我国现行货币制度述要；后编共 9 章，内容包括：总说、存款、放款及贴现、近代银行制度之演变、我国现行银行制度述要等。为作者讲授货币银行概论的讲稿。

收藏单位：国家馆、浙江馆

17693

货币银行原理 陈振骅著

上海：商务印书馆，1934.5，23+424 页，22 开，精装（经济丛书）

上海：商务印书馆，1935.4，再版，22+424 页，22 开，精装（经济丛书）

上海：商务印书馆，1937.4，4 版，23+424 页，23 开，精装（经济丛书）

上海：商务印书馆，1940.9，6 版，23+424 页，25 开（经济丛书）

上海：商务印书馆，1941.9，7 版，22+424 页，25 开（经济丛书）

本书分两编：货币、银行。第 1 编共 16 章，内容包括：货币之性质及机能、铸币、通货及其流通之原则、信用、复本位制、中国币制改革问题等；第 2 编共 18 章，内容包括：银行之为公共机关、银行之组织及公共监督、存款、放款、贴现及票据、中国银行制度等。附银本位币铸造条例、银行法。

收藏单位：安徽馆、重庆馆、广西馆、贵州馆、国家馆、黑龙江馆、江西馆、辽大馆、辽宁馆、南京馆、宁夏馆、天津馆、浙江馆、中科图

17694

货币银行原理（上册）（美）启尔邦（Russell Donald Kilborne）著 方铭竹 王清彬译

外文题名：Principles of money and banking

长沙：商务印书馆，1938.1，13+310 页，22 开

长沙：商务印书馆，1938.8，再版，13+310 页，22 开

长沙：商务印书馆，1939，3 版，13+310 页，25 开

长沙：商务印书馆，1940.6，5 版，13+310 页，22 开

重庆：商务印书馆，1946.4，3 版，13+310 页，22 开

长沙：商务印书馆，1947.11，6 版，13+310 页，22 开

本书为第 1—2 卷：货币、国外汇兑。共 17 章，内容包括：典型的币制、复本位、纸

币本位、钞票发行原理、国外汇兑的经济根据、国外汇兑票据及汇兑业务等。据原著订正 3 版译出。

收藏单位：重庆馆、东北师大馆、贵州馆、桂林馆、国家馆、吉大馆、江西馆、辽大馆、南京馆、内蒙古馆、首都馆、天津馆、浙江馆

17695

货币银行原理（下册）（美）启尔邦（Russell Donald Kilborne）著　方铭竹译
外文题名：Principles of money and banking
长沙：商务印书馆，1940.1，15+[376] 页，22 开
长沙：商务印书馆，1940，再版，15+[376] 页，22 开
重庆：商务印书馆，1946，3 版，15+[376] 页，25 开
长沙：商务印书馆，1948.1，4 版，15+[376] 页，25 开

本书为第 3—4 卷：商业银行与联邦准备制度、非商业银行。共 19 章，内容包括：银行存款、银行放款、银行清算所、信托公司、投资银行、联邦中期信用制度等。据原著订正 3 版译出。

收藏单位：重庆馆、东北师大馆、桂林馆、国家馆、江西馆、辽大馆、内蒙古馆、上海馆

17696

货币与金融（1）　杨荫溥等著
上海：中华书局，1935.2，166 页，32 开（新中华丛书 社会科学汇刊）

本书收文 10 篇，内容包括：《世界经济恐慌与世界货币制度》（周质彬）、《金银复本位论的抬头及其可能性》（周宪文）、《中国都市金融与农村金融》（杨荫溥）、《中国金融统制论》（章乃器）、《我国银行之资本比率》（瞿荆洲）、《救济农村声中之典当业》（蔡斌咸）等。

收藏单位：重庆馆、广东馆、广西馆、桂林馆、国家馆、黑龙江馆、江西馆、辽大馆、南京馆、内蒙古馆、首都馆、浙江馆

17697

货币与金融（2）　周伯棣著
上海：中华书局，1935.4，104 页，25 开（新中华丛书 社会科学汇刊）

本书收文 8 篇，内容包括：《世界经济会议中的银问题与中国》《白银协定批准问题》《自掘坟墓的中国金融业》《国际通货问题之解剖》《中国汇兑管理论》等。附《货币本位制度研究》《中国货币史上的特征》。

收藏单位：安徽馆、重庆馆、广西馆、桂林馆、国家馆、黑龙江馆、吉林馆、江西馆、辽宁馆、南京馆、内蒙古馆、首都馆、天津馆、浙江馆

17698

货币与经济体系　布恩斯坦著　刘镇泉译
上海：中央银行经济研究处，1948.10，370 页，25 开，精装（中央银行经济研究处丛书）

本书共 5 编：货币制度、物价、货币价值、货币问题、货币管制。附名词注解。

收藏单位：重庆馆、广东馆、国家馆、辽宁馆、上海馆、浙江馆、中科图

17699

货币与物价　（日）荒木光太郎著　马咸编译
南京：正中书局，1937.3，296 页，25 开（社会科学丛刊）
重庆：正中书局，1939.4，3 版，296 页，25 开（社会科学丛刊）
重庆：正中书局，1942.1，4 版，296 页，25 开（社会科学丛刊）
重庆、南京：正中书局，1943.10，6 版，296 页，25 开（社会科学丛刊）
上海：正中书局，1947.2，296 页，25 开（社会科学丛刊）

本书共 8 篇：绪论、货币的基础概说、货币之职能、货币制度、货币价值理论、货币价值变动与物价、货币政策、货币制度之将来。

收藏单位：重庆馆、东北师大馆、广东馆、贵州馆、桂林馆、国家馆、河南馆、黑龙江馆、湖北馆、湖南馆、吉大馆、吉林馆、江西馆、近代史所、辽大馆、辽宁馆、南京

馆、内蒙古馆、上海馆、首都馆、浙江馆、中科图

17700

货币与物价之研究　蒋廷黼著

上海：作者书社，1946.6，154 页，32 开

　　本书共 8 章：货币概说、物价概说、信用与通货、通货之价值、物价涨跌之原因、货币数量说、物价涨跌之影响与物价政策、我国近代物价涨跌之概况。

　　收藏单位：安徽馆、重庆馆、贵州馆、桂林馆、国家馆、湖南馆、吉林馆、江西馆、辽大馆、辽宁馆、南京馆、上海馆、首都馆、天津馆、浙江馆

17701

货币与银行　杨端六著

长沙：商务印书馆，1941.2，10+224 页，25 开

上海：商务印书馆，1942.3，2 版，10+224+29 页，25 开

重庆：商务印书馆，1942.9，2 版，10+224+29 页，25 开

重庆：商务印书馆，1943，3 版，13+224+33 页，25 开

赣县（赣州）：商务印书馆，1944.3，10+224+29 页，25 开

重庆：商务印书馆，1944，4 版，13+224+33 页，25 开

重庆：商务印书馆，1945.10，5 版，10+224+29 页，25 开

重庆：商务印书馆，1946.8，6 版，10+224+29 页，25 开

重庆：商务印书馆，1946.11，7 版，10+224+29 页，25 开

上海：商务印书馆，1946.12，10+224+29 页，25 开

上海：商务印书馆，1947.8，2 版，10+224+29 页，25 开

上海：商务印书馆，1948.1，3 版，10+224+29 页，25 开

上海：商务印书馆，1949，4 版，10+224+29 页，25 开

　　本书共 4 篇：货币制度、信用制度、货币理论、货币银行政策。附世界贵金属生产分配研究资料一览、欧战前各国保留与吸收黄金办法、世界货币金融大事记等 7 种。

　　收藏单位：安徽馆、长春馆、重庆馆、东北师大馆、广东馆、广西馆、贵州馆、桂林馆、国家馆、河南馆、黑龙江馆、湖南馆、吉大馆、吉林馆、江西馆、近代史所、辽大馆、辽东学院馆、辽宁馆、柳州馆、南京馆、内蒙古馆、首都馆、天津馆、西南大学馆、浙江馆、中科图

17702

货币与银行（上册）　赵兰坪著

[重庆]：中国文化服务社，1945，270 页，22 开

　　本书内容同《货币学原理》（赵兰坪）。

　　收藏单位：安徽馆、重庆馆、广东馆、贵州馆、国家馆、江西馆、南京馆

17703

货币与银行（中央银行经济研究处年报 民国三十六年度）　中央银行经济研究处编纂

上海：中央银行经济研究处，1948.10，98 页，32 开

　　本书共 3 部分：概述、货币、银行。逐页题名：民国三十六年度之货币与银行。

　　收藏单位：安徽馆、广东馆、桂林馆、国家馆、近代史所、南京馆、浙江馆

17704

货币政策与经济稳定　A. D. Gdyer 著　李炳焕译

外文题名：Monetary policy and economic stabilisation

上海：商务印书馆，1946.6，169 页，25 开

上海：商务印书馆，1947.7，再版，169 页，25 开

　　本书共 12 章，内容包括：传统的金本位制、战后金本位制底职能、现金和价格、金本位和纸本位、货币政策与公共事业、货币稳定政策的准绳等。

　　收藏单位：重庆馆、东北师大馆、广东馆、国家馆、河南馆、湖南馆、江西馆、辽

大馆、南京馆、宁夏馆、上海馆、天津馆、
浙江馆

17705

货币制度 杨端六编

国立武汉大学，1932.8，[40] 页，16 开

  收藏单位：南京馆

17706

货币制度（东方杂志二十周年纪念刊） 东方
杂志社编

上海：商务印书馆，1923.12，84 页，50 开（东
方文库 第 20 种）

上海：商务印书馆，1924.9，再版，84 页，50
开（东方文库 第 20 种）

上海：商务印书馆，1925.6，3 版，84 页，50
开（东方文库 第 20 种）

  本书收文 6 篇：《币制本位之参考》《各国
币制一览表》《币制考》《中国币制考略及近
时之改革》《货币制度之将来》《战后世界币
制之革命》。

  收藏单位：安徽馆、重庆馆、大连馆、东
北师大馆、广东馆、广西馆、桂林馆、国家
馆、河南馆、黑龙江馆、湖南馆、惠州馆、
江西馆、辽大馆、南京馆、内蒙古馆、山东
馆、上海馆、绍兴馆、天津馆、西南大学馆、
浙江馆、中科图

17707

金 潘文夫编著

上海：新生命书局，1933.12，58 页，32 开（新
生命大众文库 重要物产 1）

  本书通俗地介绍黄金作为货币在经济活
动中的作用、地位及金本位制的动摇与没落。

  收藏单位：长春馆、重庆馆、广西馆、桂
林馆、国家馆、河南馆、辽师大馆、南京馆、
浙江馆

17708

金本位废止论与货币制度之将来 （日）富田
勇太郎著 陈博译

出版者不详，[1911—1949]，12 页，16 开

17709

金本位问题 娄壮行著

上海：生活书店，1933，70 页，36 开（时事
问题丛刊 16）

  本书共 6 部分：金本位的意义、金本位制
与金兑换券、金本位制和国际汇兑、通货膨
胀、金本位制的崩溃、金本位崩溃后的展
望。

  收藏单位：重庆馆、国家馆、南京馆、上
海馆、浙江馆

17710

金本位之理论与实际 （英）霍曲莱（R. G.
Hawtrey）著 段继典译

南京：南京书店，1932.7，136 页，32 开

  本书共 4 编：货币与信用、金本位的基础
知识、金本位的历史的发展、近今重要的货
币问题和理论。为著者《金本位之理论与实
行》的另一译本。

  收藏单位：重庆馆、广东馆、贵州馆、桂
林馆、国家馆、河南馆、江西馆、南京馆、
上海馆、天津馆、浙江馆

17711

金本位之理论与实行 （英）霍曲莱（R. G.
Hawtrey）著 崔晓岑译

外文题名：Gold standard in theory and practice

上海：商务印书馆，1932.1，151 页，32 开（社
会科学小丛书）

上海：商务印书馆，1933.11，国难后 1 版，
151 页，32 开（社会科学小丛书）

上海：商务印书馆，1935.5，国难后增订 2
版，274 页，32 开（社会科学小丛书）

  本书共 4 章："理论——'所得税'""理
论——国际汇兑市场""历史""现代问题"。
著者原题：浩初锐，译者原题：崔毓珍。

  收藏单位：重庆馆、广东馆、贵州馆、桂
林馆、国家馆、河南馆、黑龙江馆、湖南馆、
辽大馆、南京馆、上海馆、首都馆、浙江馆

17712

金本位制计画书 黄遵楷著

出版者不详，[1913]，19 页，22 开

  本书为文言体，加圈点。为著者《金币

制考》结论部分的抽印本。

收藏单位：国家馆

17713

金币制考（一名，建设金银货币案） 黄遵楷
著

黄遵楷 [发行者]，1913，72+9 页，22 开

本书为文言体，加圈点。共 4 部分：货币
之性质及其关系、我用币制当亟采金本位之
理由、世界各国货币之经过及其法制、结论。
附《热海访松方元老记》。

收藏单位：广东馆、国家馆、近代史所

17714

金单位问题说略 陶德琨著

[军需学校]，[1931]，38 页，22 开（军需学
校丛书）

本书共 9 部分：绪言、八纲、六要着、五
来源、五范围、五部分、六功效、总论、附
记。书中题名：金本位救国方策与"金单位"
建国计画。

收藏单位：国家馆、上海馆

17715

金贵银贱风潮 陈德征编

上海特别市党部宣传部，1930，[276] 页，32
开（上海特别市党部宣传部政治经济丛书 1）

本书共 4 部分：发端、金贵银贱的原因、
金贵银贱的影响、金贵银贱的救济。附金贵
银贱讨论文集，内容包括：《如何挽救目前的
经济国难》（蒋介石）、《金贵银贱与民生问
题》（冯柳塘）、《金贵银贱之补救方法》（马
寅初）、《金贵银贱之救济方法》（童蒙正）、
《银价低落之目前救济》（张家骧）等。

收藏单位：长春馆、重庆馆、广东馆、湖
南馆、吉林馆、辽宁馆、上海馆、天津馆、
浙江馆

17716

金贵银贱问题参考材料 浙江省教育厅编

浙江省教育厅，1930.3，18 页，32 开，环筒
页装

本书为浙江省小学生参考用书。共 3 节：

金贵银贱的原因、金贵银贱的影响、金贵银
贱的救济方法。附小学内举行节约运动的几
种具体办法。

收藏单位：上海馆

17717

金贵银贱问题丛刊 工商部工商访问局编

上海：工商部工商访问局，1930，10+492 页，
22 开（工商丛刊 8）

本书为论文资料集。分 5 章：金贵银贱问
题之由来及其影响、党政当局之意见、政府
之措施、工商各界领袖之主张、经济学者之
论见。

收藏单位：东北师大馆、广东馆、桂林
馆、国家馆、湖南馆、吉林馆、江西馆、南
京馆、上海馆、天津馆、浙江馆

17718

金贵银贱问题之讨论（第 1—2 集） 若戊编

上海：华通书局，1930，2 册（190+188 页），
32 开

本书收录《金贵银贱之各面观》（静如）、
《金贵银贱之整个的观察》（俞寰澄）、《金价
奇涨对于中国之损失》（戴蔼庐）、《对于金贵
银贱之意见》（马寅初）、《金涨银跌与国外贸
易之影响》（杨汝梅）、《禁止现银进口问题》
（杨荫溥）等论文。

收藏单位：安徽馆、重庆馆、东北师大
馆、广东馆、桂林馆、国家馆、吉林馆、近
代史所、辽宁馆、南京馆、上海馆、天津馆、
浙江馆

17719

金贵银贱问题之研究 夏赓英编

上海：北新书局，1930.3，198 页，32 开

本书共 9 部分：引言、银价暴跌的实现、
银价暴跌的原因、银价暴跌的影响、政府努
力救济的经过、救济银价暴跌各种意见、努
力建设为救济银跌的最上策、努力建设与
建设大纲、结论。附《金贵银贱的救济方
法》（马寅初）、《银价暴落之真正原因》（李
权时）、《金涨银跌与国外贸易之影响》（杨汝
梅）等论文 9 篇。

收藏单位：重庆馆、广西馆、桂林馆、国家馆、吉林馆、江西馆、近代史所、辽宁馆、南京馆、上海馆、西南大学馆、浙江馆

17720

金贵银贱与中国之币制问题　高永康著

广州大学法科学院，1933.9，17页，16开（广州大学法科丛刊第3种）

本书共4章：金贵银贱之原因及其对于中国经济上之影响、中国之币制及其改革之必要、我国经济学者对于中国币制改革之意见、对于改良我国币制之计划。

收藏单位：国家馆

17721

金贵银贱之根本的研究　资耀华编

上海：华通书局，1930.3，192页，32开

本书共4篇：金贵银贱之原因、金贵银贱之影响、金贵银贱之救济方法、结论。附关税担保之内外债、常海关历年税收额与抵付外债款等4种。

收藏单位：安徽馆、东北师大馆、广东馆、桂林馆、国家馆、近代史所、南京馆、陕西馆、上海馆、天津馆、浙江馆

17722

金价暴涨的影响及其救济　中国国民党广州特别市党部宣传部编

广州：中国国民党广州特别市党部宣传部，1930，122页，32开（宣传丛书9）

本书共11部分：叙言、金价暴涨的原因、金价暴涨与各方面的影响、中央当局的表示、财政专家的意见、外报的评论、国内舆论之一斑、根本救济在奖励生产提倡国货、专论摘录、两月来金银价格统计表、最近两月来金银价格之趋势。

收藏单位：广西馆、国家馆、吉林馆、南京馆

17723

金银合行本位制办法大纲　刘冕执著

[北京]：生计研究社，1918.1，14页，18开

本书内容包括：拟修正国币条例草案、拟

金银合行本位制施行细则之要点、拟试行金币各种应行豫备之事项等。

收藏单位：国家馆、吉林馆

17724

金银问题讲稿　俞凤韶著

出版者不详，[1931]，[77]页，32开

本书共5节：绪论、历史上之金银价值、金贵银贱最近之趋势与及于我国之影响、国内外各种救济方法之略评、为国际计应如何救济银价为我国计应如何稳定汇率。著者原题：俞寰澄。

收藏单位：上海馆、浙江馆

17725

金圆券的大崩溃　徐仲尧著

[香港]：南方论坛社，1948.11，1册，32开

收藏单位：广东馆、浙江馆

17726

金圆券发行经过　汪承立　沈景生著

北平：北平日报社，1948，62页，32开

本书共9部分，内容包括：提要说明、改革币制经过、四项办法、官方的表示、专家的看法、报纸的评论、市场的反应等。附金圆券、中国币制改革简史、经济管制委员会组织规程。

收藏单位：国家馆、辽宁馆

17727

金圆券面面观　范兰　丘每茵编著

南京：华声杂志社，1948.9，72页，32开（华声丛书）

收藏单位：南京馆

17728

金涨银落问题及其救济　李大年编

上海：启智书局，1930，13+580页，32开

本书共6部分：政府之应付、关系当局之表示、商界银行界之意见、经济家之言论、外人之观察、金涨银落之影响。附百年来之银价、四年间世界之产银额、关税征金之办法等。

收藏单位：重庆馆、东北师大馆、国家馆、河南馆、吉大馆、江西馆、近代史所、南京馆、上海馆、天津馆、西南大学馆、中科图

17729

金之经济学（第 1 册 货币、信用的基础理论）
（日）猪俣津南雄著　汪耀之译
北平：国立北平大学法商学院印刷部，1935.11，236 页，25 开

　　本书介绍马克思主义货币理论。共 4 讲：金转变为货币的过程、货币、货币的资本化与资本主义生产、信用与信用货币。

　　收藏单位：重庆馆、国家馆、辽大馆、辽宁馆、南大馆、南京馆、首都馆

17730

金之问题　曹健秋译
上海：华通书局，1933.6，201 页，32 开（华通讲座）（世界经济问题讲座 第 1 辑 4）

　　本书共 11 章，内容包括：金银在货币上之地位、金本位制度拥护之论据、金本位制度下之物价及汇兑行情、对于金本位制度之若干辩难、金本位之将来等。附奇钦氏贩卖物价与世界货币保有量之关系、世界货币用金保有量。

　　收藏单位：重庆馆、东北师大馆、贵州馆、国家馆、河南馆、辽宁馆、南京馆、上海馆、浙江馆

17731

近三十年我国币制改革的检讨　沈云龙著
国魂书店，1938，14 页，25 开（国论经济丛刊 64）

　　本书分逊清光宣、北京政府、南京政府 3 个时期，述评当时币制改革的建议及财政当局的筹划。

　　收藏单位：国家馆

17732

晋察冀边区行政委员会关于禁止使用白洋的指示　晋察冀边区行政委员会颁布
晋察冀边区行政委员会，1945.4，油印本，3

页，25 开（财字 第 4 号）

　　收藏单位：国家馆

17733

九一八前之东三省纸币　崔显堂著
北京：崔显堂 [发行者]，1948，油印本，32 页，32 开（崔显堂集钞专稿 4）

　　收藏单位：国家馆

17734

凯恩斯货币理论之演变及其最新理论之分析　姚庆三著
出版者不详，[1911—1949]，32 页，16 开

　　本书为《国民经济月刊》第 1 卷第 2 期抽印本。

17735

凯末尔货币论　（美）凯默勒（Edwin Walter Kemmerer）著　顾绥禄等译
外文题名：Kemmerer on money
南京：南京朝报社，1934.5，154 页，22 开

　　本书共 11 章，内容包括：金本位、吾人之现行纸币本位、收买黄金计划、收买白银计划、债务者与债权者、恢复金本位之途径等。著者原题：凯末尔。

　　收藏单位：国家馆、南京馆、上海馆、浙江馆

17736

凯因斯氏的货币理论及其演变　陈国庆著
陈国庆 [发行者]，[1940—1949]，155 页，16 开

　　本书共 10 章，内容包括：导论、现金存余标准的货币论、货币理论与货币政策通货管理问题、自然利率问题、自然利率与市场利率、一般理论的货币论、资本的边际效能、利率论等。

　　收藏单位：国家馆

17737

旅大地区底货币改革　经济研究会编
经济研究会，1948.12，65 页，32 开（参考资料甲 1）

本书收录《经济月刊》《大连日报》《关东日报》等登载的文章，关东公署、关东银行发布的布告、通令、指示、细则等。共 13 种，内容包括：关东地方货币的发行、关于币改政策的总报告等。附《中国人民银行发行新币》（新华社）、苏联关于币制改革及废除配给制的决定等。

收藏单位：国家馆

17738

伦敦货币市场概要　（英）史保定（W. F. Spalding）著　金国宝译

外文题名：The London money market

上海：商务印书馆，1925.8，218 页，22 开（经济丛书社丛书 10）

上海：商务印书馆，1933，国难后 1 版，218 页，22 开（经济丛书社丛书 10）

本书共 12 章，内容包括："货币市场之起源——市场与定期市""廊博特街与金匠——金匠之由放款人变为银行家""伦敦货币市场之组织——所用之基金"等。

收藏单位：重庆馆、东北师大馆、广东馆、贵州馆、国家馆、河南馆、湖南馆、江西馆、近代史所、辽大馆、辽宁馆、南京馆、内蒙古馆、上海馆、天津馆、武大馆、浙江馆、中科图

17739

沦陷区货币战之透视　国民经济研究所纂辑

[国民经济研究所]，1940，油印本，7 页，16 开，环筒页装（日本经济问题及占领区经济问题之研究 29）

本书内容包括：近期法币之跌价、上海与天津间之汇率、鸦片贸易之影响、日元之价值、日元军用票等。

收藏单位：国家馆

17740

论国人应注意币制问题中之"金单位"问题（上篇）　陶德琨著

陶德琨，[1930]，36 页，16 开

陶德琨，1930.9，再版，36 页，16 开

本书再版题名：币制改革中之"金单位"问题（上篇）。

收藏单位：国家馆、南京馆

17741

论通货流通速率　杨西孟著

[北平]：北京大学出版部，1948.12，10 页，16 开（国立北京大学五十周年纪念论文集 法学院）

本书共 5 节：通货流速的意义、通货流速的测量、中国通货膨胀中的通货流速、通货膨胀中通货流速的限速、通货膨胀中通货流速的差异。

17742

"满洲"之通货膨胀　李植泉纂辑　刘铁孙审查　刘大钧核定

出版者不详，1940.11，晒印本，8 张，大 16 开（中国经济统计研究所 总字第 413 号 金融门币制类 第 48 号）

收藏单位：上海馆

17743

民国钞券史　徐沧水编

[上海]：银行周报社，1924，107 页，25 开

本书共 16 章，内容包括：钞券之沿革及银行兑换券之起源、户部银行发券之始末、大清银行发券之始末、中国银行发券之梗概、交通银行发券之梗概、一般银行之发券近状等。

收藏单位：重庆馆、国家馆、近代史所、辽大馆、山西馆、上海馆、浙江馆、中科图

17744

能力本位制确能护党救国安内攘外之理由及办法　刘冕执著

刘冕执 [发行者]，1934.8，38 页，25 开

收藏单位：南京馆、上海馆

17745

能力本位制确有护党救国安内攘外之四大效用　刘冕执著　刘子任校

[南京]：中华钱币革命协进会，1933，35 页，25 开

[]

本书附施行程序及方案。

收藏单位：广西馆、国家馆、上海馆

17746

能力主义与能力本位制（一名，力融学） 刘冕执著

[南京]：中华钱币革命协进会，1927.6，订正再版，100 页，32 开

[南京]：中华钱币革命协进会，1933.1，订正 3 版，88 页，23 开

本书分上、中、下 3 篇：总论、能力本位制、结论。附能力本位制简明演说、简约劝语。

收藏单位：国家馆、湖南馆、吉大馆、近代史所、南京馆、首都馆

17747

拟提议国币代用券暂行条例及北平金融管理处试办章程说明书 刘冕执起草

出版者不详，[1928]，39 页，16 开

收藏单位：国家馆

17748

欧战发生后美国金属市价稳定之原因 陈忠荣纂辑 刘铁孙审查 刘大钧核定

出版者不详，1940.8，晒印本，5 张，大 16 开（中国经济统计研究所 总字第 400 号 金融门物价类 第 3 号）

收藏单位：上海馆

17749

欧洲货币史（上卷）（英）达布留耶西容著（日）信夫淳平译 新民印书局重译

[北京]：新民印书局，[1911—1949]，118 页，22 开

收藏单位：广东馆

17750

评五月十七日财政部币制改革宣言

出版者不详，[1936]，12 页，32 开

本书抨击财政部继 1935 年宣布实行法币后，又于 1936 年 5 月 17 日再次发表币制改革宣言。

17751

钱币革命的具体实施 宋远荫笔述

抗战复兴出版社，1940.1，40 页，32 开（理论丛书 9）

本书共 6 章：钱币革命的意义、总理提倡钱币革命的目的、钱币革命的实施原则及有关的各种主张、物产证券的功能及实施办法、物产证券与钱币革命、结论。附歌曲一首、钱币革命的具体实施。

收藏单位：重庆馆、国家馆、吉林馆、南京馆、山西馆

17752

钱币革命救亡方法、症结、责任论文 刘子任著

南京：中华钱币革命协进会，1934.7，42 页，22 开

本书收文 3 篇：《钱币革命救国方法浅释》《亡国两种人救亡一条路》《第一位负救国责任者谁?》。附总理原订办法与刘冕执氏演进办法比较表。

收藏单位：广东馆、国家馆、湖南馆、南京馆、上海馆

17753

钱币革命实行方案汇览 刘冕执编

长沙：中华钱币革命协进会湖南分会，1933.2，6 版，订正本，310 页，22 开

本书收录作者文章及相关资料等。内容包括：《国币代用券为钱币革命之实行的方法》《国币代用券条例草案》《答难马君寅初》《与胡院长展堂书》《与蔡子民先生书》《张难先与刘冕执书》等。

收藏单位：广东馆、国家馆、湖南馆、南京馆、上海馆、武大馆

17754

钱票略述 崔显堂著

北京：崔显堂[发行者]，1948.4，油印本，8 页，32 开（崔显堂集钞专稿 9）

本书共两部分：四朝钞币图录补遗、旧京钱票故事重述。

收藏单位：国家馆

17755

取缔外钞问题　金侣琴著

上海：光华书局，1927.7，再版，28 页，36 开（经济小丛书）

　　本书共 4 部分：发钞之银行、外钞在华之势力、政府对于外钞之政策、结论。

　　收藏单位：国家馆、南京馆、浙江馆

17756

泉币通论　（法）德孚斐尔著　王鸿猷译

[印铸局工厂]，[1912]，46+26 页，18 开

　　本书分上、下两卷。共 10 篇，内容包括：总论、论泉币之沿革、论币品币质币位、论他国之币制、论物价之组合、论钞币等。

　　收藏单位：国家馆、浙江馆

17757

泉斋币考　泉斋主人编

[泉斋主人]，1946，58 页，大 16 开，精装

　　本书共 3 编：清代银币、民国银币、镍币。

　　收藏单位：国家馆

17758

日本之通货膨胀　日本评论社编辑

外文题名：The currency inflation in Japan

南京：日本评论社，1934.2，42 页，32 开（日本研究会小丛书 44）

　　本书共 7 部分：走向通货膨胀的第一步、岁出增大与财政的通货膨胀、日金惨落与输出增大、生产的状态、通货膨胀与农民、通货膨胀与劳动阶级、军事费的归宿。

　　收藏单位：重庆馆、国家馆、江西馆、南京馆、上海馆、天津馆

17759

上海造币厂筹备始末记　徐沧水编

上海银行周报社，[1925]，62 页，27 开

　　本书附上海造币厂借款收付概要（十三年十二月十五日）、上海造币厂财产一览等 5 种。

　　收藏单位：上海馆

17760

社会恐慌的认识与医治　第一队第八组集体创作　王汴波整编

[太原]：抗战复兴出版社，1940，16 页，32 开（理论丛书 5）

　　本书共 5 章：绪论、社会恐慌的认识、错误认识的批判、恐慌的医治问题、结论。

　　收藏单位：重庆馆、国家馆

17761

识银讲义

出版者不详，[1911—1949]，30 页，22 开

　　本书内容包括：银之种类、识别法、秤计法等。

　　收藏单位：浙江馆

17762

实验货币学　林传甲编辑

[北京]：共和印刷局，1917，60 页，22 开（商业学校讲义）

　　本书共 5 篇：货币之原起、作用、物质、制度、铸造。

　　收藏单位：首都馆

17763

世界币制问题　寿勉成著

上海：商务印书馆，1936.3，229 页，32 开（万有文库 第 2 集 111）（现代问题丛书）

上海：商务印书馆，1936.5，10+229 页，32 开（现代问题丛书）

　　本书共 10 章，内容包括：导言、金本位之机能、战前金本位之推行、战时金本位之破坏、战后金本位之回复与变质、我国币制问题等。附参考书要目。

　　收藏单位：安徽馆、重庆馆、大理馆、大连馆、广东馆、广西馆、国家馆、河南馆、黑龙江馆、湖南馆、江西馆、辽大馆、辽师大馆、柳州馆、南京馆、内蒙古馆、宁夏馆、首都馆、西南大学馆、浙江馆

17764

世界货币问题　（瑞典）卡塞尔（Karl Gustav Cassel）著　王希夷译

上海：神州国光社，1930.6，166 页，32 开

本书收录著者受国联委托，于 1920 年和 1921 年草拟的两个意见书。第一意见书共 14 章，内容包括：货币状态之根本的事实、通货膨胀之过程、物价之腾贵、国际汇兑之安定、复兴、国际放款等；第二意见书共 6 章：现下之形势、通货收缩政策、金问题、安定之实行的方法、国际战时债之影响、结论。著者原题：古斯特布·加塞尔。

收藏单位：安徽馆、重庆馆、东北师大馆、广东馆、桂林馆、国家馆、河南馆、江西馆、南京馆、上海馆、浙江馆

17765

世界货币战争　外交评论社编

南京、上海：正中书局，1936.9，116 页，32 开（外交丛书）

本书收文 5 篇：《世界货币战争近况》（赵兰坪）、《论第二次世界货币战争》（赵兰坪）、《世界货币战争的剖视》（章乃器）、《世界货币战争鸟瞰》（胡济邦）、《世界经济战争与我国新货币政策》（赵兰坪）。

收藏单位：重庆馆、贵州馆、国家馆、河南馆、湖南馆、南京馆、上海馆、天津馆、武大馆、浙江馆

17766

世界货币状况　侯哲安编

上海：大东书局，1930.6，166 页，32 开（世界经济丛书 5）

本书共 14 章，内容包括：英国、美国、德国、法国、日本、中国等。编者原题：侯哲荞。

收藏单位：安徽馆、重庆馆、东北师大馆、广东馆、桂林馆、国家馆、湖南馆、江西馆、辽大馆、辽宁馆、南京馆、内蒙古馆、山西馆、上海馆、首都馆、天津馆、西南大学馆、浙江馆

17767

世界金货分配论　（法）阿夫塔利翁（A. Aftalion）著　樊季子译

上海：商务印书馆，1935.9，149 页，22 开，

精装（经济丛书）

本书共 3 编："世界金货分配的不均衡及其原因""金货分配不均在世界上的影响""世界金货较均的利益　法国的改革"。

收藏单位：重庆馆、广东馆、广西馆、贵州馆、桂林馆、国家馆、湖南馆、吉林馆、江西馆、辽大馆、辽宁馆、南京馆、上海馆、首都馆、天津馆、浙江馆、中科图

17768

四川省货币流通情形调查统计　四川省政府财政厅金融统计组编

四川省政府财政厅金融统计组，1937，[74] 页，22 开

本书收录四川省银币、铜币、制钱、纸币、省外币发行及流通情况调查资料，大部分为各县通用硬币一览表。

收藏单位：重庆馆、国家馆

17769

宋末的通货膨胀及其对于物价的影响　全汉升著

国立中央研究院历史语言研究所，[1939.12]，[30] 页，16 开

本书共 3 部分：宋末的通货膨胀、通货膨胀对于物价的影响、结论。为《国立中央研究院历史语言研究所集刊》第 10 本抽印本。

收藏单位：国家馆、南京馆

17770

苏联的货币与银行　吴清友编

上海：中华书局，1949.5，71 页，36 开（大众文化丛书）

本书分两部分：苏联的货币、苏联的银行。第 1 部分共 5 章，内容包括：苏联为什么还需要货币、苏联货币制度概述、苏联的货币立法等；第 2 部分共 7 章，内容包括：银行与社会主义建设、苏联国家银行的产生与发展、苏联国家银行的业务、苏联的储蓄银行等。

收藏单位：安徽馆、东北师大馆、广东馆、国家馆、南京馆

17771

唐宋时代金银之研究 （日）加藤繁著　中国联合准备银行调查室编

[北京]：中国联合准备银行，1944，2册（281+270页），16开

　　本书共4章：绪言、唐代金银货币的用途、宋代金银货币的用途、唐宋时代金银之种类及其形制。

　　收藏单位：安徽馆、重庆馆、东北师大馆、广东馆、国家馆、湖南馆、吉林馆、辽大馆、辽师大馆、南京馆、山西馆、首都馆、西南大学馆、浙江馆、中科图

17772

特别圆浅说　中国联合准备银行外汇局调查室编

中国联合准备银行外汇局调查室，1943.6，42页，22开（财政金融丛书第3号）

　　本书共12部分，内容包括：特别圆之导源、华北统制贸易与特别圆汇兑集中制之嬗蜕、特别圆定义之设定、信用状基准交易、特别圆之功能、今后特别圆之一般趋势等。

　　收藏单位：国家馆、首都馆

17773

特别圆制度之研究　张一凡著

[上海]：银行周报社，1943，15页，16开

　　本书共8部分：前言、华北汇兑集中制度、汇兑集中制度之运用、特别圆及其连锁汇率之构成、华北特别圆之运用、特别圆连锁率与贸易物价、特别圆之性格及华北华中之差异、目前特别圆之问题。附储钞对联钞特别圆汇率之计算表。

　　收藏单位：国家馆、南京馆

17774

通币思想的演进　符泽初著

重庆：民间报社，1946.4，12页，32开（民间社会丛书3）

　　本书共4部分：序论、品质的通币理论、数量的通币理论、结论。

　　收藏单位：国家馆、南京馆

17775

通货膨胀　（美）哈尔武德（E. C. Harwood）（美）福开森（D. G. Ferguson）著　李竹溪译

外文题名：Inflation

上海：商务印书馆，1936.11，74页，32开（社会科学小丛书）

　　本书共6章：何谓通货膨胀、通货膨胀之种类及其结果、德国通货膨胀、法国之通货膨胀及低降币值、美国对于通货膨胀之经验、通货膨胀指数。

　　收藏单位：重庆馆、广东馆、贵州馆、国家馆、河南馆、湖南馆、吉大馆、辽大馆、南京馆、上海馆、首都馆、天津馆、浙江馆

17776

通货膨胀及其应付法　（美）克令格（W. M. Kiplinger）（美）佘尔顿（F. Shelton）著　度之译

外文题名：Inflation ahead! What to do about it

上海：作者书社，1935.9，144页，32开

　　本书为书信体。共25封，内容包括："你能应付通货膨胀么？""物价有什么希望？""华盛顿方面的影响，现在及未来"等。附美国复兴组织中各机关一览表。

　　收藏单位：浙江馆

17777

通货膨胀论　王璧岑著

上海：商务印书馆，1948.4，118页，32开

　　本书共14部分，内容包括：通货膨胀与通货职能、通货膨胀与物价关系、通货膨胀与国家财政、通货膨胀与公债政策、通货膨胀与利率政策、通货膨胀与外汇管理等。

　　收藏单位：重庆馆、东北师大馆、广东馆、广西馆、贵州馆、桂林馆、国家馆、吉林馆、辽大馆、南京馆、浙江馆

17778

通货膨胀问题之研究　（美）伍德华（D. B. Woodward）　罗斯（M. A. Rose）著　吴宗焘　张钊译

外文题名：Inflation

上海：商务印书馆，1941.3，122 页，32 开
（社会科学小丛书）

上海：商务印书馆，1943，122 页，36 开（社会科学小丛书）

本书分两编：往日之通货膨胀与通货紧缩、现今通货膨胀问题之尖锐化。共 19 章，内容包括：关于货币与通货膨胀之基本知识、古罗马时代之通货膨胀与通货收缩、绿背纸币、欧战对于货币之影响、美国金融机构之脆弱、变更金本位制之通货膨胀等。

收藏单位：重庆馆、国家馆、上海馆

17779

通货膨胀与货币贬值　司徒宏编著

上海：经业书局，1935.11，54+[130] 页，32 开

本书共 5 编：什么是通货膨胀、通货膨胀的先决问题、我国通货膨胀之观察、通货膨胀之利与害、通货膨胀与各业之影响。附《中国金融问题的症结及其对策》（张素民）、《货币贬值兼论镑汇》（谷春帆）、《货币贬值会增加生活费吗》（权时）、《金融恐慌的原因与救济办法提要》（谷春帆）等。

收藏单位：重庆馆、国家馆、吉林馆、上海馆、浙江馆

17780

通货膨胀与物价　国家总动员会议编

国家总动员会议，1942.10，26 页，64 开

收藏单位：南京馆

17781

通货膨胀与中国经济危机　陈肇斌著

上海：中国文化服务社，1948.6，58 页，32 丌

本书共 5 章：导言、恶性循环下的财政恐慌、彷徨歧途中的经济政策、币制改革问题的面面观、国际货币金融合作与中国经济之关联。

收藏单位：广东馆、国家馆、吉林馆、近代史所、南京馆、宁夏馆

17782

通货膨胀之理论与实际　温之英编著

南京：正中书局，1937.4，88 页，32 开（时代丛书）

本书共 6 章，内容包括：通货膨胀之意义、通货膨胀之种类与方式、通货膨胀对于社会经济之影响、各国通货膨胀之历史等。

收藏单位：安徽馆、重庆馆、东北师大馆、贵州馆、国家馆、湖南馆、吉林馆、南京馆、上海馆、西南大学馆、浙江馆

17783

通货新论　马寅初著

重庆：商务印书馆，1944.6，14+232 页，25 开

上海：商务印书馆，1944，5 版，14+232 页，25 开（新中学文库）

重庆：商务印书馆，1945.4，3 版，14+232 页，25 开

上海：商务印书馆，1946.2，14+232 页，25 开

上海：商务印书馆，1946.7，再版，14+232 页，25 开

上海：商务印书馆，1947，3 版，14+232 页，25 开

上海：商务印书馆，1947.10，4 版，14+232 页，25 开，精装（新中学文库）

上海：商务印书馆，1948，5 版，14+232 页，25 开

本书共 24 章，内容包括：中国之银本位问题、世界各国之金本位问题、金本位与银本位之基础、外汇平准基金、所谓新金本位、法币何以钉定于外汇、汇兑本位之放弃、货币数量说、欧战后各国整理货币之概要等。

收藏单位：安徽馆、长春馆、重庆馆、东北师大馆、广东馆、广西馆、贵州馆、国家馆、河南馆、黑龙江馆、湖北馆、湖南馆、江西馆、近代史所、辽大馆、辽东学院馆、辽宁馆、柳州馆、南京馆、内蒙古馆、宁夏馆、上海馆、绍兴馆、首都馆、天津馆、武大馆、西南大学馆、浙江馆、中科图

17784

通货与其价值（一名，现代通货与其价值的调整）　（英）坎南（Edwin Cannan）著　徐渭津译

外文题名：Modern currency and the regulation

of its value

上海：商务印书馆，1935.11，122 页，32 开
（汉译世界名著）

上海：商务印书馆，1935.12，再版，122 页，
32 开（汉译世界名著）

本书共 4 章：现代国家的通货、通货的本
位、金本位通货的价值、改进通货的障碍。

收藏单位：安徽馆、重庆馆、东北师大
馆、广东馆、广西馆、贵州馆、国家馆、河
南馆、黑龙江馆、江西馆、辽大馆、南京馆、
上海馆、首都馆、浙江馆、中科图

17785

统一币制前之四川省纸币　崔显堂著

北京：崔显堂 [发行者]，1948，油印本，6 页，
32 开（崔显堂集钞专稿 5）

本书共 5 部分：引言、各行发券情形、军
人金融机构、结论、各省发行纸币表。

收藏单位：国家馆

17786

伪钞鉴别法　胡逸编著

桂林：国防书店，1941，21 页，32 开

收藏单位：南京馆

17787

为财政经济问题进一币制改革之建议　陶德
琨著

军需学校，[1931]，10 页，22 开（军需学校
丛书）

收藏单位：国家馆、南京馆

17788

卫士林支那货币论　（荷）卫斯林（G. Vissering）
著　杨端六译

外文题名：On Chinese currency, preliminary
remarks about the monetary reforms in China

上海：泰东图书局，1917，144 页，22 开

本书共两篇：支那货币改革论、金汇兑本
位制实例。附支那货币现状、支那银行现状、
爪哇银行总裁卫士林博士致法国驻巴达维亚
领事书。译者原题：杨冕。

收藏单位：国家馆、河南馆、南京馆、上

海馆、浙江馆

17789

稳定货币运动史　（美）费雪（I. Fisher）著
谭秉文译

外文题名：Stabilized money: a history of the
movement

长沙：商务印书馆，1938.2，2 册（12+21+ 562
页），32 开（汉译世界名著）

长沙：商务印书馆，1939.4，再版，2 册（12+
21+ 562 页），32 开（汉译世界名著）

本书共 11 章，内容包括：李嘉图（一八
一六年）以前、世界大战（一九一四年）以
前、联邦准备制度、海外货币政策之实施、
罗斯福政策之开端等。附关于瑞典稳定通货
之论战、稳定货币协会名誉副主席之一部分
名单、全国委员会出版物等 6 种。

收藏单位：重庆馆、东北师大馆、广东
馆、广西馆、贵州馆、桂林馆、国家馆、黑
龙江馆、湖南馆、吉大馆、江西馆、南京馆、
内蒙古馆、宁夏馆、山西馆、上海馆、浙江
馆、中科图

17790

我国近代纸币　崔显堂著

北京：崔显堂 [发行者]，1948，油印本，34
页，32 开（崔显堂集钞专稿 1）

收藏单位：国家馆

17791

我国近十年来货币政策之演进　杨志鹏　王
梅魁著

上海：青鸟书屋，1941.9，75 页，25 开

本书共 6 章：导言、废两改元之经过与成
功、新货币政策之实施与进展、战事初期之
稳定政策、外汇统制与平准基金、战时经济
之展望。

收藏单位：国家馆、南京馆、上海馆、天
津馆

17792

我国军用纸币　崔显堂著

北京：崔显堂 [发行者]，1948，油印本，18

页，32 开（崔显堂集钞专稿 7）

本书共 5 章：小言、军用纸币概论、我国军用纸币、日本在我国所使用之军用纸币、苏联在我国所使用之军用纸币。

收藏单位：国家馆

17793

我国通货管理政策之检讨   郑江南著

国魂书店，1938，26 页，25 开（国论经济丛刊 60）

本书述评当时中国针对白银外流、通货紧缩而提出的通货管理政策。

收藏单位：国家馆

17794

吾国币制战后之出路   李培恩著

之江大学商学院，1942，4 页，16 开

本书共 6 部分：管理币制不适用于平时、货币恢复兑现须定本位、农业或可采用货物本位、货物币有稳定物价可能、货币准备物品种类建议、中央银行货物兑现方法。

收藏单位：国家馆

17795

五年来的中日货币战争（并检讨五年来德、中国战时金融政策）   华而实编著

叶县：三一出版社，1942.7，58 页，36 开

收藏单位：重庆馆、中科图

17796

五年来中国货币之改革   程绍德著

出版者不详，1937，15 页，16 开

本文为《外交评论》第 9 卷第 1 期抽印本。

收藏单位：浙江馆

17797

物产证券能保障农工商的生活安全问答   山西省主张公道团总团部编

[太原]：山西省主张公道团总团部，[1930—1939]，16 页，32 开，环筒页装

收藏单位：国家馆

17798

物产证券讨论集（上）   太原物产证券研究会编

太原物产证券研究会，1935，142 页，23 开

本书共收录资料 35 种，内容包括阎锡山于 1934 年 12 月在绥省两署扩大纪念周上的讲话词、报载有关此问题的讨论文章及阎锡山的来往函件等。

收藏单位：广东馆、南京馆、山西馆、上海馆

17799

物产证券讨论文   民族革命社编

民族革命社，1938，138 页，18 开

本书共收录资料 35 种，内容包括：辟开造产途径救济人民失业、物产证券研究会答天津《益世报》函、评阎锡山氏发行物价证券之主张、物产证券研究会答北平《益世报》函、阎锡山的物产证券、物产证券研究会答《广州民国日报》函等。

收藏单位：重庆馆、国家馆、山西馆、陕西馆

17800

物产证券文选（第 1 辑）   太原物产证券研究会著

太原物产证券研究会，1935.5，78 页，32 开

17801

物产证券详述   刘杰著

抗战复兴出版社，1939.6，66 页，25 开（民族革命理论丛书 1）

本书共 11 章，内容包括：绪论、交易媒介与生产的关系及其信用的演变、金代值货币的二重性、物产证券的本质及其货币效能、物产证券的社会功能、物产证券施行上的问题解答等。

收藏单位：国家馆、南京馆、山西馆

17802

物产证券与按劳分配   阎锡山著

太原：晋新书社，1936.5，59 张，18 开

本书为著者旅居大连时对新村制度研究

会的讲话词。

收藏单位：上海馆

17803

物产证券与按劳分配　阎锡山著

民族革命大学校，[1931—1949]，154 页，18开

本书著者原题：阎伯川。

收藏单位：广东馆

17804

物产证券与按劳分配　阎锡山著

太原绥靖公署主任办公处，[1935]，78 页，22 开

收藏单位：国家馆、山西馆

17805

物产证券与按劳分配　　阎锡山著　民族革命理论及实施研究院编

民族革命出版社，1939，304 页，32 开

[民族革命出版社]，1941.12，10+236 页，32开

民族革命出版社，1947.9，再版，[9]+211 页，32 开

民族革命出版社，1948.1，10+236 页，32 开

本书著者原题：阎伯川。

收藏单位：重庆馆、东北师大馆、广东馆、广西馆、贵州馆、桂林馆、国家馆、近代史所、辽大馆、南京馆、山西馆、上海馆、首都馆、天津馆、武大馆、西南大学馆、浙江馆

17806

物产证券与按劳分配的独特性与关联性　理论研究院第一队第二组全体学员编　翟大昌整编

抗战复兴出版社，1940.5，34 页，32 开（民族革命理论丛书 5）

本书共 7 章：绪论、现社会的两大病象及病根、金代值的四弊害资私有的四罪案、医治现社会病的两大主张、物产证券按劳分配的独特性、物产证券与按劳分配的关联性、结论。

收藏单位：国家馆

17807

物产证券与按劳分配浅说　司令部民革室第一处编　民族革命理论及实施研究院重编

抗战复兴出版社，1940.4，再版，66 页，32开

收藏单位：重庆馆、山西馆、天津馆

17808

物产证券与按劳分配问答　阎锡山著

太原绥靖公署主任办公处，[1931—1949]，134 页，22 开

收藏单位：广东馆、国家馆、上海馆、西交大馆

17809

物产证券与按劳分配问答阶梯　孟子卿著

抗战复兴出版社，1940.4，74 页，32 开（理论丛书 4）

本书共 6 章：金代值、物产证券、资私有、规定分配制度的依据、按劳分配、物产证券与按劳分配。附土地村公有实施办法大纲。

收藏单位：国家馆、南京馆

17810

物产证券与按劳分配学说体系　刘杰著

抗战复兴出版社，1939.12，1 册，22 开

抗战复兴出版社，1940，再版，14+414+20 页，32 开

本书共 4 编：绪论、物产证券、按劳分配、结论。附名词释义。

收藏单位：广东馆、国家馆、南京馆、天津馆

17811

物工化币论　刘子亚著

衡阳：刘子亚 [发行者]，1941.9，1 册，36 开

本书分前、后两卷：理则之部、应用之部。共 3 编：绪论、本论、余之宣讲运动及解答。附财政部改善地方金融机构办法纲要、对金融会议建议几点等 4 种。

收藏单位：安徽馆、重庆馆、广东馆、国家馆、吉林馆、南京馆

17812

物工化币论（国父钱币革命阐微） 刘子亚编著

南京：国父钱币革命研究会，1946.11，删订再版，37 页，32 开（国父钱币革命研究会资料）

本书共 3 章：国父主张及有关钱币革命之文献、刘冕执氏之能力本位制、著者之物工化币论。

收藏单位：安徽馆、重庆馆、广西馆、国家馆、吉大馆、江西馆、近代史所、上海馆、浙江馆

17813

物价水准 （英）爱奇渥斯（K. E. Edgeworth）著　张正元译

重庆：中国文化服务社，1943.12，134 页，32 开（中国财政学会丛书）

本书共 10 章：导论、时间因素、价值与价格、政策的问题、膨胀与紧缩、货币的数量、黄金、管理的问题、信用管理、结论。

收藏单位：重庆馆、国家馆、吉林馆、南京馆、西南大学馆

17814

物价与币值 崔尚辛著

桂林：充实社，1940.12，143 页，32 开（充实丛书 4）

[广州]：充实社，1942.5，再版，143 页，32 开（充实丛书 4）

本书共 11 章，内容包括：物价与货币的关系、我国货币与物价问题的特点、抗战时期的物价与法币、二次世界大战中的法币和物价问题等。

收藏单位：重庆馆、广西馆、贵州馆、桂林馆、国家馆、吉林馆、南京馆

17815

物劳学说 第二战区政治部政治大队编

第二战区政治部政治大队，1946，1 册，32

开

本书内容包括：研究社会问题应有的基本认识、物产证券等。

收藏单位：山西馆

17816

先秦货币史 王名元著

[广州]：国立中山大学出版组，1947.12，109 页，22 开（国立中山大学丛书）

本书共 4 章：概论、先秦的实物货币、先秦的金属货币、结论。

收藏单位：重庆馆、国家馆、吉大馆、近代史所、南京馆

17817

现代币制论 赵兰坪著

南京、上海：正中书局，1936.3，269 页，25 开（社会科学丛刊）

南京：正中书局，1936.10，再版，269 页，25 开（社会科学丛刊）

重庆：正中书局，1943.7，4 版，269 页，25 开（社会科学丛刊）

本书为论文集。收录著者发表在《外交评论》《中央时事周报》等刊物上的论文共 15 篇，内容包括:《征银出口税与今后吾国之货币政策》《吾国通货膨胀问题与纸本位制》《外商银行增发纸币之影响及其对策》《今日中国经济困难之主要症结》《世界货币战争近况》等。

收藏单位：重庆馆、东北师大馆、甘肃馆、广东馆、贵州馆、国家馆、湖南馆、吉林馆、辽大馆、南京馆、内蒙古馆、上海馆、天津馆、武大馆、浙江馆、中科图

17818

现代货币思潮及世界币制趋势 姚庆三著

重庆：国民经济研究所，1938.9，293 页，22 开（国民经济研究所丛书 1）

本书共 6 编：金本位论、银本位论、汇价政策论、物价政策论、汉约克与凯恩斯之货币理论、社会主义之货币政策。附参考书目录。

收藏单位：重庆馆、广东馆、国家馆、辽

宁馆、南京馆、上海馆、西南大学馆、中科图

17819

现代货币学　樊弘著

上海：商务印书馆，1947.7，127 页，25 开（国立复旦大学丛书）

上海：商务印书馆，1947.12，再版，127 页，25 开（国立复旦大学丛书）

上海：商务印书馆，1949，3 版，127 页，28 开（国立复旦大学丛书）

上海：商务印书馆，1949.3，4 版，127 页，25 开（国立复旦大学丛书）

　　本书共 8 章。内容包括：货币的重要、货币的数量和种类、货币的价值、投资储蓄与银行信用、货币政策等。

　　收藏单位：重庆馆、东北师大馆、广东馆、贵州馆、桂林馆、国家馆、河南馆、黑龙江馆、湖南馆、辽大馆、南京馆、内蒙古馆、宁夏馆、首都馆、天津馆、浙江馆、中科图

17820

现代货币银行及商业问题　唐庆永著

上海：世界书局，1935.1，164 页，32 开

　　本书共 3 部分：现代货币学说及制度、现代银行问题、货币银行与商业。第 1 部分共 7 章，内容包括：论货币与物价、货币之流通循环、购买力平价学说、世界金之供给等；第 2 部分共 8 章，内容包括：银行基本原理说明、银行放款政策、银行贴现业务、我国征信所应有之政策等；第 3 部分共 6 章，内容包括：货币银行与商业之关系、商业循环与经济制度、商业交易成功要素、消费合作问题等。

　　收藏单位：重庆馆、广东馆、国家馆、河南馆、吉林馆、江西馆、辽大馆、南京馆、山西馆、陕西馆、上海馆、天津馆、浙江馆

17821

现代货币原理　王传曾著

上海：中国文化服务社，1948，312 页，25 开（大学文库）

　　本书共 5 篇：货币概论、货币制度、货币的对内价值、货币对外价值、货币政策。为

著者在湖南大学讲授货币银行学的讲义。

　　收藏单位：重庆馆、东北师大馆、贵州馆、桂林馆、国家馆、吉林馆、辽大馆、辽宁馆、上海馆、浙江馆

17822

新币宣传手册　中国人民银行总行编

[中国人民银行总行]，1949.1，29 页，64 开

　　本书收录 1948 年 12 月华北银行、北海银行、西北农民银行合并成立中国人民银行初期发行新币的资料 5 篇:《华北人民政府关于发行新币的布告》、《中国人民银行发行新币》（新华社社论）、《中国人民银行总行关于发行新币的指示》、《新币宣传要点》、《大家爱护人民券》。

　　收藏单位：国家馆

17823

新币制——金圆券　中国经济研究所编

上海：华夏图书出版公司，1948.9，118 页，32 开（中国经济研究所丛刊 1）

上海：华夏图书出版公司，1948，增订再版，150 页，32 开（中国经济研究所丛刊 1）

　　本书共 8 章，内容包括：改革币制以前通货膨胀下的经济、新币制的内容及其稳定作用、适应新币制的财政措施、新币制与国际收支、新币制与物价管制等。各章分别由吴大业、冯华德、褚葆一等人执笔。附有关章则 5 种、《政府在币制改革后的有关措施》（王孝慈）。

　　收藏单位：安徽馆、广东馆、国家馆

17824

新货币法案之理论与实际　程绍德著

程绍德[发行者]，1935.12，34 页，16 开

　　本书对 1935 年实行的法币方案进行理论上的探讨与某些实际问题的分析。内容包括：货币演进之新阶段与信用机能之运用、新货币制度是否为银本位之放弃、新币制实施后外汇率应如何确定等。

17825

新货币学　杨培新著

华东新华书店总店，1948.10，208 页，32 开

本书共 9 章，内容包括：货币之谜的揭开、货币制度、中国货币制度、通货膨胀与通货收缩等。据上海致用书店 1947 年原版翻印。

收藏单位：重庆馆、国家馆、河南馆、山东馆

17826
新货币学　杨培新著
上海：致用书店，1947.10，203 页，32 开

收藏单位：重庆馆、贵州馆、桂林馆、国家馆、湖南馆、吉林馆、南京馆、内蒙古馆、上海馆、西南大学馆、中科图

17827
新货币学讲话　彭迪先著
上海：生活·读书·新知联合发行所，1949.6，185 页，36 开（新中国青年文库）

本书共 8 章：货币的发生及其本质、货币的各种职能、纸币、银行券、世界货币与外汇、货币制度、各种货币学说述评、中国货币问题。

收藏单位：东北师大馆、国家馆、南京馆、天津馆

17828
新货币学讲话　彭迪先著
上海：生活书店，1947.12，186 页，36 开（青年自学丛书）
上海：生活书店，1948.5，再版，186 页，36 开（青年自学丛书）

收藏单位：重庆馆、广东馆、国家馆、浙江馆

17829
新货币政策实录　王世骕编
上海：财政建设学会，1937.1，58+16 页，16 开

本书共 11 部分，内容包括：新货币政策实施前之我国经济概况、新货币政策实施前之准备、新货币政策之办法与精义、新货币政策实施后之重要推进、新货币政策与复兴农村等。附财政部布告实行法币文、兑换法币办法等 11 种。

收藏单位：广东馆、国家馆、近代史所、南京馆、上海馆、中科图

17830
新货币政策与经济现势　罗义元编著　孔祥麟　宋子文校阅
南京：中华救国研究社，1936.4，290 页，25 开

本书对 1935 年国民政府进行币制改革发行法币的原因及要点加以解说，并分析当时中国与世界经济形势、两者的关系及中国的金融问题等。

收藏单位：重庆馆、国家馆、湖南馆、南京馆

17831
新货币政策章则汇编　发行准备管理委员会编
发行准备管理委员会，1936.3，20 页，22 开

本书共 8 部分，内容包括：孔部长宣言、财政部二十四年十一月三日布告、发行准备管理委员会章程、兑换法币办法、银制品用银管理规则等。

收藏单位：广东馆、国家馆、湖南馆、南京馆、上海馆、首都馆

17832
新经济理论与新货币理论　陈国庆著
天津：达仁学院，1940，油印本，26 页，16 开（达仁经济研究丛书）

本书为《燕京大学经济学报》第 1 期抽印本。

收藏单位：南京馆

17833
阎锡山先生学说的研究　华北问题研究会编
[华北问题研究会]，[1939]，52 页，32 开

本书共 3 部分：序言（王若飞）、《评阎锡山先生的物产证券与按劳分配的学说》（王思华）、《阎锡山先生中的哲学研究批评大纲》（勉之）。

收藏单位：国家馆

17834

验币新术　陈叔梅编纂

上海：国民书局，1926.1，56 页，50 开

　　本书共 4 编：总论、验币、检验、结论。附新发明之伪洋、国币条例、国币条例施行细则。

　　收藏单位：河南馆

17835

银产量与银价之趋势　孙超烜著

国定税则委员会，[1930—1935]，12 页，16 开（经济统计丛书 3）

　　本书附伦敦大条银市价表、近三十年中国输出入银量总值表。

17836

银行存款通货数量及其流通速率计算法商榷

财政部币制研究委员会编

财政部币制研究委员会，[1937]，40 页，22 开（财政部币制研究委员会丛刊 9）

　　收藏单位：广东馆、国家馆、上海馆、天津馆

17837

银价暴跌之原因与关税征金之影响　刘大钧著

立法院统计处，[1930—1935]，[16] 页，16 开

　　本书为《统计月报》抽印本。

17838

银价暴落之根本救济　中国国民党中央执行委员会宣传部编

中国国民党中央执行委员会宣传部，1930.3，60 页，32 开

　　本书为论文资料集。共 6 部分，内容包括：弁言、《投资内地生产事业乃是救济银价的根本方法》（本部颁发之宣传要点）、《对于银贱应有觉悟》（胡汉民）、《厉行节约运动》（何应钦）等。附《海关进口税应一律改收金币》（国民政府财政部之命令）、《全国厘金一律裁撤》（国府之命令）等 4 种。

收藏单位：安徽馆、重庆馆、广东馆、贵州馆、国家馆、湖南馆、吉林馆、近代史所、浙江馆

17839

银价变动原因之研究　（美）库柏（R. L. Cooper）著　上海证券物品交易所译

外文题名：Price of silver

上海证券物品交易所，1930.10，58 页，22 开

　　本书共 9 章，内容包括：绪说、银价变动诸要因、银之生产、银之需要、银价变动之种种要因等。据美国商务部内外商业司发行的《贸易事情报告》682 号所载《银之价格》一文译出。

　　收藏单位：安徽馆、重庆馆、桂林馆、国家馆、辽宁馆、南京馆、上海馆、首都馆、天津馆、浙江馆

17840

银价变迁与中国　谷春帆著

上海：商务印书馆，1935.11，156 页，22 开，精装（经济丛书）

　　本书共 10 章，内容包括：绪论、银价与中国之国际经济关系、银价变迁与进口贸易、银价变迁与出口贸易、中国经济衰沉之原因等。原稿为英文，发表于上海《金融商业报》。

　　收藏单位：重庆馆、广东馆、广西馆、贵州馆、国家馆、河南馆、黑龙江馆、湖南馆、吉林馆、江西馆、近代史所、辽大馆、辽宁馆、南京馆、内蒙古馆、宁夏馆、上海馆、绍兴馆、西南大学馆、浙江馆

17841

银价问题与远东　（美）W. F. Spalding 著　中国太平洋国际学会译

上海：中国太平洋国际学会，[1930—1939]，8 页，18 开（中国太平洋国际学会丛书）

　　收藏单位：东北师大馆、国家馆、上海馆、浙江馆、中科图

17842

银价研究　Y. S. Leong 著　杨先梓译

外文题名：Silver: an analysis of factors affecting its price

上海：商务印书馆，1935.3，218 页，32 开（社会科学小丛书）

上海：商务印书馆，1935.5，再版，218 页，32 开（社会科学小丛书）

本书分析影响银价的各种因素、银价跌落对白银生产国及消费国的影响等。共 4 章：银之需要、银之生产、银价、结论。

收藏单位：重庆馆、东北师大馆、广东馆、广西馆、国家馆、河南馆、湖南馆、江西馆、近代史所、辽大馆、南京馆、内蒙古馆、山西馆、陕西馆、上海馆、西南大学馆、浙江馆、中科图

17843

银价与币制问题（法案辑要 第 1 编） 盛俊选辑

上海：日知编译社，1930.1，134 页，23 开

本书分上、下两编，内容包括：国币条例、国币条例施行细则、国币条例及施行细则理由书、会议币制报告书、币制委员会呈财政部维持主币定价办法说帖等。

收藏单位：重庆馆

17844

银价与币制问题（论著辑要 第 1—2 编） 盛俊选辑

上海：日知编译社，1930.1，2 册（66+96 页），23 开

本书每编 1 册，共两编。第 1 编收录美国精琦的《中国新圆法条议》《中国新圆法案铨解》和梁启超的《中国货币问题》等，第 2 编收录荷兰卫斯林（G.Vissering）的《中国币制改革初议》等。

收藏单位：上海馆

17845

银价与中国物价水准之关系 路易士 张履鸾著

金陵大学农学院，1934，44 页，22 开（金陵大学农学院丛刊 11）

本书内容包括：银之购买力、中英两国银

购买力之长期变迁、经济恐慌之避免、中国物价水准之恢复、通货膨胀之限制、禁银出口等。

收藏单位：广东馆、国家馆、上海馆

17846

银价之研究 邵金铎著

上海：学术研究会总会，1924.4，再版，[13]+120 页，32 开（学术研究会丛书 3）

上海：学术研究会总会，1928.2，3 版，10+120 页，32 开（学术研究会丛书 3）

本书共 9 章，内容包括：银之生产、银之消费、银价、银价之变动、银价与国际汇兑之影响等。

收藏单位：重庆馆、广东馆、桂林馆、国家馆、湖南馆、吉大馆、江西馆、近代史所、南京馆、内蒙古馆、上海馆、首都馆、天津馆、浙江馆

17847

银价之研究 孙拯著

立法院统计处，[1930—1935]，[47] 页，16 开

本书研究银价变动的原因以及稳定银价以保证物价不波动的办法。为《统计月报》抽印本。

17848

银问题 谷春帆著

上海：生活书店，1933.9，50 页，36 开（时事问题丛刊 8）

本书共 10 部分，内容包括：银之供给、银之销路、银价小史、银购买力、银购买力变动之意义、救济方案述评等。附历年银供给及银消费总表、欧战以后各国出售旧币熔银数量表等 6 种。

收藏单位：国家馆、湖南馆、南京馆、上海馆、浙江馆

17849

银问题（游欧美后第一意见书） 黄元彬著

广州图书消费合作社，1931.10，182 页，23 开

本书内容包括：金银贵贱之史的分析、金

银两方面变动之决定要素、金贵与银贱对于吾国影响之异同、吾国现行银制及改选金制之利害与矫正作用的银制之提案等。

收藏单位：广西馆、国家馆、南京馆

17850

银问题契约节略　中华民国国民政府外交部译

中华民国国民政府外交部，1934.6，12 页，18 开（白皮书第 43 号）

本书为汉英对照。

收藏单位：国家馆

17851

银问题与中国　（英）格理葛蕾（T. E. Gregory）著　余文若译

外文题名：Silver situation problems and possibilities

上海：民族书局，1934.10，76 页，32 开

本书共 4 章：银之金价跌落及其结果之悬揣、统计上银问题之形势、从技术上考查建议中之种种救济办法、中国与经济上银价安定之形势之关系。附重要译名索引。

收藏单位：安徽馆、重庆馆、广东馆、国家馆、河南馆、近代史所、西南大学馆、浙江馆

17852

银与中国　毕匿克（A. W. Pinnick）著　褚保时　王栋译

外文题名：Silver and China

上海：商务印书馆，1933.10，71 页，32 开（社会科学小丛书）

上海：商务印书馆，1934，再版，71 页，32 开（社会科学小丛书）

上海：商务印书馆，1935，3 版，[10]+71 页，32 开（社会科学小丛书）

本书共 7 章：金与银的回顾、银的金值、过去金价的涨落和现在银的供给状况、现在银的需要、汇兑的不稳定及其对于中国的影响、银价剧变对于世界的反动、补救办法。

收藏单位：重庆馆、广东馆、广西馆、贵州馆、桂林馆、国家馆、河南馆、湖南馆、

吉林馆、江西馆、辽大馆、辽宁馆、南京馆、上海馆、首都馆、天津馆、浙江馆

17853

银圆鉴别法　刘文叔编著

上海：大东书局，1925，54 页，32 开

本书内容包括：练习、音别、形式、版名、废币、伪币等。

收藏单位：重庆馆、广西馆、国家馆、江西馆、上海馆、绍兴馆、天津馆、浙江馆

17854

银涨影响及应付方策之商榷（对于各方面影响治标与治本方策）　王仲武著

出版者不详，[1934]，20 页，22 开

本书共两部分：银涨之影响、应付之方策。

收藏单位：国家馆、南京馆

17855

银之发炎（动态的研究）　谷春帆著

上海：天津大公报上海分馆，1932.9，136 页，32 开

本书共 8 部分，内容包括：银价汇率与银汇购买力、物物交换净条件、银价涨跌与国际贸易、银进口之可能等。附银汇购买力物价与通货数量之统计上的观察。

收藏单位：广东馆、广西馆、国家馆、湖南馆、辽宁馆、南京馆、上海馆、西南大学馆、浙江馆

17856

拥护人民币拒用银元宣传手册　中国人民银行湖南省分行编

中国人民银行湖南省分行，1949.8，42 页，32 开（金融丛书 1）

本书为文集。收录南汉宸、薛暮桥、章乃器及汉口《长江日报》上发表的文章共 9 篇。附拒用银元宣传资料。

收藏单位：国家馆

17857

有利流通券与金融信用　冯世范著

[浙江印刷公司]，1932.6，82 页，24 开

本书共 8 节，内容包括：发行办法、何以优于今之所谓流通券与纸币者、马寅初氏评话之研究、救济农村经济之锁匙等。

收藏单位：上海馆

17858

豫西发行本位币洛阳会议总结与发行本位币及贸易税收的方针与计划 豫西行署编

豫西行署，1948.8，28 页，36 开

本书收录有关豫西解放区发行中州钞作为本位币的文章 3 篇：《豫西发行本位币洛阳会议的总结》《发行本位币及贸易税收的方针与计划》《如何组织税收支持本币》。

收藏单位：国家馆

17859

再论银价问题 王仲武著

[军需学校]，1934，40 页，25 开（军需学校丛书）

本书论述银价之变动以及跌落的原因。

收藏单位：重庆馆

17860

战后各国币制改革 吴德昭著

财政部财政研究委员会，1947.4，52 页，22 开（财政部财政研究委员会丛刊 2）

本书介绍第二次世界大战后欧洲各国币制改革的实况。共 6 章：比国币制之改革、法国币制之改革、荷兰币制之改革、希腊币制之改革、匈牙利币制之改革、其他各国币制之改革。

收藏单位：重庆馆、国家馆、湖南馆、吉林馆、南京馆、上海馆

17861

战后国际币制论 曾纪桐著

重庆：中华书局，1944.12，118 页，32 开

上海：中华书局，1946.1，再版，118 页，32 开

本书共 6 章：绪论、第一次世界大战前的国际金本位、第一次大战后的国际金本位、战后国际币制改造（上、下）、结论。附凯恩斯货币计划、怀特货币计划、怀特国际银行计划等 6 种。

收藏单位：安徽馆、重庆馆、广东馆、广西馆、国家馆、湖南馆、江西馆、辽大馆、南京馆、内蒙古馆、上海馆、天津馆、浙江馆、中科图

17862

战后世界币制问题 伍启元著

[重庆]：青年书店，1943.12，147 页，32 开（中国人文科学社丛刊）

本书共 3 章：总论、国际金本位的检讨、惠特国际货币计划与凯恩斯国际货币计划的分析。附惠特计划、凯恩斯计划。

收藏单位：重庆馆、广东馆、桂林馆、国家馆、吉林馆、南京馆、上海馆、西南大学馆、浙江馆、中科图

17863

战时钞票概论（一名，伪组织下之货币） 崔显堂著

北京：崔显堂[发行者]，1948，油印本，21 页，32 开（崔显堂集钞专稿 6）

本书概述东北、华北、华中地区七家敌伪银行的成立与发行伪币情况。原载于《中国纸币集藏会会刊》。

收藏单位：国家馆

17864

战时钞票概论（一名，伪组织下之货币） 崔显堂著

上海：中国纸币集藏会，1947.5，9 页，32 开（中国纸币集藏会研究丛书 1）

收藏单位：国家馆

17865

战争与通货膨胀 魏友棐著

上海：珠林书店，1938.8，72 页，36 开

本书共 6 章：什么叫做通货膨胀、通货膨胀的各种方式、通货膨胀的机能、战时通货膨胀、战时通货膨胀史话、通货膨胀的最后估价。

收藏单位：重庆馆、广东馆、国家馆、黑

龙江馆、吉大馆、内蒙古馆、上海馆、浙江馆

17866

真假钞票便查录　郑世贤编著

上海：新业书局，1940.11，62 页，32 开（商业实务丛书 1）

　　本书共 12 部分，内容包括：假钞票的种类及其鉴别方法、四行公布的鉴别伪钞方法、各银行钞票真伪鉴别表、八行杂钞、外埠钞票与停兑钞票、修正收换破损钞票办法等。附修正邮件资费表、信函寄费便查表等。

　　收藏单位：国家馆、南京馆、上海馆

17867

真理的辨正　物产证券按劳分配学会编

抗战复兴出版社，1940.4，90 页，32 开

　　本书收录物产证券按劳分配学会对《阎锡山先生学说的研究》（华北问题研究会）的辨正论文 3 篇：《评王若飞先生的序言》《评王思华先生的〈评阎伯川先生的物产证券与按劳分配的学说〉》《评勉之先生的〈阎锡山先生中的哲学研究批评大纲〉》。

　　收藏单位：重庆馆、国家馆、南京馆、西南大学馆

17868

整理市钞案理由书　中华钱币革命协进会湖南分会拟定

[长沙]：中华钱币革命协进会湖南分会，[1932]，[14] 页，16 开

　　本书内容包括：整理市钞与国民经济之关系、整理市钞与政府财政之关系、整理市钞与农村经济之关系、整理市钞与振兴商业之关系等。附湖南市钞整理局试办章程、组织规则、保证规则草案等。

　　收藏单位：国家馆

17869

整理纸币意见商榷书　彭继昌著

出版者不详，[1913]，52 页，22 开

　　本书共 4 章：整理纸币之概论、收回旧纸币之办法、发行新纸币之办法、收回与发行

之次第。

　　收藏单位：国家馆

17870

纸币编目初稿　有钱专斋主人纂

[有钱专斋主人]，1936，油印本，1 册，16 开，环筒页装

　　本书共 7 部分：东三省、奉天、吉林、长春、哈尔滨、黑龙江、热河。所收钱币时间始于清宣统，止于 1931 年。

　　收藏单位：国家馆

17871

纸币概论　蒋廷黼著

上海：中华书局，1936，16+296 页，22 开（社会科学丛书）

　　本书分上、下两编：学理、史略。上编共 11 章，内容包括：纸币之意义及其发生、纸币之种类、纸币之性质面额及资格、纸币之利害、各国学者对于纸币之观念及各种之学说等；下编共 9 章，内容包括：概说、英国、法国、日本、中国等。附公库兑换券条例、取缔纸币条例草案、兑换券印制及运送规则等 12 种。

　　收藏单位：重庆馆、东北师大馆、广西馆、国家馆、吉大馆、吉林馆、江西馆、近代史所、辽大馆、辽宁馆、南京馆、内蒙古馆、山西馆、上海馆、首都馆、天津馆、浙江馆、中科图

17872

纸币图说（上海集、各省集、各国集）　沈久道编辑

上海：纸币旬报馆，1936.12，170 页，32 开，精装

　　本书收录中外 48 家银行、钱局、金库等发行的纸币影印件，并介绍各银行发行概况。

　　收藏单位：东北师大馆、国家馆、河南馆、上海馆、浙江馆

17873

纸币与战争　刘炳炎编著

重庆：正中书局，1940.1，103 页，32 开（战

时问题丛刊）

本书共 7 章：绪言、美国独立战争时与南北战争时之纸币、英国"拿破仑战争"时之纸币、俄国世界大战时之纸币、在崩溃中之日钞、抗战建国之法币、结论。

收藏单位：安徽馆、重庆馆、广东馆、贵州馆、国家馆、湖南馆、吉林馆、南京馆、上海馆

17874

纸币杂谭　崔显堂著

北京：崔显堂 [发行者]，1948，油印本，18 页，32 开（崔显堂集钞专稿 10 ）

收藏单位：国家馆

17875

纸币政策　姚传驹著

姚传驹 [发行者]，[1932—1935]，[38] 页，23 开

本书内容包括：绪言、纸币政策之目的、纸币政策之内容及其实行方法、纸币政策之先决条件问题等。附《发行纸币问题商榷书》（姚传驹）、国民银行则例草案、币制则例草案大纲。

17876

中国白银问题　财政部币制研究委员会编

财政部币制研究委员会，[1935]，30 页，22 开（财政部币制研究委员会丛刊 2）

财政部币制研究委员会，1937.7，再版，30 页，22 开（财政部币制研究委员会丛刊 2）

本书为致美国来华经济考察团的备忘录。据英文原稿译出。

收藏单位：广东馆、广西馆、国家馆、湖南馆、山西馆、上海馆、天津馆、浙江馆

17877

中国币制改革初议　（荷）卫斯林（G. Vissering）陆德著　邵长光译

青岛市观象台，[1912.7]，102 页，18 开

青岛市观象台，[1923]，102 页，18 开

本书分上、下两卷：总论币制改革、论金汇兑本位制之重要及实行。附各国金银货币

重量成色比较表。

收藏单位：国家馆、中科图

17878

中国币制改革论　刘锡龄著

上海：立信会计图书用品社，1948.10，128+42 页，32 开

本书共 7 章：序论、战前币制改革之实施、战时币制之病态、战后币制之新措施、战后币制改革、国际货币基金与我国币制、当前币制问题。附试拟币制改革方案、财政经济紧急处理办法。

收藏单位：国家馆、上海馆、浙江馆

17879

中国币制改革问题　侯厚培编

乾城（长沙）：国立商业专科学校，1940.6，石印本，[56] 页，25 开（现代经济问题丛刊 1 ）

本书概述中国清末至抗战前的币制改革。

收藏单位：重庆馆、南京馆

17880

中国币制改造问题与有限银本位制　刘振东著

上海：商务印书馆，1934.11，167 页，22 开，精装（中国经济学社丛书）

本书共 9 部分，内容包括：中国币制改造的途径、有限银本位制、银价感言、救济银价与改革币制等。

收藏单位：安徽馆、重庆馆、东北师大馆、广东馆、贵州馆、国家馆、河南馆、黑龙江馆、湖南馆、吉林馆、江西馆、近代史所、辽大馆、辽东学院馆、辽宁馆、南京馆、宁夏馆、上海馆、首都馆、天津馆、浙江馆、中科图

17881

中国币制改造问题与有限银本位制　刘振东著

南京：中央政治学校，1930.11，230 页，32 开

收藏单位：广东馆、国家馆、吉林馆、南京馆、内蒙古馆、上海馆、浙江馆

17882

中国币制及生计问题　刘冕执著

北京：生计研究社，1914，160 页，18 开

　　本书共 11 部分，内容包括：币制三大问题备议草案、币制筹备年程表、币制委员会第一次大会演说、富国新方案、前答帝国日报馆主笔秋桐君书等。附前帝国日报馆主笔秋桐君第一驳论、前帝国日报馆主笔秋桐君第二驳论。

　　收藏单位：重庆馆、东北师大馆、国家馆、湖南馆、近代史所、南京馆、上海馆、首都馆、天津馆

17883

中国币制统一论　李芳著

北京：北京大学、商务印书馆，1918.12，236 页，22 开

　　本书为文言体，加圈点。共 5 章：绪论、实述、危言、刍议、结论。

　　收藏单位：东北师大馆、广东馆、国家馆、河南馆、上海馆、首都馆

17884

中国币制问题　金国宝著

上海：商务印书馆，1928.7，289 页，22 开

上海：商务印书馆，1930.5，再版，289 页，22 开

　　本书共 5 篇：本位问题、银辅币问题、铜辅币问题、纸币问题、银两问题。附国币条例、公库制大纲、各省区银行与钱业纸币发行总额累年比较表等。

　　收藏单位：安徽馆、重庆馆、广东馆、广西馆、国家馆、黑龙江馆、湖南馆、江西馆、近代史所、辽宁馆、南京馆、天津馆、中科图

17885

中国币制问题　寿勉成著

上海：商务印书馆，1936.3，1 册，32 开（万有文库 第 2 集）

17886

中国币制问题之经过及展望　陈锦涛著

财政部币制研究委员会，1934，11 页，22 开（财政部币制研究委员会丛刊 1）

财政部币制研究委员会，1937.7，再版，11 页，22 开（财政部币制研究委员会丛刊 1）

　　本书为著者于 1934 年 12 月 5 日在暨南大学所作的演讲稿。

　　收藏单位：安徽馆、广东馆、国家馆、吉林馆、近代史所、南京馆、上海馆、中科图

17887

中国币制问题总检讨　符泽初著

南京：中国出版社，1948.7，68 页，32 开

　　本书共 11 章，内容包括：法币膨胀与影响、关于改革币制时机问题、关于今后应采取之货币本位、论中国经济病态之症结、论当前生产与改革币制、反对采用白银币制等。

　　收藏单位：广东馆、国家馆、吉林馆、南京馆

17888

中国当前之通货、外汇与物价　赵兰坪著

上海：正中书局，1948.7，217 页，25 开

　　本书共 3 篇：通货、外汇、物价。第 1 篇共 4 章：通货与通货膨胀、吾国通货膨胀及其对策、黄金政策、低利政策；第 2 篇共 5 章，内容包括：外汇概论、战时吾国的外汇政策、战后吾国外汇与贸易政策之检讨等。第 3 篇共 5 章，内容包括：物价概论、战时吾国物价上涨之因果、战后吾国物价上涨问题等。

　　收藏单位：重庆馆、广东馆、国家馆、江西馆、南京馆、上海馆、中科图

17889

中国的新货币政策　余捷琼著

上海：商务印书馆，1937.11，227 页，22 开（国立中央研究院社会科学研究所丛刊 第 10 种）

　　本书共 3 节：银本位与中国经济的变动、新货币政策的施行、今后的货币问题。附中外物价及银价比较表、法币发行总数表、中国国际收支统计表等 18 种。

　　收藏单位：重庆馆、东北师大馆、广东馆、广西馆、贵州馆、国家馆、辽大馆、南

京馆、上海馆、浙江馆、中科图

17890

中国法币价值论　杨修华著

上海：中和贸易公司，1939.8，71页，32开

本书共3章：法币价值的理论、现今中国法币的价值、中国法币将来的价值。

收藏单位：国家馆

17891

中国法币史之发展　千家驹著

永安（三明）：南华出版社，1944.5，127页，32开

本书共9章，内容包括：中国新货币制度的诞生、新外汇平准基金与资金冻结、新外汇政策实行后的汇市、太平洋战争后的上海法币、五年来法币对内购买力的变化等。

收藏单位：安徽馆、重庆馆、福建馆、广东馆、国家馆、吉林馆、南京馆、首都馆、浙江馆

17892

中国法币问题总论　伍颛立著

大道文化事业公司，1943，102页，32开

本书共10章，内容包括：中国币制改革、新货币政策问题论争、法币外汇政策演变、法币对内价值之管理、法币价值变动之研究、法币对敌作战检讨等。附《论我国黄金政策之演变》。

收藏单位：广东馆、国家馆

17893

中国货币金融问题　章乃器著

[上海]：生活书店，1936.10，379页，25开

本书收录著者发表在报刊上的论文35篇。分5编：概论、国际争夺下的中国货币金融、白银问题与货币制度、中国金融制度、附录。附录《工商业金融问题研究报告书》（章乃器、杨荫溥、张肖梅）、《对于增加筹码问题之意见》（金国宝、章乃器等9人）。

收藏单位：重庆馆、东北师大馆、广东馆、广西馆、贵州馆、国家馆、黑龙江馆、湖南馆、吉林馆、近代史所、辽大馆、辽宁

馆、南京馆、内蒙古馆、陕西馆、上海馆、天津馆、浙江馆、中科图

17894

中国货币论　（美）耿爱德（Eduard Kann）著　蔡受百译

外文题名：The currencies of China

上海：商务印书馆，1929.11，15+427页，22开，精装

上海：商务印书馆，1933.6，国难后1版，15+427页，22开，精装

上海：商务印书馆，1933.6，国难后2版，15+427页，22开，精装

本书分3编：银部、金部、铜部。共18章，内容包括：大条银、银两、银货之流通、金本位问题、古代货币及制钱、造币厂等。

收藏单位：重庆馆、东北师大馆、广东馆、广西馆、贵州馆、桂林馆、国家馆、湖南馆、近代史所、辽大馆、辽宁馆、南京馆、上海馆、天津馆、西南大学馆、浙江馆、中科图

17895

中国货币论　王黻炜译

北京：翰林院王宅，1911.3，123页，大32开

本书为文言体，加圈点。共6章：悬谈、货币沿革、现行货币、兑换券及手票、金融机关、自制度及学说上而论中国货币。附中国新货币条例。

收藏单位：南京馆、中科图

17896

中国货币论考正　袁贤能著

出版者不详，[1911—1949]，[137]页，16开

本书共11节，内容包括：道德观念的货币论史料、粟帛货币与金属货币、到底那一种是本位、金属货币的原起、秦后的货币论、货币数量论的发端、乾隆时的货币政策等。为《经济统计季刊》第2卷第2期抽印本。

收藏单位：上海馆

17897

中国货币史　戴铭礼著

上海：商务印书馆，1934.1，183 页，32 开

本书共 6 章：货币演进之过程及中国货币进步濡滞之原因、中国货币沿革——第一时期、第二时期、第三时期、第四时期、近年币政之设施。附中国货币流通表、各银行发行兑换券暨准备金等 10 种。前 5 章为著者在中央大学讲授中国经济问题时的讲义。

收藏单位：安徽馆、重庆馆、东北师大馆、广东馆、广西馆、桂林馆、国家馆、湖南馆、吉林馆、江西馆、近代史所、辽大馆、辽宁馆、南京馆、宁夏馆、上海馆、天津馆、浙江馆、中科图

17898

中国货币史纲　（日）吉田虎雄著　周伯棣译

上海：中华书局，1934，258 页，22 开（社会科学丛书）

本书共 5 章：总说、历代货币沿革、现代的通货、民国的币制、币制改革问题。

收藏单位：安徽馆、重庆馆、东北师大馆、广东馆、广西馆、贵州馆、桂林馆、国家馆、黑龙江馆、湖南馆、吉林馆、江西馆、近代史所、辽大馆、辽宁馆、南京馆、内蒙古馆、宁夏馆、山西馆、上海馆、首都馆、天津馆、西南大学馆、浙江馆、中科图

17899

中国货币问题　华汉光著

长沙：商务印书馆，1938.7，76 页，25 开（国际时事问题丛书）

本书共 4 章：绪论、中国货币制度问题、中国货币数量问题、中国货币价值问题。附非常时期安定金融办法、办理外汇请核办法及购买外汇请核规则、出口贸易外汇管理办法。

收藏单位：安徽馆、重庆馆、广东馆、贵州馆、桂林馆、国家馆、湖南馆、江西馆、近代史所、南京馆、西南大学馆、浙江馆

17900

中国货币问题　章乃器著

大众文化社，1936.8，68 页，32 开（大众文化丛书第 1 辑 第 17 种）

大众文化社，1937.2，2 版，68 页，25 开（大众文化丛书第 1 辑 第 17 种）

本书共 4 部分：货币的意义和效用、中国货币的种类、中国货币制度的改革、列强对华货币权的争夺。

收藏单位：重庆馆、广东馆、国家馆

17901

中国货币问题　朱偰著

[重庆]：青年书店，1940.12，460 页，32 开

本书分上、下两卷：中国货币史研究、中国货币问题。共 17 章，内容包括：中国信用货币之起原、两宋信用货币之研究、会子之界分发行额及单位考、明代信用货币之研究、中国银两本位之史的研究、欧战与法币等。附本书著者发表其他有关货币及外汇问题论文表。

收藏单位：安徽馆、重庆馆、东北师大馆、广东馆、广西馆、贵州馆、国家馆、湖南馆、吉林馆、江西馆、内蒙古馆、浙江馆、中科图

17902

中国货币问题丛论　吴小甫编

上海：货币问题研究会，1936.12，507 页，32 开

本书收文 32 篇。分 5 个专题：白银问题、币制的理论检讨、关于币制的统一问题、关于新货币政策、综合检讨。

收藏单位：重庆馆、广东馆、广西馆、贵州馆、桂林馆、国家馆、湖南馆、吉林馆、江西馆、近代史所、辽大馆、南京馆、山西馆、上海馆、首都馆、天津馆、浙江馆

17903

中国货币沿革史　侯厚培著

上海：世界书局，1929.11，160 页，32 开（经济学丛书）

本书共 3 编：金银货币、铜币、纸币。

收藏单位：重庆馆、广东馆、广西馆、桂林馆、国家馆、河南馆、湖南馆、吉林馆、江西馆、近代史所、南京馆、山西馆、天津

馆、西南大学馆、浙江馆、中科图

17904

中国货币沿革史　刘映岚编辑

东京：砥斋，1911，122页，22开

本书分上、下两篇：金币、纸币。

收藏单位：国家馆、首都馆、中科图

17905

中国货币制度往那里去　章乃器　钱俊瑞等著

上海：新知书店，1935.10，102页，32开（新知丛书第1辑1）

上海：新知书店，1935.12，再版，132页，32开（新知丛书第1辑1）

上海：新知书店，1936.1，3版，132页，32开（新知丛书第1辑1）

上海：新知书店，1936.2，4版，132页，32开（新知丛书第1辑1）

上海：新知书店，1936.3，5版，130页，32开（新知丛书第1辑1）

上海：新知书店，1937，5版，130页，32开（新知丛书第1辑1）

本书共4章：中国金融货币的特征（钱俊瑞、狄超白执笔）、中国目下的货币问题（骆耕漠执笔）、中国货币制度往那里去（钱俊瑞执笔）、各派币制改革论之介绍及批评（章乃器执笔）。之后各版内容有增修。

收藏单位：重庆馆、广东馆、贵州馆、国家馆、河南馆、湖南馆、吉林馆、江西馆、近代史所、南京馆、内蒙古馆、宁夏馆、首都馆、天津馆、浙江馆、中科图

17906

中国今日之货币问题　徐沧水编

上海：徐沧水[发行者]，1921.6，330页，32开，精装

本书收文31篇，内容包括：《币制本位问题之商榷》（诸青来）、《论旧币改铸新币之必要》（徐寄庼）、《废两改元议》（徐永祚）、《论新银辅币》（张公权）、《铜币问题平议》（徐沧水）等。分5个专题：币制、国币、废两改元、辅币、造币厂问题。

收藏单位：东北师大馆、广东馆、国家馆、近代史所、辽宁馆、南京馆、上海馆、中科图

17907

中国金银镍币图说　蒋仲川著

上海：环球邮币公司，1939.6，[19]+257页，32开，精装

本书为汉英对照。收录金币图17种、银币图534种、镍币图16种，并逐一注释该币铸造年份、币值库平等。分5编：金币、清代银币、民国银币、其他各项银币、镍币。书前有著者《中国金银镍币沿革概要》一文。

收藏单位：国家馆、吉林馆、近代史所、南京馆、山西馆、上海馆、西南大学馆、浙江馆、中科图

17908

中国近代币制问题汇编　陈度编

[上海]：瑞华印务局，1932，3册（27+772+[770]+[786]页），18开

本书汇辑清末至1932年的官书、档牍中有关币制问题的资料，包括命令、奏折、条陈、议案、章程、条例等，并收录历年在报刊登载的相关文章，共300余种。分6部分编排：币制、银元、银两、辅币、造币、纸币。

收藏单位：重庆馆、东北师大馆、广东馆、国家馆、黑龙江馆、近代史所、辽东学院馆、辽宁馆、南京馆、上海馆、首都馆、西南大学馆、浙江馆、中科图

17909

中国近代铸币汇考　施嘉干编

上海：新华顾问工程师事务所，1949.6，198页，22开，精装

本书共5编：金币、银币、镍币、铝币、中国藩属及领土割让后造币。附中国舆图、各地数字书法表、中国近代三百年大事记、各种一元银主币重量成色表、重量平砝制度表、中国干支与西历纪年表。

收藏单位：东北师大馆、国家馆、吉林馆、近代史所、山西馆、上海馆、天津馆、

浙江馆、中科图

17910

中国经济金融财政之根本自救方案　赵兰坪著

[中央政治学校]，1935.5，56 页，16 开

本书共 12 节，内容包括：病态、病源、政府之对策、将来之危机、根本救治之道、结论与附录等。

收藏单位：近代史所、上海馆

17911

中国历代的银币及银问题　傅筑夫著

出版者不详，[1911—1949]，28 页，16 开

本书为《中央大学社会科学丛刊》第 2 卷第 1 期抽印本。

收藏单位：国家馆

17912

中国历代货币展览会特刊　中国历代货币展览会编

南京：中国历代货币展览会，[1947]，13 页，32 开

本书收文 7 篇，内容包括：《中国历代通货沿革》（无名）、《改革通货之瞻望》（管江民）、《我国当前之通货状况》（乐秀隆）、《谈古钱》（文治）、《管江民先生记》（勤孟）等。

17913

中国泉币沿革　章宗元著

北京：经济学会，1915.11，132 页，22 开

本书为文言体，加圈点。共 8 章：历代泉币沿革大略及制钱沿革、铜元沿革、银元沿革、铸钱造币局厂沿革、金银铜换算价格及银铜币统计、金银进出口及国际贸易之差额、国家纸币及银行兑换券、币制本位及单位问题。附银主币定价问题及铸造问题、推行新辅币及收回各种旧辅币问题、预备改用金本位问题。

收藏单位：重庆馆、东北师大馆、广东馆、广西馆、国家馆、湖南馆、吉林馆、内蒙古馆、上海馆、首都馆、浙江馆、中科图

17914

中国通货膨胀论　杨培新著

上海 [等]：生活书店，1948.2，158 页，32 开

本书共 5 章："天文学数字的法币""野马狂奔的物价""逼煞人的高利贷""调整不已的外汇""通货膨胀的剥削躲得了？躲不了？"。

收藏单位：重庆馆、广东馆、广西馆、国家馆、黑龙江馆、吉林馆、近代史所、辽大馆、南京馆、上海馆、首都馆、浙江馆、中科图

17915

中国稀见币参考书　王守谦编

上海：环球邮币公司，1935.2，[126] 页，25 开

本书为汉英对照。共 12 节，内容包括：银币之沿革史、铜圆鼓铸之起源、当拾铜圆之分析表、稀见金币之市价、货币之面值表、稀见金币之图说等。

收藏单位：重庆馆、东北师大馆、近代史所、南京馆、内蒙古馆、山西馆、上海馆、浙江馆、中科图

17916

中国现行货币制度　郭家麟编著

军事委员会政治部，[1941]，180 页，32 开

本书共 10 章，内容包括：绪论、币制改革前货币之紊乱、一九三一年以来各国货币动态、银价变动及其影响、日本之货币侵略、战后货币整理问题等。

收藏单位：重庆馆、广东馆、国家馆、南京馆、浙江馆

17917

中国新通货方策概论　李芳亭著

出版者不详，1946，47 页，32 开

收藏单位：重庆馆

17918

中国信用货币发展史　朱偰著

[重庆]：中国文化服务社，1943.12，226 页，32 开（青年文库）

重庆：中国文化服务社，1943.12，226 页，32

开（中国财政学会丛书）

收藏单位：重庆馆、甘肃馆、贵州馆、国家馆、黑龙江馆、近代史所、辽大馆、南京馆、内蒙古馆、中科图

17919

中国银价物价问题　实业部银价物价讨论委员会编辑

上海：商务印书馆，1936.2，[22]+217 页，22开，精装

上海：商务印书馆，1936，再版，18+217 页，22 开，精装

本书共 5 章：影响中国物价之数种因素、银值趋势之过去与将来、中国物价跌落对于经济方面之影响、货币统制政策、结论。书中附大量统计图表。

收藏单位：安徽馆、重庆馆、东北师大馆、甘肃馆、广东馆、贵州馆、桂林馆、国家馆、河南馆、黑龙江馆、湖南馆、近代史所、辽大馆、南京馆、内蒙古馆、上海馆、天津馆、浙江馆、中科图

17920

中国与银问题　（俄）古瑞魏池著　高德超译

外文题名：China and the silver problem

中国政治经济学社，1935.11，82 页，32 开（中国金融丛书）

本书共 6 章：导言、金属与纸币、通货膨胀、中国国内流通的货币、美国通货膨胀与其对中国的影响、中国的补救办法。逐页题名：银与中国。

收藏单位：国家馆、近代史所、天津馆

17921

中国之币制　张家骧著　吴宗焘增订

上海：商务印书馆，1934.12，88 页，32 开（商学小丛书）

上海：商务印书馆，1935.4，再版，88 页，32开，精装（商学小丛书）

本书共 4 章：硬币、纸币、本位及单位问题、造币机关。附国币条例、金券条例、取缔纸币条例、中国逐渐采行金本位币制法草案提要、银本位币铸造条例。

收藏单位：安徽馆、重庆馆、广东馆、桂林馆、国家馆、河南馆、湖南馆、吉林馆、江西馆、近代史所、辽大馆、辽宁馆、南京馆、内蒙古馆、上海馆、首都馆、天津馆、中科图

17922

中国之币制与汇兑　张家骧等著

上海：商务印书馆，1931.4，179 页，32 开（万有文库 第 1 集 1000）（商学小丛书）

上海：商务印书馆，1934.12，88 页，36 开（商学小丛书）

本书分上、下两篇：币制、汇兑。上篇内容为《中国之币制》（张家骧）；下篇共 3 章：汇兑之概念、外国汇兑、内国汇兑。

收藏单位：安徽馆、重庆馆、大理馆、大连馆、东北师大馆、广西馆、贵州馆、国家馆、黑龙江馆、湖南馆、江西馆、近代史所、辽大馆、辽师大馆、柳州馆、内蒙古馆、宁夏馆、上海馆、天津馆、西南大学馆、浙江馆

17923

中国之新货币制度　林维英著　朱义析译

外文题名：A new monetary system of China

长沙：商务印书馆，1939，191 页，25 开（银行学会业务丛书）

本书共 6 章：引言、新货币制度之背景、新货币之性质、币制管理问题、新货币制度之将来、概述与结论。

收藏单位：重庆馆、广东馆、广西馆、贵州馆、国家馆、吉林馆、江西馆、辽大馆、南京馆、浙江馆

17924

中国纸币发行史　李骏耀著

重庆：中央银行经济研究处，1944.3，254 页，16 开

本书共 18 章，内容包括：历代之发行、官银钱号之发行、华商银行之发行、大清银行之发行、省银行之发行、中央银行之发行、中国农民银行之发行、法币之发行、发行之规程等。附四行券类、省券类等。

收藏单位：安徽馆、重庆馆、东北师大

馆、广东馆、贵州馆、国家馆、黑龙江馆、湖南馆、吉林馆、辽大馆、辽宁馆、南京馆、内蒙古馆、山西馆、上海馆、天津馆、西南大学馆、浙江馆、中科图

17925

中国纸币史　龚冠华编
出版者不详，1928，120页，32开

本书以朝代为序，讲述汉代至民国的纸币沿革史。共10章，内容包括：概论、汉朝之纸币、唐朝之纸币、金朝之纸币、明朝之纸币、民国之纸币等。

收藏单位：国家馆、近代史所、上海馆、浙江馆

17926

中国逐渐采行金本位币制法草案　财政部甘末尔设计委员会拟
财政部，1929.11，油印本，266页，14开

本草案附理由书。由该委员会于1929年11月提交财政部。

收藏单位：重庆馆、南京馆、上海馆

17927

中国逐渐采行金本位币制法草案　财政部甘末尔设计委员会拟
上海：工商部工商访问局，[1929]，1册，23开

收藏单位：重庆馆、广东馆、国家馆、黑龙江馆、湖南馆、近代史所、辽宁馆、上海馆、天津馆、浙江馆、中科图

17928

中国逐渐采行金本位币制法草案　财政部甘末尔设计委员会拟
军需学校，[1929]，58页，23开（军需学校丛书）

收藏单位：国家馆

17929

中华币制史　张家骧著
北京：民国大学出版部，1925.11，1册，22开（民国大学丛书）

北京：民国大学出版部，1926.3，再版，1册，22开（民国大学丛书）

本书共6编：历代货币、现代货币、现代币制问题、币制行政、金银铜统计、附录。附录清宣统三年币制实业借款始末、币制委员会会议币制报告书等7种。附各种照片。

收藏单位：安徽馆、重庆馆、东北师大馆、广东馆、桂林馆、国家馆、湖南馆、辽大馆、辽东学院馆、柳州馆、南京馆、宁夏馆、山西馆、上海馆、西南大学馆、浙江馆、中科图

17930

中日货币战　独立出版社编辑
重庆：独立出版社，1939.10，54页，32开（战时综合丛书第5辑）

本书共9章，内容包括：论中日货币战、中日货币战之前瞻、敌人之金融进攻、货币抗战的现阶段、如何抵抗敌人的金融侵略、法币与日圆在中国等。附讨论大纲。

收藏单位：重庆馆、广东馆、贵州馆、国家馆、吉林馆、南京馆、内蒙古馆、浙江馆

17931

中日货币战　国民出版社编辑
金华：国民出版社，1939.9，82页，32开（国民知识丛书第1辑）

金华：国民出版社，1939，2版，82页，32开（国民知识丛书第1辑）

金华：国民出版社，1939.10，3版，82页，32开（国民知识丛书第1辑）

金华：国民出版社，1939，4版，82页，32开（国民知识丛书第1辑）

本书共6章，内容包括：日圆价格为什么惨跌、日圆集团必趋失败、黑市骚动无损法币信用、法币必胜的凭证等。附《我国财政金融之过去与现在》（孔祥熙）。书前有总裁关于金融政策的指示。

收藏单位：安徽馆、重庆馆、广东馆、国家馆、湖南馆、吉林馆、江西馆、近代史所、辽大馆、南京馆、上海馆

17932

中日货币战问题座谈记录

出版者不详，1939.7，20 页，32 开

　　本座谈会于 1939 年 6 月 24 日由国民党云南省党部召开，发言人包括：朱通九、刘大钧、谷春帆、丁佶、林维英、孙恭度等，由朱通九作总结发言。

　　收藏单位：国家馆

17933

中外货币政策　彭学沛著

上海：神州国光社，1930.3，[18]+375 页，22 开

上海：神州国光社，1931.8，再版，[18]+375 页，22 开

　　本书分上、中、下 3 卷：货币政策的理论、货币政策的实际、中国的货币政策。附卫斯林建议要点和原文、十七年经济会议所通过各草案等。

　　收藏单位：重庆馆、广东馆、桂林馆、国家馆、黑龙江馆、湖南馆、吉林馆、江西馆、辽大馆、南京馆、宁夏馆、上海馆、天津馆、西南大学馆、浙江馆

17934

中央银行之理论与实务　陈天表著

上海：中华书局，1934.9，222 页，22 开（社会科学丛书）

上海：中华书局，1937.3，222 页，22 开（社会科学丛书）

　　本书分上、下两编：理论、实务。上编共 6 章，内容包括：中央银行之效能及其重要原则、中国中央银行概况、中央银行与币制改革等；下编共 7 章，内容包括：办理存款之人要、办理汇兑之大要、会计与簿记、稽核等。附办理存款之手续、中国中央银行章程、中国中央银行条例等。

　　收藏单位：重庆馆、广东馆、广西馆、贵州馆、国家馆、河南馆、黑龙江馆、湖南馆、吉林馆、江西馆、辽大馆、辽宁馆、南京馆、内蒙古馆、天津馆、浙江馆

17935

中央银行纸币概论　崔显堂著

北京：崔显堂 [发行者]，1948，油印本，35 页，32 开（崔显堂集钞专稿 2）

　　收藏单位：国家馆

17936

中央造币厂工作经过报告书　陈行编

上海：中央造币厂，1935，[28]+202 页，16 开

　　本书分 5 部分：序言、图画、总纲、事务组、工务组。第 3 部分共 5 章：沿革、组织、厂基、机器、经济状况。

　　收藏单位：广东馆、国家馆、吉林馆、近代史所、上海馆、首都馆

17937

中央造币厂职员录　中央造币厂总务处编

[上海]：中央造币厂总务处，1934.8，40 页，25 开

[上海]：中央造币厂总务处，1936.7，40 页，42 开

　　本书收录该厂秘书室、总技师室、总务处、会计处等机构职员录。

　　收藏单位：国家馆

17938

资本主义货币制度论　（苏）约翰逊著　高叔康译

汉口：华中图书公司，1938.5，200 页，32 开

　　本书共 24 章，内容包括：资本主义社会的货币的任务、银行券和纸币、世界货币、最新的布尔乔亚的货币恐慌论等。

　　收藏单位：重庆馆、广东馆、国家馆、湖南馆、吉林馆、南京馆、内蒙古馆、上海馆、西南大学馆、浙江馆

17939

最近币制变动及其影响　钱承绪编著

上海：中国经济研究会，1942，108 页，16 开

　　本书共 8 部分，内容包括：币制变动前夜、币制变动经过、工商各界之对策、管理军票交易、市场所受影响等。

17940

最近货币金融学说 戴蔼庐编译

上海：黎明书局，1932.8，246 页，25 开（国立暨南大学法学院丛书）

本书论述第一次世界大战后各种货币金融学说。共 8 章：货币数量说、战后之汇兑学说、金本位废弃论、金本位恢复论、通货政策之归趋、商业循环论、国际银行论、银行及信用国有论。

收藏单位：重庆馆、东北师大馆、广西馆、贵州馆、桂林馆、国家馆、河南馆、湖南馆、吉林馆、辽大馆、南京馆、内蒙古馆、山西馆、上海馆、首都馆、天津馆、西南大学馆、浙江馆

17941

最近上海行使的辅币代价券 卫聚贤著

出版者不详，[1911—1949]，28 页，16 开

本书记述 1939 年上海市场缺乏辅币，各商号纷纷发行辅币券的情况。

17942

最新货币学 施仁夫著 程绍德校

重庆：艺新图书社，1944.9，192 页，32 开

本书共 8 章：总论、铸币、纸币、存款币、货币之对内价值、货币之对外价值、货币之本位制度、各国货币制度概要。附币制则例、国币条例、美财政部稳定世界币制计画草案等 14 种。

收藏单位：重庆馆、贵州馆、国家馆、湖南馆、天津馆

17943

最新货币学原理（货币学之实证的研究）

（日）牧野辉智著 李荫南译

上海：黎明书局，1935.4，298 页，22 开（黎明商业丛书）

上海：黎明书局，1937，298 页，22 开（黎明商业丛书）

本书共 5 编：绪论、货币本质底研究、货币价值之研究、纸币之研究、现金底研究。

收藏单位：重庆馆、广东馆、国家馆、吉林馆、辽大馆、南京馆、宁夏馆、上海馆、首都馆、西南大学馆、浙江馆

金融、银行

17944

儿童银行 张九如 周焘青编

上海：中华书局，1929，142 页，32 开（儿童课余服务丛书 第 6 种）

上海：中华书局，1931.5，3 版，142 页，32 开（儿童课余服务丛书 第 6 种）

上海：中华书局，1934.1，4 版，142 页，32 开（儿童课余服务丛书 第 6 种）

本书以小说体裁向儿童介绍银行知识。共 25 部分，内容包括：凄凉渡江悲国事、风雨同舟谈银行、覆述银行的种类、票据是什么、验看银元的老手、儿童银行开幕记等。

收藏单位：国家馆、河南馆、黑龙江馆、辽宁馆、南京馆、内蒙古馆、山西馆、上海馆、天津馆、浙江馆

17945

各银行招考职员试题

出版者不详，[1934—1949]，45 页，64 开

收藏单位：浙江馆

17946

国立复旦大学银行系一九四七级毕业纪念刊

出版者不详，[1947]，52 页，16 开，精装

本书共 5 部分：题词、校景、特载、论著、文艺。第 4 部分收录该校师生所写论文 22 篇。附《银行系刊》第 5 期。

收藏单位：国家馆

17947

理财的艺术 红风编著

上海：博文书店，1941，180 页，32 开

本书共 6 章：总论、怎样懂得理财的艺术、日用理财的程序、理财关系上的各点、救济经济困难的办法、结论。编著者原题：裴小楚。

收藏单位：重庆馆、广东馆、贵州馆、首

都馆、浙江馆

17948

理财术　周禹昌著

[上海]：激流书店，1947.7，117 页，32 开

　　本书共 15 部分，内容包括：钱是什么东西、钱在人间的关系、钱在商人的手里、钱在工人的手里、钱在资产阶级、被钱支配后的现实等。

　　收藏单位：南京馆、人大馆

17949

私立诚信银行函授学校讲义

上海：出版者不详，[1911—1949]，1 册，32 开

　　收藏单位：南京馆

17950

私立诚信银行函授学校十五周年纪念特刊（原名，中国银行专科函授学校）

出版者不详，1934，1 册，32 开

　　收藏单位：南京馆

17951

投考银行指南大全　中国银行学校编

职业教育书局，1929，1 册，32 开

　　收藏单位：南京馆

金融、银行理论

17952

保管箱问题　银行学会编

上海：银行学会，1942.1，121 页，22 开（银行实务丛刊 14）

　　本书共 4 章，内容包括：保管箱租用规则编订与增修之经过、保管箱实务问题等。

　　收藏单位：国家馆、上海馆

17953

标金交易秘诀（一名，中外汇兑指南）　奚楚明编

上海：商业书局，1928.8，185 页，32 开，精装

17954

不动产抵押银行概论　（美）柯恩（J. L. Cohen）著　朱寿麟译

重庆：中国农民银行土地金融处，1943.8，118 页，32 开（中国农民银行土地金融处丛书）

　　本书共 8 章，内容包括：不动产之借与贷、抵押银行的种类、不动产抵押债券之销售、抵押债券之出息、抵押银行之工作等。据著者于 1930 年在日内瓦国际高级研究大学讲课的讲稿上部译出。

　　收藏单位：重庆馆、广东馆、国家馆、吉林馆、南京馆、浙江馆

17955

不动产金融论　（日）杉本正幸原原著　林嵘编译

[上海]：合作与农村出版社，1941.5，98 页，32 开

　　本书共 8 章：不动产金融之概念、不动产及其鉴定、不动产之评价、放款金额及其利率之决定、放款年限及偿还方法、借贷契约之缔结、本利之收回、我国不动产金融之实施。附复利现价率表、年金现价率表。版权页题名：不动产金融要论。

　　收藏单位：重庆馆、广东馆、贵州馆、国家馆、南京馆

17956

财务状况表之如何估计　（美）窝尔（A. Wall）著　朱通九　周吉云译

外文题名：How to evaluate financial statements

交通银行总管理处设计处，1941.7，188 页，25 开（交行丛书）

　　本书共 12 章，内容包括：本书目标的评价、资产负债表、比较方法及其程序、比例分析法、趋势与指数、定义及公式等。

　　收藏单位：重庆馆、国家馆、南京馆

17957

财政商业高等利息计算法 吴宗焘编

上海：商务印书馆，1923，154 页，22 开（经济丛书社丛书 2）

上海：商务印书馆，1925.1，再版，166 页，23 开（经济丛书社丛书 2）

上海：商务印书馆，1931.1，3 版，166 页，23 开（经济丛书社丛书 2）

上海：商务印书馆，1932.9，国难后 1 版，166 页，22 开（经济丛书社丛书 2）

上海：商务印书馆，1934.7，国难后 2 版，166 页，22 开（经济丛书社丛书 2）

上海：商务印书馆，1935，国难后 3 版，166 页，22 开（经济丛书社丛书 2）

本书为商业学校用书。共 7 编：单利法及复利法、年金法、年赋偿还法、公债及债券、特种债券、收益计算法前编、收益计算法后编。

收藏单位：重庆馆、广东馆、广西馆、贵州馆、国家馆、河南馆、江西馆、辽大馆、南京馆、内蒙古馆、上海馆、绍兴馆、天津馆、浙江馆

17958

财政商业高等利息计算法练习问题解法 吴宗焘编

上海：商务印书馆，1923，49 页，22 开（经济丛书社丛书 2 附本）

上海：商务印书馆，1926，再版，49 页，23 开（经济丛书社丛书 2 附本）

上海：商务印书馆，1931，3 版，49 页，22 开（经济丛书社丛书 2 附本）

上海：商务印书馆，1933，国难后 1 版，49 页，22 开（经济丛书社丛书 2 附本）

上海：商务印书馆，1935，国难后 2 版，49 页，22 开（经济丛书社丛书 2 附本）

收藏单位：重庆馆、广东馆、广西馆、贵州馆、国家馆、河南馆、湖南馆、南京馆、内蒙古馆、上海馆、首都馆、天津馆

17959

仓库单据 银行学会编

上海：银行学会，1934.6，[29] 页，23 开（银行实务丛刊 4）

本书大部分为汉英对照。收录银行业仓库单据表报式样。

收藏单位：国家馆、上海馆

17960

陈著银行会计习题详解 陈福安编

立信会计图书用品社，1941，油印本，72 页，16 开（立信会计丛书）

本书书中题名：银行会计习题答解，逐页题名：银行会计习题详解。

收藏单位：重庆馆、广东馆、辽大馆、天津馆

17961

储蓄与资本之构成 陈宪章著

珠海大学，1949.5，[13] 页，16 开

本书为《珠海学报》第 2 集抽印本。

17962

存单存折转让问题 银行学会银行实务研究会编

上海：银行学会银行实务研究会，1936.12，27 页，23 开（银行实务丛刊 10）

上海：银行学会银行实务研究会，1939.5，再版，27 页，22 开（银行实务丛刊 10）

本书共 7 部分：引言、存单存折转让问题之第一次研究、存单存折转让问题之第二次研究、存单存折转让问题本会与银行业同业公会往来文件、英国对于存单存折转让问题之处置、存单存折转让问题律师之意见、本会会员之意见。

收藏单位：国家馆、内蒙古馆、上海馆、浙江馆

17963

存户遗失存单存折印鉴处理问题 银行学会编

上海：银行学会，1941.6，60 页，22 开（银行实务丛刊 13）

本书共 5 章：绪言、关于本件各项问题及实务研究会议决案、各方意见、有关文件、结论。

收藏单位：国家馆、上海馆

17964
存款实务 上海商业储蓄银行编著
上海商业储蓄银行，1948.1，181 页，23 开
（上海银行训练班丛书）
收藏单位：上海馆

17965
存款事务解说 （日）长滨能得 [著] 于德
敏译
华北合作事业总会，1943.1，64 页
本书共 5 章：总论、办理存款事务之手
续、牵制组织及自己检查、整理交易之诸证
凭、奖励存款之方策。
收藏单位：国家馆

17966
地方银行概论 徐学禹 丘汉平编著
福建省经济建设计划委员会出版处，1941.4，
10+14+290 页，25 开，精装（经济建设丛书）
本书共 10 章，内容包括：总论、欧美日
本之地方银行、本国地方银行之沿革、本国
省银行之现状、地方银行之法务、国家银行
与地方银行之关系等。附银行法、全国省银
行一览表等 13 种。
收藏单位：重庆馆、桂林馆、国家馆、吉
林馆、江西馆、南京馆、上海馆

17967
儿女教育贮金法 （日）赤川菊村著 王骏声
译
上海：商务印书馆，1921.10，125 页，32 开
上海：商务印书馆，1922，2 版，125 页，32 开
本书共两部分：总说、儿女教育贮金法模
范实例。
收藏单位：重庆馆、广西馆、国家馆、河
南馆、湖南馆、陕西馆、上海馆、首都馆、
浙江馆

17968
放款单据 银行学会编
上海：银行学会，1935.2，[33] 页，18 开（银

行实务丛刊 5）
上海：银行学会，1938.12，再版，[33] 页，23
开（银行实务丛刊 5）
本书为汉英对照。共 12 部分，内容包
括：定期押款据、活期押款据、透支押据、信
用透支借据、进口押汇借据等。据银行实务
研究会单据小组历次开会讨论结果编辑而成。
收藏单位：国家馆、上海馆、天津馆、浙
江馆

17969
放款实务 倪文硕编
上海商业储蓄银行，1948.1，[12]+138 页，23
开（上海银行训练班丛书）

17970
复利推算法 中央信托局储蓄处编
中央信托局储蓄处，1935.12，1 册，25 开
收藏单位：江西馆

17971
个人与信托 新华信托储蓄银行服务部编
上海：新华信托储蓄银行服务部，1934.8，15
页，36 开（新华经济零谈 2）
本书为银行向顾客介绍信托业务常识的
浅易读物。
收藏单位：国家馆

17972
个人与银行 新华信托储蓄银行服务部编
上海：新华信托储蓄银行服务部，1934.3，16
页，32 开（新华经济零谈 1）
收藏单位：上海馆

17973
股票之研究 投资周刊社编
上海：中国文化服务社，1947.2，118 页，32
开（国民文库）
本书共 15 章，内容包括：股票之种类、
普通股之研究、优先股之研究、累积非累积
及保障优先股、参加与非参加优先股、优先
股与残余财产之分配等。
收藏单位：重庆馆、广东馆、国家馆、吉

林馆、南京馆、宁夏馆、上海馆、天津馆

17974
顾著银行会计习题详解　严曦编演
[上海]：立信会计图书用品社，1944，油印本，238 页，18 开（立信会计丛书）
　　收藏单位：国家馆、南大馆、南京馆

17975
国际汇兑　贝祖诒讲　中央训练团党政高级训练班编
中央训练团党政高级训练班，1944.5，50 页，32 开
　　本书共 9 章，讲述国际汇兑制度、我国外汇情况等。
　　收藏单位：南京馆

17976
国际汇兑　（美）欧雪（Franklin Escher）著　李百强译
外文题名：Foreign exchange explained
上海：世界书局，1933.11，246 页，25 开，精装
　　本书共 22 章，内容包括：汇兑平价、国际银行、供求的来源、主要的汇价、各种汇票间的价格关系、国外汇兑市场、银行长期汇票、金元信用、国外汇兑上利润的可能性等。附世界各主要国的币制等。
　　收藏单位：重庆馆、东北师大馆、国家馆、河南馆、湖南馆、吉林馆、江西馆、辽大馆、南京馆、上海馆、天津馆、浙江馆

17977
国际汇兑　周学谦著
河南大学印刷所，1935.11，318 页，32 开
　　本书分上、下两编：国际汇兑之原理、实践。附上海国外汇兑银行公会章程、上海汇兑经纪员公会章程、中国银行章程、中国银行条例。
　　收藏单位：南京馆

17978
国际汇兑讲义大纲　周守正编著

出版者不详，1948.11，39 页，22 开
　　本书共两章：国际汇兑的理论、外汇政策。
　　收藏单位：广东馆

17979
国际汇兑浅说　丘汉平著
上海：民智书局，1926，14+158 页，50 开
　　本书共 16 章，内容包括：国际汇兑之意义、法定汇兑平价、国际汇兑供求要素、汇兑市价变动之原因、国际汇兑市场、各种利率之解释及其关系、外国汇兑之运用、东方汇兑等。
　　收藏单位：北师大馆、广西馆、国家馆、河南馆、上海馆、首都馆、浙江馆

17980
国际汇兑与贸易　傅文楷　丘汉平编著
上海：民智书局，1926.6，2 册（544+314 页），22 开
上海：民智书局，1933.4，再版，2 册（544+314 页），22 开（民智商学丛书）
　　本书分上、下两卷。上卷共 4 编：国际汇兑原理、国际汇兑政策、国际汇兑实践、国际汇兑问题；下卷共 4 编：国际贸易原理、国际贸易政策、国际贸易实践、国际贸易之促进。
　　收藏单位：安徽馆、重庆馆、广东馆、广西馆、国家馆、湖南馆、江西馆、辽大馆、南京馆、上海馆、首都馆、天津馆、浙江馆、中科图

17981
国际私人投资之条件　交通银行设计处编译
交通银行总管理处，1948.1，39 页，36 开（国际联盟经济丛书）
　　收藏单位：国家馆、湖南馆、吉林馆、江西馆、天津馆

17982
国家信贷　柏哥尔波夫著　季陶达译
曲江（韶关）：生活书店，1940.5，64 页，32 开（百科小译丛 12）

本书共 6 章，内容包括：概述、前工业资本主义时期（自中世纪至十八世纪末）的国家信贷的发展、工业资本主义时期与帝国主义时期（至帝国主义战争）内国家信贷之发展、苏联的国家信贷等。译者原题：陶达。

收藏单位：重庆馆、广东馆、广西馆、国家馆、湖南馆、南京馆

17983

国库制度　陆定著

北京：经济协会，1913.10，106 页，22 开

本书共两编：国库总论、金库出纳事务。内容多取材于日本的相关著述及陈宗妫考察日本后所写的讲稿。据著者于 1911 年在北京财政讲习所授课的讲义编成。

收藏单位：国家馆、河南馆、吉林馆、江西馆、天津馆

17984

国库制度之研究　谭平著

上海：民智书局，1929.8，276 页，32 开

本书共 15 章，内容包括：国库及国库金之概念、国库与中央银行之准备制度、国库与中山先生之金融政策、国库与金融市场之关系、国库与会计、国库组织与中国整理财政之关系等。附英国、美国、德国、法国供托制度概要。

收藏单位：重庆馆、广东馆、国家馆、河南馆、湖南馆、吉林馆、近代史所、南京馆、上海馆、天津馆、浙江馆

17985

国外汇兑　陈成耀著

长沙：商务印书馆，1941.4，156 页，25 开

上海：商务印书馆，1946.6，3 版，161 页，25 开（银行学会丛书）

上海：商务印书馆，1947.2，再版，161 页，25 开（新中学文库）（银行学会丛书）

上海：商务印书馆，1947.10，5 版，161 页，25 开，精装（新中学文库）

本书共 10 章，内容包括：国外汇票、外汇之经营、银行信用及信用证书、银行买卖外币之会计、外汇行市之涨落、外汇统制等。

收藏单位：安徽馆、长春馆、重庆馆、广东馆、广西馆、贵州馆、国家馆、河南馆、湖南馆、江西馆、辽大馆、辽东学院馆、辽宁馆、南京馆、内蒙古馆、宁夏馆、首都馆、天津馆、浙江馆、中科图

17986

国外汇兑　唐庆增著

上海：商务印书馆，1930.10，107 页，32 开（万有文库 第 1 集 1000）（商学小丛书）

上海：商务印书馆，1933.11，107 页，32 开（商学小丛书）

上海：商务印书馆，1934.1，再版，107 页，32 开（商学小丛书）

上海：商务印书馆，1934，3 版，107 页，32 开（商学小丛书）

长沙：商务印书馆，1939，107 页，36 开（万有文库 第 1 集 1000）（商学小丛书）

上海：商务印书馆，1939.12，102 页，25 开（万有文库 第 1、2 集简编 500 种 76）（商学小丛书）

本书共 8 章，内容包括：汇票之性质及其用途、汇票之需要与供给、汇兑率、国外投资与汇兑市场、银本位国家国外汇兑原理等。

收藏单位：安徽馆、重庆馆、大理馆、大连馆、东北师大馆、广东馆、广西馆、贵州馆、国家馆、河南馆、黑龙江馆、湖南馆、惠州馆、江西馆、辽大馆、辽师大馆、南京馆、内蒙古馆、宁夏馆、上海馆、绍兴馆、首都馆、天津馆、西南大学馆、浙江馆

17987

国外汇兑之理论与实务　潘世杰编著

重庆：中央银行经济研究处，1943.11，12+358 页，16 开（中央银行经济研究处丛书）

重庆：中央银行经济研究处，1944.5，再版，12+408 页，16 开（中央银行经济研究处丛书）

本书共 27 章，内容包括：汇票、外汇买卖、汇兑裁定、汇价计算及其变动、中外各国外汇管理、外汇市场等。附联合国平准基金建议、国际清算联盟建议、加拿大国际汇兑联盟计划草案、建立国际货币基金联合宣

言。

收藏单位：重庆馆、东北师大馆、广东馆、贵州馆、国家馆、吉林馆、近代史所、辽宁馆、南京馆、宁夏馆、首都馆、西南大学馆、浙江馆、中科图

17988
国外汇兑之理论与实务 资耀华著
上海：中华书局，1934.3，[18]+280 页，25 开（中华学艺社学艺文库 1）
上海：中华书局，1937.4，再版，280 页，25 开（中华学艺社学艺文库 1）
上海：中华书局，1939.8，3 版，280 页，25 开（中华学艺社学艺文库 1）

本书共 12 章，内容包括：概论、国外汇票、汇兑行市、银行信用与信用证书、进口汇兑、国外汇兑之裁定、买卖生金银等。附世界各重要国之货币单位、先令便士与镑之折合表、计算利息时之日数一览表等 8 种。

收藏单位：重庆馆、东北师大馆、广东馆、广西馆、贵州馆、国家馆、河南馆、黑龙江馆、湖南馆、吉大馆、吉林馆、近代史所、辽大馆、南京馆、内蒙古馆、宁夏馆、首都馆、天津馆、西南大学馆、浙江馆、中科图

17989
合作存稿 张则尧著
出版者不详，[1947]，40 页，32 开

本书收文 9 篇，内容包括：《波亚桑氏合作共和国之理想及其批判》《都市信用合作社论》《县合作金库论》《中央合作金库论》等。

收藏单位：国家馆、江西馆

17990
合作金库概论 陈维藩著
上海：陈维藩[发行者]，1940.1，61 页，32 开

本书共 4 部分：绪言、各国之合作金库、中国之合作金库、结论。

收藏单位：国家馆

17991
合作金融 陈颖光 李锡勋编
东南合作印刷厂，[1935—1949]，30 页，16 开（中国合作经济函授学校讲义）

本书共 5 章，内容包括：我国合作金融之发展、合作金融机构之组织、各国合作金融制度之比较等。

收藏单位：重庆馆、南京馆

17992
合作金融 陈颖光 李锡勋编著
重庆：正中书局，1945.6，219 页，32 开（合作指导丛书）
上海：正中书局，1946.10，219 页，32 开（合作指导丛书）

本书为指导员及合作金融人员训练用书。分上、下两编：总论、实务。上编共 5 章，内容包括：导言、我国合作金融之发展、合作金融机构之组织、各国合作金融制度之比较等；下编共 7 章，论述存款、放款、汇兑、信托、仓库、会计与审计等实际经营业务。

收藏单位：重庆馆、广西馆、国家馆、湖南馆、吉大馆、吉林馆、辽大馆、辽宁馆、南京馆、天津馆、西南大学馆、浙江馆

17993
合作金融 [河南省训练团编]
河南省训练团，1947.2 印，34 页，32 开

本书共 3 章：总论、合作金融的组织体制、合作金融的业务经营。

收藏单位：重庆馆、国家馆

17994
合作金融概论 张绍言编著
重庆：中华书局，1944.12，108 页，32 开
上海：中华书局，1947.3，再版，108 页，32 开
上海：中华书局，1947，3 版，108 页，32 开

本书共 9 章，内容包括：绪论、合作金融与财政、合作金融的种类、各国合作金融概况、我国合作金融的史实、结论等。

收藏单位：重庆馆、东北师大馆、广东馆、广西馆、国家馆、吉大馆、辽大馆、辽

宁馆、南京馆、上海馆、首都馆、天津馆、浙江馆

17995

合作金融论　额路巴儒著　欧阳瀚存译

上海：商务印书馆，1936.9，362 页，22 开，精装（经济丛书）

　　本书共 14 章，内容包括：劳动人口间信用机关之必要、合作（定义及要素）、消费合作银行、准合作银行（劳动银行）、都市小生产者银行、农业合作银行等。

　　收藏单位：安徽馆、重庆馆、东北师大馆、广东馆、广西馆、贵州馆、国家馆、河南馆、黑龙江馆、湖南馆、吉林馆、江西馆、辽大馆、南京馆、上海馆、绍兴馆、天津馆、浙江馆

17996

合作金融论　侯哲安著

南京：中国合作学社，1936.3，172 页，32 开

　　本书共 8 章：合作金融的本质、消费合作金融、都市小生产者合作金融、农业的合作金融、特殊合作金融、准合作金融、国际合作金融、结论。著者原题：侯哲荪。

　　收藏单位：重庆馆、东北师大馆、国家馆、湖南馆、吉林馆、南京馆、首都馆、天津馆、浙江馆

17997

合作金融浅说　徐肇和编著

重庆：正中书局，1945.4，60 页，32 开

　　本书共 12 章，内容包括：合作金融的特质、农贷问题的商榷、保甲制度的农贷、农会机构的农贷、合作组织的农贷、合作金融的使命等。附《中国合作化方案之一——全国合作银行》（薛仙舟）、创设中央及省县（市）合作金库以建立合作金融系统案（修正案）、三十二年度农贷方针、农贷准则、合作金库条例。

　　收藏单位：重庆馆、广东馆、贵州馆、国家馆、湖南馆、吉林馆、南京馆

17998

合作金融要义　张则尧编著

南京：合作评论社，1946，50 页，32 开（合作评论社丛书）

南京：合作评论社，1946，再版，50 页，32 开（合作评论社丛书）

　　本书共 5 章，内容包括：合作金融之本质、合作金融之组织体制、信用合作社（或乡镇合作社信用部）之业务及其原则等。据作者的授课讲义编成，内容多取材于《产业组合金融》（小平权一）。

　　收藏单位：重庆馆、广西馆、国家馆、黑龙江馆、南京馆、首都馆

17999

合作金融要义　张则尧编译

崇安（武夷山）：中国合作经济研究社，1944.10，62 页，32 开（合作知识丛书）

　　收藏单位：国家馆、江西馆

18000

合作银行通论　吴颂皋著

上海：商务印书馆，1923.12，42 页，36 开（百科小丛书 27）

上海：商务印书馆，1926.11，再版，42 页，36 开（百科小丛书 27）

　　本书共 4 章：什么是合作银行、怎样去办合作银行、怎样去办合作银行（续）、为甚么要办合作银行。

　　收藏单位：重庆馆、广东馆、广西馆、国家馆、河南馆、湖南馆、江西馆、南京馆、山东馆、上海馆、首都馆、天津馆、西南大学馆、浙江馆

18001

黄金之将来　之江大学商学院编

上海：世界书局，1941.6，86+15 页，32 开（经济问题研究讲演集 第 1 辑）

　　本书收录演讲稿 12 篇，内容包括：《银行经营国外汇兑方法之研究》（孔士谔）、《银行法》（李培恩）、《在华外商银行业务之检讨》（陈凤书）、《银行保证制度》（王维骃）、《黄金之将来》（徐祖廉）等。附英文演讲稿两

篇。

收藏单位：重庆馆、广东馆、国家馆、湖南馆、江西馆

18002

汇兑论　俞希稷编

上海：商务印书馆，1925.1，12+248 页，25 开

上海：商务印书馆，1928.6，2 版，12+248 页，25 开

上海：商务印书馆，1929.4，3 版，12+248 页，25 开

上海：商务印书馆，1932.10，国难后 1 版，12+248 页，25 开

本书为新学制高级商业学校教科书。分上、下两编：汇兑原理、汇兑状况。共 17 章，内容包括：概论、汇票种类与汇价之涨落、生金银之进出口、代用钱币与汇兑、我国金融与汇兑业务、英国汇兑市况、日本汇兑市况等。

收藏单位：安徽馆、重庆馆、东北师大馆、广东馆、国家馆、河南馆、黑龙江馆、江西馆、辽大馆、南京馆、内蒙古馆、上海馆、浙江馆

18003

汇兑论　浙江财务人员养成所编

浙江财务人员养成所，1931.6，40 页，18 开

收藏单位：浙江馆

18004

汇兑论讲义　黄宗孟编述

广东省地方行政干部训练团，1940，43 页，36 开（金融类 5）

本书共 8 章，内容包括：总论、汇兑平价、汇兑市价及其涨落、汇兑市价之计算、汇票等。

收藏单位：重庆馆

18005

汇兑释要　张一渠编

上海：全国商业图书合作社，1929.6，80 页，32 开（全国商业实用丛书 1）

本书共 14 部分，内容包括：汇兑意义、

汇兑种类、汇兑范围、汇兑行市、汇兑方法、汇兑期限、汇兑贴现等。

收藏单位：国家馆

18006

汇兑统制　（英）爱恩济格（Paul Einzig）著　刘望苏译

外文题名：Exchange control

上海：商务印书馆，1935.6，140 页，22 开，精装

上海：商务印书馆，1935，再版，140 页，22 开，精装

上海：商务印书馆，1938，3 版，140 页，25 开，精装

本书共 18 章，内容包括：绪论、汇兑统制是什么、战后的汇兑统制、汇兑统制的目的、现金政策、汇兑统制的前途等。著者原题：恩吉基。

收藏单位：重庆馆、东北师大馆、广东馆、贵州馆、国家馆、黑龙江馆、湖南馆、吉林馆、江西馆、辽大馆、南京馆、陕西馆、上海馆、首都馆、天津馆、浙江馆

18007

汇兑统制　（英）爱恩济格（Paul Einzig）著　王作田译

王作田 [发行者]，1937.1，192 页，32 开（河北省立法商学院经济丛书）

本书著者原题：恩吉格。

收藏单位：重庆馆、国家馆、南京馆、天津馆

18008

汇兑统制　（英）爱恩济格（Paul Einzig）著　殷锡琪译

上海：世界书局，1935.8，144 页，25 开

收藏单位：重庆馆、东北师大馆、广东馆、国家馆、河南馆、湖南馆、吉林馆、江西馆、南京馆、首都馆、天津馆、浙江馆

18009

汇兑统制　朱通九译

重庆：独立出版社，1939.5，62 页，32 开（国

民经济研究所小丛书）

本书为国联经济财政委员会报告。共 5 部分：导言、汇兑统制的发生、汇兑统制的方法、汇兑统制的效果、弛缓汇兑统制之方法。

收藏单位：安徽馆、重庆馆、国家馆、吉林馆、南京馆、上海馆、西南大学馆、浙江馆

18010

汇兑学　冯定璋著

长沙：商务印书馆，1941.7，[12]+344 页，25 开

本书分 15 章，内容包括：汇票之需要与供给、汇票之种类、汇兑行市、商业汇票、外汇票据与国际贸易等。据著者的授课讲义修订编成。

收藏单位：重庆馆、广东馆、国家馆、南京馆

18011

汇兑学 ABC　王澹如著

上海：ABC 丛书社，1931，2 版，129 页，32 开

收藏单位：广西馆、贵州馆、黑龙江馆、天津馆

18012

汇兑学 ABC　王澹如著

上海：世界书局，1930.4，129 页，32 开（ABC 丛书）

上海：世界书局，1933.5，3 版，129 页，32 开（ABC 丛书）

上海：世界书局，1936.10，4 版，129 页，32 开（ADC 丛书）

本书共 10 章，内容包括：总论、汇票、汇兑平价、汇兑市价、汇兑的市场、我国汇兑实况等。

收藏单位：重庆馆、东北师大馆、广东馆、国家馆、湖南馆、吉林馆、江西馆、南京馆、内蒙古馆、宁夏馆、首都馆、天津馆、浙江馆

18013

汇兑指南　沈秉庆编辑　秦容甫纂定

[上海]：银行集益会，1923.7，1 册，32 开，精、平装

[上海]：银行集益会，1927.2，再版，[156] 页，32 开，精装

本书大部分为表，内容包括：各国汇兑算法一览表、大条银市价推算英汇价格表、英汇市价合算规银表、日汇市价推算标金价格表、汇兑市价规银对照表等。

收藏单位：国家馆、上海馆

18014

汇划实务　习齐煊编

上海商业储蓄银行，1949.3，修订再版，126 页，23 开（上海银行训练班丛书）

18015

货币银行学讲义　莫萱元编述

出版者不详，[1939]，342 页，22 开

本书共两编：货币、银行。

收藏单位：国家馆、南京馆

18016

稽核实务　吴梦华著　中国农民银行行员训练班编

中国农民银行行员训练班，1941，12 页，32 开

本书共 3 节：稽核意义及范围、审核工作、检查工作。书中题名：银行稽核实务概述。

收藏单位：重庆馆、国家馆

18017

交易所会计　诸尚一著

重庆、上海：商务印书馆，1947.9，121 页，25 开

本书共 9 章：泛论、交易所之会计体系、创业纪录、业务纪录、投资纪录、维持纪录、结束纪录、经纪人会计、结言。

收藏单位：重庆馆、广西馆、国家馆、黑龙江馆、湖南馆、吉林馆、辽大馆、辽宁馆、南京馆

18018
交易所论 吴德培编著
重庆：商务印书馆，1945.11，177 页，25 开
（部定大学用书）
上海：商务印书馆，1946.2，177 页，25 开（部定大学用书）

本书共 5 编：总论、交易所之证券与物品、交易所之组成、交易所之实务、抗战前后上海六大交易所之实况。附交易所法等 4 种法规及参考材料一览。据作者在暨南、复旦、沪江大学三校任教时所编《交易所论大纲》讲义初稿增订编成。

收藏单位：重庆馆、东北师大馆、广东馆、广西馆、贵州馆、国家馆、河南馆、湖南馆、江西馆、近代史所、辽宁馆、南京馆、上海馆、天津馆、浙江馆

18019
交易所要义 谭平著
广州市证券物吕交流所，1922，34 页，32 开
收藏单位：广东馆

18020
交易所要义 王尘影等编
上海：商学社，1921.7，[10]+112+36 页，23 开
本书共 9 章，内容包括：总纲、证据金、市场买卖规则、交易所之经纪人及会员、经纪人与委托者间之不文规律、交割、违约处分等。附证券交易所法等 6 种法规。

18021
结算秘诀 黄文衮著
曲江（韶关）：中国计政书局，1942.4，再版，21 页，32 开
收藏单位：重庆馆

18022
今后对外汇应采之政策 刘大钧纂辑
出版者不详，1939.10，晒印本，9 张，大 16 开（中国经济统计研究所 总字第 337 号 金融门币制类 第 42 号）
收藏单位：上海馆

18023
金融经济大纲 邹宗伊著
上海：中华书局，1936.2，178 页，32 开
本书共 6 章：绪论、金融之生成、金融之组织、金融之活动、金融之行市、最近中国三大金融政策。

收藏单位：重庆馆、广东馆、广西馆、贵州馆、国家馆、黑龙江馆、吉林馆、辽大馆、辽宁馆、南京馆、上海馆、首都馆、天津馆、浙江馆、中科图

18024
金融经济概论 （日）饭岛幡司著 周佛海译
上海：商务印书馆，1926.7，297 页，32 开
上海：商务印书馆，1931，再版，299 页，32 开
上海：商务印书馆，1933.1，国难后 1 版，299 页，25 开
长沙：商务印书馆，1938，国难后 2 版，299 页，32 开
本书为新学制高级商业学校教科书。共 12 章，内容包括：通货的需要供给关系、资金之通融、银行通货的构成、通货与物价、利息的原理、分业银行主义与兼营银行主义等。

收藏单位：重庆馆、广东馆、广西馆、桂林馆、国家馆、河南馆、吉林馆、南京馆、内蒙古馆、上海馆、浙江馆

18025
金融论 黄曦峰著
国立北京女子师范学院，1940，[685] 页，16 开（国立北京女子师范学院经济系讲义）
本书共两编：货币学、银行学。第 1 编附银行法、储蓄银行法、中央银行条例等 10 种；第 2 编附国币条例、废两改元令、临时政府货币政策法令等 10 种。

收藏单位：国家馆

18026
金融论 （日）牧野辉智著 徐文波译
上海：民智书局，1932.3，328 页，22 开
本书共 9 编：总论、金融机关、金融的种

类、金融市场、资金、金利、金融政策、英国金融机构、美国金融机构。

收藏单位：安徽馆、重庆馆、广东馆、广西馆、国家馆、江西馆、南京馆、上海馆、浙江馆、中科图

18027
金融市场论　交通银行总管理处编
交通银行总管理处，1945.6，320页，22开（交通银行经济丛刊 2）
交通银行总管理处，1947.1，320页，22开（交通银行经济丛刊 2）

本书分 3 编：总论、各论、中国金融市场。第 1 编共 5 部分，内容包括：金融市场与实业、金融市场之构成、短期资金市场等；第 2 编共 7 部分，介绍战前之上海、重庆金融市场，伦敦、纽约、巴黎金融市场等；第 3 编共 4 部分，介绍中国短、长期资金市场之建立问题等。

收藏单位：安徽馆、重庆馆、东北师大馆、广东馆、国家馆、湖南馆、辽宁馆、南京馆、天津馆、武大馆、浙江馆、中科图

18028
金融统制论　（日）高桥龟吉著　徐文波译
上海：商务印书馆，1937.2，316页，32开（社会科学小丛书）

本书共 8 章，内容包括：金融统制原理与其经济基础、金融统制之目的与手段、自然发生的金融统制、计画的金融统制等。据日本改造社版《现代金融经济全集》（高桥龟吉）第 8 卷译出。

收藏单位：重庆馆、东北师大馆、广东馆、贵州馆、国家馆、河南馆、黑龙江馆、湖南馆、吉林馆、辽大馆、辽宁馆、南京馆、上海馆、浙江馆

18029
金融学纲要　蔡铁郎编著
上海：商务印书馆，1937.3，259页，25开

本书共 16 章，内容包括：绪论、资金之转移、金融市场通货之结构、金融与企业、物价、利率、国内汇价、国际金融与国际汇兑、金融政策、金融制度等。

收藏单位：重庆馆、广东馆、贵州馆、桂林馆、国家馆、河南馆、黑龙江馆、湖南馆、近代史所、辽大馆、南京馆、上海馆、浙江馆

18030
金融原理　（日）高岛佐一郎著　高书田译
上海：商务印书馆，1927，251页，22开（现代商业丛书）
上海：商务印书馆，1933，国难后 1 版，251页，22开（现代商业丛书）
上海：商务印书馆，1935，国难后 2 版，251页，23开（现代商业丛书）

本书共 10 章：现金与信用、理论上之金融市场、金融市场之水压机的说明、外国汇兑之理论的说明、外国汇兑之水压机的说明、票据认付商店票据经纪人及贴现商店、银行之贷借对照表、外国汇兑之实际、英兰银行、现金准备问题。

收藏单位：重庆馆、东北师大馆、广东馆、广西馆、国家馆、河南馆、黑龙江馆、湖南馆、江西馆、辽大馆、南京馆、内蒙古馆、上海馆、天津馆、西南大学馆、浙江馆、中科图

18031
近代金融学说　梁庆椿主编
重庆：中国农民银行经济研究处，1943.12，242页，32开（中国农民银行经济研究处研究专刊第 1 集）
重庆：中国农民银行经济研究处，1945.7，增订版，278页，32开（中国农民银行经济研究处研究专刊第 1 集）

本书介绍当时著名经济学家的金融学说。共 8 部分，内容包括：《霍曲莱（R. G. Hawtreg）之货币学说》（朱炳南）、《凯恩斯（J. M. Keynes）之货币理论》（陈振汉）、《威廉斯（J. H. Willams）之金融学说》（梁庆椿）、《罗伯生（D. H. Robertson）之银行政策理论》（宋则行）、《歇克斯（J. R. Hicks）之利息学说》（罗志如）等。

收藏单位：重庆馆、贵州馆、桂林馆、国

家馆、吉大馆、近代史所、辽宁馆、南京馆、
上海馆、天津馆、西南大学馆、浙江馆

18032

禁止当日票据抵用问题　银行学会银行实务
研究会编

上海：银行学会银行实务研究会，1949.2，52
页，18开（银行实务丛刊20）

　　本书共3部分：禁止当日票据抵用问题办
理之经过、各报社论、专著。

　　收藏单位：上海馆

18033

经营银行概论　冯薰著

无锡：冯薰[发行者]，1928.6，10+138页，22
开

　　本书共15章，内容包括：绪论、银行之
种类、银行资本之研究、银行行屋之研究、
银行行员之选择与待遇、金融季节与银行之
关系、买卖有价证券、信托业务、发行钞券
等。

　　收藏单位：国家馆、河南馆、上海馆、浙
江馆

18034

会计科目名词及说明　银行学会编

上海：银行学会，1938.12，24页，22开（银
行实务丛刊12）

　　本书共两部分：内部用科目、对外发表科
目。据银行实务研究会历次讨论结果汇编而
成。

　　收藏单位：国家馆、上海馆、浙江馆

18035

理论实用外国汇兑（上卷）　吴宗焘著

上海：商务印书馆，1927，9+296+71页，22
开，精装

　　本书共4章：绪论、货币金银票据、外
国汇票、活支汇款凭信。附外国汇兑参考书、
外国汇兑计算用之权制、票据法草案（第五
次草案）、上海银行营业规程、上海钱业公会
修订营业规则、统一票据章程。

　　收藏单位：重庆馆、广东馆、贵州馆、国

家馆、河南馆、湖南馆、吉林馆、辽大馆、
南京馆、内蒙古馆、上海馆、天津馆

18036

厉氏确计利息法简易化算日数准率表　厉鼎
模著　厉范吾校对

北京：厉鼎模[发行者]，1924.12，16页，16
开

南京：厉鼎模[发行者]，1928，8版，16页，
16开

天津：厉鼎模[发行者]，1932.10，9版，增
订本，44页，16开

北平：厉鼎模[发行者]，1933.12，10版，增
订本，44页，16开（中国计政学会丛书）

北平：厉鼎模[发行者]，1934.3，11版，增
订本，44页，16开（中国计政学会丛书）

　　本书介绍著者自创的一种银行利息计算
表。共5篇：总说、日数表、年息准率表、月
息准率表、对于中外算学上利息化算问题之
评论。逐页题名：第九版增订厉氏计息准率
表。

　　收藏单位：国家馆、河南馆、南京馆、内
蒙古馆、上海馆、首都馆、浙江馆

18037

利息问题　吴应图编

上海：中华书局，1926.9，116页，32开（常
识丛书 第19种）

上海：中华书局，1928.8，再版，116页，36
开（常识丛书 第19种）

上海：中华书局，1930.4，3版，116页，32
开（常识丛书 第19种）

　　本书共8章：利息之意义、利息之由来、
利息之高低、各国金融市场利率之变化、各
国金融季节与利率、利息之限制、利息之渐
减、利息计算法。

　　收藏单位：重庆馆、广东馆、广西馆、国
家馆、河南馆、黑龙江馆、湖南馆、吉林馆、
江西馆、辽大馆、辽宁馆、南京馆、内蒙古
馆、上海馆、首都馆、天津馆、武大馆、浙
江馆

18038

买卖外汇　张一凡主编　王海波校订

[上海]：著作人书屋，1940.11，71页，32开，精装（美商环球信托公司经济研究部市场知识丛书3）

　　本书内容包括：外汇之基本事项、汇兑与汇票、平价与汇价、买卖外汇之业务、套汇交易及套利投机、中外之国际汇兑市场等。

　　收藏单位：国家馆、上海馆

18039

毛利折合实利便查表　谢朝方设计　金源钱庄会计科编

上海：金源钱庄经济研究室，[1911—1949]，[15]页，12开

18040

农村金融与合作　（英）石德兰（C. F. Strickland）著　欧阳苹　张履鸾译

外文题名：Rural finance and cooperation

北京：中华书局，1937，440页，22开（金陵大学农学院丛书1）

上海：中华书局，1939.8，440页，22开，精装（金陵大学农学院丛书1）

上海：中华书局，1941.4，再版，440页，23开（金陵大学农学院丛书）

　　本书为大学用书。共42章，内容包括：贷款与负债、节俭与合作、信用合作社、放款、资金、内部管理、审计、合作运动等。附中国合作社法。

　　收藏单位：长春馆、重庆馆、东北师大馆、广东馆、广西馆、国家馆、河南馆、江西馆、近代史所、辽大馆、辽宁馆、南京馆、内蒙古馆、上海馆、首都馆、天津馆、西南大学馆、浙江馆

18041

农村金融与农业合作　何元顺编述

武义县政府，[1928—1949]，7页，16开（武义县政府乡镇长副保甲讲习会讲义）

　　本书内容包括：农村金融之意义及其在经济社会中之作用、农业合作之意义与特点、农业合作之重要及其实施、本县农业合作之

改进等。

　　收藏单位：浙江馆

18042

农村信用概论　（法）波雅查格鲁（A. J. Boyazoglu）原著　赵鼎元译述

上海：商务印书馆，1936.9，18+207页，22开

　　本书共11章，内容包括：农业信用为独立之信用机关、农业中之资本、农业信用之组织与方式及农业信用之业务、农业信用之基础担保品、国际农业信用等。

　　收藏单位：重庆馆、广东馆、贵州馆、国家馆、黑龙江馆、湖南馆、吉林馆、江西馆、南京馆、上海馆、首都馆、浙江馆

18043

农村信用合作社浅说

益都县合作社指导所，1932.3，8页，32开（益都县合作社指导所宣传丛刊）

　　收藏单位：南京馆

18044

农业金融　李撝谦著

成都：金陵大学农学院农业经济系，1943.9，220页，32开

　　本书共20章，内容包括：农业金融之意义、中国农业金融概况、农业金融之用途、农业金融之期限、农业金融之担保、农业金融之利率、农业金融之来源等。附各国货币名称一览表、主要参考书目录、中外度量衡简便折合表。

　　收藏单位：国家馆、浙江馆

18045

农业金融　林葆忠编

出版者不详，[1945.7]，172页，32开

　　本书共5编：农业金融概论、农业动产金融、农业不动产金融、农业对人金融、农业负债问题与农村高利贷问题。附中国农民银行土地债券法、组织土地信用合作社说明书等5种。据作者的授课讲义编成。

　　收藏单位：上海馆

18046

农业金融　乔启明编著
内政部、中央训练委员会，1943，174 页，32
开（县各级干部人员训练教材）

　　本书共 10 章，内容包括：概论、农业资
金、农业金融机构、合作金融机构、农业金
融之回顾与前瞻等。附合作社法、合作金库
规程等 6 种。

　　收藏单位：安徽馆、重庆馆、广东馆、广
西馆、贵州馆、国家馆、湖南馆、吉林馆、
江西馆、辽宁馆、南京馆、浙江馆

18047

农业金融概论　（日）牧野辉智原著　王世颖
译
上海：黎明书局，1932.9，14+236 页，22 开

　　本书共 8 编：何谓农业金融、农业金融之
资金、农业金融之机关、农家之负债与利息、
农业金融之改善、美国之农业金融、德国之
农业金融、法国之农业金融。

　　收藏单位：安徽馆、重庆馆、广西馆、国
家馆、河南馆、湖南馆、吉林馆、江西馆、
辽大馆、南京馆、内蒙古馆、山西馆、上海
馆、天津馆、浙江馆

18048

农业金融纲要　侯哲安编著
上海：黎明书局，1941，再版，58 页，32 开

　　本书共 4 编：农业金融概说、农业金融各
论、世界各国之农业金融、中国之农业金融。
编著者原题：侯哲荪。

　　收藏单位：重庆馆、国家馆、南京馆

18049

农业金融纲要　王世颖著
出版者不详，[1911—1949]，216 页，25 开

　　本书共 12 章，内容包括：农业金融概说、
农业信用之渊泉、农业信用之用途、农业金
融机关概说、农村负债问题、中国之农业金
融等。逐页题名：农业金融纲要讲义。

　　收藏单位：安徽馆、国家馆

18050

农业金融简论　王世颖编著
金华：国民出版社，1941.9，100 页，36 开

　　本书共 6 章：农业信用之重要、农业资金
之筹措、农业信用之种类及其内容、农业信
用之条件、农业信用之机关、农业信用之国
际组织。附论文 3 篇：《农业金融之使命》《我
国之战时农业金融》《我国农业金融之新猷》。
内容多取材于《农业信用之组织与新趋势》
（科思党曹）。

　　收藏单位：重庆馆、贵州馆、国家馆、吉
林馆、江西馆、辽大馆、浙江馆

18051

农业金融简论　王世颖编著
南京：中国合作事业协会，1947.3，98 页，32
开（中国合作事业协会丛书）

　　收藏单位：国家馆、吉林馆、南京馆、上
海馆、浙江馆

18052

农业金融简论　王世颖编著
中国农民银行行员训练班，1941.4，68 页，
32 开

　　收藏单位：重庆馆、国家馆、吉林馆

18053

农业金融简论　王世颖编著
中央政治学校，[1941]，74 页，18 开

　　收藏单位：国家馆

18054

农业金融经营论　王志莘　吴敬敷编著
上海：商务印书馆，1936.5，12+515 页，22 开，
精装（社会经济调查所丛书）

　　本书共 7 编：绪论、农业金融之需求、农
业金融之供给、农业金融之机关、农业金融
之利率、农家负债之整理、政府与农业金融。
附农业金融法规、章程、参考书举要。

　　收藏单位：安徽馆、重庆馆、广东馆、广
西馆、贵州馆、国家馆、黑龙江馆、湖南馆、
吉林馆、辽大馆、辽宁馆、南京馆、上海馆、
首都馆、天津馆、浙江馆、中科图

18055

农业金融论　侯厚培　侯厚吉编纂

上海：商务印书馆，1936.3，343页，22开，精装

　　本书分上、下两编，共20章，介绍农业金融的本质、农业资金、农业信用的种类、农村中的高利贷问题及德国、法国、意大利、英国、苏联、中国农业金融等。

　　收藏单位：安徽馆、重庆馆、广东馆、广西馆、贵州馆、国家馆、河南馆、黑龙江馆、湖南馆、吉林馆、江西馆、辽大馆、辽宁馆、南京馆、宁夏馆、上海馆、首都馆、浙江馆

18056

农业金融论　金珧著

南京：中国合作图书用品生产合作社，1947.10，74页，32开

　　本书共6章，介绍农业信用之性质、种类、用途、机关、运用、资源。

　　收藏单位：广东馆、贵州馆、国家馆、吉林馆、南京馆、上海馆、浙江馆

18057

农业金融体系的研究　汪洪法著

广东省银行经济研究室，1942.2，194页，32开（广东省银行经济丛书 第1种）

　　本书共8章：绪说、农业金融注说、德国的农业金融、法国的农业金融、美国的农业金融、意国的农业金融、英国及其他诸国的农业金融、结论。

　　收藏单位：重庆馆、国家馆

18058

农业金融新论（原名，农村金融与农家负债整理）　（日）小平权一原著　欧阳瀚存译

上海：中华书局，1936.2，10+200页，22开

　　本书共20部分，内容包括：农业金融之意义与农业金融论之机构、农业金融及农业信用于农业经营上之重要性、农业之特质与农业金融及农业信用之特质、农业资金及农业信用之种类、农业不动产金融机关、农村经济复兴计画与农村资金计画之树立等。

　　收藏单位：重庆馆、广东馆、广西馆、国家馆、黑龙江馆、吉林馆、江西馆、辽大馆、南京馆、内蒙古馆、上海馆、首都馆、天津馆、西南大学馆、浙江馆

18059

农业金融与合作　李揖谦编著

重庆：商务印书馆，1945.5，2册（243+354页），32开

　　本书分上、下两篇：农业金融、农业合作。上篇共20章，内容包括：农业金融之意义、中国农业金融概况、农业金融之用途、农业金融之期限、农业金融之利率、中国农业金融制度之改进等；下篇共14章，介绍农业合作之意义、效能、种类、制度、史略等。附合作社法、农仓法、合作金库条例等11种。

　　收藏单位：重庆馆、东北师大馆、广西馆、国家馆、湖南馆、南京馆、上海馆、首都馆

18060

农业金融与农村合作　（英）石德兰（C. F. Strickland）著　欧阳苹译

出版者不详，[1935]，2册（132+140页），16开（西北训练团合作班讲义3）

　　本书共42章，内容包括：贷与借、节省与合作、信用合作社、放款、内部管理、账簿与记录簿、审计、合作与社会事业等。

　　收藏单位：国家馆

18061

农业金融制度及其新趋势　科斯坦佐（G. Costanzo）著　秦翊　杨子英译　鲍德澂校订

重庆：正中书局，1944.9，58页，25开（中国地政研究所丛刊）

　　本书共两篇：国家农业金融组织、国际农业金融组织。

　　收藏单位：重庆馆、贵州馆、国家馆、吉林馆、辽大馆、南京馆、浙江馆

18062

农业金融制度论　吴敬敷　徐渊若撰述　王志莘主编

上海：商务印书馆，1935.1，161 页，23 开，精装（行政院农村复兴委员会丛书）

上海：商务印书馆，1935.2，再版，161 页，23 开，精装（行政院农村复兴委员会丛书）

上海：商务印书馆，1937.4，3 版，161 页，23 开（行政院农村复兴委员会丛书）

本书共 4 章：绪言、各国农业金融制度之发展、各国农业金融制度之实施、各国农业金融制度之趋势。

收藏单位：安徽馆、重庆馆、东北师大馆、甘肃馆、广东馆、广西馆、贵州馆、国家馆、黑龙江馆、湖南馆、吉林馆、近代史所、辽大馆、南京馆、内蒙古馆、上海馆、首都馆、浙江馆

18063

农业金融制度之比较

出版者不详，1948.8，46 页，16 开

本书收文两篇：《各国农业金融制度辑要》（翁之镛等 7 人）、《农业金融基层机构之配合与联系问题》（农业金融设计委员会）。第 1 篇分 7 部分，内容包括："德国——首创农业银行为新制度前驱者之德国农业金融""法国——欧洲农业国家典型之法国农业金融""美国——由农业国发展而变高度工业国之美国农业金融"等。为《中农月刊》第 9 卷第 8 期抽印本。

收藏单位：广东馆、国家馆、首都馆、中科图

18064

农业金融组织之新趋势　王世颖翻译　刘大钧审查／核定

出版者不详，1941.1，晒印本，13 张，大 16 开（中国经济统计研究所 总字第 421 号 农业门金融类 第 1 号）

收藏单位：上海馆

18065

农业信用　陈振骅著

上海：商务印书馆，1933.12，[25]+373 页，22 开

上海：商务印书馆，1937，再版，[25]+373 页，

23 开

本书共 4 编：农业信用原理、土地信用、合作信用及短期农业信用、中国农业信用情形。

收藏单位：重庆馆、广东馆、贵州馆、国家馆、河南馆、黑龙江馆、湖南馆、吉林馆、江西馆、辽大馆、南京馆、内蒙古馆、上海馆、绍兴馆、天津馆、浙江馆

18066

农业信用（农村金融原理）　（法）波雅查格鲁（A. J. Boyazoglu）著　冯和法译

外文题名：Agricultural credit

上海：黎明书局，1935.7，16+280 页，22 开

本书共 11 章，内容包括：农业信用概论、农业资本、农业信用的基础、农业信用的种类、农业信用的主要部门、农业界的债务、国际的农业信用等。译者原题：冯静远。

收藏单位：安徽馆、重庆馆、广东馆、广西馆、贵州馆、国家馆、吉林馆、辽大馆、南京馆、上海馆、首都馆、浙江馆

18067

如何统制外汇　朱通九　马家印编著

[重庆]：独立出版社，1939.4，55 页，50 开（抗战建国小丛书）

[重庆]：独立出版社，1940.7，7 版，55 页，50 开（抗战建国小丛书）

本书共 6 章：外汇统制之发展、外汇统制之意义与目的、外汇操纵、外汇限制、统制外汇之间接方法、外汇清算。

收藏单位：安徽馆、国家馆、江西馆、南京馆、浙江馆

18068

商业银行学汇编

出版者不详，[1911—1949]，262+143+86 页，25 开，精装

本书共两篇：银行理论、实务。

收藏单位：重庆馆

18069

社会信用制概论　（美）豪尔德（E. S. Holter）

著　徐卓英译
外文题名：ABC of social credit
上海：商务印书馆，1935.11，86 页，32 开（社会科学小丛书）

　　本书共 9 章：总论、货币以信用为主、购买力之缺乏、国家信用报告法、零售折扣法、国家分红法、社会信用制下之减税、社会信用制与其他经济方案之比较、结论。

　　收藏单位：重庆馆、广东馆、广西馆、贵州馆、国家馆、河南馆、湖南馆、吉林馆、江西馆、辽大馆、辽宁馆、南京馆、上海馆、首都馆、浙江馆

18070

实用利息计算法　余子飏　孙彤范编著　赵俨　余介石校订
上海：铁风出版社，1948.6，102 页，32 开

　　本书适用于职业学校。共 7 章：绪论、单利法、整除法、贴现、往来账款、复利与年金略论、证券。附平年日期表、闰年日期表、复利表等 16 种。

　　收藏单位：国家馆、内蒙古馆

18071

实用投资数学　刘觉民编
上海：中华书局，1936.2，338 页，32 开
上海：中华书局，1940.8，再版，336 页，32 开

　　本书分两编：年金定数、无定年金。共 10 章，内容包括：单利息与单拆现、复利、年金资料、人寿年金、人寿保险等。附五位小数对数表、日期计算表、寿命表等 15 种。

　　收藏单位：重庆馆、广东馆、贵州馆、国家馆、河南馆、黑龙江馆、湖南馆、辽宁馆、南京馆、内蒙古馆、陕西馆、上海馆、绍兴馆、天津馆、浙江馆、中科图

18072

实用银行簿记　谢霖著
上海：商务印书馆，1920.12，2 册（398 页），22 开，精装
上海：商务印书馆，1923.12，3 版，2 册，22 开，精装

上海：商务印书馆，1925.3，4 版，2 册，22 开，精装
上海：商务印书馆，1926.6，5 版，2 册（18+[296]+400 页），23 开
上海：商务印书馆，1929，6 版，2 册（18+[292]+400 页），22 开，精装
上海：商务印书馆，1933.11，国难后 2 版，2 册，22 开
上海：商务印书馆，1935.3，国难后 3 版，2 册（400 页），22 开
上海：商务印书馆，1935.6，国难后 4 版，2 册（18+220+72+400 页），22 开

　　本书分上、下两卷。上卷共 11 章，内容包括：绪论、银行簿记之科目、传票之意义及效用、记帐规则、例题等；下卷共 3 部分：主要帐簿、补助帐簿、表。

　　收藏单位：重庆馆、广东馆、广西馆、贵州馆、国家馆、河南馆、黑龙江馆、湖南馆、吉林馆、江西馆、辽大馆、南京馆、内蒙古馆、绍兴馆、天津馆、西南大学馆、浙江馆

18073

实用银行簿记　徐钓溪编
上海：商务印书馆，1921.12，再版，400 页，23 开，精装
上海：商务印书馆，1935.3，国难后 3 版，400 页，23 开

　　收藏单位：重庆馆、江西馆、首都馆

18074

实用银行簿记　徐钓溪编
上海：世界书局，1934.4，10+419 页，25 开，精装
上海：世界书局，1934.10，再版，10+419 页，23 开，精装
上海：世界书局，1936，3 版，10+419 页，23 开，精装

　　本书共 10 章，内容包括：总论、银行会计科目、帐表之种类及其格式、汇兑业务、利息计算法、例题演习等。

　　收藏单位：重庆馆、广东馆、广西馆、国家馆、湖南馆、辽大馆、南京馆、天津馆

18075
实用银行簿记学　职业教育书局编辑
职业教育书局，1933.5，再版，280 页，32 开
　　本书共 18 章，内容包括：簿记上之交易、银行簿记之科目、簿记上多种货币之统一、传票之意义及效用、记账规则、兑换及其账簿记法等。
　　收藏单位：河南馆、首都馆、浙江馆

18076
实用银行堆栈簿记　郑维均编
［上海］：银行周报社，1925.4，36 页，32 开
　　本书共 4 章：绪论、应用之会计科目、帐表之组织、栈单及收据。
　　收藏单位：重庆馆、国家馆、上海馆、浙江馆

18077
实用银行会话　奚惠廉编
上海：商业书局，1932.10，36 页，25 开
　　收藏单位：江西馆

18078
实用银行会计（上册）　杨哲省编著
建业会计学校，1947，再版，13+258 页，32 开（建业会计丛书 6）
　　本书共 7 编：审会计组织与审会计路线问题、绪论、会计科目、传票、账务组织系统与内部相互关系、表报与结账、银行各科之会计。
　　收藏单位：安徽馆、国家馆、吉林馆

18079
实用银行算术　王铨著
［北京］：王铨会计师事务所，1924，300 页，18 开
　　收藏单位：辽宁馆

18080
实用银行学（上册）　石抗昇著
出版者不详，1940.1，481 页，32 开，精装
　　本书为大夏大学商学院讲义。
　　收藏单位：上海馆

18081
实用银行学识及银行办事手续　张良谋编
职业教育书局，1933.4，159+24 页，32 开（职业教育用书）
职业教育书局，1933，再版，160+23 页，32 开
　　本书内容包括：银行职务、银行簿记、开立户名、手续费与利息、支票、汇票与期票、信用调查、贴现、保管、保证放款、票据交换所、银行之道德、银行出纳员之服务等。
封面题名：实用银行学识。
　　收藏单位：重庆馆、广东馆、南京馆、浙江馆

18082
适用银行新簿记　厉鼎模著
南京：厉鼎模［发行者］，1932，再版，2 册（10+112+180 页），16 开
　　本书共 5 编：概论、银行会计科目、传票、帐、记帐与制表。
　　收藏单位：上海馆、天津馆

18083
投资常识　韦伯胜编
上海：商务印书馆，1922，59 页，32 开（商业丛书 7）
上海：商务印书馆，1924.11，再版，59 页，32 开（商业丛书 7）
上海：商务印书馆，1926.11，3 版，59 页，32 开（商业丛书 7）
上海：商务印书馆，1929.10，4 版，59 页，32 开（商业丛书 7）
　　本书共 6 篇：储蓄之真义、投资之简便方法、产业典押及公司债券、政府公债概论、债券及稳妥投资之选择法、关于股票之各项要事。
　　收藏单位：安徽馆、重庆馆、广西馆、国家馆、河南馆、湖南馆、首都馆、天津馆、浙江馆

18084
投资数学　褚凤仪著
上海：商务印书馆，1936.2，582 页，25 开（大

学丛书 教本）

上海：商务印书馆，1936.11，3 版，2 册（582 页），25 开（大学丛书 教本）

上海：商务印书馆，1937.4，再版，582 页，22 开，精装（大学丛书 教本）

上海：商务印书馆，1946，7 版，增订本，2 册（[536] 页），25 开（大学丛书 教本）

上海：商务印书馆，1947.4，8 版，增订本，2 册（[536] 页），25 开（大学丛书 教本）

上海：商务印书馆，1948.8，10 版，增订本，2 册（536 页），25 开（大学丛书 教本）

本书共 10 编，内容包括：对数、利息、级数、确实年金、债券、生命年金与人寿保险等。附数学原理、计算应用表。

收藏单位：长春馆、重庆馆、东北师大馆、广东馆、广西馆、贵州馆、国家馆、河南馆、黑龙江馆、湖南馆、江西馆、南京馆、内蒙古馆、宁夏馆、上海馆、中科图

18085

投资数学习题详解　褚凤仪编

上海：商务印书馆，1936.1，石印本，218 页，22 开

上海：商务印书馆，1936.9，再版，石印本，218 页，23 开

收藏单位：重庆馆、广西馆、国家馆、湖南馆、江西馆、南京馆、内蒙古馆、上海馆、绍兴馆、天津馆、云南馆

18086

投资算术　褚凤仪编著

长沙：商务印书馆，1938.7，321 页，32 开，精装

长沙：商务印书馆，1939.5，再版，321 页，32 开，精装

长沙：商务印书馆，1940，3 版，[321] 页，32 开

长沙：商务印书馆，1941.2，4 版，321 页，32 开

长沙：商务印书馆，1947.5，7 版，321 页，32 开

长沙：商务印书馆，1948，8 版，[321] 页，32 开，精装

本书为职业学校教科书。共 5 编：利息、年金、年赋偿还与偿本基金、债券、折旧。各章后均附习题。附复利终值表（期数为整数）、复利现值表、年金终值表等 10 种。

收藏单位：安徽馆、重庆馆、广东馆、广西馆、国家馆、江西馆、南京馆、首都馆、天津馆

18087

投资算术习题详解　褚凤仪编

上海：褚凤仪 [发行者]，1940.9，236 页，32 开

18088

投资学　任福履编著

重庆：立信会计图书用品社，1944.12，95 页，32 开（立信商业丛书）

上海：立信会计图书用品社，1947.7，3 版，204 页，32 开（立信商业丛书）

本书共 12 章，内容包括：投资问题之发生、资本主义之经济制度、投资问题之科学研究、资本之供给与需要、投资数学、投资政策等。据作者于 1943 年在东北大学的授课讲稿修订编成。

收藏单位：重庆馆、东北师大馆、广西馆、国家馆、辽大馆、辽宁馆、南京馆

18089

土地信用论（第 1 分册）　刘承章编

出版者不详，[1911—1949]，82 页，32 开（土地经济学丛书）

本书共 5 章：土地信用之概念、农地信用、市地信用、矿地信用、各国土地信用之发展及其实施概况。

收藏单位：重庆馆、南京馆

18090

外国汇兑论　（英）魏式士（Hartley Withers）著　梁云池译

外文题名：Money-changing: an introduction to foreign exchange

上海：商务印书馆，1923.12，120 页，25 开

上海：商务印书馆，1924.8，再版，120 页，25

开

上海：商务印书馆，1927，3 版，120 页，25 开

本书为新学制高级商业学校教科书。共 9 章，内容包括：国内外之货币、汇兑率、商务与劳务、国际付款、商业汇票、结论等。著者原题：威德士。

收藏单位：重庆馆、广东馆、国家馆、河南馆、黑龙江馆、湖南馆、江西馆、辽大馆、内蒙古馆、宁夏馆、浙江馆

18091

外国汇兑述要 施鲍庭著 毛仁堉译 北京银行月刊社编辑

北京银行月刊社，1924.1，94 页，18 开

本书共 11 章，内容包括：绪论、国际债务与外国汇兑、汇兑平价、东方汇兑、汇兑危险转嫁法等。

收藏单位：国家馆、首都馆

18092

外国汇兑详解 吴应图编

上海：泰东图书局，1928.2，再版，122 页，22 开

本书共 15 章，内容包括：外国汇兑之意义、汇兑市价、汇票需要供给发生之原因、汇兑之顺逆与平准（平价）、汇兑市价之算法、汇兑市价之变动及回复、汇票之种类及雏形、关于汇兑之银行实务等。

收藏单位：重庆馆、河南馆、南京馆、上海馆、天津馆、浙江馆

18093

外国汇兑原理 （英）高申（G. J. Goschen）著 刘濬川译

外文题名：The theory of foreign exchanges

上海：商务印书馆，1921.12，148 页，32 开（世界丛书）

上海：商务印书馆，1923.12，再版，148 页，32 开（世界丛书）

上海：商务印书馆，1927.6，3 版，148 页，32 开（世界丛书）

上海：商务印书馆，1933，国难后 1 版，148 页，32 开（世界丛书）

本书共 6 章，内容包括：外国汇兑之定义与其所关系之交易、国际债务之分析、外国汇票之种类、外国汇兑之调节等。

收藏单位：安徽馆、重庆馆、东北师大馆、广东馆、广西馆、国家馆、河南馆、黑龙江馆、湖南馆、吉林馆、江西馆、辽宁馆、南京馆、内蒙古馆、上海馆、首都馆、天津馆、浙江馆

18094

外汇交易须知 投资周刊社编

上海：中国文化服务社，1947.7，137 页，32 开（国民文库）

本书共 9 章，内容包括：外汇之基本事项、汇兑与汇票、平价与汇价、国币之对外平价及汇价、中外之国际汇兑市场等。附中央银行管理外汇暂行办法。

收藏单位：重庆馆、广东馆、南京馆

18095

外汇论 （法）德康著 杨炳乾译述

成都：经济科学社，1931.7，[324] 页，32 开

本书共 3 编：抵偿论、硬币论、放款论。

收藏单位：上海馆

18096

外汇原理 王烈望编著

上海：世界书局，1941.6，23+679+30 页，25 开，精装

本书共 7 编：外汇与国际金融、汇价之理论与实际、外汇期货、外汇之经营、国际金融市场与外汇市场、金银市场与国际间金银之移动、近世国际汇兑之演变与外汇统制。附国际汇兑主要文件式样、上海汇兑经纪人公会规章。

收藏单位：重庆馆、广东馆、国家馆、河南馆、湖南馆、辽大馆、内蒙古馆、上海馆、天津馆、浙江馆

18097

汪氏银行会计学 汪正珏主编

利利会计事务所，[1911—1949]，石印本，126 页，25 开

收藏单位：重庆馆

18098
现代银行实务论　潘恒勤著

上海：潘恒勤 [发行者]，1934.1，190 页，32 开（银行丛书）

上海：潘恒勤 [发行者]，[1934]，[增订 3 版]，264 页，32 开（银行丛书）

　　本书共 3 编：人事、事务、业务。附上海市银行业业规、上海市各银行保管箱租用规则、上海市银行业仓库营业规则。

　　收藏单位：重庆馆、广东馆、贵州馆、国家馆、江西馆、南京馆、内蒙古馆、上海馆、天津馆、浙江馆

18099
现代银行业务　范志贤编著　杨公炎主编

上海：中国商业函授学校，1934，2 册，32 开（中国商业函授学校讲义）

18100
现代银行原理　王传曾著

上海：中国文化服务社，1947.7，257 页，25 开（大学文库）

　　本书共 6 编：银行概论、商业银行与金融市场、投资银行与投资市场、农业银行、中央银行、现代银行问题。据著者在湖南大学讲授货币银行学的讲义编成。

　　收藏单位：重庆馆、贵州馆、国家馆、湖南馆、南京馆、武大馆

18101
消费者信用论　（英）萨威格（Ferdynand Zweig）著　许炳汉译

外文题名：The economics of consumers' credit

上海：商务印书馆，1936.7，103 页，32 开（社会科学小丛书）

　　本书共 8 章：消费者信用论、消费信用之要义及其方法、关于消费信用思想之研究、消费信用制之理论的根据、消费信用及于商业方面影响之理论的分析、储蓄之影响、实施消费信用计划之条件、结论。

　　收藏单位：安徽馆、重庆馆、贵州馆、国家馆、河南馆、湖南馆、吉林馆、辽大馆、辽宁馆、南京馆、上海馆、首都馆、天津馆、浙江馆

18102
新式银行簿记及实务　杨汝梅著

北京：中华书局，1921.9，457 页，25 开

上海：中华书局，1923.3，3 版，457 页，22 开

上海：中华书局，1925.1，457 页，32 开，精装

上海：中华书局，1925.1，4 版，457 页，22 开

上海：中华书局，1929.4，8 版，18+457 页，23 开

上海：中华书局，1929.10，9 版，18+457 页，23 开

上海：中华书局，1932，10 版，18+457 页，23 开

上海：中华书局，1933.3，11 版，457 页，22 开

上海：中华书局，1933.10，12 版，[18]+457 页，22 开（中国计政学会丛书）

上海：中华书局，1935.4，13 版，457 页，22 开

上海：中华书局，1936.9，14 版，18+457 页，25 开（中国计政学会丛书）

上海：中华书局，1939.9，15 版，457 页，22 开

　　本书共 11 章：总论、银行事务之分配、银行簿记原理、银行之计算科目及分股办事程序、汇兑款项之整理、帐簿组织及登记实例、总分行之会计、决算、票据交换所、钱业会计大纲、练习例题。其他题名：银行簿记及实务。

　　收藏单位：安徽馆、重庆馆、广东馆、广西馆、贵州馆、国家馆、河南馆、江西馆、辽大馆、辽宁馆、南京馆、内蒙古馆、绍兴馆、首都馆、天津馆、西南大学馆、浙江馆

18103
信托公司概论　杨端六著

上海：商务印书馆，1922.1，57 页，32 开

上海：商务印书馆，1925.3，再版，57 页，32 开

本书共 8 章，内容包括：信托公司与托拉斯之分别、信托公司之起源与其发达、信托公司之业务、信托公司之组织、信托公司与其他金融业之比较等。

收藏单位：重庆馆、国家馆、河南馆、湖南馆、南京馆、上海馆、浙江馆

18104

信托公司交易所精义合刻　中华图书集成编辑所编

上海：中华图书集成公司，1921.7，[341] 页，32 开

本书共 30 篇，内容包括：信托业务之起源及各国现状、信托公司成立之原因、信托业概说、释信托业之意义、信托业务之处理方法、信托之受托及营业范围等。

收藏单位：河南馆

18105

信托及信托公司论　（日）细矢祐治著　资耀华译

上海：商务印书馆，1928.1，174 页，22 开，精装（经济丛书）

上海：商务印书馆，1933.2，国难后 1 版，174 页，22 开，精装（经济丛书）

上海：商务印书馆，1935，国难后 2 版，174 页，22 开，精装（经济丛书）

本书共 4 编：信托、信托公司之发展及其义务、信托公司政策、信托公司经营。

收藏单位：安徽馆、重庆馆、东北师大馆、广东馆、广西馆、国家馆、河南馆、黑龙江馆、湖南馆、江西馆、辽大馆、南京馆、内蒙古馆、首都馆、天津馆、浙江馆、中科图

18106

信托研究　潘士浩编译

上海：中易信托公司，1921.7，148 页，22 开

本书共 5 章：信托、信托公司之意义及沿革、信托公司之业务、信托公司政策、信托公司之经营。

收藏单位：北师大馆、重庆馆、河南馆、上海馆、首都馆

18107

信托业　孔涤庵著

上海：商务印书馆，1933.12，83 页，32 开（万有文库 第 1 集 196）（商学小丛书）

上海：商务印书馆，1934.6，再版，83 页，32 开（商学小丛书）

上海：商务印书馆，1939.3，3 版，83 页，32 开（商学小丛书）

本书共 8 章：信托及信托业之概念、信托制度之沿革与其发达、信托之种类、信托公司之业务、信托公司之投资、信托公司之组织、信托公司之征费、信托公司之监督。

收藏单位：安徽馆、重庆馆、大理馆、大连馆、东北师大馆、广东馆、广西馆、贵州馆、国家馆、河南馆、黑龙江馆、湖南馆、江西馆、辽大馆、辽师大馆、柳州馆、南京馆、内蒙古馆、宁夏馆、上海馆、天津馆、西南大学馆、浙江馆

18108

信托总论　朱斯煌著

昆明：中华书局，1939.9，26+572 页，22 开

上海：中华书局，1941.8，再版，26+572 页，22 开，精装

本书为大学用书。共 5 编：概论、信托业务论、信托公司论、信托之法理、结论。

收藏单位：安徽馆、重庆馆、东北师大馆、广东馆、贵州馆、国家馆、河南馆、吉林馆、江西馆、辽大馆、南京馆、上海馆、首都馆

18109

信用合作 ABC　侯厚培著

上海：ABC 丛书社，1929.4，121 页，32 开（ABC 丛书）

上海：ABC 丛书社，1930.10，再版，121 页，32 开（ABC 丛书）

本书共 4 编：总论、休尔志平民银行、雷发巽农村信用合作社、信用合作社的经营。附保险合作。

收藏单位：安徽馆、重庆馆、广东馆、广西馆、国家馆、河南馆、湖南馆、吉林馆、江西馆、辽宁馆、南京馆、内蒙古馆、上海

馆、首都馆、天津馆、浙江馆

18110

信用合作概要　新民合作社中央会编辑股编

[北京]：福生印刷局，1939.4，36页，32开（新民合作社中央会丛刊 第1类）（合作丛书）

本书共5章：总说、受信业务、授信业务、信用调查、各种放款。

收藏单位：国家馆、首都馆

18111

信用合作经营论　[贵州省地方行政干部训练委员会编]

贵州省地方行政干部训练委员会，1941.5，78页，42开

本书共14章，内容包括：信用、信用合作社、农村信用合作社组织的前途、农村信用合作社的社员与社员大会、农村信用合作社放款业务等。

收藏单位：国家馆

18112

信用合作经营论　于永滋编著

正中书局，1948.8，78页，42开（合作指导丛书）

收藏单位：南京馆、浙江馆

18113

信用合作浅说　侯厚培著　中国合作学社编辑

上海：中国合作学社，1928.8，30页，32开（合作小丛书 总论之部3）

上海：中国合作学社，1931.3，3版，30页，32开（合作小丛书 总论之部3）

上海：中国合作学社，1933，4版，30页，32开（合作小丛书 总论之部3）

上海：中国合作学社，1934.12，5版，30页，32开（合作小丛书 总论之部3）

本书共6章，介绍信用合作的意义、目的、效用、起源、制度、特点。

收藏单位：重庆馆、广东馆、广西馆、国家馆、南京馆、上海馆、浙江馆

18114

信用合作社经营法　福建省政府建设厅合作事业管理局编

福建省政府建设厅合作事业管理局，1939.7，12页，25开（福建省合作训练小丛书）

本书共4章：总论、业务、资金、结算。

收藏单位：国家馆

18115

信用合作社经营论（一名，平民银行经营论）　于树德著　王宣补订

上海：中华书局，[1921]，[16]+654页，32开（新中学会经济丛书）

上海：中华书局，1923，再版，14+654页，32开（新中学会经济丛书）

上海：中华书局，1927.11，3版，[16]+654页，32开，精装（新中学会经济丛书）

上海：中华书局，1928.10，4版，14+654页，32开（新中学会经济丛书）

上海：中华书局，1929.10，5版，14+654页，32开（新中学会经济丛书）

上海：中华书局，1932.8，6版，[16]+654页，32开，精装（新中学会经济丛书）

上海：中华书局，1933.9，7版，14+654页，32开（新中学会经济丛书）

上海：中华书局，1936.9，8版，[14]+654页，32开（新中学会经济丛书）

本书分3编：绪论、本论、附录。第1编共5章，内容包括：金融机关、信用合作社底效用、各国信用合作社底制度等；第2编共10章，内容包括：总论、信用合作社运用的资本、会员、业务、解散及清算等；第3编共两章：参考章程、参考法令。

收藏单位：重庆馆、东北师大馆、广东馆、广西馆、贵州馆、国家馆、河南馆、黑龙江馆、湖南馆、江西馆、近代史所、辽大馆、南京馆、首都馆、浙江馆

18116

信用合作提要　童玉民著

上海：新学会社，1929.10，82页，50开（合作丛书4）

本书共4部分：信用合作总论、组织信用

合作社之方法、经营信用合作社之方法、放款存款。

收藏单位：浙江馆

18117

信用问题 姚肖廉著

江西省政府统计室，1938.1，76 页，18 开（江西省政府经济丛刊 18）

本书共 6 章：信用之意义、信用之种类、信用之形式、信用之要素、信用何以需要调查、信用之调查法。

收藏单位：国家馆、南京馆

18118

袖珍信托简要 程联编著

程联 [发行者]，1934.3，256 页，48 开，精装

本书内容包括：信托原理、实务简编等。

收藏单位：上海馆、浙江馆

18119

银行 翟耀珍编著

李虞杰 [发行者]，1948.5，30 页，32 开（中华文库 民众教育 第 1 集）

本书收文 10 篇，内容包括：《银行是那一种商业》《银行对我们的益处》《银行有那几类》《为什么要存款、存款的手续》《存款有那几种》等。

收藏单位：浙江馆

18120

银行簿记 江钟彦等著

上海：江钟彦 [发行者]，1916.8，[274] 页，23 开

收藏单位：首都馆、浙江馆

18121

银行簿记 萧仲祁编

[长沙]：政法学社，1913，再版，172 页，25 开（政法述义 29）

本书共两编：总说、营业之记入。第 1 编共 6 章，内容包括：绪论、簿记法种别、借贷之原理、银行之分课及事务通则等；第 2 编共

7 章，内容包括：银行帐簿之种类、本店之记入法、两支店间之取引记帐、报告书之调制等。附银行条例及营业报告书式。

收藏单位：广东馆、国家馆、吉林馆、首都馆

18122

银行簿记 张赓麟编著

[上海商业储蓄银行]，1937.3，160 页，23 开（上海银行训练班丛书）

收藏单位：上海馆

18123

银行簿记法 谢霖 李澂编

上海：中国图书公司，1911.4，318 页，32 开

上海：中国图书公司，1913.3，5 版，10+318 页，22 开，精装

上海：中国图书公司，1916，7 版，[12]+318 页，25 开，精装

上海：中国图书公司，1920，8 版，10+318 页，32 开，精装

上海：中国图书公司，1920.10，9 版，10+318 页，32 开，精装

上海：中国图书公司，1927.6，13 版，[12]+318 页，32 开，精装

本书共 7 章：绪论、银行簿记之款目、传票、帐簿、诸报告书、票类交换、决算。附例题。

收藏单位：安徽馆、北师大馆、广东馆、广西馆、国家馆、河南馆、湖南馆、江西馆、南京馆、绍兴馆、首都馆、浙江馆

18124

银行簿记法表解 上海科学书局编辑所编辑

上海科学书局，1914.2，82 页，50 开（法律政治经济学表解丛书）

收藏单位：上海馆、浙江馆

18125

银行簿记实践 沈家桢编

上海：商务印书馆，1927.9，2 册（464+584 页），22 开（现代商业丛书）

上海：商务印书馆，1933.3，国难后 1 版，2

册（464+584 页），23 开（现代商业丛书）

上海：商务印书馆，1934.4，国难后 2 版，[464+584] 页，22 开（现代商业丛书）

上海、长沙：商务印书馆，1938.3，国难后 4 版，2 册（464+584 页），22 开（现代商业丛书）

本书共 12 章：绪论、簿记之意义与借贷之原理、簿记上之本位币、记帐之会计科目、记帐凭证、银行书类、会计之组织与帐簿之设置、帐表、业务上款项之整理法、决算大略、银行之事务规则、练习。

收藏单位：安徽馆、重庆馆、广东馆、贵州馆、国家馆、湖南馆、吉林馆、江西馆、南京馆、内蒙古馆、宁夏馆、上海馆、天津馆、浙江馆

18126

银行簿记实践　谢霖著

北京：银行簿记实践总发行所，1913.7，3 册（72+88+348 页），22 开

北京：银行簿记实践总发行所，1914.10，3 版，3 册（72+88+348 页），22 开

北京：银行簿记实践总发行所，1915.12，6 版，3 册（72+88+348 页），23 开

本书兼作授课教本。分 3 册：理解、传票、帐簿。再版后内容有增修。

收藏单位：国家馆、江西馆、内蒙古馆、首都馆

18127

银行簿记实用概要　冯薰著

上海：作者书社，杭州：世界书局，1925，552 页，22 开

上海：作者书社，杭州：世界书局，1931，4 版，552 页，23 开

上海：作者书社，杭州：世界书局，1932.7，5 版，552 页，23 开

上海：作者书社，杭州：世界书局，1934.9，552 页，22 开

本书共 22 章，内容包括：绪论、银行之意义、银行内部之组织、银行簿记之意义及其原理、记帐凭证及记帐通则、储蓄存款及其帐簿记法、发行、信托业务等。

收藏单位：重庆馆、广东馆、国家馆、南京馆、浙江馆

18128

银行成本会计　谢廷信著

上海：中华书局，1946.7，170 页，22 开（银行学会丛书）

上海：中华书局，1947.7，2 版，170 页，22 开（银行学会丛书）

本书为大学用书。共 7 章：概论、平均成本、分部成本、业务成本、资金分类成本、存款帐户分析、银行人工成本之统驭。书中有大量例题、图表。

收藏单位：重庆馆、广东馆、广西馆、贵州馆、国家馆、湖南馆、吉林馆、江西馆、辽大馆、南京馆、上海馆、浙江馆

18129

银行成本会计论　银行周报社编

[上海]：银行周报社，1925.5，77 页，25 开

本书共 8 章，内容包括：绪论、往来存款施行成本会计之必要、往来存户账之平均余额、收益单位、费用单位之算出法与损益之计算等。

收藏单位：国家馆、上海馆、浙江馆

18130

银行成语电码　尤虎臣编

福州：胜利出版社，1948.11，3 册（372 页），16 开

本书适用于银行及工商界。为增订商业成语电码版。

收藏单位：重庆馆

18131

银行担保票据背书问题　银行学会编

上海：银行学会，1943，44 页，23 开（银行实务丛刊 16）

本书共两章：废除银行担保票据背书问题讨论经过、有关论著。第 2 章收文 4 篇，内容包括：《银行保证背书问题》（潘志吾）、《银行担保票据背书之手续》（王淡如）等。附某英商银行支票案、某银行担保支票背书案。

收藏单位：上海馆

18132
银行调查部之理论与实际　欧阳瀚存著
上海：大东书局，1938.9，147 页，23 开

本书共 7 章，内容包括：信用调查概说、信用调查之人的要素、信用调查部之组织、一般经济调查机关、地方银行之信用调查制度等。

收藏单位：广东馆、广西馆、国家馆、南京馆

18133
银行服务论　谢菊曾编
上海：商务印书馆，1923.8，218 页，32 开
上海：商务印书馆，1924.12，再版，218 页，32 开
上海：商务印书馆，1930.11，3 版，218 页，32 开
上海：商务印书馆，1931.12，4 版，218 页，32 开

本书为文言体，加圈点。共 14 章，内容包括：服务大纲、银行之业务、簿记、手续费与利息、柜上之职务、信用调查等。内容多取材于英国 Harold E. Evans 的《银行谈话》。

收藏单位：安徽馆、重庆馆、广西馆、国家馆、河南馆、湖南馆、辽大馆、内蒙古馆、上海馆、天津馆、浙江馆

18134
银行概论　徐钓溪编著
上海：世界书局，1933.7，252 页，窄 25 开（高中商科教本）

本书共 13 章，内容包括：银行的功用和种类、存款、放款、特殊金融机构、恐慌、银行的监督和检查等。各章后附本章问题。书后附银行法。

收藏单位：重庆馆、东北师大馆、广东馆、河南馆、辽大馆、辽宁馆、南京馆、上海馆、天津馆、浙江馆

18135
银行概说　朱斯煌著

上海：中国文化服务社，1948，89 页，32 开（国民文库）

本书备作高中商科课本。共 8 章。

收藏单位：重庆馆、国家馆、南京馆

18136
银行行员手册　许桐华著
上海：三民图书公司，1948，118 页，50 开

本书共 4 部分：银行行员的处世艺术、银行顾客类型与应付之道、银行行员应具的风度、银行行员怎样展开银行的新业务。附外汇经纪人资格及名单、上海市新旧路名对照表等 9 种。

18137
银行计算法　李澂　谢霖编
上海：中国图书公司，1911.4，215 页，23 开，精装
上海：中国图书公司，1911.9，再版，215 页，22 开，精装
上海：中国图书公司，1914.6，3 版，215 页，25 开，精装
上海：中国图书公司，1916.4，7 版，215 页，22 开，精装
上海：中国图书公司，1926.4，9 版，215 页，22 开，精装
上海：中国图书公司，1931，10 版，215 页，25 开

本书共 12 章：银行计算之意义、银行计算之分类、速算法、省略法、捡算法、货币、利息、存款、贷款、贴现、汇兑、年金。

收藏单位：安徽馆、重庆馆、东北师大馆、桂林馆、国家馆、湖南馆、南京馆、首都馆、浙江馆

18138
银行家与银行员　谭荫槐编译
重庆：国语千字报社，1944.9，174 页，32 开
本书共两部分：银行家经验谈、银行员入门。据日本永井清《青年银行员献词》编译。

收藏单位：重庆馆、国家馆、南京馆

18139

银行讲义（第 1 期） 上海实业编译社编

上海实业编译社，1915.3，[190] 页，23 开

　　本书共 10 册，分期出版。本册为第 1 期，内容包括：银行概论、银行经营论、外国汇兑、银行簿记、上海钱庄近况、上海中外各银行调查录等。

　　收藏单位：上海馆

18140

银行金鉴 吕瑞庭著

出版者不详，[1920—1929]，60 页，23 开（陟岵室丛著 36）

　　本书介绍银行经营管理、用人、制定制度、内部组织等方面应注意的事项。附各国银行的组织情况。

18141

银行经营论 谢霖　李澂编纂

上海：中国图书公司，1911.4，239 页，23 开，精装

上海：中国图书公司，1913.3，5 版，239 页，32 开，精装

上海：中国图书公司，1915，6 版，239 页，32 开，精装

上海：中国图书公司，1916.4，7 版，239 页，23 开，精装

　　本书备作商业学校教本。共 5 章：总论、银行之营业所、银行员、银行营业、决算报告。

　　收藏单位：东北师大馆、广西馆、国家馆、河南馆、湖南馆、南京馆、内蒙古馆、首都馆、浙江馆

18142

银行经营论 朱斯煌著

长沙：商务印书馆，1939.2，475 页，22 开

长沙：商务印书馆，1939，2 版，475 页，22 开

长沙：商务印书馆，1940.10，3 版，10+475 页，25 开

　　本书共 20 章，内容包括：银行之研究、银行之效用、银行之发达、银行之种类、银

行之设立、银行之资本公积、附属业务及核准业务、我国银行业之新动向等。附战时农矿工商管理条例、工业奖励法、中央银行法等 25 种。

　　收藏单位：重庆馆、东北师大馆、甘肃馆、广东馆、贵州馆、国家馆、湖南馆、吉林馆、辽大馆、南京馆、宁夏馆、上海馆、天津馆、浙江馆

18143

银行会计 曹振昭著

昆明：中华书局，1940.7，18+664 页，22 开，精装（银行学会丛书）

昆明：中华书局，1941.4，再版，664 页，22 开，精装（银行学会丛书）

上海：中华书局，1945.4，2 版，664 页，大 32 开，精装（银行学会丛书）

上海：中华书局，1947.2，4 版，18+664 页，22 开，精装（银行学会丛书）

　　本书为大学用书。共 20 章，内容包括：绪论、会计科目、帐簿组织、银行各科之会计、报表、储蓄、发行、仓库等。附问题、习题、总练习。

　　收藏单位：重庆馆、广东馆、贵州馆、国家馆、河南馆、湖南馆、江西馆、辽大馆、南京馆、上海馆、浙江馆、中科图

18144

银行会计 陈福安著

重庆：立信会计图书用品社，1941.7，299 页，32 开（立信会计教科书）

重庆：立信会计图书用品社，1941.10，再版，299 页，32 开（立信会计教科书）

桂林：立信会计图书用品社，1941.12，3 版，299 页，32 开（立信会计教科书）

重庆：立信会计图书用品社，1942.2，4 版，299 页，32 开（立信会计教科书）

重庆：立信会计图书用品社，1942.10，5 版，299 页，32 开（立信会计教科书）

上海：立信会计图书用品社，1946.12，10 版，299 页，32 开（立信会计丛书）

上海：立信会计图书用品社，1948.1，2 版，修订本，333+28 页，32 开（立信会计教科

书)

上海：立信会计图书用品社，1948，4 版，修订本，333+48 页，32 开（立信会计教科书）

上海：立信会计图书用品社，1948.7，5 版，修订本，333+48 页，32 开（立信会计教科书）

重庆：立信会计图书用品社，1948，7 版，修订本，333+28 页，32 开（立信会计丛书）

本书适用于高级中学及职业学校。共 16 章，内容包括：绪论、帐簿之组织、存款、放款、联行会计、会计科目之内容、结算与决算、报表之编制等。之后各版内容有增修。

收藏单位：重庆馆、广东馆、贵州馆、国家馆、河南馆、黑龙江馆、湖南馆、江西馆、南京馆、山西馆、上海馆、绍兴馆、浙江馆

18145

银行会计 顾准著

上海：商务印书馆，1934.8，527 页，22 开，精装（立信会计丛书）

上海：商务印书馆，1935.5，4 版，527 页，22 开，精装（立信会计丛书）

上海：商务印书馆，1936，3 版，改订本，475 页，25 开（立信会计丛书）

上海：商务印书馆，1937，7 版，改订本，475 页，23 开，精装（立信会计丛书）

上海：商务印书馆，1938.2，5 版，475 页，23 开（立信会计丛书）

上海：商务印书馆，1940，8 版，475 页，25 开（立信会计丛书）

长沙：商务印书馆，1940.2，8 版，改订本，475 页，22 开，精装（立信会计丛书）

长沙：商务印书馆，1940.5，9 版，475 页，32 开（立信会计丛书）

上海：商务印书馆，[1940]，修订版，423 页，25 开（立信会计丛书）

上海：商务印书馆，1942.10，11 版，428 页，32 开（立信会计丛书）

上海：商务印书馆，1943，13 版，修订本，423 页，23 开（立信会计丛书）

本书适用于高级中学及职业学校。分 6 编：绪论、银行会计总论、银行会计之实务会计、决算、会计独立部份之实务与会计、成本会计与检查。改订前共 27 章，改订后缩减为 23 章。

收藏单位：安徽馆、重庆馆、广东馆、贵州馆、国家馆、湖南馆、江西馆、辽大馆、南京馆、内蒙古馆、绍兴馆、首都馆、天津馆

18146

银行会计 顾准 陈福安著

重庆：立信会计图书用品社，1942，新 1 版，2 次改订版，423 页，25 开（立信会计丛书）

重庆：立信会计图书用品社，1943，2 版，2 次改订版，423 页，25 开（立信会计丛书）

重庆：立信会计图书用品社，1944.3，4 版，423 页，25 开（立信会计丛书）

上海：立信会计图书用品社，1947.6，22 版，423 页，25 开（立信会计丛书）

重庆：立信会计图书用品社，1948，修订版，541+18 页，25 开（立信会计丛书）

上海：立信会计图书用品社，1948，24 版，541 页，25 开（立信会计丛书）

上海：立信会计图书用品社，1949，3 版，修订本，541+18 页，25 开（立信会计丛书）

收藏单位：重庆馆、广东馆、贵州馆、河南馆、黑龙江馆、湖南馆、江西馆、辽大馆、南京馆、上海馆、天津馆、浙江馆

18147

银行会计 何秉民编著

广州大学，1947.1，再版，243 页，32 开（广州大学计政丛书）

本书共 15 章，内容包括：绪论、会计科目、会计凭证、结算及决算、储蓄业务与会计、信托业务与会计等。附练习题、暂行银行统一会计制度、财政部管理银行办法、省银行条例、省银行条例实施办法、县银行法。

收藏单位：国家馆

18148

银行会计 何士芳编著

标准会计图书帐表社，1943.1，16+430 页，23 开（实用会计丛书）

本书共 16 章，内容包括：绪论、会计科目、传票制度、银行簿记组织、财务报表之

编制及分析、稽核与检查等。

收藏单位：重庆馆、甘肃馆、南京馆

18149
银行会计　上海法学院编
上海法学院，[1911—1949]，146 页，16 开（上海法学院讲义）

本书书中题名：上海法学院银行会计。

收藏单位：上海馆

18150
银行会计　石抗昇著
上海：大夏大学商学院，1948，108 页，16 开（大夏大学商学院讲义）

本书共 10 章，内容包括：绪论、银行组织及业务、银行会计之意义、会计科目、传票、帐务组织等。附问题、习题。

收藏单位：上海馆

18151
银行会计　万长祺　曾和笙著
成都：中华会计事务所，1943，264 页，36 开（中华会计丛书）

本书内容包括：银行会计基本概念、银行会计与普通商业会计之比较、银行之业务及组织、帐户分类系统及排列、资产帐户及其会计等。

收藏单位：重庆馆、南京馆

18152
银行会计　谢霖著
出版者不详，[1911—1949]，油印本，2 册，16 开

收藏单位：南京馆

18153
银行会计办理手续　计算课 [编]
出版者不详，1940.7，112 页，16 开

本书共 6 部分：银行事务之手续、计算科目、传票、帐簿、勘误手续、决算。

收藏单位：国家馆

18154
银行会计概要　潘上元编著

丽水：元庆会计师事务所，1941.5，190 页，25 开（元庆丛书 4）

本书共 11 章。附银行法、储蓄银行法、县银行法等 15 种。

收藏单位：重庆馆、浙江馆

18155
银行会计及实务　杨汝梅编
上海：中华书局股份有限公司，1947.10，244 页，22 开

本书共 11 章，内容包括：总论、银行事务之分配、银行人员服务须知、银行会计原理、银行会计科目及各种办事程序、实习例题等。

收藏单位：重庆馆、广东馆、贵州馆、国家馆、江西馆、辽大馆、辽宁馆、南京馆、上海馆、天津馆、西南大学馆、浙江馆

18156
银行会计讲义　[广东省地方行政干部训练团编]
广东省地方行政干部训练团，1940，122 页，36 开（金融类 2）

本书共 12 章，内容包括：会计科目、传票、帐簿之组织、现金出纳之会计处理、存款之会计处理、总分行往来之会计处理等。

收藏单位：重庆馆

18157
银行会计教科书　顾准著
重庆：立信会计图书用品社，1942.6，280 页，大 32 开（立信会计丛书）

收藏单位：南京馆

18158
银行会计教科书　顾准著
上海：商务印书馆，1935.1，280 页，25 开（立信会计丛书）
上海：商务印书馆，1935.5，3 版，280 页，25 开（立信会计丛书）
[长沙]：商务印书馆，1938，7 版，280 页，25 开（立信会计丛书）
[长沙]：商务印书馆，1938.2，8 版，280

页，25开（立信会计丛书）

长沙：商务印书馆，1938.5，9版，280页，25开（立信会计丛书）

上海：商务印书馆，1941.1，13版，280页，22开（立信会计丛书）

长沙：商务印书馆，1941.3，15版，280页，25开（立信会计丛书）

本书适用于高级中学及职业学校。共18章，内容包括：银行与银行会计、会计科目、传票、帐簿组织、损益项目及其记载、帐簿之结清等。每章后附问题、习题。据著者《银行会计》缩编而成。

收藏单位：重庆馆、广东馆、广西馆、贵州馆、国家馆、河南馆、江西馆、南京馆、山西馆、浙江馆

18159

银行会计科目名词　全国银行公会第五届联合会议审定

北京银行公会，[1924]，54页，22开

本书共3部分：负债类、资产类、损益类。

收藏单位：国家馆、江西馆、南京馆、内蒙古馆、上海馆、首都馆、浙江馆

18160

银行会计科目名词研究　上海银行公会名词研究会编

上海：银行周报社，1922.7，再版，29页，32开

收藏单位：湖南馆、内蒙古馆、上海馆

18161

银行会计实务　中国农民银行行员训练班编

出版者不详，1941.4，93页，32开

收藏单位：重庆馆、国家馆

18162

银行会计习题详解　顾准　甘允寿答解

上海：商务印书馆，1935.1，石印本，92页，16开（立信会计丛书）

本书为《银行会计》（顾准）的习题题解。

收藏单位：广东馆、广西馆、贵州馆、国家馆、江西馆、辽宁馆、南京馆、内蒙古馆、天津馆、浙江馆

18163

银行会计学　周绍湊编著

昆明：光明印书馆，1942，340页，32开

收藏单位：南京馆

18164

银行会计与实习　厉鼎模著

[北平]：厉鼎模[发行者]，1935，油印本，2册，16开（中国计政学会丛书）

收藏单位：国家馆、首都馆

18165

银行会计原理与实务　章长卿编著

中央政治学校，[1929—1946]，498页，16开

收藏单位：南京馆

18166

银行会计总习题用簿册　顾准编

上海：商务印书馆，1934.10，52页，12开（立信会计丛书）

本书全部为表。

收藏单位：国家馆

18167

银行揽要　孙德全编

上海：商务印书馆，1919.1，2册（199+120页），32开

上海：商务印书馆，1921，再版，120页，32开，精装

上海：商务印书馆，1923—1924，3版，2册（199+120页），32开，精装

上海：商务印书馆，1926.2，4版，199页，32开，精装

本书分上、下两卷。上卷共5章：银行之性质及效益、银行之种类、银行之组织及资本、银行之管理、银行之营业；下卷为银行之簿记。

收藏单位：安徽馆、重庆馆、国家馆、河南馆、江西馆、辽宁馆、南京馆、上海馆、

首都馆、天津馆、浙江馆

18168

银行利息计算法 张其奎编著　陶森杰校订

上海：世界书局，1939.8，280 页，32 开

上海：世界书局，1947.5，再版，280 页，32 开

　　本书共两章：年金之述理、年金之应用。附插补法。附五位对数表、七位对数表等 14 种表。据作者在中华职业学校的授课讲义编成。

　　收藏单位：重庆馆、广西馆、贵州馆、国家馆、江西馆、南京馆、内蒙古馆、浙江馆

18169

银行论 （日）高垣寅次郎著　顾高扬　宋家修译

上海：民智书局，1933.10，[10]+302 页，23 开（民智商学丛书）

　　本书共 9 部分：总论、金融在经济社会中之意义、银行业务及其资金、资金之收集、资金之创造、设备资金之调度、经营资金之调度、其他银行业务、结论。

　　收藏单位：重庆馆、广东馆、国家馆、南京馆、天津馆、浙江馆

18170

银行论 （日）堀江归一著　陈震异译

外文题名：Banking

上海：商务印书馆，1923.4，[19]+483 页，25 开，精装

上海：商务印书馆，1924.8，再版，[19]+483 页，25 开，精装

上海：商务印书馆，1928.6，3 版，483 页，25 开，精装

　　本书分 17 章，内容包括：总论、存款、贴现、美国国立银行及联邦准备金银行、德意志帝国银行、金融特殊机关、外国汇兑、恐慌等。据原著第 16 版译出。

　　收藏单位：重庆馆、东北师大馆、广东馆、国家馆、河南馆、湖南馆、吉林馆、江西馆、辽宁馆、南京馆、内蒙古馆、上海馆、首都馆、天津馆、浙江馆

18171

银行论 （日）山内正瞭讲述　陈福颐译

出版者不详，[1911—1949]，198 页，30 开

18172

银行论 谢善论编

上海：苏新书社，1918.3，148 页，23 开

　　本书共两章：总论、各论。论述银行之效用、组织、种类等问题，并介绍中央、商业两类银行的沿革、组织和业务。

　　收藏单位：河南馆、上海馆

18173

银行论 张廷健著

北京：共和印刷局，1916.11，196 页，25 开

　　本书共 3 编：总论、商业银行、特殊银行。附银行与恐慌。据著者的授课讲义编成。

　　收藏单位：国家馆

18174

银行论 卓定谋编

北平：佩文斋，1935.9，250 页，22 开（自青榭丛书）

　　本书共 15 章，内容包括：银行之意义并沿革、银行业务之种类、银行之种类、银行之职能及其效用、中央银行政策、吾国银行之现状等。附银行法、储蓄银行法、上海银行业同业公会联合准备委员会票据交换章程。参考日本各种银行学著作以及《全国银行年鉴》（中国银行经济调查室）编成。

　　收藏单位：国家馆、黑龙江馆、内蒙古馆、首都馆、天津馆

18175

银行论 卓定谋编

上海：作者书店，1935，[8]+218 页，22 开

　　收藏单位：首都馆

18176

银行论（改订） 周锡经编

出版者不详，[1911—1949]，272 页，23 开

　　本书共 5 章：银行之概念、资本金与公积金、存款、贴现、贷款。附中国各种银行一

览表、中国钱业银行统计表。

18177

银行浅说　魏泽悦著

北平：中华平民教育促进会，1932.12，2 册
（28+32 页），50 开（平民读物 135）

　　本书为关于银行事务的平民通俗读物。

　　收藏单位：国家馆

18178

银行实践　金伯铭著

长沙：商务印书馆，1939.11，2 册（[30]+465
页），25 开

长沙：商务印书馆，1940.6，3 版，2 册（24+
456 页），22 开

长沙：商务印书馆，1943.5，5 版，2 册（[30]+
456+9 页），25 开

　　本书分 3 编，共 11 章，内容包括：总论、
活期存款、定期存款、票据、储蓄、信托等。
附美币折合国币表、英镑折合国币表。

　　收藏单位：广东馆、国家馆、黑龙江馆、
江西馆、辽大馆、上海馆、天津馆、浙江馆

18179

银行实践法　姚生范译

上海：中国图书公司，1911，34+238 页，22
开

　　收藏单位：安徽馆、南京馆、首都馆

18180

银行实务　潘恒勤编著

长沙：商务印书馆，1939.6，147 页，32 开（服
务常识）（银行学会实务丛书）

长沙：商务印书馆，1940，再版，147 页，36
开（服务常识）（银行学会实务丛书）

长沙：商务印书馆，1947，3 版，增订本，258
页，32 开（服务常识）（银行学会实务丛书）

上海：商务印书馆，1948.4，增订 5 版，258
页，32 开（服务常识）（银行学会实务丛书）

　　本书共 9 部分，内容包括：通则、存款、
各种放款押款及国内押汇、代理收付款、代
收到埠押汇等。据作者在函授学校的授课讲
义编成。

　　收藏单位：重庆馆、广西馆、贵州馆、桂
林馆、国家馆、河南馆、湖南馆、南京馆、
内蒙古馆、上海馆、天津馆、浙江馆

18181

银行实务　彭兆璜编

[长沙]：政法学社，1913，再版，11+224
页，大 16 开（政法述义 28）

　　本书分两编：内国业务、外国为替。第 1
编共 4 章：概论、手形、银行之业务、银行之
事务办法；第 2 编共 6 章，内容包括：法定平
价及为替相场、送金为替、逆为替、为替卖
买之损益等。

　　收藏单位：国家馆、河南馆、首都馆、浙
江馆

18182

银行实务　容华绥编

广东省地方行政干部训练团，1940，52 页，
32 开（金融类 1）

　　本书共 6 章：绪论、存款、放款、汇兑、
附属业务、特许业务。目录页题名：银行实务
讲义。

　　收藏单位：重庆馆

18183

银行实务　沈鉴训编

上海：大东书局，1941.10，16+375 页，32 开，
精装

　　本书共 4 部分：银行实务、银行会计、发
行实务、金库实务。第 3 部分附取缔纸币条
例等 7 种法令。

　　收藏单位：重庆馆

18184

银行实务　王澹如著

长沙：商务印书馆，1940.3，2 册（[26]+857
页），25 开

长沙：商务印书馆，1940.8，再版，2 册（[26]+
857 页），25 开

长沙：商务印书馆，1940.11，3 版，2 册（[26]+
857 页），25 开

长沙：商务印书馆，1941，4 版，2 册（[26]+

857 页），25 开

本书共 15 章，内容包括：总论、银行之创设、存款、放款及投资、贴现、特许业务等。

收藏单位：重庆馆、广东馆、国家馆、吉大馆、南京馆、浙江馆

18185

银行实务　许锦绶著　中国农民银行行员训练班编

中国农民银行行员训练班，1941.3，78 页，32 开

收藏单位：重庆馆、国家馆、吉林馆、南京馆

18186

银行实务表解　蒋筠编

上海科学书局，1914.4，2 册（62+52 页），50 开（法律政治经济学表解丛书）

收藏单位：浙江馆

18187

银行实务丛刊　银行学会银行实务研究会编

上海：银行学会银行实务研究会，1936.12，187 页，22 开

收藏单位：浙江馆

18188

银行实务概要　王澹如著

重庆：立信会计图书用品社，1943.8，526 页，22 开（立信商业丛书）

重庆：立信会计图书用品社，1945，4 版，14+526 页，25 开（立信商业丛书）

上海：立信会计图书用品社，1946.7，4 版，14+526 页，25 开

上海：立信会计图书用品社，1947.3，5 版，14+526 页，25 开（立信商业丛书）

重庆：立信会计图书用品社，1948，6 版，14+526 页，25 开（立信商业丛书）

收藏单位：安徽馆、重庆馆、东北师大馆、广东馆、广西馆、贵州馆、国家馆、江西馆、辽大馆、南京馆、上海馆、天津馆、西南大学馆、浙江馆

18189

银行实务详解汇编　厉鼎模著　厉雅言等校对

北平：厉鼎模 [发行者]，[1932—1936]，7 册，16 开

本书共 8 集，每集 1 册。共 24 篇，内容包括：总说、总要、银行放款业务之实务、银行之国外汇兑业务之实务、银行会计事务之实务解说、银行稽核事务之实务解说等。其中第 8 集先于第 6 集出版，第 7 集未见书，但在第 6 集末页附告：本书第 18—22 篇准备编印于第 7 集。

收藏单位：广东馆、国家馆、南京馆、内蒙古馆、上海馆、首都馆、西南大学馆、浙江馆

18190

银行事务解说　卓定谋编

[北京]：自青榭，[1920]，614 页，22 开

北平：自青榭，1936，4 版，616 页，22 开

本书共 10 章：概说、银行之分课、存款、放款、贴现、押汇、汇兑、票据交换所、传票报单账表之改革、决算。内容多取材于《记账对照银行事务解说》（川口西三）。

收藏单位：国家馆、南京馆、宁夏馆、首都馆

18191

银行事务解说（记账对照）　卓定谋编

北京：大慈商店，1917.5，504 页，23 开，精装（自青榭丛书）

北平：大慈商店，1929.8，3 版，[38]+510 页，22 开，精装（自青榭丛书）

收藏单位：安徽馆、长春馆、国家馆、南京馆、上海馆、首都馆、天津馆、浙江馆

18192

银行事务解说（记账对照）　卓定谋编

北平：公慎书局，1920.12，再版，504 页，22 开，精装（自青榭丛书）

收藏单位：重庆馆、广东馆、国家馆

18193

银行事务论　刘逸吾著

[湖北省银行]，[1941]，532 页，16 开

　　本书内容包括：银行之性质及种类、银行之业务及组织、基本记帐法、传票制度、资本事务、存款事务、国内汇兑事务等。

　　收藏单位：重庆馆

18194

银行外汇帐处理法　蔡之华著

上海：中国文化服务社，1947，48 页，32 开（国民文库）

　　收藏单位：重庆馆、广东馆、国家馆、吉林馆、南京馆、上海馆、天津馆

18195

银行文书实务　陆晋遽著

上海：商务印书馆，1949.4，270 页，25 开

　　本书共 10 章：绪论、收文、发文、信封信纸之尺寸及盖印手续、打字与校对、电报、调查、档案科学管理法、银行文件、文件举例。

　　收藏单位：广东馆、国家馆、辽大馆、南京馆、上海馆

18196

银行新论　陆宗赟编译

上海：太平洋书店，1930，222 页，32 开

　　本书共 15 章，内容包括：银行的意义、银行的沿革、银行的效用及其地位、银行的研究、银行的种类、银行的业务及其经营上的原则、中央银行政策、银行的集中等。

　　收藏单位：重庆馆、广西馆、贵州馆、国家馆、湖南馆、南京馆、内蒙古馆、上海馆、天津馆、西南大学馆、浙江馆

18197

银行新论　汪廷襄著

上海：商务印书馆，1919.1，187 页，22 开

上海：商务印书馆，1920.8，再版，187 页，22 开

上海：商务印书馆，1922.6，3 版，187 页，32 开

上海：商务印书馆，1923.10，4 版，187 页，23 开

　　本书共 11 章，内容包括：绪论、资本金及公积金、存款、贴现、有价证券及生金银之卖买、外国汇兑、特种银行、恐慌与银行等。据著者在明德大学讲授银行学的讲义编成。

　　收藏单位：国家馆、河南馆、湖南馆、江西馆、南京馆、上海馆、首都馆、天津馆、浙江馆

18198

银行新论　姚肖廉著

南昌：大纬出版公司，1948.11，[6]+178 页，23 开

　　收藏单位：江西馆

18199

银 行 信 用 论　（美）费列普（C. A. Phillips）著　张先德译

外文题名：Bank credit: a study of the principles and factors underlying advances made by banks to borrowers

上海：商务印书馆，1935.11，10+159 页，22 开，精装（中国经济学社丛书）

　　本书分两编：银行信用数量之讨论、银行信用性质之讨论。共 17 章，内容包括：绪言、商业银行之性质、银行信用哲学、调查信用风险、抵押放款、同业放款、商业票据室等。附中西名辞对照表。

　　收藏单位：重庆馆、东北师大馆、广东馆、广西馆、国家馆、河南馆、黑龙江馆、湖南馆、吉林馆、江西馆、辽大馆、南京馆、上海馆、天津馆、浙江馆

18200

银行学　陈邦琳著

北平市立高商会计科，[1911—1949]，油印本，62 页，16 开，环筒页装

　　收藏单位：国家馆

18201

银行学　陈其鹿编著

上海：商务印书馆，1924.5，219 页，25 开

上海：商务印书馆，1927.5，3 版，219 页，25 开

上海：商务印书馆，1928.4，4 版，219 页，25 开

上海：商务印书馆，1929.4，5 版，219 页，25 开

上海：商务印书馆，1930.7，6 版，96 页，25 开

上海：商务印书馆，1933.2，国难后 2 版，96 页，25 开

上海：商务印书馆，1935.2，国难后 4 版，233+97 页，32 开

上海：商务印书馆，1935.5，国难后 5 版，219 页，25 开

长沙：商务印书馆，1938.9，国难后 6 版，97 页，32 开

　　本书为高级商业职业学校教科书。共 4 编：银行之概念、商业银行、非商业银行、银行制度。附参考书目，各种银行条例及章程，上海华商、洋商各银行资本公积金及存款统计表，上海钱庄之研究。

　　收藏单位：安徽馆、重庆馆、东北师大馆、广东馆、广西馆、贵州馆、国家馆、河南馆、湖南馆、江西馆、南京馆、内蒙古馆、上海馆、天津馆、浙江馆

18202

银行学　侯厚培　虞佑棠编著

重庆：正中书局，1944.9，212 页，32 开

上海：正中书局，1946.11，13 版，212 页，32 开

　　本书为高级商业职业学校教科书。共 12 章，介绍银行的意义、功用、历史、类别、资本、组织、业务等。逐页题名：高商银行学。

　　收藏单位：安徽馆、重庆馆、东北师大馆、广东馆、广西馆、国家馆、江西馆、南京馆、内蒙古馆、首都馆、浙江馆

18203

银行学　金天锡等编译

重庆：立信会计图书用品社，1944.8，238 页，

32 开（立信商业丛书）

上海：立信会计图书用品社，1946.8，238 页，32 开（立信商业丛书）（立信会计丛书）

上海：立信会计图书用品社，1947.2，3 版，238 页，32 开（立信商业丛书）

上海：立信会计图书用品社，1948.1，4 版，238 页，32 开（立信商业丛书）（立信会计丛书）

　　本书共 4 编：绪论、银行资金之构成、银行资金之运用、银行之支付媒介业务。据日本田中金司、新庄博、高垣寅次郎等人的著作编成。

　　收藏单位：安徽馆、重庆馆、广东馆、贵州馆、国家馆、辽大馆、辽宁馆、南京馆、天津馆

18204

银行学　刘全忠编著

重庆：正中书局，1944.3，397 页，25 开

上海：正中书局，1945，397 页，25 开

上海：正中书局，1946.12，3 版，397 页，25 开

上海：正中书局，1947.6，6 版，397 页，25 开

　　本书为大学用书。共 19 章，内容包括：概论、银行之创立及其组织、储蓄银行、信托公司、中央银行、中国银行制度等。

　　收藏单位：重庆馆、东北师大馆、甘肃馆、广东馆、贵州馆、国家馆、河南馆、黑龙江馆、湖南馆、辽大馆、南京馆、内蒙古馆、上海馆、浙江馆

18205

银行学　彭信威　薛嘉万编著

重庆：中外图书出版社，1944.8，181 页，16 开

　　本书分上、下两编：概论、各国银行制度。

　　收藏单位：重庆馆、国家馆、南京馆

18206

银行学　吴士瑜编

北京：晨报社，1926.9，10+188 页，22 开（晨报社丛书 第 27 种）

本书共 8 章，内容包括：银行之概念、资本金及公积金、存款、贴现、放款等。

收藏单位：国家馆、河南馆

18207

银行学　朱彬元著

上海：黎明书局，1935.10，258 页，22 开（黎明商业丛书）

本书共 12 章，内容包括：总论、存款、贴现及放款、票据、信托业务及信托公司、各国银行制度比较、我国银钱业状况等。附银行法、中央银行条例、上海钱业公会章程、上海国内汇兑市价表等 12 种。

收藏单位：重庆馆、广东馆、桂林馆、国家馆、河南馆、湖南馆、南京馆、内蒙古馆、陕西馆、上海馆、首都馆、天津馆、西南大学馆、浙江馆

18208

银行学　朱彬元著

出版者不详，1931.6，140 页，18 开

收藏单位：安徽馆、重庆馆、浙江馆

18209

银行学 ABC　蒯世勋著

上海：ABC 丛书社，1928.6，118 页，32 开（ABC 丛书）

上海：ABC 丛书社，1929.2，再版，118 页，23 开（ABC 丛书）

上海：ABC 丛书社，1935.3，6 版，118 页，32 开（ABC 丛书）

本书共 9 章：总论、银行之组织管理、存款、贴现、放款、汇兑、其他附随业务、银行兑换券、几本关于银行学的书。

收藏单位：重庆馆、广东馆、广西馆、贵州馆、桂林馆、国家馆、河南馆、湖南馆、江西馆、辽大馆、辽宁馆、宁夏馆、绍兴馆、首都馆、天津馆、浙江馆

18210

银行学 ABC　蒯世勋著

上海：世界书局，1936.10，7 版，118 页，32 开

上海：世界书局，1937，8 版，118 页，32 开

收藏单位：南京馆、山西馆

18211

银行学表解　蒋筠编

上海科学书局，1941.12，105 页，50 开（法律政治经济学表解丛书）

收藏单位：浙江馆

18212

银行学概论　洪品成编著

浙江财务人员养成所，1929，104 页，22 开

本书共 9 章：银行之沿革、银行之功用、银行之种类、银行之存款业务、银行之放款业务、银行之贴现业务、银行之汇兑业务、银行纸币之发行、银行其他之业务。逐页题名：银行学概要讲义。

收藏单位：国家馆

18213

银行学概论　张学骞著

上海：北新书局，1946.9，试版，228 页，32 开

本书共 4 编：总论、商业银行论、投资银行论、国际汇兑银行论。

收藏单位：安徽馆、重庆馆、国家馆、南京馆、上海馆

18214

银行学概要　郑行巽著

上海：世界书局，1929.5，123 页，50 开（社会经济概要丛书）

本书共 10 章，内容包括：引言、种类、商业银行、存款、汇兑、纸币等。

收藏单位：重庆馆、广西馆、河南馆、南京馆、天津馆、浙江馆

18215

银行学讲义大纲　姚铁心编

出版者不详，[1911—1949]，36 页，32 开

收藏单位：南京馆

18216

银行学新论 （英）塞耶斯（Richard Sidney Sayers）著 汪祥春 钱荣堃译

外文题名：Modern banking

上海：正中书局，1947.8，[10]+261 页，25 开

本书共 14 章，内容包括：引论、商业银行、贴现市场、中央银行之组织、经济落后国家之银行业务、银行国营问题等。

收藏单位：重庆馆、东北师大馆、广东馆、贵州馆、国家馆、辽大馆、南京馆、上海馆、首都馆、浙江馆

18217

银行学原理 （美）敦巴（C. F. Dunbar）著 王建祖编译 吴宗焘增补

外文题名：Theory of banking

上海：商务印书馆，1913.9，3 版，101 页，25 开

上海：商务印书馆，1915.10，5 版，101 页，25 开

上海：商务印书馆，1916.6，6 版，101 页，25 开

上海：商务印书馆，[1916—1917]，7 版，224 页，32 开

上海：商务印书馆，1920.10，增订版，184 页，25 开

上海：商务印书馆，1921.5，增订再版，184 页，25 开

上海：商务印书馆，1922.3，增订 3 版，184 页，25 开

上海：商务印书馆，1924，增订 4 版，184 页，28 开

上海：商务印书馆，1930，增订 5 版，184 页，25 开

上海：商务印书馆，1935，国难后 1 版，224 页，32 开

本书共 8 章：发凡、银行业务、银行办法及记帐法、支票、钞票、联合准备金、中央银行、外国汇兑。增订前由王建祖一人翻译，后由吴宗焘增译后两章，并对原译本作了删改。其他题名：增订银行学原理。

收藏单位：安徽馆、北师大馆、重庆馆、东北师大馆、广东馆、广西馆、国家馆、河

南馆、湖南馆、江西馆、南京馆、浙江馆

18218

银行要义 杨端六著

上海：商务印书馆，1923.1，39 页，36 开（百科小丛书 3）

上海：商务印书馆，1923.10，再版，39 页，36 开（百科小丛书 3）

上海：商务印书馆，1925.11，3 版，39 页，36 开（百科小丛书 3）

上海：商务印书馆，1930.4，32 页，32 开（万有文库 第 1 集 1000）（商学小丛书）

上海：商务印书馆，1932.11，国难后 1 版，32 页，32 开（商学小丛书）

上海：商务印书馆，1934.7，再版，32 页，32 开（商学小丛书）

上海：商务印书馆，1935.5，国难后 2 版，32 页，32 开（商学小丛书）

[长沙]：商务印书馆，1939.9，32 页，32 开（万有文库 第 1、2 集简编 500 种）（商学小丛书）

[长沙]：商务印书馆，1940，国难后 3 版，32 页，36 开（商学小丛书 3）

本书共 4 章：概说、银行之种类、商业银行之业务、银行之协同与垄断。出版过程中内容有增修。

收藏单位：安徽馆、长春馆、重庆馆、大理馆、大连馆、东北师大馆、广东馆、广西馆、贵州馆、桂林馆、国家馆、河南馆、黑龙江馆、湖南馆、惠州馆、江西馆、辽大馆、辽师大馆、柳州馆、南京馆、内蒙古馆、宁夏馆、山东馆、上海馆、绍兴馆、首都馆、天津馆、西南大学馆、浙江馆

18219

银行业务总论 （美）威里斯（H. P. Willis）（美）爱德华（G. W. Edwards）著 李伟超译

外文题名：Banking and business

上海：黎明书局，1932.4，22+440 页，22 开（黎明商业丛书）

上海：黎明书局，1934.3，再版，22+440 页，22 开（黎明商业丛书）

本书共 4 编：交换、商业银行、非商业银

行、银行制度。原著初稿为美国哥伦比亚大学商学院教本。

收藏单位：安徽馆、重庆馆、广东馆、广西馆、贵州馆、桂林馆、国家馆、河南馆、湖南馆、吉林馆、江西馆、辽大馆、南京馆、上海馆、绍兴馆、首都馆、浙江馆

18220

银行营业法表解　王毓炳编辑

上海科学书局，1914.3，96页，50开（法律政治经济学表解丛书）

收藏单位：浙江馆

18221

银行应用计算表　沈议编

上海：中华书局，1933.9，[128]页，23开（银行周报丛刊）

本书收录表16种，并附利率表、汇兑零数表等3种。附各表用法及例题8种。

收藏单位：南京馆、内蒙古馆、浙江馆

18222

银行与金融　赵诵轩等编

上海：中华书局，1930.4，22页，32开（民众经济丛书）

上海：中华书局，1932，再版，22页，36开（民众经济丛书）

本书共5部分：银行的种类及其业务、银行与金融上关系、我国银行在金融界的地位、我国金融制度的缺陷、结论。

收藏单位：安徽馆、北师大馆、重庆馆、国家馆、内蒙古馆、天津馆

18223

银行员银行家座右铭（又名，银行家银行员座右铭）　戴蔼庐译

上海：黎明书局，1932.5，2册（60+196页），32开（银行周报丛刊）

上海：黎明书局，1932.5，4版，2册（60+196页），32开（银行周报丛刊）

上海：黎明书局，1932，5版，2册（60+196页），32开（银行周报丛刊）

上海：黎明书局，1932.7，6版，206页，32

开（银行周报丛刊）

本书共两部分：银行员之座右铭一百条、银行家之座右铭三百则。内容分别译自日本永井清在《大阪银行通信录》上发表的《青年银行员献言》及日本银行家淡淡居士在《东京银行通信录》上发表的《银行业务改善只语》。原文连载于《银行周报》。

收藏单位：安徽馆、长春馆、重庆馆、广东馆、桂林馆、国家馆、河南馆、黑龙江馆、湖南馆、吉林馆、江西馆、南京馆、内蒙古馆、上海馆、绍兴馆、首都馆、天津馆、西南大学馆、浙江馆

18224

银行原理及实务（上册）　国民银行函授学校编

[国民银行函授学校]，[1911—1949]，248页，36开（国民银行函授学校讲义）

18225

银行原论　陈家瓒编

上海：群益书社，1923.1，25+806页，22开，精装

上海：群益书社，1923.6，再版，25+806页，22开，精装

上海：群益书社，1925.9，3版，25+806页，22开，精装

本书共19章，内容包括：银行之意义、银行之起源并其发达、银行之效用并其地位、银行之研究、银行之种类、银行之业务并其经营、信托业务、汇兑等。

收藏单位：重庆馆、国家馆、河南馆、湖南馆、南京馆、首都馆、浙江馆

18226

银行之功用　上海商业储蓄银行编

上海商业储蓄银行，[1915—1949]，31页，21开

本书为该银行业务的宣传品。共5章，内容包括：银行营业之性质、银行放款之大意、银行服务之述要等。

收藏单位：上海馆

18227

银行职业概况　秦宏范编

出版者不详，[1911—1949]，54 页，32 开

　　本书共 8 章：银行之意义及其重要、银行之发展及其趋势、银行之种类及其组织、银行之业务、银行之人事、银行行员训练班、银行从业员之修养及服务道德、结论。

　　收藏单位：广东馆、桂林馆、湖南馆、南京馆、天津馆

18228

银行指南　孙德全　景学铃著

上海：商务印书馆，1915.5，172+49 页，22 开

　　本书共两编：总说、实习及簿记。附度支部奏定各银行则例、各种簿记表式。

　　收藏单位：首都馆

18229

银行制度论　谢霖　李澂编纂

上海：中国图书公司，1911.4，10+247 页，23 开，精装

上海：中国图书公司，1913.3，5 版，10+247 页，22 开，精装

上海：中国图书公司，1915，6 版，10+247 页，25 开，精装

上海：中国图书公司，1916.4，7 版，10+247 页，25 开，精装

　　本书分 3 编：总论、各论、银行补助机关。第 1 编共 4 章：银行之定义、银行之效用、银行之组织、银行之分类；第 2 编共 6 章：中央银行、商业银行、农业银行、工业银行、储蓄银行、人民银行。

　　收藏单位：东北师大馆、广西馆、国家馆、河南馆、黑龙江馆、湖南馆、南京馆、内蒙古馆、首都馆、浙江馆

18230

应用银行学（存放款事务）

[上海商业储蓄银行]，1933，[316] 页，16 开（上海银行训练班丛书）

18231

应用银行学（国内汇兑及押汇业务）

[上海商业储蓄银行]，[1932]，[236] 页，14 开（上海银行训练班丛书）

　　收藏单位：上海馆

18232

与国际汇价稳定有关之几个问题　李植泉翻译　刘铁孙审查　刘大钧核定

出版者不详，1939.2，晒印本，7 张，大 16 开（中国经济统计研究所 总字第 276 号 金融门币制类 第 40 号）

　　收藏单位：上海馆

18233

远期汇况公开操纵术及其理论　李植泉翻译　刘铁孙审查　刘大钧核定

出版者不详，1939.10，晒印本，11 张，大 16 开（中国经济统计研究所 总字第 340 号 金融门币制类 第 43 号）

　　收藏单位：上海馆

18234

怎样办理信用合作社　卢显能著

南宁：民团周刊社，1939.3，36 页，32 开（丙种丛刊 第 2 种）（基层建设丛刊 第 5 辑 5）

　　本书共 4 部分：为甚么要办理信用合作社、怎样进行组织信用合作社、怎样处理信用合作社的任务、怎样经营信用合作社的业务。

　　收藏单位：安徽馆、重庆馆、国家馆

18235

怎样经营信用合作社　湖北省农村合作委员会编

湖北省农村合作委员会，[1928—1949]，28 页，32 开

　　本书共 4 章：经营信用合作社的先决事项、资本之运用、业务之经营、信用合作社发生的困难及其解答。

　　收藏单位：重庆馆

18236

怎样经营信用合作社

贵州省农村合作委员会，[1937]，8 页，36 开

（训练小丛书 6）

收藏单位：重庆馆、国家馆、南京馆

18237

征信问题之理论与实际　姚肖廉著

南昌：商业夜班学校，1937，342 页，32 开

本书封面题名：征信学。

收藏单位：南京馆

18238

证券交易要诀　王挽澜著

谢默庵，1921，62 页，23 开

本书共两编：买卖交易之一般、证券买卖之要诀。附证券交易所法，证券交易所法施行细则、附属规则。

18239

证券买卖秘术　周沈刚编译

上海：文明书局，1922.2，[182] 页，32 开

本书共前、中、后 3 篇：证券市场之概况、证券价格之变动、证券价格变动之预防。

收藏单位：河南馆、吉林馆

18240

支票　银行学会编

上海：银行学会，1934.4，再版，13 页，22开（银行实务丛刊 1）

上海：银行学会，1936，3 版，1 册，22 开（银行实务丛刊 1）

本书共 16 部分，内容包括：支票上未印明"支票"字样是否合法、支票上金额有增减时应否拒付、支票保付及保付时效问题、支票止付问题、支票支付问题等。

收藏单位：国家馆、上海馆、浙江馆

18241

致富百诀　许晚成编

成都：经纬书局，1946，110 页，36 开

本书介绍 30 余种致富方法。封面题名：理财术。

收藏单位：重庆馆

18242

中央银行概论　陈行著

上海：银行通讯出版社，1948.5，206 页，16开（银行通讯出版社丛书）

本书共 11 章，内容包括：中央银行之起源及其发展、发行钞券与准备制度、代理国库、控制信用、政府财政政策与中央银行、货币制度与中央银行国际间之合作、中央银行经营之原则等。

收藏单位：贵州馆、国家馆、吉林馆、近代史所、上海馆、首都馆

18243

中央银行概论　（英）克胥（C. H. Kisch）（英）爱尔金（W. A. Elkin）著　陈清华译

外文题名：Central bank

上海：商务印书馆，1931.2，146+397 页，22开（中国经济学社丛书）

上海：商务印书馆，1933.1，国难后 1 版，146+397 页，22 开，精装（中国经济学社丛书）

本书共 8 章，内容包括：中央银行为泉币之枢机、国家与中央银行之关系、中央银行之组织及管理、各国中央银行之合作等。附各国中央银行条例规章撮要、一九一四年英国泉币及银行纸币条例、一九二五年金本位条例等 35 种。

收藏单位：重庆馆、广东馆、贵州馆、桂林馆、国家馆、河南馆、黑龙江馆、湖南馆、吉林馆、江西馆、辽大馆、辽宁馆、南京馆、上海馆、首都馆、浙江馆、中科图

18244

中央银行概论

出版者不详，1944，39 页，16 开

收藏单位：重庆馆、南京馆、首都馆

18245

中央银行简论　中央银行编

出版者不详，1941，39 页，16 开

18246

中央银行经营论　（英）霍曲莱（R. G. Hawtrey）著　谭寿清译

外文题名：The art of central banking

[上海]：世界书局，1947.6，186 页，25 开
（中央银行经济研究处丛书）

　本书共 38 部分，内容包括：最后贷款者、伦敦贴现市场、银行率与外汇、吸引外资、现金的放出与吸收、各国中央银行之互助、国际中央银行、结论等。

　收藏单位：重庆馆、广东馆、国家馆、吉林馆、南京馆、上海馆、天津馆

18247

中央银行论　崔晓岑著

上海：商务印书馆，1935.8，12+258+199 页，22 开，精装（大学丛书 教本）

上海：商务印书馆，1935.12，再版，12+258+199 页，22 开，精装（大学丛书 教本）

上海：商务印书馆，1936.11，3 版，12+258+199 页，22 开，精装（大学丛书 教本）

上海：商务印书馆，1937.2，再版，12+258+199 页，22 开（大学丛书 教本）

　本书共 11 章，内容包括：各国中央银行之进展、中央银行之职责、中央银行所应遵循之原则、中央银行之通常业务、中央银行与清算制度、论吾国中央银行制度问题等。附上海清算之研究、中央银行简史、介绍参考书等 6 种。

　收藏单位：重庆馆、东北师大馆、广西馆、贵州馆、国家馆、黑龙江馆、湖南馆、吉林馆、江西馆、近代史所、辽大馆、南京馆、内蒙古馆、宁夏馆、上海馆、首都馆、天津馆、西南大学馆、浙江馆

18248

中央银行论（初稿）　崔晓岑著

出版者不详，[1933]，20+492 页，22 开

　收藏单位：国家馆

18249

中央银行新论　（南非）德考克（Michiel Hendrik De Kock）著　陈思德　陈友三译

外文题名：Central banking

重庆：财政评论社，1944.4，227 页，22 开
（财政评论社译丛 第 2 种）

　本书共 16 章，内容包括：中央银行之兴起、中央银行为发行银行、中央银行为政府之银行代理人与顾问、中央银行为商业银行现金准备之保管者、中央银行为全国金属准备之保管者、中央银行为再贴现银行与最后贷放者等。著者原题：第·考克。

　收藏单位：安徽馆、重庆馆、东北师大馆、广东馆、贵州馆、国家馆、湖南馆、江西馆、辽大馆、南京馆、上海馆

18250

中央银行之基本原则　（英）哈佛（Ernest Harvey）著　财政部钱币司译

财政部钱币司，[1911—1949]，18 页，22 开

　本书共 3 章：概论、中央银行之功用（一、二）。原著为著者任职于英伦银行时所作的演讲稿。

　收藏单位：国家馆

18251

中央银行制度概论　梁钜文著

上海：大东书局，1931.3，205 页，32 开

　本书共 7 章：中央银行之意义及其效用、中央银行之概况、中央银行之制度、中央银行之组织、中央银行之业务、中央银行操纵金融之政策、我国中央银行之论究。附中央银行章程、中央银行条例、中央银行兑换券章程。

　收藏单位：重庆馆、广东馆、桂林馆、国家馆、河南馆、湖南馆、江西馆、辽大馆、辽宁馆、南京馆、上海馆、天津馆、浙江馆

18252

朱斯煌信托论文汇刊　朱斯煌著

朱斯煌 [发行者]，[1938.4]，[288] 页，16 开

　本书收录著者发表在《信托季刊》上的论文 14 篇。

18253

最详银行簿记　（日）守田藤之助著　高竞齐 戎夐向等译

上海：守田藤之助 [发行者]，1915.10，12+428 页，22 开，精装

本书共 3 编：绪论、银行簿记法则、银行簿记实践。附银行簿记试验问题、参考书目。据著者在华授课的讲义修订编成。其他题名：银行簿记。

收藏单位：安徽馆、国家馆、首都馆

18254

最新国外汇兑概论 （美）欧雪（Franklin Escher）著 李百强译

外文题名：Modern foreign exchange

上海：民智书局，1934.2，172 页，23 开（民智商学丛书）

本书共 10 章，内容包括：债务、债权、汇票、汇价、国外汇兑及贴现市场、金本位等。

收藏单位：广东馆、南京馆、上海馆、浙江馆

18255

最新银行簿记 汪栗甫著

上海：世界书局，1930，再版，159 页，25 开

本书共 12 章，内容包括：银行与簿记之原理、银行会计科目、复杂货币之整理、传票、帐簿、表单等。

收藏单位：重庆馆

18256

最新银行簿记（第 2 册） 范志贤编著

上海：中国商业函授学校，1935.10，83 页，32 开（中国商业函授学校讲义）

18257

最新银行簿记学大全 厉鼎模著

北平：厉鼎模 [发行者]，1935.9，2 册（414+391 页），18 开

本书每篇 1 册，共两篇：实论篇、实习附论篇。附北平市私立范吾银行簿记补习学校学员名录。

收藏单位：广西馆、国家馆、首都馆

18258

最新银行论 徐钧溪编著

上海：中华书局，1929，298 页，25 开

上海：中华书局，1930.8，261 页，32 开

上海：中华书局，1935.8，再版，261 页，32 开

本书共 7 章：绪论、钞票之发行、存款、债票之发行、票据之贴现、放款、汇兑。附中央银行条例、章程等 7 种。

收藏单位：重庆馆、广东馆、广西馆、贵州馆、桂林馆、国家馆、河南馆、黑龙江馆、湖南馆、江西馆、辽大馆、南京馆、上海馆、天津馆、浙江馆

18259

最新银行学指南 王俊臣著

上海：商务印书馆，1912.8，70 页，24 开

上海：商务印书馆，1913，再版，70 页，22 开

本书分上、下两编：银行学指南、银行簿记。逐页题名：上编银行学指南、下编银行簿记。

收藏单位：首都馆

18260

作制交易方法 陈郅民著

上海：同泰号，1938，122 页，32 开，精装

上海：同泰号，1940，再版，122 页，32 开，精装

本书讲述交易所的交易方法。书前有著者所写"原因"及题为"同泰号陈郅民退保声明及劝告启事"的影印件与题词等。其他题名：作交易法。

收藏单位：重庆馆、南京馆、上海馆

世界金融、银行

18261

安定国际金融计划 财政部财政研究委员会编译

财政部财政研究委员会，1947.3，40 页，22 开（财政部财政研究委员会丛刊 3）

本书收录演讲稿 5 篇：《论国际复兴开发银行》（梅耶尔）、《国际货币基金及其任务》（居德）、《美国的贷款政策》（范纳）、《进出

口银行与美国对外贷款政策》（麦克马丁）、《美国国际金融政策》（密塞尔）。前4篇节译自哥伦比亚大学年会讲座，末篇译自加拿大政治学会年会论文。

收藏单位：重庆馆、桂林馆、国家馆、吉林馆、南京馆、内蒙古馆、上海馆、中科图

18262
白色战争（一九四〇年世界金融史纲）（英）
爱恩济格（Paul Einzig）著　罗寿译
外文题名：World finance 1939—1940
重庆：大时代书局，1943.1，319页，22开
桂林：大时代书局，1943.1，118页，32开

本书共12编：绪论、和平的希望与战争的威胁、法国的复元、金融的"姑息政策"、德国东进、国际阵线的分化双方战前的金融标准、战争的爆发、外汇统制、战时金融、经济战争、中立国和交战国、结论。为著者《一九三九年世界金融史纲》的续编。著者原题：保罗·安齐格。

收藏单位：重庆馆、广东馆、广西馆、桂林馆、国家馆、吉林馆、近代史所、南京馆、首都馆、西南大学馆、浙江馆

18263
典当论　宓汝卓著
上海：商务印书馆，1936.12，[31]+565页，22开，精装（社会经济调查所丛书）

本书分上、中、下3篇：总论、营利典当论、公益典当论。附各省市典当单行法规调查表、江苏省改进典当业具体方案等4种。著者原题：宓公干。

收藏单位：重庆馆、东北师大馆、广东馆、广西馆、贵川馆、国家馆、湖南馆、吉林馆、近代史所、辽宁馆、南京馆、内蒙古馆、天津馆

18264
非常时期之金融　瞿荆洲编
上海：中华书局有限公司，1937.4，82页，32开（中国新论社非常时期丛书）
上海：中华书局有限公司，1937.7，再版，82页，32开（中国新论社非常时期丛书）

上海：中华书局有限公司，1938.7，3版，82页，32开（中国新论社非常时期丛书）

本书共6部分：绪论、现金集中、通货膨胀、紧急货币、制造信用、汇兑统制。

收藏单位：重庆馆、广东馆、贵州馆、桂林馆、国家馆、河南馆、黑龙江馆、湖南馆、江西馆、近代史所、辽大馆、南京馆、浙江馆

18265
各国汇兑计算表　俞子振编辑
上海：明华公司，1916.6，[160]页，50开
收藏单位：广东馆、吉林馆

18266
各国金银汇水捷算新书　麦子建编
麦子建[发行者]，1927.5，再版，452页，32开
收藏单位：吉林馆

18267
各国金银汇水捷算新书　世界书局编
澳门：世界书局，1942，[210]页，64开
本书封面题名：最新袖珍各国金银汇水捷算新书。

18268
各国外汇统制略表　财政部币制研究委员会编
财政部币制研究委员会，[1936]，27页，23开（丛刊6）
收藏单位：重庆馆、甘肃馆、广东馆、湖南馆、近代史所、上海馆、浙江馆

18269
各国银行制度及我国银行之过去与将来　交通银行总行管理处编
交通银行总行管理处，1943.4，560页，22开（交通银行经济丛刊1）

本书收文21篇，内容包括：《各国实业银行制度》（赵棣华）、《各国中央银行制度》（金天锡）、《各国农业银行制度》（侯厚培）、《战时战后之金融管制》（戴铭礼）、《我国银

行制度之演进》（杨荫溥）等。分 3 编：各国银行制度比较、各国银行制度分论、我国银行之过去与将来。

收藏单位：安徽馆、重庆馆、甘肃馆、广东馆、广西馆、贵州馆、国家馆、江西馆、辽大馆、南京馆、浙江馆、中科图

18270

各国银行制度考　（英）马铿（K. Mackenzie）著　黄澹哉译

上海：四社出版部，1934.8，233 页，32 开（海光丛书 第一辑）

本书共 6 编：英国银行制度之部、苏格兰银行制度之部、爱尔兰银行制度之部、法国银行制度之部、德国银行制度之部、美国银行制度之部。

收藏单位：国家馆、陕西馆、上海馆、浙江馆

18271

各国中央银行比较论　孙祖荫著

上海：商务印书馆，1929.10，93 页，32 开（万有文库第 1 集 194）（商学小丛书）

上海：商务印书馆，1933.5，93 页，32 开（商学小丛书）

上海：商务印书馆，1934.1，再版，93 页，32 开（商学小丛书）

上海：商务印书馆，1934.6，3 版，93 页，32 开（商学小丛书）

本书分上、下两编：中央银行总论、中央银行各论。上编共 3 章：中央银行特有之职务、中央银行之组织问题、兑换券之发行法；下编共 5 章：英格兰银行、德意志银行、法兰西银行、日本银行、美国联邦准备银行。

收藏单位：安徽馆、重庆馆、大理馆、大连馆、东北师大馆、广东馆、广西馆、贵州馆、国家馆、河南馆、黑龙江馆、湖南馆、吉林馆、江西馆、辽大馆、辽师大馆、柳州馆、南京馆、内蒙古馆、宁夏馆、上海馆、首都馆、天津馆、西南大学馆、浙江馆

18272

国防与金融　李承绪著

上海：汗血书店，1936.11，130 页，32 开（国防实用丛书 4）

本书共 5 章：绪论、金融国防的重要性、欧战时各国的金融政策、大战前夕我国金融国防之设备方案、非常时期之中我国应取的金融政策。

收藏单位：安徽馆、重庆馆、广东馆、国家馆、吉林馆、江西馆、南京馆、上海馆

18273

国际货币基金与国际银行文献　交通银行总管理处编译

重庆：中华书局，1945.7，185 页，22 开（交通银行经济丛刊 3）

重庆：中华书局，1946.1，再版，185 页，22 开（交通银行经济丛刊 3）

本书共 7 部分：美国国际平准基金建议书修正草案、英国国际清算联合会建议书、加拿大国际汇兑联盟计划草案、国际货币基金联合宣言、美国联合国复兴建设银行建议书、国际货币基金协定、国际复兴建设银行协定。附中英名词对照表。书前有《国际货币金融合作之新时代》（赵棣华）一文。

收藏单位：安徽馆、重庆馆、东北师大馆、甘肃馆、广东馆、贵州馆、桂林馆、国家馆、湖南馆、吉大馆、吉林馆、江西馆、近代史所、辽大馆、辽宁馆、南京馆、首都馆、天津馆、浙江馆、中科图

18274

国际金融论　黄元彬著

重庆：青年书店，1939.2，106 页，32 开

重庆：青年书店，1940，再版，105 页，32 开

本书共 4 章："国际金融概论""国际金融的中心现象——汇兑问题""世界币制问题""汇兑统制货币战争与国际金融之现阶段"。

收藏单位：安徽馆、重庆馆、贵州馆、国家馆、湖南馆、吉林馆、江西馆、南京馆、宁夏馆、陕西馆、上海馆、武大馆、浙江馆

18275

国际金融市场　（美）麦登（J. T. Madden）

（美）那特勒（M. Nadler）著　刘孔钧编著
上海：正中书局，1939.4，448 页，22 开（社
会科学丛书）

　　本书共 18 章，内容包括：黄金与金本位
之功能、国际金融市场、国际资本市场、国
际金融市场之恢复与瓦解等。

　　收藏单位：国家馆、南京馆、上海馆、浙
江馆

18276

国际金融市场 （美）麦登（J. T. Madden）
（美）那特勒（M. Nadler）著　许亦非译
外文题名：The international money markets
长沙：商务印书馆，1939.4，2 册（19+724 页），
36 开
长沙：商务印书馆，1940.6，再版，2 册（19+
724 页），36 开

　　收藏单位：贵州馆、桂林馆、国家馆、江
西馆、近代史所、南京馆、上海馆、首都馆、
天津馆、浙江馆、中科图

18277

国际金融争霸论 （英）爱恩济格（Paul
Einzig）著　崔晓岑译
外文题名：Fight for financial supremacy
上海：商务印书馆，1935.10，增订再版，142
页，32 开（社会科学小丛书）

　　本书分上、下两卷：恐慌未发生以前、伦
敦恐慌之由来。共 16 章，内容包括：导言、
国际金融界称霸所应备之条件、战前伦敦之
领导、战后之纽约、战后之巴黎、金本位之
停止、伦敦前途之瞻望等。附阿姆斯特丹之
为国际金融中心等 3 种。著者原题：爱吉兮。

　　收藏单位：重庆馆、东北师大馆、广东
馆、广西馆、国家馆、上海馆、中科图

18278

国际金融争霸论 （英）爱恩济格（Paul
Einzig）著　崔晓岑译
上海：新月书店，1933.4，154 页，32 开（基
本知识丛书 1）

　　收藏单位：重庆馆、国家馆、河南馆、近
代史所、南京馆、上海馆、天津馆、浙江馆、

中科图

18279

国际投资浅说　周佛海著
上海：商务印书馆，1927.10，59 页，36 开
（百科小丛书 147）

　　本书共 8 章，内容包括：国际投资之史的
一瞥、国际投资发生的原因、国际投资的变
迁、国际投资和国内投资的异同及分配、国
际投资和国际贸易等。

　　收藏单位：安徽馆、重庆馆、广东馆、广
西馆、贵州馆、桂林馆、国家馆、河南馆、
湖南馆、江西馆、南京馆、山东馆、上海馆

18280

国际信托公司　袁际唐著
上海：大东书局，1933.9，90 页，32 开（社
会科学基础丛书）

　　本书共 8 章，内容包括：绪言、组织及管
理、资本及利润、会计制度、证券评价法则
等。

　　收藏单位：重庆馆、广东馆、国家馆、湖
南馆、江西馆、南京馆、人大馆、天津馆

18281

国内外金融经济大事录　财政部钱币司编
财政部钱币司，1941.4，90 页，16 开

　　本书分两部分：国内之部、国外之部。所
记时间为 1940 年 3 月至 1941 年 3 月。

　　收藏单位：国家馆、吉林馆、南京馆

18282

**金银本位国间金银货流动的原则及中国金银
货流动的解释**　吴大业著
天津：南开大学经济学院，1933.7，32 页，18
开

　　收藏单位：国家馆

18283

欧美银行制度 （英）马铿（K. Mackenzie）
著　李达理译
外文题名：Banking systems
上海：世界书局，1934.3，211 页，25 开，精

装

本书共 6 编：英格兰银行制度、苏格兰银行制度、爱尔兰银行制度、法国银行制度、德国银行制度、美国银行制度。为苏格兰银行学会 1932 年征文获奖作品。

收藏单位：重庆馆、广东馆、广西馆、贵州馆、国家馆、河南馆、湖南馆、吉林馆、江西馆、辽大馆、南京馆、陕西馆、上海馆、首都馆、浙江馆、中科图

18284

票据交换所研究　银行周报社编

[上海]：银行周报社，1922.1，140 页，32 开

[上海]：银行周报社，1931.4 印，144 页，32 开

本书为《银行周报》增刊。收文 7 篇：《票据交换所制度之研究》（徐沧水）、《东京交换所调查录》（徐沧水）、《东京交换所之实况》（徐沧水）、《说票据交换所》（徐永祚）、《票据交换制度之发达》（朱义农）、《述票据交换所》（徐裕孙）、《筹设上海银行交换所之提议》（姚仲拔）。附纽约票据交换所会员银行一览、伦敦及纽约票据交换所累年交换额、日本全国票据交换所累年交换额。

收藏单位：国家馆、辽宁馆、南京馆、内蒙古馆、首都馆、天津馆、武大馆、浙江馆

18285

实用英美汇兑核算法　李思源编

上海：环盛出版社，1939，[109] 页，16 开，精装

收藏单位：上海馆

18286

世界货币金融的现势　徐农著

大众文化社，1937.5，75 页，32 开（大众文化丛书 第 1 辑 第 10 种）

本书共 7 部分，内容包括：一九三一年世界金融恐慌的前夜、欧洲金融恐慌的爆发、美国经济危机的展开、英镑集团的运用、欧洲金集团与三国协定等。

收藏单位：重庆馆、国家馆、黑龙江馆

18287

世界金融状况　朱彬元编

上海：大东书局，1930.6，136 页，32 开（世界经济丛书 4）

本书共 4 章：国际贸易、世界金银产量移动及其比价、库存现金与纸币流通额之增减及其影响、各国中央银行状况。

收藏单位：安徽馆、重庆馆、东北师大馆、广东馆、国家馆、黑龙江馆、湖南馆、江西馆、辽大馆、辽宁馆、南京馆、宁夏馆、山西馆、上海馆、绍兴馆、天津馆、西南大学馆、浙江馆

18288

世界经济会议　张明养著

上海：生活书店，1933.7，59 页，42 开（时事问题丛刊 1）

上海：生活书店，1933.10，再版，59 页，50 开（时事问题丛刊 1）

本书共 9 部分，内容包括：六月十二日、这是第三次了、世界恐慌的现阶段、会议的由来与预备的经过、美丽的议程、各国的态度等。

收藏单位：贵州馆、黑龙江馆、湖南馆、吉林馆、南京馆、内蒙古馆、上海馆、浙江馆

18289

世界经济会议与白银问题　王仲武著

出版者不详，[1933]，16 页，22 开

本书共 4 部分：世界经济会议背景之剖视、世界经济会议之重要议程、白银问题在议程中所占之地位、白银问题与中国经济前途之影响。转录自《新闻报》。

收藏单位：重庆馆、国家馆、南京馆

18290

世界信托考证　程联编著

上海：信托股份有限公司，1931.11，1164 页，22 开，精装

上海：信托股份有限公司，1933.9，再版，增编本，1473 页，22 开，精装

本书共 19 章，内容包括：绪言、信托之

溯源及其经过、信托原理及其关于我国现社会、信托公司之优点、信托业务之分析、公债与股票之原理等。

收藏单位：安徽馆、国家馆、湖南馆、吉大馆、吉林馆、南京馆、山西馆、上海馆、天津馆、浙江馆、中科图

18291

通货外汇与物价　赵兰坪著

[重庆]：赵兰坪[发行者]，1944.6，2册（10+508页），32开

本书共3编：通货论、外汇论、物价论。

收藏单位：长春馆、重庆馆、东北师大馆、广东馆、贵州馆、国家馆、河南馆、湖南馆、吉林馆、江西馆、近代史所、辽大馆、南京馆、上海馆、武大馆

18292

投机操纵史话　现代经济研究所编

上海：中国文化服务社，1947.9，134页，32开（国民文库）

本书为故事体。共28部分，内容包括：西印度公司股票事件、大投机家约翰劳、投机天才克因、南洋气泡事件等。

收藏单位：北师大馆、重庆馆、广东馆、国家馆、南京馆、上海馆、天津馆

18293

投资指导

上海：美东银公司，1933.4，26页，36开

本书为汉英对照。内容包括：美商沙利文公司1932年度之营业概况、中外股市之回顾与前瞻、纽约证券市价等。

18294

无穷汇水捷算书　冯民德著

香港：冯民德电码书发行所，1939.8，再版，74页，42开

本书内容包括：全世界汇水表、金镑小数表、每金镑兑银元表、壹仟元兑金镑表等。

收藏单位：广东馆、国家馆

18295

现代银行制度　刘冠英著

上海：商务印书馆，1937.4，20+342页，22开（现代商业丛书）

本书共11章：总论、中央银行、商业银行、工业银行、农业银行、储蓄银行、特种银行、分业银行、地方银行、平民银行、外国银行。附银行法、储蓄银行法等23种。

收藏单位：重庆馆、广东馆、贵州馆、国家馆、河南馆、湖南馆、吉林馆、近代史所、辽大馆、南京馆、上海馆、首都馆、浙江馆

18296

信托事业　袁愈佺编

上海：中华书局，1936.11，78页，32开

本书共两章：信托制度之概观、各国信托事业之概况。

收藏单位：重庆馆、东北师大馆、广东馆、贵州馆、国家馆、河南馆、黑龙江馆、吉林馆、南京馆、内蒙古馆、陕西馆、上海馆、天津馆、浙江馆

18297

信托事业辑要（第1辑）　江趋丹编辑

上海：中华书局，1921.6，58页，32开

本书共27章，内容包括：信托之定义、信托事业之动机及其沿革、信托之性质、信托事业之利益、信托公司之分部、英国之信托事业、中国经营信托公司者应取之态度、信托公司对于政府及国民之希望等。

收藏单位：南京馆、浙江馆

18298

一九二九年世界金融史纲　（英）爱恩济格（Paul Einzig）著　许性初等译

外文题名：World finance 1938—1939

上海：中华书局，1940.10，12+234页，22开（财政金融研究所丛书）

本书共13篇：绪论、金元恐慌、法郎危机、极权国之扩军金融、民主国家之扩军金融、战时金融、捷克危机、慕尼黑协定之经济结果、国际货币问题、"绥靖"之果、法国之复兴、一九三九年之形势、结论。

收藏单位：安徽馆、重庆馆、广东馆、贵州馆、国家馆、湖南馆、辽宁馆、南京馆、上海馆、首都馆、浙江馆

18299

一九三三年世界金融经济会议　王孔毅编著

外文题名：The world monetary and economic conference

南京：东方被压迫民族联合会，1934.6，268页，22开（东方被压迫民族联合会丛书）（世界政治经济丛书）

　　本书共3篇：世界金融经济会议召集之由来及其讨论、开会前之预备活动及会议经过、会议中重要问题讨论之详情。附苏联在会外之外交活动。封面题名：世界金融经济会议。

　　收藏单位：国家馆、南京馆

18300

英美汇兑标准计算册　王怀勤编　朱斐君校对

上海：联仁出版社，1938.9，[29] 页，32开

　　本书为汉英对照，全部为表。

　　收藏单位：上海馆、浙江馆

18301

英美银行制度及其银行业之现状　资耀华著

上海：商务印书馆，1936.10，10+197页，32开（商学小丛书）

　　本书为著者应上海商业储蓄银行之请，赴英、美考察银行业所作的报告。共两篇：美国、英国。

　　收藏单位：重庆馆、广东馆、广西馆、桂林馆、国家馆、河南馆、黑龙江馆、湖南馆、吉林馆、江西馆、辽大馆、辽宁馆、南京馆、上海馆、首都馆、天津馆、浙江馆

18302

怎样稳定国际金融　李守黑著

国魂书店，[1935.10]，20页，25开（国论经济丛刊73）

　　收藏单位：重庆馆

18303

债票投机史　（英）摩特蓝（R. H. Mottram）著　伍光建译

上海：神州国光社，1931.7，311页，32开

　　本书论述18世纪以后欧美诸国各种债票、股票投机事业及世界主要债票证券交易所经历过的重大危机。原著共6章，译本仅译出后4章："信用是疑心睡着了""黄金时代""乌托邦有限公司""契约的性质"。

　　收藏单位：安徽馆、重庆馆、国家馆、湖南馆、吉林馆、江西馆、近代史所、南京馆、陕西馆、天津馆、浙江馆、中科图

18304

战后国际投资问题　（美）斯坦莱（Eugene Staley）著　张昭远译

重庆：中华书局，1945.3，138页，32开

上海：中华书局，1945.12，再版，138页，22开

　　本书共3编：经济发展的国际投资所引起的影响、生产消费贸易变动后的长期影响、新地域经济发展之广泛涵义。附英汉名词对照表。其他题名：世界经济发展。

　　收藏单位：重庆馆、甘肃馆、广东馆、广西馆、贵州馆、桂林馆、国家馆、湖南馆、吉林馆、江西馆、近代史所、辽大馆、南京馆、上海馆、首都馆、天津馆、浙江馆、中科图

18305

战后世界金融　（英）爱恩济格（Paul Einzig）著　彭子明编译

外文题名：World finance since 1914

上海：商务印书馆，1937.2，14+305页，32开（社会科学小丛书）

上海：商务印书馆，1937.4，再版，14+305页，32开（社会科学小丛书）

　　本书分3篇：通货安定、通货紧缩、通货回涨。共34章，内容包括：通货安定的意义、由通货膨胀来求安定、国际合作、黄金狂、出借热、经济上的因素等。著者原题：埃因催格。

　　收藏单位：重庆馆、广东馆、广西馆、贵

州馆、桂林馆、国家馆、河南馆、黑龙江馆、湖南馆、江西馆、辽大馆、南京馆、上海馆、首都馆、浙江馆

18306

战后世界金融史 （英）爱恩济格（Paul Einzig）著　宋家修译

外文题名：World finance since 1914

上海：中华书局，1937.6，362页，22开，精装（大学用书）

上海：中华书局，1941.3，3版，362页，22开，精装（大学用书）

　　本书共4编：通货膨胀、通货安定、通货紧缩、通货复元。为著者《战后世界金融》的节译本。著者原题：恩席希。

　　收藏单位：安徽馆、重庆馆、东北师大馆、广东馆、广西馆、国家馆、河南馆、近代史所、辽大馆、辽宁馆、南京馆、内蒙古馆、上海馆、天津馆、浙江馆、中科图

18307

战后银行组织问题　姚曾荫著

国立中央研究院社会科学研究所，1940.7，51页，25开（中国社会经济问题小丛书 第1种）

　　本书共6部分：战后中央储备银行的组织问题、中央储备银行与信用统制、中央储备银行与政府的关系、普通银行业务活动的监督问题、各类银行的业务划分问题、结语。

　　收藏单位：重庆馆、广西馆、贵州馆、桂林馆、国家馆、吉林馆、南京馆、浙江馆、中科图

18308

战时金融　蒋舜年编

上海：世界书局，1936.12，60页，50开（战时常识丛书）

上海：世界书局，1937.4，再版，60页，50开（战时常识丛书）

　　本书共9章：概说、战时政府的财政、战时民众的经济、战时的银行界、战时的金融界、战时财政的筹措方法、战时财政计划的方法、战时金融的动员、结论。附德国大战

时的金融统制办法、意国战时民营工业动员的办法、德国工业动员的准备。

　　收藏单位：重庆馆、广西馆、贵州馆、国家馆、南京馆、陕西馆、上海馆、天津馆、浙江馆

18309

战时金融与币制　吴克刚编

上海：文化生活出版社，1937.1，[17]+120页，32开（战时经济丛书4）

　　本书共9章：协约国战时金融与币制、德奥战时金融与币制、战时各国币制革命、美国联邦准备制度、英国战时金融问题、战时金银问题、通货膨胀与物价、通货膨胀的性质、战争与金钱。附交战各国人口国富与战后公债统计表、交战各国国富收入与公债每国民平均分配额等10种。

　　收藏单位：重庆馆、广东馆、广西馆、国家馆、河南馆、湖南馆、近代史所、上海馆、天津馆

18310

战时金融政策　莫萱元编著

正中书局，1938.4，74页，32开（战时民众训练小丛书）

　　本书共5章：绪论、欧战时各国的金融政策、准战体制下各国的金融政策、我国战时金融的初步建设、我国战时金融的商榷。

　　收藏单位：重庆馆、桂林馆、国家馆、湖南馆、吉林馆、辽大馆、南京馆、浙江馆

18311

中美英法德日信托业比较论　寿景伟编译

上海：公民书局，1921，160+54页，32开（工商丛书3）

　　本书共12章，内容包括：信托业之性质、信托业之沿革、信托业之范围、信托业之组织、信托业之经营、信托业之监督、信托业与公司债等。附美国模范信托公司条例草案、日本有担保公司债信托法等4种。编译者原题：寿毅成。版权页题名：信托业比较论。

　　收藏单位：重庆馆、广东馆、国家馆、上海馆、浙江馆

18312

最近世界币制金融大事表　财政部币制研究委员会编

财政部币制研究委员会，[1937]，63 页，22 开（财政部币制研究委员会丛刊 8）

本表所涉时间为 1935 年 10 月至 1936 年 12 月。

收藏单位：广东馆、国家馆、湖南馆、近代史所、南京馆、上海馆、浙江馆

18313

最近世界金融经济大事表　财政部币制研究委员会编

财政部币制研究委员会，[1936]，53 页，22 开（财政部币制研究委员会丛刊 3）

本表所涉时间为 1930 年至 1935 年 9 月。

收藏单位：广东馆、国家馆、近代史所、南京馆、上海馆、浙江馆、中科图

中国金融、银行

18314

安徽地方银行纪念刊　安徽省银行月刊室编

上海：大华印刷所，1948，52 页，16 开

本书内容包括：本行行史概述、十一年之行务措施、十一年之业务概况、十一年资负及损益之统计、各项一览表等。附《三年来之安徽地方银行序》《抗战时期安徽之金融》。

收藏单位：安徽馆、桂林馆、国家馆、南京馆、浙江馆

18315

八年来之中央信托局　中央信托局编著

中央信托局，[1944]，36 页，32 开

本书共 4 部分：绪言、创立及沿革之经过、八年来之业务概况、自励与前瞻。

收藏单位：重庆馆、国家馆

18316

办理赣省收复区农贷报告　中国农民银行赣州分行编

中国农民银行赣州分行，1943.2，25 页，22 开

本书共 6 部分：绪言、复区各县调查概况、贷款办理实况、贷款成效、对于办理此项贷款意见、附表。

收藏单位：国家馆

18317

半年来之省县合作金库　浙江省合作金库编

浙江省合作金库，1938，111 页，16 开

本书共两章：浙江省合作金库筹备处、县合作金库及专业合作金库。

收藏单位：国家馆、南京馆

18318

保证责任江苏省会信用合作社复员纪念册　江苏省会信用合作社编

江苏省会信用合作社，1947.3，61 页，32 开

本书共 5 部分：题字、插图、前奏、论述、工作报告。第 4 部分收录纪念抗战胜利后该社从内地迁返的文章 10 篇，内容包括：《当前合作事业之新任务》（纽长耀）、《祝省会信用合作社复员》（李守之）、《从事合作运动必先做到我为人人》（张沛霖）、《合作管见》（王舜钦）、《漫谈合作》（基）、《充实资金与建立共同信用之重要》（李次娄）等。

收藏单位：国家馆

18319

保证责任上海市文化信用合作社章程草案　保证责任上海市文化信用合作社筹备处编

保证责任上海市文化信用合作社筹备处，[1928—1949]，14 页，32 开

18320

北碚农村银行营业报告书（二十、二十三、二十六至二十七上半年度）　北碚农村银行编

北碚农村银行，[1932—1938]，石印本，3 册（20+2+4 页），16 开，环筒页装（北碚农村银行丛刊）

本书内容包括：行政志略、营业纪要等。附资产负债表、损益表等。

收藏单位：重庆馆、国家馆

18321

北京典当业之概况　中国联合准备银行调查室编

北京：中国联合准备银行调查室，1940.7，106页，22开（庶民金融丛书第1号）

本书共4章：典当业之起源及其历史、北京典当实务概述、北京典当业兴衰及现状、典当业与北京市庶民之关系。附北京全市典当一览表。

收藏单位：国家馆、南京馆、天津馆、中科图

18322

北京金融整理论

出版者不详，[1919]，39页，22开

本书为文言体，加圈点。共6章：总论、停止兑后京钞之价格、京钞价格高下之原因、京钞停兑后所生之弊害、京钞之整理法、结论。

收藏单位：国家馆、上海馆

18323

北京市兴业投资股份有限公司简介

出版者不详，[1911—1949]，39页，32开

本书共两部分：报导、专论。书前有北京市兴业投资股份有限公司创立缘起、北京市兴业投资股份有限公司章程。

收藏单位：国家馆

18324

北平金城银行储蓄存款章程　北平金城银行编

北平金城银行，1936.4，14页，32开

本书内容包括：活期存款、定期存款、特种存款、通信存款、礼券存款、存户注意等。

收藏单位：国家馆

18325

北平市救济商业贷款审查委员会工作报告

北平市救济商业贷款审查委员会编

北平市救济商业贷款审查委员会，1936.2，54页，18开

本书共10部分，内容包括：序言、发起组织之经过、工作十三日、本会组织说明、贷款审查手续说明、会议记录撮要等。附审查委员会章程、贷款规则、办事处办事细则等13种。

收藏单位：国家馆、河南馆、南京馆

18326

北平市市民小本借贷处规章汇编（第1辑）

北平市市民小本借贷处编

北平市市民小本借贷处，1935.4，102页，16开

本书内容包括：北平市市民小本借贷处章程、北平市市民小本借贷处理事会章程、各种申请书、本处放款总登记簿、本处各项开支明细表、本处员生履历书等。

收藏单位：国家馆、首都馆

18327

北平市银行会计规则

出版者不详，1936.3，30页，22开

本规则共8部分：总则、传票、记帐单位、会计科目、帐簿、报单、表单、决算。

收藏单位：国家馆

18328

北平四郊调查报告　金城银行调查室编

出版者不详，[1911—1949]，手抄本，1册，16开

收藏单位：广东馆

18329

北通县第一区平民借贷状况之研究　吴志铎著

北平：燕京大学经济学系，1935.6，204页，32开

本书分3编：绪论、各论、结论。第1编共4章：研究平民借贷之原因及目的、北通县第一区之位置及地理状况、第一区社会之经济状况、调查之方法；第2编共4章：印子钱、私人债、钱会、押当局；第3编共3章：四种金融机关之比较及利弊、四种金融机关对于第一区社会经济之影响、改良第一区平民借贷之刍议。

收藏单位：安徽馆、重庆馆、国家馆、辽宁馆、南京馆、天津馆、中科图

18330

本国金融概论　杨荫溥等著

重庆：邮政储金汇业局，1943.7，202 页，16 开（金融知识丛书）

　　本书共 12 章：金融总说、货币制度、金融组织、票据及其清算、资金及其运用、利率及其作用、证券市场、国内汇兑、国外汇兑、农业金融、战时金融、敌伪金融。

　　收藏单位：重庆馆、贵州馆、吉林馆、近代史所、南京馆、中科图

18331

本行行员舞弊之研究　上海商业储蓄银行编

上海商业储蓄银行，[1936]，75 页，32 开

　　本书内容包括：历来舞弊事件之统计、防弊之途径、舞弊事件记录等。

　　收藏单位：上海馆

18332

本行历年存放款情形　上海商业储蓄银行编

上海商业储蓄银行，[1932]，58 页，32 开

　　本书全部为表。

　　收藏单位：吉林馆、南京馆、上海馆

18333

本行历年军政借款情形　上海商业储蓄银行编

上海商业储蓄银行，[1927—1949]，88 页，42 开

　　本书收录表 4 种：本行十五年底以前军政借款之数额、本行历届摊认军事费用之已经打除者、本行十六年份军事借款之数额、本行最近军政两界之欠款。附各行处函报借款情形。

　　收藏单位：上海馆

18334

本行沿革及组织　徐继庄著　中国农民银行行员训练班编

中国农民银行行员训练班，1941，10 页，32

开

　　收藏单位：重庆馆、国家馆、南京馆

18335

本行沿革组织及其使命　中国农民银行行员训练班编

中国农民银行行员训练班，1942.3，22 页，32 开

　　收藏单位：重庆馆、南京馆

18336

边业银行决算办法　边业银行编

边业银行，[1911—1949]，62 页，21 开

18337

边业银行营业会计规则　边业银行编

边业银行，[1911—1949]，192 页，22 开

　　收藏单位：国家馆

18338

补充江苏农民银行关于今后收集资本及经营方法案

出版者不详，[1911—1949]，手写本，1 册，16 开

　　收藏单位：南京馆

18339

参考资料（第 1 辑）　立法院财政金融委员会编

立法院财政金融委员会，[1948]，14 页，32 开

　　本书收文 4 篇：《国家银行、商股银行》（《中央日报》1948 年 7 月 13 日社论）、《取消国家银行的商股》（张之平）、《土地农有与银行国有》（高叔康）、《肃清一切公营银行中的官僚资本》（叶青）。

　　收藏单位：国家馆、南京馆

18340

常州商业银行报告（第 1、9—10 期）　常州商业银行编

常州商业银行，1917—1921，2 册（[4]+4 页），12 开

本报告第 9—10 期为 1 册。

收藏单位：上海馆

18341

常州商业银行章程　常州商业银行编

常州商业银行，[1918]，10 页，32 开

本章程书中题名：常州商业银行股份有限公司章程。

18342

陈漱六创办储蓄概要　李砚南编

出版者不详，[1924]，[266] 页，18 开

本书内容包括：提倡储蓄绪言、东三省储蓄第一次调查表、铁岭县农商储蓄工会章程等。

收藏单位：国家馆

18343

成都市银行的实务和法理　成都市银行董事会著

出版者不详，[1946]，50 页，32 开

本书共 6 章，内容包括：县（市）银行法的法意、成都市银行的筹备经过、四年的艰险、业务现况与计划等。

收藏单位：重庆馆、东北师大馆、广东馆、南京馆、上海馆、西南大学馆

18344

呈省政府整理金融实行具体方案以图恢复一案文稿　庾恩荣著

出版者不详，1929.8，石印本，7 页，16 开

收藏单位：国家馆

18345

承兑汇票浅说　交通银行编

交通银行，[1911—1949]，26 页，36 开

收藏单位：上海馆、西交大馆

18346

承兑贴现单据　银行学会编

上海：银行学会，1935.5，1 册，18 开（银行实务丛刊 6）

上海：银行学会，1939，4 版，1 册，22 开

（银行实务丛刊 6）

本书共 10 部分：商业承兑汇票正面、商业承兑汇票背面、银行承兑汇票正面、银行承兑汇票背面、付款通知书、承兑契据、贴现申请书、调查表、保证书、贴现须知。

收藏单位：国家馆、上海馆、浙江馆

18347

重庆川监银行股份有限公司章程

出版者不详，[1911—1949]，6 页，16 开

收藏单位：南京馆

18348

重庆划条与现水问题论集　重庆商余互助社汇编

重庆商余互助社，1928.12，128 页，32 开

本书收录重庆钱业公会紧要启事、重庆划条式样 5 种、论著 22 篇、研究 10 篇、通讯 6 篇。附《我为银钱商进一解》《人世界与鬼世界》《打倒奸商的苛捐杂税》《敢问主张发行信托券者》。

收藏单位：重庆馆

18349

重庆市各劝储队劝储工作手册　全国节约建国储蓄劝储委员会重庆市分会辑

全国节约建国储蓄劝储委员会重庆市分会，1943，36 页，46 开

本书内容包括：重庆市各劝储队劝储工作须知、重庆市实施加强推行储蓄办法、团体储蓄办法、节约建国储蓄券条例等。

收藏单位：重庆馆

18350

重庆市合作金库概况　重庆市合作金库编

重庆市合作金库，1944.12，9 页，22 开

本书分两部分：库务方面、业务方面。所记时间为 1941 年 1 月 5 日该库成立至 1944 年 11 月 29 日。

收藏单位：重庆馆、国家馆、吉林馆、南京馆

18351

重庆市合作金库三十四年度业务概况 [重庆市合作金库编]

[重庆市合作金库]，[1945]，22 页，22 开

本书共 5 章：前言、库务方面、业务方面、辅导工作方面、结语。附本库现任理监事及职员名录、本库章程。

收藏单位：国家馆

18352

重庆市合作金库三十五年度业务计划 [重庆市合作金库编]

[重庆市合作金库]，[1946]，油印本，3 页，16 开，环筒页装

收藏单位：重庆馆

18353

重庆市合作金库章则汇编 重庆市合作金库调查统计室编

重庆市合作金库调查统计室，1943.3，油印本，37 页，16 开

本书收录章则 29 种，分 5 部分：一般部份、总务部份、业务部份、调查统计部份、其他。

收藏单位：国家馆、南京馆、浙江馆

18354

重庆市票据交换制度 杨承厚编著

中央银行经济研究处，1944.1，140 页，32 开（中央银行经济研究处丛刊）

本书共 4 章：渝市过去票据交换制度之沿革及其顿挫之原因、渝市恢复票据交换制度之酝酿及其理由、渝市票据交换之恢复及其制度之内容与特点、渝市票据交换制度推行之情形效果及其展望。附中央银行办理票据交换办法、未实行票据交换区域之四行两局间票据收解办法等 5 种。

收藏单位：安徽馆、重庆馆、东北师大馆、广西馆、国家馆、南京馆、上海馆

18355

重庆市票据交换制度 中央银行经济研究处编

中央银行经济研究处，1942.5，41 页，16 开（经济情报丛刊第 12 辑）

本书共 4 章：重庆市票据交换所办理经过、恢复重庆市票据交换制度之酝酿、中中交农四行轧现制度、中央银行筹备重庆票据交换制度之经过。附民国二十五年中国银行办理重庆市票据交换转帐事宜合约、民国二十五年重庆市银钱两业公会票据交换所章程、中央银行办理票据交换办法。

收藏单位：重庆馆、国家馆、南京馆

18356

重庆市银行公会联谊部游艺组平剧股组织及推进事项章则

出版者不详，[1911—1949]，1 册，23 开，环筒页装

收藏单位：重庆馆

18357

重庆市银行钱庄一览

[重庆]：说文社出版部，[1911—1949]，16 页，36 开

本书所收银行、钱庄共 103 家，包括 11 家政府银行和 66 家商业银行。分别记录其行名、地址、电话、负责人等。

收藏单位：重庆馆

18358

重庆市银行业近况 李华飞著

四川省政府建设厅，1939，30 页，16 开

本书共 6 节：绪言、本省公私立银行概况、国立银行、外省省立银行、外省私立银行、赘语。

收藏单位：国家馆

18359

重庆市银钱大同行便查簿

出版者不详，1949，117 页，32 开

本书其他题名：重庆市银钱行庄负责人姓名录。

收藏单位：重庆馆

18360
重庆市银钱两业同业公会票据交换所章程
出版者不详，[1911—1949]，8 页，16 开
　　本章程共 11 章。
　　收藏单位：重庆馆

18361
重庆市银钱业一览　联合征信所重庆分所编
联合征信所重庆分所，1939.4，再版，124
页，32 开
　　本书共 5 部分：国营银行局库、省市营
银行、官商合营银行、国营银行、商营钱庄。
附重庆市保险业一览表。
　　收藏单位：重庆馆

18362
重庆市资金分配情形　经济部统计处编
经济部统计处，1943.2，6 页，16 开（经济统
计丛刊 2）
　　本书共 6 部分：绪论、重庆市各业资本之
分配情形、重庆市银钱业各类放款之分配情
形、重庆市各工商行号借入资金之分配情形、
重庆市银钱业各类投资之分配情形、结论。
附重庆市商业、工业资本之分布等 5 种表。
　　收藏单位：重庆馆、国家馆、吉林馆、近
代史所、南京馆、上海馆

18363
重庆铜元局局务纪实　重庆铜元局编
重庆铜元局，[1926]，1 册，16 开，精装
　　本书共 9 部分，内容包括：关于筹备开工
及整顿大纲事项、关于制订局事项、关于审
核处事项、关于总务科事项、恢复学校案等。
　　收藏单位：重庆馆

18364
重庆银行通讯录（第 26—27 期）　重庆银行
编
重庆银行，1938，2 册（155+160 页），36 开
　　收藏单位：重庆馆

18365
筹设县银行一览　丘汉平编　福建省政府财

政厅编
福建省政府财政厅，1945，84 页，22 开
　　收藏单位：福建馆

18366
出口商人售结外汇须知　财政部贸易委员会
外汇处编
财政部贸易委员会外汇处，1940.5，56 页，
32 开
　　本书共 7 部分：管理出口外汇的意义、应
结外汇货物结汇报运手续、结汇货物注销外
汇手续、应结外汇货物在国内转口手续、遗
失证件挂失手续、逃避和抗缴外汇的处理、
附录。附录出口货物结汇报运办法、出口货
物结汇报运办法补充规定、出口货物结汇领
取汇价差额办法等 11 种。
　　收藏单位：国家馆、南京馆

18367
储金刍言　朱靖培著
出版者不详，1921，116+54 页，18 开
　　收藏单位：首都馆

18368
储金建国　中国国民党中央执行委员会宣传
部编
中国国民党中央执行委员会宣传部，1940，
27 页，32 开
　　本书共 7 部分，内容包括：前言、节约储
金对于人生及社会的意义、节约储金所负抗
战建国的重大使命、各国节约储金政策、我
国节约运动及节约建国储蓄券条例等。
　　收藏单位：安徽馆、重庆馆、广东馆、广
西馆、国家馆、吉林馆、南京馆、浙江馆

18369
储蓄　祝世康讲
庐山暑期训练团，1937.7，30 页，64 开
　　收藏单位：广东馆、江西馆

18370
储蓄存款章程　青岛浙江兴业银行编
青岛浙江兴业银行，[1911—1949]，4 页，56

开

18371

储蓄实务　中国农民银行行员训练班编

中国农民银行行员训练班，1941.3，44 页，
32 开

中国农民银行行员训练班，1941.9，64 页，
32 开

　　本书共 5 章：概言、普通储蓄存款、节约
建国储金、节约建国储蓄券、特种有奖储蓄
券。

　　收藏单位：重庆馆、国家馆

18372

川康平民商业银行储蓄部储款章程　[川康平
民商业银行储蓄部编]

重庆：民生公司印刷部，1938.1，31 页，64
开

　　收藏单位：南京馆

18373

川康平民商业银行储蓄部决算报告表　川康
平民商业银行储蓄部编

川康平民商业银行储蓄部，[1937]，单页 1
张，13 开

　　本书共两部分：川康平民商业银行资产负
债表、川康平民商业银行资产损益表。所涉
时间为 1937 年 9 月 21 日至 12 月 31 日。

　　收藏单位：国家馆

18374

川康平民商业银行会计股办事细则　[川康平
民商业银行会计股编]

出版者不详，[1911—1949]，1 册，32 开

　　收藏单位：重庆馆

18375

川康殖业银行储蓄部会计规程　川康殖业银
行编订

川康殖业银行，1934.12，21 页，25 开

18376

川康殖业银行会计科目　川康殖业银行编订

川康殖业银行，1934.12，修订版，39 页，25
开

　　本书逐页题名：川康殖业银行修订会计科
目。

18377

川盐银行营业报告书　川盐银行编

川盐银行，[1930—1939]，48 页，16 开

　　本书共 9 部分，内容包括：叙言、本行设
立之缘起、本行之成立、本行之组织情形及
历年之营业报告、本行之重要章程等。所涉
时间为 1930—1934 年。

　　收藏单位：国家馆、南京馆、上海馆

18378

川盐银行组织大纲　[川盐银行编]

[川盐银行]，[1911—1949]，114 页，16 开

　　本书内容包括：会计规则、总分行往来记
帐规则、职员任用及奖惩规则、员生服务规
则、职员薪给规则等。

　　收藏单位：重庆馆、南京馆

18379

创办公益典当之理由及计划大纲　宓汝卓著

宓汝卓，[1935]，34 页，16 开

　　本书共 8 章，内容包括：典当业之重要、
典当与农村之关系、营利典当衰落之现状及
原因、典当业之特点、创办公益典当之理由
等。

　　收藏单位：国家馆

18380

创建战时土地银行制度刍议　黄公安著

韶关：满地红半月刊社，1940.5，9 页，18 开
（满地红丛书 2）

　　本书共 4 部分："对现存银行有何影
响？""对国家金融政策有无妨碍？""对土地
改革之贡献如何？""土地信用银行之具体组
织"。

　　收藏单位：国家馆

18381

从近几年地方银行的发展说到对于湖南省银

行的希望　杨厅长讲述

出版者不详，[1911—1949]，油印本，1册，16开

　　收藏单位：南京馆

18382

从统计数字上观察浙江合作金融之发展　徐渊若著

出版者不详，1940.1，16页，32开

　　本书分3章：前言、发展概况、结语。第2章共3部分：合作金融机构之分布、合作金库资力之充实、合作金库业务之进展。

　　收藏单位：国家馆、江西馆、浙江馆

18383

大陆银行北平储蓄部储蓄存款章程　大陆银行天津总行编

大陆银行天津总行，1931，20页，32开

　　本章程共3部分：活期储蓄存款、定期储蓄存款、各种储蓄存款通则。

　　收藏单位：国家馆

18384

大陆银行储蓄部储蓄存款章程　大陆银行编

大陆银行，1932，修订版，20页，36开

　　本书目录页、逐页题名：大陆银行上海储蓄部储蓄存款章程。

18385

大陆银行上海信托部创设大陆商场图样、宣言、招租简章、合约

[大陆银行]，[1931]，[34]页，14开

18386

大陆银行营业报告（中华民国二十四年份）　大陆银行编

大陆银行，[1935—1939]，8页，18开

　　本书共5部分：资产负债表、总损益表、储蓄部报告、信托部报告、纯益分配表。

　　收藏单位：国家馆、浙江馆

18387

大清银行始末记　大清银行清理处编

大清银行清理处，1915.7，12+286页，16开

　　本书共7章：大清银行之起源及名称之变更、大清银行之成立、大清银行之股本、大清银行之组织、大清银行人员之任用及其养成、大清银行之权利义务、大清银行历年营业情形之大概。取材于1905—1911年大清银行档牍资料。

　　收藏单位：东北师大馆、国家馆、近代史所、内蒙古馆、首都馆、中科图

18388

大中银行报告（中华民国二十五年份）

出版者不详，[1937]，[6]页，16开

　　本书内容包括：营业报告书、资产负债表等。

18389

大中银行董事会规程　大中银行总管理处编

大中银行总管理处，1934.8，1册

　　本规程共21条。

　　收藏单位：国家馆

18390

代理国库业务手册　中央银行国库局编

中央银行国库局，[1911—1949]，[163]页，18开，活页精装

　　本书内容包括：岁入部份手续须知、岁出部份手续须知、存汇部份手续须知、保管部份手续须知等。

　　收藏单位：安徽馆、广东馆、湖南馆

18391

贷款须知　河南省农村合作委员会编

河南省农村合作委员会，[1928—1949]，32页，32开（合作讲习教材）

　　本书共7部分：贷放意义、贷放原则、贷款标准、借款手续、监查方法、还款手续、总结。附贷款法令及各项应用书表。

　　收藏单位：河南馆

18392

当前金融之病态与战后金融之复员　漆琪生著　广东省银行经济研究室编

广东省银行经济研究室，[1944]，[11] 页，16
开

本书为《广东省银行季刊》抽印本。

18393
当前侨汇问题　刘佐人著
广东省银行印刷所，1946.5，32 页，25 开
（广东省银行经济丛书）

本书共 8 章，内容包括：侨汇与国际贸
易、侨汇与经济建设、抗战后侨汇增减分析、
复员后侨汇的减缩与逃避、我国侨汇政策的
检讨、广东省银行对吸收侨汇的贡献等。附
批信局侨汇业务的研究。

收藏单位：国家馆、南京馆、浙江馆

18394
敌伪统制沦区银行政策之演变　中央调查统
计局编
中央调查统计局，1944，油印本，10 页，16
开，环筒页装（敌伪经济参考资料 73）

本书共 5 部分：引言、建立沦区伪中央银
行、封闭及清理中外银行、利用我中交两行、
合并小银行钱庄并加强统制。

收藏单位：重庆馆

18395
敌伪在沦陷区之金融设施
出版者不详，[1911—1949]，油印本，1 册，
18 开，精装

收藏单位：广东馆、中科图

18396
敌伪在我沦陷区金融政策之分析　特种经济
调查处编
重庆：特种经济调查处，1941.4，油印本，1
册，16 开

收藏单位：南京馆

18397
帝国主义侵略中国的财团　南满洲铁道株式
会社编　萧百新译
上海：太平洋书店，1929.8，168 页，32 开

本书共 3 章：对华国际财团的来历、国际

财团、新四国财团。

收藏单位：重庆馆、广东馆、国家馆、黑
龙江馆、湖南馆、吉林馆、江西馆、近代史
所、南京馆、宁夏馆、上海馆、浙江馆、中
科图

18398
**第八期业务报告书（中华民国二十九年上半
期）**　冀东银行编
冀东银行，1940，1 册，16 开

本书内容包括：诸项目计算书、第八期损
益计算书等。

收藏单位：国家馆

18399
第二次地方金融会议汇编　第二次地方金融
会议秘书处编
第二次地方金融会议秘书处，1939.3，100
页，16 开

收藏单位：国家馆、南京馆

18400
第二、三、四年之江苏省农民银行　江苏省
农民银行总行编
江苏省农民银行总行，1930—1933，3 册

本书分上、下两篇：总行、分行。内容包
括：行政、业务、计画等。

收藏单位：广东馆、桂林馆、国家馆、近
代史所、辽大馆、南京馆、上海馆、西南大
学馆、浙江馆、中科图

18401
第三次全国银行年鉴　中国银行总管理处经
济研究室编
中国银行总管理处经济研究室，[1930—
1949]，1 册，9 开，精装

收藏单位：江西馆

18402
第十四期业务报告书（康德六年上半期）　满
洲中央银行 [编]
出版者不详，[1939]，31 页，16 开

收藏单位：南京馆

18403
第一期金融调查大纲　中央银行经济研究处编
中央银行经济研究处，1933，[65] 页，18 开
　　收藏单位：广东馆

18404
东北的金融　何孝怡编
上海：中华书局，1932.4，103 页，32 开（东北研究丛书）
　　本书共 6 章：绪论、东北的货币制度、东北的金融机关、日本对我东北的金融侵略概况、欧美各国在我东北的金融势力、结论。封面题名：日本帝国主义侵略下东北的金融。
　　收藏单位：重庆馆、广东馆、广西馆、国家馆、黑龙江馆、吉林馆、江西馆、近代史所、辽大馆、南京馆、陕西馆、上海馆、浙江馆

18405
东北农村金融的分析　汪宇平著
[重庆]：东北问题研究社，1940.5，64 页，32 开（东北丛书）
　　本书共 7 部分：引言、东北农家负债的原因、东北农家的负债状况、东北农家负债的性质和用途、东北农家的旧式金融机构、东北农家的新式金融机关、结语。
　　收藏单位：重庆馆、国家馆、近代史所、南京馆、浙江馆

18406
东北银行定期实物储蓄存款说明书　东北银行编
东北银行，1948.4，15 页，64 开
　　本书介绍定期实物储蓄的意义、好处、利息计算方法等。附东北银行定期实物储蓄存款章程。
　　收藏单位：国家馆

18407
东北银行农业生产放款工作手册（1）　东北银行总行业务处编
东北银行总行业务处，1949.1，22 页，32 开

本书收录东北行政委员会对该行发放农贷问题的指示，该行农业生产放款章程、工作细则、借据及明细表等。

18408
东北银行普通定期存款说明书　东北银行编
东北银行，1948.4，8 页，64 开
　　本书介绍普通定期存款的手续和利息。附东北银行普通定期存款章程。
　　收藏单位：国家馆

18409
东莱银行会计规则　东莱银行总管理处编
东莱银行总管理处，1926.3，17+299 页，22 开
　　本书共 11 章：总则、传票及传票目录、本位币、会计科目、账簿、表单、报单、计息、决算、办事处记账办法、附则。
　　收藏单位：国家馆

18410
东三省储蓄会概要　于思泊　李戴三编
出版者不详，[1923.1]，[11]+266 页，16 开
　　本书收录该会章程、统计表等 29 种。
　　收藏单位：吉林馆、近代史所、上海馆、天津馆

18411
东三省官银号职员录
出版者不详，[1911—1949]，134 页，32 开
　　收藏单位：国家馆

18412
东三省金融币制论　佟灿章著
佟灿章 [发行者]，[1915]，184 页，18 开
　　本书共 7 章，内容包括：东省经济商业之概略、东省之金融、通币、东省最宜之金融制度等。
　　收藏单位：国家馆

18413
东三省金融概论　侯树彤编著
上海：太平洋国际学会，1931.4，16+353 页，

32 开（太平洋国际学会丛书）

　　本书共 6 章：东三省金融界变迁大势、三省之币制、三省之银行及其业务、三省之钱商及其业务、三省日人之金融事业、结论。

　　收藏单位：重庆馆、国家馆、黑龙江馆、吉林馆、江西馆、近代史所、上海馆、天津馆、浙江馆

18414

东三省金融整理委员会报告书　东三省金融整理委员会编

东三省金融整理委员会，1931.5，14+326+88 页，16 开

　　本书分 3 卷：建议纲要、建议、附录。第 2 卷共 5 章：本位问题、东三省准备银行、第一步办法、农业金融问题、辽宁省财政问题。附录辽宁省物价统计表、辽宁省各县人口表等 22 种。

　　收藏单位：国家馆、天津馆

18415

东三省银行营业会计规则　吴兴基编订

东三省银行总管理处，1921.5，160 页，23 开

18416

冻结资金问题（初辑）　中国国货实业服务社编

香港：中国国货实业服务社，1941.9，49 页，32 开（经济小丛书 1）

　　收藏单位：重庆馆、南京馆

18417

都市居住问题　新华信托储蓄银行服务部编

上海：新华信托储蓄银行服务部，1934，14 页，32 开（新华经济零谈 3）

　　本书浅谈都市居住问题，介绍银行对建房借款的业务。

　　收藏单位：国家馆

18418

都市信用合作社之任务与南京市信用合作社　黄肇兴著

南京市合作社联合社信用部，[1947]，14 页，

32 开

　　本书共 4 部分：基本任务、时代任务、种种误解、南京信用合作社的成就与希望。

　　收藏单位：重庆馆、国家馆、吉林馆、南京馆

18419

读书储蓄章程　世界书局编

上海：世界书局，[1911—1949]，[28] 页，32 开

　　本书内容包括：世界书局读书储蓄部缘起、读书储蓄之优点种种、世界书局读书储蓄部章程、本局读书储蓄之说明等。

　　收藏单位：国家馆

18420

二年来之甘肃省合作金库　甘肃省合作金库编

甘肃省合作金库，1946.5，28 页，16 开

　　本书共 8 章：绪论、筹设、资金、组织、业务、损益、结语、附录。所涉时间为 1943 年 11 月 1 日至 1945 年 12 月 31 日。

　　收藏单位：国家馆、河南馆、湖南馆、南京馆、浙江馆

18421

二年来之中央合作金库　中央合作金库秘书处编

中央合作金库秘书处，1948.9，80 页，32 开

　　本书共 5 部分：前言、扩展业务区域、辅导合作组织、推进各种业务、结论。附合作金融四年计划、各国合作金融制度概述等 5 种。附中央合作金库现有分支机构分布图、全国合作组织统计及业务分配百分比图等 4 种图。

　　收藏单位：广东馆、国家馆、南京馆、浙江馆

18422

二十五年度宁属农放工作报告

出版者不详，[1936]，22 页，18 开

　　本书附第一届农放工作讨论会经过。

　　收藏单位：广东馆

18423

二十五年全国金融大事记　潘恒敏著

上海：大公报代办部，1937.1，65 页，32 开

　　本书分两部分：货币、银行。第 1 部分共 6 章，内容包括：杂色钞券之收回、各地整理纸币讯、发行新辅币等；第 2 部分共 10 章，内容包括：银行重要贷款、建筑仓库、新开银行、停业银行、清理结果等。

　　收藏单位：广东馆、国家馆、南京馆、上海馆

18424

发行及出纳实务　关龙荪著　中国农民银行行员训练班编

中国农民银行行员训练班，1941.4，52 页，32 开

　　本书共 4 章：概述、发行帐务处理、保管及运输事务、出纳事务。

　　收藏单位：重庆馆、国家馆

18425

非常时金融政策论　张法尧著

出版者不详，[1936.6]，166 页，24 开

　　收藏单位：广东馆

18426

非常时期我国农业金融应取途径之商榷　朱其傅著

出版者不详，[1936]，18 页，16 开

　　收藏单位：安徽馆、上海馆

18427

废除银行现金保证制度建议"特种现金保证办法"意见书　上海市银行业同业公会编

上海市银行业同业公会，[1911—1949]，16 页，16 开

　　本书内容包括：引言、废除现行保证制度之理由、"特种现金保证办法"之提要、"特种现金保证办法"之方案、"特种现金保证办法"之优点等。

　　收藏单位：上海馆

18428

废除银行现行保证制度建议特种现金保证制度　王维骃著

[上海]：王维骃[发行者]，[1911—1949]，17 页，32 开

18429

封存资金后之外汇　福建省银行总管理处金融研究室编著

福建省银行总管理处金融研究室，1942.1，40 页，25 开（福建省银行金融丛刊）

　　本书共 6 部分：战后外汇管理的沿革、由封存德义资金到封存中日资金、封存中日资金的经过及其影响、封存资金与港沪金融、中央银行解封办法、结论。附港政府封存中国资金办法、港政府临时管理外汇办法等 5 种。

　　收藏单位：福建馆、国家馆、南京馆

18430

服务哲学大纲·战时银行从业员　施复亮　陈铭德讲

四川省银行总行，[1942.3]，石印本，[84]页，25 开

　　本书为合订本。为四川省银行总行练习生训练班教材。

　　收藏单位：重庆馆、国家馆

18431

福昌银号复业纪念特刊　裴星惠　施若霖　章兆洪编

上海：福昌银号，1947.1，86 页，25 开

　　本书收文 12 篇，内容包括：《今日之金融问题》（朱斯煌）、《论我国银行制度之将来》（朱通九）、《当前中国的对外贸易政策》（吴承禧）、《保险的意义与任务》（潘文治）、《银行经营浅述》（裴星惠）等。另有陈光甫、贝祖诒、宋汉章、李馥荪、王志莘等人的传略 8 篇及杂文 4 篇。附上海银行钱庄信托业调查表。

18432

福建华侨汇款　郑林宽著

福建省政府秘书处统计室，1940.8，145 页，
22 开（福建调查统计丛书 1）

本书共 6 章：福建的自然环境、海外闽侨分布概况、闽侨汇款数额的估计、侨汇问题的讨论、侨汇机关与侨汇手续、结论。附统计表之部、统计图之部、福建华侨争夺战。

收藏单位：重庆馆、东北师大馆、广东馆、广西馆、贵州馆、国家馆、吉林馆、江西馆、近代史所、辽宁馆、南京馆、中科图

18433

福建金融　福建省政府秘书处统计室编

福建省政府秘书处公报室，1938，27 页，16 开（福建省统计年鉴分类 12）

本书内容包括：金融机关、货币、金融市场、华侨汇款等。

18434

福建省各县金融概况调查纲要　[福建省财政厅编]

[福建省财政厅]，[1935]，22 页，25 开

本书共 3 章：货币、金融机关、金融市场。

收藏单位：福建馆、南京馆

18435

福建省合作金融

福建省政府建设厅合作事业管理局，1940.11，42 页，32 开

本书共 3 章：历年贷款概况、合作金库、合作贷款之实效。

收藏单位：重庆馆、福建馆、国家馆、南京馆

18436

福建省金融概况　陈锡襄编著

福建省银行，1938.1，16 页，25 开

本书分上、中、下 3 部分：福建省经济及金融发展概况、福建省银行发展概况、福建省金融之展望。

收藏单位：福建馆、广东馆

18437

福建省三十六年度茶业贷款计划　[福建省茶业东南场厂联合会编]

出版者不详，[1940—1949]，6 页，36 开

本书介绍该年度茶叶产量估计、福建省申请茶贷数值表及贷款办法等。

收藏单位：上海馆

18438

福建省省县市区库规格·福建省省县市区款收支程序　[福建省政府财政厅编]

福建省政府财政厅，[1940]，[10] 页，25 开

本书为合订本。

收藏单位：福建馆

18439

福建省银行二十八年份工作计划　[福建省银行编]

[福建省银行]，[1938]，62 页，25 开

本书共两部分：原则、方法。附二十八年份农贷业务计划、提倡组织茶农生产互助会草案、发展本行仓库业务计划等 6 种。

收藏单位：福建馆、南京馆

18440

福建省银行发行实况　福建省银行经济研究室编

福建省银行经济研究室，[1940]，24 页，25 开（经济研究室丛刊）

本书共 9 部分：引言、发行法令、发行方针、发行经过、准备情形、印券程序及发行办法、发行一元流通券、省银行发行之其他问题、结论。

收藏单位：福建馆、国家馆

18441

福建省银行概况　福建省银行编

[永安（三明）]：福建省银行，1939，[10]+76 页，32 开（闽政丛刊 12）

本书共 12 章，内容包括：福建省银行之诞生、全省金融网之确立、筹码供需之调节、农业金融之推动、工商资金之融通、建设事业之辅翼、福建省银行之瞻望等。

收藏单位：重庆馆、广西馆、国家馆、湖南馆、南京馆、上海馆

18442
福建省银行工作报告 ［福建省银行编］
［福建省银行］，1942.5，25页，32开
［福建省银行］，1944.4，20页，32开
［福建省银行］，1946.4，14页，32开
　　收藏单位：福建馆

18443
福建省银行行员管理规则　福建省银行总行人事室编
福建省银行总行人事室，1946.7，32页，32开
　　本书共16章：总则、任用、保证、服务、待遇、旅费、给假、值日、考绩及奖惩、迁调、进修与训导、储蓄、福利、恤养、解职、附则。
　　收藏单位：福建馆

18444
福建省银行三十四年度施政总检讨报告　福建省银行总管理处编
福建省银行总管理处，1945，11页，16开
　　收藏单位：福建馆

18445
福建省银行五周年纪念册　福建省银行编
福建省银行，1940.10，［104］页，16开，精装
　　本书共6部分：序、本行简史、五年来之福建经济、五年来本行之各项业务、参考资料、统计图。封面题名：福建省银行五周年纪念。
　　收藏单位：福建馆、广东馆、国家馆、上海馆、中科图

18446
福建省银行要览　福建省银行总管理处经济研究室编
福建省银行总管理处经济研究室，1941.2，［3］页，22开
　　本书共两部分：一般概况、业务概况。

收藏单位：福建馆

18447
福建省银行营业报告（民国二十六至二十八、三十年份）　福建省银行编
福建省银行，[1938—1942]，4册，18开
　　收藏单位：福建馆、国家馆、南京馆

18448
福建省银行营业报告书（民国三十一至三十三、三十五至三十六年份）　福建省银行编
福建省银行，[1943—1948]，5册（［32］+［30］+［34］+［31］+［28］页），18开，环筒页装
　　收藏单位：福建馆、国家馆、河南馆、湖南馆、南京馆、浙江馆

18449
福建省银行在省参议会报告实录　福建省银行经济研究室编
福建省银行经济研究室，1941.6，109页，32开
　　本书共4部分：卷头语、工作报告、询问案、附录。附录福建省银行放款业务之动向。
　　收藏单位：重庆馆、福建馆、国家馆

18450
福建省银行章则汇编　［福建省银行编］
［福建省银行］，1940，866页，32开
　　本书共9部分：章则通例、章程、规程、规则、细则、办法、手续、简则、须知。附福建省银行行员互助社章程、贷款部简章等4种。
　　收藏单位：福建馆

18451
福建省银行章则汇编（第1册）　［福建省银行编］
［福建省银行］，1938，72页，22开
　　本书内容包括：修正福建省银行章程、修正福建省银行总行组织规程、福建省银行分行办事处分理处汇兑所组织规程等。
　　收藏单位：福建馆

18452
福建省之农村金融　郑林宽　黄春蔚著
福建省农业改进处调查室，1946.9，11页，
18开（农业经济研究丛刊8）
　　本书共3部分：借贷、预卖、合会。
　　收藏单位：国家馆

18453
福建中国银行隔埠往来存款暂行办法　[福建
中国银行编]
[福建中国银行]，[1912—1949]，10页，18
开
　　本办法共21条。附福建中国银行隔埠往
来存款送款知回单用法等。
　　收藏单位：福建馆

18454
**富滇新银行总分行办事处间通汇办法及会计
规程**
出版者不详，1940.12，石印本，96页，16开
　　收藏单位：南京馆

18455
富滇银行总会办宣言书　庾恩荣著
出版者不详，1929.7，石印本，[6]页，16开
　　收藏单位：国家馆

18456
改定外汇管理及进出口贸易办法
行政院新闻局，1947.9，32页，32开
　　本书共3部分：国务会议关于改定外汇
管理及进出口贸易办法决议文、中央银行管
理外汇办法、进出口贸易办法。附三十五年
十一月十七日修正进出口贸易暂行办法附表。
　　收藏单位：安徽馆、长春馆、重庆馆、大
庆馆、广东馆、广西馆、贵州馆、国家馆、
河南馆、湖南馆、吉林馆、江西馆、近代史
所、南京馆、内蒙古馆、宁夏馆、上海馆、
首都馆

18457
改革国家金融机构案　国立法院财政金融委
员会编

国立法院财政金融委员会，1949.3，20页，
16开
　　收藏单位：南京馆

18458
改善合会制度的一个研究　赵如珩著
出版者不详，[1930—1949]，12页，16开
　　本书共5部分：何以要有这个研究、中国
应该重农抑重工商、如何实现立国的经济政
策、合会制度的四大原则、会的组织系统。
　　收藏单位：国家馆

18459
改组东三省中国银行办法
出版者不详，[1914]，石印本，[33]页，16开
　　本书附发行局通函。

18460
甘肃省银行概况　甘肃省政府编
甘肃省政府，1942.2，34页，32开
　　本书共6部分：组织、业务、协助建设、
发行与领券、损益、今后计划。附甘肃省银
行董事及监察人名单、甘肃省银行总行各部
门及分行处所主管人员姓名表。
　　收藏单位：重庆馆、广东馆、国家馆、吉
林馆、南京馆

18461
甘肃省银行行员训练班学员手册　朱迈沧编
出版者不详，[1911—1949]，1册，36开，环
筒页装
　　本书共26节，内容包括：中国国民党党
员十二守则、中华民国陆海空军军人读训十
条、誓词、课程纲要、各周课程分配表等。
　　收藏单位：重庆馆

18462
甘肃省银行小史　甘肃省银行经济研究室编
[兰州]：甘肃省银行印刷厂，1944.6，22+50
页，25开
　　本书共4部分：发轫时期、建立整理时
期、扩展改进时期、结语。附甘肃省银行四
年大事记。

收藏单位：重庆馆、东北师大馆、国家馆、南京馆

18463

甘肃省银行业务报告（三十二至三十四年度）
　甘肃省银行编

[兰州]：甘肃省银行，1944—1946，3册（60+64+92页），16开

　　收藏单位：重庆馆、甘肃馆、国家馆、南京馆、上海馆

18464

各省金融概略　张嘉璈编

张公权[发行者]，1915.10，230页，23开

　　本书分省介绍各主要城镇的金融机构、汇兑、货币折算方法等。编者原题：张公权。

　　收藏单位：广西馆、国家馆、近代史所、上海馆

18465

各银行信托公司储蓄会二十三年度营业报告统计　潘恒敏编

出版者不详，1935.9，36页，16开

　　本书全部为表。曾发表于《中央银行月报》第4卷第9号。

　　收藏单位：上海馆

18466

各银行银公司信托公司储蓄会二十五年度营业报告统计　潘恒敏著

中央银行经济研究处，1936，40页，16开

　　本书全部为表。共3节：国家银行商业银行及银行之商业部资产负债表、储蓄银行银行之储蓄部信托公司之储蓄部资产负债表、信托公司银行之信托部资产负债表。

　　收藏单位：广东馆、国家馆、南京馆、上海馆

18467

各种有奖储蓄会之研究　唐奇著

南京：苏民周报社，1930，5版，48页，32开

　　本书共8章，内容包括：国内有奖储蓄会之现状、有奖储蓄与党义、一般储户的心理、

政府取缔之经过、取缔之具体意见等。曾发表于著者所办的《苏民周报》。

　　收藏单位：国家馆、南京馆

18468

工商储蓄会章程　工商储蓄会编

上海：工商储蓄会，[1929]，18页，42开

18469

工商贷款概述　盛俊才编

上海区钱庄第二组工商贷款银团，1946.12，[60]页，32开

　　收藏单位：黑龙江馆、江西馆、浙江馆

18470

工商贷款手册　王方杰编

上海：中国工商出版社，1948.1，[150]页，32开，精装（中国工商出版社丛书）

18471

公共基本财团组合法说略　朱莲溪编

出版者不详，1914.7，34页，22开

　　本书分3章：总论、各论、结论。共16节，内容包括：公共基本财团之意义，财团组合之手续、财团之保存及生息、财团与人民、财团与工业、财团与商业、财团与国家之关系等。

　　收藏单位：国家馆

18472

公营事业人事制度（金融部门）　徐继庄讲

[中央训练团党政训练班]，1943.10，28页，32开（中央训练团党政训练班讲演录）

　　本书共两部分：总论、实例。

　　收藏单位：国家馆、南京馆

18473

共产党怎样管理银元　江大风著

上海：大公出版社，1949，15页，36开

　　本书内容包括：银元抬头后的黄金时代、银元贩子的猖獗因素、解放以后的银元前途、人民币与银元的种种谣言、银元与伪金圆券的分析等。

18474

股票要览　张一凡　张安友著

上海：中国文化服务社，1947，98 页，32 开
（国民文库）

　　本书介绍永安纱厂、永安百货公司、中国水泥厂等 20 个股份公司的情况。

　　收藏单位：重庆馆、广东馆、南京馆

18475

关于合作金库若干问题之商榷　徐渊若著

浙江省丽水县印刷合作社，1940.3，10 页，
32 开（浙江省合作金库丛刊 2）

　　本书共 5 部分：关于资本方面、关于代表大会方面、关于理监事方面、关于存款方面、关于放款方面。附合作事业管理局寿勉成先生关于本文之意见、节录本文作者复寿勉成先生函。

　　收藏单位：国家馆、南京馆、浙江馆

18476

关于河南农工银行李汉珍、李凌阁等舞弊案

出版者不详，[1945]，1 册，32 开

　　本书内容包括：重庆实验地方法院起诉书、河南农工银行总行稽核王晓凡之报告等。附重要照片等。

　　收藏单位：国家馆、河南馆

18477

关于以庚子赔款维持中法实业银行复业并协定十六款用金佛郎偿还案国务院钞送各文件
　张绍曾编

出版者不详，1923.4，1 册

　　收藏单位：近代史所

18478

关于掌握汇票

出版者不详，[1937—1945]，油印本，13 页，
32 开，环筒页装

　　收藏单位：国家馆

18479

管理外汇与稳定法币

航空委员会政治部，[1937—1948]，48 页，

32 开（政治丛书 2）

　　本书介绍七七事变之后我国之金融情形，抗战后日本对中国法币政策的手段，我国统治外汇的意义、经过，停止供给外汇的意义与法币前景，政府加强控制法币的基础，最后总结我国法币政策的优劣。

　　收藏单位：广东馆、广西馆

18480

广东金融　广东省政府秘书处编译室编

广东省政府秘书处第二科，1941.12，99 页，
32 开（广东省政丛书 9）

　　本书共 8 部分，内容包括：绪言、广东省银行沿革概略、广东省银行之组织与分布、广东金融计划之实施、敌伪破坏金融之阴谋等。附最近中央金融法规 7 种、最近本省金融法规 6 种。

　　收藏单位：重庆馆、国家馆、吉林馆、南京馆、西南大学馆、中科图

18481

广东省的华侨汇款　姚曾荫编著

重庆：商务印书馆，1943.4，49 页，25 开（国立中央研究院社会科学研究所丛刊 第 18 种）

　　本书共 3 部分：广东省华侨汇款的机构、广东省华侨汇款的数额、结论。附前社会调查所中文出版物目录。

　　收藏单位：重庆馆、东北师大馆、贵州馆、国家馆、吉林馆、近代史所、山西馆、天津馆

18482

广东省合作贷款规则广东省农贷机关经收农贷增息办法

广东省建设厅合作事业管理处，1941.3，[14]页，32 开

　　本办法共 33 条，分 6 章：总则、贷款额度、还款期限、贷款手续、贷款利息、附则。附广东省合作贷款用途额度期限简明表、广东省农贷机关经收农贷增息办法等。

　　收藏单位：国家馆

18483

广东省银行三十三年度施政计划书　广东省银行秘书处编订股编

广东省银行秘书处编订股，1943.10，9页，36开

　　本书内容包括：扩充并加强金融机构、发展汇兑沟通地方金融、奖励储蓄吸收社会游资、扩充农工商矿业贷款、投资经营各种生产事业等。

　　　　收藏单位：重庆馆

18484

广东省银行营业报告（二十五至二十九年份）　广东省银行编

广东省银行，[1937—1941]，5册（108+[81]+23+65+82页），18开

　　　　收藏单位：重庆馆、国家馆、湖南馆、近代史所、南京馆、上海馆、浙江馆

18485

广东之典当业　区季鸾编

广州：国立中山大学经济调查处，1934.11，234页，22开

　　本书共12章，内容包括：沿革、组织、营业手续及管理、典业行规、同业组织、典税等。附全省典店统计表、全省典店名表等4种。

　　　　收藏单位：东北师大馆、国家馆、河南馆、近代史所、南京馆、上海馆、浙江馆

18486

广西农民银行业务报告　广西农民银行编

广西农民银行，1947，油印本，10页，13开，环筒页装

　　　　收藏单位：国家馆

18487

广西农民银行章程

藤县政府，1937.5，42页，32开

　　　　收藏单位：广西馆

18488

广西省各市县推行节约建国储蓄运动须知　全国节约建国储蓄劝储委员会广西分会编

全国节约建国储蓄劝储委员会广西分会，1942.3，[54]页，32开

　　本书附广西省实施加强推行储蓄业务办法须知。

　　　　收藏单位：桂林馆

18489

广西省农贷总报告（民国二十七年）　广西省政府编

广西省政府，[1938]，92页，25开

　　本书共6部分：叙端、本省农民银行业务概要、本府扩充合作行政机构后办理业务概要、办后效果、结语、附录。

　　　　收藏单位：国家馆

18490

广州市立银行的新使命　江英志编

出版者不详，1937.7，188页，18开，精装

　　本书分3篇：总论、分论、结论。书中题名：从经济建设的立场谈到广州市立银行的新使命。

　　　　收藏单位：广西馆、南京馆、上海馆

18491

广州市立银行章程　广州市立银行制订

广州市立银行，1936，18页，16开

　　本书为合订本。合订书还有3种：《组织规程》《董事会议事细则》《各办事处办事细则》。

　　　　收藏单位：国家馆

18492

广州之银业　区季鸾编著

广州：国立中山大学法学院经济调查处，1932，310页，22开（国立中山大学法学院经济调查处丛书）

　　本书共8章：银业组织、营业种类、银业公市、会计制度、收入来源及利益分配、银业在金融界之势力、银业与金融季节及各行之关系、历来取缔银业方案。附银业名表、民国元年至二十年省港毫币兑换行情表。

　　　　收藏单位：国家馆、黑龙江馆、近代史

所、辽宁馆、南京馆、上海馆、中科图

18493

贵阳县合作金库业务报告（廿七年上期） 贵
阳县合作金库编

贵阳县合作金库，1938，油印本，27 页，16
开，环筒页装

　　本书附二十七年九月初金库概况。

　　收藏单位：国家馆、南京馆

18494

贵州之金融业　陈建棠调查　张宗弼审查
刘大钧核定

出版者不详，1939.5，晒印本，16 张，大 16
开（中国经济统计研究所 总字第 305 号 金融
门概况类 第 7 号）

　　收藏单位：上海馆

18495

**国华银行决算报告书（中华民国二十、
二十五年度）** 国华银行编

上海：国华银行，[1932—1937]，2 册，22 开

　　收藏单位：广东馆、国家馆

18496

国华银行六年来之回顾及今后之计划　国华
银行总行编

上海：国华银行总行，1934.2，12 页，23 开

18497

国华银行同人录　国华银行总行编

上海：国华银行总行，1936.1，85 页，34 开

18498

国华银行章程

出版者不详，[1927.9]，13 页，16 开

　　收藏单位：上海馆

18499

国库分支库处理库款暂行办法　中央银行国
库局编

中央银行国库局，1939，1 册，16 开

　　收藏单位：广东馆、南京馆

18500

国库各级机构一览表　中央银行国库局编

中央银行国库局，1946，84 页，16 开

　　收藏单位：广东馆

18501

国民兴业储金商榷书　郑立三编

上海：丙辰杂志社，[1912—1949]，12 页，16
开

　　收藏单位：广东馆

18502

国民兴业二次商榷书　郑立三著

上海：丙辰杂志社，1919.10，16 页，16 开

　　本书其他题名：创造亚洲海陆交通之新大
市场，挽回青岛高徐利权之根本政策。

　　收藏单位：上海馆

18503

国内汇兑及押汇业务　周仰汶著

上海：商务印书馆，1935.6，324 页，32 开
（银行学会实务丛书）

上海：商务印书馆，1935.10，再版，324 页，
32 开（银行学会实务丛书）

　　本书共 10 章，内容包括：头寸之调拨、
业务之种类及组织、汇票与票据法、汇兑业
务、电信事务、出纳事务等。附废两改元前
之汇价计算、贴现商业承兑汇票等 6 种。

　　收藏单位：重庆馆、东北师大馆、广东
馆、广西馆、贵州馆、国家馆、河南馆、湖
南馆、吉林馆、江西馆、近代史所、辽大馆、
南京馆、上海馆、天津馆、浙江馆

18504

国内商业汇兑要览　上海商业储蓄银行国内
汇兑处编

上海商业储蓄银行，1925，10+514 页，16 开

　　本书按省分述当地商业情形、通用货币
种类、纸币状况、汇兑机关、行市计算说明
等。附中华民国交通图。

　　收藏单位：东北师大馆、国家馆、近代史
所、辽宁馆、南京馆、上海馆、天津馆、浙
江馆、中科图

18505
国内外债券汇编　北京证券交易所编
[北京证券交易所]，1925，122 页
　　收藏单位：近代史所

18506
海关金单位及国币折合各国通行钱币数目表（民国三十一年至民国三十二年）
出版者不详，[1943]，复印本，[13] 页，9 开
　　收藏单位：国家馆

18507
海外企业股份有限公司招股简章、章程　海外企业股份有限公司编
海外企业股份有限公司，[1911—1949]，[14] 页，18 开
　　本书共 5 章：总则、股东会、董事及监察、组织、清算及盈余分配。附海外企业股份有限公司认股表等。
　　收藏单位：国家馆

18508
汉译台湾银行十年志　台湾银行编
川北幸寿 [发行人]，1913.11，1 册，18 开，精装
　　本书共 18 章，内容包括：设立、政府之保护、开业、资本金及积蓄金、台湾银行券之发行及流通、台湾币制改正始末等。附业务事项追加等 4 种。
　　收藏单位：上海馆

18509
行务会议手册　[中央银行编]
出版者不详，[1946　1949]，28 页，16 开
　　本书收录 1946 年前后在南京金城大楼召开的中央银行行务会议的相关资料，内容包括：与会人员名单、会务负责人员名单、会议日程等。

18510
杭州市凤凰山林区有限责任信用合作社章程
出版者不详，[1911—1949]，16 页，大 32 开
　　收藏单位：南京馆

18511
杭州市各银行经理、副理、襄理暨各部科室主任姓名电话一览表　[杭州市银行商业同业公会编]
杭州市银行商业同业公会，[1911—1949]，12 页，16 开
　　本书所收银行包括：中央银行、中国银行、交通银行、中国农民银行、中央信托局、邮政储金汇业局等。
　　收藏单位：浙江馆

18512
杭州中国农工银行农民放款第一期报告　杭州中国农工银行编
杭州中国农工银行，1934，[12]+75+19 页，16 开
　　本书共 6 章：绪言、规程、借款程序、业务概况、改进计划、结论。附浙江省各县筹设农民金融机关概况表等 9 种。所涉时间为 1929 年秋该行成立至 1933 年。
　　收藏单位：重庆馆、广西馆、国家馆、近代史所、南京馆、上海馆、浙江馆

18513
合作便览
中国农民银行总行，1936，230 页，32 开
　　收藏单位：安徽馆、首都馆

18514
合作登记与农业贷款　钱孟邻编著
广西省地方行政干部训练团，1943，166 页，32 开（广西省地方行政干部训练团教材）
　　本书共 3 编：合作登记、农业贷款、十年来广西合作与农贷总述。附有关合作社登记及贷款、合作仓库业务等章则、法令 20 种。
　　收藏单位：重庆馆

18515
合作金库业务会计规程准则　中国农民银行总行编制
中国农民银行总行，1939.9，32 页，32 开
中国农民银行总行，1940.2 印，35 页，36 开
　　本书共 9 章：总则、会计科目、传票、帐

簿、表报、报单、计息、决算、附则。

收藏单位：国家馆

18516

合作金库之辅导与监督　叶谦吉　张延凤著
南开大学经济研究所，1941.3，70页，22开
（南开大学经济研究所农业经济丛刊2）

本书分6节，内容包括：合作金库之本质、合作金库辅导之必要、辅导监督之意义与机构、结论等。

收藏单位：重庆馆、国家馆、南京馆、浙江馆

18517

合作金库之辅导与监督　叶谦吉　张延凤著
农本局，1941.3，70页，18开（农本局合作金融丛书2）

收藏单位：重庆馆、国家馆、南京馆

18518

合作金库制度之意义与建立　叶谦吉著
南开大学经济研究所，1941.3，60页，22开
（南开大学经济研究所农业经济丛刊1）

本书共6节，内容包括：我国合作金库之意义与功能、我国合作金库发展之简史、辅设合作金库应采之方策、结论等。

收藏单位：国家馆、南大馆、浙江馆

18519

合作金库制度之意义与建立　叶谦吉著
农本局，1941.3，60页，18开（农本局合作金融丛书1）

收藏单位：重庆馆、国家馆、南京馆

18520

合作金融统计图　中央合作金库绘制
中央合作金库，1948，1册，横16开

本书内容包括：中央合作金库整月存款及合作放款进展图、中央合作金库农业合作贷款及一般合作贷款进展图等。

收藏单位：国家馆、南京馆、浙江馆

18521

合作金融与合作业务论　李敬民著
南昌：金融与合作出版社，1949.4，94页，32开

本书内容包括：合作原则之史的发展、我国合作金库之纵横剖及其新任务、中央合作金库期成论、合作金库中的合作辅导、合作金库与信用合作社之联系、我国合作金融事业之展望等。其他题名：不惑集。

收藏单位：重庆馆、江西馆

18522

和成银行储蓄部储蓄通则　和成银行编
和成银行，[1911—1949]，18页，32开

收藏单位：国家馆

18523

和成银行第一届联行会议专辑　[和成银行编]
和成银行，1947，124页，16开

本书内容包括：联行会议出席人员摄影、联行会议开幕式总经理训词、联行会议总行各单位报告、讨论业务储信案、讨论组织规章案等。封面题名：和成银行第一次联行会议专辑。

收藏单位：重庆馆

18524

和成银行暂行会计规程　[和成银行编]
[和成银行]，1943.1，油印本，1册，16开

收藏单位：南京馆

18525

河北省银行发行会计规则　河北省银行总行编
河北省银行总行，1934.1，125页，22开

本书共7章：总则、科目、传票、帐簿、表单、结算、附则。

收藏单位：国家馆

18526

河北省银行行务会议规则草案　河北省银行编

河北省银行，[1934]，6 页，22 开

　　收藏单位：首都馆

18527

河北省银行营业会计规则　河北省银行总行编

河北省银行总行，1934.1，重订版，12+218 页，22 开

　　本书共 9 章：总则、传票、会计科目、帐簿、表报、报单、计息、决算、附则。

　　收藏单位：国家馆

18528

河北省银行职员录　河北省银行总行总务科编

河北省银行总行总务科，1936.7，60 页，22 开

河北省银行总行总务科，1938.3，80 页，22 开

河北省银行总行总务科，1939.3，90 页，22 开

河北省银行总行总务科，1940.5，102 页，22 开

河北省银行总行总务科，1941.5，94 页，22 开

河北省银行总行总务科，1942.5，94 页，22 开

[河北省银行总行总务科]，1943，1 册，22 开

　　本书收录总稽核室、总务科、营业科、各地分行、办事处等职员名录。其他题名：河北银行职员录。

　　收藏单位：国家馆、首都馆

18529

河北银行会计规则　吕存良编

河北银行总行，[1929]，84 页，22 开

　　本书共 10 章：总则、传票、本位币、会计科目、帐簿、表报、报单、计息、决算、附则。

　　收藏单位：国家馆

18530

河南农工银行二十八年营业报告书　河南农工银行编

河南农工银行，[1939]，36 页，16 开

　　本书共 8 部分：引言、河南经济概况、营业情形、发行情形、代理省库概况、损益实况、二十八年度重要事项、二十九年业务计划。

　　收藏单位：国家馆

18531

河南省战时金融　貊菱著

河南农工银行经济调查室，1946，114 页，32 开（河南农工银行经济丛书 7）

　　本书共 8 章，内容包括：绪言、河南战时货币流通、河南战时利率变动、战时河南金融机关及其业务等。

　　收藏单位：广东馆、国家馆、南京馆、中科图

18532

恒利银行第九届帐略报告（中华民国二十五年度）　恒利银行编

恒利银行，1937，6 页，18 开

　　本书共 6 部分：营业报告书、借贷对照表、损益计算书、储蓄处借贷对照表、储蓄处损益计算书、会计师查帐证明书。

　　收藏单位：国家馆

18533

湖北官钱局资产负债报告书　湖北财政厅编

湖北财政厅，1928，1 册，16 开

　　收藏单位：南京馆

18534

湖北省各地金融市况（民国三十至三十一年度）　湖北省银行总行经济研究室编

湖北省银行总行经济研究室，1941—1943，油印本，2 册，16 开

　　本书分述该省下辖市镇的金融大势、农贷情形、通货流通状况、商情概况等。

　　收藏单位：重庆馆、国家馆、南京馆

18535

湖北省银行二十周年纪念特刊 湖北省银行编

湖北省银行,1948.7,186页,16开,精装

本书共6章:沿革、业务、历年营业概况、历年大事记、章则、统计图表。

收藏单位:广东馆

18536

湖北省银行法令汇编(办事细则) 湖北省政府编

湖北省政府,[1942],84页,32开(湖北省财政参考资料 财政类 第8号)

本书共12章,内容包括:总则、总务处、业务处、会计处、经济研究室、附则等。书中题名:湖北省银行总行各处部室办事细则。

收藏单位:吉林馆、南京馆

18537

湖北省银行法令汇编(人事管理) 湖北省政府编

湖北省政府,[1942],48页,32开

收藏单位:广东馆、南京馆

18538

湖北省银行业务概况 湖北省银行总行编

湖北省银行总行,1941.11,[65]页,16开,环筒页装

本书共12部分,内容包括:增加资本、推设机构、代理公库、信托业务、农贷业务、小工商业贷款等。所涉时间为1941年4—11月。

收藏单位:国家馆

18539

湖北省银行业务概况 湖北省银行总行编

湖北省银行总行,1942,29页,46开

本书共4部分:调剂社会金融、协助政府推进经济建设、配合经济作战、协助政府推进公库制度。所涉时间为1942年5—12月。

收藏单位:重庆馆、南京馆

18540

湖北省银行之任务与湖北省农村金融建设 湖北省银行总行编

湖北省银行总行,1934,74页,18开,环筒页装

本书共5章,论述湖北省银行的目的及任务,以及农村金融机关的组织与经营方法等。封面题名:湖北省银行之现在及将来。

收藏单位:重庆馆

18541

湖北省银行职员录 湖北省银行编

湖北省银行,1937,52页,16开

收藏单位:国家馆

18542

湖北之金融 司远光等编

湖北省银行经济研究室,1947.5,再版,64页,25开(湖北省银行经济研究室 经济研究专刊 第四集)

本书共7部分,内容包括:金融机构、金融团体、金融行情、票据交换、武汉工商小本借贷等。

收藏单位:国家馆

18543

湖南棉业试验场贷种贷款第一次报告书

出版者不详,[1934.10],34页,16开(湖南棉业试验场刊物 第2类 12)

本书内容包括:缘起、经过及组织、章程等。所涉时间为1932年8月至1934年7月。

收藏单位:国家馆、湖南馆

18544

湖南农村借贷之研究 陆国香著

实业部国际贸易局,1935.10,29页,16开

收藏单位:东北师大馆、南京馆、上海馆、天津馆

18545

湖南省金融概况 邱人镐 周维梁主编

耒阳(衡阳):湖南省银行经济研究室,1942.1,228页,22开(湖南省银行经济丛刊

8）

本书共 8 章，内容包括：湖南之银行业、湖南之合作金融、湖南之邮政储汇、湖南省取缔私钞状况、湖南各地利率及汇率等。

收藏单位：重庆馆、广西馆、国家馆、湖南馆、近代史所、南京馆、上海馆、中科图

18546

湖南省银行农贷述要　丘国维著

湖南省银行，[1940]，14 页，32 开

本书简述该行 1938—1939 年农贷情况。共 3 部分：过去之检讨、推进之计划、经放战区贷款。

收藏单位：国家馆、南京馆

18547

湖南省银行五年统计　湖南省银行经济研究室编制

湖南省银行，1942.12，[177] 页，22×29cm，活页精装

本书大部分为表。共 8 部分：概述、行务、业务、损益、发行、公库、储信、附录。

收藏单位：重庆馆、国家馆、南京馆、中科图

18548

湖南省银行中心工作（二十九至三十年度）湖南省银行编

湖南省银行，[1941—1942]，2 册（8+14 页），32 开

收藏单位：国家馆、南京馆

18549

湖南之金融　胡通编

湖南经济调查所，1934.8，10+251+166 页，16 开（湖南经济调查所丛刊）

本书共 5 章：湖南金融略史、湖南之银行业、湖南之钱业、湖南之通用货币、长沙之金融行市。附长沙金融行情表 15 种。

收藏单位：东北师大馆、广东馆、贵州馆、桂林馆、国家馆、湖南馆、吉林馆、近代史所、上海馆、首都馆、中科图

18550

华北金融机关一览表　中国联合准备银行编

中国联合准备银行，1943.12，57 页，16 开

本书共 4 部分：中国联合准备银行、中联辖下银行、一般商业银行、银号。附华北主要都市金融机关存款放款统计表。

收藏单位：国家馆

18551

华北金融研究（第 1 辑）　夏运生编著

出版者不详，1939.1，10+172 页，22 开，精装

本书共 8 章：总说、中国金融史之观察、华北金融整备之必要、金融政策之确定、中国联合准备银行之充实、各种专业银行之建树、特种金融部门之整备、结论。

收藏单位：国家馆、人大馆

18552

华北区金库会计手续　华北人民政府总金库制定

华北人民政府总金库，1948.8，19 页，32 开

本手续共 9 部分：华北区金库会计手续、解款手续、拨款手续、预拨手续、经费、各级金库使用会计科目、各级金库应设立之账簿、报表制度、本手续自令到之日实行。于 1948 年 10 月 15 日颁布。

收藏单位：国家馆、吉林馆、宁夏馆

18553

华股内容汇编　杨德惠编　杨荫深助编　戚仲耕校订

杨德惠 [发行者]，1944.1，145 页，48 开

18554

华股手册　中国征信所编

上海：中国征信所，1947.10，278 页，32 开

本书为上海华资股份公司名录。共 10 部分，内容包括：金融投资业股、纺织业股、化学工业股、百货业股、食品业股等。附上海证券交易所章程、证交上市股票一览表、证交经纪人公会暂行章程等 13 种。

收藏单位：上海馆

18555

华股指南　顾斐然等编　江川主编

上海：华股研究周报社，1943.9，[224]页，32开，精装

　　本书内容包括：华股一年（代序）、上海企业之综合观、如何组织股份有限公司、上海华商股票之交易单位、上海华商股票之过户手续等。

　　收藏单位：国家馆、华东师大馆

18556

华股专集　吴毅编　杨德惠校订

上海：华股日报社，1942，2册（116+113页），32开（华股日报丛书）

　　收藏单位：广东馆、内蒙古馆、上海馆

18557

华侨银行营业报告（中华民国二十六年份）
[华侨银行编]

华侨银行，1937，1册，18开

　　本书内容包括：资本、总行、本坡分行、外坡分行、代理及通汇处等。

　　收藏单位：国家馆

18558

华侨银行有限公司第二周年股东大会记录
华侨银行编

华侨银行，[1934.5]，14页，16开

　　本书为汉英对照。

18559

华侨银行有限公司组织章程　华侨银行有限公司编

华侨银行有限公司，[1932]，65页，32开

18560

华商股票汇编（民国二十九年度）　中国股票公司编辑

上海：中国股票公司，1940.7，18页，24开

18561

华商股票手册（第1期）　中国征信所编

上海：中国征信所，1940.12，159页，48开

　　本书内容包括：银行、信托公司、公用事业、纺织制造、化学工业、保险等。

　　收藏单位：上海馆

18562

华商股票提要　王相秦编著

上海：兴业股票公司，1942.8，216页，32开

　　本书分上、下两卷。上卷共11章，内容包括：交易所股、金融业股、新药业股、文化业股、其他各业股等；下卷共15章，内容包括：公司之意义及其组织、股票之意义、股票之种类、股票之缴付、股票之转让等。附上海华商股票历年市价及其股利表。

　　收藏单位：广东馆、近代史所、上海馆、浙江馆

18563

华兴商业银行概述　[（日）中尾满筹著]

华兴商业银行，[1939]，16页，22开

　　本书共5部分：设立之目的、组织之内容、银行之机能、华币之特质、附录。附录华兴商业银行暂行条例、中华民国维新政府声明书、华兴商业银行钞券发行额统计等9种。

　　收藏单位：国家馆、南京馆

18564

划拨款项记帐释例　[晋察冀边区银行编]

[晋察冀边区银行]，1946.9，油印本，1册，18开

　　收藏单位：国家馆

18565

划一金融机关会计科目　中央储备银行检查金融事务处编订

[南京]：中央储备银行检查金融事务处，[1941—1945]，20页，25开

　　收藏单位：内蒙古馆

18566

划一银行会计科目　立信会计师事务所编

重庆：立信会计图书用品社，1943.1，17页，32开

重庆：立信会计图书用品社，1945.12，4版，17页，32开

本书内容包括：总说明、银行部会计科目、储蓄部会计科目、信托部会计科目等。于1942年12月由财政部颁布实行。

收藏单位：重庆馆、广东馆、桂林馆、国家馆、上海馆、浙江馆

18567

寰球信托银行印鉴样本　寰球信托银行编

寰球信托银行，1944.3，22页，16开，活页装

本书收录该行有签字权各职员（经理、襄理、出纳主任等）印鉴样本。

18568

黄金交易须知　投资周刊社编

上海：中国文化服务社，1947.9，103页，32开（国民文库）

本书共4章：世界金市场概述、战前上海标金市场、胜利前上海焟赤市场秘史、中国金政策之发展。

收藏单位：重庆馆、广东馆、国家馆、吉林馆、南京馆、宁夏馆、天津馆

18569

汇兑处理手续　福建省银行会计室编

福建省银行会计室，[1914—1925]，62页，25开

本书书中题名：福建省银行汇兑处理手续。

收藏单位：福建馆

18570

汇票及本票　银行学会编

上海：银行学会，1936.10，3版，1册，22开（银行实务丛刊2）

本书共两部分：汇票、本票。第1部分内容包括："来华外国汇票，拒绝证书作成机关之谁属问题""票据之再承兑，有无法律根据问题""信汇电汇之退汇，应否与汇票同有时效之限制问题"等；第2部分内容包括：即期本票应否照票问题、本票之程式问题、长期

放款单据是否视同本票问题。

收藏单位：上海馆

18571

汇票问题答客问　交通银行编

交通银行，[1911—1949]，10页，32开

收藏单位：黑龙江馆、上海馆

18572

惠中商业储蓄银行报告（中华民国二十四、二十七年度）　惠中商业储蓄银行编

上海：惠中商业储蓄银行，[1936—1939]，2册（5+[4]页），23开

本书全部为表。

18573

济南市银号调查统计报告　济南市政府秘书处编

济南市政府秘书处，[1936]，15页，16开（统计资料第7种）

本书全部为图表。调查时间为1936年4月。

18574

冀东银行一九四七年的工作布置　冀东银行编

冀东银行，1947，油印本，20+11页，32开，环筒页装

收藏单位：国家馆

18575

冀南银行各种营业简章　晋冀鲁豫边区冀南银行总行编

晋冀鲁豫边区冀南银行总行，1946.9，26页，64开

本简章于1946年8月第二届扩大区行经理会议通过。

收藏单位：国家馆

18576

冀南银行太行区行存款简章　冀南银行太行区行编

冀南银行太行区行，1946.2，石印本，7页，

64 开

收藏单位：国家馆

18577

冀南银行现行会计制度　晋冀鲁豫边区冀南银行总行编

晋冀鲁豫边区冀南银行总行，1948.1，74 页，32 开

本书书前有冀南银行总行关于修订会计制度指示。

18578

检查重庆市各行庄三十五年度总报告书　中央银行重庆分行编

中央银行重庆分行，1947，油印本，1 册，16 开，环筒页装

本书共 8 章，内容包括：金融机构概况、行庄资金来源之分析、行庄资金运用之分析、金融管制法令实施概况、金融管理法令改进意见等。其他题名：三十五年度检查重庆市各行庄总报告书。

收藏单位：重庆馆

18579

俭德储蓄会会事丛刊（民国十二、十四、十六年）　俭德储蓄会编

上海：俭德储蓄会，1923—1927，3 册（[50]+[50]+72 页），23 开

本书收录该会宣言、章程、会务状况等。

收藏单位：国家馆、浙江馆

18580

俭德储蓄会会员姓氏录　俭德储蓄会编

上海：俭德储蓄会，1923.2，156 页，23 开

18581

俭德储蓄会六周纪念会会场特刊

[上海]：[俭德储蓄会]，[1927]，[117] 页，50 开

本书介绍该会募劝成绩，组织、储蓄章程等。封面题名：会场特刊。

18582

江丰农工银行营业报告（民国二十三年份）

出版者不详，[1934]，1 册，大 32 开

收藏单位：南京馆

18583

江宁自治实验县湖熟镇农民抵押贷款所营业报告（二十三至二十四年度）　江宁自治实验县湖熟镇农民抵押贷款所编

江宁自治实验县湖熟镇农民抵押贷款所，[1935—1936]，2 册（19+44 页），16 开

收藏单位：南京馆、上海馆

18584

江苏省改进典业具体方案　江苏省建设厅编

[江苏省建设厅]，1935，32 页

收藏单位：近代史所

18585

江苏省农矿厅合作事业指导委员会信用合作社调查表式

江苏省政府印刷局，1929.1，9 页，32 开

收藏单位：南京馆

18586

江苏省农民银行

出版者不详，[1928—1949]，1 册，32 开（合作小丛书）

收藏单位：南京馆

18587

江苏省农民银行办理仓库之经过　江苏省农民银行总行编

出版者不详，1933.10，98 页，大 32 开

收藏单位：南京馆

18588

江苏省农民银行办理农业仓库及合作事业概况　江苏省农民银行总行编

江苏省农民银行总行，1934.8，90 页，22 开

本书共 3 章：合作事业概况、农业仓库概况、合作运销概况。

收藏单位：重庆馆、国家馆、上海馆

18589

江苏省农民银行报告书 [江苏省农民银行编]

[江苏省农民银行]，1943.3，油印本，1 册，16 开

　　收藏单位：南京馆

18590

江苏省农民银行报告书（第 1 册 第 1 期行务报告） 江苏省农民银行编

江苏省农民银行，1929.2，54 页，16 开

　　本书内容包括：组织、经费、合作社等。

　　收藏单位：南京馆

18591

江苏省农民银行二十周年纪念刊 江苏省农民银行编

江苏省农民银行，1948，86 页，16 开，精装

　　本书内容包括：继往开来（代序）、题词、纪念征文、业务概况、史料、编后、附录等。纪念征文共 30 余篇，内容包括：《对于江苏省农民银行之期望》《农业复兴与工业建设》《我国之农业金融》《苏农业务方针商讨》《行宪后的苏农展望》等。附江苏省农民银行组织系统图、分支机构分布图等 7 种。

　　收藏单位：安徽馆、广东馆、贵州馆、桂林馆、国家馆、南京馆、山西馆、天津馆、浙江馆

18592

江苏省农民银行各种规章（第 5 集） 江苏省农民银行总行编

江苏省农民银行总行，1929.1，20 页，23 开

　　本书内容包括：分行筹备处规程、分行招考练习生简章、行员储金酬金章程、产业物品登记方法等。

　　收藏单位：上海馆

18593

江苏省农民银行监理委员会 江苏省农民银行编

江苏省农民银行，[1930]，116 页，16 开

　　本书内容包括：江苏省农民银行条例、会议录、公牍纪要、省府公报摘录、各县田赋述略等。

　　收藏单位：国家馆

18594

江苏省农民银行监理委员会刊物（第 1—2 种） 江苏省农民银行编

江苏省农民银行，[1929]，2 册（46+84 页），23 开

　　收藏单位：国家馆

18595

江苏省农民银行进行计划（二十二至二十三年度） 江苏省农民银行总行编

江苏省农民银行总行，[1933—1934]，2 册（14+14 页），23 开

　　收藏单位：南京馆、上海馆

18596

江苏省农民银行会计规则 江苏省农民银行编

江苏省农民银行，1932.7，78 页，23 开

18597

江苏省农民银行历年放款之回顾及改进计划 江苏省农民银行总行编

江苏省农民银行总行，1932.12，20 页，23 开

　　本书共 4 部分：放款方式之变迁、办理之困难、最近放款实况、改进计划。

　　收藏单位：上海馆

18598

江苏省农民银行四年来之经过 江苏省农民银行编

江苏省农民银行，1932.7，12 页，23 开

　　本书共 3 部分：行政、业务、盈余。所记时间为 1928 年 7 月 16 日开行至 1932 年 7 月。

　　收藏单位：上海馆

18599

江苏省农民银行五年来之回顾 江苏省农民银行总行编

江苏省农民银行总行，1933.7，32 页，23 开

收藏单位：南京馆、上海馆、浙江馆

18600

江苏省农民银行业务报告（二十三至二十五、三十五年度） 江苏省农民银行编

江苏省农民银行，[1935—1947]，4 册（96+192+136+19 页），16 开

本书内容包括：营业报告、合作事业、农业仓库、合作运销等。

收藏单位：重庆馆、国家馆、吉林馆、近代史所、辽大馆、南京馆、上海馆、西南大学馆、中科图

18601

江苏省农民银行业务会议汇编（第1—8次） 江苏省农民银行编

江苏省农民银行，1929.5，8 册（80+150+220+204+176+192+216+258 页），16 开

本书内容包括：出席会议会员一览、列席代表一览、会议议程、会议纪录、报告书汇录、提案汇录等。

收藏单位：广东馆、国家馆、辽宁馆、南京馆、上海馆、西南大学馆

18602

江苏省农民银行营业报告书（民国二十年） 江苏省农民银行编

江苏省农民银行，[1930—1939]，14 页，23 开

18603

江苏省农民银行章程

出版者不详，1932.7，10 页，32 开

收藏单位：南京馆

18604

江苏省银行报告 江苏省银行编

江苏省银行，[1947—1948]，2 册（36+24 页），16 开

本书各分册所涉时间分别为：1945 年 10 月至 1946 年 12 月、1947 年 1—6 月。

18605

江苏银行半年报告（第1—2、8、13、15、20—26、28—29 期） 江苏银行编

江苏银行，[1912—1926]，14 册（36+36+38+42+42+[34]+34+36+[36]+36+32+36+36+31 页），32 开

本书为汉英对照，大部分为表。第 1 期所涉时间为 1912 年 1 月 1 日至 6 月 30 日，第 29 期为 1926 年 1 月 1 日至 6 月 30 日。

收藏单位：国家馆、近代史所、南京馆、天津馆

18606

江苏银行通告通函汇编 江苏银行总行编

江苏银行总行，1936，183 页，23 开

本书所涉时间为 1936 年 1—12 月。

18607

江苏银行营业报告（中华民国二十四年份） 江苏银行总行编

外文题名：Kiang Su bank annual report

江苏银行总行，[1936]，[8] 页，16 开

本书为汉英对照，大部分为表。书前有该行办事处、储蓄部、堆栈所在地表及主要职员表。

18608

江西省合作金库概况 江西省合作金库编

江西省合作金库，1939，90 页，16 开

本书共 4 章：导言、组织、业务、营业结算。

收藏单位：国家馆、吉林馆、江西馆

18609

江西省合作金库规章汇编（第1集） [江西省合作金库编]

[江西省合作金库]，1940，92 页，25 开，环衬页装

本书内容包括：江西省合作金库章程、江西省合作金库理事会章程、江西省合作金库监事会章程、江西省合作金库社务会规则、江西省合作金库组织简则等 23 种。

收藏单位：重庆馆、国家馆

18610

江西省合作金库过去业务概况及今后进行展望 江西省合作金库编

江西省合作金库，1938.2，18 页，22 开

本书共 4 部分：过去业务概况、今后进行展望、图表、附录。附录江西省合作金库章程、江西省合作金库办事细则、江西省合作金库稽核员服务规则。

收藏单位：国家馆

18611

江西省农村合作委员会第三区信用合作社会计规则 江西省农村合作委员会第三区特派员办事处编辑

江西省农村合作委员会第三区合作同仁互助社书报供应部，1940，86 页，32 开（江西省农村合作委员会第三区特派员办事处合作丛书）

本书共 6 章：总则、会计科目、账簿、表报单据、决算、附则。

收藏单位：国家馆

18612

江西省农放报告（民国二十五年度） 南昌中国银行编

南昌中国银行，1936，37 页，大 16 开，环筒页装

本书共 13 部分，内容包括：经过、放款县份概述（附概况表）、放款办法、放款统计表、办理农放之影响、当地行对农放之协助等。

收藏单位：国家馆

18613

江西省信用合作社联合会章程

陆海空军总司令部行营党政委员会地方赈济处，[1931]，12 页，36 开

本章程由江西省第 449 次省务会议通过，于 1931 年 9 月 28 日核准公布。

收藏单位：广东馆、国家馆、南京馆

18614

江西省银行会计规程 江西省银行编

江西省银行，[1948]，119 页，16 开

收藏单位：江西馆

18615

江西乡镇公益储蓄 全国节约建国储蓄权委员会江西分会编

全国节约建国储蓄权委员会江西分会，1944.8，34 页，25 开

收藏单位：江西馆

18616

江西裕民银行行员规则汇辑 [江西裕民银行编]

[江西裕民银行]，1941，24 页，25 开

收藏单位：广东馆

18617

江西之金融 江西省政府经济委员会编著

[南昌]：江西省政府经济委员会，1933.10，12+190 页，25 开（江西省政府经济委员会丛刊 3）

本书共 4 编：江西之银行业、江西之钱业、江西之通货、江西之公债。

收藏单位：重庆馆、广东馆、国家馆、河南馆、湖南馆、吉林馆、近代史所、南京馆、上海馆、天津馆、浙江馆、中科图

18618

江西之金融 姚肖廉著

江西省银行经济研究室，1948，52 页，25 开（江西经建丛书 第 2 种）

本书共 10 节，内容包括：江西金融史略、江西之银行、江西之钱庄、合作金融、票据交换等。附本省各县金融机构分布表。

收藏单位：南京馆、浙江馆

18619

江辖各处三十二年度业务会议纪录

出版者不详，1943，油印本，1 册，16 开，环筒页装

收藏单位：国家馆

18620

交通银行　江南问题研究会编

江南问题研究会，1949.3，44页，32开（四行二局一库调查资料3）

　　本书共5章，内容包括：沿革、总管理处及上海分支行处、南京分支行处、杭州分支行、业务概况。附交通银行三十六年度营业报告、其他各地分支行处负责人姓名一览。

　　收藏单位：广东馆、国家馆

18621

交通银行报告（中华民国一至二、十二、十五、二十二至二十四年份）　交通银行总管理处编

交通银行总管理处，[1912—1936]，6册，18开

　　本书内容包括：资产负债表、损益表、营业报告书等。

　　收藏单位：国家馆、上海馆

18622

交通银行编制财政部积欠本行各款帐略初续　交通银行编制

交通银行，1923.12，56页，16开

　　本书共23款，内容包括：金库年度帐、五百万元借款户、日金借款户、日金往来户、代兑中法钞票垫款利息户、公债垫款户等。

　　收藏单位：国家馆、近代史所

18623

交通银行编制辛亥年前邮传部各路局存欠各款帐略　交通银行编

[交通银行]，1924.6，50页

　　本书共5节：结存结欠各款数目、沪粤两行存欠应并列辛亥旧帐之款、交通部交通大学基金之拨付暨撤销、交通部派员查核帐目、交通部拟将辛亥旧存划抵新欠并加算利息。

　　收藏单位：近代史所

18624

交通银行成立三十年纪念册　交通银行总行编

交通银行总行，1937.3，1册，36开，精装

　　本书共55部分，内容包括：交通银行条例、存款简则、汇款简则、储蓄存款纲要、中国公债一览表、全国各省棉田面积统计表、全国矿业概况简表、全国重要物产概况等。

　　收藏单位：重庆馆、广东馆、国家馆、湖南馆、南京馆、上海馆、首都馆、天津馆、浙江馆、中科图

18625

交通银行储蓄存款规则

交通银行，1936，改订版，26页，44开

　　本书附交通银行总分支行所在地一览表。

　　封面题名：储蓄存款规则。

　　收藏单位：国家馆

18626

交通银行存款规则　[交通银行总管理处编]

[交通银行总管理处]，[1940—1949]，10页，大64开

　　本规则共35条，分6章：总则、定则存款、甲种活期存款、乙种活期存款、本票、附则。

　　收藏单位：国家馆

18627

交通银行第三届行务会议记事　交通银行编

交通银行，1924.2，130页，16开

　　收藏单位：上海馆

18628

交通银行董事会议事规则　[交通银行总管理处编]

交通银行总管理处，1920.9，2页，22开

　　本规则共11条。

　　收藏单位：国家馆

18629

交通银行董事会暂行章程　[交通银行总管理处编]

交通银行总管理处，[1921]，2页，22开

　　本章程共15条。

　　收藏单位：国家馆

18630

交通银行放款规则 ［交通银行总管理处编］
［交通银行总管理处］，[1911—1949]，7 页，
大 64 开
　　本规则共 32 条，分 8 章：总则、定期放
款、透支、进口押汇、出口押汇、承兑、贴
现、附则。
　　收藏单位：国家馆

18631

交通银行各种章程规则 ［交通银行总管理处
编］
交通银行总管理处，1924.5，1 册，22 开
　　本书共 16 部分，内容包括：则例、董事
会暂行章程、董事会议事规则、组织章程、
分区发行试办章程、任用行员规则等。
　　收藏单位：国家馆

18632

**交通银行行务记录汇编（民国二十二年至
二十五年）** 陈子培编订　陆同增制图
交 通 银 行，[1937]，2 册（[516]+[288] 页），
12 开，精装
　　本书内容包括：章制、兴革、业务、发
行、储信、人事、开支、损益等。

18633

交通银行稽字通函 交通银行总管理处编
交通银行总管理处，[1943—1948]，5 册，23
开
　　本书各分册所涉时间分别为：1937 年 10
月 19 日至 1941 年 12 月 27 日、1942 年 1 月
5 日至 1944 年 12 月 30 日、1945 年 1 月 9 日
至 12 月 31 日、1946 年 1 月 14 日至 12 月 31
日、1947 年 1—12 月。逐页题名：交通银行
总管理处稽字通函。
　　收藏单位：广西馆、国家馆、近代史所、
上海馆

18634

交通银行教育储蓄存款规则 交通银行编
交通银行，1937.1，50 页，44 开
　　收藏单位：国家馆

18635

**交通银行近五年业务统计图表（民国二十一
年至二十五年）** 陈子培编订　陆同增制作
交通银行，[1937]，折页 89 张，12 开，精装
　　本书全部为彩色图表。
　　收藏单位：上海馆

18636

**交通银行经收陇海铁路比款拨充中交两行准
借金帐略** 交通银行编
北京：京华印书局，1924，24 页
　　收藏单位：近代史所

18637

交通银行决算办法 交通银行总管理处编
交通银行总管理处，[1918]，[89] 页，23 开
　　本书摘自该行总管理处 1918 年 4 月所发
"计"字第 35 号通函。

18638

**交通银行决算报告（中华民国三十四、三
十六年度）** 交通银行编
外文题名：Bank of Communications financial
statements
交通银行，[1946—1947]，2 册，22 开
　　本书汉英对照，全部为表。
　　收藏单位：广东馆、上海馆

18639

**交通银行会字通函（中华民国三十三至三
十六年）** 交通银行总管理处编
交通银行总管理处，[1945—1948]，4 册，23
开
　　收藏单位：广西馆、南京馆、上海馆

18640

交通银行人字通函 交通银行总管理处编
交通银行总管理处，1946，1 册，22 开
　　收藏单位：广东馆、广西馆

18641

交通银行三十五年度业务状况 交通银行编
交通银行，[1947]，18 页，18 开

本书共 4 部分：引言、业务概况、工作情形、结语。

收藏单位：广西馆、国家馆、上海馆

18642

交通银行三十五年份决算案　交通银行编

交通银行，[1947]，[16] 页，21 开，活页装

18643

交通银行通汇地点重要职员一览表　交通银行总行编

交通银行总行，1935.4，10 页，18 开

本书共两部分：交通银行总分支行办事处及通汇地点一览表、交通银行重要职员姓名一览表。

收藏单位：国家馆

18644

交通银行同人录　交通银行编

交通银行，1930.6，232 页，32 开

交通银行，1931.7，290 页，32 开

交通银行，[1933.11]，400 页，32 开

交通银行，[1936.8]，12+372 页，32 开

交通银行，1937.6，12+420 页，32 开

交通银行，1939.12，384 页，32 开

交通银行，1946.12，454+73 页，32 开

本书收录该行董事会、监察人会、总管理处、各地分支行办事处等机构职员录。

收藏单位：安徽馆、重庆馆、广东馆、国家馆、近代史所、上海馆、绍兴馆、首都馆

18645

交通银行信托部营业通则　交通银行信托部订

交通银行信托部，[1936.1]，8 页，42 开

收藏单位：上海馆

18646

交通银行信托存款规则　交通银行编

交通银行，[1936.1]，12 页，42 开

收藏单位：上海馆

18647

交通银行业务会计规则　交通银行总行编订

交通银行总行，1930.1，重订版，212 页，22 开

交通银行总行，1936.10，修订版，12+252 页，22 开

本书共 9 章：总则、业务会计科目、传票、帐簿、表报、内部往来凭单、计息、决算办法、附则。

收藏单位：国家馆、吉林馆、南京馆、内蒙古馆、上海馆

18648

交通银行营业会计帐表样本　交通银行总管理处编

交通银行总管理处，1911，127 页，16 开

本书收录帐簿 63 种、表单 20 种、传票 4 种，并附说明。

收藏单位：重庆馆

18649

交通银行则例　[交通银行总管理处编]

交通银行总管理处，1914.4，6 页，22 开

本则例共 23 条。书前有大总统令、大总统申令。于 1914 年 4 月公布。

收藏单位：国家馆

18650

交通银行章程　交通银行总行编

交通银行总行，1935.4，23 页，18 开

本章程共 72 条，分 10 章，内容包括：总则、股本、业务、组织、董事会、监察人会等。

收藏单位：国家馆

18651

交通银行总处国库事项通函（中华民国二十六至二十七年份）　交通银行总管理处业务部编

交通银行总管理处业务部，[1937—1949]，2 册（396+186 页），23 开

18652

交通银行总管理处储蓄部通函择要　交通银行总管理处编

交通银行总管理处，1948.9，12+151 页，18 开

　　本书内容包括：普通储蓄、节建储蓄、有奖储蓄等。所涉时间为 1946 年 1 月 8 日至 1947 年 12 月 31 日。

　　收藏单位：国家馆、天津馆

18653

交通银行总管理处港业库字、港业字通函（中华民国二十八年份）　交通银行总管理处业务部编

交通银行总管理处业务部，[1939—1949]，210 页，23 开

　　收藏单位：上海馆

18654

交通银行总管理处书字通函（中华民国七年）　交通银行总管理处编

[交通银行总管理处]，[1918—1949]，26 页

　　本书收录第 1—18 号。

　　收藏单位：近代史所

18655

交通银行总管理处业公库字公函（中华民国二十八年份）　交通银行总管理处业务部编

交通银行总管理处业务部，[1939—1949]，172 页，23 开

18656

交通银行总管理处业字通函（中华民国十一年）　交通银行总管理处编

[交通银行总管理处]，[1922—1949]，52 页

　　本书收录第 1—9 号。附营业会计科目摘要栏应记载之事项。

　　收藏单位：近代史所

18657

交通银行总管理处专字通函（中华民国六至七年）　交通银行总管理处编

[交通银行总管理处]，[1918—1949]，32 页

本书收录 1917 年第 21—27 号、1918 年第 1—23 号。

　　收藏单位：近代史所

18658

交通银行总行稽库字通函（民国二十五年）

[交通银行总行编]

交通银行总行，[1936—1949]，285 页

　　收藏单位：近代史所

18659

交通银行总行稽字通函（民国二十二至二十四年）　交通银行总行编

交通银行总行，[1935—1949]，196 页，18 开

　　本书收录第 1—99 号。

18660

交通银行总行事字通函（中华民国二十四年全年）　交通银行总行编

交通银行总行，[1935—1949]，171 页，18 开

　　本书收录第 1—111 号。

18661

交易所大全　王恩良等编

上海：交易所所员暑期养成所，1921，[265] 页，22 开，精装

　　本书内容包括：交易所大意、交易所组织、交易所营业手续、交易所计算、交易所计算账单、交易所会计、证券交易所法、物品交易所条例等。

　　收藏单位：国家馆、辽宁馆、上海馆、浙江馆

18662

交易所一览　进步书局编

上海：进步书局，1922，234 页，32 开

　　本书介绍上海 120 余家交易所的地址、发起人、股额、股数、经纪人等。逐页题名：上海交易所一览。

　　收藏单位：辽宁馆、内蒙古馆、上海馆

18663

接收整理北平横滨正金银行报告书　中国银

行接收北平横滨正金银行清算组编
出版者不详，1946，266 页
收藏单位：近代史所

18664

节约储蓄与生产 严家骏著
重庆：独立出版社，1942.12，35 页，32 开（中国经济建设丛书）
本书共 3 章：节约之意义及其种类、储蓄之方式、如何合理的联系节储与生产。
收藏单位：重庆馆、国家馆、吉林馆、南京馆

18665

节约建国储金章程 中央信托局储蓄处 [编]
出版者不详，[1911—1949]，1 册，32 开
收藏单位：南京馆

18666

节约建国储蓄告同胞书 [蒋中正讲]
中国国民党中央执行委员会宣传部，1940.9，30 页，64 开
本书附节约建国储蓄团组织分支团参考事项、全国节约建国储蓄运动竞赛及给奖办法。书中题名：总裁为节约建国储蓄告同胞书。
收藏单位：国家馆、南京馆

18667

节约建国储蓄券条例暨施行细则 中央信托局编 中国银行等编
出版者不详，[1939]，8 页，32 开
本细则于 1939 年 9 月 12 日公布。
收藏单位：南京馆

18668

节约建国储蓄说明 江西省节约储蓄团著
江西省节约储蓄团，1940.10，22 页，25 开
收藏单位：江西馆

18669

节约建国储蓄说明 全国节约建国储蓄运动委员会 全国节约建国储蓄劝储委员会编

全国节约建国储蓄运动委员会、全国节约建国储蓄劝储委员会，1940.8，7 页，36 开
本书共 4 部分：节约建国储金用途、储金及储蓄券、政府的期望、最后的一点意见。
收藏单位：国家馆

18670

节约建国储蓄说明 云南节约建国储蓄团编
云南节约建国储蓄团，1940.10，1 册，32 开
收藏单位：国家馆

18671

节约建国储蓄运动 朱炳南著
重庆：国民图书出版社，1940.11，42 页，32 开
本书共 4 部分：前言、节约储蓄的意义及其经济效果、战时节约的选择与奖励及强制储蓄的方法、我国战时节约建国储蓄运动。
收藏单位：重庆馆、广东馆、国家馆、河南馆、吉大馆、吉林馆、江西馆、南京馆、上海馆

18672

解放区的金融 中共中央财政经济部编
中共中央财政经济部，1949.6，14 页，8 开
收藏单位：国家馆

18673

借款须知 福建省政府建设厅合作事业管理局编
福建省政府建设厅合作事业管理局，1939.7，34 页，大 32 开（合作训练小丛书）
收藏单位：南京馆

18674

金城银行办事处章程 金城银行编
金城银行，[1937]，15 页，32 开
金城银行，[1941]，修订版，16 页，32 开
本书共 7 部分：总则、职制、组织、经费、待遇、行务会议、附则。
收藏单位：重庆馆

18675
金城银行办事章则汇编（第1辑） 重庆管辖
行调查分部编
重庆管辖行调查分部，1942，油印本，1册，
16开，环筒页装
　　本书内容包括：金城银行办事章程、金
城银行放款规则、金城银行旅费规则、重庆
管辖行请假规则、重庆管辖行暂行办事规程、
重庆管辖行附属事业办事细则等。
　　收藏单位：重庆馆、南京馆

18676
金城银行成都支行业务改革报告书 金城银
行成都支行编
金城银行成都支行，[1911—1949]，8页，16
开

18677
金城银行创立二十年纪念刊 金城银行编
金城银行，1937.5，182页，18开，精装
　　本书共9部分，内容包括：弁言、二十年
来之世界经济、二十年来之中国经济、本行
创立之趣旨及历年业务方针、本行二十年小
史等。
　　收藏单位：重庆馆、东北师大馆、广东
馆、国家馆、黑龙江馆、吉林馆、近代史所、
辽宁馆、天津馆、中科图

18678
金城银行待遇章程 [金城银行编]
[金城银行]，[1937—1949]，15张，18开
　　本章程自1937年1月起实行。
　　收藏单位：上海馆

18679
金城银行会计规程 金城银行编
金城银行，[1929]，修订版，76页，23开
金城银行，[1937]，修订版，156页，23开
　　本书内容包括：总则、会计科目、传票、
帐簿、报单、表单、决算等。
　　收藏单位：重庆馆

18680
金城银行会计规则 金城银行总经理处编
金城银行总经理处，1919.4，修订版，54页，
25开
　　收藏单位：国家馆

18681
金城银行信托部信托存款说明书简章 金城
银行编
金城银行，1939，[16]页，44开

18682
金城银行信托部业务细则 金城银行编
金城银行，[1939]，57页，44开
　　收藏单位：上海馆

18683
金城银行信托部章程 金城银行编
金城银行，[1939]，5页，44开

18684
**金城银行营业报告（民国六至二十五、三十
三至三十四年份）** 金城银行编
金城银行，[1918—1937]，22册，18开
　　本书收录各年份国内外的经济概况、本
行营业概况、本行营业损益及各部门损益、
本行的人事及其训练等资料。
　　收藏单位：重庆馆、广东馆、国家馆、河
南馆、近代史所、南京馆、上海馆、天津馆

18685
金库条例 韩祖德编述
浙江财务人员养成所，1929，80页，32开
　　收藏单位：南京馆

18686
金库文件辑要
[中国银行总管理处]，1916.4，50页，22开
　　收藏单位：东北师大馆

18687
金库现用簿记表类解释 陈诜编
中国银行国库局，1914.5，12+162页，23开

18688

金融 戴铭礼讲

财政部全国财务人员训练所，1944.9，34 页，32 开

本书分上、下两编：战前之金融建设、抗战以来之金融措施。

收藏单位：国家馆、南京馆、上海馆

18689

金融 东北物资调节委员会研究组编

沈阳：东北物资调节委员会，1948.1，220 页，32 开（东北经济小丛书 19）

本书共 3 编：概论、金融机构、金融政策。

收藏单位：安徽馆、长春馆、重庆馆、东北师大馆、广东馆、国家馆、河南馆、黑龙江馆、吉林馆、辽大馆、辽宁馆、南京馆、宁夏馆、山西馆、上海馆、首都馆、天津馆、西南大学馆

18690

金融论丛 姚庆三著

出版者不详，1935.12，80 页，16 开

本书收文 8 篇：《新货币政策之前因后果及今后之金融问题》《对于中央银行之几点意见》《今日之金融问题》《汇价与物价之统计的研究》《沙逊爵士建议之检讨及施行镑汇制度之商榷》《李滋罗斯来华与中国币制前途》《读实业部银值物价问题报告书后》《近年世界币制之演变及其今后之归趋》。

收藏单位：重庆馆、南京馆、上海馆

18691

金融漫笔 白羊著

[上海]：永孚公司，1941—1942，2 册（63+52 页），36 开（永孚公司丛刊）

本书收录著者发表于《申报》的杂谈 80 余篇，内容包括：《市价三动态原理》《关于"基本趋势"》《市场动态和新闻消息》《再谈"冻结"》《冻结究竟有范围么？》《银行的"智囊"》等。

收藏单位：国家馆

18692

金融漫纪 张方仁著

上海：春明书店，1949.6，增订 3 版，228 页，32 开

本书收录著者短文 60 篇，内容包括：《金融的浮动》《商业道德》《贴现与押汇》《公债》《衡的折率》《丝》等。分 3 部分：孤岛时期、敌伪时期、抗战胜利时期。附著者作品 3 种：《棉训日志》《白庐诗稿》《海天联选》。

收藏单位：东北师大馆、广东馆、国家馆、近代史所、上海馆、中科图

18693

金融漫纪 张方仁著

张方仁 [发行者]，1942.6，70 页，32 开

张方仁 [发行者]，1942.7，再版，72 页，32 开

本书收录著者发表在《自学周刊》上有关商业知识、上海金融等内容的小品文 21 篇。

收藏单位：北师大馆、广西馆、国家馆、上海馆

18694

金融贸易会议综合报告

中央财政经济部，1948.8，28 页，32 开（会议文献 5）

本书共 3 部分：目前金融贸易工作的基本任务、关于金融工作、关于贸易工作。报告时间为 1948 年 5 月。

收藏单位：国家馆

18695

金融贸易会议综合报告摘要 中共中央华北局秘书处编

中共中央华北局秘书处，1948.6，8 页，32 开

收藏单位：国家馆

18696

金融人事制度

出版者不详，1944.7，52 页，36 开

本书附有关国家职员薪给、考绩、服务奖惩、恤养、保证、考试、酬勤 7 种规则的

草案。

　　收藏单位：南京馆、上海馆、天津馆

18697

金融商情年报（民国十九至二十三年份） 上海商业储蓄银行调查处编

上海商业储蓄银行调查处，1930—1935，4 册（34+114+134+123 页），32 开

　　本书民国二十二、二十三年为 1 册，其余每年 1 册。内容包括：概述、金融、银价、贸易、棉市、纱市、米市、麦市等。

　　收藏单位：重庆馆、广东馆、国家馆、吉林馆、近代史所、南京馆、上海馆

18698

金融统计（1930—1931 年） 中国银行总管理处调查部编

中国银行总管理处调查部，1930—1931，2 册（[72]+[72] 页），折 10 开

　　本书全部为表，内容为金、银、外汇、外债、债票当月市价表。

　　收藏单位：国家馆、上海馆

18699

金融问题讨论集 潘恒勤著

上海：商务印书馆，1948.11，283 页，32 开（银行学会丛书）

　　本书收录著者发表于报章杂志的短文 55 篇。内容包括：《从管理货币说到管理银行》《洋厘跌价与两元并交论》《汇划改革论》《当前金融问题我见》《西南之申汇问题》《倡用限额支票之拟议》《如何抢救金融》《评新财政紧急处分》等。分 9 部分：统制金融、废两改元、汇划、票据交换、战时金融、国内汇兑、限额支票、银行经营、革新金融。

　　收藏单位：重庆馆、东北师大馆、广东馆、广西馆、国家馆、黑龙江馆、吉林馆、辽大馆、南京馆、宁夏馆、上海馆、浙江馆、中科图

18700

金融物价 武汉市军事管制委员会秘书处编

武汉市军事管制委员会秘书处，1949，15 页，

32 开（军管会总结材料 3）

　　本书内容包括：金融货币工作的检讨与经验教训、今后金融物价工作须注意的几个问题等。

　　收藏单位：国家馆

18701

金融物价统计日志 中央银行经济研究处编

中央银行经济研究处，1948.8，油印本，1 册，16 开

　　收藏单位：南京馆

18702

金融业 上海市商会商务科编

上海市商会，1934.5，234 页，22 开（上海市商会商业统计丛书）

　　本书共 3 编：银行业、钱业、信托业。

　　收藏单位：国家馆、吉林馆、南京馆、陕西馆、上海馆、浙江馆

18703

金融与民生 刘芹堂讲

建国银行，[1943]，10 页，32 开

　　本书为作者于 1943 年 5 月 5 日为建国银行二周年所作的演讲词。

　　收藏单位：国家馆、南京馆

18704

金融与侨汇综论 刘佐人著

广东省银行经济研究室，1947.12，111 页，23 开

　　本书收文 12 篇，内容包括：《中国经济之危机》《港粤金融的交流对于全国经济的影响》《侨汇问题》《批信局侨汇业务的研究》《如何发展省地方银行》《外汇政策与贸易政策》《解决当前中国经济危机之政策》等。

　　收藏单位：南京馆、上海馆、天津馆

18705

金融制度纲要 戴铭礼讲　中央训练团党政高级训练班编

中央训练团党政高级训练班，1943，12 页，32 开（教 37）

本书共 3 部分：货币制度、银行制度、货币银行制度之展望。

　　收藏单位：重庆馆、国家馆、南京馆

18706
金源钱庄第一届练习生毕业刊　[郑庆祥等编]
上海：金源钱庄，1943.9，177 页，25 开

　　本书共 3 部分：专著、纪载、文艺。附上海市钱庄一览表等。为该钱庄培训的练习生自编的刊物。

　　收藏单位：上海馆

18707
津行主要帐改善办法　[中国银行天津分行编]
中国银行天津分行，[1930—1939]，16 页，22 开

　　本书共 10 部分，内容包括：各部分传票编号办法、分类日记帐记法、本行或他行票据收入转帐办法、本埠办事处往来转帐办法、日记帐结法等。

　　收藏单位：国家馆

18708
近代投资技术　佘天休著
北京：正风经济社，[1911—1949]，28 页，64 开

　　本书版权页题名：投资技术。
　　收藏单位：国家馆

18709
晋察冀边区银行二周年纪念册　晋察冀边区银行二周年纪念大会筹备处编
晋察冀边区银行二周年纪念大会筹备处，1940.3，24 页，16 开

　　本书内容包括：献词讲话、纪念文章等。附《新华日报》（华北版）的社论及晋察冀边区银行合作贷款办法。

18710
晋察冀边区银行业务用印鉴表　[晋察冀边区银行编]

[晋察冀边区银行]，1946，油印本，3 页，32 开

　　收藏单位：国家馆

18711
京兆大宛农工银行招股章程　[全国农工银行筹备处编]
全国农工银行筹备处，[1918—1937]，[8] 页，22 开

　　本书共两部分：京兆大宛农工银行招股缘起、京兆大宛农工银行招股章程。

　　收藏单位：国家馆

18712
京兆通县农工银行十年史　卓宣谋编纂
北平：大慈商店，1927.12，15+190 页，22 开，精装
北平：大慈商店，1928.12，再版，15+190 页，22 开，精装
北平：大慈商店，1930，3 版，15+190 页，22 开，精装

　　本书共 5 编：沿革、成立、本行之辅助机关、通县概况与本行之事绩、结论。

　　收藏单位：长春馆、重庆馆、国家馆、近代史所、南大馆、南京馆、山西馆、中科图

18713
经济部农本局驻桂林专员办事处辅导各县合作金库业务报告
经济部农本局驻桂林专员办事处，1938，油印本，65 页，16 开，环筒页装

　　收藏单位：国家馆

18714
经济合作　中国经济信用合作社编
上海：中国经济信用合作社，1934.7，64 页，60 开

　　本书收文 3 篇：《经营合作社的几个问题》《经济合作》《经济合作与我国国民经济的转机》。附合作问答。其他题名：经济合作章程。

18715
经济集议（战后建设之资金需要）　梁庆椿等

著

出版者不详，[1942]，25 页，16 开

　　本书收录《战后经济建设资金需要导论》《战后农业之资金需要》《战后林业之资金需要》《战后工业之资金需要》《战后贸易之资金需要》《战后交通之资金需要》。为《中农月刊》第 3 卷第 11 期抽印本。

　　收藏单位：国家馆

18716

经济统计（中华民国十二至二十三年份） 上海银行周报社编

上海银行周报社，[1924—1935]，144 册，32 开

　　本书每月 1 册，每年 12 册。全部为图表。内容包括：该年伦敦银价与汇价表、纽约银价与汇价表、上海国外汇兑行市表等。

　　收藏单位：安徽馆、重庆馆、东北师大馆、广东馆、广西馆、国家馆、河南馆、黑龙江馆、南京馆、上海馆、天津馆、西南大学馆、浙江馆、中科图

18717

经济新闻读法 杨培新著

上海：致用书店，1947.3，237 页，32 开

上海：致用书店，1947.6，再版，237 页，32 开

上海：致用书店，1948.5，3 版，237 页，32 开

　　本书共 5 章：金融市场、证券市场、金银市场、外汇市场、商品市场。书前有绪论《怎样读经济新闻》。

　　收藏单位：安徽馆、重庆馆、东北师大馆、复旦馆、广东馆、广西馆、国家馆、辽大馆、南京馆、内蒙古馆、上海馆、绍兴馆、天津馆

18718

经济新闻读法 杨荫溥著

上海：黎明书局，1933，570 页，32 开，精装（银行学会丛书）

上海：黎明书局，1934，再版，564 页，32 开（银行学会丛书）

　　本书以当时上海各报的经济新闻资料为

例，介绍金融商业各种特殊习惯、专有名词、相关知识等。分上、下两编。上编为金融行市，共 6 章：银洋钱市、内汇市、金市、银市、外汇市、证券市；下编为商品行市，共 7 章：米市、面粉市、杂粮油饼市、丝市、茶市、花市、纱市。

　　收藏单位：安徽馆、重庆馆、广东馆、广西馆、贵州馆、桂林馆、国家馆、黑龙江馆、湖南馆、吉大馆、吉林馆、江西馆、近代史所、辽大馆、辽宁馆、南京馆、内蒙古馆、上海馆、绍兴馆、天津馆、西南大学馆、浙江馆

18719

经济与金融 刘善初著

南昌：真理出版社，1949，158 页，25 开

　　本书收录报章杂志登载的论文 29 篇。分 6 编：经济建设、银行制度、币制改革、利率政策、外汇贸易、国际经济。

　　收藏单位：南京馆

18720

经理有价证券规则 交通银行订

交通银行，1936，22 页，36 开

　　本书收录该行代理买卖及保管有价证券的规则及说明 4 种。

　　收藏单位：上海馆

18721

救国储金之源流 中华救国储金团总事务所编辑

上海：中华书局，1915.8，152 页，23 开

　　本书收录有关中华救国储金团成立经过的报导。附会议纪要、文牍函告等。

　　收藏单位：重庆馆、国家馆

18722

救国丛编 湖北全省救国储金团编订

湖北全省救国储金团，[1911—1919]，[50]页，22 开

　　本书共 8 部分，内容包括：序言、简章细则、函电传单、意见宣言、会场纪事等。

　　收藏单位：国家馆

18723

救国汇刊　浙江救国储金事务厅编

[浙江救国储金事务厅]，[1915—1916]，1
册，22 开

本书内容包括：中华救国储金团第一次修
订简章、中华救国储金团浙江分事务所简章
等。

收藏单位：浙江馆

18724

救济农工意见书　苏公选著

苏公选 [发行者]，1934.5，22+14 页，50 开

本书共两部分：浙江各县普设农工银行以
抵押为基金发行不兑换纸币辅助农工经济意
见书、救济都市工业衰落意见书。

收藏单位：上海馆

18725

聚兴诚商业银行股份有限公司组织规程　[聚
兴诚商业银行股份有限公司编]

[重庆]：[聚兴诚商业银行股份有限公司]，
1947，23 页，25 开

本规程分 7 部分：总则、总管理处、管辖
行、分行、支行、办事处、附则。

收藏单位：重庆馆

18726

聚兴诚银行第十次营业报告书　聚兴诚银行
编

[重庆]：聚兴诚银行，[1935]，12 页，16 开

本书大部分为表，介绍民国二十二、二
十三年的业务概况、损益情形，民国二十三
年的重庆金融恐慌、德善公司事件。附民国
二十三年本行及储蓄部决算报告书。

收藏单位：重庆馆

18727

聚兴诚银行改订代理收付款项记帐规则　聚
兴诚银行总管理处订

[重庆]：聚兴诚银行，[1944.5]，17 页，18
开

本规则共 4 部分：总纲、代收款项、代付
款项、划收划付款项。

收藏单位：重庆馆

18728

**聚兴诚银行股份有限公司全年决算表（民国
廿七、二十九至三十一、三十四年）**　聚兴诚
银行股份有限公司编

重庆：聚兴诚银行股份有限公司，[1939—
1946]，5 册，16 开

本书收录该公司资产负债表、损益计算
总表、储蓄部资产负债表、储蓄部损益计算
表及总分支行办事处地址一览表、董事会名
录等。

收藏单位：重庆馆

18729

聚兴诚银行股份有限公司章程　聚兴诚银行
股份有限公司编

[重庆]：聚兴诚银行股份有限公司，[1937]，
6 页，23 开，环筒页装

本章程共 29 条，分 8 章，内容包括：总
则、营业、股份、股东会、董事及监察人等。
附储蓄部、信托部章程。

收藏单位：重庆馆

18730

聚兴诚银行股份有限公司组织规程　[聚兴诚
银行股份有限公司编]

[重庆]：[聚兴诚银行股份有限公司]，[1915—
1949]，20 页，18 开

本规程分 6 章：总则、总管理处、管辖
行、分行、支行、办事处。

收藏单位：重庆馆

18731

聚兴诚银行会计规程　聚兴诚银行银行部编

[重庆]：[聚兴诚银行]，1944，356 页，25
开

本规程内容包括：会计科目、传票、帐
簿、表报、负债类各科目及其应记补助帐表
等。

收藏单位：重庆馆

18732

聚兴诚银行会计通告存要　聚兴诚银行编
重庆：聚兴诚银行，1938，3 册（76+104+95
页），10 开

本书共 8 辑：基本事项、工具、报表、统
计、月算、器具及开支、内部重要保管、各
科目记帐办法。

收藏单位：重庆馆

18733

**聚兴诚银行总分行往来及关联各科目记帐办
事规则**　聚兴诚银行总管理处订
[重庆]：聚兴诚银行，1935.6，80+12 页，18
开

本规则分 4 部分：总分行往来、汇兑、代
收代付款项、划收划付款项。附总分行往来
及关联各科目帐簿、书类一览表等。

收藏单位：重庆馆

18734

聚兴诚银行总渝同人进修会会刊（创刊号）
田嘉谷等著　聚兴诚银行编
重庆：聚兴诚银行，1944，66 页，16 开

本书内容包括：题词、发刊词、川康经
济建设之贡献及其将来、潘正叔先生安身论、
何谓进修与如何进修等。

收藏单位：重庆馆

18735

抗战金融论集　陈晓钟著
陈晓钟[发行者]，[1946]，48 页，32 开

本书收录著者于 1931—1946 年间发表在
报刊上的短文 14 篇。

收藏单位：重庆馆

18736

抗战期中福建省银行服务概述　丘汉平编
出版者不详，[1945]，9 页，16 开

收藏单位：福建馆

18737

抗战声中之皖省金融问题　徐日琨著
安徽地方银行经济研究室，[1936]，20 页，32
开

本书共 5 部分，介绍安徽省的银行业、
农仓事业、合作事业、典当业、钱庄业。

收藏单位：浙江馆

18738

会计人员手册　中国农民银行会计处编
中国农民银行会计处，1945，88 页，16 开

本书为该行 1945 年以前历年通函通告的
分类索引。共 14 部分，内容包括：例言、行
训、会计人员守则、本行行员服务规则、总
务类、业务类等。

收藏单位：国家馆

18739

丽水县合作金库二十九年度业务报告　丽水
县合作金库编
丽水县合作金库，1940.2，31 页，32 开（战
时合作事业报告丛刊）

本书共 5 章：绪言、业务工作、业务概
况、盈余分配案、今后之努力。目录页题名：
丽水县合作金库二十九年度业务报告书。

收藏单位：国家馆、南京馆

18740

励练集（4）　[聚兴诚银行编]
[重庆]：[聚兴诚银行]，[1920—1929]，[16]
页，32 开

18741

利润问题摘要　吴大业等著　军事委员会经
济研究所编
出版者不详，[1911—1949]，油印本，1 册，
16 开，环筒页装

本书收文 27 篇，内容包括：《论控制利
率与稳定物价》《提高利率之商榷》《从物价
问题说到利率》《我国现在之利率应否增加》
《论提高利率之困难》等。

收藏单位：重庆馆

18742

利用交易所投机致富术　原氏著　黄啸苍编
译

上海：生活研究社，1921，144 页，32 开

收藏单位：广东馆

18743

利用外资问题　高平叔著

重庆：商务印书馆，1944.2，94 页，36 开

　　本书共 10 部分，内容包括：利用外资的基本态度、建设借款、特许制度、中外合办事业、外人直接设厂等。

　　收藏单位：长春馆、重庆馆、贵州馆、国家馆、吉林馆、南京馆、上海馆、天津馆、武大馆、中科图

18744

利用外资问题之研究　顾毓琇著

出版者不详，[1931]，31 页，16 开

　　本书共 4 部分：概论、投资国最有利的立场与政策、利用外资国最有利的立场与政策、结论。书中所引资料截至 1932 年。

　　收藏单位：国家馆

18745

利用外资与经济建设　马寅初著

杭州：大风社，1935.10，71 页，50 开（大风文库 2）

　　本书共 11 部分，内容包括：入超与利用外资之关系、入超之改性、银行团之组织及其经过、中央政治会议决定之三种利用外资之方法及其实例等。

　　收藏单位：国家馆、南京馆、上海馆

18746

联合征信所调查组工作报告书　联合征信所调查组编

联合征信所调查组，1947，油印本，31 页，32 开

　　收藏单位：广东馆

18747

联合征信所汉口分所业务概况　联合征信所汉口分所编

出版者不详，[1946—1949]，[8] 页，32 开

　　收藏单位：重庆馆

18748

两年来之外汇管理与贸易统制　王元照著

出版者不详，[1940]，7 页，16 开

　　本书共两节：外汇管理政策之递变、贸易统制之演变。附两年来外汇管理与贸易统制大事记。

18749

辽宁边业银行职员录　辽宁边业银行编

辽宁边业银行，1931，[214] 页，16 开，精装

18750

辽宁民生银行章程　辽宁民生银行制订

辽宁民生银行，[1929.3]，[17] 页，25 开

　　本章程共 29 条。

　　收藏单位：国家馆

18751

六年来的福建省银行　福建省银行总管理处编

福建省银行总管理处，1941.10，40 页，25 开

　　本书共 3 章：银行的任务是什么、本行的诞生和成长、六年来的业务发展。附福建省银行组织系统表、福建省银行分行处一览表、现任本行董事及监事人一览。

　　收藏单位：重庆馆、福建馆、广东馆、广西馆、国家馆、吉林馆、南京馆、上海馆、浙江馆

18752

六周年（甘肃省银行成立六周年纪念特刊）　甘肃省银行编

兰州：甘肃省银行，1945，[44] 页，16 开

　　本书附本行六年大事记等。所涉时间为 1939 年 6 月至 1944 年 12 月。

　　收藏单位：国家馆

18753

论都市信用合作社　黄肇兴著

上海：建业银行上海分行服务股，[1945—1949]，12 页，32 开

　　本书共 3 部分：都市信用合作社与"地下钱庄"比较、都市信用合作社是弥补金融管

制缺陷的平民金融机构、如何促进都市信用合作社健全。

收藏单位：国家馆、南京馆

18754
论我国土地金融　郑如友作
出版者不详，1948.6，手抄本，136 页，18 开
　　本书共 7 部分：概论、土地金融的体系、我国土地金融组织、土地金融资金的筹措、土地金融资金的贷款、土地估价、结论。

收藏单位：浙江馆

18755
罗斯来华声中之镑汇利用外资及贸易平衡问题　谷春帆著
出版者不详，[1911—1949]，[10] 页，16 开
　　本书内容包括：加入英镑集团、利用外资、自由贸易、保护贸易等。为《东方杂志》第 32 卷第 19 号抽印本。

18756
旅行储蓄　上海商业储蓄银行编
上海商业储蓄银行，[1915—1949]，25 页，48 开
　　本书宣传为积累旅行费用而储蓄，并介绍各地旅游所需费用等情况。

18757
买卖黄金　张一凡主编　王海波校订
上海：著作人书屋，1940.10，48 页，32 开，精装（美商环球信托公司经济研究部市场知识丛书 2）
　　本书共 5 节：黄金之基本知识、世界金市场概述、战前上海标金市场、战时上海焰赤市场、上海金价之变迁。

收藏单位：国家馆、上海馆

18758
满洲中央银行　尚德纯编
新京（长春）：满洲中央银行调查课，1937.11，122 页，22 开
　　本书共 13 部分，内容包括：迄至创立之经过、使命与组织、币制之统一、通货之安

定、本行业务概况等。附关系法令、参考诸表、分支行所在地、通汇地一览表。

收藏单位：国家馆

18759
民国二十三年度的中国银行界　吴承禧编
出版者不详，[1935]，45 页，16 开
收藏单位：南京馆、中科图

18760
民国二十四年我国银行业之回顾及农业贷款之检讨　施鑫泉编述
杭州：集益合作书局，1936.6，54 页，16 开
　　本书内容包括：绪言、民国二十四年国际经济之略述、概况、经济建设、银行业务、农业贷款等。

收藏单位：浙江馆

18761
民国六年间之重庆金融市场　杨培芳编
重庆：聚兴诚银行，1921.12，36 页，23 开
重庆：聚兴诚银行，1922，再版，37 页，23 开
　　本书内容包括：银行业的沿革、金融业的变迁、货币的变迁、交通的发展、税关制度、贸易的趋势、内外战争的影响等。

收藏单位：重庆馆、吉林馆

18762
民国五年中交两行的停兑风潮　余捷琼著
国立中央研究院社会科学研究所，1936，[86] 页，16 开
　　本书为《社会科学杂志》第 7 卷第 1 期抽印本。

收藏单位：中科图

18763
民生实业股份有限公司与加拿大帝国银行透浪多银行自治领银行签订借款合约
出版者不详，1946.10，18 页，32 开
收藏单位：南京馆

18764
民生主义金融政策　邹宗伊著

重庆：国语千字报社，1944.10，60 页，32 开
（民生主义经济学社民生小丛书 3）

　　本书共 6 章：绪言、钱币进化与钱币革命、通货管理制的运用、银行政策、农业金融政策、利用外资政策。

　　收藏单位：国家馆、南京馆

18765

民益信托股份有限公司增资缘起　民益信托股份有限公司编

民益信托股份有限公司，[1911—1949]，6+23 页，32 开

　　本书附认股书。

18766

南昌县合作金库筹备经过及业务报告　周国才编

出版者不详，[1937]，26 页，23 开

　　本书大部分为表。收录 1935 年 10 月该库成立至 1937 年 5 月 31 日的统计资料。

　　收藏单位：国家馆

18767

南昌县合作金库年刊　周国才编

出版者不详，1939.1，44 页，25 开

　　本书共 3 部分：本库过去之回顾与将来之瞻望、图表、附录。附录本库章程、本库办事细则。

　　收藏单位：国家馆

18768

南京国华银行　高淑筠编

出版者不详，[1911—1949]，手写本，1 册，16 开，精装

　　收藏单位：南京馆

18769

南京金融业概览　联合征信所南京分所调查组编

南京：联合征信所，1947.10，357 页，32 开

　　本书共 6 部分：国家银行、省市及官商合营银行、商业银行、外商银行、钱庄、保险公司。附申请贷款须知、中央银行管理外汇

暂行办法等。

　　收藏单位：长春馆、重庆馆、东北师大馆、广东馆、国家馆、吉林馆、近代史所、南大馆、南京馆、上海馆、天津馆、中科图

18770

南京上海银行　朱仁安　马大英编

出版者不详，[1911—1949]，手写本，1 册，16 开，精装

　　收藏单位：南京馆

18771

南京市各银行重要职员录　南京市银行公会编

南京市银行公会，1947.3，130 页，25 开

　　收藏单位：国家馆

18772

南京市民银行　吴芳等编

南京：吴芳 [发行者]，1932.1，手写本，1 册，16 开，精装

　　收藏单位：南京馆

18773

南京市民银行工作报告

出版者不详，1947.3，12 页，16 开

　　本报告于南京市参议会第一届第二次大会宣读。

　　收藏单位：南京馆

18774

南京市通济典被焚案办理善后重要文件汇编　潘莹主稿

南京：[潘莹律师] 事务所，[1935]，26 页，16 开

18775

南京市银行业同业公会票据交换所报告　南京市银行业同业公会票据交换所编

出版者不详，1946，13 页，25 开

　　本书内容包括：交换银行名录、票据交换所委员会委员及本所职员名录、资产负债表、统计表等。

收藏单位：重庆馆

18776

南京银钱业概况 中央储备银行调查处编

上海：中央储备银行调查处，1945.4，224 页，22 开（中储丛书 3）

本书共 4 章：南京银钱业之沿革、南京银钱业之现状、南京银钱业之资产及负债、附录。

收藏单位：国家馆、近代史所、上海馆、中科图

18777

南京浙江兴业银行 蓝思勉 [著]

南京：蓝思勉 [发行者]，1931.9，1 册，16 开，精装

收藏单位：南京馆

18778

南京中央银行实习日记 王骏人作

出版者不详，[1911—1949]，手写本，1 册，16 开，精装

收藏单位：南京馆

18779

内国汇兑大全 苏昌烜编著

北京第一商业补习所，1921.6，252 页，22 开

本书共 20 编，内容包括：直隶省、山东省、山西省、河南省、陕西省、江苏省等。分别介绍其货币、平砝、银色升耗、运输、行市等。

收藏单位：广东馆、内蒙古馆、首都馆

18780

内国汇兑计算法 徐业编 卞寿孙审定

中国银行总管理处，1915.12，10+470 页，25 开，精装

收藏单位：安徽馆、国家馆、近代史所、辽宁馆、内蒙古馆、上海馆

18781

内江县银钱业军事训练班 内江县银钱业军事训练班编

内江县银钱业军事训练班，1937，1 册，32 开

收藏单位：重庆馆

18782

宁波实业银行各种储蓄存款章程 宁波实业银行编

宁波实业银行，[1931—1949]，33 页，50 开

18783

农仓金融之季节变动与储押物 王兆新著

江苏省农民银行农村经济调查室，1937.6，12 页，16 开

收藏单位：南京馆

18784

农村金融流通之设施 朱若溪编著 俞庆棠 甘导伯校订

江苏省立教育学院研究实验部，1934.1，270 页，32 开（民众教育设施丛书）

本书共 4 章：信用合作社、储蓄会、农民借贷所、米粮抵押所。附规程 4 种、章则两种、参考材料 4 种、利息计算法 3 种。

收藏单位：重庆馆、广东馆、国家馆、江西馆、南京馆、浙江馆

18785

[农村无限责任信用合作社规章制度] 农村无限责任信用合作社编

农村无限责任信用合作社，[1932]，1 册，25 开

本书收录农村无限责任信用合作社模范章程、储金规则、存款规则、放款规则等。

收藏单位：重庆馆

18786

农村信用合作社簿记程式 中国华洋义赈救灾总会编

中国华洋义赈救灾总会，1926.9，76 页，16 开（中国华洋义赈救灾总会丛刊 甲种 18）

本书内容包括：记帐须知、帐底、缴清等。

收藏单位：国家馆、南京馆

18787

农村信用合作社经营讲话　侯哲安著
上海：社会书店，1932.1，86页，32开
　　收藏单位：安徽馆、重庆馆、广西馆、国家馆、江西馆、南京馆、内蒙古馆

18788

农村信用合作社空白储金章程　[中国华洋义赈救灾总会编]
[中国华洋义赈救灾总会]，1925，27页，25开（中国华洋义赈救灾总会丛刊）
　　收藏单位：广东馆

18789

农村信用合作社空白章程　中国华洋义赈救灾总会农利分委办会编
中国华洋义赈救灾总会农利分委办会，[1922]，18页，32开（中国华洋义赈救灾总会丛书乙种7）
　　本章程共46条。附兼理农产交易事业之农村信用合作社章程、中国华洋义赈救灾总会处理信用合作社事件之方针等。
　　收藏单位：国家馆

18790

农村信用合作社会计规则　中国华洋义赈救灾总会编
中国华洋义赈救灾总会，1925.11，40页，25开（中国华洋义赈救灾总会丛刊乙种16）
中国华洋义赈救灾总会，1928.6，26页，25开
　　收藏单位：国家馆、南京馆

18791

农村信用合作社浅说　丁鹏羲编
湖南合作协会，[1930—1939]，8页，32开（合作讲习会课本 第7种）
　　本书共两章：意义及效用、务业。
　　收藏单位：国家馆、南京馆

18792

农村信用合作社是什么？　[中国华洋义赈救灾总会编]

华北农业合作事业委员会，1934.11，16页，25开（华北农业合作事业委员会丛刊2）
　　本书介绍信用合作社的意义、性质、办法、效用等。附信用合作社模范章程、无限责任信用合作社简章。
　　收藏单位：国家馆

18793

农村信用合作社是什么？　[中国华洋义赈救灾总会编]
江西省农村合作委员会，[1932—1933]，16页，32开（宣传品4）
　　收藏单位：安徽馆、重庆馆、国家馆、南京馆

18794

农村信用合作社是什么　[中国华洋义赈救灾总会编]
中国华洋义赈救灾总会，1923.8，6页，32开（合作社印刷物2）
　　收藏单位：国家馆

18795

农村信用合作社问答　豫鄂皖赣四省农民银行编
豫鄂皖赣四省农民银行，1934.3，14页，64开
　　收藏单位：南京馆

18796

农村信用合作社信用评定委员会空白规则
陆海空军总司令部行营党政委员会地方赈济处，1931，6页，36开
　　本规则于1931年8月31日核准公布。
　　收藏单位：国家馆

18797

农村信用合作社意造账　江西省农村合作委员会编
江西省农村合作委员会，1935.7，26页，22开（江西省农村合作委员会丛刊5）
　　本书全部为表。内容包括：流水帐、营业库存簿、社股帐、活期存款帐等。

收藏单位：重庆馆

18798

农村信用合作社意造账

[贵州省农村合作委员会]，1937.7，29页，
22开（贵州省农村合作委员会丛刊）

　　收藏单位：国家馆

18799

农村信用合作社应用章程（农村信用合作社
章程样本）　丁鹏翥编

湖南合作协会，[1930—1939]，22页，32开
（合作讲习会课本 第10种）

　　本章程共50条，分7章：总则、社员、
社股、职员、会议、业务、附则。附社员信
用程度评定规则。

　　收藏单位：国家馆、南京馆

18800

农村信用合作社应用章程·农村信用合作社
应用簿记　丁鹏翥编

湖南合作协会，[1930—1939]，38页，32开
（合作讲习会课本 第8、9种）

　　本书为合订本。

　　收藏单位：国家馆、南京馆

18801

农村信用合作社应用账簿　丁鹏翥编

湖南合作协会，[1930—1939]，42页，32开
（合作讲习会课本 第11种）

　　本书共4章：说明、账簿、记账须知、账
例。附日记账、总账等。

　　收藏单位：国家馆、南京馆

18802

农村信用合作社章则　中国华洋义赈救灾总
会编

中国华洋义赈救灾总会，1926，50页，22开
（中国华洋义赈救灾总会丛刊乙种20）

中国华洋义赈救灾总会，1928.5，66页，25
开（中国华洋义赈救灾总会丛刊乙种26）

中国华洋义赈救灾总会，1933，78页，25开
（中国华洋义赈救灾总会丛刊乙种51）

本书内容包括：农村信用合作社空白章
则、总会处理信用合作社事件之方针、农村
信用合作社社员信用评定规程、农村信用合
作社联合会评定章程、农村信用合作社经营
方法等。

　　收藏单位：安徽馆、国家馆、内蒙古馆、
上海馆、西南大学馆

18803

农村信用合作之在中国　中国华洋义赈救灾
总会编

中国华洋义赈救灾总会，1926.6，16页，22
开（中国华洋义赈救灾总会丛刊乙种21）

　　本书共4章：农民之缺乏、本会之办法、
进行与组织、经验与希望。

　　收藏单位：国家馆、南京馆

18804

农村信用无限合作社空白章程

陆海空军总司令部行营党政委员会地方赈济
处，1931，30页，36开

　　本章程于1931年8月31日公布。

　　收藏单位：国家馆

18805

农贷工作讨论会纪念册　农贷处编

农贷处，[1941]，复写本，1册，18开

　　本书内容包括：与会人员、会议经过、决
议案件、关于农贷机构案件、关于农贷业务
案件等。

　　收藏单位：国家馆

18806

农贷手册　浙江地方银行总行农业贷款处编

浙江地方银行总行农业贷款处，1941.10，383
页，32开

　　本书共5部分：合作社之部、合作金库之
部、农贷之部、农贷有关规章、附录。

　　收藏单位：浙江馆

18807

农贷业务　陈同白著

广东省地方行政干部训练团，1941.5，30页，

32 开（合作类 3）

　　本书论述农贷的目的、对象、种类及各类农贷的实务。

　　收藏单位：重庆馆

18808

农贷指南　江西省农业院经济研究室编

[南昌]：江西省农业院经济研究室，1944.3，22 页，32 开

　　收藏单位：南京馆

18809

农工银行规程

湖北长公署，[1915]，[149] 页，22 开

　　本书收录文件 21 种，内容包括：财政部呈为拟定农工银行条例文并批令、农工银行条例、京兆大宛农工银行章程、京兆大宛农工银行办事细则、浙江杭县农工银行办事细则等。

　　收藏单位：国家馆

18810

农工银行救国论　卓宣谋著

北京：大慈商店，1928.4，再版，30 页，22 开

北京：大慈商店，1929.1，3 版，30 页，32 开

　　本书共 13 部分，内容包括：绪言、农业为中国今日急要生产事业、中国社会经济之重心在农村、中国农业日趋衰颓之可危、各国对于农工银行之注意及其制度、农工银行发达后予社会上一般之利益、结论等。

　　收藏单位：国家馆、南京馆

18811

农民借款协会模范章程　广西农民银行拟订

广西农民银行，1937.2，石印本，25 页，42 开

　　本章程共 41 条，分 7 章：总则、会员、保证基金、业务、职员、会议、附则。

　　收藏单位：国家馆

18812

农民信用合作浅说　孟及人编

河南中山大学农业推广部，1930.6，8 页，32 开（河南中山大学农业推广部农业丛书）

　　收藏单位：国家馆

18813

农民银行之性质及责任　顾倬著

出版者不详，[1929.11]，[29] 页，32 开

　　本书收文 3 篇:《农民银行之性质及责任》《吾锡促进农业改造农村之步骤》《吾锡组织农民各种合作社应行注意之要点》。

18814

农商银行各项章则（第 1 辑）　农商银行总管理处编

农商银行总管理处，1934.7，[70] 页，23 开

　　本书收录该行组织、董事会、股东会章程，放款规则、行员服务规则等 16 种章则。

18815

农业贷款　行政院新闻局编

行政院新闻局，1947.8，20 页，32 开

　　本书共 7 章，内容包括：前言、农业贷款之种类与性质、农业贷款之区域分布、历年贷款进展概略、贷款效果一斑、今后农贷展望等。

　　收藏单位：安徽馆、长春馆、重庆馆、大庆馆、甘肃馆、广东馆、广西馆、贵州馆、国家馆、河南馆、湖南馆、江西馆、近代史所、南京馆、宁夏馆、上海馆、首都馆、天津馆、武大馆、浙江馆

18816

农业贷款报告　上海商业储蓄银行编

上海商业储蓄银行，1935.6，18 页，18 开

　　本书共 8 部分，内容包括：引言、贷款概况、农业产销合作、农村信用合作、农业仓库等。

　　收藏单位：国家馆、南京馆、上海馆

18817

农业贷款与货币政策　巫宝三著

国立中央研究院社会科学研究所，1940.8，24 页，25 开（中国社会经济问题小丛书 2）

收藏单位：重庆馆、广西馆、国家馆、吉林馆、南京馆、首都馆、浙江馆

18818

农业金融制度及法规草案　农矿部编
农矿部，1930.10，26 页，16 开

本书共 6 部分：农业金融制度及其实施方案、中央农业金融委员会组织条例草案、中央农业银行条例草案、农民银行条例草案、农业银行农民银行分期设置案、农业保险法草案。附农业金融讨论委员会章程、农业金融讨论委员会纪要。

收藏单位：吉林馆、南京馆

18819

农业金融制度及法规草案　实业部编
实业部，1935，46 页，23 开

收藏单位：重庆馆

18820

票据承兑贴现须知　中国工业银行设计处编辑
上海：中国工业银行，1943.5，53 页，23 开（中国工业银行丛书 2）

本书共 5 章：票据承兑贴现之意义、承兑汇票及商业本票之使用范围、使用票据及推行票据承兑贴现之利益、票据承兑贴现之法律要点、票据承兑贴现制度之推行。

收藏单位：上海馆

18821

票据法讲义　财务学校编
上海：财务学校，1948，76 页，32 开

收藏单位：广东馆

18822

票据问题与银行立法　金国宝著
上海：中华书局，1947.3，88 页，32 开

本书收文 15 篇，内容包括：《怎样发展工商业》《承兑汇票浅说》《提倡商业汇票之商榷》《为什么及怎么样造成一个贴现市场》《国难声中之上海金融问题》等。

收藏单位：长春馆、重庆馆、广东馆、广西馆、国家馆、吉大馆、吉林馆、江西馆、辽宁馆、南京馆、上海馆、浙江馆

18823

平津金融接管工作汇编　中国人民银行总行编
中国人民银行总行，1949.7，72 页，32 开（参考资料 第 2 辑）

收藏单位：国家馆

18824

平津金融业概览　联合征信所平津分所调查组编
联合征信所平津分所，1947.9，1 册，32 开，精装

本书共 4 篇：天津、北平、外埠、附录。分别介绍其国家银行、省市及官商合营银行、商业银行、外商银行、银号钱庄、保险业、典当业等。附录银行法、公库法等法规，北平、天津票据交换行号名录。

收藏单位：东北师大馆、国家馆、吉林馆、近代史所、南京馆、山西馆、上海馆、天津馆、中科图

18825

平南无限信用合作社筹办经过　广西省立民众教育馆生计部编
广西省立民众教育馆研究部，1934.4，171 页，50 开（辅导小丛书 第 8 种）
广西省立民众教育馆研究部，1934.8，再版，224 页，50 开（辅导小丛书 第 8 种）

收藏单位：广西馆

18826

钱币革命逐渐实行方案　刘冕执著
[北平]：出版者不详，[1932.12]，5 版，122 页，18 开
[北平]：出版者不详，[1930—1949]，122 页，18 开

本书收录《国币代用券为钱币革命之实行的方法》《官办钞券交换条例草案》《国币代用券暂行条例草案说明书》《国币代用券条例草案释疑》《能力本位制杂缀》《呈中央四

全大会文》等。

收藏单位：国家馆、湖南馆、近代史所、南京馆、中科图

18827

钱业尺牍　申屠思危编

上海：世界兴地学社，1928.8，570页，32开，精装

本书内容包括：联交类、寄用类、存放类、汇兑类、利息类、票据类等。书前有钱业文牍刍言等。

收藏单位：河南馆、南京馆

18828

钱业概况　中华职业教育社编

上海：中华职业教育社，1930.9，12页，32开（研究职业分析）（职业教育研究丛辑6）

本书共6部分，内容包括：本业之历史、本业之概况、本业内部之组织、本业职员之待遇等。

收藏单位：国家馆

18829

钱庄学　施伯珩编

上海：商业珠算学社，1931.9，1册，25开（大学丛书）

上海：商业珠算学社，1934，再版，[332]页，25开（商学丛书2）

本书共4编：绪论、上海金融业概论、上海钱庄业实务、外埠钱庄业概况。附上海特别市钱业同业公会章程、中央银行条例、中央银行兑换券章程等7种。

收藏单位：重庆馆、国家馆、近代史所、辽大馆、南京馆、上海馆、浙江馆、中科图

18830

侨资游资问题　中国国货实业服务社编

香港：中国国货实业服务社，1941.11，28页，32开（经济小丛书3）

本书共5部分，内容包括：侨资与游资的意义、抗战后游资的发展、游资数量的估计等。

收藏单位：国家馆

18831

青岛大陆银行保管部保管章程　青岛大陆银行编

青岛大陆银行，[1934.9]，[18]页，32开

18832

清查富滇银行委员会报告书　云南各团体清查富滇银行委员会编

云南各团体清查富滇银行委员会，1928.5，122页，16开

本书内容包括：本会经过情形文、本会规章及办事细则、历次全体委员会议记录、富行编制发行之纸币不符呈报政府文等。

收藏单位：国家馆

18833

清查山东商业银行报告书　山东省经济财政整理委员会编

山东省经济财政整理委员会，1929，[202]页，16开

本书共3部分：报告书、附件、山东商业银行原造表册。

收藏单位：国家馆

18834

区信用合作社联合会章程

陆海空军总司令部行营党政委员会地方赈济处，1931，14页，36开

本章程于1931年8月31日公布。

收藏单位：国家馆

18835

全国合作人员训练所员工合作社报告书　全国合作人员训练所员工有费生产信用合作社编

出版者不详，1943，油印本，15页，18开，环筒页装

收藏单位：国家馆

18836

全国金融机构分布一览　中央银行金融机构业务检查处编

中央银行金融机构业务检查处，[1946]，1

册，32开

本书分19省，内容包括：四川、浙江、安徽、江西等。附上海市奉命清理并暂准继续营业之银行、钱庄调查表等。

收藏单位：重庆馆、国家馆、吉林馆、南京馆、上海馆、首都馆

18837

全国金融机构一览 中央银行稽核处编

上海：六联印刷公司，1947.3，增订版，1册，25开

本书介绍39个省市的金融机构，内容包括：热河省、察哈尔省、绥远省、东北各省市等。附国外部分、全国各省市金融机构分类统计、全国金融机构分类索引。

收藏单位：安徽馆、长春馆、东北师大馆、广东馆、广西馆、贵州馆、国家馆、湖南馆、吉林馆、江西馆、近代史所、辽宁馆、南京馆、宁夏馆、山西馆、上海馆、绍兴馆、天津馆、浙江馆、中科图

18838

全国金融市场调查录 许晚成编

上海：龙文书店，1942.7，133页，32开，精装

本书内容为金融行业名录。

收藏单位：南京馆、上海馆

18839

全国经济财政会议金融股、组提案及审查报告汇录 国民政府财政部金融监理局编

国民政府财政部金融监理局，1928.7，263页，16开

本书共4部分：银行制度、币制、杂案、特案。

收藏单位：上海馆

18840

全国经济会议金融股本股及各委员提案并审查报告 全国经济会议金融股编

全国经济会议金融股，1928.6，66页，16开

本书分两部分：银行制度、币制。第1部分共6章，内容包括：国家银行、普通商业银行、国家汇兑银行等；第2部分共7章，内容包括：国币条例及施行细则草案审查报告、取缔纸币条例草案审查报告、废两用元案、废除银两统一币制案等。

收藏单位：广东馆、国家馆

18841

全国省地方银行·县市银行·商业银行·银号钱庄总分支行处一览表 财政部钱币司编

[财政部钱币司]，1942.12，1册，32开

收藏单位：桂林馆、南京馆

18842

全国省银行第六次座谈会会刊 全国省银行联合会编

上海：全国省银行联合会，1947.11，148页，16开

本书收录该次会议的会议纪录、各省地方银行的报告及银行的法规条例等。该次会议由江苏省农民银行及江苏省银行负责召集，于1947年6月在苏州举行。

收藏单位：广东馆

18843

全国银行暨进出口贸易公司调查录 许晚成编

出版者不详，[1911—1949]，[790]页，16开，精装

本书为汉英对照。以行名笔画为序，介绍其所在地址、电话号码、电报挂号、成立日期、营业范围、经理及职员姓名等。

18844

全国银行年鉴（中华民国二十三至二十六年） 中国银行总管理处经济研究室编

中国银行总管理处经济研究室，1934—1937，4册，16开，精装

本书内容包括：银行界大事记、总览、调查、法规、统计等。民国二十三至二十四年共两编：正编、附编；民国二十五至二十六年共3编：总览、各地金融、统计法规及其他。

收藏单位：安徽馆、重庆馆、东北师大馆、广东馆、广西馆、贵州馆、国家馆、黑

龙江馆、湖南馆、吉林馆、江西馆、近代史所、辽大馆、辽宁馆、南京馆、内蒙古馆、宁夏馆、山西馆、上海馆、首都馆、天津馆、西交大馆、浙江馆、中科图

18845

全国银行人事一览　中央银行经济研究处编辑

上海：中央银行经济研究处，1936.1，22+1163 页，25 开，精装

　　本书共 4 部分：全国银行一览、各地银行一览、全国银行人名录目录、民国二十四年我国银行之设立与倒闭一览。

　　收藏单位：重庆馆、桂林馆、国家馆、近代史所、上海馆、中科图

18846

全国银行现势之统计与说明

出版者不详，[1911—1949]，60 页，23 开

　　本书内容包括：历年开设银行年别统计、历年开设银行地别统计、全国银行一览表、停业之银行、最近三年营业状况之比较、全国银行之资产等。

　　收藏单位：重庆馆、东北师大馆、上海馆

18847

全国注册银行分支行处一览　财政部钱币司　财政部币制研究委员会编

财政部钱币司、财政部币制研究委员会，1940.1，166 页，16 开

　　收藏单位：国家馆、近代史所、南京馆、中科图

18848

劝业银行营业报告（中华民国九至十年份）·劝业银行条例　劝业银行编

[劝业银行]，[1921]，3 册，16 开

　　本书为合订本。

　　收藏单位：近代史所

18849

日本对东北的金融侵略　汪宇平著

[重庆]：东北问题研究社，1940.2，52 页，

32 开（东北丛书）

　　本书共 5 部分：日本对东北金融侵略的意义和过程、伪满金融资本的特性及其实际情况、日本金融资本的新攻势、伪满金融活动的现阶段、结语。

　　收藏单位：重庆馆、国家馆、吉林馆、南京馆、天津馆

18850

日本对沪投资　张肖梅著　中国国民经济研究所编辑

上海：商务印书馆，1937.2，145 页，22 开（中国国民经济研究所丛书）

上海：商务印书馆，1937.3，再版，145 页，22 开（中国国民经济研究所丛书）

　　本书共 14 部分，内容包括：日本对沪投资沿革、上海日侨移动概况、沪日贸易之研究、中国政府对日债务、一九三六年日本对沪新增投资等。

　　收藏单位：重庆馆、东北师大馆、广东馆、贵州馆、国家馆、河南馆、黑龙江馆、湖南馆、吉林馆、近代史所、辽大馆、南京馆、内蒙古馆、宁夏馆、上海馆、首都馆、武大馆、西南大学馆、浙江馆、中科图

18851

日本对华侵略政策之总检讨（1）　振群编

出版者不详，1938.6，48 页，25 开（敌情研究 4）

　　收藏单位：重庆馆、国家馆、江西馆、近代史所、南京馆

18852

日本对华投资　（日）金冶井谷著　中国太平洋国际学会编译

[上海]：中国太平洋国际学会，1932.8，36 页，18 开（中国太平洋国际学会丛书）

　　本书共 8 章，内容包括：资本输入中国之发展、最近日本资本输入之增加、日本资本输入中国之缘因、歧视待遇、低廉劳工等。

　　收藏单位：安徽馆、重庆馆、贵州馆、国家馆、江西馆、辽宁馆、上海馆、天津馆、中科图

18853

日本统治下的台湾金融　中央设计局台湾调查委员会编

中央训练团，1945.3，36 页，32 开（中央训练团台湾行政干部训练班参考资料）

本书内容包括：币制、银行、存款与放款、资金运用与利息、银行汇兑、其他之金融机关等。

收藏单位：广东馆、南京馆、浙江馆

18854

日本在"满"投资　李植泉翻译　刘铁孙审查　刘大钧核定

外文题名：Japanese investments in Manchuria

出版者不详，1939.4，晒印本，12 张，大 16 开（中国经济统计研究所 总字第 298 号 金融门投资类 第 11 号）

收藏单位：上海馆

18855

日用辑要　国华银行编

上海：国华银行，1933.7，221 页，50 开

本书内容包括：国华银行新旧行屋图片、各分行处行屋照片、内部各办公室之位置图、资本公积及纯益逐年比较图、资产总值逐年比较图等。

收藏单位：江西馆

18856

如何办理茶业贷款　财政部贸易委员会编

财政部贸易委员会，1939.2，36 页，32 开（茶业干部人员丛刊 第 4 种）

本书共 5 部分：茶业贷款之性质、茶业贷款之回顾、茶栈贷款对于茶业之影响、政府举办贷款之理由、举办贷款之程序。

收藏单位：贵州馆、国家馆、南京馆、浙江馆

18857

如何办理信用合作　经济部合作事业管理局　西康省汉源合作实验区编

经济部合作事业管理局、西康省汉源合作实验区，油印本，[1941—1945]，1 册

收藏单位：国家馆

18858

如何利用票据承兑和贴现　浙江兴业银行设计处编

浙江兴业银行设计处，1946.9，24 页，32 开

本书共 6 部分：序、缘起、票据承兑和贴现的意义、推行票据承兑和贴现的利益、如何利用票据承兑和贴现、实例。附浙江兴业银行办理票据承兑贴现暂行办法、应用单据及表格。

收藏单位：南京馆

18859

三年来之安徽地方银行　朱一鹗编

安徽地方银行经济研究室，[1939]，[12]+96 页，16 开

本书共 19 部分，内容包括：概论、组织、总行之筹备及成立经过、各分行之设立、人事与训练、重要业务概述、营业概况、二十八年之业务方针等。

收藏单位：安徽馆、重庆馆、广东馆、国家馆、南京馆、中科图

18860

三十六年度工作概况　保证责任归绥市第一信用合作社理事会编

出版者不详，[1948]，77 页，16 开

收藏单位：南京馆

18861

三十年度上半年中中交农四行局农贷统计

中中交农四行联合办事总处农业金融处编

中中交农四行联合办事总处农业金融处，[1941]，1 册，16 开

本书全部为表。

收藏单位：国家馆、近代史所、南京馆、浙江馆

18862

三十年下期重庆市各行庄存放款及口岸汇款业务分析　四联总处秘书处编

四联总处秘书处，1942，油印本，1 册，16

开，环筒页装（金融专报 第 15 号）

收藏单位：国家馆

18863

三十年之汉口外汇指数 朱祖晦编

国立武汉大学，[1936]，39 页，16 开（国立武汉大学法科研究所丛刊 第 1 种）

本书附汉口国外汇兑指数表。所记时间为 1905—1935 年。

收藏单位：国家馆

18864

三十七年度春季丝茧贷款报告 四联总处秘书处编

四联总处秘书处，1948.7，42 页，32 开

本书共 5 部分，内容包括：三十七年度春季丝茧贷款办法制订经过、三十七年度江浙区春季合作烘茧贷款办理情形、三十七年度春季丝茧贷款办理检讨等。附三十七年度江浙区春季丝茧贷款承办厂商贷款收茧情形。

收藏单位：重庆馆、广东馆、广西馆、贵州馆、桂林馆、国家馆、湖南馆、吉林馆、江西馆、南京馆、上海馆、首都馆、天津馆、西南大学馆、浙江馆、中科图

18865

三十七年上半年度工矿贷款报告 四联总处秘书处编

四联总处秘书处，1948.7，118 页，32 开

本书共 8 部分：总述、贷款方针及实施办法、贷款分析、贷款资金来源分析、核定专业贷款计划、特案贷款、利率政策之演变、结语。

收藏单位：重庆馆、广东馆、广西馆、贵州馆、桂林馆、国家馆、湖南馆、吉林馆、江西馆、南京馆、陕西馆、上海馆、西南大学馆、浙江馆

18866

三十七年上半年度农贷报告 四联总处秘书处编

四联总处秘书处，1948.7，122 页，32 开

本书共 6 部分：历年农贷业务之演进、卅

七年度农贷计划之制订、卅七年度农贷计划及实施办法述要、农贷资金调拨及运用、各类农贷进度及其成效、农贷业务之检讨。附廿九年来历年核定各种农贷分类统计等 7 种。

目录页题名：三十七年上半年四联总处核办农贷报告。

收藏单位：重庆馆、广东馆、广西馆、贵州馆、桂林馆、国家馆、湖南馆、吉林馆、近代史所、南京馆、上海馆、天津馆、西南大学馆、浙江馆

18867

三十一年度上期湖南省银行统计提要 湖南省银行经济研究室编制

湖南省银行，1942.11，57 页，16 开

本书全部为表。收录统计图表 58 种，分 7 部分：行务、业务、损益、发行、公库、储信、附录。

收藏单位：重庆馆、国家馆、湖南馆

18868

山东北海银行业务章程汇编 北海银行编

北海银行，1948.7，28 页，32 开

本书附山东省管理银钱业暂行办法。

收藏单位：山东馆

18869

山东北海银行一九四九年下半年工作计划 北海银行编

北海银行，[1949]，10 页，32 开

本书共 9 部分，内容包括：城市金融工作、农村业务、关于调查研究工作、金库工作、改进会计制度等。

收藏单位：国家馆

18870

山东省民生银行整理委员会二十八年度整理工作报告书 山东省民生银行整理委员会编

山东省民生银行整理委员会，1941.7，292 页，22 开

本书共 7 部分，内容包括：绪言、会议纪录、本会总分各处二十八年度整理工作第七次至第十三次委员会议报告书、本会总分各

处二十八年度整理实际总括报告表、杂件等。

收藏单位：国家馆

18871

山东省民生银行职员录　山东省民生银行编
山东省民生银行，1936.11，[26] 页，16 开

收藏单位：国家馆

18872

山西票号论　颉尊三著
出版者不详，1939，118 页

收藏单位：近代史所

18873

山西票号史　卫聚贤编
重庆：中央银行经济研究处，1944.1，385 页，32 开

本书共 6 部分：历史、概况、组织、人事、业务、附录。据作者于 1936 年赴山西调查票号所得资料编成。原文曾分期在中央银行经济研究处出版的《经济月报》上发表。

收藏单位：重庆馆、东北师大馆、广东馆、贵州馆、国家馆、吉林馆、近代史所、南京馆、宁夏馆、山西馆、上海馆、西南大学馆、中科图

18874

山西票号史及概况　卫聚贤著
卫聚贤 [发行者]，1936，27 页，16 开

收藏单位：南京馆

18875

山西票庄考略　陈其田著
上海：商务印书馆，1937.3，198 页，32 开（史地小丛书）

本书共 6 章：山西票庄起源的传说、清代山西票庄的沿革、山西票庄的衰落、山西票庄的派别和组织、山西票庄营业的概况、山西票庄对外的关系。附论材料、山西票庄调查表、山西资产家一览表、日昇昌和大德通近年营业统计。

收藏单位：重庆馆、广东馆、国家馆、河南馆、湖南馆、吉林馆、江西馆、辽大馆、辽宁馆、南京馆、宁夏馆、上海馆、首都馆、浙江馆、中科图

18876

山西省主张公道团总团部为稳定金融告人民书
出版者不详，1937，14 页，32 开

本书共 7 部分，内容包括：省币只收不放是变相的兑现准备不是维持价格的办法、保管委员会是代表人民保管省币的准备金物、维持省币即是维护大家的生命财产、破坏省币的无异是汉奸等。

18877

陕西华洋义赈会办理合作报告书　陕西华洋义赈会编
西安：陕西华洋义赈会，1934，92 页，14 开

本书内容包括：缘起、本会与陕西建设厅合办农村合作讲习所经过、实在地附近各县试办信用合作社实况、试办半年来所得的经验和困难问题、今后扩充的计划等。

收藏单位：重庆馆

18878

陕西省银行通函汇编（二十四、二十六年份）　陕西省银行编
陕西省银行，1936—1938，2 册（124+124页），16 开

本书收录该行与下属行之间的业务通函。其中二十四年份共 112 条，二十六年份共 106条。

收藏单位：重庆馆

18879

陕西省银行志　陕西省银行经济研究室编
陕西省银行经济研究室，1942.10，360 页，16 开（陕西省银行经济研究室特刊）

本书共 5 章：本行组织扩展之经过、本行业务扩展之经过、本行发行省钞代理省库之经过、本行历年业务会议及营业报告、本行十年来大事记。附本行各种人事业务章则。

收藏单位：国家馆、中科图

18880

商业行庄申请转质押重贴现转押汇须知 中央银行编

中央银行，[1924—1949]，13 页，32 开

18881

商资流入农村之先河（一个成功的试验） 王士勉著

西安：训政楼，1936.1，22 页，25 开

本书共 7 部分，内容包括：绪言、上海商业储蓄银行搭成时期、银行竞争时期、银行协同贷款、银行透支贷款等。

收藏单位：国家馆

18882

上海的银行 郭孝先著

上海市通志馆，1935，10+130 页，16 开

本书共 3 部分：上海的内国银行、上海的外国银行、上海的中外合办银行。分别介绍其历史、类别、组织、营业等。为《上海市通志馆期刊》抽印本。

收藏单位：国家馆、吉林馆、近代史所、南京馆、中科图

18883

上海的银行 中国金融年鉴社编

[上海]：中国金融年鉴社，1949.9，54 页，32 开（中国金融年鉴社丛书）

本书共 4 部分：对上海的银行作一史的概述、上海银行业的几个分析、过去商业银行是怎样衰退的、今后私营银行的出路。

收藏单位：国家馆、上海馆、浙江馆

18884

上海华商证券交易所经纪人公会同人录 上海华商证券交易所经纪人公会编

上海华商证券交易所经纪人公会，1935.5 重印，2 册（172+142 页），32 开

18885

上海华商证券交易所业务规则章程理事会规则 上海华商证券交易所编

上海华商证券交易所，1925，34 页，32 开

收藏单位：浙江馆

18886

上海华商证券交易所营业报告（民国十四至十六年 下届结帐） 上海华商证券交易所编

上海华商证券交易所，[1926—1928]，3 册（[12]+[4]+[4] 页），18 开

18887

上海黄金市场与钱兑金号银楼 江南问题研究会编

江南问题研究会，1949.3，31 页，36 开（上海调查资料 金融篇 7）

18888

上海金融机关一览 徐永祚编 史久鳌调查

[上海]：银行周报社，1920.6，108 页，36 开

本书内容包括：本国银行、外国银行、中外合办银行、钱庄等。编者原题：徐玉书。

收藏单位：国家馆、上海馆

18889

上海金融界星五座谈会记录（第 1 集） 上海金融日报采访课记录

上海：金融界星五座谈会，1949.1，108 页，16 开

本书收录该会 16 次座谈会的会议记录，所涉时间为 1948 年 8 月 27 日至 12 月 24 日。该会每次设一议题，内容包括：新币制之研讨、如何疏导游资、利率问题、当前外汇问题、金银存兑问题等。附上海金融界星五座谈会简约、上海金融界星五座谈会会员录。

18890

上海金融市场论 上海银行周报社编

上海银行周报社，1923.7，145 页，32 开（经济类钞 第 3 辑）

本书共 11 章，内容包括：上海金融市场之组织、银行事业进展之趋势、钱庄、银炉及公估局、金融事业之公共机关、上海之金融季节等。

收藏单位：安徽馆、国家馆、近代史所、

辽宁馆、南京馆、首都馆、天津馆

18891
上海金融市场论　施伯珩著
上海：商业珠算学社，1934.7，再版，1 册，
25 开（商业丛书 3）
　　本书共 6 章：金融市场、金融机关、上海
金融市场之近况、上海金融市场之剧变、上
海金融季节述要、上海金融业对于立法之评
议。附储蓄银行法、上海银行业同业会联合
准备委员会兼办票据交换事宜章程、上海金
融市场一年来之变动。为《钱庄学》（施伯
珩）的第 2 编，经增订单行出版。
　　收藏单位：重庆馆、国家馆、辽大馆、南
京馆、上海馆

18892
上海金融统计　中央银行经济研究处编
上海：中央银行经济研究处，1946，油印本，
1 册，8 开
　　收藏单位：国家馆

18893
上海金融业概览　联合征信所调查组编
上海：联合征信所，1947.1，531 页，32 开，
精装
上海：联合征信所，1947，再版，531 页，32
开，精装
上海：联合征信所，1948.4，[23+626] 页，32
开，精装
　　本书共 3 编：银行钱庄及信托公司、保险
公司、附录。
　　收藏单位：安徽馆、重庆馆、东北师大
馆、广东馆、国家馆、黑龙江馆、湖南馆、
近代史所、南京馆、宁夏馆、上海馆、首都
馆、天津馆、浙江馆、中科图

18894
上海金融组织概要　杨荫溥著
上海：商务印书馆，1930.2，22+404+50 页，
22 开，精装（国立中央大学丛书）
　　本书共 12 章，内容包括：概论、上海之
钱庄、上海之票号、上海之银炉、上海之公

估局、上海之内国银行、上海之外国银行等。
附上海钱业、银行公会章程等 17 种。
　　收藏单位：重庆馆、广东馆、桂林馆、国
家馆、河南馆、湖南馆、吉林馆、江西馆、
近代史所、南京馆、宁夏馆、上海馆、天津
馆、中科图

18895
上海票据交换所交换会计细则　上海票据交
换所编
上海票据交换所，1948.9，29 页，24 开
　　收藏单位：南京馆、上海馆

18896
上海票据交换所章程　上海票据交换所编
上海票据交换所，1946.8，8 页，23 开，环筒
页装

18897
上海票据交换所之交换手续及会计方法　朱
博泉著
出版者不详，[1933]，19 页，23 开
　　本书附 1933 年 8 月统计月报。
　　收藏单位：天津馆

18898
上海钱庄概况　中央储备银行调查处编
上海：中央储备银行调查处，1944.12，15+
410 页，22 开（中储丛书 1）
　　本书内容包括：上海钱庄之沿革、上海钱
庄之现状、上海钱庄之资产及负债、附录。
　　收藏单位：东北师大馆、国家馆、近代史
所、上海馆

18899
上海区食盐贷款实施办法
出版者不详，[1911—1949]，14 页，16 开
　　本办法共 25 条。附贷款申请书等。
　　收藏单位：国家馆

18900
上海商业储蓄银行办理进出口汇兑手续　上
海商业储蓄银行编

上海商业储蓄银行，[1915—1949]，96 页，32
开

本书共 6 章：绪言、结价、归收出口票
据、归收进口票据、出口押汇、进口押汇。

18901

上海商业储蓄银行保管箱租用规则　上海商
业储蓄银行编

上海商业储蓄银行，[1915—1949]，[14] 页，
50 开

18902

**上海商业储蓄银行报告（第十、十六至二十
九期）**　上海商业储蓄银行编

上海商业储蓄银行，[1920—1929]，15 册（[8]+
[10]+[10]+[10]+[10]+[10]+[10]+[10]+[10]+
[10]+[10]+[10]+[10]+[10] 页），16 开

本书每年两期。第 10 期报告时间为 1920
年 1—6 月，第 29 期为 1929 年 7—12 月。

18903

上海商业储蓄银行仓库部办事手续　上海商
业储蓄银行编

上海商业储蓄银行，1935，86 页，23 开

18904

上海商业储蓄银行分支行处办事细则　上海
商业储蓄银行编

上海商业储蓄银行，1937.1，45 页，16 开

本书共 10 章：总则、会计、出纳、业务、
储蓄、文书及庶务事务、仓库事务、国外事
务、信托、附则。封面题名：分支行处办事细
则。

收藏单位：上海馆

18905

上海商业储蓄银行各种存款章程　上海商业
储蓄银行编

上海商业储蓄银行，1931，修订版，31 页，
50 开

上海商业储蓄银行，1933，修订版，29 页，
50 开

18906

上海商业储蓄银行行员服务待遇规则　上海
商业储蓄银行编

上海商业储蓄银行，[1915—1949]，13 页，
24 开

18907

上海商业储蓄银行会计规程及手续　上海商
业储蓄银行编

上海商业储蓄银行，1933.1，308 页，16 开

本书共 7 章：总则、会计科目、传票、帐
簿、决算、报单、表报。

收藏单位：国家馆、江西馆、上海馆

18908

**上海商业储蓄银行农村贷款报告（民国
二十二年份）**　上海商业储蓄银行编

上海商业储蓄银行，1934，30 页，22 开

本书共 7 部分：引言、组织、人事、事业
概况、营业报告、农民所得之利益、结论。

*收藏单位：重庆馆、国家馆、近代史所、
南京馆、上海馆*

18909

上海商业储蓄银行全行会计会议记录　上海
商业储蓄银行总行会计处编

上海商业储蓄银行总行会计处，1936，186
页，16 开

18910

**上海商业储蓄银行营业报告（二十至二十六
年度）**　上海商业储蓄银行编

上海商业储蓄银行，[1932—1938]，7 册（42+
69+74+59+40+46+36 页），24 开

*收藏单位：国家馆、河南馆、南京馆、上
海馆*

18911

上海商业储蓄银行员役保证细则　上海商业
储蓄银行编

上海商业储蓄银行，[1915—1949]，26 页，
27 开

18912

上海生大工商业银行章程 上海生大工商业
银行编

[上海生大工商业银行]，[1922—1949]，17
页，32 开

本章程共 55 条。分 7 章：总纲、股份、
股东会、董事及监察人、职员、会计、附则。

收藏单位：上海馆

18913

上海市钱业同业公会入会同业录 上海市钱
业同业公会编

上海银行公会，1933.6，68 页，32 开

18914

**上海市钱庄银行信托商业同业公会会员总分
支机构一览表**

出版者不详，1948.10，26 页，32 开

18915

上海市私立银行学会函授学校章程 上海市
私立银行学会函授学校编

上海市私立银行学会函授学校，[1936]，8
页，32 开

本章程共 21 条，介绍该校的定名、宗
旨、组织、学科、入学程度、修业期限、费
用等。

收藏单位：重庆馆

18916

上海市银行商业同业公会会员名册 上海市
银行商业同业公会编

上海市银行商业同业公会，1946.5，[5] 页，
32 卅

收藏单位：上海馆

18917

上海市银行业保管箱租用规则 [上海市银行
商业同业公会编]

上海市银行业同业公会，1933.1，[12] 页，25
开

上海市银行业同业公会，[1947.5]，3 版，[5]
页，25 开

本规则自 1947 年 5 月 15 日起实行。初
版题名：上海市各银行保管箱租用规则。

收藏单位：上海馆

18918

上海市银行业仓库营业规则 上海市银行业
同业公会编

上海市银行业同业公会，[1933]，[13] 页，40
开

本规则自 1933 年 10 月 1 日起实行。

18919

上海市银行业国外汇兑业务规则 银行实务
研究会编

上海：银行实务研究会，1936，[35] 页，22
开（银行实务丛刊 9）

本规则为汉英对照。共 46 条，分 12 章，
内容包括：总则、出口押汇、进口押汇、汇出
国外款项、各国货币存款、旅行汇信等。

收藏单位：国家馆、上海馆、浙江馆

18920

**上海市银行业同业公会会务报告汇编（第 1
集）** 上海市银行业同业公会编

上海市银行业同业公会，1938，120 页，32
开

本书内容包括：上海市银行业同业公会会
所摄影、上海市银行业同业公会发起人名单、
上海市银行业同业公会筹备委员会委员名单、
会员银行入会年月表、现任执行委员名单、
现任会员银行代表名单。

18921

上海市银行业同业公会会员名册 上海银行
业同业公会编

上海银行业同业公会，1933，7 页，32 开

上海银行业同业公会，1945.8，[10] 页，32 开

收藏单位：上海馆

18922

**上海市银行业同业公会联合准备委员会"票"
字通函汇编（第 1 册）** 上海银行公会编

上海银行公会，[1941.9]，14+157 页，23 开

本书收录第 1—180 号。

18923

上海市银行业同业公会通函要编 上海市银行业同业公会编

上海市银行业同业公会，[1936]，364 页，32 开

　　本书共 13 部分，内容包括：废两改元案、储蓄银行法案、规定法币案、重要营业案件、票据各种问题、印花税案等。

　　收藏单位：上海馆

18924

上海市银行业同业公会章程 上海市银行业同业公会编

上海市银行业同业公会，1935.12，16 页，18 开

　　本章程共 51 条。分 8 章：总纲、会务、会员、组织、职员、会议、经济、附则。

　　收藏单位：上海馆

18925

上海市银行业业规

出版者不详，1948，修订版，[8] 页，36 开

　　本规则共 37 条。分 11 章，内容包括：总纲、营业时间及休业日、营业种类、本位币、利率、手续费等。

　　收藏单位：上海馆

18926

上海市银行营业会计规程

上海市银行总行，1930.2，83 页，25 开

18927

上海市银钱业通讯录 银钱业征信所调查组编

上海：银钱业征信所，1949.1，[207] 页，32 开，精装

　　本书收录机构 250 多个。分 5 部分：银行、外商银行、钱庄、信托公司、全国省银行上海联合通汇处。分别介绍其名称、创立年份、地址、负责人等。

18928

上海市银钱业同人联谊会第九届会员大会会员名册 上海市银钱业同人联谊会编

上海市银钱业同人联谊会，1949.2，62 页，23 开

　　本书书前有《第九届会员大会前言》（王志莘）及 1948 年 1 月通过的该会章程。

18929

上海市银钱业同人联谊会征求会员运动特刊（第 9—10 次） 上海市银钱业同人联谊会编

上海市银钱业同人联谊会，1947，2 册（35+22 页），25 开

18930

上海市银钱业业余联谊会第六次征求会员运动特刊 [上海市银钱业业余联谊会第六次征求委员会宣传科主编]

上海市银钱业业余联谊会第六次征求委员会宣传科，[1939]，66 页，25 开

　　本书内容包括：上海市银钱业业余联谊会会员录、征求会员稿等。

　　收藏单位：浙江馆

18931

上海市银钱业业余联谊会第七届会员大会特刊 上海市银钱业业余联谊会第七届会员大会筹备委员会主编

上海市银钱业业余联谊会第七届会员大会筹备委员会，1946.6，69 页，25 开

　　本书附会员名录。

18932

上海市银钱业业余联谊会会员名录 [上海市银钱业业余联谊会理事会编]

[上海市银钱业业余联谊会理事会]，1938，油印本，1 册，16 开

　　收藏单位：国家馆

18933

上海市证券业同业公会章程

[上海市证券业同业公会]，1948，10 页，32 开

18934

上海四明银行纪念册　上海四明银行编

上海四明银行，1923，[68] 页，16 开

　　本书收录该行营业章程、迁居贺词及门面、设备照片等。

18935

上海特别市钱庄业同业公会会员录（重编）
上海特别市钱庄业同业公会编

上海特别市钱庄业同业公会，1944.9，116 页，25 开

　　本书书前有 200 多家有限公司的成立日期表。

　　收藏单位：上海馆

18936

上海特别市银行业同业公会会务报告书　上海特别市银行业同业公会编

上海特别市银行业同业公会，1943，[10] 页，32 开

18937

上海特别市银行业同业公会会员名单　上海特别市银行业同业公会编

上海特别市银行业同业公会，1944，9 页，32 开

　　收藏单位：上海馆

18938

上海特别市银行业同业公会章程　上海特别市银行业同业公会编

上海特别市银行业同业公会，1944，[10] 页，32 开

18939

上海特别市银行业同业公会章程草案　上海特别市银行业同业公会编

上海特别市银行业同业公会，[1943]，3 版，[10] 页，32 开

18940

上海外股行市指数（一九四〇年）　杨元恺编

外文题名：Shanghai foreign stock index. 1940

上海：杨元恺股票公司，1940.10，[26] 页，16 开

　　本书为汉英对照，大部分为表。

　　收藏单位：上海馆

18941

上海焓赤市场指南　寒晖编著

上海：河山书店，1941，72 页，32 开

　　本书共 3 章：战前标金市场、战时焓赤市场、金市前途之预测。附金类兑换法币办法、监督银楼业收兑金类办法、收兑金银通则等 13 种。

　　收藏单位：上海馆

18942

上海橡皮股票之研究　许冠群编

许超 [发行者]，[1925.6]，103 页，32 开（剑鸣庐经济丛书）

　　本书研究橡胶业的股票问题。编者原题：许超。

18943

上海银行公会年报（民国十年）　上海银行公会编

上海银行公会，1921，1 册，16 开

　　本书共 3 部分：事实、论著、表类。内容包括：本公会创立之历史、《对于上海银行公会之观察》（宋汉章）、《从事银行周报述怀》（徐沧水）、会员银行表、评议员表等。

　　收藏单位：国家馆、近代史所

18944

上海银行公会事业史　徐沧水编

上海：银行周报社，1925.5，[156] 页，25 开

　　本书为《银行周报》第 400 号纪念增刊。共 14 部分，内容包括：上海银行公会会务纪要（编年大事记）、建筑新会所募集房地产公债办法、合组上海公栈之始末、交存公共准备金之梗概、创设票据交换所之拟议、名词研究会之组织等。附上海银行公会章程、上海银行公会会员银行表等 6 种。

　　收藏单位：东北师大馆、广东馆、广西馆、国家馆、近代史所、南京馆、上海馆、

天津馆、浙江馆

18945

上海银行业概况　中央储备银行调查处编
[上海]：中央储备银行调查处，1945，16+578 页，25 开（中储丛书 2）

本书共 4 章：上海银行业之沿革、上海银行业之现状、上海银行业之资产及负债、附录。

收藏单位：国家馆、吉林馆、南京馆、上海馆

18946

上海银行业票据交换所票据交换指数编制说明　上海银行业同业公会联合准备委员会编制

上海银行业同业公会联合准备委员会，1942.12，12 页，16 开

本书共 6 部分：范围、理由、指数之种类、资料之性质与资料之调整、基期及公式、缺点与补救之方式。

收藏单位：上海馆

18947

上海银行业同业公会联合准备委员会报告（中华民国二十三、二十七年份）　上海银行公会编

上海银行公会，1934—1938，2 册（[11]+[36] 页），25 开

本书内容包括：联合准备之部、票据交换之部。

收藏单位：上海馆、浙江馆

18948

上海银行业同业公会联合准备委员会公约及各项章程　上海银行业同业公会联合准备委员会编

上海银行业同业公会联合准备委员会，1932.3，24 页，22 开

本书内容包括：上海银行业同业公会联合准备委员会公约、公单简章、组织系统、拆放章程等。

收藏单位：国家馆

18949

上海银行业同业公会联合准备委员会票据交换所报告（中华民国二十三至二十四年份）
出版者不详，[1934—1935]，2 册，22 开，精装

收藏单位：上海馆

18950

上海银行业同业公会联合准备委员会票据交换所各项规则
出版者不详，1933.4，8 页，22 开

本书共两部分：上海银行业同业公会联合准备委员会票据交换所暂行办事细则、暂行罚金规则。

收藏单位：国家馆

18951

上海银钱业联合准备会公约　上海银钱业联合会准备会编

上海银钱业联合会准备会，1946.9，9 页，25 开

18952

上海银钱业联合准备会章程　上海银钱业联合会准备会编

上海银钱业联合会准备会，[1946.9]，9 页，25 开

18953

上海银钱业票据清算方法之演进　朱博泉著
朱博泉 [发行者]，1939.8，12 页，16 开

本书概述上海金融业形势、票据清算制度、票据交换所的演变沿革，并述及"八一三"事变后上海银钱业票据清算情况。

收藏单位：上海馆

18954

上海永亨银行股份有限公司修正章程　上海永亨银行股份有限公司制订
上海永亨银行股份有限公司，[1933]，[8] 页，25 开

收藏单位：国家馆

18955

上海永亨银行营业报告（中华民国二十四年份） 上海永亨银行编

上海永亨银行，[1935]，1 册，25 开，环筒页装

本书共 5 部分：营业情形、资产负债表、损益计算书、会计师查账证明书、盈余分配案。

收藏单位：国家馆

18956

上海浙江兴业银行保管箱租用规则 浙江兴业银行编

浙江兴业银行，[1933.7]，24 页，40 开

18957

上海浙江兴业银行露封保管规则 浙江兴业银行编

浙江兴业银行，[1934]，16 页，32 开

18958

上海证券交易所概述 上海证券交易所编

上海证券交易所，1946，[42] 页，32 开

上海证券交易所，1946.9，再版，[46] 页，32 开

本书共 5 部分：上海证券市场史略、内部组织、本所经纪人、证券上市、市场交易。附本所理监名单、本所重要职员名单、本所经纪人名单。

收藏单位：内蒙古馆、上海馆

18959

上海证券交易所年报（民国三十六年度 第一年报告） 上海证券交易所编

上海证券交易所，1948，[78] 页，25 开

本书共 6 部分：引言、物价及财政、一般金融、产业与交通、国际贸易及收支、本所业务。

收藏单位：国家馆、吉林馆、南京馆、上海馆、浙江馆

18960

上海证券交易所上市股票厂商概览 联合征信所调查组编

上海：联合征信所，1947，80 页，32 开

本书收录 26 家股份有限公司。共 7 部分，内容包括：纺织业、内衣业、丝绸业、化工业等。分别介绍其简史、负责人、资本、业务等。逐页题名：上市股票厂商概览。

收藏单位：重庆馆、国家馆、近代史所、南京馆、上海馆、浙江馆

18961

上海证券物品交易所股份有限公司章程 上海证券物品交易所股份有限公司编

上海证券物品交易所股份有限公司，[1920.2]，10 页，32 开，环筒页装

本章程分 7 章：总则、股份、股东总会、职员理事会所员、名誉议董及评议会、账簿及会计、附则。

收藏单位：重庆馆

18962

上海证券物品交易所经纪人公会受托契约规则 上海证券物品交易所经纪人公会编

[上海证券物品交易所经纪人公会]，[1946—1949]，9 页，32 开

本规则共 28 条。

收藏单位：重庆馆

18963

上海之钱庄 李权时　赵渭人著

上海：东南书店，1929.8，126 页，22 开（经济丛书）

上海：东南书店，1930，再版，[12]+126 页，22 开（经济丛书）

本书共 10 章，内容包括：组织及资本、营业、钱庄与商家往来实况、银钱同业往来、公共组织、在金融界之势力等。附上海钱业公会章程、上海钱业营业规则等 6 种。

收藏单位：重庆馆、广东馆、广西馆、国家馆、河南馆、湖南馆、江西馆、近代史所、辽大馆、南京馆、上海馆、天津馆、西南大学馆、浙江馆、中科图

18964
上海中国银行办事细则　上海中国银行编
上海中国银行，[1912—1949]，27 页，16 开

18965
上海中南银行储蓄存款章程　中南银行编
上海：中南银行，[1929.10]，16 页，50 开

18966
上海中央信托公司信托部特别信托存款章程
　上海中央信托公司信托部编
上海中央信托公司信托部，[1935—1949]，7
页，42 开

18967
绍兴商业银行股份有限公司章程　绍兴银行
股份有限公司制订
绍兴银行股份有限公司，[1935.4]，8 页，22
开
　　本章程共 32 条。分 8 章：总则、营业、
股份、股东会、董事及监察人、职员、会计、
附则。于 1935 年 4 月 11 日在该行创立会上
通过。
　　收藏单位：国家馆

18968
申时经济情报　申时电讯社编
上海：申时电讯社，1935.4，[49] 页，16 开
　　本书为日报的合订本。专门报道金融、
商业经济行情，包括银行、钱市、证券、标
金、外汇及米、麦、茶、糖、丝、棉、五金
等多种商品的市况。

18969
神州实业银行股份有限公司章程　神州实业
银行编
神州实业银行，[1921]，14 页，22 开
　　本章程共 52 条。分 7 章：总则、资本及
股票、营业、债票、职员组织、股东总会、
决算及纯利之分配。附神州实业银行招股简
章。于 1921 年 9 月 5 日由财政部批准通过。
　　收藏单位：国家馆

18970
省地方银行第五次座谈会会刊　[福建省银行
编]
[福建省银行]，[1946]，96 页，16 开
　　本书收录该次会议的会议纪录，各省地
方银行的报告、提案及俞鸿钧等人的演讲词
等。该次会议由福建省银行负责召集，于
1946 年 6 月在杭州举行。

18971
省地方银行泛论　刘佐人著
广东省银行，1946.12，69 页，25 开
　　本书共 6 章，内容包括：当前经济危机与
健全金融、发展地方金融的方针、当前省地
方银行的困难及今后发展途径、地方银行的
制度与组织等。
　　收藏单位：国家馆、南京馆、上海馆、西
交大馆

18972
省县银行　沈长泰著
上海：大东书局，1948.10，108 页，32 开
（地方行政实务丛书）
　　本书共 3 章：概述、省银行、县银行。附
省银行条例、县银行法等 8 种。
　　收藏单位：重庆馆、广西馆、国家馆、南
京馆

18973
嵊县农工银行办事细则　嵊县农工银行编
嵊县农工银行，1934，石印本，[14] 页，16
开
　　本细则共 88 条。分 6 章：通则、营业课、
会计课、出纳课、总务课、附则。
　　收藏单位：国家馆

18974
**嵊县农工银行第十三年营业报告（中华民国
二十五年份）**　嵊县农工银行编
嵊县农工银行，[1937]，[7] 页，16 开
　　本书大部分为表。内容包括：浙江嵊县农
工银行贷借对照表、损益计算书、财产目录
等。

收藏单位：国家馆

18975

嵊县农工银行股份有限公司章程　嵊县农工银行股份有限公司编

嵊县农工银行股份有限公司，[1931.12]，石印本，[8]页，16开

本章程共35条。

收藏单位：国家馆

18976

十二年来之广西银行　黄钟岳编著

桂林：广西银行总行，1944.5，62页，32开（广西银行丛书第1种）

本书共8章，内容包括：成立经过、人事管理、业务概况、会计与审计、今后之计划等。

收藏单位：重庆馆、国家馆

18977

十年来中国金融史略　郭家麟等编

重庆：中央银行经济研究处，1943.10，306页，32开（中央银行经济研究处丛书）

本书共12章，内容包括：十年前国内外金融概述、白银问题之经过及其对策、战时金融之紧急措施、战时外汇之统制、战时中央银行之发展、结论等。

收藏单位：重庆馆、东北师大馆、广东馆、贵州馆、国家馆、黑龙江馆、近代史所、辽大馆、南京馆、内蒙古馆、宁夏馆、陕西馆、上海馆、西南大学馆、浙江馆、中科图

18978

石家庄金融统计表　石家庄陆军特务机关[编]

石家庄陆军特务机关，1939，油印本，1册，16开

收藏单位：国家馆

18979

实物贷放与农村金融　程炳华编著

重庆：农产促进委员会，1942.6，46页，18开（研究专刊6）

本书共6部分：实物贷放之意义及与农村金融之关系、农村金融现状、从现金贷放制改为实物贷放制之需要、农民对实物贷放之意见、关于实物贷放问题之研讨、尾语。附农业生产要素价格指数。

收藏单位：重庆馆、国家馆、陕西馆、浙江馆

18980

实业部合作事业湖南省办事处工作概况　[实业部合作事业湖南省办事处编]

[实业部合作事业湖南省办事处]，1936，5页，25开

本书共10部分，内容包括：工作方针、组织概况、推行合作区域、联社组织及业务兼营、合作贷款、提倡公益事业、感想及意见等。

收藏单位：国家馆

18981

世界商业储蓄银行各种存款章程　世界商业储蓄银行编

上海：世界商业储蓄银行，1931.5，[60]页，50开

18982

视察日记　陈光甫著

出版者不详，1931，48页，25开

本书为著者视察华北各分行的日记。内容多为途中见闻、记事，也有关于分行增加股本、增办支行等业务方面的记录。记述时间为1930年12月7日至1931年1月18日。

收藏单位：国家馆、近代史所、上海馆、天津馆

18983

四川地方银行重庆总行开幕纪念册　[四川地方银行重庆总行编]

[四川地方银行重庆总行]，1931，21页，18开

本书内容包括：二十一军债务基金保管委员会经办债券一览表、第一至三期整理川东金融公债还本付息一览表、短期盐税库券还

本付息一览表等。

　　收藏单位：重庆馆

18984

四川金融　冯谷如编

[四川省训练团]，1940，12页，32开（四川省训练团讲义）

　　本书内容包括：法币政策之推行、贸易政策、抗战后中央发行公债情形、省外金融机构之变迁、法币推行及最近辅币缺乏等。

　　收藏单位：重庆馆、广西馆、南京馆

18985

四川金融风潮史略　重庆中国银行编

重庆中国银行，1933，86页，32开（四川经济调查丛刊）

　　本书共12章，内容包括：民元发行军用票、民五各券之停兑、民十一大中银行之搁浅、民十六钧益公期票之搁浅、四川铜币跌价之史略、民二十一汤字号之事变等。

　　收藏单位：重庆馆、广东馆、国家馆、吉林馆、近代史所、山西馆、上海馆、西南大学馆、浙江馆、中科图

18986

四川美丰银行十六年度决算报告　美丰银行编

美丰银行，1937，1册，16开

　　本书全部为表，共6部分：商业部资产负债表、商业部损益表、储蓄部资产负债表、储蓄部损益表、信托部资产负债表、信托部损益表。

　　收藏单位：国家馆

18987

四川美丰银行十三年度营业报告书　美丰银行编

美丰银行，1934，[10]页，21开，活页装

18988

四川内地金融考察报告　杨宗序著

出版者不详，[1939]，141页，32开，活页装

　　本书共6部分：绪论、银行业、钱庄业、典当业、货币流通状况、合作金融。

　　收藏单位：重庆馆、国家馆、南京馆

18989

四川农业金融　欧阳苹编

重庆：中国文化服务社，1941.12，11+114页，16开（中国农民银行四川农村经济调查委员会调查报告 第4号）

　　本书大部分为图表。分上、下两编：农业金融与农民借贷、农业金融与合作事业。共18章，内容包括：绪言、农民经济地位与负债概况、农业金融与合作组织、合作指导、县合作金库、结论及改进意见等。

　　收藏单位：安徽馆、重庆馆、广东馆、国家馆、湖南馆、吉林馆、近代史所、南京馆、上海馆、首都馆、浙江馆、中科图

18990

四川商业银行营业报告（中国民国二十三年度）　四川商业银行编

四川商业银行，[1935]，9页，16开

18991

四川省合作金库筹办经过及其展望　四川省农村合作委员会编

四川省农村合作委员会，1936.11，14页，16开

　　本书共3部分：创设合作金库之意义、筹备之经过、未来之希望。附四川省合作金库组织章程等。

　　收藏单位：重庆馆

18992

四川省合作金库规章汇编　[四川省合作金库编]

四川省合作金库，[1941]，120页，32开

　　本书收录规章28种，内容包括：四川省合作金库组织章程、四川省中心县合作金库组织大纲、有限（或保证）责任县合作金库暂行模范章程、县合作金库筹备须知、四川省县合作金库组织须知、四川省合作金库农村经济研究委员会组织章程等。附四川省合作金库收付合作社贷款注意事项、办理谷种

贷款须知等 5 种。

收藏单位：国家馆

18993

四川省合作金库业务报告（二十六至二十七年度） [四川省合作金库编]

四川省合作金库，[1938—1939]，石印本，2 册（8+21 页），22 开，环筒页装

收藏单位：国家馆、南京馆

18994

四川省合作金融年鉴（民国二十六年度） 四川省合作金库编

四川省合作金库，[1938—1940]，3 册（376+759+84 页），32 开

收藏单位：重庆馆、东北师大馆、国家馆、近代史所、南京馆、上海馆、西南大学馆

18995

四川省合作金融事业二十七年度之推行概况

四川省合作金库，1939.6，石印本，18 页，25 开，环筒页装

本书共 5 部分：前言、四川省合作金融事业的几个阶段、组织工作概况、业务概况、今后的展望。

收藏单位：国家馆、南京馆

18996

四川省金融贸易 中国人民解放军西南服务团研究室编

中国人民解放军西南服务团研究室，1949.8，112 页，32 开（四川省参考资料 4）

本书共 4 章：四川省金融概述、四川省贸易概述、四川省金融机构统计、四川省自贡等十一主要县市金融贸易概况。

收藏单位：重庆馆、国家馆

18997

四川省银行工作报告（民国三十一年度） 杨晓波著

四川省银行，[1943]，38 页，16 开

本书内容包括：一年来之四川经济、业务概况、信托业务专述、经济研究工作、三十二年度之业务计划等。

收藏单位：重庆馆

18998

四川省银行经济研究处工作计划 施复亮著

四川省银行印刷所，[1911—1949]，8 页，16 开

本书收录《我们的经济研究计划与对于各界人士的希望》（施复亮）一文。书前有《四川经济季刊发刊词》（潘昌猷）。

收藏单位：重庆馆

18999

四川省银行业分布之分析 四川省政府统计处编

四川省政府统计处，1943.9，13 页，16 开（四川省统计丛刊 1）

收藏单位：南京馆

19000

四国新银团往来函件 北京银行公会编

北京银行公会，1921.5，100+95 页，22 开

本书为汉英对照。收录函件 33 种，内容包括：一九一八年十月八日美外交部致英法日三国大使之说明书、新银团草合同原文、一九一九年六月十八日小田切致拉门德书、一九二零年五月十一日日大使致英外部函、新银团正式合同原文等。

收藏单位：近代史所、上海馆、天津馆

19001

四行储蓄会决算办法 四行储蓄会编

四行储蓄会，[1931]，修订版，34 页，32 开

19002

四行储蓄会会计规程 四行储蓄会编

四行储蓄会，[1931]，修订版，46 页，32 开

19003

四行准备库发行会计规程 四行准备库编

四行准备库，[1923—1935]，32 页，32 开

19004

四行准备库决算办法　四行准备库编
四行准备库，[1923—1935]，6 页，32 开

19005

四联总处工作报告（三十二、三十五年度）
四联总处秘书处编
四联总处秘书处，[1944—1947]，油印本，2
册，16 开，环筒页装
　　收藏单位：国家馆

19006

四联总处工作报告撮要　四联总处秘书处编
四联总处秘书处，1940，油印本，20 页，10
开，环筒页装
　　本书共 12 部分，内容包括：完成西南西
北金融网、订定平定物价方案及其办法、订
定二十九年度农贷方案、应付敌伪破坏我金
融阴谋、贴放等。
　　收藏单位：重庆馆

19007

四联总处核定放款分户统计表　四联总处秘
书处编制
四联总处秘书处，[1948]，1 册，26×39cm
　　本书全部为表。所涉内容为 1947 年 1—
11 月。
　　收藏单位：国家馆

19008

四联总处及成员行相关统计表　四联总处秘
书处编制
四联总处秘书处，[1948]，油印本，24 页，横
8 开
　　本书全部为表。所涉内容为 1947 年 1—
11 月。
　　收藏单位：国家馆

19009

**四联总处农贷小组委员会第二十四次会议议
程**
四联总处农贷小组委员会，1947，油印本，7
页，16 开，环筒页装

本会议于 1947 年 2 月 6 日召开。
　　收藏单位：国家馆

19010

四联总处农业金融章则汇编　中中交农四行
联合办事总处秘书处编
中中交农四行联合办事总处秘书处，1943.7，
33 页，16 开
　　本书收录章则 15 种，内容包括：三十二
年度农贷方针、农贷办法纲要、农贷准则、
三十二年度土地金融业务计划大纲、县农业
金融促进委员会组织通则等。
　　收藏单位：重庆馆、国家馆、吉林馆、近
代史所、南京馆、上海馆、中科图

19011

四联总处三十一年度办理农业金融报告　中
中交农四行联合办事总处秘书处编
中中交农四行联合办事总处秘书处，[1940—
1949]，92 页，16 开
　　本书共 5 章：总述、三十一年度农贷办理
经过概略、三十一年度农贷数字之统计分析、
三十一年度各省农贷办理情形、工业合作贷
款。
　　收藏单位：重庆馆、广东馆、国家馆、吉
林馆、近代史所、南京馆、首都馆

19012

四联总处四川省农贷视察团报告书　[孔雪雄
等著]
中中交农四行联合办事总处秘书处，1942.8，
74 页，18 开
　　本书共 4 章：概述、合作贷款、农田水
利、农业推广。
　　收藏单位：重庆馆、国家馆、吉林馆、近
代史所、南京馆、上海馆、浙江馆

19013

四联总处同人录　四联总处秘书处编
四联总处秘书处，1947.7，88 页，32 开
　　本书收录该行理事会、放款小组委员会、
普通业务小组委员会、农贷审核委员会、特
种小组委员会等机构职员录。

收藏单位：国家馆

19014

四联总处投资放款章则汇编　四联总处秘书
处放款科编

出版者不详，1943.10，68 页，16 开

　　本书收录章则 23 种，内容包括：政府对
日宣战后处理金融办法、四联总处核办投资
贴放方针、四行放款投资业务划分实施办法、
生产事业申请贷款须知、各行局单独投资放
款查核办法等。附修正非常时期管理银行暂
行办法、非常时期票据承兑贴现办法等 6 种。

　　收藏单位：南京馆

19015

四联总处文献选辑　[四联总处秘书处编]

四联总处秘书处，1948，284 页，25 开

　　本书共 12 部分，内容包括：金融经济政
策、发行、存储、投资贴放、农贷、合作、
汇兑等。附关于银行存款加成给付问题呈国
防最高委员会文。

　　收藏单位：东北师大馆、广东馆、贵州
馆、国家馆、湖南馆、近代史所、南京馆、
内蒙古馆、上海馆、首都馆

19016

四联总处业务章则汇编　四联总处秘书处编

四联总处秘书处，1947.5，102 页，32 开

　　本书共 8 部分，内容包括：发行类、存储
类、投资与贴放类、调节资金类、行局业务
划分与考核等。

　　收藏单位：国家馆、上海馆

19017

**四联总处银行人员训练所乙级班甲级班第一
期毕业纪念册**　四联总处银行人员训练所编

中央银行，1944.5，154 页，25 开

19018

四联总处章则汇编（第 1 集）　四联总处秘书
处编

四联总处秘书处，1940.11，122 页，25 开

　　本书共 7 章，内容包括：一般章则类、特

种金融类、收兑金银类、农贷类等。

　　收藏单位：广东馆、桂林馆、国家馆、南
京馆、上海馆

19019

四联总处之任务　刘攻芸讲　中央训练团党
政高级训练班编

中央训练团党政高级训练班，1944.5，44 页，
32 开（编教 58）

19020

四联总处重要文献汇编　四联总处秘书处编

四联总处秘书处，1947.10，[20]+482 页，25
开

　　本书共 15 部分，内容包括：金融经济政
策、调剂资金、各行局业务之督导、稳定物
价与粮食管制、对敌经济作战、金融复员等。

　　收藏单位：东北师大馆、广东馆、广西
馆、国家馆、黑龙江馆、吉林馆、近代史所、
南京馆、上海馆

19021

四明银行会计规程　四明银行编

四明银行，[1936.12]，修订版，111 页，21 开

19022

**苏北行政公署第一次工商金融会议关于金融
工作的决议**

苏北行政公署，1949.6，8 页，36 开

　　收藏单位：国家馆

19023

绥靖区小本贷款　行政院新闻局编

行政院新闻局，1947.11，36 页，36 开

　　本书共 6 章：引言、第一期贷款概况、第
二期贷款概况、第一期贷款效果、小本贷款
怎样贷放、贷款机构。

　　收藏单位：安徽馆、重庆馆、东北师大
馆、广东馆、广西馆、贵州馆、国家馆、河
南馆、黑龙江馆、湖南馆、吉林馆、江西馆、
近代史所、柳州馆、南京馆、宁夏馆、陕西
馆、上海馆、首都馆、天津馆、西南大学馆、
浙江馆

19024

遂宁县合作金库第三届代表大会特刊　遂宁
县合作金库编
遂宁县合作金库，1940，石印本，9 页，16
开，环筒页装
　　本书内容包括：二十八年度业务报告、
二十九年度工作纲领、二十九年份社员一览
表、理事会监事会本库职员名录等。
　　收藏单位：重庆馆

19025

台湾金融年报（民国三十六年）　台湾银行金
融研究室编
台北：台湾银行，1948.6，264 页，16 开
　　本书共 3 编：各行库业务概况、其他金融
机构业务概况、金融统计。附新旧会计科目
对照表。
　　收藏单位：重庆馆、国家馆、近代史所、
南京馆、天津馆、浙江馆

19026

台湾土地银行　台湾土地银行编
[台北]：台湾土地银行，1947.3，37 页，32
开（台湾土地银行丛书）
　　本书共 7 部分，内容包括：绪言、土地政
策与土地银行、本行创立的经过、本行的业
务现状等。附台湾土地银行章程、台湾土地
银行组织规程。
　　收藏单位：桂林馆、国家馆、湖南馆、吉
大馆、吉林馆、近代史所、南京馆、上海馆、
浙江馆

19027

台湾银行代理公库会计制度　台湾银行总行
编
[台北]：台湾银行总行，1946.5，168 页，25
开

19028

台湾银行会计制度（第 1 编 业务会计）　台湾
银行总行编
[台北]：台湾银行总行，1947.1，132 页，23
开

　　收藏单位：国家馆

19029

台湾银行三十六年度职员录　台湾银行秘书
室编
[台北]：台湾银行秘书室，[1947]，105 页，
25 开
　　收藏单位：国家馆

19030

台湾之币制与银行　吴永福著
财政部财政研究委员会，1947.4，120 页，22
开（财政部财政研究委员会丛刊）
　　本书共 9 章，内容包括：台湾币制与发行
准备制度之演变、台银券发行膨胀之处理与
新台币之发行、台湾省内银行资本之发展及
其交流、台湾省内银行股权之分析、台湾各
银行之存放款业务等。
　　收藏单位：重庆馆、广东馆、国家馆、吉
林馆、近代史所、南京馆、山西馆、上海馆、
天津馆、浙江馆

19031

太行区工商管理局冀南银行几个总结报告
太行区军政联合财经办事处编
太行区军政联合财经办事处，1947.10，45 页，
32 开
　　本书收录报告 5 篇，内容包括：《改造与
加强经济工作》《农村信用合作与农村贷款工
作总结》《半年来货币斗争基本总结》等。

19032

**太行区金融货币工作历年来重要决定指示命
令**　太行区冀南银行总行工商管理总局研究
室编
太行区冀南银行总行工商管理总局，1945.9，
134 页，32 开（银行工商工作参考资料 第 2
编 金融货币类 第 1 集）
　　本书收录 1940—1945 年该行关于金融、
货币、贷款方面的文件 56 件。
　　收藏单位：广东馆、山西馆

19033
太平洋战事发生后我国各地金融经济变动情形　四联总处秘书处编
四联总处秘书处，1942，油印本，1 册，16 开，环筒页装（金融专报 第 13 号）

　　本书共 3 部分：战事发生之前我国金融经济状况、战事发生后各地金融经济变动情形（含对重庆、成都、昆明、韶关、赣县、桂林、贵阳等城市经济的分析）、我国金融与经济影响之研究。

　　收藏单位：国家馆

19034
太原经济建设委员会第一、二次召开发行村信用合作券会议记录　太原经济建设委员会经济统制处编
太原经济建设委员会经济统制处，1933，1 册，25 开，环筒页装

　　本书内容包括：报告事项、讨论事项等。附定襄县总信用合作社章程、定襄县扶助土货商号办法等。

　　收藏单位：国家馆

19035
特种现金保证办法　银行学会银行实务研究会编
上海：银行学会银行实务研究会，1937.2，130 页，22 开（银行实务丛刊 11）

　　本书是有关实行特种现金保证制度，取代银行人保制度的资料文集。收录《特种保证金保证办法》全文、对该办法之各方意见、"答客问"及有关专论等。

　　收藏单位：重庆馆、国家馆、南京馆、上海馆、天津馆、浙江馆

19036
特种现金保证办法意见书　中国农民银行编
中国农民银行，1936.12，44 页，50 开

　　本书内容包括：引言、废除现行保证制度之理由、特种现金保证之提要、"特种现金保证办法"之方案、施行"特种现金保证办法"应注意事项等。书中题名：废除银行现行保证制度建议"特种现金保证办法"意见书。

　　收藏单位：国家馆

19037
特种现金保证办法专刊　银行生活社编
上海：银行生活社，1937.4，128 页，16 开

　　本书共 6 部分，内容包括："废除银行现行保证制度建议特种现金保证办法"意见书、对于"废除银行现行保证制度建议特种现金保证办法意见书"答客问、专论、谈话等。为《银行生活》第 7—8 期合刊本。

　　收藏单位：重庆馆、国家馆、天津馆、浙江馆

19038
提议为使"法币"准备扩大范围，因以根本脱离现金准备库之关系，乃能行于战时及永远：此宜乘时进采"虚币本位"制案　刘子亚等提出
中央国民经济计划委员会专门委员研究会，1936，12 页，14 开

　　本书所述该会提案 1 件，由刘子亚、张开琏、萧铮等 38 人提出。

　　收藏单位：重庆馆

19039
天津典当业　张中籥著
天津：万里书店，1935，108+24 页，32 开（商学丛书）

　　本书共 20 章，内容包括：最近六十年来天津典当业的盛衰史、目下天津典当商组织方法、典当业现行的营业法则、典当业团体的组织并其章程、典当商营业时估价的标准、天津典当业前途的展望等。附设立"典当业育才学社"的一个计划、服务典当业中店员学徒生活的讨论、作完之后。

　　收藏单位：国家馆

19040
天津票据交换所章程
出版者不详，1944，改订版，14 页，18 开
　　收藏单位：天津馆

19041

天津市市立小本借贷处理事会章程

出版者不详，[1930—1949]，1 册，16 开

本书章程共 9 条。在市政会议第 283 次例会上通过。

收藏单位：国家馆

19042

天津之银号 王子建 赵履谦著

[河北省立法商学院研究室]，1940.11，再版，76+48 页，18 开

本书共 6 章：概述、业务之分析、银号与外界之连系、组织及管理、钱业公共组织及附属机关、结论。附统计表、各种单据样本等 4 种。

收藏单位：国家馆、近代史所

19043

贴放章则 中央银行贴放委员会编

中央银行贴放委员会，[1924—1949]，[27] 页，32 开

本书收录章则 3 种：办理同业贴放暂行规则、审查贷款案件处理办法、收购成品案件处理办法。

收藏单位：上海馆

19044

贴用印花问题（1） 银行学会编

上海：银行学会，1934.5，再版，[10] 页，16 开（银行实务丛刊 3）

上海：银行学会，1936，3 版，[10] 页，16 开（银行实务丛刊 3）

本书共 20 部分。

收藏单位：国家馆、上海馆、浙江馆

19045

贴用印花问题（2） 银行学会编

上海：银 行 学 会，1935.10，[24] 页，18 开（银行实务丛刊 7）

上海：银行学会，1939，再版，30 页，22 开（银行实务丛刊 7）

本书共 15 部分，内容包括：银行业各项单据簿摺应贴印花税率表、免贴印花税之各

项单据簿摺表、印花税法原则、印花税法、银行支票暂遵贴花之经过等。

收藏单位：国家馆、上海馆、浙江馆

19046

贴用印花问题（3） 银行学会编

上海：银行学会，1936.4，30 页，18 开（银行实务丛刊 8）

上海：银行学会，1939.5，再版，30 页，18 开（银行实务丛刊 8）

本书附关于贴用问题本会之解答及建议、中央政治会议三八三次议决印花税法原则等。

收藏单位：国家馆、上海馆、浙江馆

19047

通函汇编（总文书部分） 中国银行总管理处编

中国银行总管理处，1917.2，112 页，22 开

本书收录通函 48 种。分 13 类，内容包括：运送货币事项、行用货币事项、调查事项、代理事项、抵押事项等。附无可编辑事项。所涉时间为 1914 年至 1916 年底。

收藏单位：国家馆

19048

通易信托股份有限公司创立二十五年纪念刊 通易信托股份有限公司编

上海：通易信托股份有限公司，[1946]，81 页，18 开

本书收文 11 篇，内容包括：《二十五年来之我国信托事业》（朱斯煌）、《通易信托公司创立二十五年述略》（程克藩）、《研究中国经济问题之步骤及方法》（唐庆增）、《推广信托事业之建议》（刘仲廉）、《论我国信托之立法》（朱斯煌）等。

收藏单位：国家馆

19049

统一银行会计科目 银行学会编

上海：银行学会，1943.12，12 页，16 开（银行实务丛刊 17）

19050

土地金融问题 黄通著

重庆：商务印书馆，1942.12，68 页，25 开（中国地政研究所丛刊）

重庆：商务印书馆，1943.9，再版，68 页，25 开（中国地政研究所丛刊）

[赣县（赣州）]：商务印书馆，1944.9，68 页，25 开（中国地政研究所丛刊）

本书共 5 章：土地金融之概念、土地金融之体系、土地金融资金之贷放、土地金融资金之筹集、现阶段中国土地金融问题。附各国主要土地或不动产金融机关一览、中国各省佃耕地总面积、中国农民银行兼办土地金融业务条例等。

收藏单位：重庆馆、广东馆、广西馆、贵州馆、国家馆、湖南馆、吉林馆、江西馆、辽大馆、辽宁馆、南京馆、武大馆、浙江馆

19051

土地征收放款之理论与实施 蒋廉编

中国农民银行土地金融处，1942.7，48 页，50 开

收藏单位：重庆馆、南京馆

19052

推行承兑贴现业务小组会议报告书 推行承兑贴现业务小组会编

推行承兑贴现业务小组会，1943.6，26 页，24 开

本书内容包括：推行原因、实施办法等。为该小组呈上海银行业同业公会的报告。

收藏单位：上海馆

19053

推行企业证券与减低利息建议书 徐佩琨著

出版者不详，[1930—1939]，6 页，16 开

本书书中题名：谨拟政府策励推行企业公司证券与减低利息率以资发展生产复兴工商业建议书。

19054

推行社会公当计划

[社会福利司第一科]，1941，油印本，4 页，

16 开，环筒页装

收藏单位：国家馆

19055

外股经营论 屠易编

出版者不详，1941.7，17 页，32 开

19056

外汇统制问题 独立出版社编

重庆：独立出版社，1940.2，68 页，32 开（战时综合丛书 第 4 辑）

本书共 4 章：外汇统制之意义与方法、外汇统制发展之史的考察、我国战时外汇统制中的几个问题、现阶段我国外汇统制问题及其展望。附讨论大纲。

收藏单位：重庆馆、广东馆、国家馆、黑龙江馆、湖南馆、吉林馆、近代史所、南京馆、内蒙古馆

19057

外汇统制与贸易管理 国民经济研究所辑

上海：正中书局，1938，347 页，25 开（国民经济研究所丛书 4）

[重庆]：正中书局，1940.3，347 页，25 开（国民经济研究所丛书 4）

上海：正中书局，1947.2，347 页，25 开（国民经济研究所丛书 4）

本书共 5 部分：外汇统制、贸易管理、社评、函电与消息、条例与规程。第 1—2 部分收文 36 篇，内容包括：《怎样进一步统制国外汇兑》（伍启元）、《外汇高涨的原因与补救方法》（叶元龙）、《非常时期的法币与外汇》（马寅初）、《管理外汇与管理贸易》（李立侠）、《战时对外贸易应该严格统制》（朱通九）等。

收藏单位：安徽馆、长春馆、重庆馆、东北师大馆、广东馆、贵州馆、国家馆、河南馆、湖南馆、吉林馆、江西馆、辽大馆、南京馆、内蒙古馆、上海馆、首都馆、浙江馆

19058

外汇问题与贸易问题 国民经济研究所辑

[重庆]：独立出版社，1940.6，227 页，22

开（国民经济研究所丛书 5）

本书为《外汇统制与贸易管理》（国民经济研究所）的续编。分两部分：外汇问题、贸易问题。共收文 20 篇，内容包括：《如何维持法定汇价》（厉德寅）、《法币法价打破之危险》（马寅初）、《维护生产与促进外销》（朱通九）、《吾国对外贸易之展望》（邹秉文）等。

收藏单位：重庆馆、东北师大馆、国家馆、吉林馆、近代史所、南京馆、内蒙古馆、宁夏馆、上海馆、首都馆、天津馆、西南大学馆、中科图

19059

外交部钞件

出版者不详，[1925—1949]，1 册，18 开

本书共 3 部分：中法实业银行复业与法国赔款关系案、法国赔款要求金元案钞件、中法银行复业案钞件。

收藏单位：首都馆

19060

外人在华投资论　（美）雷麦（C. F. Remer）著　蒋学楷　赵康节译

外文题名：Foreign investments in China

上海：商务印书馆，1937.6，[11]+668 页，22 开，精装（经济丛书）

长沙：商务印书馆，1939，[11]+668 页，23 开，精装（经济丛书）

本书共两卷：上卷"总论：外人在华投资及中国在国际上之经济与金融地位"、下卷"各论"。上卷共 14 章，内容包括：中国的人口及富源、近代经济关系、外人在华投资鸟瞰、企业投资概观、外人投资与收支平衡、国际贸易与金银移动等；下卷分述美国、英国、日本、俄国、法国、德国等国在华的投资。

收藏单位：重庆馆、东北师大馆、广东馆、广西馆、国家馆、惠州馆、吉林馆、近代史所、南京馆、上海馆

19061

外人在华投资统计　刘大钧著

上海：中国太平洋国际学会，1932.8，48 页，18 开（中国太平洋国际学会丛书）

本书收录英国、美国、日本、法国、德国等国在华投资的调查统计资料。

收藏单位：安徽馆、重庆馆、东北师大馆、国家馆、江西馆、南京馆、上海馆、天津馆、浙江馆、中科图

19062

外人在华投资之过去与现在　高平叔　丁雨山著

重庆：中华书局，1944.3，68 页，32 开

重庆：中华书局，1947.2，再版，68 页，32 开

本书分上、下两篇：战前外人在华之投资、战时外人在华之投资。上篇共 4 章：概述、外人在华投资之估计、外人在华投资之范围、外人在华投资之影响；下篇共 7 章，内容包括：概述、日本在华之投资、美国在华之投资、结语等。

收藏单位：重庆馆、东北师大馆、甘肃馆、广西馆、贵州馆、国家馆、湖南馆、近代史所、辽大馆、南京馆、内蒙古馆、上海馆、武大馆、浙江馆、中科图

19063

外人在华投资之研究　侯刚编

工商部统计处，1948.9，油印本，56 页，16 开，环筒页装

本书共两章：战前外人在华之投资、战时外人对华之投资。附外人在华投资数量及百分比、各国对外投资及对华投资之比较、战前中国工业资本估计等重要统计 54 种。

收藏单位：重庆馆、国家馆、南京馆

19064

万国储蓄会章程　万国储蓄会编

上海：万国储蓄会，[1920]，9 页，36 开

收藏单位：桂林馆

19065

伪满金融总检讨　中央设计局东北调查委员会编

中央设计局东北调查委员会，1945，油印本，

74 页，16 开，环筒页装

本书共 9 章，内容包括：绪论、伪满金融行政、伪满通货、伪满银行、伪满金融市场、外人对伪满之投资等。

收藏单位：国家馆

19066

伪中央储备银行概况　中央银行经济研究处编

中央银行经济研究处，1941.2，29 页，16 开（经济情报丛刊 第 1 辑）

本书共 3 章：伪中央储备银行成立之经过、伪中央储备银行成立后各方之反响、伪中央储备银行成立与我方金融对策之检讨。附伪中央银行筹备委员会章程、伪财政部长声明等 6 种。

收藏单位：国家馆、南京馆

19067

为什么要办信用合作社　侯厚培著　上海特别市合作运动宣传周委员会编

上海特别市合作运动宣传周委员会，[1927—1930]，13 页，32 开

收藏单位：首都馆

19068

为什么组织乡村信用合作社　江苏省农民银行编

江苏省农民银行，1929，再版，10 页，32 开（江苏省农民银行丛刊 1）

收藏单位：南京馆

19069

为替课执务要览　总行业务部为替课编

总行业务部为替课，1935.8，185 页，22 开

本书共 4 章：国内汇兑、外国汇兑、外国货币及生金银买卖事宜、总分支行处间资金之调剂及发行准备之调剂。

收藏单位：国家馆、吉林馆

19070

为稳定金融告人民书　山西省主张公道团总团部 [编]

山西省主张公道团总团部，1937，14 页，32 开

收藏单位：国家馆

19071

我的储蓄计画　王志莘编

上海：新华信托储蓄银行，1934.9，184 页，32 开

本书收录储蓄计划 24 篇。分 5 组：小学生、中学生、大学生、职工、主妇。逐页题名：我的储蓄计划。

收藏单位：重庆馆、广东馆、广西馆、国家馆、近代史所、南京馆、上海馆、天津馆、浙江馆

19072

我国经济建设利用外资与自力更生　黄石华著

广州：黄石华，1946，41 页，32 开

本书收文两篇：《我国经济建设利用外国资本与技术问题》《我国经济建设自力更生之途径》。附平均地权之实现与中国工业化、论运用黄金配合土地券征购土地为国置产。

收藏单位：国家馆、南京馆

19073

我国农业金融机关最近对于融通农业资金之鸟瞰　朱通九著

重庆：中国合作学社附设中国合作通讯社，1939.12，32 页，32 开

本书共 5 部分：导言、农村合作放款、农业仓库、农业贷款、尾音。书中有中国农民银行历年农村合作放款统计表、中国农民银行各省救济贷款贷放数额表、合作社放款用途分析比较表等。

收藏单位：国家馆

19074

我国农业金融制度及实施之建议　林和成著

出版者不详，[1911—1949]，33 页，16 开

本书为著者所著《中国农业金融概要》第 7 编。

收藏单位：国家馆、南京馆、上海馆

19075

我国省地方银行　崔显堂著

北京：崔显堂 [发行者]，1948，油印本，28页，32 开（崔显堂集钞专稿 3）

本书共 3 部分：引言、各省地方银行、抗战后之省地方银行表。

收藏单位：国家馆

19076

我国银行会计制度　李耀祖编著

北平：北方中学出版社，1936.9，146 页，25 开

本书共 6 章：绪论、银行会计改革之动机、银行会计改革之新趋势、标准决算表之采用、银行成本会计制度、结论。

收藏单位：国家馆、南京馆

19077

我国银行会计制度　李耀祖编著

长沙：商务印书馆，1938.11，130 页，32 开，精装

长沙：商务印书馆，1939，再版，130 页，32 开，精装

长沙：商务印书馆，1940，3 版，130 页，32 开

长沙：商务印书馆，1940.12，4 版，130 页，32 开

本书为职业学校教科书。

收藏单位：安徽馆、重庆馆、广东馆、广西馆、贵州馆、桂林馆、国家馆、黑龙江馆、辽大馆、南京馆、上海馆、浙江馆

19078

我国银行业之今昔　李道南编

上海：国华银行调查部，1932.8，13 页，25 开

本书共 3 部分：近年我国银行业务之发展概况、外国银行在华之势力、结论。

收藏单位：西交大馆

19079

我国战后汇兑贸易统制　龚家麟著

中国经济问题研究社，1939.2，106 页，32 开

本书共 7 章：汇兑与贸易统制浅说、抗战初始的外汇稳定政策、外汇请核法与进口贸易的统制、金融市场的异动、外汇售结法和输出贸易的统制、战后的贸易趋向、结论。

收藏单位：广东馆、国家馆、江西馆、南京馆、宁夏馆、上海馆

19080

吴县典业职工会元旦特刊　吴县典业职工会宣传股出版课编

苏州：吴县典业职工会宣传股出版课，1930，56 页，32 开

收藏单位：广东馆

19081

吴县田业银行营业报告（二十四年）　吴县田业银行编

吴县田业银行，[1936—1939]，[8] 页，23 开

19082

五族商业银行章程　五族商业银行筹备处编

五族商业银行筹备处，[1918]，20 页，18 开

本章程共 56 条。分 9 章，内容包括：总则、资本及股票、营业、职员权限、董事会等。附五族商业银行招股简章。

收藏单位：国家馆

19083

物产证券与能力本位制之研究

太原物产证券研究会，1935.7，64 页，大 32 开

本书收录能力本位制、致刘理事子任函、致物产证券研究会书、复刘理事函。

收藏单位：南京馆

19084

物价与金融政策　杨湘年著

重庆：商务印书馆，1943，158 页，32 开

本书共 7 章，内容包括：物价波动之理论、近百年来物价波动之回顾、战时物价暴涨之影响及其统制、金融政策之实施等。

收藏单位：重庆馆、广东馆、广西馆、贵州馆、国家馆、湖南馆、吉林馆、近代史所、

辽大馆、南京馆、内蒙古馆、浙江馆

19085

西北建设银行招股章程　西北建设银行编

出版者不详，[1942]，[12] 页，27 开，环筒页装

本章程附认股书。

19086

厦门的华侨汇款与金融组织　吴承禧著

国立中央研究院社会科学研究所，[1937]，[59] 页，16 开

本书共 3 部分：引言、华侨汇款、厦门的金融组织。为《社会科学杂志》第 8 卷第 2 期抽印本。

收藏单位：重庆馆

19087

仙舟信用合作社二十八年度工作报告　[仙舟信用合作社编]

仙舟信用合作社，1939，油印本，1 册，16 开

收藏单位：南京馆

19088

先令珠算法　丁方镇著

[上海]：中华图书馆，1917.2，130 页，32 开

[上海]：中华图书馆，1921，4 版，148 页，32 开

本书共 34 章，内容包括：国外汇兑之比例、金镑先令之算法等。附各国货币之比较、各国货币约合国币表等 8 种。

收藏单位：首都馆

19089

先令珠算法　丁方镇著　徐调均增补

上海：中华图书馆，1930，增补 5 版，1 册，32 开

本书封面题名：增补先令珠算法。

收藏单位：南京馆

19090

县合作金库簿记　[河南省训练团编]

河南省训练团，1947.3，28 页，32 开

本书共两章：县市合作金库之性质与业务、会计制度。

收藏单位：国家馆

19091

县（市）合作金库的意义和进行步骤　经济部农本局编

经济部农本局，1938.6，13 页，16 开

本书共 4 部分：县（市）合作金库办法要点、合作金库的意义、县（市）合作金库进行步骤、附录。

收藏单位：国家馆

19092

县（市）合作金库的意义和进行步骤

经济部农本局贵阳办事处，1938.5，33 页，32 开

收藏单位：国家馆、南京馆

19093

县（市）合作金库工作人员手册　浙江省合作金库编

浙江省合作金库，1939，230 页，32 开

本书共 4 部分：为什么要组织合作金库、怎样组织县（市）合作金库、县（市）合作金库怎样经营业务、怎样处理县（市）合作金库的会计事务。附各项章则法规、参考书介绍。

收藏单位：国家馆、浙江馆

19094

县（市）合作金库规范汇编　经济部农本局 [编]

经济部农本局，1938.7，220 页，16 开

经济部农本局，1940.10，再版，346 页，16 开

本书共 4 部分：合作金库、合作社、合作及有关法规章则、合作组织指导及登记。

收藏单位：安徽馆、重庆馆、国家馆、南京馆

19095

县（市）合作金库会计规程　经济部农本局

[编]

经济部农本局，1938.7，45 页，16 开

本书共 5 章：总则、计会科目、传票、帐簿、报告书表。

收藏单位：国家馆、南京馆

19096

县市合作金库会计实务概要　谢允庄编

[谢允庄]，[1939]，油印本，1 册，16 开，活页装

收藏单位：国家馆

19097

县市合作金库会计制度　中央合作金库订

[中央合作金库]，1948.8，260 页，32 开

本书共 11 章，内容包括：总则、会计科目、传票、帐簿、资产估价、结算及决算等。附业务部资产负债平衡表、业务部损益结（决）算表、各种备查簿登记办法等 9 种。

收藏单位：国家馆

19098

县市合作金库人员手册　中央合作金库辅导处编

中央合作金库辅导处，1948.6，232 页，32 开

本书共 6 章：基本概念、组织体系、组织程序、辅导工作、业务经营、会计制度。附合作金库条例、县（市）合作金库章程准则、中央合作金库督导各县市合作金库办法等 63 种。

收藏单位：国家馆、吉林馆、南京馆

19099

县市合作金库组织须知　社会部合作事业管理局编

社会部合作事业管理局，1945.4，30 页，32 开

本书共 7 章，内容包括：县市合作金库与中央合作金库之关系、县市合作金库之组织、县市合作金库筹设程序、县市合作金库之业务等。

收藏单位：重庆馆、国家馆、吉林馆、南京馆

19100

县市银行检查手册

出版者不详，1947.3，84 页，32 开

本书共 4 部分：县市银行一览、县市银行检查报告书、附录、检查日记。

收藏单位：重庆馆、福建馆

19101

县市银行手册　广西银行总行经济研究室编著

[桂林]：广西银行总行，1944.5，188 页，32 开（广西银行丛书 第 2 种）

本书共 6 章，内容包括：设立县（市）银行之要义、筹备时期应采之步骤、县（市）银行之行址问题、各项规章等。

收藏单位：重庆馆

19102

县信用合作社联合会章程　陆海空军司令行营党政委员会地方赈济处编

出版者不详，[1940]，14 页，32 开

本章程于 1940 年 9 月 28 日公布。

收藏单位：国家馆、南京馆

19103

县银行实务论　高造都著

西安：新金融出版社，1944，2 册（[22]+408+62 页），22 开（新金融丛书）

本书共 5 编：总论、业务、会计、出纳、总务。附银行法、银行注册章程、管理银行办法等 13 种。据著者的授课讲义编成。

收藏单位：重庆馆、国家馆、河南馆、辽大馆、南京馆

19104

县银行之理论与实务　莫文闰编著

出版者不详，1944.12，114 页，32 开

收藏单位：上海馆

19105

现代金融论　甘祠森著

上海：江汉印书局，1937.7，193 页，22 开

本书收录著者发表在报刊上的论文 10

篇，内容包括:《世界通货问题的现在与将来》《通货管理之理论与实际》《一九三四年之纽约金融市场》《近代银价变动之研究》《整理四川财政金融之检讨》等。分3辑:世界货币金融问题、银价与我国外汇问题、整理四川财政金融问题。

收藏单位:重庆馆、国家馆、辽大馆、南京馆、上海馆、西南大学馆

19106

现阶段的中国金融 魏友棐著

魏友棐 [发行者]，1936.11，182 页，32 开

本书收文 16 篇，内容包括:《新币制与美国银政策的反应》《金融恐慌的演进及出路》《都市金融的背景》《近年中国财政的特征》《华北走私的经济影响》等。分5编:从币制改革到中美协定、恐慌下的金融动态、动荡下的上海金融、整顿公债与平衡预算、华北走私问题及其影响。其他题名:动荡下的中国金融。

收藏单位:重庆馆、国家馆、近代史所、辽大馆、上海馆、西南大学馆、浙江馆、中科图

19107

现阶段的中国金融 赵锦津著

广州:光天印务公司出版部，1946.4，50 页，32 开

本书收文 3 篇:《外汇市场开放之回顾与前瞻》《对港汇挂牌"1:360"之谣的研究》《今后黄金价格的趋向》。

收藏单位:广西馆

19108

乡村信用合作社和钱会制度的比较

出版者不详，1930.3，6 页，32 开（山东省政府农矿厅合作事业指导委员会甲种合作小丛刊 2 ）

收藏单位:南京馆

19109

乡村信用合作社模范章程 江苏省农民银行编

江苏省农民银行，1928.8，12 页，32 开（江苏省农民银行丛刊 6 ）

江苏省农民银行，1930.6，3 版，12 页，32 开（江苏省农民银行丛刊 6 ）

本章程共 19 条。

收藏单位:南京馆、上海馆

19110

乡村信用合作社浅说 江苏省农民银行编

江苏省农民银行，1930.1，22 页，32 开（江苏省农民银行丛刊 10 ）

本书共 6 部分，内容包括:乡村信用合作社与农民金融机关、组织之系统、信用合作社联合会、联村合作银行等。

收藏单位:国家馆

19111

乡村信用合作社问答

江苏省农民银行，1929.12，20 页，32 开（江苏省农民银行丛刊 9 ）

收藏单位:南京馆

19112

乡村信用生产无限合作社模范章程 江苏省建设厅编

江苏省建设厅，1935，改订版，20 页，32 开

本章程共 52 条。分 8 章:总则、社员、社股、职员、会议、业务、存立及解散、附则。附镇江县桃园乡信用生产无限合作社存款规则、储蓄会章程、放款规则。

收藏单位:国家馆

19113

乡村信用无限合作社模范章程 江苏省农矿厅编

江苏省农矿厅，1930.6，10 页，32 开

收藏单位:南京馆

19114

乡村信用无限合作社模范章程

山东省政府农矿厅合作事业指导委员会，1930.1，12 页，32 开（乙种合作小丛刊 1 ）

收藏单位:南京馆

19115

乡镇公益储蓄法规汇编   四川省劝储分会辑

四川省劝储分会，1944，44 页，46 开

本书内容包括：普遍推进全国各市县乡镇公益储蓄办法、各行局办理乡镇公益储蓄有关事项等。

收藏单位：重庆馆

19116

乡镇公益储蓄法令及参考资料汇编   全国节约建国储蓄劝储委员会福建省分会编

全国节约建国储蓄劝储委员会，1944.7，74页，32 开（福建文库）

本书共 4 部分：命令、法规、会议纪录、参考资料。

收藏单位：福建馆、南京馆

19117

香港广州交通银行开幕纪念册   交通银行编

交通银行，1934.11，190 页，42 开

本书收录该行简史、章则、分行机构简况、历年公债还本付息表、密码表、广东省印花税条例及该行各项业务统计图表等。

19118

香港金融   姚启勋著

出版者不详，1940.1，10+218 页，22 开

本书共 3 编：总论、香港金融市场组织、香港金融行情。附香港战时金融之管理、香港银行利率统计表、英镑折合港币检查表等 7 种。

收藏单位：东北师大馆、国家馆、近代史所、南京馆、上海馆、中科图

19119

香港金银业贸易场章程

香港：永发印务公司，1946.10，重订版，44页，32 开

19120

香港纸币与广州物价关系之初步研究   李泰初著

[广州]：广东省立勷勤大学商学院经济研究

室，1936，197 页，16 开（广东省勷勤大学商学院经济研究报告书 3）

本书以统计方法研究港币，主要为统计图表。内容包括：导言、研究之结果、计算式、统计资料等。

收藏单位：国家馆、中科图

19121

新亨银行营业报告（中华民国九、十一年份）   新亨银行编

新亨银行，[1920—1922]，2 册（[10]+[6] 页），21 开

本书为汉英对照。

19122

新华信托储蓄银行各项规则   新华信托储蓄银行编

新华信托储蓄银行，1936.8，修订版，[88]页，16 开，活页装

本书收录章则 30 种。

19123

新华信托储蓄银行股份有限公司章程草案   新华信托储蓄银行编

新华信托储蓄银行，[1943]，[10] 页，23 开

本书收录章则 30 种。于 1943 年 5 月 6日在该行股东会议上议决通过。

19124

新华信托储蓄银行营业报告（中华民国二十六至三十年份）   新华信托储蓄银行编

新华信托储蓄银行，[1940—1949]，[16] 页，25 开

本书全部为表。

19125

新华信托储蓄银行暂行会计规则   新华信托储蓄银行编

新华信托储蓄银行，[1914—1949]，60 页，16 开，活页装

19126

新外汇政策的分析   吴逸之编

广州：综合出版社，1946.3，40 页，32 开（战后经济小丛书 第 1 种）

广州：综合出版社，1946.4，再版，增订本，43 页，32 开（战后经济小丛书 第 1 种）

本书为论文资料集。内容包括:《外汇问题》（马寅初）、《评外汇与贸易的新政策》（寿进文）、《开放外汇市场的意义及其影响》（千家驹）、《外汇与投机》（谷春帆）、《外汇问题的内幕》（经济通讯）等。

收藏单位：广西馆

19127

新县制与县乡银行　卓宣谋著　熊国清校

重庆：鸿福印书馆，1941.10，27 页，32 开

本书共 7 部分，内容包括：实施新县制为树立建国之基础、推行新县制应以开发地方经济为鹄的、县乡银行为推行新县制之原动力、县乡银行之设立及其特点等。

收藏单位：重庆馆、国家馆、南京馆

19128

新银行团问题　（美）史蒂芬（W. M. Stevens）讲演

出版者不详，[1922]，22 页，50 开

本书对美、英、法、日四国银行界联合对华投资问题进行解释。据作者于 1922 年在北京大学及天津所作的 3 篇演讲稿编成。

19129

新中国金融问题　周有光著

香港：经济导报社，1949.6，122 页，32 开（新经济丛书 2）

本书收录著者发表在报刊上的论文 11 篇，内容包括:《新中国的货币问题》《论管理通货》《新中国银行制度试论》《论外商银行》《私人资本与资本市场》等。分 3 章：货币问题、银行问题、资本问题。

收藏单位：重庆馆、东北师大馆、国家馆、江西馆、近代史所、辽宁馆、南京馆、山东馆、云南馆

19130

信诚企业股份有限公司招股简章　信诚企业股份有限公司编

上海：信诚企业股份有限公司，[1946]，[24] 页，32 开

本书附认股书、股款缴付书。

收藏单位：上海馆

19131

信贷工作典型材料　冀南银行太行区办公室编

冀南银行太行区办公室，1947.11，36 页，32 开

本书共 11 部分，内容包括：沙河信用工作的经验介绍、林县信用合作怎样由典型试办到普遍开展、昔阳东丰稔合作社的信用活动、左权南沟合作社信用业务的开展与巩固、邢台市的改造旧银号工作等。附太行区四七年上半年信用社（部）发展概况与合作社比较表等 3 种。

收藏单位：广东馆、国家馆

19132

信托公司要览　陆松荫译辑

上海：文明书局，1922.2，[214] 页，32 开

本书共 11 章，内容包括：信托公司之沿革、信托公司之组织、信托公司之营业、信托公司之职员、安全存储、投资业务等。

收藏单位：广西馆、河南馆、吉林馆、南京馆、内蒙古馆、上海馆、浙江馆

19133

信托业务概览　中国银行信托部编

出版者不详，[1911—1949]，34 页，32 开

19134

信用合作

湖南省合作人员训练班，[1911—1949]，1 册，16 开

收藏单位：南京馆

19135

信用合作的理论与实施　李克访著

镇江：新民印刷工业社，1934，122 页，16 开

收藏单位：重庆馆

19136

信用合作社　董汰生编
山东省第一民众教育辅导区，1935.11，36页，32开（合作丛刊 2）
　　收藏单位：南京馆

19137

信用合作社的帐簿和记帐的方法　华北农业合作事业委员会编
华北农业合作事业委员会，[1935]，9页，25开（华北农业合作事业委员会丛刊 3）
　　本书内容包括：会计科目、帐簿种类、记帐法、帐例等。
　　收藏单位：国家馆

19138

信用合作社记帐法　董汰生编　屈凌汉校
山东省第一民众教育辅导区，1935.11，42页，32开（合作丛刊 3）
　　收藏单位：南京馆

19139

信用合作社经营须知　杨明栋编著
广东建设厅农林局农业课，1930.8，31页，24开（农业浅说经济类 第 1 号）
广东建设厅农林局农业课，1934，4版，26页，32开（推广丛书 17）
　　本书共 7 部分，内容包括：信用合作社之意义及其性质、信用合作社之起源及其目的、信用合作社对于农民之利益、信用合作社之组织、信用合作社之业务等。附信用合作社简章。
　　收藏单位：国家馆、浙江馆

19140

信用合作社会计　经济部合作事业管理局 西康省汉源合作实验区编
经济部合作事业管理局，[1939]，油印本，1册，22开，环筒页装
　　收藏单位：国家馆

19141

信用合作社会计规则　江苏省农民银行编
江苏省农民银行，1928.11，31页，32开（江苏省农民银行丛刊 8）
　　收藏单位：国家馆、南京馆、上海馆

19142

信用合作社会计制度　南京市合作社联合社信用部编
南京市工业生产合作社图书文具生产部，[1911—1949]，26页，32开
　　收藏单位：南京馆

19143

信用合作社模范章程　陈仲明参订　中国合作学社编
上海：中国合作学社，1931.12，9页，42开（合作小丛书）
南京：中国合作学社，1933.11，再版，9页，50开（合作小丛书）
　　本章程共 45 条。分 8 章：总则、社员、社股、会议及职员、业务、盈余分配、存立解散及清算、附则。
　　收藏单位：国家馆、南京馆

19144

信用合作社社员须知　江苏省农民银行编
江苏省农民银行，1928.9，18页，32开（江苏省农民银行丛刊 7）
　　本书内容包括：社的目的、社的本体、社员的责任、社员的权利、入社的规则、出社的规则等。
　　收藏单位：国家馆、南京馆、上海馆

19145

信用合作社与农村全部改良的关系　江苏省农民银行编
江苏省农民银行，1928.7，14页，32开（江苏省农民银行丛刊 2）
江苏省农民银行，1929.4，再版，14页，32开（江苏省农民银行丛刊 2）
　　本书内容包括：农村风俗趋于醇良、养成农民合作的习惯、影响私人放款减低利息、能养成农民组织的能力和办事的才干、农民生计宽裕则盗贼逐渐杜绝等。再版文字略有

改动。

　　收藏单位：国家馆、南京馆、上海馆

19146

信用合作社职员社员须知　董汰生编辑

山东省第一民众教育辅导区，1935.11，24
页，32开（合作丛刊4）

　　收藏单位：南京馆

19147

信用业务须知　江西省地方行政干部训练团
编

江西省地方行政干部训练团，1940.8，66页，
32开（分组训练教材37）

　　本书共5部分：受信业务（存款）、授信
业务（放款）、附随业务、兼营业务、关系法
规。

　　收藏单位：国家馆、江西馆

19148

修订本行汇兑暨联行往来记帐办法　聚兴诚
银行总管理处订

[重庆]：聚兴诚银行总管理处，1948.1，22
页，32开

　　本办法共4部分：汇出即期汇款、买入即
期汇款、汇出买入汇款使用之主要帐簿、内
部划拨款项。书前有修订买卖汇款借贷分录
图解。

　　收藏单位：重庆馆

19149

修正山西省银行章程　[山西省银行编]

[山西省银行]，[1932]，[16]页，18开，环
筒页装

　　本章程共32条。分7章：总则、资本、
特权及营业、组织及职权、经费及待遇、营
业决算及纯益之分配、附则。附山西省银行
监理员章程、经理省金库章程、经理省建设
金库章程。于1932年5月27日在山西省政
府第94次例会上通过。

　　收藏单位：国家馆

19150

修正中央银行管理外汇暂行办法

出版者不详，[1940—1949]，8页，21开

　　本办法由国民政府于1947年2月17日
公布。

19151

袖珍华股宝鉴　刘镂尘　陈瑞骏编

上海：华股日报社，1943，154页，44开

　　收藏单位：上海馆

19152

袖珍华股宝鉴　刘云舫编　李权时校订

华股宝鉴社，1944.8，100+54页，42开

　　收藏单位：上海馆

19153

徐协理视察报告　徐继庄著

出版者不详，[1941.9]，13页，16开

　　本书为著者于1941年4—9月间对中国
农民银行在浙、赣、闽3省的分行及办事处
进行视察后所写的报告。

　　收藏单位：重庆馆、国家馆

19154

盐业银行二十周年营业总概况　盐业银行编

[盐业银行]，1935，18页

　　收藏单位：近代史所

19155

盐业银行会计规则　盐业银行总管理处编

盐业银行总管理处，1929.6，102页，22开

　　本规则共204条，分12章，内容包括：
总则、会计科目、传票、分类日记帐、帐簿、
表报等。

　　收藏单位：国家馆

19156

盐业银行同仁录　盐业银行总行编

盐业银行总行，1934，54页，23开，精装

　　本书收录该行职员之照片、名录。书前
有该行略史及该行摄影多幅。

　　收藏单位：国家馆

19157

盐业银行营业报告（第二十、二十二期） 盐业银行编

盐业银行，1934—1937，2 册（12+12 页），23 开

　　本书为汉英对照，大部分为表。

　　收藏单位：近代史所

19158

盐业银行营业结算报告书（中华民国七年份第 4 期） 盐业银行编

盐业银行，[1918—1919]，[6] 页，18 开

　　本书附资产负债表、损益书。

19159

盐业银行章程 [盐业银行总管理处编]

盐业银行总管理处，1934.5，修订版，6 页，22 开

　　本章程共 17 条。1934 年 5 月修订。

　　收藏单位：国家馆

19160

盐业、中南、金城、大陆银行储蓄会上海西区分会保管章程 盐业、中南、金城、大陆银行储蓄会上海西区分会编

盐业、中南、金城、大陆银行储蓄会上海西区分会，[1934]，20 页，50 开

19161

盐业、中南、金城、大陆银行储蓄会通信储蓄办法 盐业、中南、金城、大陆银行储蓄会编

盐业、中南、金城、大陆银行储蓄会，[1934.12]，4 页，50 开

19162

盐业、中南、金城、大陆银行储蓄会章程

盐业、中南、金城、大陆银行储蓄会编

盐业、中南、金城、大陆银行储蓄会，1927 重印，[24] 页，50 开

盐业、中南、金城、大陆银行储蓄会，1930 重印，[24] 页，50 开

　　本书附储蓄须知、储金与各种投资比较。

19163

盐业、中南、金城、大陆银行上海储蓄会保管箱租用规则 盐业、中南、金城、大陆银行上海储蓄会编

盐业、中南、金城、大陆银行上海储蓄会，[1933]，11 页，50 开

19164

盐业、中南、金城、大陆银行信托部存款规则 盐业、中南、金城、大陆银行信托部编

盐业、中南、金城、大陆银行信托部，[1937.1]，25 页，44 开

19165

阎委员长在河边村召开发行村信用合作券会议纪录

太原：太原经济建设委员会经济统制处，1933，石印本，16 页，32 开

　　收藏单位：国家馆

19166

阎委员长在绥省两署纪念周印散之试办合作券整个办法经过及其实效讲话

太原：太原经济建设委员会经济编制处，[1935]，6 页，25 开，环筒页装

　　收藏单位：国家馆

19167

阎委员长召开第二期试发村信用合作券会议纪录

太原：太原经济建设委员会经济统制处，1934，6 页，32 开，环筒页装

　　收藏单位：国家馆

19168

杨著中国金融论 杨荫溥著

上海：黎明书局，1931，32+590 页，22 开（大学丛书）

上海：黎明书局，1932.6，2 版，590 页，22 开（大学丛书）

上海：黎明书局，1934.3，3 版，32+590 页，22 开（黎明商业丛书）

上海：黎明书局，1936.10，4 版，32+590 页，

22 开（黎明商业丛书）

本书共 4 编：总论、上海金融市场概要、津汉金融市场概要、中国之证券汇兑及金银市场。

收藏单位：安徽馆、重庆馆、东北师大馆、广东馆、广西馆、贵州馆、桂林馆、国家馆、河南馆、湖南馆、吉林馆、江西馆、辽大馆、辽宁馆、南京馆、内蒙古馆、宁夏馆、山西馆、上海馆、首都馆、天津馆、西南大学馆、浙江馆

19169

谣言感想记　上海商业储蓄银行编

上海商业储蓄银行，[1931—1939]，68 页，32 开

本书论述 1931 年 9 月该行发生的提款风潮。

收藏单位：上海馆

19170

业广银钱日记

出版者不详，1948，手抄本，1 册，20 开，环筒页装

本书为记录银钱收支的帐本。

收藏单位：重庆馆

19171

业务报告书（第 5、11 期　华文）　蒙疆银行编

蒙疆银行，1940—1941，2 册（28+20 页），16 开

本书内容包括：通常股东总会总裁之演说、诸项目计算书、损益计算书、纯益金之处分书等。

收藏单位：国家馆

19172

业务参考资料（关于会计工作若干问题的研究）　冀南银行总行编

冀南银行总行，1947.9，17 页，32 开（会字第 1 辑）

本书共 5 部分："审会计工作路线问题""传票、表报盖章问题""修改现行表报结帐问题""关于会计工作中两个具体问题的研究""关于银行资金周转计算法"。为杨哲省、张焕彩两人检查总行下属机关工作后提出的意见。

收藏单位：国家馆

19173

业务参考资料（几项营业办法与简章草案）

冀南银行总行编

冀南银行总行，1946，18 页，32 开

本书共 7 部分，内容包括：汇兑简章、抵押放款办法、活存透支简章等。

收藏单位：国家馆

19174

一般结算方式汇编　中国人民银行总行制订

[中国人民银行总行]，[1911—1949]，1 册，32 开

收藏单位：广东馆

19175

一九三九年日本在"满"投资计划　李植泉翻译　刘铁孙审查　刘大钧核定

出版者不详，1939.7，晒印本，2 张，大 16 开（中国经济统计研究所 总字第 323 号 金融门投资类 第 13 号）

收藏单位：上海馆

19176

一九四九年一月份至六月份半年业务统计

中国人民银行石家庄分行编

[中国人民银行石家庄分行]，1949，27 页，18 开

收藏单位：天津馆

19177

一年来金融杂记　潘恒敏著

出版者不详，[1937]，35 页，16 开

本书记述 1935 年实行法币后的中国金融界情况。共两部分：货币、银行。

收藏单位：上海馆

19178

一年来之甘肃省银行 甘肃省银行编

兰州：甘肃省银行，1939.12，132 页，16 开

本书记述该行之沿革、组织人事及业务情况。

收藏单位：重庆馆、南京馆

19179

一年来之会同合作金库 陈兆适编

出版者不详，1940，油印本，1 册，13 开，环筒页装

收藏单位：重庆馆、国家馆

19180

一年来之江苏省农民银行 江苏省农民银行编

江苏省农民银行，1929.7，44 页，18 开，环筒页装

本书共 4 章：农民银行之产生、开幕来之经过、下年工作之计划、规章汇要。

收藏单位：北师大馆、国家馆、辽宁馆、南京馆、上海馆、西南大学馆

19181

一年来之中央合作金库 中央合作金库秘书处编

中央合作金库秘书处，1948.3，38 页，32 开

本书共 7 部分：我国合作事业之今昔、中央合作金库之诞生、业务区域之扩展、合作贷款之成果、合作业务之扶助、合作组织之辅导、今后工作之展望。附中央合作金库三十七年度业务计划、合作金融四年计划等。

收藏单位：重庆馆、广东馆、国家馆、湖南馆、吉林馆、南京馆、上海馆、浙江馆

19182

银行公会联合会议汇纪 上海银行周报社编

上海银行周报社，[1923]，125 页，32 开（经济类钞 第 2 辑）

本书收录该会第一至四届会议的会议纪要、提议案、呈文等。附全国银行公会临时联合会议宣言书、建议政府呈文。

19183

银行国有论 刘泽霖著

上海：中国文化服务社，1947.11，276 页，32 开（青年文库）

本书共 7 章：银行国有解、银行国有之制度观、银行国有史考、银行国有理论体系、银行国有化之途径、银行国有与战后我国银行复员问题、银行国有与其他。

收藏单位：重庆馆、东北师大馆、广东馆、贵州馆、国家馆、辽大馆、南京馆、天津馆、浙江馆

19184

银行函牍大全 雷馥荪编

上海：函牍编辑社，1918.2，422 页，32 开，精装

本书共 14 类，内容包括：凭信、密要信、请求信、争辩信、招徕信等。大都为中国银行、交通银行之实例。

收藏单位：天津馆

19185

银行行员的新生活 张嘉璈著

南京：正中书局，1934.5，80 页，50 开（新生活丛书）

本书为在银行行员中推行"新生活运动"的宣传性读物。版权页著者题：张公权。

收藏单位：重庆馆、广东馆、广西馆、贵州馆、桂林馆、国家馆、湖南馆、江西馆、南京馆、天津馆、浙江馆

19186

银行界丑史 余高呆著

上海：华克书社，[1937—1949]，25 页，32 开

本书收文 28 篇，记述上海沦陷时期银行界的丑闻。其他题名：金融界奸伪录。

19187

银行俱乐部报告（民国十七至十八、二十四年份） 银行俱乐部编

上海：银行俱乐部，[1929—1936]，3 册（[12]+[14]+18 页），20 开，环筒页装

本书收录该部职员、会员名录等。

收藏单位：上海馆

19188

银行年鉴（1921—1922） 银行周报社编

［上海］：［银行周报社］，1922，266 页，横 18 开

外文题名：The bankers' year-book

上海：银行周报社，1922.8，修正再版，［212］页，横 18 开

本书共 3 部分：银行调查、银行公会一览、经济统计。

收藏单位：重庆馆、国家馆、河南馆、近代史所、辽宁馆、南京馆、上海馆

19189

银行人员手册 中央中国交通农民四银行联合办事总处编

上海：中华书局，1946，10 册，32 开

上海：中华书局，1947，2 版，10 册，32 开

本书共 20 编：银行人员服务须知、存款、储蓄、征信、承兑及贴现、放款及押汇、汇款、出纳、票据交换、信托、仓库、外汇、文书、事务、电讯、人事、国营各行局统一会计制度、暂行国联总处暨各行局统计方案、暂行各行局稽核通则、分支机构管理。

收藏单位：安徽馆、长春馆、重庆馆、东北师大馆、广东馆、广西馆、桂林馆、国家馆、河南馆、黑龙江馆、湖南馆、江西馆、辽大馆、南京馆、内蒙古馆、宁夏馆、山西馆、上海馆、首都馆、天津馆、浙江馆

19190

银行学会会务报告书（第 4—5 届会员大会） 银行学会编

上海：银行学会，1937—1947，2 册（12+18 页），21 开

收藏单位：上海馆

19191

银行学会会员录（二十二年度） 银行学会编

上海：银行学会，［1930—1939］，65 页，16 开

19192

银行学会章程 银行学会编

上海：银行学会，［1932.12］，［8］页，23 开

19193

银行业传习所章程 银行业传习所编

银行业传习所，1930，11 页，32 开

19194

银行业票据式样划一办法 银行学会银行实务研究会编

上海：银行学会银行实务研究会，1948.8，［5］页，23 开（银行实务丛刊 19）

收藏单位：上海馆

19195

银行业统一会计科目 国民政府主计处会计局编

国民政府主计处会计局，1943.5，22 页，32 开

收藏单位：重庆馆、广东馆、广西馆、吉林馆、南京馆

19196

银行与营业讲义

出版者不详，［1911—1949］，［17］页，16 开

收藏单位：南京馆

19197

银行员的生活 杨荫溥著

上海：生活书店，1936.10，189 页，32 开

本书收录著者发表在浙江兴业银行内部刊物《兴业邮乘》上的短文 21 篇，内容包括：《银行员的生活》《铁槛里面的冷气》《一支香烟的代价》《理想的行员》《又是顾客的呼声》《放款的烦恼》等。

收藏单位：广东馆、国家馆、上海馆、首都馆、浙江馆

19198

银行制度 戴铭礼讲

出版者不详，1940，18 页，32 开

收藏单位：广东馆、南京馆

19199

银牛末日记　卢宝清主编

上海：联合出版公司，1949.6，16 页，32 开

　　本书记述上海解放初打击银元投机贩子的经过。

　　　　收藏单位：国家馆

19200

银钱业撮要　郎仙洲著

天津：漪澜社，[1933.1]，160 页，18 开

天津：漪澜社，1933，2 版，160 页，18 开

　　本书主要叙述银钱业各项业务规则与工作方法。共 10 章：总论、银行之组织、存款、放款、贴现、押汇、汇兑、中外金银币成色重量之说明、各处平底及银色之说明、天津银号算息法之说明。

　　　　收藏单位：国家馆、吉林馆、天津馆

19201

应当去怎样组织乡村信用合作社　江苏省农民银行编

江苏省农民银行，1928.7，17 页，32 开（江苏省农民银行丛刊 4）

江苏省农民银行，1929.6，再版，17 页，32 开（江苏省农民银行丛刊 4）

　　　　收藏单位：南京馆、上海馆

19202

英美封存中日资金后我国外汇政策应有之转变　程绍德著

中央银行经济研究处，[1939]，1 册，18 开

　　　　收藏单位：浙江馆

19203

永大银行第三届营业报告（中华民国二十六年度）　永大银行编

永大银行，[1938]，1 册，22 开

　　本书为汉英对照。内容包括：负债表、计算书、损益等。

　　　　收藏单位：国家馆

19204

永大银行会计规则　永大银行编

永大银行，[1911—1949]，石印本，28 页，16 开

19205

永修县信用合作社联合社概况　永修县信用合作社联合社编

永修县信用合作社联合社，1937.5，64 页，25 开（永修县信用合作社联合社丛刊 第 1 号）

　　本书共 6 部分：成立经过、业务种类及手续、本联社的组织、社务、设备、结论。附本联社章程、本联社办事细则、本联社放款细则等 16 种。

　　　　收藏单位：国家馆

19206

优待股东暂行办法　[交通银行编]

交通银行，[1934]，[51] 页，32 开

　　本书附总分支行地点、国内外通汇处等 10 种。书中题名：交通银行为股东服务暂行办法。

19207

邮务海关银行计算法　奚杰编

上海：邮务海关银行学校，1930，7 版，123 页，32 开

　　本书共两编：利息计算法、汇兑计算法规。

19208

犹太国民银行股份有限公司章程　犹太国民银行编

[哈尔滨]：犹太国民银行，[1935.1]，[24] 页，32 开

　　本章程为汉俄对照。

19209

渝行内部办事细则

出版者不详，[1911—1949]，1 册，36 开

　　　　收藏单位：重庆馆

19210

榆中县信用合作社及社员经济状况调查　洪

谨载著
出版者不详，[1911—1949]，13 页，16 开
　　收藏单位：南京馆

19211
豫鄂皖赣四省农民银行第二次营业报告（民国二十二年下期）
出版者不详，[1933]，6 页，18 开，环筒页装
　　本书共 4 部分：分支行处之推广、农业仓库之筹设、合作之指导、调查之进行。附豫鄂皖赣四省农民银行资产负债表、损益计算书。
　　收藏单位：重庆馆

19212
豫鄂皖赣四省农民银行规则汇编
出版者不详，1934，34 页，36 开，环筒页装
　　本书内容包括：行员服务规则、农村工作人员服务规则、行员保证规则、行员薪俸及待遇规则、行员请假规则等。
　　收藏单位：重庆馆

19213
豫鄂皖赣四省农民银行江西分行农民动产抵押贷款所办事细则
出版者不详，1934.1，21 页，64 开
　　收藏单位：南京馆

19214
豫鄂皖赣四省农民银行理事会会议录
出版者不详，[1935]，118 页，16 开
　　本书收录 1933—1935 年该理事会第 1—21 次会议议事录。

19215
豫鄂皖赣四省农民银行通告通函汇编
出版者不详，[1911—1949]，210 页，18 开
　　本书内容包括：豫鄂皖赣四省农民银行附设农业仓库章程、农村合作社申请农民动产押款办法、行员请假规则、总分支行处主管人员姓名籍贯一览表等。
　　收藏单位：安徽馆、重庆馆、广东馆

19216
豫鄂皖赣四省之典当业　金陵大学农学院农业经济系编纂
南京：金陵大学农学院农业经济系，1936.6，112 页，16 开（豫鄂皖赣四省农村经济调查报告 第 4 号）
　　本书共 25 部分，内容包括：绪言、典当业之种类、典业之兴衰、典业之资本、典业之组织、典质之限期等。附典当业调查表。为中国农民银行委托编纂。
　　收藏单位：东北师大馆、国家馆、南京馆、中科图

19217
粤行业务报告　[王君恪编]
出版者不详，1942，油印本，75 页，16 开，环筒页装
　　本书共 5 部分：当地概况、金融市场、本行之业务、本行之会计、人事出纳下庶务。所涉时间截至 1942 年 11 月底。
　　收藏单位：重庆馆

19218
云行长就职演词
出版者不详，1940，10 页，32 开
　　收藏单位：广东馆

19219
云南富滇新银行农村业务股二十六年度业务报告书　云南富滇新银行农村业务股编
云南富滇新银行农村业务股，1938，石印本，57 页，16 开
　　本书共 5 部分：筹办经过、营业状况、调查统计、合作教育、经费。
　　收藏单位：国家馆

19220
云南富滇新银行营业会计规程　云南富滇新银行总行编
云南富滇新银行总行，1932.9，113 页，16 开
　　收藏单位：国家馆

19221

云南金融会议录　云南金融会议编

云南金融会议，[1926.8]，1 册，16 开

本书内容包括：文电、图表、规则、演说、议案、报告、审查案、议决案、议事录等。

收藏单位：国家馆

19222

在华北中国侧金融机关一览表　中国联合准备银行编

中国联合准备银行，1941，52 页，16 开

收藏单位：首都馆

19223

在华外商银行的概况　吴群敢著

上海：现代经济通讯社，1949，74 页，25 开（现代经济丛刊第 5 辑）

本书共 4 章：外商银行的历史演进、外商银行的资本系统、外商银行的资产概况、外商银行的业务分析。

收藏单位：国家馆

19224

在上海八银行业务统计（二月末至现在）

出版者不详，[1911—1949]，油印本，16 页，16 开

收藏单位：广东馆

19225

暂行各行局统一会计制度　[四联总处秘书处编]

[四联总处秘书处]，[1911—1949]，67 页，18 开

收藏单位：重庆馆、桂林馆、国家馆、南京馆、上海馆

19226

暂行银行统一会计制度　财政部钱币司编订

上海：立信会计图书用品社，1947.10，再版，77 页，32 开

上海：立信会计图书用品社，1948.7，3 版，77 页，25 开

本书共 10 章，内容包括：总则、会计科目、传票、帐簿、表报、利息等。

收藏单位：重庆馆、广东馆、国家馆、山西馆、上海馆、天津馆

19227

暂行银行统一会计制度　财政部钱币司编订

重庆：中华书局，1945.1，77 页，22 开

重庆：中华书局，1945.3，再版，77 页，25 开

上海：中华书局，1945.11，再版，77 页，22 开

上海：中华书局，1946，4 版，77 页，22 开

上海：中华书局，1947.3，5 版，77 页，22 开

收藏单位：安徽馆、重庆馆、广西馆、贵州馆、国家馆、江西馆、辽大馆、辽宁馆、南京馆、内蒙古馆、山西馆、上海馆、绍兴馆、浙江馆

19228

暂行银行统一会计制度　江西裕民银行总管理处编

江西裕民银行总管理处，[1940—1949]，74 页，25 开

收藏单位：江西馆

19229

暂行银行统一会计制度各科目记帐办法　财政部钱币司编订

上海：中华书局，1947.8，160 页，22 开

本书共 3 部分：银行部各科目记帐办法、储蓄部各科目记帐办法、信托部各科目记帐办法。

收藏单位：安徽馆、重庆馆、广东馆、贵州馆、国家馆、黑龙江馆、吉林馆、江西馆、南京馆、内蒙古馆、上海馆

19230

暂行银行统一会计制度各种帐表登记编制办法　财政部钱币司编订

上海：中华书局，1946.9，56 页，22 开

上海：中华书局，1947，再版，56 页，23 开

上海：中华书局，1947，3 版，56 页，23 开

本书共 4 部分：日记簿总分类帐登记办

法、明细分类帐登记办法、各种备查簿登记办法、各种报表编制办法。

收藏单位：重庆馆、广东馆、广西馆、国家馆、吉林馆、江西馆、南京馆、上海馆、浙江馆

19231
摘录政府规定银行统一会计制度
出版者不详，[1911—1949]，17 页，22 开
收藏单位：上海馆

19232
战后上海的金融　寒芷等编著
香港：金融出版社，1941.4，194 页，25 开
本书共 6 章，内容包括：中国金融的特征及战前上海金融概况、战后的上海金融、战后的上海金融业、上海金融的前途等。
收藏单位：重庆馆、广东馆、广西馆、国家馆、吉林馆、近代史所、山西馆、上海馆

19233
战后中国农业金融　郑林庄著
成都：西南印书局，1945，[15]+82 页，36 开
本书共 8 部分，内容包括：过去的农业金融、农业资金的筹集、农业金融机构的调整、农民负债的解决等。
收藏单位：重庆馆

19234
战区金融问题及其对策　中央银行经济研究处编
中央银行经济研究处，1943.6，12 页，16 开（经济情报丛刊 第 15 辑）
本书共 15 部分，内容包括：大小票问题之演进、老版新版票差价之过去与现在、大小票问题所引起之影响、伪造法币情形、积极整理地方钞券、对敌伪货币战战略等。
收藏单位：国家馆、南京馆

19235
战时的金融问题　骆耕漠著
[汉口]：黑白丛书社，[1937.10]，22 页，36 开（黑白丛书战时特刊 9）

汉口：黑白丛书社，1937.12，再版，22 页，36 开（黑白丛书战时特刊 9）
上海：黑白丛书社，1938.5，再版，22 页，36 开（黑白丛书战时特刊 9）
本书共 5 部分：导论、建立新的金融中心、存放业务的合理调节、市场通货的膨胀问题、破坏敌人的金融力量。
收藏单位：重庆馆、广西馆、贵州馆、国家馆、湖南馆、近代史所、辽大馆、南京馆、内蒙古馆、上海馆、首都馆

19236
战时广东金融问题　黄卓豪著
广东省银行经济研究室，[1942.1]，114 页，32 开（广东省银行经济丛书）
收藏单位：重庆馆、浙江馆

19237
战时广东之银钱业　中央银行经济研究处编
中央银行经济研究处，1941.12，14 页，16 开（经济情报丛刊 第 9 辑）
本书共 6 部分：银行业、各银行之业务概况、钱庄业、典当业、法币流通状况、结语。
收藏单位：国家馆

19238
战时金融　徐堪讲
[中央训练团党政训练班]，1940.6，44 页，32 开（中央训练团党政训练班讲演录）
本书共 4 章：战时金融概要、我国战前金融之准备与战时金融之措施、物价问题、结论。
收藏单位：广东馆、国家馆、浙江馆

19239
战时金融论丛　潘恒勤著
潘恒勤[发行者]，1941.4，152 页，32 开
本书收文 23 篇，内容包括：《当前金融问题我见》《上海应改转帐码头》《从汇价紧缩说到如何抑平物价》《由上海游资充斥说到银行存款减息》《战时上海钞币之动态》《战时我国内汇问题》等。

19240

战时经济问题论丛　顾凌云著

出版者不详，1948，112 页，32 开

　　本书收文 9 篇，内容包括：《我国战时利润之分析》《战时地方银行与地方经济建设之关系》《抗战以来银行业务评述》《战后我国银行制度之商榷》《近世所得税发达之两大原因》等。

19241

[战时银行概论]

出版者不详，[1942]，71—88 页，32 开

　　本书内容包括：商业银行、提高利率、管理银行等。

　　收藏单位：国家馆

19242

战时中国的银行业　寿进文著

出版者不详，1944.1，165 页，32 开

　　本书共 7 章：银行业发展之史的回顾、中国银行资本的特征、战时银行业的变迁、敌伪的金融侵略、银行管制的实施及其演进、中国银行业的现状、余论。

　　收藏单位：重庆馆、东北师大馆、广东馆、桂林馆、国家馆、黑龙江馆、吉林馆、近代史所、南京馆、内蒙古馆、宁夏馆、山西馆、上海馆、西南大学馆、浙江馆、中科图

19243

战时中国银行业变迁统计　上海银行业务联益会编

上海银行业务联益会，1939.2，22 页，32 开

　　本书共两章：战时中国银行业变迁统计、中国银行业的现状。

　　收藏单位：上海馆、浙江馆

19244

战时中之武汉钱业　蒋滋福调查　国民经济研究所具拟

[国民经济研究所]，1938，油印本，6 页，13 开（总第 19 号 金融货币门钱业类第 2 号）

　　收藏单位：国家馆

19245

张处长在晋南各县召开散发村信用合作社券会议纪录汇编　太原经济建设委员会经济统制处校

太原经济建设委员会经济统制处，1934.1，石印本，18+7 页，25 开，环筒页装

　　收藏单位：国家馆

19246

照价收买土地放款之理论与实施　蒋廉编

中国农民银行土地金融处，1942.7，58 页，50 开

　　本书共 8 部分，内容包括：解决土地问题之重要、我国土地问题之发生、照价收买土地之地价规定办法、照价收买土地放款业务之实施等。

　　收藏单位：国家馆、南京馆

19247

浙江地方实业银行会计规则

出版者不详，1922.11，1 册，22 开

　　本规则分 9 章：总则、会计科目、传票、帐簿、表章、本位币、计息、决算、附则。附储蓄处会计规则、堆栈会计规则。

　　收藏单位：浙江馆

19248

浙江地方银行储蓄部各种储蓄存款章程

出版者不详，1944.1，18 页，50 开

　　收藏单位：浙江馆

19249

浙江地方银行会计规则　浙江地方银行编

[浙江地方银行总管理处]，[1929]，202 页，22 开

　　本书内容包括：会计科目、本位币、传票、帐簿、表单、报单等。

　　收藏单位：浙江馆

19250

浙江地方银行农业贷款概况

出版者不详，[1936]，14 页，32 开

　　本书记述时间为 1935 年 7 月至 1936 年 6

月。

19251

浙江地方银行人事章则 总处秘书室人事科编

总处秘书室人事科，1945，118 页，22 开

收藏单位：广东馆

19252

浙江地方银行三十二年度营业状况

出版者不详，[1943]，油印本，1 册，16 开

收藏单位：浙江馆

19253

浙江地方银行业务统计（民国二十六至三十一年） 浙江地方银行总管理处会计室编

[浙江地方银行总管理处会计室]，1943.11，1 册，16 开

收藏单位：浙江馆

19254

浙江地方银行营业报告（第 14、16—18 届民国二十五、二十七至二十九年度） 浙江地方银行编

浙江地方银行，[1936—1941]，4 册（44+32+30+44 页），18 开

收藏单位：重庆馆、桂林馆、国家馆、上海馆、浙江馆

19255

浙江地方银行总管理处通函汇订（第 3、9 辑）

[浙江地方银行总管理处]，[1943—1945]，2 册，18 开

本书内容包括：秘书字类、秘人字类、稽审字类、会统字类、会设字类等。

收藏单位：浙江馆

19256

浙江建业商业储蓄银行股份有限公司章程

浙江建业商业储蓄银行股份有限公司编

浙江建业商业储蓄银行股份有限公司，[1937]，12 页，32 开

本章程共 47 条。附浙江建业商业储蓄银行股份有限公司储蓄处、信托部章程。

收藏单位：国家馆

19257

浙江建业商业储蓄银行业务报告（第 2—4 届中华民国二十三至二十五年） 浙江建业商业储蓄银行编

浙江建业商业储蓄银行，1935—1937，3 册（20+20+[10] 页），22 开

本书内容包括：该年国外国内经济概况、浙江省经济述略、本行业务情形等。

收藏单位：国家馆、上海馆

19258

浙江建业商业储蓄银行章程 浙江建业商业储蓄银行编

浙江建业商业储蓄银行，[1948]，3 版，15 页，23 开

本章程于 1946 年 9 月 5 日在股东会上修正，于 1948 年 1 月 7 日奉财政部财令重新修正。

19259

浙江建业银行行员各种规程 浙江建业银行编

浙江建业银行，1936.10，24 页，32 开

本书收录规程 4 种：行员办事规程、行员担保规程、检查规程、行员服务待遇规程。

收藏单位：国家馆

19260

浙江建业银行营业报告（中华民国三十年份） 浙江建业银行编

浙江建业银行，[1942]，4 页，23 开

本书全部为表。

19261

浙江金华兰溪二县战时金融业及货币调查

赵德民调查 国民经济研究所具拟

[国民经济研究所]，1939，油印本，6 页，13 开（总第 105 号 金融货币门概况类 第 4 号）

本书共两部分："金、兰两县战时金融业概况""金、兰两县通行之货币"。

收藏单位：国家馆

19262

浙江金融业概览 浙江省银行经济研究室 [编]

[杭州]：浙江省银行经济研究室，1947.8，10+456页，32开

本书收录杭州的国家银行、省市县银行、合作金库、商营银行、钱庄及信托公司等共430余家。分别介绍其简史、地址、资本额、组织及负责人、业务概况等。按地区分12部分，内容包括：杭州市、旧杭属、旧嘉属、旧湖属、旧台属等。附银行法、财政部管理银行办法、杭州市钱商业同业规等14种。

收藏单位：东北师大馆、国家馆、近代史所、上海馆、浙江馆、中科图

19263

浙江农工银行问题 魏颂唐编

出版者不详，[1927]，8页，16开，环筒页精装

收藏单位：国家馆、浙江馆

19264

浙江农民银行筹备处丛刊（第1集）

出版者不详，1928，18页，32开

收藏单位：南京馆

19265

浙江省各县合作金库会计规程 浙江省合作金库编订

浙江省合作金库，1941，159页，18开

本书共两编：会计、审核及附则。附帐簿类、表报类、单证类、其他类4类表帐格式。

收藏单位：国家馆、上海馆、浙江馆

19266

浙江省合作金库 浙江省建设厅合作事业管理处 浙江省合作金库编

浙江省建设厅合作事业管理处、浙江省合作金库，1940.3，24页，32开（战时合作事业报告丛刊）

本书共4部分：前言、省合作金库、县合作金库、附录。附录浙江省合作金库二十九年度事业计划。

收藏单位：国家馆、江西馆、浙江馆

19267

浙江省合作金库二十九年度业务报告书 浙江省合作金库编

浙江省合作金库，[1941]，34页，32开

本书共4部分：前言、概况、本年内事业推进情形、结语。书中题名：民国二十九年之浙江省合作金库。

收藏单位：国家馆、浙江馆

19268

浙江省合作金库概况 [浙江省合作金库编]

[浙江省合作金库]，1947，[14]页，16开

本书共3部分：沿革、现状、附录。第2部分共3节：组织及资金、机构及人事、业务及辅导。附录本库历年股金增减比较表、本库资金来源表等7种。

收藏单位：国家馆

19269

浙江省合作金库各项章则 浙江省合作金库编

浙江省合作金库，1938.10，[152]页，16开

本书收录章则47种。

收藏单位：国家馆

19270

浙江省合作金库会计规程 [浙江省合作金库编]

浙江省合作金库，1940，230页，16开

收藏单位：南京馆

19271

浙江省合作金库章则汇编 [浙江省合作金库编]

浙江省合作金库，1940.6，46页，32开

本书收录章则24种，内容包括：浙江省合作金库章程、浙江省合作金库理事会办事

细则、浙江省合作金库监事会办事细则、浙江省合作金库农村经济研究室组织规则、浙江省合作金库职员任用规则等。

收藏单位：国家馆

19272

浙江省合作事业农业金融章则汇编 浙江省建设厅编

浙江省建设厅，1933.10，130 页，32 开（合作丛书第 10 种）

本书共两部分：合作事业、农业金融。第 1 部分收录章则 9 种，附合作社设立许可证式样、合作社登记总簿式样、合作社联合会章程式样等 17 种；第 2 部分收录章则 10 种，附各县农业金融机关一览表、县立农民借贷所董事会规则、县立农民借贷所监察人规则等 12 种。

收藏单位：广东馆、湖南馆、南京馆、上海馆、西南大学馆、浙江馆

19273

浙江省省县合作金库第四次联席会议纪录 [浙江省合作金库编]

浙江省合作金库，[1940]，44 页，32 开

本书共 4 部分：报告及演说、讨论提案、主席致闭幕词、散会。该会议于 1940 年 9 月 22 日召开。

收藏单位：国家馆

19274

浙江省省县合作金库同人录 浙江省合作金库编

浙江省合作金库，1939.6，29 页，16 开

本书内容包括：姓名、职位、年龄等。

收藏单位：浙江馆

19275

浙江省银行同仁录 总行秘书室编

总行秘书室，1947.10，96 页，32 开
总行秘书室，1949.1，94 页，36 开

收藏单位：绍兴馆、浙江馆

19276

浙江实业银行报告（中华民国二十六年分） 浙江实业银行编

浙江实业银行，[1937]，6 页，18 开

本书大部分为表。内容包括：浙江实业银行营业报告书、浙江实业银行贷借对照表、浙江实业银行损益计算书、中华民国二十六年份盈余分配案。

收藏单位：国家馆

19277

浙江实业银行附设储蓄处报告（中华民国二十七年分） 浙江实业银行附设储蓄处编

浙江实业银行附设储蓄处，[1938]，1 册，22 开

本书大部分为表。共 3 部分：营业报告书、贷借对照表、损益计算书。

收藏单位：国家馆

19278

浙江实业银行会计规则 浙江实业银行编

浙江实业银行，[1931.1]，修订版，230+51 页，24 开

19279

浙江兴业银行报告（第 16—31 年） 浙江兴业银行编

外文题名：National commercial bank semiannual statement. 1922—1937

浙江兴业银行，[1932—1938]，[110] 页，32 开

本书为汉英对照合订本，大部分为表。收录浙江兴业银行贷借对照表、损益计算书、浙江兴业银行储蓄部贷借对照表、损益计算书等。报告第 16 年为 1922 年，第 31 年为 1937 年。

收藏单位：广东馆、国家馆

19280

浙江兴业银行报告（第三十二至三十五年 上届） 浙江兴业银行编

外文题名：National commercial bank semiannual statement. June 30th, 1938—1941

浙江兴业银行，[1938—1941]，4 册（[16]+[16]+[16]+[16] 页），16 开

本书为汉英对照，大部分为表。报告第 32 年为 1938 年，第 35 年为 1941 年。每年两册，分上、下两届。"上届"为当年 1 月 1 日至 6 月 30 日。"下届"为当年 7 月 1 日至 12 月 31 日。

收藏单位：国家馆

19281

浙江兴业银行报告（第三十七至三十八年） 浙江兴业银行编

外文题名：National commercial bank semiannual statement. June 30th, 1943—1944

浙江兴业银行，[1943—1945]，4 册（[10]+[10]+[10]+[10] 页），18 开

本书为汉英对照，大部分为表。报告第 37 年为 1943 年，第 38 年为 1944 年。

19282

浙江兴业银行教育储蓄存款章程 浙江兴业银行编

浙江兴业银行，1936.5，14 页，50 开

收藏单位：国家馆

19283

浙江兴业银行会计规程汇编 浙江兴业银行编

浙江兴业银行，[1935—1937]，修订版，3 册（81+50+68 页），32 开

本书每编 1 册，共 3 编：营业会计规程、储蓄会计规程、信托会计规程。

收藏单位：上海馆

19284

浙江兴业银行会计细则 浙江兴业银行编

浙江兴业银行，[1946.7]，修订版，17 页，25 开

19285

浙江兴业银行青岛支行整存零付存款简章
浙江兴业银行青岛支行编

浙江兴业银行青岛支行，1936.7，3 页，36 开

收藏单位：国家馆

19286

浙江兴业银行人事规程汇编 浙江兴业银行编

浙江兴业银行，1935，修订版，48 页，28 开

浙江兴业银行，1936.1，修订版，46 页，25 开

本书收录规程 11 种，内容包括：行员服务待遇规程、员生俸给规程、员生花红及特奖金规程、员生给假规程、员生录用规程等。

收藏单位：上海馆

19287

浙江兴业银行四十周年纪念册 浙江兴业银行设计处编

浙江兴业银行设计处，1946.10，268 页，60 开

本书主要介绍该行业务及有关章程。附上海证券交易所股票发行公司概况、套息表及其说明，兼收所得税法、印花税法、证券交易税条例等法规，及上海、天津、汉口新旧路名表。

收藏单位：南京馆、上海馆

19288

浙江兴业银行同人录 浙江兴业银行编

浙江兴业银行，1923.5，30 页，18 开，精装

浙江兴业银行，1934.6，94 页，32 开

浙江兴业银行，1936.8，94 页，32 开

本书收录该行董事会、总办事处、发行总库、总行、各个分行等人名录。

收藏单位：重庆馆、国家馆、上海馆

19289

浙江兴业银行印鉴样本 浙江兴业银行编

浙江兴业银行，[1911—1949]，[107] 页，16 开，活页装

19290

浙江兴业银行章程 浙江兴业银行编

浙江兴业银行，[1931]，8 页，22 开

本章程共 54 节。分 6 章：总纲、股分、

股东会、董事及监察人、会计、附则。

　　收藏单位：国家馆

19291

浙西金融问题报告　张振华编

浙江省政府浙西行署秘书处，1943.9，80 页，16 开

　　本书内容包括：敌伪之部、浙西五年来之金融、浙西金融问题之提出等。

　　收藏单位：重庆馆、浙江馆、中科图

19292

浙西农村之借贷制度　韩德章著

北平：社会调查所，1932.7，48 页，16 开

　　本书为 1928 年秋著者对浙西杭、嘉、湖下属 20 县农贷制度所作的调查报告。据著者发表于《金陵大学农林科农业丛刊》第 7 号的原文略加修订编成。

　　收藏单位：国家馆、辽大馆

19293

征信问题与信用调查　王维骃著

上海：王维骃，1935，1 册，16 开

　　本书共两部分：征信问题、信用调查。为著者受交通银行委托调查研究编成。著者原题：王维因。

　　收藏单位：国家馆、南京馆、上海馆

19294

整理富滇银行计划书　盛延龄　陆崇仁拟

出版者不详，[1927]，石印本，[17] 页，16 开，环筒页装

　　本书共 6 部分，内容包括：提高现金成色、改组造币厂、筹集专款购办铸料、统一或划分现行纸票等。附整顿富滇银行办法大纲。

　　收藏单位：国家馆

19295

整理广东金融之经过　叶青编述

国税管理委员会，1928.12，1 册，22 开

　　本书共 5 章：维持中央纸币、改铸毫币、偿还金融借款、支付库券、整理公债。附实施维持中币及债库券日期步骤计划书、偿还金融借款及支付到期库券整理各次公债办法。

其他题名：中华民国十七年国税管理委员会公署整理广东金融之经过。

　　收藏单位：重庆馆、国家馆、南京馆、上海馆

19296

整理金融意见书　庚恩荣提议

出版者不详，[1928]，[6] 页，23 开

　　本书为作者呈云南省政府内政会议的意见书。书中有禁烟一项。

　　收藏单位：国家馆

19297

证券交易所　投资周刊社编

上海：中国文化服务社，1947.2，105 页，32 开（国民文库）

　　本书共 3 章：交易所概论、证券交易所在吾国、最近成立之上海证券交易所。

　　收藏单位：重庆馆、广东馆、国家馆、吉林馆、宁夏馆、天津馆

19298

证券内容专刊　陈善政主编

上海：[证券交易所]，1946.9，109 页，25 开

　　本书收录杜镛、钱永铭、杨荫溥、陈善政等人论著 9 篇，以及上市股票内容调查、内国公债一览、证券交易所有关人员名单、上海证券交易所股份有限公司章程和营业细则等。书前有证券交易所和证券市场之摄影及附图。

19299

支票之处理与法律　王澹如著

王澹如 [发行者]，1941.5，212 页，25 开，精装（银行学会丛书）

　　收藏单位：广东馆

19300

职务解析　上海商业储蓄银行人事处编

上海商业储蓄银行人事处，[1915—1949]，56 页，16 开

本书将该行职务分成 24 类，分别介绍其类别、标准、责任、升迁机会、考核标准等。

19301

殖边银行三年来之经过　殖边银行总管理处编

殖边银行总管理处，1917.10，[220] 页，16 开

本书大部分为图表。内容包括：叙言、本行设立之旨趣、股本、各行发行钞票及准备、本行各地营业实际状况等。

收藏单位：国家馆

19302

殖边银行条规　殖边银行总管理处编

殖边银行总管理处，1916，94 页，18 开

本书收录条则 32 种，内容包括：殖边银行条例、招股章程、创办费集股章程、总管理处章程、董事会章程等。

收藏单位：国家馆、辽宁馆

19303

指导办理信用合作社须知　陈颖光编

出版者不详，[1911—1949]，66 页，32 开

收藏单位：南京馆

19304

致本行股东同仁书　杨季谦著

[重庆]：[聚兴诚银行总管理处]，1949，6 页，21 开

本书为著者就任该行董事长四年期满后，对期间工作的总结报告。

收藏单位：重庆馆

19305

中法合办振业银行破产清理员报告书　董唐报告

出版者不详，1924，[16] 页，22 开

本书为汉法对照。

收藏单位：国家馆

19306

中孚银行会计规程　中孚银行总管理处编

中孚银行总管理处，1935.7，重订版，383 页，16 开

本规程共 600 条。分 12 章，内容包括：总则、本位币、会计科目及帐目、传票、帐簿、表报等。

收藏单位：内蒙古馆、上海馆

19307

中国的银行　吴承禧著

上海：商务印书馆，1934.10，144 页，22 开（国立中央研究院社会科学研究所丛刊 第 1 种）

上海：商务印书馆，1935，再版，144 页，25 开（国立中央研究院社会科学研究所丛刊 第 1 种）

本书共 7 部分：史的演进与现状述要、业务的分析（上、中、下）、外籍银行内国钱庄与内国银行、制度的检讨、结论。附中国各地银行一览表、在华外国银行一览表、各银行对存款之现金准备率。

收藏单位：重庆馆、东北师大馆、广东馆、广西馆、贵州馆、桂林馆、国家馆、吉林馆、江西馆、辽大馆、辽宁馆、南京馆、山西馆、上海馆、天津馆、浙江馆

19308

中国典当业　杨肇遇著

上海：商务印书馆，1929.10，58 页，32 开（万有文库 第 1 集 197）（商学小丛书）

上海：商务印书馆，1932.11，58 页，32 开（商学小丛书）

上海：商务印书馆，1933.5，再版，58 页，32 开（商学小丛书）

本书共 10 章，内容包括：概说、种类、组织、设备、营业、管理等。

收藏单位：安徽馆、重庆馆、大理馆、大连馆、东北师大馆、广东馆、广西馆、贵州馆、国家馆、河南馆、黑龙江馆、湖南馆、江西馆、辽大馆、辽宁馆、辽师大馆、柳州馆、南京馆、内蒙古馆、宁夏馆、上海馆、绍兴馆、首都馆、天津馆、西南大学馆、浙江馆、中科图

19309

中国工矿银行第一次全国业务会议纪念特辑

  中国工矿银行总管理处秘书处编

中国工矿银行总管理处秘书处，1946，82 页，16 开

    本书共 4 部分：致词、报告、计划、决议案。附中国工矿银行点将录、中国工矿银行全国业务会议访问记。

    收藏单位：重庆馆

19310

中国工业银行民国三十一年度报告   中国工业银行编

上海：中国工业银行，[1943]，[11] 页，18 开

    本书大部分为表。附该行重要职员名录。

19311

中国公司债券章程汇编

立信会计图书用品社，[1941]，50 页，23 开（公司理财参考资料 1）

    本书收录 22 家公司的债券章程。分 5 类：交通事业、公用事业、矿业、工业、其他各业。

    收藏单位：上海馆

19312

中国股票年鉴   吴毅堂编

上海：中国股票年鉴社，1947.1，318 页，32 开，精装

    本书分上、下两篇。上篇为中国股票论；下篇共 14 部分，内容包括：金融业股、公用业股、纱厂业股、地产业股、食品业股等。附上海证券交易所章程、经纪人名单等 5 种。

    收藏单位：东北师大馆、广东馆、广西馆、国家馆、吉林馆、近代史所、辽大馆、辽宁馆、上海馆

19313

中国国外汇兑   马寅初著

上海：商务印书馆，1925.12，10+229 页，22 开，精装

上海：商务印书馆，1930.11，再版，10+229 页，22 开，精装

上海：商务印书馆，1933.6，国难后 1 版，10+229 页，22 开，精装

    本书共 16 章，内容包括：吾国国际汇兑上之银、吾国国际汇兑之根本原则、各国电汇与即期汇兑银行卖价计算法、银行信汇与跟单押汇、委托购买证等。

    收藏单位：安徽馆、长春馆、重庆馆、东北师大馆、广东馆、贵州馆、国家馆、河南馆、黑龙江馆、湖南馆、吉林馆、江西馆、近代史所、辽大馆、辽宁馆、南京馆、山西馆、上海馆、首都馆、天津馆、浙江馆、中科图

19314

中国合会之研究   杨西孟著

上海：商务印书馆，1935.8，198 页，22 开（国立中央研究院社会科学研究所丛刊 第 4 种）

    本书共 3 卷：总论及会金公式、会金表、旧会规之检讨。

    收藏单位：重庆馆、东北师大馆、广东馆、贵州馆、国家馆、河南馆、黑龙江馆、湖南馆、吉林馆、江西馆、辽大馆、南京馆、内蒙古馆、山西馆、上海馆、天津馆、西南大学馆、浙江馆、中科图

19315

中国机制面粉上海交易所股份有限公司股东临时会报告书（本所十年来之概况）   中国机制面粉上海交易所编

上海：中国机制面粉上海交易所，1947，[4] 页，16 开

19316

中国机制面粉上海交易所股份有限公司营业细则   中国机制面粉上海交易所股份有限公司编

上海：中国机制面粉上海交易所，1935.10，44 页，22 开

    本细则于 1935 年 10 月 2 日修正施行。

    收藏单位：上海馆

19317

中国机制面粉上海交易所股份有限公司章程
中国机制面粉上海交易所编
上海：中国机制面粉上海交易所，1937.2，1
册，25 开
本章程于 1936 年 8 月 30 日施行。
收藏单位：上海馆

19318

中国交易所　杨荫溥著
上海：商务印书馆，1930.10，118 页，32 开
（万有文库 第 1 集 202）（商学小丛书）
上海：商务印书馆，1934.1，118 页，32 开（商
学小丛书）
上海：商务印书馆，1934.3，再版，118 页，
32 开（商学小丛书）
上海：商务印书馆，1934，3 版，118 页，32
开（商学小丛书）
本书共 7 章：总论、交易所的历史、交易
所的组织、交易所的经纪人和会员、交易所
的交易、交易所的计算、交易所的行市。
收藏单位：安徽馆、重庆馆、大理馆、大
连馆、东北师大馆、广东馆、广西馆、贵州
馆、国家馆、河南馆、黑龙江馆、湖南馆、
惠州馆、吉林馆、江西馆、辽大馆、辽宁馆、
辽师大馆、柳州馆、南京馆、内蒙古馆、宁
夏馆、上海馆、首都馆、天津馆、浙江馆

19319

中国交易所论　杨荫溥著
上海：商务印书馆，1930.10，216+249+17 页，
22 开，精装（国立中央大学丛书）
上海：商务印书馆，1932.10，国难后 1 版，
216+249+17 页，22 开，精装（大学丛书 教
本）
上海：商务印书馆，1937.4，14+216+[38] 页，
22 开，精装（大学丛书 教本）
本书共 4 编：交易所总论、中国交易所概
况、中国交易所之计算及会计、中国证券及
重要物品之交易实况。附证券交易所法、上
海证券物品交易所股份有限公司金银定期买
卖暂行规则等。
收藏单位：重庆馆、东北师大馆、广东

馆、广西馆、贵州馆、国家馆、河南馆、黑
龙江馆、湖南馆、江西馆、近代史所、辽大
馆、辽宁馆、南京馆、内蒙古馆、上海馆、
绍兴馆、首都馆、天津馆、西南大学馆、浙
江馆、中科图

19320

中国金融论　张辑颜著　臧启芳校订
上海：商务印书馆，1930.10，13+539 页，22
开（现代商业丛书）
上海：商务印书馆，1933.2，国难后 1 版，
13+539 页，22 开（现代商业丛书）
本书共 5 编：绪论、金融之实体、金融机
关、银与金之研究、金融市场理论。
收藏单位：安徽馆、重庆馆、东北师大
馆、广东馆、贵州馆、国家馆、湖南馆、吉
林馆、江西馆、近代史所、辽大馆、南京馆、
内蒙古馆、山西馆、上海馆、浙江馆、中科
图

19321

中国金融年鉴（中华民国二十八年）　沈雷春
主编
上海：中国金融年鉴社，1939.1，[457] 页，23
开，精、平装
本书共 6 章：现阶段之我国金融业、全国
金融机关调查、金融统计、列强金融业在中
国、金融日志、金融法规。
收藏单位：东北师大馆、广西馆、国家
馆、黑龙江馆、近代史所、南京馆、内蒙古
馆、宁夏馆、山西馆、上海馆、天津馆、中
科图

19322

中国金融年鉴（中华民国三十六年）　沈雷春
主编
上海：中国金融年鉴社，1947.10，1 册，22
开，精装
本书共 3 编：总论、调查、附录。第 1 编
共 6 章，内容包括：总述、中国金融业之沿
革、战前之中国金融等；第 2 编共两章：全国
金融机构调查、各地金融机构分布调查；第 3
编共 3 部分：金融文献、金融法规、金融日

志。

收藏单位：重庆馆、东北师大馆、国家馆、湖南馆、江西馆、近代史所、辽大馆、内蒙古馆、上海馆

19323
中国金融研究　杨荫溥著
上海：商务印书馆，1936.8，374 页，22 开，精装（中国经济学社丛书）
上海：商务印书馆，1937.6，再版，374 页，22 开，精装（中国经济学社丛书）
　本书收录著者发表于报刊的论文 36 篇，内容包括：《吾国新货币政策之分析》《吾国之银行业》《承兑汇票与金融市场》《新公债政策之检讨》《外汇管理》等。分 6 编：货币制度、金融组织、票据市场、证券市场、国外汇兑、白银问题。
　收藏单位：安徽馆、重庆馆、东北师大馆、广东馆、广西馆、贵州馆、国家馆、湖南馆、近代史所、辽大馆、南京馆、宁夏馆、上海馆、首都馆、天津馆、浙江馆、中科图

19324
中国金融之组织（战前与战后）　钱承绪编
上海：中国经济研究会，1941.4，208 页，16 开
　本书共 9 部分：中国战时金融政策之鸟瞰、中国银行业之组织及其业务、信托业之组织及其业务、保险业之组织及其业务、典当业之组织及其业务、证券业之组织及其业务、钱庄业之组织及其业务、地产业之组织及其业务、仓库业之组织及其业务。
　收藏单位：国家馆

19325
中国金融资本论　王承志著
上海：光明书局，1936.4，302 页，32 开
上海：光明书局，1936.6，再版，302 页，32 开
　本书共 12 章，内容包括：中国金融资本的特殊性、国际金融资本在中国的支配形势、中国金融业的机构、中国货币制度的病态及其危机、中国金融恐慌的发展等。
　收藏单位：安徽馆、重庆馆、东北师大

馆、广东馆、广西馆、贵州馆、国家馆、黑龙江馆、湖南馆、吉林馆、辽大馆、南京馆、内蒙古馆、山西馆、上海馆、首都馆、天津馆、浙江馆、中科图

19326
中国金融资本论　王承志著
晋察冀边区银行，[1938—1948]，248 页，32 开
　收藏单位：国家馆

19327
中国金政策与金市场　王相秦著
上海：国华编译社，1941，82 页，32 开（金融经济丛书）
　本书共 9 部分，内容包括：引言、战前标金市场之没落、战时焓赤市场之兴替、战时金价之动态、战时金政策之演进等。附中国战时金类法规汇编、中外黄金移动及产量等统计表。
　收藏单位：国家馆、南京馆、上海馆、浙江馆

19328
中国经济信用合作社业务概要　中国经济信用合作社编
上海：中国经济信用合作社，1933.10，20 页，24 开
　本书内容包括：本社之缘起、入社之利益、入社后之保障、储寿生活基金章程、合作贷款章程等。
　收藏单位：南京馆、上海馆

19329
中国经济信用合作社一览　中国经济信用合作社编
上海：中国经济信用合作社，1934.1，120 页，32 开
　本书共 38 部分，内容包括：缘起、本社赞助人、本社之旨趣、本社之经营方法、合作贷款章程、信用贷款规则等。
　收藏单位：国家馆、南京馆、上海馆

19330

中国经济信用合作社周年纪念特刊　中国经济信用合作社文书处编

上海：中国经济信用合作社事务所，1934.11，82 页，16 开

　　本书内容包括：本社一年来之概况、保管投资基金之报告、统计图表、章则、论文等。

　　收藏单位：重庆馆、国家馆、吉林馆

19331

中国联合准备银行总行通函（发字类 民国三十一年度）　中国联合准备银行编

中国联合准备银行，[1942]，30 页，18 开

　　本书收通函 16 件。

　　收藏单位：国家馆

19332

中国联合准备银行总行通函（管字类 民国二十七、三十年度 上半期）　中国联合准备银行编

中国联合准备银行，[1938—1941]，2 册（166+290 页），18 开

　　本书每册收录通函 56 件。

　　收藏单位：国家馆

19333

中国联合准备银行总行通函（计字类 民国三十年度）　中国联合准备银行编

中国联合准备银行，[1941]，62 页，18 开

　　本书收通函 30 件。

　　收藏单位：国家馆

19334

中国联合准备银行总行通函（书字类 民国二十七、二十九年度）　中国联合准备银行编

中国联合准备银行，[1938—1940]，2 册（74+72 页），18 开

　　本书二十七年度收录通函 38 件，二十九年度收录 34 件。

　　收藏单位：国家馆

19335

中国农村信用合作运动　张镜予编

上海：商务印书馆，1930.1，274 页，22 开，精装（经济丛书）

上海：商务印书馆，1934.11，国难后 1 版，274 页，22 开，精装（经济丛书）

上海：商务印书馆，1938.5，国难后 2 版，274 页，22 开（经济丛书）

　　本书共 15 章，内容包括：农村信用合作与农民经济、旧式的信用合作、农村信用合作社的起源及其发展、合作教育、政府与合作、创办的手续等。附中国华洋义赈救灾总会拟定之农村信用合作社章程、农村信用合作社应用表格。据作者在燕京大学的硕士论文修订编成。

　　收藏单位：安徽馆、重庆馆、广东馆、广西馆、贵州馆、国家馆、河南馆、湖南馆、吉林馆、辽大馆、辽宁馆、南京馆、上海馆、天津馆、浙江馆

19336

中国农工银行杭州分行农民放款第二期报告　中国农工银行杭州分行编

中国农工银行杭州分行，1935，44 页，16 开

　　本书共 7 部分，内容包括：引言、合作社放款、农民银行及农民借贷所往来透支、米谷抵押放款、放款总计等。附浙江省各县农业金融机关概况表、杭市茶价统计图等。

　　收藏单位：国家馆、南京馆、上海馆、浙江馆

19337

中国农工银行条例　中国农工银行编

中国农工银行，[1925]，18 页，16 开

　　本条例共 49 条。分 13 章，内容包括：总纲、营业、钞票、股票、职员、总管理处等。

　　收藏单位：国家馆

19338

中国农工银行营业报告（民国二十五年份）　中国农工银行编

中国农工银行，[1937]，[10] 页，16 开

19339

中国农工银行营业会计规程　中国农工银行

总管理处编

中国农工银行总管理处，1937，重订版，18+314页，22开

本规程共165条。分11章，内容包括：总则、会计科目、帐簿、表报、报单、决算等。

收藏单位：国家馆

19340

中国农民福利股份有限公司说明书·中国农民福利股份有限公司章程草案

中国农民福利股份有限公司，[1911—1949]，9页，32开

本书收录章程草案9章36条。

收藏单位：国家馆

19341

中国农民银行 江南问题研究会编

江南问题研究会，1949.3，16页，36开（四行二局一库调查资料4）

本书内容包括：该银行的沿革、组织人事、业务概况、在南京的重要投资企业等。

收藏单位：广东馆

19342

中国农民银行办理农业贷款效果概况 中国农民银行农贷处编

中国农民银行农贷处，1947，73页，16开

19343

中国农民银行第六届行务会议手册 秘书处编

中国农民银行，1948.3，32页，32开

收藏单位：南京馆

19344

中国农民银行第五届行务会议专刊 中国农民银行经济研究处编

中国农民银行经济研究处，1946.11，53页，16开

本书共8节：本行主要负责人玉照、第五届行务会议摄影、特载、训词及演讲词、第五届行务会议经过纪要、议案选辑、章则附

录、同人随笔。为该行通讯第141—142期合刊。

收藏单位：重庆馆

19345

中国农民银行第六届行务会议专刊 中国农民银行经济研究处编

中国农民银行经济研究处，1948，32页，16开

本书共7节：专载、训词及演讲词、大会纪要、议案选辑、农贷随笔、同仁园地、第六届行务会议摄影。为该行通讯第174—175期合刊。

收藏单位：重庆馆、南京馆

19346

中国农民银行第五次行务会议组织规程及其他

出版者不详，[1933—1949]，油印本，1册，16开，环筒页装

本书内容包括：中国农民银行第五次行务会议组织规程、议事细则、会议出席人员须知、会议秘书处职员名单、业务组提案审查意见、农贷组提案审查意见等。

收藏单位：重庆馆

19347

中国农民银行第五届行务会议提案

出版者不详，[1911—1949]，油印本，1册，16开，环筒页装

本书共7部分：业务、农贷、土地金融、稽核会计、信托储蓄、总务、设计研究的提案。

收藏单位：重庆馆

19348

中国农民银行辅设县合作金库会计规程准则（2） 中国农民银行会计处编

出版者不详，[1943]，30页，16开

收藏单位：南京馆

19349

中国农民银行各分支行业务统计分析（三十

四年 上期） 中国农民银行会计处编

中国农民银行会计处，[1945]，30 页，横 16
开

本书大部分为表。共 4 部分：提要、统
计、各项业务摊得费用比率、说明。

收藏单位：国家馆

19350

**中国农民银行各行处业务统计分析（三十六
年 下期）** 中国农民银行会计处编

中国农民银行会计处，[1947]，[48] 页，16 开

本书大部分为表。

19351

中国农民银行规章汇编 [中国农民银行编]

[中国农民银行]，1935，36 页，18 开

本书收录规章 9 种，内容包括：行员服务
规则、农村工作人员服务规则、行员保证规
则、行员薪给规则、行员请假规则、行员膳
金规则等。

收藏单位：重庆馆、南京馆

19352

中国农民银行规章汇编 中国农民银行章则
修订委员会编

中国农民银行章则修订委员会，1942—1943，
修订版,13 册（4+5+114+67+88+178+20+90+124+
30+4+22+22 页），16 开

本书收录该行于 1942 年之后修正的规
章。共 14 辑，内容包括：董事会、稽核、总
务、业务、农贷、会计、储蓄、信托等。

收藏单位：重庆馆、广东馆、国家馆、湖
南馆、吉林馆、近代史所、南京馆、内蒙古
馆、上海馆

19353

中国农民银行行员训练班第一期训练纪事
中国农民银行行员训练班编

中国农民银行行员训练班，1941.4,油印本，1
册，16 开

收藏单位：南京馆

19354

中国农民银行农贷工作概况 中国农民银行
编

中国农民银行，1941.3，9 页，16 开

本书大部分为表。内容包括：合作社放
款数额表、本行历年合作社放款比较统计表、
合作金库放款统计表、农仓放款统计表、农
场放款统计表等。

收藏单位：国家馆、南京馆

19355

**中国农民银行农业金融设计委员会第二次大
会提案**

中国农民银行农业金融设计委员会，1947，
油印本，1 册，16 开，环筒页装

收藏单位：国家馆

19356

中国农民银行三十六年度农业贷款计划书
中国农民银行编

中国农民银行，[1947]，[105] 页，22 开

本书共 10 部分，内容包括：粮食增产贷
款计划、棉花产销贷款计划、烟叶产销贷款
计划、蚕丝产销贷款计划、茶叶产销贷款计
划等。

收藏单位：国家馆

19357

中国农民银行三十七年上期农业贷款概况
中国农民银行农贷处编

中国农民银行农贷处，[1948]，22 页，32 开

19358

中国农民银行十周年纪念刊 中国农民银行
编

中国农民银行，1943.4,57 页，16 开

本书共 10 部分，内容包括：特载、业务
素描、农行与抗战工作、十年回忆、演讲等。
为该行通讯第 53—54 期合刊。

收藏单位：重庆馆、广东馆、桂林馆

19359

中国农民银行条例 [中国农民银行编]

[中国农民银行]，[1935]，8页，16开

　　本条例共27条。于1935年6月4日由国民政府公布。

　　收藏单位：国家馆、南京馆

19360

中国农民银行通告通函汇编（民国二十四至二十八年） 中国农民银行编

中国农民银行，[1936—1940]，5册（196+228+[128]+170+[300]页），16开

　　本书收录"总""计""券""调"等字通告、"总""业""券""计""调""保"等字通函。

　　收藏单位：重庆馆、广东馆、国家馆、南京馆、浙江馆

19361

中国农民银行通函通告（三十二至三十七年） 中国农民银行编

中国农民银行，[1944—1949]，9册（[259]+[270]+115+138+190+[405]+278+[358]+[196]页），18开

　　本书每年两册，分上、下两期。收录"业""设""总""贷""地""储"等字通函。

　　收藏单位：重庆馆、国家馆、湖南馆、南京馆

19362

中国农民银行通函通告汇编（民国二十二至二十八年3—4会计、农贷） 中国农民银行编

中国农民银行，[1940]，2册（28+4页），16开

　　本书为该行通函通告选辑本。

　　收藏单位：南京馆

19363

中国农民银行同人录 中国农民银行总管理处编

中国农民银行总管理处，1927，321页，32开

中国农民银行总管理处，1937，10+322页，32开

中国农民银行总管理处，1938，10+300页，32开

中国农民银行总管理处，1940，600页，32开

中国农民银行总管理处，1941，16+600页，32开

南京：中国农民银行总管理处，1948.6，2册（26+1060页），32开

　　本书收录该行总管理处、董事会、监察人会、秘书室、总务处、业务处等机构人名录。

　　收藏单位：重庆馆、广东馆、湖南馆、上海馆

19364

中国农民银行土地金融处计划及章则草案

中国农民银行土地金融处编

中国农民银行土地金融处，[1941]，油印本，1册，16开，环筒页装

　　本书共两部分：计划、章则。内容包括：本处三十年度工作纲要、本处扶植自耕农放款业务实施计划、本行兼办土地金融业务大纲、本处组织规程等。

　　收藏单位：重庆馆

19365

中国农民银行土地金融业务条例放款规则

中国农民银行土地金融处编

中国农民银行土地金融处，[1941]，14页，32开

　　本书收录规则6种，内容包括：中国农民银行兼办土地金融业务条例、中国农民银行土地金融处照价收买土地放款规则、中国农民银行土地金融处土地征收放款规则等。

　　收藏单位：重庆馆、桂林馆、国家馆、吉林馆、南京馆

19366

中国农民银行小本贷款须知 绥靖区业务推进委员会编

绥靖区业务推进委员会，1946.11，[36]页，32开

　　本书共9部分，内容包括：财政金融紧急措施实施办法、中国农民银行办理绥靖区小

本贷款办法、中国农民银行绥靖区小本贷款组织通则、办理小本贷款工作须知、绥靖区小本贷款实际问题解答等。

收藏单位：广东馆、国家馆、吉林馆、南京馆

19367

中国农民银行信托处业务统计（三十四年度）
中国农民银行会计课成本组制
出版者不详，[1945]，蓝图本，横16开，活页装

19368

中国农民银行业务报告书（三十至三十四年度） 总管理处编
[中国农民银行]总管理处，[1942—1946]，油印本，5册（[25]+25+24+18+20页），16开，环筒页装

收藏单位：重庆馆、广东馆、国家馆、南京馆、内蒙古馆、山西馆、上海馆、浙江馆

19369

中国农民银行业务会计规则 会计处编订
会计处，1948.7，2册（150+184页），16开

本书共18章，内容包括：总则、会计科目、传票、帐簿、表报、计息等。附联行记帐程序图例。

收藏单位：重庆馆、上海馆、浙江馆、中科图

19370

中国农民银行业务会计规则（民国三十一年）
中国农民银行总管理处会计处编
出版者不详，[1943]，2册（48+124页），16开

收藏单位：湖南馆、南京馆

19371

中国农民银行营业报告（民国二十四至二十五、二十九年份） 中国农民银行编
中国农民银行，[1936—1941]，3册（6+10+30页），16开，环筒页装

本报告每年两次。民国二十四年为第5—

6次，民国二十九年为第15—16次。
收藏单位：重庆馆、国家馆

19372

中国农民银行营业决算办法及手续 中国农民银行编
中国农民银行，1937，32页，16开

本办法共91条。分9部分，内容包括：决算名称及决算期、结算利息、摊提各费、结帐等。

收藏单位：重庆馆

19373

中国农民银行章程 [中国农民银行编]
[中国农民银行]，[1933—1949]，14页，18开，环筒页装

本书章程共71条。分10章。

收藏单位：重庆馆、南京馆

19374

中国农民银行浙江省各种农贷统计 [中国农民银行浙江省杭州分行编]
中国农民银行浙江省杭州分行，1946.6，1册，16开

本书大部分为表。

收藏单位：浙江馆

19375

中国农民银行之农贷 中国农民银行总管理处编
中国农民银行总管理处，1943.4，44页，32开

本书共3部分：十年来之演进、最近之设施及效果、今后之动向。附农贷章则选辑。

收藏单位：重庆馆、广东馆、桂林馆、国家馆、吉林馆、南京馆、上海馆

19376

中国农民银行之农业贷款 中国农民银行农贷处编
中国农民银行农贷处，1948.1，35页，16开

本书内容包括：历年贷款进展概略、农贷之种类及性质、农贷区域之分布、农贷业务

现状、农贷实际效果等。

19377

中国农民银行组织规程　[中国农民银行编]

[中国农民银行],[1940],12 页,16 开

　　收藏单位:南京馆

19378

中国农业金融　林和成编

上海:中华书局,1936.9,14+540 页,22 开,精装(中央政治学校计政学院丛书)(大学用书)

广州:中华书局,1938.10,再版,14+540 页,22 开,精装(中央政治学校计政学院丛书)(大学用书)

上海:中华书局,1941.3,3 版,14+540 页,23 开,精装(中央政治学校计政学院丛书)(大学用书)

　　本书共 6 编,内容包括:农业金融概论、我国旧式农业金融机关、我国农业金融制度及实施之建议等。据作者《中国农业金融概要》修订。

　　收藏单位:长春馆、重庆馆、广东馆、广西馆、国家馆、黑龙江馆、湖南馆、吉林馆、江西馆、近代史所、辽大馆、辽宁馆、南京馆、宁夏馆、天津馆、西南大学馆、浙江馆、中科图

19379

中国农业金融概要　林和成编著

长沙:林和成 [发行者],1935.12,14+674 页,22 开,精装

　　本书共 6 编:农业金融概论、各国农业金融制度及实施、我国农业金融概况、我国旧式农业金融机关概要、农村信用合作社、农业仓库。

　　收藏单位:国家馆、黑龙江馆、南京馆、上海馆

19380

中国农业金融概要　中央银行经济研究处编纂

上海:商务印书馆,1936.2,356 页,22 开(中央银行丛刊)

　　本书共 8 章,内容包括:中国农业金融之概况、典当、合会、农工银行、农民银行及合作社等。附农工银行条例、江苏省农民银行章程、参考书目等 16 种。

　　收藏单位:重庆馆、东北师大馆、广东馆、广西馆、贵州馆、国家馆、湖南馆、吉林馆、江西馆、辽大馆、辽宁馆、南京馆、上海馆、天津馆、西南大学馆、浙江馆、中科图

19381

中国农业金融机关论　伍玉璋著

北碚农村银行,1931,石印本,13 页,18 开,环筒页装(北碚农村银行丛刊第 1 种)

北碚农村银行,1936,再版,30 页,32 开(北碚农村银行丛刊第 1 种)

　　本书内容包括:金融机关之由来、普通金融机关、农业金融机关等。

　　收藏单位:重庆馆、国家馆

19382

中国农业金融论　伍玉璋著

中央合作指导人员训练所,[1935],56 页,25 开(中央合作指导人员训练所合作课程参考资料 5)

　　本书共 10 部分,内容包括:金融概论、金融纪略、金融政策、农业金融之理论、农业金融之实际、余论等。附办理北碚农村银行之回顾与感想。

　　收藏单位:重庆馆

19383

中国农业金融实际问题　姚溥荪著

[耒阳(衡阳)]:湖南省银行经济研究室,1942,172 页,32 开(湖南省银行经济丛书)

　　本书共 13 部分,内容包括:论农贷政策、农业金融对象之商榷、信用合作社业务之指导与监督等。

　　收藏单位:重庆馆、湖南馆

19384

中国农业金融史　姚公振著

上海：中国文化服务社，1947.11，10+376 页，32 开（青年文库）

本书分上、下两编：历代农业金融之演变、民国以来农业金融之发展。

收藏单位：重庆馆、广东馆、国家馆、吉林馆、近代史所、辽大馆、南京馆、首都馆、天津馆、中科图

19385

中国农业金融制度及其实施论　伍玉璋著

北碚农村银行，1931，石印本，7 页，18 开，环筒页装（北碚农村银行丛刊第 2 种）

北碚农村银行，1936，再版，20 页，32 开（北碚农村银行丛刊第 2 种）

收藏单位：重庆馆、国家馆、南京馆

19386

中国钱庄概要　潘子豪著

上海：华通书局，1931.12，14+294 页，32 开（华通经济学丛书）

本书共 14 章，内容包括：绪论、钱庄之起源与沿革、钱庄之意义与效用、钱庄之分类、钱庄之组织、钱庄之管理与帐簿等。附上海钱业公会章程等 4 种。

收藏单位：重庆馆、东北师大馆、国家馆、河南馆、吉林馆、近代史所、辽宁馆、南京馆、上海馆、首都馆、天津馆、浙江馆、中科图

19387

中国人民银行察哈尔分行建屏办事处储蓄存款暂行章程　中国人民银行察哈尔分行建屏办事处阜平支行编

中国人民银行察哈尔分行建屏办事处阜平支行，1949，油印本，1 册，16 开

收藏单位：国家馆

19388

中国人民银行华东区行第一次会计会议决议　中国人民银行华东区行编

中国人民银行华东区行，1949.8，95 页，32 开

本书共 7 部分：会计科目、汇兑业务及联行往来帐务处理办法、报表制度、财务计划、费用管理办法、实物农贷帐务处理办法、华东区区金库暨地方金库暂行制度（草案）。附新旧会计科目结转办法、联行往来帐务旧帐清结办法等 5 种。

收藏单位：国家馆

19389

中国人民银行会计制度草案　中国人民银行编

中国人民银行，1949，62+37 页，36 开

本草案分 14 章。附本草案附件。

收藏单位：重庆馆

19390

中国人民银行天津分行法令章则汇编（第 2 集）　中国人民银行天津分行编

中国人民银行天津分行，1949.6，231 页，32 开

本书内容包括：总类、金融管理、外汇、汇兑、存放款、储蓄等。

收藏单位：辽宁馆

19391

中国省地方银行概况　郭荣生编

重庆：中央银行经济研究处，1945.11，17+376 页，18 开（中央银行经济研究处丛书）

本书共 23 章，内容包括：绪论、省地方银行之演进、政府对省地方银行之管制、历届财政及金融会议与省地方银行、四川省银行、云南富滇新银行、结论等。附省地方银行资产负债损益统计表 16 种、民国以来有关省地银行法令辑要 29 种。

收藏单位：安徽馆、重庆馆、东北师大馆、国家馆、近代史所、上海馆、浙江馆

19392

中国实业银行规程汇编　中国实业银行总行编

中国实业银行总行，1937.6，86 页，18 开

本书收录规程 4 种：中国实业银行组织章程、中国实业银行各处部办事规程、中国实业银行分支行处办事规程、中国实业银行人

事规程。

收藏单位：国家馆

19393
中国实用合作会计 （美）史蒂芬（W. M. Stevens）著　金陵大学农学院农业经济系译
金陵大学农学院，1937.7，100页，22开

本书共13章，内容包括：农村信用合作社通用之现金簿、现金分录簿、费用分析、年度决算书之编制、社员分户帐等。

收藏单位：东北师大馆、国家馆、南京馆

19394
中国县银行年鉴（中华民国三十七年） 中国县银行年鉴社编
上海：经济新闻社，1948，[385]页，25开，精装

本书共6编：中国县银行史料、中国县银行调查、一年来经济概况、法规、一年来物价表、经济大事日志（1947年）。

收藏单位：安徽馆、长春馆、国家馆、近代史所、山西馆、上海馆

19395
中国现代银行实务与顾客 邹君斐著
上海：女子书店，1933.9，315页，32开（女子文库）（女子职业丛书）
上海：女子书店，1933.9，2版，14+319页，32开（女子文库）（女子职业丛书）

本书分3编：总论、主要业务的处理、"你的银行"。共15章，内容包括：银行是什么、我国现代银行的系统和组织、银行员的种种、存款、怎样去利用"你的银行"等。其他题名：现代银行与顾客。

收藏单位：重庆馆、桂林馆、国家馆、河南馆、江西馆、南京馆、上海馆、浙江馆

19396
中国现代银行实务与顾客 邹君斐编著
[上海]：邹君斐[发行者]，1934.7，3版，14+319页，32开

收藏单位：国家馆

19397
中国银行百股以上商股股东名单 中国银行编
中国银行，[1911—1949]，9页，21开

收藏单位：上海馆

19398
中国银行重庆分行廿六年度营业报告 ［中国银行重庆分行编］
［中国银行重庆分行］，[1938]，油印本，1册，16开

收藏单位：南京馆

19399
中国银行重庆分行职员录 ［中国银行重庆分行编］
［中国银行重庆分行］，1946.10，90页，32开

本书收录该行内江、成都、自流井、万县、贵阳、昆明6处支行及支行所属各办事处人名录。

收藏单位：重庆馆

19400
中国银行储蓄部会计须知 ［中国银行总管理处编］
［中国银行总管理处］，1935，28页，32开

收藏单位：广东馆

19401
中国银行第一届董事会报告书 中国银行董事会编
中国银行董事会，1922.4，26页，22开

本书共7部分：资本及公积、营业、发行兑换券、财政部垫款、七年公债及九年公债等、京行存款及钞票、京行分期存单。

收藏单位：国家馆

19402
中国银行董事会规程 中国银行总管理处编
中国银行总管理处，1928.11，[6]页，16开

19403

中国银行董事长宋子文先生致股东大会报告书（中华民国二十四至二十五年度） 中国银行总管理处编

中国银行总管理处，1936—1937，2 册（49+43 页），22 开

本书内容包括：中国银行贷借对照表及损益表、中国银行储蓄部贷借对照表及损益表、币制与金融、银行业务、对外贸易等。封面题名：中国银行报告。

收藏单位：安徽馆、东北师大馆、广东馆、国家馆、河南馆、近代史所、南京馆、绍兴馆、天津馆

19404

中国银行发行报单回单章程 中国银行总管理处编

中国银行总管理处，1915.10，[18] 页，23 开

本章程附图说样式。

收藏单位：吉林馆

19405

中国银行发行记帐规则 中国银行总管理处编

中国银行总管理处，1920.1，110 页，22 开

本规则共 205 条。分 9 章，内容包括：总则、传票、帐簿、表单、报单、结算等。

收藏单位：国家馆、天津馆

19406

中国银行发行节约建国储蓄券会计内规 [中国银行总管理处编]

[中国银行总管理处]，[1943]，[48] 页，32 开

收藏单位：广东馆

19407

中国银行发行会计规程 中国银行总管理处编

中国银行总管理处，1915.11，[24] 页，23 开

中国银行总管理处，1916.11，修订版，[37] 页，23 开

本规程附发行统系章程。

收藏单位：上海馆

19408

中国银行港行及所属职员录 中国银行香港分行编

中国银行香港分行，1946.12，14 页，32 开

本书其他题名：中国银行职员录香港分行。

19409

中国银行各分行号填寄表报代理金库经费摊提办法 中国银行总管理处编

中国银行总管理处，1914.11，[43] 页，23 开

本书附各号通函 21 件。

19410

中国银行国库局通函 中国银行总管理处编

中国银行总管理处，[1914]，192+14 页，18 开

本书收录第 1—60 号通函。另有不列号通函两件、训令 1 件。附民国二年份通函。所涉时间为 1914 年正月至 7 月。

收藏单位：国家馆、上海馆

19411

中国银行汉行及所属职员录 中国银行汉口分行编

中国银行汉口分行，[1946.10]，38 页，32 开

19412

中国银行行务会议记录 [中国银行总管理处编]

[中国银行总管理处]，1947.6，油印本，53+36+131 页，16 开

本书共 3 部分：大会开幕、综合报告、大会闭幕。附原提案全份。

收藏单位：广东馆、国家馆

19413

中国银行行员服务待遇规程 [中国银行总管理处编]

中国银行总管理处，1929.3，56 页，16 开

中国银行总管理处，1931.12，修订版，70

页，16 开

本书收录规程 8 种，内容包括：行员俸薪津贴规则、行员服务规则、练习生服务规则、行员请假规则、行员旅费规则等。

收藏单位：重庆馆、国家馆、上海馆

19414
中国银行行员录（民国四、六至八、十至十二年） 中国银行总管理处编
中国银行总管理处，[1915—1923]，7 册（[221]+[217]+[326]+368+[402]+[328]+301 页），23 开

本书收录该行总管理处及北京、长春、上海、南京分行等职员名录。

收藏单位：国家馆、南京馆

19415
中国银行行员手册 中国银行总管理处编
中国银行总管理处，1945.1，2 册（[692] 页），32 开

本书分上、下两编，共 9 章，内容包括：本行沿革概要、本行重要规章、服务精神及态度、一般业务办事手续、应用法规、参考资料等。

收藏单位：重庆馆、广东馆、桂林馆、近代史所、上海馆、绍兴馆、天津馆、浙江馆

19416
中国银行杭州分行及所属支行处职员录 [中国银行杭州分行编]
[中国银行杭州分行]，1942，32 页，32 开

本书收录职员姓名、籍贯、年龄等。

收藏单位：浙江馆

19417
中国银行计算法 奚杰编
上海：中国银行专科学校，1928，6 版，123 页，32 开

收藏单位：南京馆

19418
中国银行监察人会规程 中国银行总管理处编
中国银行总管理处，1929.3，6 页，16 开

19419
中国银行检查报告 中国银行编辑
中国银行，[1922]，94 页，18 开

本报告介绍裕大第一、二、三案，中兴煤矿公司案，正利第一、二案等。附检查人上股东会意见书。于第 7 届股东会承认通过。

收藏单位：国家馆

19420
中国银行节约建国储金章程 [中国银行总管理处编]
[中国银行总管理处]，[1938—1949]，31 页，64 开

收藏单位：南京馆

19421
中国银行金库会计规则 中国银行总管理处编
中国银行总管理处，1918.7，92 页，23 开

收藏单位：吉林馆、上海馆

19422
中国银行津行及所属职员录 中国银行天津分行编
中国银行天津分行，1946.10，37 页，32 开

19423
中国银行经办美金节约建国储蓄券会计内规 中国银行总管理处编
中国银行总管理处，[1943.2]，24+22 页，32 开

收藏单位：广东馆

19424
中国银行决算办法 中国银行总管理处编
中国银行总管理处，[1916.4]，52 页，23 开

收藏单位：吉林馆、上海馆

19425
中国银行会计规则 中国银行总管理处编
中国银行总管理处，1918.2，修订版，12+236 页，22 开
中国银行总管理处，1924.5，修订版，103 页，

23 开

本规则 1918 年版共 521 条。分 11 章，内容包括：总则、会计科目、帐簿、表报、报单、决算等。之后各版内容有修订。

收藏单位：国家馆、上海馆、天津馆

19426
中国银行会计规则草案　中国银行编
中国银行，[1911—1949]，石印本，[210] 页，16 开，环筒页装

19427
中国银行会计内规　中国银行总管理处编
中国银行总管理处，[1930]，修订版，362 页，23 开
中国银行总管理处，[1935]，修订版，20+597 页，23 开

本书共 3 编：业务会计、发行会计、内部审核。附帐表样本。

收藏单位：重庆馆、广东馆、上海馆、天津馆

19428
中国银行会计内规（续）　中国银行总管理处编
中国银行总管理处，1943.11，60 页，23 开

本书为《中国银行会计内规》（中国银行总管理处）第 4 编：储蓄会计。附帐表样本。

收藏单位：广东馆

19429
中国银行款项往来报单规则　中国银行计算局编
中国银行计算局，1913，46 页，32 开

19430
中国银行鲁属职员录　中国银行青岛分行编
中国银行青岛分行，1946.10，22 页，32 开

本书目录页题名：中国银行鲁行及所属职员录。

收藏单位：天津馆

19431
中国银行闽行及所属职员录　中国银行厦门分行编
中国银行厦门分行，1946.12，30 页，32 开

收藏单位：重庆馆

19432
中国银行年鉴（中华民国二十四年）　中国银行总管理处经济研究室编
中国银行总管理处经济研究室，[1935]，1938 页，32 开，精装

19433
中国银行农业贷款　[中国银行总管理处编]
中国银行总管理处，1940，40 页，32 开

收藏单位：广东馆

19434
中国银行契约分类举例汇编　中国人民银行总行管理处编
中国人民银行总行管理处，1937，影印本，2 册，16 开

本书为该行分支行处参考用书。内容包括：租栈合同、租地建筑仓库岔道合同、农业放款契约、盐业放款契约、其他契约等。

收藏单位：重庆馆、国家馆

19435
中国银行商股联合大会记事　中国银行商股联合会编
中国银行商股联合会，[1912—1920]，50 页，23 开

本书所述会议于民国初年在上海召开。

收藏单位：广东馆

19436
中国银行上海分行及所属职员录　中国银行上海分行编
中国银行上海分行，1946，59 页，32 开

19437
中国银行十码成语密电本　中国银行总管理处编

中国银行总管理处，1932，477 页，16 开

19438

中国银行实用簿记　中国银行专科学校编

职业教育书局，1929，16 版，295 页，32 开

　　收藏单位：南京馆、上海馆

19439

中国银行书、专字通函（中华民国六至九年）　中国银行总管理处编

中国银行总管理处，[1918—1921]，3 册（[194]+[102]+[154] 页），22 开

　　本书民国八、九年为 1 册，其余每年 1 册。

　　收藏单位：国家馆

19440

中国银行书字通函　中国银行总管理处编

中国银行总管理处，[1915]，[110] 页，23 开

　　本书所涉时间为 1915 年 1—9 月。

19441

中国银行条例　[中国银行总管理处编]

中国银行总管理处，1935.6，修订版，10 页，16 开

　　本书条例共 26 条。

　　收藏单位：重庆馆、国家馆、上海馆

19442

中国银行通常股东总会报告（第二十二至二十四届）　中国银行总管理处编

中国银行总管理处，1946—1948，3 册（[24]+[20]+[20] 页），21 开

　　本书内容包括：孔董事长致开会词、报告事项、讨论事项、中国银行总分支行办事处一览表等。

　　收藏单位：重庆馆、广东馆、国家馆、上海馆

19443

中国银行往来款项报单规则　中国银行总管理处编

中国银行总管理处，1915.4，修改本，[74] 页，23 开

　　本书附各种报单式样，往来款项报单用法图、规则设例。

19444

中国银行新加坡分行暨所属行员人名录　中国银行新加坡分行编

中国银行新加坡分行，1946，32 页，16 开

　　收藏单位：重庆馆

19445

中国银行业的农业金融　吴承禧著

国立中央研究院社会科学研究所，[1935]，[45] 页，16 开

　　本书共 7 部分，内容包括：引言、新式农业金融的机构、过去两年度各行农贷的统计、农贷的方式等。为《社会科学杂志》第 6 卷第 3 期抽印本。

　　收藏单位：广东馆、国家馆、吉林馆、南京馆、上海馆、天津馆

19446

中国银行业库字通函　[中国银行总管理处编]

[中国银行总管理处]，[1941—1945]，4 册（198+224+178+176 页），18 开

　　本书收录第 1—400 号。每册 100 件，共 400 件。所涉时间为 1939 年 10 月至 1945 年 4 月。

　　收藏单位：广东馆、湖南馆

19447

中国银行业务简报　中国银行编

中国银行，[1944]，46 页，32 开

　　本书概述该行 1937—1943 年业务办理情况。附各年借贷对照表、损益计算书等。

19448

中国银行业务会计通信录（第 1—24 期）　中国银行总管理处编

中国银行总管理处，1915—1916，4 册，16 开，精装

　　本书为合订本，每 6 期合订为 1 册。各

期内容包括：业务类、会计类、国库类、发行
类、杂类等。

　　收藏单位：国家馆

19449

**中国银行营业报告（民国十三、十五至二十
五年度）** 中国银行总管理处编

中国银行总管理处，[1925—1935]，2 册（17+
[501] 页），23 开

　　本书民国十五至二十五年度合订为 1 册。
封面题名：中国银行报告。

　　收藏单位：安徽馆、重庆馆、东北师大
馆、广东馆、国家馆、近代史所、南京馆、
内蒙古馆、首都馆、天津馆、浙江馆

19450

中国银行营业会计规程 中国银行总管理处
编

中国银行总管理处，1915.12，修订版，12+
102 页，22 开

　　本规程共 384 条。分 11 章，内容包括：
总则、记帐凭证、营业会计科目、营业帐簿、
营业会计表单、计息等。附中国银行营业会
计科目一览表。

　　收藏单位：国家馆、上海馆

19451

中国银行营业状况（三十六年份） 中国银行
总管理处编

[中国银行总管理处]，[1947]，14 页，25 开

　　收藏单位：江西馆

19452

中国银行雍行及所属职员录 中国银行西安
分行编

中国银行西安分行，1946.12，32 页，32 开

　　本书附职员年龄、工龄等统计表 3 张。
其他题名：中国银行西安分行及所属职员录。

19453

中国银行则例 [中国银行总管理处编]

[中国银行总管理处]，[1917]，18 页，22 开

　　本书收录大总统教令、修正中国银行则

例、中国银行呈财政部文等 4 件。于 1917 年
11 月 22 日修正公布。

　　收藏单位：国家馆

19454

中国银行章程 [中国银行总管理处编]

中国银行总管理处，1918.1，16 页，32 开

中国银行总管理处，1928.11，修订版，28 页，
16 开

中国银行总管理处，[1936]，修订版，28 页，
16 开

[中国银行总管理处]，1944，修订版，23
页，22 开

　　本章程 1928 年版共 68 条。分 10 章，内
容包括：总纲、资本、业务、组织、董事会
等。

　　收藏单位：国家馆、南京馆、上海馆

19455

中国银行帐表样本 中国银行总管理处编

中国银行总管理处，[1924.5]，修订版，170
页，24 开

　　收藏单位：国家馆、上海馆

19456

中国银行浙属职员录 中国银行杭州分行编

中国银行杭州分行，1947.5，41 页，32 开

　　本书其他题名：中国银行浙行及所属职员
录。

　　收藏单位：重庆馆、浙江馆

19457

**中国银行职员录（民国十八、二十、二十二、
二十四至二十六、三十六年）** 中国银行总管
理处编

[中国银行总管理处]，1929—1947，7 册
（188+[244]+283+[344]+369+414+[630] 页），32
开

　　本书收录该行董事会、监察人会、检查
室、总帐室、人事室等机构职员录。

　　收藏单位：广东馆、国家馆、黑龙江馆、
近代史所、上海馆、绍兴馆、天津馆、浙江
馆

19458

中国银行制度　吴其祥著

上海：大东书局，1933.4，54 页，32 开（社会科学基础丛书）

本书共 7 章，内容包括：什么是银行制度、各国银行制度概观、中央银行、兑换券之发行等。

收藏单位：重庆馆、广东馆、国家馆、河南馆、湖南馆、吉林馆、江西馆、近代史所、南京馆、上海馆、天津馆、浙江馆

19459

中国银行资产负债平衡表及损益计算表·储蓄部资产负债平衡表及损益计算表（中华民国三十五年）　中国银行编

中国银行，[1946]，[6] 页，23 开

本书为汉英对照合订本。内容全部为表。

收藏单位：上海馆

19460

中国银行总管理处稽字号通函　中国银行总管理处编

中国银行总管理处，[1918]，3 册（246 页），18 开

本书所涉时间为 1914 年 9 月至 1918 年 6 月。

收藏单位：国家馆、上海馆

19461

中国银行总管理处库字号通函（第 4、12 册）　中国银行总管理处编

中国银行总管理处，[1916—1920]，2 册（[218]+28 页），18 开

本书第 4 册所涉时间为 1915 年 7—12 月，第 12 册为 1919 年 7 月 19 日至 12 月 31 日。

收藏单位：国家馆

19462

中国银行总管理处券字号通函（第 1 册）　中国银行总管理处编

中国银行总管理处，[1918]，116 页，18 开

本书收录第 1—105 号。所涉时间为 1914

年 3 月 21 日至 1917 年 11 月 19 日。

收藏单位：国家馆

19463

中国银行总管理处通函（储蓄业务 第 1—3 册）　中国银行总管理处编

中国银行总管理处，[1936—1945]，3 册（73+30+[254] 页），25 开

本书第 1 册所涉时间为 1935 年 5 月至 1936 年 4 月，第 2 册为 1936 年 5—12 月，第 3 册为 1944 年 1 月至 1945 年 8 月。

收藏单位：重庆馆、广东馆、天津馆

19464

中国银行总管理处通函（股字 第 1 册）　中国银行总管理处编

中国银行总管理处，[1936]，238 页，22 开

本书所涉时间为 1929 年 2 月至 1936 年 7 月。

收藏单位：广东馆

19465

中国银行总管理处通函（稽帐储会字 第 1 册）　中国银行总管理处编

中国银行总管理处，[1930]，56+44 页，23 开

本书收录稽字、帐字号。所涉时间为 1928 年 11 月 27 日至 1929 年 12 月 31 日。

收藏单位：重庆馆

19466

中国银行总管理处通函（会字 第 1—2 册）　中国银行总管理处编

中国银行总管理处，[1945—1947]，2 册（66+114 页），25 开，精装

本书第 1 册所涉时间为 1944 年 7 月 14 日至 1945 年 8 月 31 日，第 2 册为 1945 年 9 月至 1947 年 11 月。

收藏单位：重庆馆、广东馆、桂林馆

19467

中国银行总管理处通函（书字 第 1—2 册）　中国银行总管理处编

中国银行总管理处，[1930—1934]，2 册（35+

85 页 ），23 开

本书第 1 册所涉时间为 1928 年 12 月 29 日至 1929 年 12 月 31 日，第 2 册为 1930 年 2 月 13 日至 1934 年 5 月 10 日。

收藏单位：安徽馆、重庆馆、广东馆

19468

中国银行总管理处通函（业字 第 1—3 册） 中国银行总管理处编

中国银行总管理处，[1933—1939]，3 册（[216]+127+[506] 页），22 开

本书第 1 册所涉时间为 1928 年 10 月 26 日至 1932 年 12 月 31 日，附 1930 年 1 月 1 日至 10 月 10 日稽、帐字号；第 2 册为 1933 年 1 月至 1934 年 12 月；第 3 册为 1935 年 1 月 1 日至 1938 年 12 月 31 日，附致各分行业字号函。

收藏单位：安徽馆、重庆馆、广东馆、桂林馆、国家馆、天津馆

19469

中国银行总管理处通函（帐字 第 1、3、5 册） 中国银行总管理处编

中国银行总管理处，[1935—1948]，3 册（436+[350]+116 页），25 开

本书第 1 册所涉时间为 1930 年 12 月 4 日至 1934 年 12 月 28 日，附计字号通函；第 3 册为 1937 年 4 月 1 日至 1942 年 8 月 13 日中国银行总管理处通函，附调拨字号通函；第 5 册为 1945 年 9 月 1 日至 1947 年 12 月 31 日。

收藏单位：重庆馆、广东馆、国家馆、天津馆、浙江馆

19470

中国银行总管理处通函（振字 第 4 册） 中国银行总管理处编

中国银行总管理处，[1945]，246 页，25 开

本书所涉时间为 1942 年 8 月 15 日至 1945 年 8 月 31 日。附调拨字号通函、辖帐字号通函、帐字号通电摘由。

收藏单位：重庆馆

19471

中国银行总管理处通函（专字 第 1 册） 中国银行总管理处编

中国银行总管理处，[1930—1939]，[213] 页，22 开

本书所涉时间为 1932 年 4 月至 1936 年 12 月。

收藏单位：广东馆

19472

中国银行总管理处通函（专字号函）·中国银行总管理处通函（人字号函） 中国银行总管理处编

中国银行总管理处，[1929—1949]，157 页，22 开

本书为合订本。"专字号函"所涉时间为 1928 年 12 月至 1931 年 10 月，"人字号函"所涉时间为 1932 年 1 月至 1940 年 6 月。

收藏单位：安徽馆、重庆馆、广东馆

19473

中国银行总管理处帐字号通函 中国银行总管理处编

中国银行总管理处，1920.12，24+396 页，22 开

本书所涉时间为 1913 年 10 月至 1920 年 12 月。

收藏单位：重庆馆、国家馆

19474

中国银行总计算通函 中国银行会计处编

中国银行会计处，[1914]，2 册（178 页），25 开

本书所涉时间为 1913 年 10 月至 1914 年 6 月。

收藏单位：上海馆

19475

中国银行组织大纲 中国银行总管理处编

中国银行总管理处，1928.11，[12] 页，16 开

19476

中国银行组织法 中国银行学校编

[上海]：中国银行学校，1928，6 版，124页，32 开

收藏单位：南京馆

19477

中国影片制造股份有限公司招股章程　[中国影片制造股份有限公司编]

上海：[中国影片制造股份有限公司]，[1919]，1 册，18 开

收藏单位：首都馆

19478

中国战后农业金融政策　姚公振著

重庆：中华书局，1944.4，170 页，32 开

重庆：中华书局，1946.1，再版，170 页，32 开

本书共 8 章：战后农业金融政策总论、农业金融机构之调整、农贷资金之需要与筹措、农地贷款之方针、农业经营贷款之方针、农产运销贷款之方针、农村副业贷款之方针、农业负债之整理。

收藏单位：重庆馆、东北师大馆、广西馆、贵州馆、国家馆、湖南馆、江西馆、近代史所、辽宁馆、南京馆、内蒙古馆、宁夏馆、上海馆、首都馆、天津馆、西南大学馆、浙江馆

19479

中国战时金融管制　邹宗伊著

[重庆]：财政评论社，1943.6，376 页，32 开（中国战时财政金融丛书）

本书共 15 章，内容包括：战时金融管制之要务、战时金融恐慌之对策、战时金融机构之管制、战时货币筹码之管制、战时金银之管制、战时外汇之管制等。

收藏单位：重庆馆、广东馆、广西馆、贵州馆、国家馆、黑龙江馆、吉林馆、江西馆、近代史所、辽大馆、南京馆、山西馆、陕西馆、上海馆、西南大学馆

19480

中国战时外汇管理　童蒙正著

重庆：财政评论社，1944.5，502 页，32 开

（中国战时财政金融丛书）

本书共 10 章，内容包括：抗战发生后关于外汇之措施、管理外汇之机构、出口外汇之管理、华侨汇款之管理、黄金白银之管理等。

收藏单位：重庆馆、东北师大馆、广西馆、国家馆、河南馆、吉林馆、辽大馆、南京馆、上海馆、中科图

19481

中国证券一览表　浙江兴业银行编

[浙江兴业银行]，[1940]，1 册，16 开

收藏单位：上海馆

19482

中国之储蓄银行史　王志莘编

上海：新华信托储蓄银行，1934.9，[44]+508页，22 开

本书共 4 编：绪言、各种储蓄机关史、储蓄银行法规、总述。附储蓄银行法令与草案、邮政储金法令等 4 种。

收藏单位：东北师大馆、广东馆、广西馆、国家馆、黑龙江馆、湖南馆、吉林馆、近代史所、辽大馆、辽宁馆、南京馆、上海馆、首都馆、西南大学馆、中科图

19483

中国之合会　王宗培著

南京：中国合作学社，1931.10，278 页，22 开

南京：中国合作学社，1935.4，再版，277 页，22 开

本书共 7 章：绪论、会之分类（上、下）、会之组织、会之书类、会利论及轮会会金分配之研究、合会之得失及结论。据著者的学士毕业论文编成。

收藏单位：安徽馆、重庆馆、东北师大馆、广东馆、广西馆、国家馆、湖南馆、吉林馆、江西馆、近代史所、辽大馆、辽宁馆、南京馆、上海馆、天津馆、西南大学馆、浙江馆

19484

中国之汇兑　吴宗焘　童蒙正著　吴宗焘增

订

上海：商务印书馆，1934.12，111 页，32 开
（商学小丛书）

上海：商务印书馆，1935.3，再版，111 页，
32 开（商学小丛书）

　本书共 3 章：汇兑之概念、外国汇兑、内
国汇兑。附银本位币铸造条例、废两以前各
地银两平价之计算等 5 种。为《中国之币制
及汇兑》（张家骧等）下编的修订本。

　收藏单位：重庆馆、东北师大馆、广东
馆、广西馆、贵州馆、国家馆、河南馆、吉
林馆、江西馆、近代史所、辽大馆、辽宁馆、
南京馆、上海馆、首都馆、天津馆、浙江馆

19485

中国之金融与汇兑　曲殿元著

上海：大东书局，1930.7，180 页，32 开

　本书收录 1924—1927 年发表在报刊上的
论文 9 篇，内容包括：《欧战后世界货币问题
之内容及其解决方案》《战时关外当局的纸
币政策》《北京小商人及中下社会之金机关》
《美国之国内汇兑》《天津金融市场之组织》
等。

　收藏单位：重庆馆、东北师大馆、广东
馆、桂林馆、国家馆、河南馆、湖南馆、吉
林馆、江西馆、近代史所、辽大馆、辽宁馆、
南京馆、陕西馆、上海馆、首都馆、天津馆、
浙江馆

19486

中国之经济危险预防法　梁汝成辑述

梁汝成，1928，58 页，16 开

梁汝成，1938.1 重刊，58 页，16 开

　本书共 11 部分，内容包括：总论、论有
奖储蓄之弊害、邮政储金及储蓄银行储金用
途之研究、平民合作银行可以消弭经济之革
命、甲种合作银行等。附美国联邦准备制度
考略。

　收藏单位：国家馆、天津馆

19487

中国之新金融政策　马寅初著

上海：商务印书馆，1936.12，31+540 页，22

开，精装（大学丛书 教本）

上海：商务印书馆，1937.3，再版，31+540
页，22 开，精、平装（大学丛书 教本）（国
立交通大学丛书）

上海：商务印书馆，1937.5，3 版，31+540 页，
22 开，精装（大学丛书 教本）（国立交通大学
丛书）

长沙：商务印书馆，1939.2，再版，2 册，大
32 开（大学丛书 教本）

　本书分两编：新金融政策施行以前所讨论
之问题、新金融政策施行以后所讨论之问题。
共 33 章，内容包括：世界空前之大经济恐慌、
他国放弃金本位以救济恐慌、中国此时可采
用金本位乎、中国之新金融政策、法币汇价、
法币与公债政策等。

　收藏单位：安徽馆、重庆馆、东北师大
馆、甘肃馆、广东馆、广西馆、贵州馆、桂
林馆、国家馆、河南馆、湖南馆、吉林馆、
江西馆、近代史所、辽大馆、辽宁馆、南京
馆、内蒙古馆、宁夏馆、上海馆、首都馆、
天津馆、浙江馆、中科图

19488

中国重要银行最近十年营业概况研究　中国
银行总管理处经济研究室编

中国银行总管理处经济研究室，1933.4，353
页，横 8 开，精装

　本书大部分为表。共 4 编：各行营业总
览、各行简史及营业概况、各行营业概况分
年比较、各行营业概况分类比较。附中国银
行国内营业地图、中国银行国外通汇处地图。

　收藏单位：重庆馆、桂林馆、国家馆、吉
林馆、南京馆、陕西馆、上海馆、首都馆、
天津馆

19489

**中国重要银行营业概况研究（民国二十一至
二十三年度）**　中国银行总管理处经济研究室
编

中国银行总管理处经济研究室，1933—1935，
3 册（29+30+30 页），16 开

　本书为汉英对照，全部为表。内容包括：
各行历年资产总表、各行历年负债总表、该

年度各行资产比较表、该年度各行负债比较表等。为《中国重要银行最近十年营业概况研究》（中国银行总管理处经济研究室）的续编。

收藏单位：国家馆、吉林馆、近代史所、南京馆、上海馆、浙江馆、中科图

19490

中行企业股份有限公司招股章程　中行企业股份有限公司编

北平：中行企业股份有限公司，[1943]，8页，22开

本书内容包括：中行企业股份有限公司设立缘起、中行企业股份有限公司招股章程、中行企业股份有限公司营业计划书等。章程订立于1943年11月15日。

收藏单位：国家馆

19491

中华汇业银行政府欠款帐略　中华汇业银行总管理处编制

中华汇业银行总管理处，1928.12，192页，16开

本书收录文件19种，内容包括：日金七十万圆借款、纸烟捐借款、京师警察厅借款、银元三千借款、财政部往来垫款等。分5部分：盐余担保借款、各种担保借款、联合各行借款、无担保借款、往来垫款。

收藏单位：国家馆

19492

中华汇业银行中国股东会议记录　中华汇业银行编

中华汇业银行，[1929]，25页，16开

本书所涉两次会议分别召开于1928年12月9日、1929年1月9日。封面题名：中华汇业银行中国股东临时紧急会议记录。

19493

中华懋业银行职员录　[中华懋业银行编]

[中华懋业银行]，[1920—1929]，石印本，[9]页，16开，环筒页装

收藏单位：国家馆

19494

中华民国银行公会联合会议议决录（第2、4—5届）　中华民国银行公会第四次联合会编

中华民国银行公会第四次联合会，[1921—1924]，3册（30+104+102页），25开

本会议第4届于汉口召开，第5届于北京召开。

19495

中华民国银行商业同业公会联合会成立大会纪念刊　中华民国银行商业同业公会联合会编

中华民国银行商业同业公会联合会，[1947]，141页，16开

本书内容包括：序言、开会词、宣言、电文、纪录、提案、公牍、章则等。该会于1947年4月在南京成立。

收藏单位：国家馆

19496

中华农业合作贷款银团业务报告（民国二十四至二十五年度）　中华农业合作贷款银团编

中华农业合作贷款银团，[1936—1937]，2册（22+22页），16开

本书共6部分：引言、本团本年度之组织及其贷款性质、贷款区内合作社社务业务概况、安徽省省政府办理农仓情形、贷款概况、编后。书中有中华农业合作贷款银团各省区每月贷款数额表、每月贷款总额一览表等。

收藏单位：重庆馆、上海馆

19497

中华劝工银行第拾伍届营业报告　中华劝工银行编

中华劝工银行，[1935]，6页，22开

本书大部分为表，内容包括：中华劝工银行资产负债表、损益表、储蓄部资产负债表、储蓄部损益表等。

收藏单位：国家馆

19498

中华劝工银行有限公司章程、缘起、招股简

章
出版者不详，[1911—1949]，22 页，23 开

19499

中华实业银行章程　中华实业银行编订
出版者不详，[1911—1949]，[32] 页，22 开
　　本书附缴股票证书。
　　　　收藏单位：广东馆

19500

中华银行第二十届营业报告　中华银行编
出版者不详，[1911—1949]，1 册，18 开
　　　　收藏单位：广东馆

19501

中华银行会计制度　顾准著
重庆：立信会计图书用品社，1942.11，新 1
版，494 页，23 开（立信会计丛书）
　　本书共 36 章，内容包括：银行之业务、
银行之组织、银行之交易及其记录、日记帐
分类帐制度、联合日记分类帐制度、内部稽
核、成本计算等。附银行法、上海市银行业
业规等。
　　　　收藏单位：国家馆、吉林馆、南京馆、浙
江馆

19502

中华银行会计制度　顾准著
长沙：商务印书馆，1940.1，495 页，25 开
（立信会计丛书）
上海：商务印书馆，1940.6，2 版，495 页，
22 开（立信会计丛书）
重庆：商务印书馆，1941.1，4 版，494 页，
23 开（立信会计丛书）
　　　　收藏单位：重庆馆、广东馆、国家馆、江
西馆、辽宁馆、上海馆、首都馆、浙江馆

19503

中华银行论　马寅初著
上海：商务印书馆，1929.7，352 页，22 开，
精装（中国经济学社丛书）
上海：商务印书馆，1932.9，国难后 1 版，
352 页，23 开，精装（中国经济学社丛书）

上海：商务印书馆，1934.12，国难后 2 版，
增订本，[13]+428 页，25 开（大学丛书 教
本）
长沙：商务印书馆，1938，国难后 3 版，
[13]+428 页，25 开（大学丛书 教本）
　　本书共 13 章，内容包括：总纲、华银行
之存款、华银行之支票、华银行之放款、华
银行之抵押放款与抵押品、华银行之贴现等。
　　　　收藏单位：安徽馆、长春馆、重庆馆、东
北师大馆、广东馆、广西馆、贵州馆、桂林
馆、国家馆、河南馆、湖南馆、江西馆、近
代史所、辽大馆、辽宁馆、南京馆、内蒙古
馆、宁夏馆、山西馆、上海馆、首都馆、天
津馆、浙江馆、中科图

19504

中华银行史　周葆銮编
上海：商务印书馆，1919.3，[503] 页，22 开，
精装
上海：商务印书馆，1920.5，再版，[503] 页，
22 开，精装
上海：商务印书馆，1923.3，3 版，[503] 页，
22 开，精装
　　本书共 8 编：中央银行、特种银行、实业
银行、储蓄银行、地方银行、一般商业银行、
外国银行及中外合股银行、银行通则。
　　　　收藏单位：福建馆、广东馆、广西馆、贵
州馆、国家馆、河南馆、吉林馆、江西馆、
辽大馆、辽宁馆、南京馆、上海馆、首都馆、
浙江馆、中科图

19505

中汇银行大楼图　中汇银行编
上海：中汇银行，[1934—1949]，[24] 页，8 开

19506

**中南、盐业、金城、大陆银行（企业部、准
备库、联合营业事务所、储蓄会、调查部）
内规汇编** [四行联合营业事务所编]
四行联合营业事务所，1932，[433] 页，32 开
　　本书收录规章 47 种。

19507

中南银行印鉴样本 中南银行编

出版者不详，1936，1 册，18 开

　　收藏单位：广东馆

19508

中南银行营业报告（民国十一、三十一年份） 中南银行编

上海：中南银行，[1942]，2 册（[10]+[10] 页），18 开

19509

中日实业银行总行签章样本 中日实业银行编

中日实业银行，1942.7，[22] 页，23 开

19510

中外货币汇兑对照表 张亚庄编

外文题名：Exchange tables of foreign currencies into standard silver dollars

上海：大东书局印刷所，1934.10，205 页，16 开，精装

　　本书为汉英对照。共 3 部分：说明、表之种类、附录。第 2 部分内容包括：英金合算国币对照表、美金合算国币对照表、法郎合算国币对照表等。附录国外货币华英名称对照表、分数小数对照表。

　　收藏单位：国家馆、上海馆、绍兴馆、浙江馆、中科图

19511

中兴银行报告（第 1、3 期） 中兴银行编

[中兴银行]，[1929—1949]，2 册，大 16 开

　　收藏单位：广东馆

19512

中亚银行第四届上期营业报告书 中亚银行编

中亚银行，[1943]，7 页，23 开

　　本书全部为表。报告时间为 1943 年 6 月 30 日。

19513

中央储备银行报告（中华民国三十至三十一年度） 中央储备银行编

南京：中央储备银行，[1941—1942]，18+20 页，16 开

　　本书附中央储备银行资产负债表、损益计算表、人员状况表。

　　收藏单位：国家馆

19514

中央储备银行第一次行务会议汇编 中央储备银行秘书处编

南京：中央储备银行秘书处，1941.6，126 页，16 开

　　本书共 4 编：会议之经过、审查报告及原提案、工作报告、附录。

　　收藏单位：国家馆

19515

中央储备银行同人录 中央储备银行总务处编

中央储备银行总务处，1942.10，190 页，32 开

　　本书收录该行理事会、监事会、总裁室、业务局、发行局、国库局等人名录。

　　收藏单位：国家馆、近代史所、上海馆

19516

中央储备银行员生训练所第二届员生训练班毕业纪念特刊 中央储备银行编

南京：中央储备银行，1941.7，26 页，18 开，精装

　　本书内容包括：本届员生毕业典礼摄影、本所讲舍摄影、所训、题词、本届毕业员生姓名录等。

　　收藏单位：国家馆

19517

中央储备银行总行暨分支行成立纪念特刊 中央储备银行秘书处编

南京：中央储备银行秘书处，1941.8，160 页，16 开

　　本书共 10 部分：摄影、弁言、特载、言

论、祝辞、评述、记事、法规、图表、附录。

　　收藏单位：重庆馆、国家馆、南京馆

19518

中央储蓄会储蓄章程　中央储蓄会编

上海：中华书局，[1936]，11 页，32 开

　　本书章程共 20 条。分 8 章，内容包括：总则、抽签及彩金、储款运用、红利分配、本会开支之提取等。

　　收藏单位：国家馆

19519

中央合作金库　江南问题研究会编

江南问题研究会，1949，51 页，32 开（四行二局一库调查资料 7）

　　本书共 6 章：沿革、组织人事、业务介绍、干部训练、无线电台的架设、信托部及上海分库。

　　收藏单位：重庆馆

19520

中央合作金库北平分库业务报告书　中央合作金库北平分库编

[北平]：中央合作金库北平分库，1947.9，20 页，25 开

　　本书大部分为表。书中题名：中央合作金库北平分库三十六年九月卅日业务报告。

19521

中央合作金库第二届库务会议手册　中央合作金库第二届库务会议秘书处编

中央合作金库第二届库务会议秘书处，1948，32 页，32 开（合作金库）

　　本书内容包括：会议组织规程、会议议事细则、会议秘书处办事细则、会议日程、会议列席人员名单等。

　　收藏单位：重庆馆

19522

中央合作金库第一届库务会议总报告

出版者不详，[1947]，216 页，16 开

　　收藏单位：安徽馆、广东馆、南京馆

19523

中央合作金库电汇尾数表

出版者不详，[1948]，1 册，32 开

　　收藏单位：国家馆

19524

中央合作金库督导各县市合作金库办法

出版者不详，[1946—1949]，4 页，32 开

　　收藏单位：南京馆

19525

中央合作金库福建省分库工作报告

出版者不详，[1948]，24 页，32 开

　　本书报告时间为 1948 年 4—9 月。

　　收藏单位：南京馆

19526

中央合作金库工作概况　中央合作金库秘书处编

中央合作金库秘书处，1948，22 页，32 开

　　收藏单位：广东馆

19527

中央合作金库广东省分库成立周年纪念特刊　广州中央合作金库编辑

广州中央合作金库，[1948]，11 页，16 开

　　本书内容包括：《本库一年来业务之检讨与展望》（谢哲声）、《本库一年来辅导各地合作社业务概况》等。

19528

中央合作金库经营业务简章汇编　中央合作金库编

中央合作金库，1946，[48] 页，22 开

　　本书内容包括：中央合作金库存款简章、供销业务简章等。

　　收藏单位：重庆馆、国家馆

19529

中央合作金库三十七年度农业合作贷款章则汇编　中央合作金库秘书处编

中央合作金库秘书处，1948.4，86 页，23 开，活页精装

本书内容包括：三十七年度农业土地金融贷款计划书、各库处贷款种类及其区域一览等。

19530

中央合作金库上海分库业务报告书　中央合作金库上海分库编

[上海]：中央合作金库上海分库，[1947]，11 页，18 开

　本书内容包括：筹备经过、本年当地金融经济概况及本库之处境、业务概述、存款、放款等。所涉时间为 1947 年 1—9 月。

　收藏单位：国家馆、上海馆

19531

中央合作金库通函汇编　中央合作金库秘书处编

中央合作金库秘书处，1947.2—1948.5，3 册（66+182+150 页），16 开

　收藏单位：上海馆

19532

中央合作金库章则　中央合作金库编

中央合作金库，[1946]，[140] 页，23 开

　本书收录章则 22 种。于 1945—1946 年间由该局各次常务理事会议通过。

19533

中央合作金库章则汇编　中央合作金库编

中央合作金库，[1945]，1 册，22 开

中央合作金库，[1947]，1 册，22 开，活页装

　本书共 8 部分：组织章则、业务章则、信托章则、会计规则、文书规则、事务规则、人事规则、福利章则。

　收藏单位：重庆馆、国家馆、江西馆、南京馆

19534

中央、交通、中国、农民四行联合办事处总处理事会议议事日程

出版者不详，1946.5，油印本，11 册，16 开

　本书为第 306—323 次会议议事日程。

　收藏单位：南京馆

19535

中央批准华北金融贸易会议综合报告电·金融贸易会议综合报告摘要

出版者不详，[1949]，8 页，32 开

　本书为合订本。《金融贸易会议综合报告摘要》共 3 部分：目前金融贸易工作的基本任务、关于金融工作、关于贸易工作。

　收藏单位：国家馆

19536

中央信托局储蓄存款规则（公务员、军人储蓄）　中央信托局编

中央信托局，[1935]，10 页，32 开

　本规则共 16 条。附军人储蓄章程。

　收藏单位：重庆馆、南京馆、上海馆

19537

中央信托局储蓄存款规则（工人储蓄）　[中央信托局编]

[中央信托局]，[1911—1949]，12 页，32 开

　收藏单位：南京馆

19538

中央信托局储运处业务内规　中央信托局储运处编

中央信托局储运处，1947，18 页，16 开

　收藏单位：南京馆

19539

中央信托局各处会及分局办事处规章汇编　[中央信托局编]

[中央信托局]，1948.8，48 页，18 开

　本书收录规章 15 种。

　收藏单位：上海馆

19540

中央信托局购料规则　中央信托局编

中央信托局，[1935]，[4] 页，32 开

　本规则共 10 条。附中央信托局购料业务要点。

　收藏单位：南京馆、上海馆

19541

中央信托局普通储蓄存款规则 中央信托局编

中央信托局，[1935]，13 页，32 开

19542

中央信托局同人录（民国三十一至三十三、三十六年） 中央信托局人事处编

中央信托局人事处，1942—1947，4 册（120+145+134+319 页），25 开

本书收录该局理事会、秘书处、会计处、业务稽核处、信托处、储蓄处等机构职员录。

收藏单位：国家馆、上海馆

19543

中央信托局团体储蓄存款规则 中央信托局编

中央信托局，[1935]，折页 4 张，32 开

收藏单位：南京馆

19544

中央信托局信托处办理放款业务章则 中央信托局编

中央信托局，[1942.3]，41 页，16 开

19545

中央信托局信托业务规则 中央信托局编

中央信托局，[1935]，35 页，32 开

本书共 7 章：信托存款、信托投资、基金信托、买卖有价证券、保管、企业信托、附则。

收藏单位：广东馆、国家馆、吉林馆、南京馆、上海馆

19546

中央信托局业务概要 中央信托局编

中央信托局，[1935]，3 页，32 开

收藏单位：南京馆、上海馆

19547

中央信托局业务内规 中央信托局编

中央信托局，[1947.10]，18 册（67+39+16+38+47+59+177+5+59+35+89+39+68+90+29+72+

102+86 页），16 开

本书共 18 编，内容包括：信托存款、储蓄存款、贴现、购料、房地产、储运等。

收藏单位：国家馆、首都馆

19548

中央信托局章程 中央信托局编

中央信托局，[1935]，9 页，32 开

本章程于 1935 年 7 月 29 日在中央银行理事会第 88 次会议上通过。

收藏单位：重庆馆

19549

中央信托局、中国银行、交通银行、中国农民银行发行节约建国储蓄章程

出版者不详，[1937—1945]，8 页，32 开

收藏单位：南京馆

19550

中央银行 江南问题研究会编

江南问题研究会，1949，35 页，32 开（四行二局一库调查资料 1）

收藏单位：广东馆

19551

中央银行办理票据交换办法 中央银行编

中央银行，[1947]，33 页，25 开

本书共 6 章：总则、交换银行及钱庄、交换票据之种类及交换办法、退票、交换银庄之处分、附则。附中央银行附设票据交换行庄保证准备估价委员会办事规程等 3 种。

收藏单位：重庆馆

19552

中央银行重庆分行检查总报告书（三十六至三十七年度） [中央银行重庆分行检查课编]

中央银行重庆分行检查课，[1947—1948]，油印本，2 册（54+31 页），16 开，环筒页装

收藏单位：重庆馆

19553

中央银行发行局通函（第 3、8 册） 中央银行发行局编

中央银行发行局，[1931—1939]，2 册（88+128 页），18 开

本书各分册所涉时间分别为：1931、1936年。

收藏单位：广东馆

19554

中央银行发行细则　[中央银行编]

[中央银行]，[1934]，10 页，18 开

收藏单位：广东馆

19555

中央银行规章汇编　中央银行编

中央银行，1928，2 册（58+30 页），18 开

中央银行，1935.7，2 册（70+34 页），18 开，活页装

中央银行，1940，2 册（82+36 页），18 开

本书共两编：组织规程、人事规程。

收藏单位：重庆馆、广东馆、国家馆、南京馆、上海馆

19556

中央银行国库局债特字通函（第 1—5 册）　中央银行国库局编

中央银行国库局，[1939—1945]，5 册（[276]+[174]+[184]+228+242 页），18 开

本书每册收录 100 号，共 500 号。第 1 册所涉时间为 1937 年 12 月至 1939 年 6 月，第 2 册为 1939 年 6 月至 1940 年 3 月，第 3 册为 1941 年 6 月至 1942 年 6 月，第 4 册为 1942 年 6 月至 1943 年 6 月，第 5 册为 1943 年 6 月至 1945 年 7 月。

收藏单位：广东馆

19557

中央银行国库局债字通函（第 1—2 册）　中央银行国库局编

中央银行国库局，[1935—1936]，2 册（290+252 页），22 开

本书每册收录 100 号，共 200 号。第 1 册所涉时间为 1934 年 1 月至 1935 年 3 月，第 2 册为 1935 年 3 月至 1936 年 3 月。

收藏单位：广东馆

19558

中央银行行务会议专刊（第 1—3 届）　[中央银行秘书处编]

[中央银行秘书处]，[1931—1935]，3 册（147+[209]+[359] 页），18 开

本书内容包括：会议记录、提案汇录、审查报告等。3 次会议分别召开于 1931、1933、1935 年。

收藏单位：东北师大馆、广东馆

19559

中央银行稽核处稽字通函（第 1—5 辑）　中央银行稽核处编

中央银行稽核处，[1944]，5 册（[187]+90+73+135+[463] 页），23 开

本书每册 1 辑。第 1 辑收录第 1—100号，所涉时间为 1928 年 12 月至 1932 年 6月，附不列号 24 件；第 2 辑收录第 101—150 号，所涉时间为 1932 年 7 月至 1935 年 5月，附不列号 12 件；第 3 辑收录第 151—200号，所涉时间为 1935 年 6 月 1 日至 1938 年9 月 12 日，附不列号 20 件；第 4 辑收录第201—300 号，所涉时间为 1938 年 9 月 14 日至 1941 年 12 月 24 日，附不列号 20 件；第 5辑收录第 301—400 号，所涉时间为 1942 年 1月至 1943 年 12 月，附不列号 5 件。

收藏单位：重庆馆、广东馆、上海馆

19560

中央银行稽核规则　中央银行编

中央银行，1947.12，56 页，32 开

收藏单位：重庆馆、国家馆

19561

中央银行稽核通则　[中央银行编]

[中央银行]，1935，17 页，22 开

收藏单位：广东馆

19562

中央银行金融机构业务检查处通函汇编（第 1辑）　中央银行金融机构业务检查处编

中央银行金融机构业务检查处，[1946]，37页，36 开

本书收录第 1—28 号，所涉时间为 1945
年 6—12 月。

　　收藏单位：重庆馆

19563

中央银行会计处会字通函（第 1 辑） 中央银
行会计处编

中央银行会计处，[1947]，1 册，18 开

　　本书收录第 1—100 号，附不列号 3 件，
所涉时间为 1944 年 7 月至 1947 年 6 月。

　　收藏单位：广东馆

19564

中央银行会计规程 中央银行总行编

中央银行总行，[1933.8]，2 册（256+280 页），
23 开

　　本书分两编：业务会计规程、发行会计规
程。第 1 编共 12 章，内容包括：总则、传票、
主要帐表、记录帐表等；第 2 编共 8 章：总
则、科目、传票、帐簿、表单、报单、决算、
附则。

　　收藏单位：重庆馆、广东馆、江西馆、南
京馆、上海馆

19565

**中央银行会计制度（第 3 编 代理公库出纳会
计制度）** 中央银行总行编

中央银行总行，[1942.9]，94 页，22 开

　　本书共 7 章，内容包括：会计报告、会计
科目、会计簿籍、会计凭证等。附处理各省
收支暂行办法。

　　收藏单位：安徽馆、重庆馆、国家馆、南
京馆、上海馆

19566

中央银行耒阳分行战时播迁应变纪实 陶天
爵编述

出版者不详，[1946]，26 页，16 开

19567

中央银行联行往来记帐办法 中央银行会计
处编

中央银行会计处，1944，56 页，32 开

　　收藏单位：重庆馆

19568

**中央银行秘书处通函电汇编（第 1、3—4、
6—7 编）** 中央银行秘书处编

中央银行秘书处，[1932—1943]，5 册（85+
38+74+226+160 页），18 开

　　本书第 1 编所涉时间为 1928 年 11 月至
1931 年 12 月，第 3 编为 1933 年 1—12 月，
第 4 编为 1934 年 1 月至 1935 年 6 月，第 6
编为 1937 年 1 月至 1940 年 12 月，第 7 编为
1941 年 1 月至 1943 年 6 月。

　　收藏单位：广东馆

19569

中央银行人事处通函电汇编（第 1—3 编）
中央银行人事处编

中央银行人事处，[1941—1946]，3 册（118+
100+64 页），18 开

　　本书每编 1 册。第 1 编所涉时间为 1939
年 9 月至 1941 年 6 月，第 2 编为 1941 年 7
月至 1942 年 12 月，第 3 编为 1943 年 1 月至
1946 年 6 月。

　　收藏单位：广东馆

19570

中央银行通函电汇编（国库部分 库公字之部）
中央银行国库局编

中央银行国库局，1947.8，[400] 页，18 开，
活页装

　　本书收录"函"第 1—380 号、"电"第
1—50 号。

　　收藏单位：安徽馆、广东馆

19571

中央银行同人录 中央银行秘书处编

中央银行秘书处，1931.7，118 页，32 开
中央银行秘书处，1933.8，142 页，32 开
中央银行秘书处，1934.8，176 页，32 开
中央银行秘书处，[1935.6]，212 页，32 开
中央银行秘书处，1936.7，[10]+231 页，32 开
中央银行秘书处，[1937.8]，255 页，32 开
中央银行秘书处，1940.6，456 页，32 开

本书收录该行理事会、监事会、秘书处、稽核处、经济研究处等人名录。

收藏单位：国家馆、上海馆、绍兴馆

19572
中央银行同人录　中央银行人事处编
中央银行人事处，1942.7，485 页，32 开
中央银行人事处，1944.8，440 页，32 开
中央银行人事处，1946，555 页，32 开

收藏单位：重庆馆、广东馆、国家馆、湖南馆、江西馆、近代史所、上海馆、绍兴馆、中科图

19573
中央银行外汇通函汇编　中央银行外汇审核处编
中央银行外汇审核处，1946—1948，2 册（[142]+[181] 页），23 开

本书为汉英对照。第 1 册收录第 1—60 号，所涉时间为 1946 年 3—11 月；第 2 册收录第 61—140 号，所涉时间为 1946 年 11 月至 1948 年 6 月。

收藏单位：广东馆、上海馆

19574
中央银行业务局库字通函（第 2—5 册）　[中央银行业务局编]
中央银行业务局，[1934]，4 册（260+260+262+282 页），22 开

本书第 2 册所涉时间为 1929 年 8 月至 1930 年 9 月，第 3 册为 1930 年 10 月至 1931 年 10 月，第 4 册为 1931 年 11 月至 1932 年 11 月，第 5 册为 1933 年 1—12 月。

收藏单位：广东馆

19575
中央银行业务局通函汇编　中央银行业务局编
中央银行业务局，[1948]，168 页，18 开

本书附通电摘要。所涉时间为 1947 年 1 月 1 日至 12 月 31 日。

收藏单位：广东馆

19576
中央银行印鉴　中央银行编
外文题名：Authorized signatures of the central bank of China
中央银行，1935，[980] 页，16 开，活页装

本书为汉英对照。收录该行总行及分支行处各职员印章样本。

收藏单位：国家馆

19577
中央银行营业报告（二十一年下期、二十三年、二十四年上期、二十五年上期）　中央银行编
中央银行，[1933—1937]，5 册，22 开

本书每年分上、下两期，每期 1 册。内容包括：中央银行资产负债、损益计算书等。

收藏单位：国家馆、南京馆、上海馆、浙江馆

19578
中央政校合作银行　台光秀编
出版者不详，1932，手写本，1 册，16 开，精装

收藏单位：南京馆

19579
中央、中国、交通、农民四行联合办事总处理事会核定汇兑案件汇编　秘书处汇兑科编
秘书处汇兑科，1942.11，120 页，16 开

本书共 6 部分：军政、商业、赡家费、港沪汇款、四行汇款收费、其他。

收藏单位：重庆馆、广东馆、湖南馆

19580
中央、中国、交通、农民四行联合办事总处理事会议记录
出版者不详，1946，油印本，11 页，16 开

收藏单位：南京馆

19581
中中交农四行联合办事总处三十年度农贷报告　中中交农四行联合办事总处农业金融处编
中中交农四行联合办事总处农业金融处，[1942]，25 页，18 开

本书共 3 部分：总述、各种农贷统计、各省农贷概要。附三十一年度办理农贷方针、农贷办法纲要、各种农贷准则。

收藏单位：重庆馆、国家馆、吉林馆、近代史所、南京馆、浙江馆、中科图

19582

中中交农四行重要业务比较图表 四联总处秘书处编

出版者不详，[1937—1949]，油印本，4 页，16 开

收藏单位：南京馆

19583

众业公所外股提要 张一凡 魏友棻编

经济实务社，1940.3，91+11 页，36 开，精装

本书共 3 部分：外股索引、最近二年股票市价及成交额、各种股票内容提要。附证券交易概说。

收藏单位：湖南馆、内蒙古馆、上海馆

19584

周佛海先生访日纪念册 中央储备银行编

[南京]：中央储备银行，1942.7，158 页，25 开

本书记录周佛海为成立伪中央储备银行赴日乞求贷款一亿日元的经过。共 6 部分，内容包括：访日行程纪要、日本朝野欢迎辞、在日演辞与谈话、在日各种座谈会纪录等。

收藏单位：国家馆、近代史所、南京馆、上海馆

19585

诸暨县农民借贷所章则汇编 诸暨县农民借贷所编

[诸暨县农民借贷所]，1935，34 页，32 开

收藏单位：广东馆

19586

驻京四川铁道银行清算处报告书

出版者不详，[1911—1949]，74 页，23 开

本书共 3 部分：电文类、公函类、附录类。

收藏单位：重庆馆

19587

总行帐记帐及复核补充办法 中国银行总管理处编

中国银行总管理处，1940.3，28 页，23 开

本书附修正内汇套写格式。

收藏单位：重庆馆

19588

邹平农村金融工作实验报告 山东乡村建设研究院编

山东乡村建设研究院出版股，1935，74 页，16 开

本书共 5 部分：邹平农村金融概况、邹平农村金融流通处之设立、邹平农村信用合作社之推行、邹平庄仓合作社之举办、邹平庄仓合作社发行庄仓证券之经过。

收藏单位：国家馆、近代史所

19589

邹平农村金融工作实验报告（中华民国二十四年度） 山东乡村建设研究院邹平实验县农村金融流通处编

山东乡村建设研究院出版股，1936.9，52 页，16 开

本书共 5 部分：导言、农村经济概况、农村金融概况、合作事业概况、农村金融流通处概况。附农村金融流通处修正简章、农村金融流通处董事会监察员规程等 8 种。

收藏单位：重庆馆、广东馆、国家馆、南京馆

19590

邹平实验县金融建设 严修著

北平民社，1935.5，58 页，32 开

本书收录著者所拟的该县金融建设计划及有关规程、细则。著者原题：严慎修。

收藏单位：重庆馆、南京馆

19591

组织农村信用合作社须知 [兰溪实验县县政府编]

[兰溪实验县县政府]，1934，64 页，32 开（兰溪实验县县政府出版物 5）

收藏单位：国家馆

19592

最近各省金融、商况调查录　桂绍熙著

上海：国光印刷所，1916.2，66 页，22 开

本书所述各省包括：直隶省、山东省、山西省、河南省、东三省、浙江省等。

收藏单位：广东馆、国家馆、河南馆、上海馆

19593

最近广东省之金融概况　中央银行经济研究处编

中央银行经济研究处，1941.12，22 页，16 开（经济情报丛刊 第 6 辑）

本书共 4 部分：纸币之种类及流通状况、各行局钞券之运济情形、华侨汇款概况、一年来广东汇兑与贴放。

收藏单位：重庆馆、国家馆、南京馆

19594

最近两年中国各银行之业务　王维骃著

出版者不详，[1935]，[17] 页，16 开

本书通过对 1933—1934 年上海 32 家重要银行营业报告的分析和比较，说明银行业的发展态势。为《东方杂志》第 32 卷第 15 号抽印本。

收藏单位：南京馆、上海馆

19595

最近全国合作社及农贷统计　谢飏轩编

[上海]：合作与农村出版社，1940.11，1 册，32 开（合作与农村小丛书）

本书共 4 部分：最近全国合作社统计、最近全国农贷统计、合作主义的理想目标、近三年来中国合作事业概况。

收藏单位：国家馆、南京馆

19596

最近三年来日本在"满"投资　李植泉翻译　刘铁孙审查　刘大钧核定

出版者不详，1939.7，晒印本，4 张，大 16 开（中国经济统计研究所 总字第 322 号 金融门投资类 第 12 号）

收藏单位：上海馆

19597

最近上海金融史　徐寄庼编

上海：徐寄庼 [发行者]，1926.11，236 页，25 开，精装

上海：徐寄庼 [发行者]，1929.1，增改再版，517 页，25 开

上海：徐寄庼 [发行者]，1932.12，增改 3 版，2 册（702+410 页），22 开

本书共 12 章，内容包括：金融机关之组织、金融机关之停闭收歇及合并、已成之附属事业、各钱庄领券之影响于金融、发行银辅币券之影响于金融等。

收藏单位：安徽馆、长春馆、重庆馆、东北师大馆、广东馆、广西馆、桂林馆、国家馆、江西馆、近代史所、辽东学院馆、柳州馆、南京馆、宁夏馆、山西馆、上海馆、西南大学馆、浙江馆、中科图

19598

最近上海金融史附刊　徐寄庼编

上海：徐寄庼 [发行者]，1930—1931，增改再版，3 册（138+134+158 页），23 开

上海：徐寄庼 [发行者]，1933.12，增改 3 版，195 页，22 开

本书内容分别为：1928—1930 年、1932 年上海中外各银行的营业报告。

收藏单位：重庆馆、国家馆、南京馆、上海馆

19599

最近五年华侨汇款的一个新估计　吴承禧 [著]

上海：商务印书馆，1936.5，837—847 页，16 开

本书共 7 部分：绪言、华侨的人数、过去各家对于侨汇数额的估计、厦门的调查、汕头的考察、香港的考察、侨汇的总计。

收藏单位：国家馆

19600

最新华股动态（投资指南） 卞宗濂编

上海：证券大楼，1944，178 页，16 开，精装

19601

最新上海金融论 丁裕长编著

上海：世界书局，1931.10，193 页，32 开

本书共 5 章：市场概况、外国银行、钱庄银炉及公估局、本国银行、储蓄会信托公司及交易所。

收藏单位：重庆馆、广西馆、国家馆、湖南馆、江西馆、近代史所、南京馆、内蒙古馆、陕西馆、上海馆、天津馆、浙江馆

世界各国金融、银行

19602

朝鲜金融组合调查报告书 黄炎培著

[上海]：中华职业教育社，1928.1，27 页，32 开

本书共 7 节，内容包括：朝鲜政治与经济的概况、朝鲜金融组合之沿革、各机关领袖访谈要点、结想五则等。为著者于 1927 年 10 月赴朝鲜调查农村合作金融事业后，向中华职业教育社所作的调查报告。

收藏单位：安徽馆、国家馆

19603

德发债票案详细内容

出版者不详，[1911—1949]，12 页，18 开

收藏单位：浙江馆

19604

德国农业信用合作 顾树森编

上海：中华书局，1932.12，130 页，32 开（合作丛书）

上海：中华书局，1935.6，再版，130 页，32 开

上海：中华书局，1941.2，3 版，130 页，32 开

本书共 11 章，内容包括：德国农民银行、

德国合作总会及联合会、德国中央农民银行、德国买卖合作社、德国押款银行等。

收藏单位：重庆馆、东北师大馆、广东馆、广西馆、贵州馆、国家馆、河南馆、湖南馆、江西馆、辽大馆、辽宁馆、南京馆、内蒙古馆、上海馆、首都馆、天津馆、西南大学馆、浙江馆

19605

德国休氏式信用合作社之经营 褚凤仪编译

上海：数经社，1934.2，170 页，32 开

本书共 12 章，内容包括：信用合作社之定义及其种类、信用合作社在法律上所处之地位、信用合作社之设立及其登记、社员之入社及出社等。附德国有限信用合作社之章程、执行委员会办事细则、监察委员会办事细则。选译自休氏原书及其他书报杂志中的有关资料。

收藏单位：重庆馆、广西馆、国家馆、南京馆、上海馆、浙江馆

19606

德国之农业金融 徐渊若撰述

上海：商务印书馆，1936.5，298 页，22 开，精装（社会经济调查所丛书）

上海：商务印书馆，1937.2，再版，298 页，23 开，精装（社会经济调查所丛书）

本书共 4 章：德国农业金融问题之概述、德国现有之农业金融机关及制度、德国之农业负债问题、结论。附一八五〇年德国设立蓝顿银行之法律、德国关于一八九一年蓝顿银行之法律等 10 种。

收藏单位：安徽馆、重庆馆、东北师大馆、广东馆、贵州馆、国家馆、黑龙江馆、湖南馆、吉林馆、江西馆、辽大馆、辽宁馆、南京馆、上海馆、首都馆、天津馆、西南大学馆、浙江馆、中科图

19607

德意日三国最近之银行业 中国银行经济研究处编

上海：商务印书馆，1935.10，71 页，22 开（中央银行丛刊）

长沙：商务印书馆，1938，再版，71 页，22
开（中央银行丛刊）

　　本书共 3 章：德国最近之银行业、意大利
最近之银行业、日本最近之银行业。附我国
银行资产负债之分析。

　　收藏单位：重庆馆、东北师大馆、广东
馆、广西馆、桂林馆、国家馆、湖南馆、南
京馆、上海馆、天津馆、浙江馆

19608

法兰西银行史　杨德森编译

[上海]：商务印书馆，1926.1，74 页，22 开
　　本书附中西名词对照表。

　　收藏单位：重庆馆、东北师大馆、国家
馆、南京馆、上海馆、天津馆

19609

芬兰银行营业报告书（一九三八年）　刘铁孙
翻译　陈忠棨审查　刘大钧核定

出版者不详，1939.5，晒印本，26 张，大 16
开（中国经济统计研究所 总字第 306 号 金融
门银行类 第 15 号）

　　收藏单位：上海馆

19610

荷国安达银行　安达银行编

[上海]：大中华新记印刷公司，[1939]，4
页，18 开，环筒页装

　　本书为该银行的简介。收录一九三九年
一月一日本行负债资产对照表等。

　　收藏单位：国家馆

19611

伦敦金融市场之黄金远期交易　李植泉翻译
　刘铁孙审查　刘大钧核定

出版者不详，1939.4，晒印本，6 张，大 16
开（中国经济统计研究所 总字第 300 号 经济
门国际类 第 10 号）

　　收藏单位：上海馆

19612

论伦敦市场短期信用基金供给力之波动　程
绍德著

上海：国立上海商学院，1933.12，41 页，16
开

19613

美国不动产抵押放款之研究　徐贤怀著

长沙：商务印书馆，1940.8，101 页，36 开

　　本书共 8 章，内容包括：不动产抵押
放款之性质、一八六三年之国家银行法、
一八六三年至一九一三年间美国银行业经营
不动产抵押放款之状况、联邦准备制下不动
产抵押放款之情形、联邦农村贷款制等。

　　收藏单位：广东馆、国家馆、黑龙江馆、
江西馆、辽宁馆、上海馆、浙江馆

19614

美国金融新制　（法）萨斯腓尔（L. E. Sussfeld）
著　黄子度译

上海：商务印书馆，1936.7，10+263 页，22
开，精装（经济丛书）

上海：商务印书馆，1937.5，2 版，263 页，
22 开，精装（经济丛书）

　　本书共 4 编：在一九三三年恐慌前的美国
银行和货币制度、罗斯福总统改组银行、罗
斯福总统改组证券交易所、罗斯福总统的货
币政策。

　　收藏单位：安徽馆、重庆馆、广东馆、广
西馆、贵州馆、国家馆、黑龙江馆、湖南馆、
吉林馆、江西馆、近代史所、辽大馆、辽宁
馆、南京馆、宁夏馆、上海馆、首都馆、天
津馆、浙江馆、中科图

19615

美国联邦准备银行免费代收支票制度　李植
泉翻译　刘铁孙审查　刘大钧核定

出版者不详，1940.4，晒印本，9 张，大 16
开（中国经济统计研究所 总字第 374 号 金融
门银行类 第 19 号）

　　收藏单位：上海馆

19616

美国联邦准备制度管理政策之史的演进　李
植泉翻译　刘铁孙审查　刘大钧核定

出版者不详，1940.9，晒印本，8 张，大 16

开（中国经济统计研究所 总字第 404 号 金融门银行类 第 24 号）

　　　收藏单位：上海馆

19617

美国联邦准备制度调济资金之机构　李植泉翻译　刘铁孙审查　刘大钧核定

出版者不详，1940.5，晒印本，6 张，大 16 开（中国经济统计研究所 总字第 383 号 金融门银行类 第 21 号）

　　　收藏单位：上海馆

19618

美国联邦准备制度信用统制之机构　李植泉翻译　刘铁孙审查　刘大钧核定

出版者不详，1940.1，晒印本，7 张，大 16 开（中国经济统计研究所 总字第 352 号 金融门银行类 第 17 号）

　　　收藏单位：上海馆

19619

美国联合准备银行制度　（美）柯谋著　童致桢译

上海：中华书局，1930.10，86 页，36 开（常识丛书 第 36 种）

　　本书共 9 章，内容包括：概论、联合准备制未建立前美国银行散漫之情形、联合准备制未建立前美国银行信用制度之缺乏弹性、汇兑制度之缺点、旧制银行之缺点与联邦政府等。

　　收藏单位：重庆馆、广东馆、广西馆、贵州馆、国家馆、黑龙江馆、湖南馆、吉林馆、江西馆、南京馆、内蒙古馆、陕西馆、上海馆、天津馆

19620

美国联合准备银行制述要　吴宗焘编译

上海：商务印书馆，1924.11，54 页，22 开（经济丛书社丛书 8）

　　本书分上、下两篇：论国立银行制、论联合准备制。

　　收藏单位：广西馆、桂林馆、国家馆、河南馆、湖南馆、近代史所、南京馆、上海馆、

天津馆、浙江馆

19621

美国普通法下投资信托组织　李植泉翻译　刘铁孙审查　刘大钧核定

出版者不详，1940.1，晒印本，5 张，大 16 开（中国经济统计研究所 总字第 354 号 金融门投资类 第 14 号）

　　　收藏单位：上海馆

19622

美国市场交易情形概要　[新丰洋行编]

上海：新丰洋行，[1911—1949]，14 页，38 开

　　本书介绍美国证券与股票交易市场情况。

19623

美国小额借款事业之史的演进及其所给之教训　李植泉翻译　刘铁孙审查　刘大钧核定

出版者不详，1940.1，晒印本，7 张，大 16 开（中国经济统计研究所 总字第 351 号 金融门银行类 第 16 号）

　　　收藏单位：上海馆

19624

美国银行存款保险制度　李植泉翻译　刘铁孙审查　刘大钧核定

出版者不详，1939.5，晒印本，12 张，大 16 开（中国经济统计研究所 总字第 303 号 金融门银行类 第 14 号）

　　　收藏单位：上海馆

19625

美国银行游资问题之解决方策　李植泉翻译　刘铁孙审查　刘大钧核定

出版者不详，1940.6，晒印本，11 张，大 16 开（中国经济统计研究所 总字第 386 号 金融门银行类 第 23 号）

　　　收藏单位：上海馆

19626

美国银行与游资问题　李植泉翻译　刘铁孙审查　刘大钧核定

出版者不详，1940.5，晒印本，10 张，大 16

开（中国经济统计研究所 总字第 385 号 金融门银行类 第 22 号）

收藏单位：上海馆

19627

美国之农业金融　吴宝华著

上海：商务印书馆，1938.7，158 页，23 开，精装（社会经济调查所丛书）

本书共 3 章：美国农业金融之发展及其概况、农业金融机关、结论。附美国农业金融管理局之分区、重要参考书籍目录。

收藏单位：重庆馆、广东馆、贵州馆、国家馆、南京馆、宁夏馆、上海馆、天津馆、西南大学馆、中科图

19628

美国之农业金融　郑菊荣编著

重庆：正中书局，1943.12，152 页，22 开（社会科学丛刊）

本书共 8 章，内容包括：美国银行制度概述、美国农业金融制度之创设、美国农业金融之机关、美国长期农业金融制度、美国的合作金融制度等。

收藏单位：重庆馆、东北师大馆、贵州馆、国家馆、湖南馆、吉林馆、近代史所、南京馆、浙江馆

19629

南美三大国阿根廷巴西智利输入外资发展实业之成绩·战前及战后之法国制铁业·美国战时金融政策　卫挺生著　赵祖贻译·黄耀秋编译

出版者不详，[1930—1945]，3 册（186+42+20 页），22 开

本书为合订本。

收藏单位：国家馆

19630

南美三强利用外资兴国事例　卫挺生著

上海：商务印书馆，1931.2，200 页，22 开，精装（中国经济学社丛书）

上海：商务印书馆，1932，国难后 1 版，200 页，22 开，精装（中国经济学社丛书）

本书共 8 编，内容包括：总论、外国公债、银行及其他金融机关中之外国资本、铁路中之外国投资、公共营造及公用业中之外国资本等。

收藏单位：安徽馆、重庆馆、广东馆、广西馆、贵州馆、国家馆、河南馆、黑龙江馆、湖南馆、吉林馆、江西馆、近代史所、辽大馆、辽宁馆、南京馆、宁夏馆、山西馆、上海馆、首都馆、天津馆、浙江馆

19631

纽约华尔街之股票市场

出版者不详，1945，61 页，18 开（经济丛书）

本书共 13 章，叙述纽约股票交易所的组织、沿革、作用、证券种类、交易的程序、各种业务等，对纽约露天交易所、柜面现货市场亦有简要介绍。

收藏单位：国家馆、近代史所、首都馆

19632

欧洲不动产抵押银行概论　（美）M. Palyi 著　谢菊曾译

上海：世界书局，1939.4，42 页，25 开

本书共 6 章，内容包括：不动产抵押信用之法律基础、不动产抵押债券设定制度、不动产抵押债券发行规程、不动产抵押银行之集中等。

收藏单位：重庆馆、广东馆、贵州馆、国家馆、南京馆、上海馆、浙江馆

19633

欧洲合作事业之回顾（第 1 编 合作银行）　（加）费伊（C. R. Fay）著　许天虹译

外文题名：Cooperation at home and abroad

上海：太平洋书店，[1929.12]，178 页，32 开

本书介绍 1908 年前的欧洲合作事业。共 4 章：一般的性质、德国的合作银行、德国合作银行的高级组织、其他各国的信用合作。据原书增订 3 版译出。

收藏单位：重庆馆、东北师大馆、广西馆、国家馆、湖南馆、江西馆、南京馆、上海馆、浙江馆

19634

日本财政资本论　Vaintsvaig 著　莫湮译

上海：新知书店，1937.5，127 页，22 开

本书共 7 章，内容包括：日本工业发展的特殊性、日本独占集团的发展、日本康采仑的一般特质等。

收藏单位：重庆馆、东北师大馆、贵州馆、国家馆、近代史所、南京馆、宁夏馆、陕西馆、上海馆、浙江馆、中科图

19635

日本的农业金融机关　（日）牧野辉智著　黄枯桐译

上海：商务印书馆，1929.4，64 页，25 开（上海市政府社会局丛书 农业类 2）

上海：商务印书馆，1933.9，国难后 1 版，64 页，32 开（上海市政府社会局丛书 农业类 2）

本书共 8 章，内容包括：概说、日本劝业银行、农工银行、北海道拓殖银行、信用组合等。据《农业金融》（牧野辉智）第 3 编译出。

收藏单位：安徽馆、重庆馆、广东馆、国家馆、湖南馆、江西馆、辽宁馆、南京馆、上海馆、天津馆、浙江馆、中科图

19636

日本金融动员之透视　殷锡琪著

重庆：中山文化教育馆，1938.7，44 页，36 开（抗战丛刊 47）

本书共 4 部分：序论、国际收支之改善、国内资金之运用、结论。

收藏单位：重庆馆、广西馆、国家馆、湖南馆、吉林馆、南京馆

19637

日本金融恐慌的新局面　日本评论社编辑

外文题名：The new state of financial panic of Japan

南京：正中书局，1933.7，36 页，32 开（日本研究会小丛书 17）

本书共 8 部分，内容包括：小小的引子、一股劲儿的日汇跌价、输出业好像交了红运、国家债务却愈压愈重了、奈何军阀还在不顾死活、只得再来一个饮鸩止渴等。

收藏单位：重庆馆、国家馆、江西馆、南京馆、上海馆

19638

日本银行制度　刘百闵编辑

外文题名：The banking system of Japan

南京：正中书局，1933.7，60 页，32 开（日本研究会小丛书 19）

本书共 7 部分：日本银行事业小史、商业银行制度、储蓄银行制度、特种银行制度、银行法的修改、日本现行的银行制度、特种银行。

收藏单位：重庆馆、国家馆、湖南馆、江西馆、南京馆、上海馆、天津馆

19639

日本之国际贷借关系　日本评论社编辑

外文题名：The international financial relations of Japan

南京：正中书局，1933.7，26 页，32 开（日本研究会小丛书 16）

本书共 4 部分：绪论、贸易上的收支、贸易外的收支、结语。

收藏单位：重庆馆、国家馆、江西馆、南京馆、上海馆、天津馆

19640

日本之农业金融　徐渊若著

上海：商务印书馆，1935.2，307 页，22 开，精装（行政院农村复兴委员会丛书）

本书共 3 章：日本农业金融制度之沿革、日本农业金融制度及机关、结论。附农业金融关系各法规、日本最近年代与西历换算表、日本度量衡换算表、本书所应用之参考书名。

收藏单位：重庆馆、广东馆、广西馆、贵州馆、国家馆、湖南馆、吉林馆、江西馆、近代史所、辽大馆、辽宁馆、南京馆、内蒙古馆、上海馆、天津馆、浙江馆、中科图

19641

松方政策与日本银行之一斑　黄遵楷编

东京：中国书林，1913.1，46 页，32 开

本书共 9 部分，内容包括：创设日本银行之原因及其效果、维新前后之纸币情状、设国立银行以救纸币之穷、松方正义之救济纸币策、中央日本银行之发生等。附流通各种货币第一表等 6 种。

收藏单位：国家馆

19642

苏联合作银行　巴鲁（N. Barou）著　方铭竹译

外文题名：Russian cooperative banking

北平：审淇出版社，1936.2，76 页，25 开

本书共 8 章，内容包括：苏联合作运动、全俄合作银行、全乌克兰合作银行、苏联的农业信用合作、结论等。

收藏单位：重庆馆、广东馆、国家馆

19643

苏联之货币与金融　（英）哈巴德（L. E. Hubbard）原著　万鸿开　李竹溪译述

外文题名：Soviet money and finance

长沙：商务印书馆，1939.7，363 页，32 开（苏联小丛书）

本书共 22 章，内容包括：社会主义制度下货币之递嬗、银行制度之复活、苏维埃之通货、金融计划之理论、计划通货、价格等。附零售贸易方面之卢布购买力。

收藏单位：重庆馆、桂林馆、国家馆、吉林馆、辽大馆、南京馆

19644

一九三九年美国之银行　李植泉翻译　刘铁孙审查　刘大钧核定

出版者不详，1940.3，晒印本，7 张，大 16 开（中国经济统计研究所 总字第 365 号 金融门银行类 第 18 号）

收藏单位：上海馆

19645

一九三九年日本之财政与银行　李竹溪翻译　刘铁孙审查　刘大钧核定

出版者不详，1940.2，晒印本，14 张，大 16 开（中国经济统计研究所 总字第 358 号 经济门国际类 第 16 号）

收藏单位：上海馆

19646

义大利银行史　杨德森编译

[上海]：商务印书馆，1925.12，68 页，23 开

本书附中西名词对照表。附银行发源史。

收藏单位：重庆馆、国家馆、南京馆、上海馆、中科图

19647

译注美国联邦准备条例　吴宗焘译注

上海：银行周报社，1928.12，122 页，32 开

本条例共 30 条。

收藏单位：上海馆

19648

英格兰银行史　杨德森编译

[上海]：商务印书馆，1926.2，120 页，22 开

本书共两编：英格兰银行前一百年史、英格兰银行后一百年史。附中西名词对照表。

收藏单位：重庆馆、广东馆、桂林馆、国家馆、南京馆、上海馆、天津馆、浙江馆

19649

英国商业银行之信用概况（一九三九年）　李植泉翻译　刘铁孙审查　刘大钧核定

出版者不详，1940.5，晒印本，6 张，大 16 开（中国经济统计研究所 总字第 382 号 金融门银行类 第 20 号）

收藏单位：上海馆

19650

英国外汇政策之演变　周作仁 [编]

北京：[北京大学出版部]，1948，16 页，32 开（国立北京大学五十周年纪念论文集）

收藏单位：湖南馆、近代史所

19651

英美汇兑核算表　阙耕深主编

外文题名：Exchange tables

上海：经济研究社，1938.10，1 册，16 开

上海：经济研究社，1939.7，再版，1 册，18 开，精装

　　本书为汉英对照，全部为表。内容包括：分数合等数表、美金折合国币、国币折合英镑、英镑折合国币等。

　　收藏单位：国家馆、吉林馆、南京馆、上海馆

19652

英美金融概论　韦锡九著

[天津]：天津书局，1933.8，202 页，22 开，精装

　　本书共 10 章，内容包括：美国之币制、美国之银行、美国之证券交易所、英国之金融概况、伦敦货币市场、伦敦金银市场等。

　　收藏单位：国家馆、辽大馆、南京馆、首都馆、天津馆

19653

最近世界之金融与政治　（英）爱恩济格（Paul Einzig）著　邹维枚译

上海：民智书局，1934，152 页，32 开（民智时代丛书）

　　本书共 15 章，内容包括：引论、胜利之道、法兰西金融权的限制、法德对敌、赔偿与商业债务、法兰西与她的联盟国等。著者原题：鲍尔·安纯格。

　　收藏单位：广东馆、浙江馆

19654

最近英德之金融恐慌　黄荫莱著

南京：超谷学社，1932.10，148 页，32 开

　　本书共 3 编：总论、一九三一年德国之金融恐慌、一九三一年之英国金融恐慌。

　　收藏单位：广东馆、国家馆、上海馆

保险

19655

安平·太平·丰盛保险公司同人录　总经理处编

总经理处，[1936.5]，55 页，32 开

　　本书收录该 3 个公司董事会、监察人会、总经理处、总务部、业务部、人寿部等机构职员录。

　　收藏单位：国家馆

19656

保险从业须知　管怀琼编

上海：商务印书馆，1936.9，11+193 页，32 开（商学小丛书）

　　本书共 7 章：保险业务之分类、保险事业之外务须知、保险事业之帐簿组织、保险事业之计算组织、保险金之支付、红利之分配、保险资产之运用。

　　收藏单位：重庆馆、广东馆、国家馆、湖南馆、吉林馆、江西馆、辽大馆、南京馆、内蒙古馆、上海馆、首都馆、天津馆、浙江馆

19657

保险合作概要　新民合作社中央会编辑股编

[北京]：新民印书局，1939.6，20 页，32 开（新民合作社中央会丛刊 第 1 类）（合作丛书 11 ）

　　本书共 10 部分，内容包括：保险之意义、保险之要素、保险估计危险之方法、我国农业保险之需要及其种类、农业保险合作社经营要点等。

　　收藏单位：国家馆

19658

保险合作经营论　贵州省地方行政干部训练委员会编

贵州省地方行政干部训练委员会，1941.5，32 页，42 开

　　本书共 5 章：保险之概念、保险之经营、保险合作社之组织、保险合作社之经营（一、二 ）。

　　收藏单位：贵州馆、国家馆

19659

保险合作经营论　王世颖编著

重庆：正中书局，1944.12，213 页，32 开（合

作指导丛书）

上海：正中书局，1947.2，213 页，32 开（合作指导丛书）

本书共 10 章，内容包括：保险概说、保险合作本论、农业保险合作社述要（上、下）、工业保险合作社述要、保险经营论等。附保险法、保险业法、保险业法施行法、战时保险业管理办法。据《保险合作论》（保罗）编成。

收藏单位：重庆馆、广西馆、贵州馆、国家馆、湖南馆、辽大馆、南京馆、上海馆、天津馆

19660

保险年鉴（1935） 中国保险年鉴编辑所编

上海：中华人寿保险协进社，1935.4，306 页，22 开，精装

本书共两篇：保险业概况、中国保险业概况。附保险法规及其他。

收藏单位：广东馆、国家馆、吉林馆、南京馆、上海馆、浙江馆

19661

保险学 王效文编纂

外文题名：Principles of insurance

上海：商务印书馆，1925.10，2 册，25 开

上海：商务印书馆，1926.4—1928.6，再版，2 册，32 开

上海：商务印书馆，1928.9—1930.8，3 版，2 册，32 开

上海：商务印书馆，1932.10，国难后 1 版，2 册，32 开

上海：商务印书馆，1937.7，国难后 4 版，15+317 页，32 开，精装

长沙：商务印书馆，1938.10，国难后 5 版，15+317 页，36 开，精装

上海：商务印书馆，1943，新 8 版，15+317 页，36 开

上海：商务印书馆，1947，10 版，15+317 页，36 开

本书为高级商业职业学校教科书。共 4 编：寿险、水险、火险、法律。分别介绍其意义、沿革、组织、经营、利弊等。第 1 编后

附寿险保单之解释。自国难后 4 版起编纂者题：王效文、孔涤庵。

收藏单位：重庆馆、东北师大馆、广东馆、贵州馆、桂林馆、国家馆、河南馆、湖南馆、江西馆、辽大馆、辽宁馆、南京馆、内蒙古馆、宁夏馆、上海馆、浙江馆

19662

保险学

[北平]：[中国大学]，1934，142 页，16 开

本书为中国大学保险学讲义。分两编：总论、海上保险。第 1 编共 10 章，内容包括：保险之意义、保险成立之要素、保险之范围、保险与类似行为等；第 2 编共 5 章，内容包括：海上保险之目的、海上保险者担保之危险等。

收藏单位：东北师大馆

19663

保险学 ABC 张伯箴著

上海：ABC 丛书社，1929.8，86 页，32 开（ABC 丛书）

上海：ABC 丛书社，1935，再版，86 页，32 开（ABC 丛书）

本书共 4 章：总说、人寿保险、火灾保险、海上保险。分别介绍其意义、沿革、效用等。书脊及封面均题：世界书局出版。

收藏单位：安徽馆、重庆馆、广东馆、广西馆、桂林馆、国家馆、湖南馆、吉林馆、江西馆、辽大馆、辽宁馆、南京馆、内蒙古馆、宁夏馆、首都馆、天津馆、浙江馆

19664

保险学概论 （日）柴官六著 管怀琮译

上海：商务印书馆，1934.2，260 页，32 开（社会科学小丛书）

上海：商务印书馆，1938.7，再版，260 页，32 开（社会科学小丛书）

本书共 3 编：保险概念论、保险经营论、保险政策论。附各国生死存亡表。

收藏单位：重庆馆、广东馆、贵州馆、桂林馆、国家馆、湖南馆、江西馆、辽大馆、内蒙古馆、上海馆、首都馆、天津馆、浙江

馆

19665

保险业　陈掖神著

上海：商务印书馆，1930.10，111 页，32 开
（万有文库 第 1 集 269）（商学小丛书）

上海：商务印书馆，1933.10，国难后 1 版，
111 页，32 开（商学小丛书）

上海：商务印书馆，1934.1，国难后 2 版，
111 页，32 开（商学小丛书）

上海：商务印书馆，1934.6，国难后 3 版，
111 页，32 开（商学小丛书）

　　本书共 8 章，内容包括：总论、保险之利
弊、保险之组织、人寿保险业、火灾保险业
等。

　　收藏单位：安徽馆、重庆馆、大理馆、大
连馆、东北师大馆、广东馆、广西馆、贵州
馆、桂林馆、国家馆、河南馆、黑龙江馆、
湖南馆、吉林馆、江西馆、辽大馆、辽师大
馆、南京馆、内蒙古馆、宁夏馆、上海馆、
首都馆、天津馆、西南大学馆、浙江馆

19666

保险业概论　陈掖神著

上海：商务印书馆，1928.4，131 页，32 开（百
科小丛书 167）

　　收藏单位：重庆馆、广东馆、广西馆、桂
林馆、国家馆、河南馆、湖南馆、江西馆、
南京馆、山东馆、陕西馆、上海馆、天津馆

19667

贝佛理治社会保险及其有关事业　（英）贝弗
里奇（William Beveridge）著　张直夫译

英国驻华大使馆新闻处，1944.1，24 页，32
开

　　本书内容包括：特殊问题之讨论、预算、
社会安全之计划、社会安全与社会政策等。
逐页题名：社会保险及其有关事业。著者原
题：贝佛理治。

　　收藏单位：重庆馆、贵州馆、桂林馆、国
家馆、南京馆、上海馆

19668

财产保险学　（美）许布纳（Solomon Stephen
Huebner）著　罗玉东编译

重庆：商务印书馆，1943.10，10+246 页，22
开

　　本书共 3 编：火灾保险、水险、"汽车、
银钞、保证保险"。分别介绍其事项、契约、
条款、方法及有关立法等。

　　收藏单位：重庆馆、广西馆、贵州馆、桂
林馆、国家馆、吉林馆、南京馆、上海馆、
浙江馆

19669

**重庆市保险商业同业公会四川省火险费率规
章**　重庆市保险商业同业公会编订

重庆市保险商业同业公会，1945，103 页，32
开

重庆市保险商业同业公会，1948.1，增订本，
107 页，32 开，精装

　　收藏单位：重庆馆

19670

重庆市保险商业同业公会运输险费率规章
重庆保险商业同业公会编

重庆保险商业同业公会，[1944]，[68] 页，32
开

重庆保险商业同业公会，[1945.4]，增订本，
[53] 页，32 开

　　本规章大部分为表，自 1944 年 4 月 1 日
起实行，1945 年 4 月 1 日增订。

19671

储金保险、治水兴利合篇　孙德全著

孙德全 [发行者]，[1930—1939]，20 页，窄
36 开

　　本书收文 7 篇，内容包括：《整理邮政储
金论》《国营厚民保险说略》《国营农业保险
说》《政府治水兴利论》《国营保险及其投资》
等。

19672

川北区蓬溪场盐工保险社被保险人总名册

川北区蓬溪场盐工保险社，1945，油印本，

149 页，26×42cm

收藏单位：国家馆

19673

川北盐工保险应用表式　川北盐工保险社 [编制]

川北盐工保险社，[1945]，油印本，25 页，横 8 开

收藏单位：国家馆

19674

德国牲畜保险会章程　黄公安译

杭州：国立浙江大学农学院农业社会学会，1936.5，42 页，32 开

本章程共 35 条。分 7 章介绍牲畜保险会的目的及其保险对象，保险开始及其延长的手续，损失、赔偿及兽医之待遇，保险会之解散，修改会章等。附安徽乌江办理耕牛会章程、安徽乌江耕牛会联合会耕牛保险及押款章程。

收藏单位：广东馆、国家馆

19675

东北公营企业劳动保险工作的第一年　东北人民政府劳动总局编

东北人民政府劳动总局，1949，73 页，32 开

收藏单位：国家馆、辽宁馆

19676

东方人寿保险股份有限公司指南　东方人寿保险股份有限公司编

北平：东方人寿保险股份有限公司，[1937.3]，14 页，25 开

本书共 12 部分，内容包括：组织、资本、营业地点、保险办法、缴纳保费办法、保险之种类等。

收藏单位：国家馆

19677

对于吾国保险之管见　陈郁 [著]

保险座谈会，1944.3，油印本，1 册，16 开，环筒页装

本书共 5 部分：引言、外国保险公司之势力、今后吾国保险应走之路线、政府对于保险应有之措施、结论。附日本保险业法、节录民国二十六年奉实业部派赴沪调查中外保险状况报告、制定保险合作社法规之必要、理想中之寿险合作社。

收藏单位：重庆馆、国家馆

19678

耕牛保险　江西省农业院编

[南昌]：江西省农业院，1937，34 页，23 开

本书共 8 部分，内容包括：家畜保险之意义、家畜保险社组织之方式、各国家畜保险概况、耕牛保险章则等。

收藏单位：湖南馆、上海馆

19679

耕牛保险与贷款　王湘编著

贵州省政府建设厅，1947.3，60 页，25 开（贵州省政府建设厅农林部西南兽疫防治处合办贵州兽疫防治人员训练班教材 2）

本书共两章：耕牛保险、耕牛贷款。

收藏单位：贵州馆

19680

公务员工保险条例（草案）

出版者不详，[1940—1949]，油印本，[8] 页，16 开

本书条例共 21 条。附说明。

收藏单位：国家馆

19681

广州市保险商业同业公会广东省火险费率规章　广州市保险商业同业公会编订

广州市保险商业同业公会，[1949]，41 页，32 开

本规章内容包括：组织章程、会员名单、关于签发保险单据之各种规则、费率、工厂分类等。自 1949 年 5 月 1 日起实行。其他题名：广东省火险费率规章。

收藏单位：上海馆

19682

海上保险学　魏文翰著

重庆：中华书局，1944.1，254 页，36 开

上海：中华书局，1947.1，再版，254 页，36 开

本书共 16 章，内容包括：发达史、保险人与被保险人、保险标的物、保险利益、告知及隐瞒、保险契约、共同海损、单独海损等。附英国一九〇六年海上保险法译文及原文、一九二四年约克安底华浦规则、非常时期保险业管理办法等 5 种。

收藏单位：重庆馆、广东馆、贵州馆、国家馆、辽大馆、辽宁馆、南京馆、天津馆

19683

汉口之水陆保险公司　于锡猷调查

出版者不详，1938，5 页，13 开（商业门保险类 2）

收藏单位：国家馆

19684

合作与保险　彭师勤著

南京：中国合作学社，1935，56 页，32 开（合作丛书）

收藏单位：国家馆、吉林馆、南京馆

19685

宏利人寿保险公司二十年期储蓄保险章程

上海：宏利人寿保险公司华北总公司，[1931]，17 页，56 开

19686

华安合群保寿公司两广分公司新厦落成纪念册　华安合群保寿公司两广分公司编

[上海]：华安合群保寿公司两广分公司，[1937]，74+32 页，16 开

本书内容包括：新厦建筑之经过及内容、该公司创办 25 年之回顾、人寿保险之经济价值等。附题词 26 页。

收藏单位：上海馆

19687

华安合群保寿股分有限公司二十周年纪念刊　华安合群保寿股分有限公司编

[上海]：华安合群保寿股分有限公司，[1933]，

[162] 页，16 开，精装

本书内容包括：序引、发刊辞、本公司屋图、国府注册局执照、华安合群保寿股分有限公事略等。

收藏单位：广东馆、国家馆、近代史所、天津馆

19688

华安合群保寿股分有限公司团体保寿章程

华安合群保寿股分有限公司编

上海：华安合群保寿股分有限公司，[1911—1949]，32 页，16 开

19689

华北邮政人寿保险统计年报（民国三十一年度）　[华北邮政总局编]

北京：华北邮政总局，1944.6，36 页，16 开

本书共 3 部分：沿革及制度之概要、图表、事业统计表。

收藏单位：国家馆、首都馆

19690

火险审估学　王海帆编著

长沙：商务印书馆，1938.10，13+10+352 页，32 开

本书共 12 章，内容包括：总论、我国审估事业之概况、保户、审估之方式、公证人之职务、各种火险标的在审估上之特征、账册之审查等。附审估上应用之各种契据书类、投保兵险常识等 7 种。

收藏单位：重庆馆、广东馆、贵州馆、国家馆、江西馆、辽宁馆、上海馆、天津馆

19691

火险限额表　太平保险股份有限公司编

外文题名：Fire limits

太平保险股份有限公司，[1911—1949]，13 页，16 开

本书共 5 章：引言、房屋建筑、普通火险限额、棉花保险限额、工厂保险分类表。

收藏单位：重庆馆

19692

火灾保险 王效文编

上海：商务印书馆，1935.11，93 页，32 开（保险丛书）

本书共 4 章：火灾保险之原理、火灾保险单之诠释、火险保险之保证特款、火灾保险单之批单。

收藏单位：东北师大馆、广东馆、桂林馆、国家馆、湖南馆、吉林馆、南京馆、内蒙古馆、宁夏馆、上海馆、首都馆、天津馆、浙江馆

19693

甲子通书 华安合群保寿总公司编

上海：华安合群保寿总公司，[1924]，180 页，32 开，精装

本书收录该公司各种人寿保险规章、办理方法等。

收藏单位：上海馆

19694

简易人寿保险创办十周年特刊 邮政储金汇业局编

邮政储金汇业局，1945.12，30 页，16 开

本书收文 10 篇，内容包括：《十年来之简易人寿保险》（徐继庄）、《简易人寿保险的人生观》（谷春帆）、《简易寿险之沿革现状与前瞻》（管照微）、《简易人寿保险业务之理论与实施》（金鸿声）等。另收祝辞 9 篇。

收藏单位：国家馆、南京馆

19695

简易寿险与社会保险 张明昕著

[上海]：邮政储金汇业总局，1935.12，16 页，32 开

本书共 7 部分：社会保险之史略、社会保险之意义、简易寿险之史略、简易寿险之意义、日本简易寿险与欧美工业寿险、我国筹设简易寿险之经过、结论。

收藏单位：国家馆

19696

健康保险计划书（民国十八年） 卫生部编

卫生部，1929，58 页，16 开（国民党政府卫生部刊物 66）

本书共两部分：概论、计画。附各国施行健康保险沿革、各国健康保险制度之纲要等 4 种。

收藏单位：国家馆

19697

捷克斯洛伐克的国民保险 张明养 蒋学模译

外文题名：Czechoslovak national insurance

上海：中华书局，1949，220 页，32 开

本书为《捷克斯洛伐克国民保险条例》的注解。该条例共 280 条。分 8 编：总则、保险福利、基金的来源、特级人的保险、国民保险的行政及财务、保险的监督、程序及罚则、暂行条款及总结条款。附本条例第七十八条之附表。

收藏单位：重庆馆、东北师大馆、国家馆、辽宁馆、天津馆、云南馆

19698

金星人寿保险公司章程 [金星人寿保险公司编]

上海：金星人寿保险公司，1915.7，10+42 页，50 开

本书封面题名：中国金星人寿保险有限公司保险章程。

收藏单位：国家馆

19699

考察日本简易寿险报告 张明昕著

上海：邮政储金汇业总局，1935.6，92 页，22 开

本书共 7 部分：简易寿险之历史、简易寿险之意义、日本简易寿险、积存金之运用、保户健康设施、日本简易寿险成功之原因、对于中国简易寿险实施之意见。附简易人寿保险法、日本简易寿险法等 4 种。

收藏单位：国家馆、上海馆、浙江馆

19700

劳动保险纲要 黄昌言著

上海：华通书局，1933.5，117页，32开

本书共4章：绪论、劳动保险总论、劳动保险各论、结论。

收藏单位：广西馆、国家馆、江西馆、南京馆、浙江馆

19701

劳动保险文献　东北职工总会编

沈阳：东北书店，1949.6，90页，32开（职工丛书3）

本书收录资料16种，内容包括：东北行政委员会颁布东北公营企业战时暂行劳动保险条例的命令、东北局关于切实执行劳动保险条例的决定、东北职工总会通知、苏联的社会保险三十年、苏联的劳动保险等。

收藏单位：重庆馆、东北师大馆、国家馆、山东馆

19702

劳动保险文献　东北职工总会编

北京：工人日报社，1949，101页，25开

收藏单位：广东馆、国家馆、天津馆

19703

美国友邦人寿保险公司章程　[美国友邦人寿保险公司上海总公司编]

[美国友邦人寿保险公司上海总公司]，[1913—1949]，16页，64开

收藏单位：南京馆

19704

民生主义与社会保险　祝世康著

重庆：民生主义经济学社，1943.8，116页，18开（民生主义经济学社丛学3）

本书共10章，首章简论民生主义的社会保险观念，其他各章阐述社会保险的性质、种类、范围、保险金支付、经济来源、理财制度等。

收藏单位：重庆馆、国家馆、吉林馆、辽宁馆、南京馆

19705

农业保险的理论及其组织　黄公安著

上海：商务印书馆，1937.5，288页，32开（社会科学小丛书）

本书分两编：总论、分论。第1编共3章：农业保险的本质、农业保险的组织、农业保险政策；第2编共6章：耕牛保险、牲畜保险、雹灾保险、农业火灾保险、农业社会保险、农民人寿保险。附乌江耕牛会章程、日本农业保险纲要等6种。

收藏单位：重庆馆、广东馆、广西馆、贵州馆、桂林馆、国家馆、河南馆、湖南馆、吉林馆、辽宁馆、南京馆、上海馆、首都馆、浙江馆

19706

农业保险之机能与组织　（日）小平权一著　殷公武译

南京：正中书局，1937.3，101页，25开（社会科学丛刊）

本书共4章：总论、农业保险之种类与其机能、农业保险之组织与其法律制度上之地位及其机能、结论。

收藏单位：重庆馆、国家馆、河南馆、湖南馆、辽大馆、南京馆、天津馆、浙江馆

19707

人寿保险　[中国天一保险股份有限公司编]

[上海]：[中国天一保险股份有限公司]，[1934—1949]，31页，32开

本书共4部分：引言、人寿保险利益述要、保寿种类索引表、保寿种类。

收藏单位：浙江馆

19708

人寿保险广播讲演演词　张子箴讲述

出版者不详，[1937]，35页，32开

收藏单位：吉林馆

19709

人寿保险计算学　周绍濂编著

重庆：正中书局，1945.6，180页，25开（大学用书）

上海：正中书局，1946.10，180页，25开（大学用书）

本书共 6 章：死亡表、年金、纯保险费、均衡纯准备金、近代准备金制、总保费。

收藏单位：重庆馆、广东馆、贵州馆、国家馆、吉林馆、辽大馆、辽宁馆、南京馆

19710

人寿保险经济学 （美）许布纳（Solomon Stephen Huebner）著　陈克勤译

外文题名：Economics of life insurance

上海：商务印书馆，1934.11，191 页，32 开

本书共 3 编：人寿保险在经济学中之位置、人寿保险与经济学原则、人寿保险之创造作用。

收藏单位：重庆馆、贵州馆、桂林馆、国家馆、河南馆、吉林馆、江西馆、辽宁馆、南京馆、上海馆、天津馆、浙江馆、中科图

19711

人寿保险社会学 （美）伍慈（Edward Augustus Woods）著　郭佩贤　陈克勤译

外文题名：The sociology of life insurance

上海：中华人寿保险协进社，1934，16+262 页，22 开

本书共 11 章，内容包括：人寿保险与人生价值、人类生命之延长与健康及效能之增进、人寿保险对于妇女地位之影响、人寿保险与死者财产之关系、征收人寿保险税之社会问题、结论等。

收藏单位：桂林馆、国家馆、河南馆、湖南馆、江西馆、南京馆、内蒙古馆、上海馆、天津馆、浙江馆

19712

人寿保险推广方法 张明昕著

上海：中华人寿保险协进社，[1934.9]，90 页，32 开

本书分两编研究寿险公司及从业人员宣传推广人寿保险的方法。据著者在美攻读时所著英文论文译成。

收藏单位：国家馆、上海馆、浙江馆

19713

人寿保险学 （美）许布纳（Solomon Stephen Huebner）著　徐兆荪译

外文题名：Life insurance

上海：商务印书馆，1925.8，269 页，22 开（经济丛书社丛书 9）

上海：商务印书馆，1933.5，国难后 1 版，15+244 页，22 开，精、平装（大学丛书）

上海：商务印书馆，1938.11，15+244 页，22 开（大学丛书 9）

本书分两编：人寿保险之性质与效用、人寿保险之科学的研究。著者原题：汉白纳。附某某人寿保险公司十五年养老保险保险单。

收藏单位：安徽馆、重庆馆、东北师大馆、广东馆、广西馆、贵州馆、桂林馆、国家馆、河南馆、黑龙江馆、湖南馆、吉林馆、江西馆、辽大馆、南京馆、内蒙古馆、宁夏馆、山西馆、上海馆、首都馆、天津馆、西南大学馆、浙江馆、中科图

19714

人寿保险学概论 沈雷春编著

上海：冯雪英 [发行者]，[1934]，130 页，32 开

本书内容包括：人寿保险之意义、沿革与最近之发展、要素与范围、效用、种类、特征等。

收藏单位：国家馆、上海馆、浙江馆

19715

人寿保险章程 太平保险股份有限公司编

太平保险股份有限公司，[1929—1949]，1 册，32 开

收藏单位：南京馆

19716

人寿保险章程 泰山保险股份有限公司制订

上海：泰山保险股份有限公司，[1937.2]，23 页，50 开

本书内容包括：保险之种类、附加意外保险、分取红利、保险单条款述要等。

收藏单位：国家馆

19717

人寿保险招徕学 费孟福（M. Freeman）编

郭佩贤译

上海：中华人寿保险协进社，1933，124 页，25 开，精装

本书共 10 章，内容包括：人生需要与人寿保险、美国法定准备金制度、招徕员的行动、招徕谈话举隅等。

收藏单位：广西馆、国家馆、湖南馆、南京馆、上海馆、天津馆、浙江馆

19718

日本简易生命保险事业之现状 社会部编译委员会编

社会部编译委员会，1940.10，70 页，64 开（社会丛书）

收藏单位：南京馆

19719

如何利用暑假以求自立 宁绍人寿保险公司编

上海：宁绍人寿保险公司，[1930—1939]，6 页，32 开

本书为该公司征求寿险推销员之广告宣传品。

19720

上海市保险业同业公会报告册（民国二十、二十四至二十五年度） 上海市保险业同业公会编

上海市保险业同业公会，[1932—1937]，3 册（222+29+82 页），16 开

收藏单位：国家馆、近代史所、南京馆、上海馆

19721

社会保险 国民政府财政部驻沪调查货价处编

国民政府财政部驻沪调查货价处，1928.5，65 页，32 开（劳工问题丛书 14）

本书共 6 部分：概说、工业灾害保险、健康保险、养老及残疾之保险、孤寡保险制、失业保险制。据《劳工立法原则》（康门司、安拙司）第 8 章译出。

收藏单位：重庆馆、国家馆、南京馆

19722

社会保险 林良桐编

重庆：正中书局，1944.7，82 页，32 开（社会行政丛书 社会福利类）

上海：正中书局，1946.3，82 页，32 开（社会行政丛书 社会福利类）

本书共 5 章：绪论、伤害保险、健康保险、老废保险、失业保险。

收藏单位：重庆馆、东北师大馆、广东馆、贵州馆、桂林馆、国家馆、河南馆、湖南馆、吉大馆、吉林馆、江西馆、辽大馆、辽宁馆、南京馆、宁夏馆、天津馆

19723

社会保险 祝世康著

上海：南京书店，1935，161 页，25 开

本书共 7 章：概论、社会保险之范围、保险支付、经济来源、财政制度、保险机关、社会保险之统一问题。据著者的授课讲义编成。

收藏单位：南京馆、陕西馆、上海馆、中科图

19724

社会保险第一次五年实施计划纲要

出版者不详，[1947]，油印本，4 页，16 开，环筒页装

本书共 10 部分，内容包括：宗旨、实施期间、社会保险种类、实施对象、实施区域、实施机构等。

收藏单位：国家馆

19725

社会保险概论 陈煜堃著

南京：经纬社，1946.12，52 页，32 开（经纬丛书 4）

南京：经纬社，1947.3，再版，52 页，32 开（经纬丛书 4）

本书共 8 章，内容包括：总论、保险之种类、保险事业之经营、社会保险理论之探讨、社会保险之演进等。附社会保险法原则草案、社会保险方案草案。

收藏单位：重庆馆、国家馆、南京馆

19726

社会保险概述　社会部社会福利司编

社会部社会福利司，[1940—1949]，石印本，6 页，32 开

本书共 4 部分：意义、方针、法规、设施。

收藏单位：广东馆、贵州馆、国家馆、南京馆

19727

社会保险五年实施计划纲要

出版者不详，[1947]，油印本，8 页，16 开，环筒页装

本书共 10 部分，内容包括：宗旨、实施范围、实施对象、实施方法、实施机构、预防设施等。

收藏单位：国家馆

19728

社会保险要义　张法尧著

上海：华通书局，1931.10，172 页，22 开（华通经济学丛书）

本书共 6 章：社会保险的概念、社会保险的种类、强制保险与任意保险、社会保险的利益、社会保险的历史、各国社会保险制度的概况。附法兰西修正社会保险法的内容。

收藏单位：安徽馆、国家馆、黑龙江馆、南京馆、首都馆、浙江馆

19729

社会保险之理论与实际　吴耀麟著　龚贤明校

上海：大东书局，1932.12，262 页，32 开

本书共 7 章，内容包括：绪论、社会保险原理、社会保险之史的发展、社会保险的种类、各国的社会保险制度等。附《劳动保险草案》（广东建设厅劳动法起草委员会编撰）。

收藏单位：重庆馆、国家馆、湖南馆、吉林馆、江西馆、南京馆、内蒙古馆、上海馆、天津馆、西南大学馆、浙江馆

19730

社会部员工保险实施方案

[社会部]，1943，油印本，5 页，16 开，环筒页装

本方案共 4 部分：实施目的、实施原则、实施范围、实施事项。于 1943 年 5 月 11 日核定施行。

收藏单位：国家馆

19731

寿险基金及其投资　贝式（F. W. Paish）　许兹华（G. L. Schwartz）著　周宸明译

外文题名：Insurance funds and their investment

上海：商务印书馆，1936.6，122 页，32 开（商学小丛书）

本书共 7 章，内容包括："非寿险机关之基金积聚""寿险公司之基金积聚——学理上的理由""寿险公司之基金积聚——社会之需要投资便利""保险公司投资事业之检讨"等。

收藏单位：安徽馆、重庆馆、广东馆、国家馆、吉林馆、南京馆、上海馆、首都馆、浙江馆

19732

寿险界外勤须知　基恩著

上海：世界书局，1941.8，159 页，25 开

本书共 12 章，内容包括：人寿保险的解释、人生需要与人寿保险、人寿保险的原理、法定准备金制度、招徕主顾方法等。多取材于《人寿保险招徕学》（费孟福）。

收藏单位：重庆馆、上海馆

19733

水险须知　郑纯一著

上海：中国文化服务社，1947.2，45 页，32 开（国民文库）

本书共 8 章：水险之效用、全部损失与局部损失、共同海损与单独海损、货物水险之应用、水险保单、保险费、水险契约之条项、投保水险之手续。

收藏单位：重庆馆、广东馆、桂林馆、国家馆、南京馆、上海馆、天津馆

19734

水险学原理　胡继瑗著

长沙：商务印书馆，1940.3，326页，32开（现代商业丛书）

上海：商务印书馆，1947.9，再版，405页，25开（现代商业丛书）

本书共11章，内容包括：水险制度进展述要、劳合保险社概述、水险契约概论、水险保单之演进及种类、水险保单之分析等。

收藏单位：重庆馆、东北师大馆、贵州馆、桂林馆、国家馆、湖南馆、辽大馆、内蒙古馆、上海馆、绍兴馆

19735

水险学原理附录（七）　中央信托局保险部等编

中央信托局保险部，[1936]，折页32张，36开

本书为汉英对照。收录中央信托局保险部、中国保险公司、泰山保险公司、美亚保险公司等采用的保险业务单据。

收藏单位：国家馆

19736

太平保险公司人寿险招徕须知　太平保险股份有限公司编

太平保险股份有限公司，[1929—1949]，11页，32开

收藏单位：国家馆

19737

太平保险股份有限公司民国二十四年度营业报告　太平保险股份有限公司编

太平保险股份有限公司，[1936]，[12]页，16开

本书为汉英对照，大部分为表。内容包括：太平保险公司营业报告表、人寿险损益表、总损益表、纯益支配表、太平保险公司损益表等。

收藏单位：国家馆

19738

太平人寿保险章程　太平保险股份有限公司编

太平保险股份有限公司，[1934]，[38]页，44开

本书收录该公司董事及监察人题名录、人寿保险部组织系统表、监理委员会组织规则、重要职员题名录、人寿保险的种类、要保须知等。

收藏单位：重庆馆、南京馆

19739

我国家畜保险之理论与实务　张延凤著

[农本局]，1941.3，46页，22开（农本局合作金融丛书）

本书共5节：家畜保险之意义、我国家畜保险之必要及其作用、我国家畜保险之实际经营、我国家畜保险之检讨、我国家畜保险应采之政策。附四川北碚三峡实验区家畜保险社章程、农本局北碚家畜保险经理处办理再保险细则。

收藏单位：重庆馆、国家馆、南京馆、浙江馆

19740

我国社会保险实施概况

出版者不详，[1911—1949]，油印本，4页，16开，环筒页装

收藏单位：国家馆

19741

信用与保险合作经营

河南省训练团，1947.2，66页，32开

本书分两编：信用合作经营、保险合作经营。第1编共8部分，内容包括：信用合作的意义、信用合作的种类、借款业务等；第2编共5部分：保险之概念、保险之经营、保险合作社之组织、经营（一、二）。

收藏单位：河南馆

19742

永安人寿保险有限公司保寿章程　永安人寿保险有限公司编订

香港：永安人寿保险有限公司，1934.5，重订版，53页，50开

本书内容包括：本公司之特色、人寿保险之利益与功用、保寿种类、投保人须知等。

收藏单位：国家馆

19743

云南省保险合作社章则　[云南省保险合作社编]

[云南省保险合作社]，1942.12，24页，32开

收藏单位：南京馆

19744

怎样保险　赵元楙编

上海：民众教育研究社，1932.6，63页，42开（注音符号民众万有丛书 经济类）

上海：民众教育研究社，1933，再版，63页，50开（注音符号民众万有丛书 经济类）

收藏单位：江西馆、南京馆、首都馆

19745

战时公务员工保险暂行办法大纲（草案）

出版者不详，[1940—1945]，油印本，2页，16开，环筒页装

本大纲共19条。

收藏单位：国家馆

19746

职业　胡咏骐著

上海：宁绍人寿保险公司，[1930—1939]，8页，32开

本书为该公司征求寿险推销员之广告宣传品。

收藏单位：上海馆

19747

中国保险股份有限公司营业报告（第4—5届民国二十四至二十五年度）　中国保险股份有限公司编

上海：中国保险股份有限公司，[1936—1937]，2册（[16]+[16]页），18开

本书为汉英对照。内容包括：火险营业状况、水险及杂险营业状况、人寿险营业状况、总损益帐等。

收藏单位：国家馆、天津馆、浙江馆

19748

中国保险年鉴（1936—1937、1939）　中国保险年鉴社编

上海：中国保险年鉴社，1936—1939，3册（[427]+[411]+[126]页），21开，精装

本书1936年版分正、附两编，1937年版分上、中、下3编，1939年版分上、下两编：战前战后之我国保险业、保险名词释义。

收藏单位：安徽馆、重庆馆、国家馆、湖南馆、吉林馆、近代史所、南京馆、上海馆、首都馆

19749

中国工业联合保险股份有限公司缘起、章程、招股简章、认股书　中国工业联合保险股份有限公司编

中国工业联合保险股份有限公司，[1944.3]，[14]页，36开

收藏单位：重庆馆

19750

中国海上意外保险股份有限公司概况　中国海上意外保险股份有限公司编

中国海上意外保险股份有限公司，1932，13页，32开

收藏单位：国家馆

19751

中国华安合群保寿股分有限公司董事股东保寿人题名录　中国华安合群保寿股分有限公司编

中国华安合群保寿股分有限公司，1915.9，150页，18开

中国华安合群保寿股分有限公司，1916，92页，32开

本书共4部分：内国部、南洋部、外国部、保寿人补录。逐页题名：中国华安合群保寿有限公司董事股东保户姓氏录。

收藏单位：国家馆

19752

中国经济信用保险合作社三周年特刊　中国经济信用保险有限责任合作社文书处编

上海：中国经济信用保险有限责任合作社事务处，1937.1，92 页，16 开

　　本书内容包括：论文、报告图表、章则、本社今后三年之推行计划等。

　　收藏单位：南京馆

19753

中国农业保险股份有限公司业务辑要　中国农业保险股份有限公司编
中国农业保险股份有限公司，1946，[30] 页，40 开

19754

中国人事保险股份有限公司员工意外保险说明书　中国人事保险股份有限公司编
重庆：中国人事保险股份有限公司，[1937—1945]，5 页，32 开

　　本书共 4 部分：员工意外险种类、员工意外险保单条款摘要、员工意外险费率、投保手续。

　　收藏单位：重庆馆、国家馆

19755

中央信托局保险部保险须知　[中央信托局编]
[中央信托局]，1935，68 页，32 开

　　收藏单位：广东馆

19756

中央信托局保险部代理处须知　[中央信托局编]
[中央信托局]，1935.11，49 页，32 开

　　收藏单位：南京馆

19757

中央信托局保险部人寿保险须知　[中央信托局编]
[中央信托局]，1937.6，21 页，32 开

　　收藏单位：南京馆

19758

中央信托局保险部人寿保险业务规则　[中央信托局编]
[中央信托局]，[1935—1949]，18 页，32 开

　　收藏单位：南京馆

19759

中央信托局保险部业务规则　中央信托局编
中央信托局，1935.11，23 页，32 开

　　本书内容包括：产物保险、电梯意外险等。

　　收藏单位：浙江馆

19760

中央信托局经理保险规则　中央信托局编
中央信托局，[1935—1949]，14 页，32 开

　　本规则共 43 条。分 7 章：通则、火险、水险、船舶险、汽车险、人寿保险、附则。

　　收藏单位：重庆馆、广西馆、湖南馆、南京馆、内蒙古馆、上海馆

题名首字汉语拼音检索表

（按题名首字汉语拼音音序排列，对应页码为题名索引页码）

题名索引

（按题名首字汉语拼音音序排列，题名尾部五位数码即该书的顺序号）

549

B

ba

bai

ban

bao

C

cai

dou

F

fa

fan

fang

H

ha

hai

J

ji

jia

K

kai

kan

kang

L

la

lai

lan

lang

lao

que

qun

R

ran

re

ren

shang

song

su

tong

wen

wo

yan

Z

za